Natur und Technik

Natur-wissenschaften

Differenzierende Ausgabe
Hamburg

5|6

Cornelsen

Natur und Technik

Naturwissenschaften

Autoren: Jörgfried Kirch, Hamburg; Monika Seiffert, Hamburg; Yvonne Struck, Hamburg; Siegfried Bresler, Bielefeld; Bernd Heepmann, Herford; Christian Hörter, Weilheim; Jochim Lichtenberger, Fahren; Heinz Muckenfuß, Ravensburg; Dr. Walter Kleesattel, Schwäbisch-Gmünd; Margo Lilienthal, Kaarst; Dr. Sabine Müller, Minden; Ingo-Rüdiger Peters, Berlin; Hans Schopfer, Beilstein; Ludwig Schüler, Ahaus; Harald Seufert, Düsseldorf; Wilhelm Schröder, Herford

Redaktion: Thomas Boschütz, Henry Dölitzsch, Simone Lambert, Stephan Möhrle

Grafik: Ulrike Braun, Rainer Götze, Gabriele Heinisch, Yvonne Koglin, Jörg Mair, Karin Mall, Matthias Pflügner

Designberatung: Ellen Meister

Umschlaggestaltung: SOFAROBOTNIK GbR, Augsburg & München

Layoutkonzept: Miriam Bussmann, Berlin

www.cornelsen.de

Dieses Werk enthält Vorschläge und Anleitungen für Untersuchungen und Experimente. Vor jedem Experiment sind mögliche Gefahrenquellen zu besprechen. Beim Experimentieren sind die Richtlinien zur Sicherheit im naturwissenschaftlichen Unterricht einzuhalten.

Soweit in diesem Lehrwerk Personen fotografisch abgebildet sind und ihnen von der Redaktion fiktive Namen, Berufe, Dialoge und Ähnliches zugeordnet oder diese Personen in bestimmte Kontexte gesetzt werden, dienen diese Zuordnungen und Darstellungen ausschließlich der Veranschaulichung und dem besseren Verständnis des Inhalts.

1. Auflage, 2. Druck 2015

Alle Drucke dieser Auflage sind inhaltlich unverändert
und können im Unterricht nebeneinander verwendet werden.

Druck: Mohn Media Mohndruck, Gütersloh

ISBN 978-3-06-012934-8

PEFC
PEFC/04-31-1033

PEFC zertifiziert
Dieses Produkt stammt aus nachhaltig bewirtschafteten Wäldern und kontrollierten Quellen.
www.pefc.de

Methoden

sind wichtig bei der Erschließung von Sachverhalten. Deshalb erfährst du hier, wie du naturwissenschaftlich arbeiten oder besser lernen kannst. Auch das Finden und Aufbereiten von Informationen steht immer wieder im Blickpunkt.

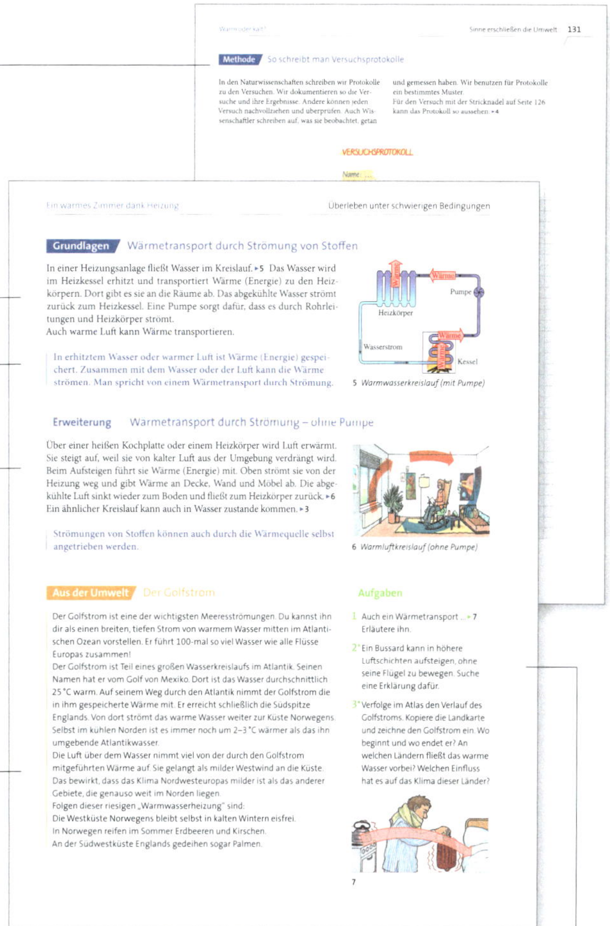

Grundlagen

führen neue Begriffe ein und erklären Zusammenhänge.

Merksätze

Wichtige Aussagen sind blau hervorgehoben.

Erweiterungen

„Darf es etwas mehr sein?" Dann sind diese Vertiefungen oder Ergänzungen vielleicht etwas für dich.

Aus Umwelt und Technik

Wenn du in diesen Texten schmökerst, erkennst du „die Naturwissenschaften" im Alltag wieder. Aber auch Wissenswertes aus der Geschichte, Sport, Erdkunde ...

Aufgaben

helfen dir, deine Kenntnisse zu vertiefen oder zu erweitern. Wenn sie über das Normale hinausgehen, sind sie mit einem * gekennzeichnet.

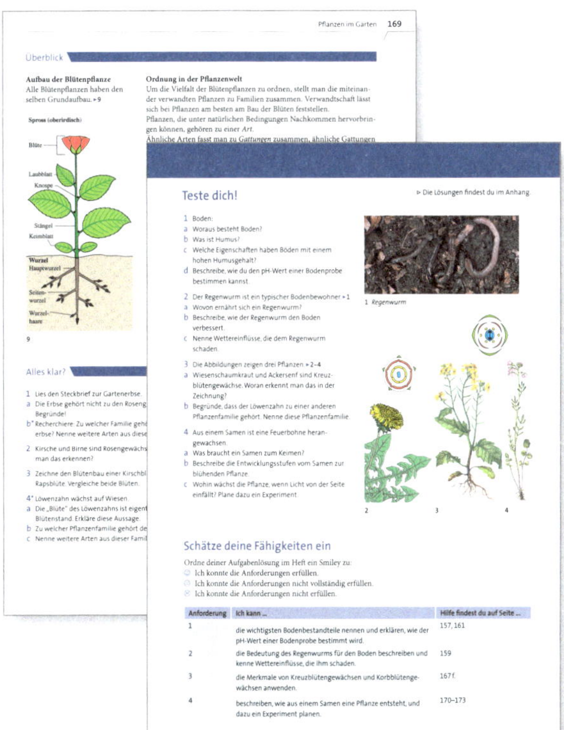

Überblick

Zusammenfassung am Ende eines Kapitels. Abschließende Aufgaben zum Kapitel gibt es bei Alles klar?.

Teste dich!

Hast du den Inhalt eines größeren Abschnitts verstanden? Kannst du dein Wissen anwenden? Die Aufgaben auf dieser Seite helfen dir, dich selbst einzuschätzen. Die Lösungen kannst du im Anhang nachlesen.

Inhalt

Gefahrensymbole (Warnzeichen)

Gültig seit dem 1. 12. 2008:

GHS01 Gefahr Explosionsgefährlich	GHS02 Gefahr Leicht/Hochentzündlich	GHS03 Gefahr Brandfördernd	GHS04 Achtung Komprimierte Gase	GHS05 Gefahr Ätzend	GHS06 Gefahr Giftig/Sehr giftig	GHS07 Achtung Gesundheitsgefährdend	GHS08 Gefahr Gesundheitsschädlich	GHS09 Achtung Umweltgefährdend

Die folgenden Symbole sind für Gemische noch gültig bis 2015:

T+: sehr giftig T: giftig	Xn: gesundheitsschädlich Xi: reizend	E: explosionsgefährlich	F+: hochentzündlich F: leicht entzündlich	C: ätzend	O: brandfördernd	N: umweltgefährlich

Quellenverzeichnis

Agrarfoto.com: Hans-Peter Zwickelhuber 24.1 | Air Berlin: 117.9 | AKG, Berlin: 68.1, 115.8 | akg-images/De Agostini Picture Lib.: 18.3 | Angermayer, Holzkirchen: 36.6+7, Hoyer 245.3, Pfletschinger 42.2+57.1+60.1+61.6+240.2 | Anthony Picture Power, Erasburg (VCL): 9.7 | Apollo Image Atlas: 175.1 | Archiv Hoyer: Duty 59.12 | Arco Digital Images: Barz 14.1, H.&M. Kuczka 249.7+8, LaTerraMagica 139.7, NPL 177.7, Sator 18.1, Sohns 31.6, Wothe 241.8 | Astrofoto: 188.1+2, 189.7, 194.3+4, 199.4+6, Numazawa 190.1+194.5 | BASF, Ludwigshafen: 257.2 | Backhaus, U., Essen: 199.3 | Big Dutchman AG: 25.3 | Bildagentur-online: 249.10 | Blakely, S.: 177.6 | Blickwinkel: Hecker/Sauer 42.5+61.7+162.2+177.4, J. Meul-Van Cauteren 42.1+42.8+133.6, König 36.4, Liedtke 48.4, Schmidbauer 31.7+124.6+226.1, Van Haan 41.1 (Amsel) | Bosch: 253.7 | Buhtz, Heidelberg: 168.8 | Bundesanstalt für Arbeitsschutz und Arbeitsmedizin, Dortmund: 143.5, 148.3 | C. Ruppin, Berlin: 298.1 | Caro: Conradi 252.3, Hoffmann 172.1, Oberhäuser 149.5, Teich 92.1 | Christiansen: 245.4 | ClipDealer: alexraths 155.1 | CMI/Picture24: dpa 104.1 | Conrad Electronic: 216.2 | Corbis: 17.5, Arthur Thévenart 164.1, Carnemolla 31.8, Giardino 82.2, Lester Lefkowitz 116.1, Roy Mosch 67.2, Sean Sexton 69.3 | Daimler AG, Stuttgart: 70.1 | Dargaud Ed. by Morris, 1986: 185.6 | Das Fotoarchiv: Dlouhy 82.3 (o. li.) | Deutsche Rockwool Mineralwoll GmbH & Co. OHG: 246.3 | Deutsches Museum, München: 69.4, 113.7, 114.1, 118.2, 118.3 | Die Biohennen AG: 25.4 | digitalstock.de/Besserdich: 177.5 | DWD: 217.3 | Duncan P. Walker: 266.2 | eso: 203.5, H.H. Heyer 203.3 | eumetsat: 196.4 | EUMETSTAT 1999: 206.1 | Eurocopter/Jérome DEULIN: 133.5 | F1 Online: Andreas Koschate 30.3, Frank 178.1 | Filser, W.: 60.4, 102.3 | Focus, Hamburg: 88.5, 98.1+3 | Focus: Nunuk 214.4 | Fotolia.com: aceshot 19.5, Dennis Oblander 125.10, DURIS Guillaume 266.4, Fatman73 268.1, Herbert Brosig 213.2, hfox 58.5, Hoen 19.8, jörn buchheim 257.4, pureshot 280.1 | France Telecom/Stéphane Foulon: 259.4 | Frank, Ravensburg: 185.7 | Friedrich Stark: 74.1 | Getty Images: Allen 289.5, Kaoru & Jed Share 281.1, Visuals Unlimited 30.2 | Hama GmbH & Co KG: 51.4 | Helga Lade Fotoagentur: 224.1 (Pinguine) | Hollatz, Heidelberg: 9.6, 289.7 | Hottinger-Baldwin Messtechnik: 224.1 (Schiene) | Huber, Garmisch-Partenkirchen/Mackie: 33.1 | IFA, München: 36.2, 288.1, 290.2 | image-trust/Bernd Arnold: 67.1 | IPP: 82.3 (u. re.) | iStockphoto.com: 220.2, Achim Prill 112.3, Alexander Novikov 287.1, Anatoliy Babiy 268.3, Anita Huszti 42.4, AnsonLu 173.8, AVTG 132.2, Brendan Hunter 268.2, Christoph Ermel 7.2, Christopher Ewing 106.1, constantgardener 160.1, Craig Cozart 21.8, David Lewis 21.7, Dmitry Sunagatov 296.2 (Sonne), Falk Kienas 214.3, Gary Alvis 296.2 (Pferde), Graça Victoria 220.4, Helga Platonoff 28.2 (o.), kkgas 78.2, Kvalsvik 29.3, luismmolina 105.1, paul kline 119.1, Markanja 21.6, Phil Morley 178.2, Randy Plett 296.2 (Gruppe), Richard Blake 16.3, Sergey Dubrovskiy 207.3+246.2, Stas Volik 296.2 (Brücke), Steve Byland 108.1, Tarek El Sombati 232.2, Thomas Pickard 28.2 (u.), Vassiliy Vishnevskiy 8.5, White Rosier 98.4, William Nielsen 98.5 | JOKER/Ruehmekorf: 289.6 | Juniors: 58.10, 240.3 | Kleesattel, Schwäbisch Gmünd: 11.2, 28.1 (u.) | Kleinert: 296.3 | Kühntopp, K., Essen: 124.3 | Landesmedienzentrum Baden-Württemberg, Stuttgart (aus Videofilm „Die Ringelnatter"): 62.1+2+3+4+5+6+7+8 | Landeszentralbank, Hamburg: 123.6 | Lavendelfoto: 43.14+15+17, 167.4, Hoefer 162.3 | Liebermann, Hagen-Riegsee: 185.8 | Limbrunner: 109.7, 141.4 | Lufthansa: Werner Krüger 105.2 | mauritius images: 22.2+216.1, 282.3+4, 289.8, 291.4, age 123.5, Alamy 124.1, Enzinger 82.3 (o. re.), Gebhardt 82.3 (mi. li.), Pokorski 124.4, Reith 82.3 (mi. re.), Rosenfeld 82.3 (u. li.) | Mauritius, Berlin (Sun Star): 8.4 | Mauritius, Mittenwald: 128.2, Botha 109.6 | mediacolors: 243.6 | Miwasatoshi: 36.3 | Museo di Storia della Scienza, Florenz: 227.1 | Nagel: 141.5 | NASA: 68.2, 200.1+2, 201.4+6, 203.4, 204.1, 206.2, 217.2, 253.8, Ron Garan 201.5 | Neues Jahrbuch für Geologie und Paläontologie, Vol. 164, (1982): 117.7 | New Eyes: 290.1 | Okapia: 7.1, 166.5, BIOS/Ruoso 20.1, Dr. Eckart Pott 226.2, Giehl 49.18, Heblich 111.5, Morell 167.5, NAS/Jerry Lodriguss 203.2, Naturbild/Geduldig 170.1 (re.), Nill 176.2, Penner 207.2+249.9, Pott 49.10, Raimund Cramm/SAVE 30.5, Reinhard 49.15+49.17+166.7, Schacke 49.13, Steimer 123.3, Vock 42.3+45.9, Wendler 48.9 | Oster, Mettmann: 8.2 | PantherMedia/Claus Lenski: 266.3 | Pfeiffer, Kirchentellinsfurt: 189.5 | Picture Press: 242.1 | picture-alliance/dpa: 11.3, 16.1, 22.1, 26.2, 28.1 (o.), 48.2, 125.13, 148.2 (re.), 212.1, 220.3, 228.2, 245.7, 252.1, 293.4 | picture-alliance/Hippocampus Bildarchiv: 41.1 (Raupe) | picture-alliance/Landov: 13.3 | picture-alliance/NHPA/photoshot: 58.1, 58.3 | picture-alliance/Okapia: 41.1 (Gras, Prunella), 43.18, 48.3+5+6, 58.2+6+7, 61.5, 159.4, 166.1, 243.4, 246.1 | picture-alliance/Picture Press: 26.1 | picture-alliance/Rolf Kosecki: 78.3 | picture-alliance/ZB: 58.4+9, 61.9, 125.12, 220.1, 256.1 | picture-alliance: NHPA/photoshot 36.5 | picturepress.de: 141.6 | pixelio.de: rebalu 112.1 | pixelio/Marco Barnebeck: 262.1 | pixelio/Steglich: 71.6 | plainpicture/Kuttig: 293.5 | Premium: 292.1 | project photo: 8.3, 113.8, 214.1+2 | Redeker, Gütersloh: 293.7, 296.1 | Rehbach, Kirchseeon: 123.4 | Reinhard, Heiligkreuzsteinach: 16.2+4, 21.4+5, 42.7, 43.10+11+13+16, 48.1+8, 49.12+14, 63.9, 124.5, 164.1 (u.), 166.2+4+6, 167.3+6, 168.5+6, 170.1 (li.), 241.6, 242.2 | Sambraus: 24.2 | Schacht: 43.12, 124.7 | Schäfer, N.: 293.8 | Schott, Mainz: 233.4 | Schrempp, Breisach: 60.3 | Schütte: 45.7 | Seiffert, Hamburg: 52.1+2+3, 52.4, 257.1, 268.1, 269.4+5, 270.1, 270.2, 271.3, 275.1, 275.2, 276.1 | shutterstock: Eric Gevaert 118.1, GONUL KOKAL 278.3, Kiselev Andrey Valerevich 258.3, Rafal Olechowski 278.2, yienkeat 258.2 | Siemens-Electrogeräte GmbH, München: 257.3 | Sony Deutschland, Köln: 8.1, 51.3 | SPL/Focus: 288.3+4, Boddy 82.1, McConnell 125.15 | Stockphoto.com: Stephan Zabel 224.3 | Stolz-Laser, Baden-Dättwil: 179.8 | Superbild: 282.2, 284.1| testo AG, Lenzkirch: 125.11 | Texas Instruments: 125.8 | The Art Archive/Gianni Dagli Orti: 18.2 | The Stock Market: 292.2| Thomas: 48.7 | Tilford/OSF: 110.1 | Total Walther GmbH, Köln: 228.1 | Transcend: 53.7 | Ullrich, Berlin: 236.2 | vario images: 44.1, 132.1 | Verein dt. Katzenfreunde: 19.6+7 | Waterframe.de: Dirscherl 176.1 | WILDLIFE: Bogon 49.11+241.7+245.5, Harms 166.3+166.8, Hartmann 42.9, HPH 124.2, M. Lane 30.4, M. Varesvuo 58.8, Muller 293.6, Nagel 42.6, Stein 240.1 | Wilson44691: 162.1 | Wudel, Berlin: 236.4 | www.garmin.de: 140.3 | Zunec: 18.4

Titelbild: getty images/ Andy Roberts

Alle anderen Fotos: Cornelsen Verlag (Auftragsfotos: Döring, Hohen Neuendorf | Hommel, Herford | Mahler, Berlin)

Was ist bei der Tierhaltung zu beachten?

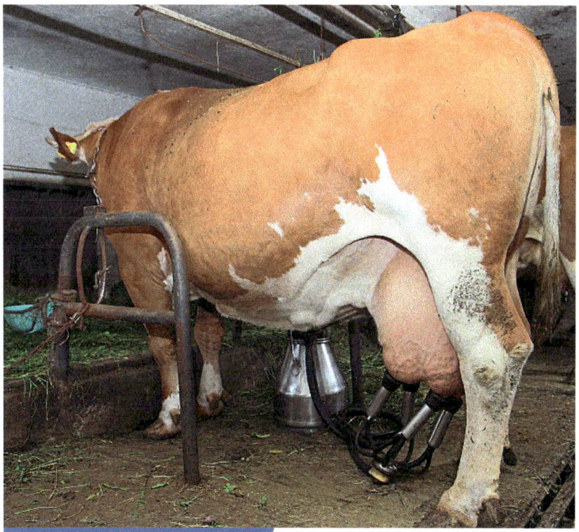

Wozu nutzen wir Tiere?

Tiere in Haus und Hof

- Pflanzen und Tiere sind Lebewesen. Lebewesen haben bestimmte Merkmale, die sie von unbelebten Dingen unterscheiden.
- Nicht alle Tiere leben wild. Der Mensch hat Wildtiere gezähmt und aus ihnen Haus- und Nutztiere gemacht.
- Jedes Tier hat bestimmte Bedürfnisse, um glücklich leben zu können. Hält der Mensch Tiere, so muss er diese Bedürfnisse beachten.
- Manche Tierarten sind vom Aussterben bedroht und müssen geschützt werden.

Was kennzeichnet Lebewesen?

▷ George ist ein kleiner Hund. Er läuft, springt, bellt und schläft auf Knopfdruck. Man kann ihn sogar dressieren. Der Terrier ist ein Lebewesen, aber George ist eine Maschine.
Wodurch unterscheidet sich ein Lebewesen von unbelebten Dingen?

1 *George*

2 *Terrier*

Grundlagen Kennzeichen des Lebendigen bei Tier und Mensch

Bewegung Der Gepard läuft beim Jagen sehr schnell. ▸3 Andere Tiere kriechen, springen, klettern, fliegen oder schwimmen.

Reizbarkeit Mit seinem empfindlichen Geruchssinn findet ein Schmetterling Nahrung. Kommst du einem Schmetterling sehr nahe, der auf dem Boden sitzt, fliegt er davon. Mit seinen Beinen spürt er Erschütterungen, die deine Schritte hervorrufen.

Wachstum und Entwicklung Die Weinbergschnecke legt ihre Eier in feuchte Erde. Nach wenigen Wochen schlüpfen Jungschnecken. Sie sind wenige Millimeter groß und haben schon ihr eigenes Haus. Es ist noch durchsichtig und weich. Es dauert mehrere Jahre, bis sie ausgewachsen sind.

Stoffwechsel Der Goldhamster nimmt Nahrung auf, verdaut sie und scheidet nicht verwertbare Stoffe aus. ▸5 Er braucht außerdem Luft zum Atmen.

Fortpflanzung und Vererbung Viele Kinder sehen ihren Eltern ähnlich. Manche sind ihren Eltern sogar „wie aus dem Gesicht geschnitten". ▸4 Kinder erben Eigenschaften ihrer Eltern.

Kennzeichen des Lebendigen
- **Lebewesen bewegen sich.**
- **Alle Lebewesen nehmen Stoffe aus ihrer Umgebung auf und geben Stoffe ab (Stoffwechsel).**
- **Sie nehmen Reize aus der Umwelt (Licht, Geräusche, Temperaturen …) wahr und reagieren darauf.**
- **Lebewesen wachsen und entwickeln sich.**
- **Sie pflanzen sich fort und vererben Eigenschaften.**

Aufgaben

1 Nenne Kennzeichen des Lebendigen, die einer brennenden Kerze fehlen.

2 Nenne Kennzeichen des Lebendigen, die du auf den Bildern erkennst. ▸2–5

3 *Gepard bei der Jagd*

4 *Mutter mit ihren Töchtern*

5 *Goldhamster*

Auch Pflanzen sind Lebewesen!

▷ Die Kennzeichen des Lebendigen sind bei den Pflanzen nicht so offensichtlich wie bei den Tieren. Oft kann man sie nur bei genauer Beobachtung wahrnehmen.

6 *Die Mimose klappt bei Berührung ihre Blätter zusammen.*

Grundlagen Kennzeichen des Lebendigen bei Pflanzen

Bewegung Pflanzen können ihren Standort nicht verlassen. Trotzdem bewegen sie sich. Blüten öffnen und schließen sich. Setzt sich eine Fliege auf das Blatt einer Venusfliegenfalle, klappen die Blatthälften zusammen. ▸7

Stoffwechsel Unsere Laubbäume werfen im Herbst ihre Blätter ab. Im Frühjahr sprießt frisches Grün. Manche Pflanzen legen in Knollen oder Früchten Vorräte an. Kartoffelknollen, Getreidekörner, Nüsse oder Sonnenblumenkerne enthalten solche Vorratsspeicher. Im Sonnenlicht können die grünen Pflanzen viele Stoffe, die sie zum Leben brauchen, selbst herstellen.

Reizbarkeit Junge Sprosse wachsen in Richtung des Lichts. Wurzeln orientieren sich stets zum Erdboden hin. Die Mimose und die Venusfliegenfalle sind für Berührungen empfindlich. ▸6–7

Wachstum und Entwicklung Der Samen einer Birke wiegt weniger als ein Gramm. Aus ihm entwickelt sich nach mehreren Jahren ein großer Baum. ▸8

Fortpflanzung und Vererbung Bei der Birke wachsen neue Pflanzen aus Samen heran. Tulpe und Kartoffel können sich auch durch Zwiebeln und Knollen fortpflanzen. Die Tochterpflanzen gleichen den Mutterpflanzen in vielen Eigenschaften.

7 *Venusfliegenfalle*

8 *Birkensamen und Birke*

Kennzeichen des Lebendigen
- Bei Pflanzen bewegen sich Teile.
- Pflanzen haben einen Stoffwechsel.
- Sie reagieren auf Reize aus der Umwelt.
- Pflanzen wachsen und entwickeln sich.
- Sie pflanzen sich fort und vererben Eigenschaften.

Aufgaben

1 Nenne Kennzeichen des Lebendigen, die du auf den Bildern erkennst. ▸6–8

2 Beschreibe zu jedem Kennzeichen des Lebendigen ein Beispiel. Wähle jeweils eine Pflanze aus deiner Umwelt.

Tierhaltung zu Hause

Wünschst du dir auch ein eigenes Tier für zu Hause? Vorher müssen folgende Fragen geklärt sein:

- ▷ Welches Tier ist für mich am besten geeignet?
- ▷ Welche Ansprüche hat es?
- ▷ Habe ich genügend Zeit, mich um mein Tier zu kümmern?
- ▷ Sind meine Eltern und der Vermieter einverstanden?
- ▷ Welche Krankheiten kann das Tier bekommen oder übertragen?
- ▷ Was geschieht, wenn ich ein Pärchen habe und es Junge bekommt?
- ▷ Wie teuer sind Kauf, Erstausstattung und Haltung? Wie hoch sind die Folgekosten für den Tierarzt, die Versicherung sowie Steuern?
- ▷ Wer versorgt das Tier im Urlaub?

1 *„Den möchte ich haben!"*

Aufgaben

1 Informiere dich z. B. im Zoohandel über ein weiteres Haustier, das dich interessiert.
- Wo hält man das Tier?
- Womit füttert man es?
- Wann fühlt sich das Tier wohl?
- Braucht das Tier viel Pflege?
- Benötigt es besondere Einrichtungen wie Laufrad oder Kratzbaum?
- Welche Kosten verursacht es?
- Erstelle einen Steckbrief über das Tier.

2 Versuche für den Umgang mit Meerschweinchen und Zwergkaninchen fünf Regeln aufzuschreiben.

Regeln für den Umgang mit einem Wellensittich:

1. Der Vogel sollte einmal am Tag frei im Zimmer fliegen dürfen. Vorher die Fenster schließen!
2. Wellensittiche sollte man immer zu zweit halten.
3. Erschrick den Vogel nie! Nach einer Eingewöhnungszeit kommt er von alleine auf deine Hand.
4. Den Vogel nie ohne Futter und Wasser lassen!
5. Der Käfig muss an einem ruhigen, nicht zu kalten und nicht zu warmen Ort stehen. Nachts wird der Käfig mit einem Tuch abgedeckt.

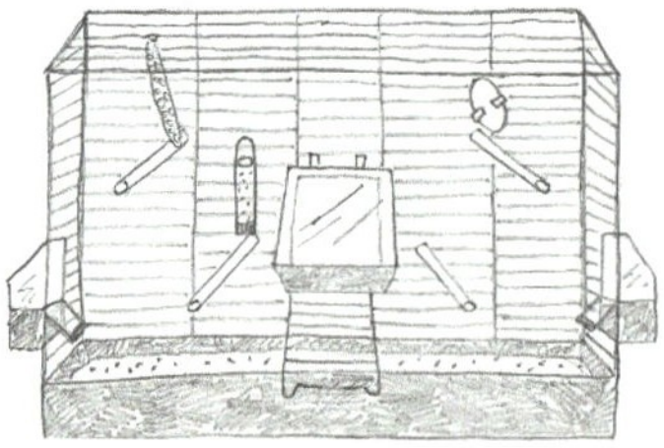

Steckbrief Wellensittich

Herkunft: Wellensittiche stammen aus dem trockenen, heißen Australien.
Lebensweise: Sie leben in Schwärmen. Wenn das Weibchen brütet, wird es vom Männchen gefüttert.
Alter: Die Vögel werden bis zu 15 Jahre alt.
Haltung: Vogelkäfig mindestens 50 cm lang, 30 cm breit und 40 cm hoch.
Frische Äste zum Klettern und Knabbern, Futter- und Wassernapf, Badewanne, Kalkstein. Näpfe täglich mit heißem Wasser ausspülen!
Nahrung: fertige Samenmischung mit Iodzusatz, ab und zu ein Salatblatt, ein Stück Apfel oder Kolbenhirse

Zur Diskussion Tierhaltung heißt Verantwortung

Ein Fall von Tierquälerei? Jana hat zum Geburtstag ein Meerschweinchen bekommen. Es soll sich ausgiebig sonnen können. Deshalb stellt sie es im Käfig auf den Balkon. ▸2 Sie nimmt auch noch das störende Schlafhaus heraus. Als ihr Vater das am Nachmittag sieht, ist er entsetzt und spricht ein ernstes Wort mit ihr.

Allergien – trotzdem ein Haustier? Wenn in eurer Familie immer wieder allergische Krankheiten wie Heuschnupfen, Hautveränderungen oder Asthma auftreten, sollte man vorsichtig mit der Anschaffung eines Haustiers sein. Haustiere können nämlich Allergien auslösen. Oft sind die Haare der Tiere dafür verantwortlich.

2 *Gut gemeint – falsch gemacht*

Aufgaben

3 Wirklich „ein Fall von Tierquälerei"?
a Lies den Text oben durch. Was hat Jana falsch gemacht? ▸2
b Jana hat einen Fehler gemacht. Ihr Vater wirft ihr vor: „Ich bin entsetzt. Du quälst das Meerschweinchen." Setze das Gespräch zwischen Jana und ihrem Vater fort.
c Wie kannst du bei deinem Haustier Fehler vermeiden?
d Kennst auch du einen Fall von ungewollter Tierquälerei? Schildere ihn in einem kurzen Protokoll, z. B. so:
- Wie quält die Person das Tier?
- Warum leidet das Tier unter der Behandlung?
- Was weiß der Tierhalter nicht?
- Wie verhält man sich richtig?

4 Rechts siehst du einen Auszug aus dem Tierschutzgesetz.
a Welcher Paragraf (§) des Tierschutzgesetzes verbietet ein Aussetzen von Haustieren? ▸3
b Welche Absicht verfolgt man mit diesem Gesetz?
c* Beschreibe, was § 1 des Tierschutzgesetzes aussagt.

5* Stellt Umfragen zum Thema „Die beliebtesten Haustiere" an. ▸4
a Befragt Mitschüler, welches Haustier sie am liebsten hätten.
b Welche Haustiere haben eure Mitschüler?
c Fasst die Antworten eurer Umfrage in einer Tabelle zusammen. Stellt die Ergebnisse im Klassenzimmer aus.

3 *Ausgesetzt!*

4 *Tierhaltung in Deutschland (2009)*

Tierschutzgesetz (Auszug)

§ 1 Zweck dieses Gesetzes ist es, aus der Verantwortung des Menschen für das Tier als Mitgeschöpf dessen Leben und Wohlbefinden zu schützen. Niemand darf einem Tier ohne vernünftigen Grund Schmerzen, Leiden oder Schäden zufügen.

§ 2 Wer ein Tier hält, betreut oder zu betreuen hat,
1. muss das Tier seiner Art und seinen Bedürfnissen entsprechend angemessen ernähren, pflegen und verhaltensgerecht unterbringen,
2. darf die Möglichkeit des Tieres zu artgemäßer Bewegung nicht so einschränken, dass ihm Schmerzen oder vermeidbare Leiden oder Schäden zugefügt werden,
3. muss über die für eine angemessene Ernährung, Pflege und verhaltensgerechte Unterbringung des Tieres erforderlichen Kenntnisse und Fähigkeiten verfügen.

§ 3 Es ist verboten, … ein in Obhut des Menschen gehaltenes Tier auszusetzen oder es zurückzulassen, um sich seiner zu entledigen …

Treuer Partner des Menschen: der Hund

▷ Wer lernt was in der Hundeschule – und warum?

1

Auftrag

1 Besuch einer Hundeschule Eine gute Möglichkeit, etwas über Hunde zu erfahren, ist der Besuch einer Hundeschule.
Fragt vorher nach einem Interviewpartner zum Thema „Hunde und ihre Erziehung". Bereitet das Interview gut vor.

Methode Das Interview

Wenn du ein Interview führen willst, musst du dich vorbereiten. Überlege dir genau, welche Fragen du stellen willst. Informiere dich vorher über das Thema des Interviews (z. B. aus Büchern oder im Internet). Beim Interview werden die Antworten notiert oder aufgenommen.

Einige Tipps für Interviews:

- Frage nicht so, dass die Antwort nur Ja oder Nein lauten kann. Verwende Fragewörter wie „warum", „was", „wie", „wozu".
- Formuliere deine Fragen klar und verständlich auf einem Zettel.
- Gehe nicht allein zum Interview.
- Fertige während des Interviews Notizen an. Ein Aufnahmegerät ist natürlich hilfreich.
- Vielleicht redet dein Gesprächspartner zu lange hintereinander. Unterbrich ihn höflich mit einer Zwischenfrage.
- Frage nach, wenn du eine Antwort nicht verstanden hast.
- Bedanke dich am Schluss des Interviews für das Gespräch.
- Fasse die Ergebnisse deiner Befragung in deinem Heft zusammen.

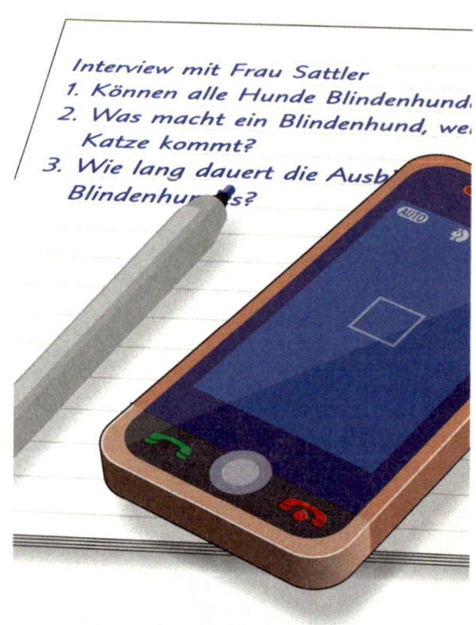

2 *Nützliche Hilfsmittel*

Grundlagen Erfahrungen mit Hunden

Welpen Nach der Paarung mit dem Rüden entwickeln sich im Leib der Hündin vier bis zehn Junge (Welpen). Bei der Geburt sind sie noch blind, taub und hilflos. Sie werden mit Milch gesäugt. Hunde sind Säugetiere. ▸3

Gebiss Beutetiere fängt der Hund mit seinen Eckzähnen (Fangzähnen). ▸4 Mit den größten Backenzähnen reißt er die Beute (Reißzähne). Er zerkleinert das Fleisch mit allen Backenzähnen. Fleischreste an den Knochen zupft und schabt er mit den Schneidezähnen ab.

Körperbau Am Skelettbau erkennt man, weshalb der Hund schnell und ausdauernd ist. ▸5 Die kräftigen Beine sind über Schulter- und Beckenknochen mit der Wirbelsäule verbunden. Beim Laufen treten die Hunde nur mit den Zehen auf. Sie können ihre stumpfen Krallen nicht einziehen.

Sinne Der Hund hat einen ausgezeichneten Geruchssinn. Hunde hören auch hervorragend. Selbst hohe Töne, die der Mensch nicht mehr hören kann, nehmen sie noch wahr.

Verständigung Der ganze Körper des Hundes gibt Hinweise auf seine Stimmung. Man erkennt sie an Schwanzhaltung, Ohrenstellung, Lautäußerungen und Gesichtsausdruck. Hunderüden markieren immer wieder mit Harnspritzern an Pfosten und Bäumen ihr Revier.

Partner Hund Viele Menschen sehen in ihrem Haustier ein Schmusetier oder sogar Ersatz für Freunde. Schon vor Tausenden von Jahren begannen Menschen damit, Hunde zu halten. Der Hund gilt als unser ältestes Haustier. Alle Haushunde stammen vom Wolf ab. Wölfe leben in Rudeln. Im Rudel lernen junge Wölfe, wie man sich untereinander verständigt. Und sie lernen sich unterzuordnen. Dem Haushund fehlt die Erziehung durch das Rudel. Deshalb beginnt man im Alter von vier bis sechs Monaten mit seiner Erziehung.

Hunde sind Säugetiere. Sie können sich dem Menschen unterordnen. Sie verständigen sich durch Körperhaltung, Gesichtsausdruck, Laute und Duftmarken.

3 *Hündin mit neugeborenen Welpen*

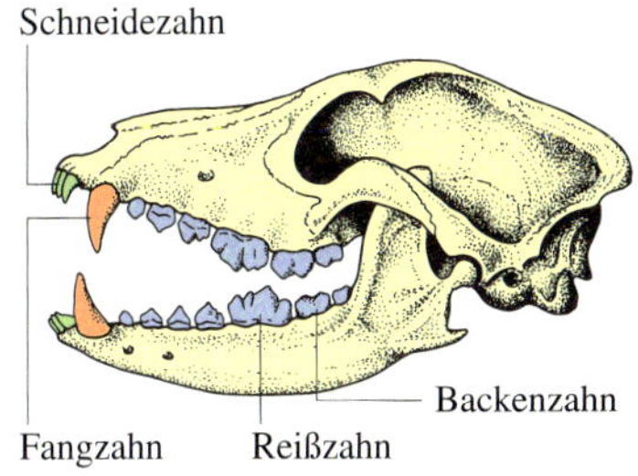

4 *Gebiss des Hundes*

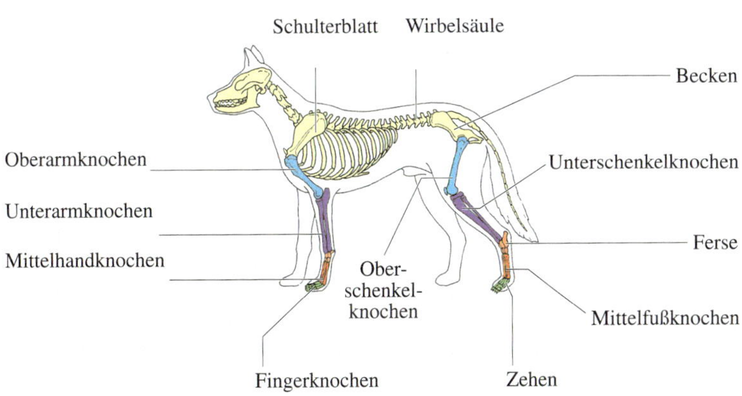

5 *Skelett des Hundes*

Aufgaben

1 Hundewelpen sind Nesthocker. Erkläre, was das bedeutet.

2 Man bezeichnet Hunde auch als „Nasentiere" oder „Ohrentiere". Was will man damit ausdrücken?

3* Hunde hecheln manchmal. Erkläre das Verhalten. Was bedeutet es? Was wird damit erreicht?

4 Wenn man Hundebesitzer werden möchte, muss man die Bedürfnisse des Hundes beachten. Nenne sie.

Grundlagen Der Wolf – Stammvater des Hundes

1 *Wolfsrudel*

Wölfe leben oft in Rudeln von 5 bis 10 Tieren. ▸1 Nur so können sie große Huftiere wie Hirsche, Elche und Rentiere jagen. Jedes Rudel hat ein eigenes Jagdgebiet. Die Tiere markieren es an bestimmten Stellen mit ihren Duftmarken. Der stärkste, ranghöchste Wolf ist das Leittier. Er führt das Rudel an.
Einige Wölfe hetzen die Beute über Kilometer hinweg. Andere greifen dann von der Seite an. Während der Jagd verständigen sie sich durch lautes Heulen. Ist die Beute gestellt, wird sie von allen Seiten angegriffen.
An der Spitze des Rudels stehen ein Männchen und ein Weibchen. Nur dieses eine Paar bekommt Junge. Innerhalb des Rudels herrscht eine strenge Rangordnung. Der Leitwolf zeigt seine Stellung durch den steil nach oben gehaltenen Schwanz. ▸2
Alle anderen Wölfe des Rudels ordnen sich ihm unter. Nur gelegentlich finden Kämpfe zwischen den Wölfen statt. Dabei wird die Rangordnung neu festgelegt. Meist werden solche Kämpfe jedoch nur mit Drohgebärden ausgefochten. Es kommt kaum zu Verletzungen.

Schon in der Steinzeit schloss sich der Wolf den Menschen an. Wenn die Steinzeitmenschen auf die Jagd gingen, folgten ihnen vermutlich hungrige Wölfe. An den Lagerplätzen fielen Fleischreste für sie ab. Dadurch wurden sie zutraulicher und gewöhnten sich an den Menschen. Vielleicht nahmen die Menschen Jungtiere mit in ihre Höhle und zogen sie auf. Aus diesen wurden zahme Wölfe.
Irgendwann bemerkten die Menschen, dass der Wolf ihnen nützlich sein konnte. Er half bei der Jagd, schlug Alarm vor Feinden und diente in kalten Winternächten als „Wärmekissen". Vielleicht waren Jungtiere auch Spielkameraden der Kinder. Besonders zahme und lernfähige Tiere wurden ausgewählt und miteinander verpaart. Im Lauf der Zeit unterschieden sich die zahmen Wölfe immer mehr von ihren Artgenossen in freier Wildbahn. So wurde das Wildtier Wolf in Tausenden von Jahren durch Zähmung und Züchtung zum Haustier Hund. Den Vorgang, bei dem aus einem Wildtier ein Haustier wird, nennt man *Domestikation*.

2 *Körpersprache des Wolfs (Beispiele)*

Methode So liest man einen Text

In dem Text auf der linken Seite erfährst du etwas über den Wolf als Stammvater des Hundes.

1. Lies den Text durch und verschaffe dir einen groben Überblick vom Inhalt.
2. Kläre unbekannte Begriffe zunächst in deiner Arbeitsgruppe, bei Bedarf auch bei deiner Lehrerin oder deinem Lehrer.
3. Arbeite den Text gründlich durch. Überlege dir Überschriften zu den Abschnitten.
4. Fasse den Inhalt des Textes oder von Abschnitten aus dem Gedächtnis kurz zusammen und berichte deinem Tischnachbarn.

Grundlagen Züchten von Hunderassen

Im Lauf der Zeit hat der Mensch immer neue Hunderassen gezüchtet. Bei der Züchtung werden ein männliches und ein weibliches Tier mit den gewünschten Eigenschaften miteinander verpaart. Einige Nachkommen haben dann günstige Merkmale von beiden Eltern. Solche Tiere werden dann für die weitere Zucht ausgewählt.
So hat es der Mensch geschafft, unterschiedliche Rassen für seine Bedürfnisse zu züchten. Die Hunde werden für ihre Aufgaben erzogen und dienen z. B. als Polizeihund, Blindenführhund, Jagdhund, Hirtenhund, Wachhund oder Zugtier. Hunde werden für die Freizeitgestaltung gezüchtet, in einigen asiatischen Ländern auch als Pelz- und Fleischlieferant. Heute gibt es etwa 400 Hunderassen.

In manchen Fällen führt die Zucht zu Merkmalen, die für die Tiere nachteilig sind. Manche große Rassen leiden an Erkrankungen der Hüftgelenke. Bulldoggen haben extrem kurze Schädel mit verengten Nasenöffnungen und leiden unter Atemnot.
Obwohl die verschiedenen Rassen des Haushundes ganz unterschiedlich aussehen, können sie sich untereinander fortpflanzen. Alle Hunde gehören daher zu einer einzigen *Art*. Wenn sich Hunde verschiedener Rassen paaren, entstehen *Mischlinge*.

Aus dem Wildtier Wolf wurde in Jahrtausenden das älteste Haustier, der Hund (Domestikation). Der Mensch züchtete für seine Bedürfnisse verschiedene Hunderassen.

Aufgaben

1 Beantworte die folgenden Fragen:
a Wie jagen Wölfe?
b Wie ist die Rangordnung im Wolfsrudel?
c Wie haben die Steinzeitmenschen Wölfe gezähmt? Beschreibe die beiden Möglichkeiten, die im Text genannt sind. Welche hältst du für wahrscheinlicher? Begründe deine Antwort.

2 In dem Text links geht es um das Leben im Wolfsrudel und die Entwicklung vom Wolf zum Hund. Fasse die wichtigsten Aussagen in zwei Sätzen zusammen.

3 Der Mensch nutzte Eigenschaften des Wolfs, um aus ihm ein Haustier zu machen. Nenne sie.

4 Vergleiche die Körpersprache von Hund und Wolf. ▸2–3

5 „Der Hund ist leichter zu erziehen als andere Haustiere." Begründe diese Aussage.

6* Informiere dich über Hunderassen. Fertige ein Plakat mit Bildern und Eigenschaften von vier Rassen an.

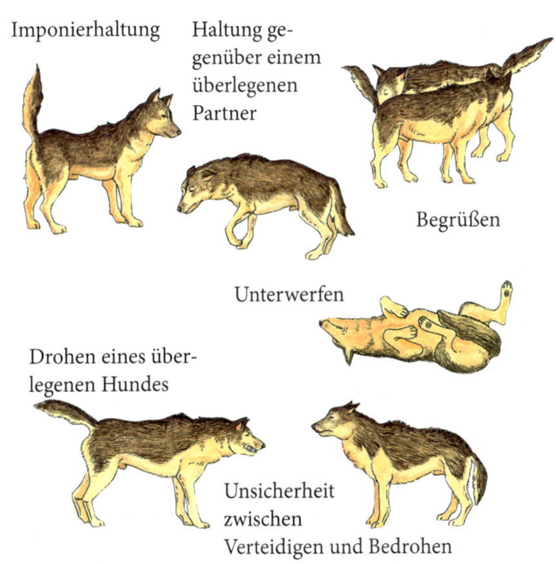

3 *Körpersprache des Hundes*

Die Katze – ein Schleichjäger

▷ Von „ihren“ Menschen lässt sich die Katze gern streicheln und schmust mit ihnen. Einmal aus dem Haus, verwandelt sie sich aber von einem Moment auf den anderen in eine unbezähmbare Jägerin.

1

2

Beobachten Untersuchen

1 Beobachtungen an Katzen bei der Jagd
Vielleicht hast du Gelegenheit, eine Katze beim Jagen zu beobachten. Wenn nicht, dann wirf ihr ein Papierbällchen zu, das an einem Faden hängt.

a Beschreibe die Haltung der Katze. Achte auch auf die Stellung von Ohren und Augen.

b Wie schleicht sich die Katze an?
- In welcher Reihenfolge setzt sie die Beine?
- Welche Fußteile setzt sie auf?
- Siehst du ihre Krallen? Beschreibe deine Beobachtung.
- Aus welcher Entfernung setzt sie zum Sprung an?

2 Beobachtungen an Katzen bei der Verständigung
Katzen können mit ihrem Körper ausdrücken, wie ihnen zumute ist. Man sagt: Sie gebrauchen ihre „Katzensprache“. ▸3

a Beschreibe die Körperhaltung der Katzen:
- Gib die Stellung der Haare, der Wirbelsäule und des Schwanzes an.
- Wie wehrt sich die Katze?

b Die Laute einer Katze:
- Wann hörst du sie schnurren?
- Wann faucht die Katze?
- Wann miaut sie?

3 Beobachtungen an Katzen im Haus

a Die Katze bei der Körperpflege:
- Wie putzt sich die Katze?
- Welche Körperteile werden geputzt?

b Beobachte die Katze beim Milchtrinken:
- Wie bewegt sie ihre Zunge?
- Prüft sie die Milch?

c Die Katze beim Schlafen:
- In welcher Stellung schläft sie?
- Hat sie einen festen Schlafplatz?
- Wie reagiert sie auf leise knisternde Geräusche?

d Betrachte ihre Augen bei unterschiedlicher Helligkeit. Wie verändert sich die Pupille? ▸4

3 *Drohgebärde*

4 *Pupille bei Dunkelheit*

Grundlagen Erfahrungen mit Katzen

Die Katze als Haustier Im Unterschied zum Hund lebt die Katze als Einzelgänger. Sie gewöhnt sich zwar an den Menschen, geht aber keine feste Bindung zu ihm ein. Viel eher noch ist sie mit der Wohnung verbunden, in der sie lebt.

5 *Katzenmutter säugt ihre Jungen.*

Katzen sind Säugetiere Im Frühjahr und Herbst ist Paarungszeit. Die Kater kämpfen fauchend und kreischend um ein Weibchen. Nicht immer ist es der Sieger, der sich der Katze nähern darf, um sich zu paaren. Die Katze sucht sich ihren Partner selbst aus. Acht Wochen nach der Paarung bringt die Katze in einem Versteck vier bis sechs Junge zur Welt. Die Jungen sind Nesthocker und werden mit Muttermilch versorgt. ▸5

Auf Schleichjagd Bei Dämmerung sieht die Katze viel besser als der Mensch. Im Dunkeln orientiert sie sich mit ihrem feinen Gehör. So entdeckt die Katze ihre Beute. Lautlos schleicht sie sich an. Mit den Schnurrhaaren kann sie Hindernisse abtasten. Plötzlich schnellt sie mit gestreckten Vorderbeinen nach vorn. Sie schlägt ihre scharfen Krallen in das Beutetier und tötet es mit einem Biss in den Nacken. ▸6
Die Katze ist ein Schleichjäger. Sie hat eine biegsame Wirbelsäule und starke Muskeln. Das macht ihr das Anschleichen und das Springen leicht. Ihre Krallen kann sie einziehen. Die weichen Ballen an den Pfoten machen den Schritt fast unhörbar. Ihr Gebiss ist ein Fleischfressergebiss.

6 *Beutefang der Hauskatze*

Die drei Katzensprachen Katzen verständigen sich durch die Haltung ihres Körpers, mit ihrer Stimme und mit Duftmarken. Wird eine Katze angegriffen, macht sie einen Buckel und faucht. ▸7 Andere Katzen verstehen das. Fühlt sich die Katze wohl, schnurrt sie. Hin und wieder verspritzt sie Harn, um ihre Anwesenheit anzuzeigen.

Die Katze ist ein Säugetier und geht keine feste Bindung zum Menschen ein. Katzen verständigen sich durch Körperhaltung, Gesichtsausdruck, Laute und Duftmarken.

7 *Körpersprache der Katze*

Grundlagen Wie Katzen zu Haustieren wurden

Als die Menschen sesshaft wurden, schlossen sich die Katzen ihnen an. Katzen lebten am Rand der Siedlungen von Abfällen der Menschen.
Vor rund 6000 Jahren wurden in Ägypten wild lebende *Falbkatzen* mit in die Häuser genommen. ▸1 Sie sollten Mäuse fangen und bei der Jagd auf Wasservögel helfen. Zu wirklichen Haustieren wurden sie dann in Tausenden von Jahren. Katzen sind an Wänden von Pyramiden dargestellt. Man hat Katzenfiguren mit Halsband gefunden und Katzenmumien in Gräbern von Pharaonen. Katzen wurden sogar als Göttinnen verehrt. ▸2-3 Das Töten einer Katze galt in Ägypten als schweres Verbrechen und konnte mit dem Tod bestraft werden.
Die Falbkatze ist nicht aggressiv und daher gut für das Zusammenleben mit dem Menschen geeignet. Heute ist die Falbkatze in ganz Afrika verbreitet. Sie kommt dort in Halbwüsten und Savannen vor, nicht aber in Wüsten und tropischen Regenwäldern.
Römische Legionäre brachten die Falbkatze von ihren Feldzügen aus Ägypten nach Europa mit. Dort paarten sich die Falbkatzen mit einheimischen Wildkatzen. Daraus entstand unsere Hauskatze. Auch heute noch wird sie als Mäuse- und Rattenfänger von Menschen sehr geschätzt.

1 *Falbkatze*

2 *Mumie einer Katze*

3 *Göttin Bastet*

4 *Fellmusterung: getigert*

Im Lauf der Zeit war es dem Menschen nicht genug, die Katze nur zum Mäusefangen zu halten. Er fand Gefallen an ihrer Sanftmut, ihrem weichen Fell und ihrem schönen Aussehen. Aus der Hauskatze wurden im Laufe der Zeit viele verschiedene Rassekatzen gezüchtet.
Über Generationen hinweg wurden männliche und weibliche Tiere nach ihrem Aussehen, Fellmuster und Verhalten hin ausgewählt und miteinander verpaart.
Bei der Katzenzucht muss man geduldig sein und sich gut mit den Tieren auskennen. Außerdem muss man wissen, wie Eigenschaften weitervererbt werden. Jede Katze hat zum Beispiel eine typische Fellmusterung. Das Fell kann getigert, gestreift oder einfarbig sein. ▸4 Um Katzen mit einer bestimmten Fellmusterung zu züchten, werden die Tiere ausgewählt und miteinander verpaart. Nur Tiere mit der gewünschte Fellmusterung werden zur weiteren Zucht verwendet. ▸5

Bereits um das Jahr 1800 gab es viele Katzenliebhaber. Sie veranstalteten Ausstellungen, auf denen die schönsten Tiere ausgezeichnet wurden. Heute gibt es über 100 verschiedene Rassen: ▸6–8 Die Rassen sehen einander allerdings ähnlicher als die verschiedenen Hunderassen. Denn im Gegensatz zum Hund hat die Katze nur zwei Aufgaben: das Jagen von Mäusen und den Einsatz als Heimtier.
Bei der Zucht muss auf die Gesundheit der Rassekatzen geachtet werden. Extreme Züchtungen wirken sich auf das Wohlbefinden der Tiere aus: Perserkatzen haben verkürzte Nasen. Weiße Zuchtformen sind oft taub.

Aus der ägyptischen Falbkatze entstand die Hauskatze, die heute in vielen Rassen gezüchtet wird.

5 *Zuchtergebnis: dreifarbige Katze*

6 *Kartäuserkatze*

7 *Siamkatze (Kurzhaarkatze)*

8 *Perserkatze (Langhaarkatze)*

Aufgaben

1 Bearbeite den Text *Wie Katzen zu Haustieren wurden* nach der Methode „So liest man einen Text".

2 Die Katze ist ein Schleichjäger. Bestimmte Merkmale ihres Körpers geben ihr diese Fähigkeit. Man sagt: Die Katze ist an die Schleichjagd angepasst. Erläutere, welche Körpermerkmale die Katze zur Schleichjagd befähigen. ▸9

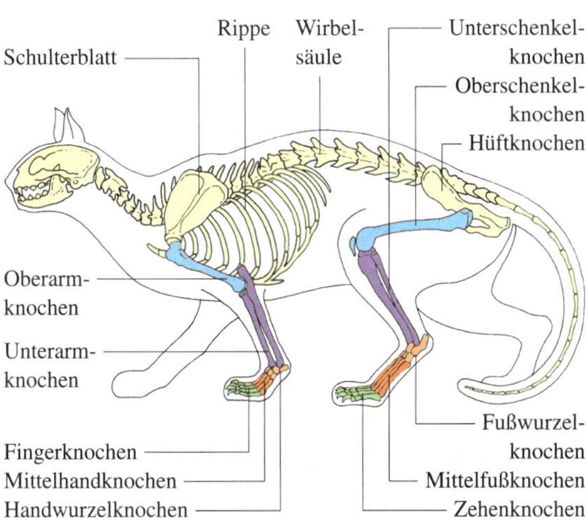

9 *Skelett der Hauskatze*

3 Beschreibe, wie eine Katze eine Maus fängt. *Tipp:* Bild ▸6 der vorhergehenden Doppelseite hilft dir.

4 Auch wenn die Jungen noch gesäugt werden, bringt die Mutter ihnen ab und zu eine halbtote Maus. Finde eine Erklärung.

5 Vergleiche Hund und Katze. Lege dazu in deinem Heft eine Tabelle an.

	Hund	Katze
Stammform	?	?
Art des Beutefangs	?	?
Wichtigste Sinnesorgane	?	?
Verständigung mit Artgenossen	?	?
Aufzucht der Jungen	?	?
Besonderheiten des Skeletts	?	?

6* In 5000 Jahren ist es den Menschen nicht gelungen, Katzen ähnlich wie Hunde abzurichten. Nenne mögliche Gründe dafür.

Das Pferd – ein Tier der Steppe

▷ Die letzte frei lebende Herde von „Wildpferden“ in Europa lebt in Dülmen, im südlichen Münsterland. Es sind keine echten Wildpferde, weil sie sich im Lauf der Jahrhunderte immer wieder mit verwilderten Hauspferden vermischt haben.

▷ Was ist das Besondere an Pferden, das viele so begeistert?

1 *Herde wild lebender Pferde*

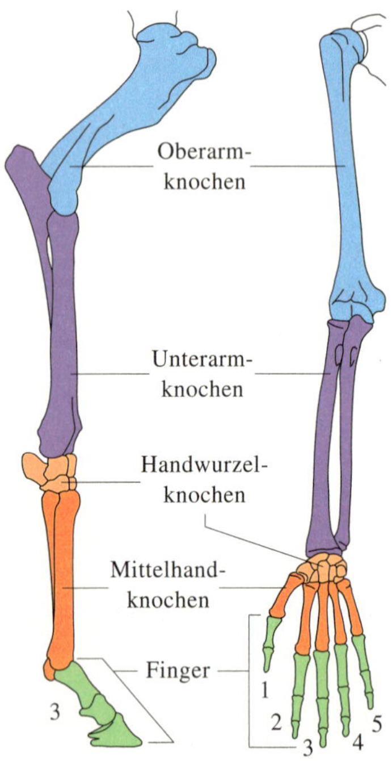

2 *Vorderbein des Pferdes und Arm des Menschen im Vergleich*

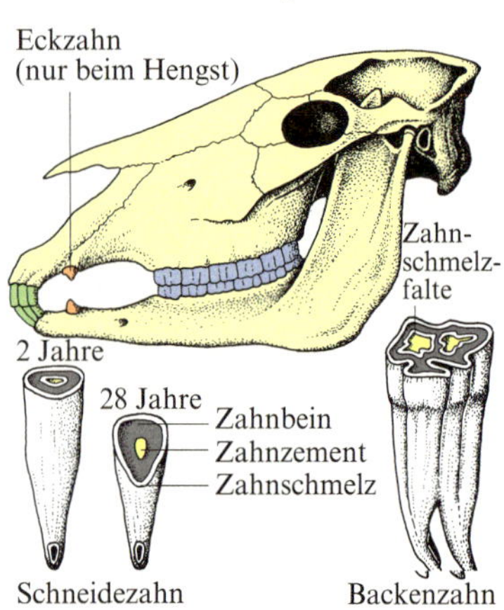

3 *Pflanzenfressergebiss*

Grundlagen Wissenswertes über Pferde

Das Pferd – ein Herdentier Ursprünglich lebten Pferde in weiten Steppenlandschaften in Herden. Sie können schnell laufen und fliehen bei Gefahr. Ein Leithengst führt die Herde.

Körperbau Der Körperbau ist auf schnelles Laufen eingerichtet. Deutlich wird das am Beinskelett. ▸2 An jedem Fuß besitzt das Pferd nur eine Zehe. Diese ist von einem Huf aus Horn umgeben. Dadurch ist sie vor Verletzungen geschützt. Der Fuß des Pferdes berührt nur mit der Zehenspitze den Boden.

Sinne Geruchssinn und Gehörsinn sind gut ausgebildet. Deshalb kann das Pferd Gefahren rechtzeitig erkennen. Pferde sehen nicht sehr scharf. Ihre Augen sprechen aber auf Bewegtes stark an. Da die Augen seitlich stehen, können Pferde fast rundum sehen.

Pflanzenfresser Pferde sind Pflanzenfresser. Mit ihren Schneidezähnen rupfen sie auf der Weide Gras ab. ▸3 Bei längeren Pflanzen helfen dabei die Lippen mit. Mit den breiten Backenzähnen zerkauen die Tiere das Gras gründlich, bevor sie es schlucken. Beim Zerreiben des harten Grases nutzen sich die Backenzähne stark ab. Durch die harten Falten aus Zahnschmelz bleiben sie aber rau wie eine Raspel.
Der Magen der Pferde ist klein. Dafür ist der Darm besonders lang.

Fohlen Nach der Paarung mit dem Hengst entwickelt sich im Leib der Stute elf Monate lang das Fohlen. Es kann kurz nach der Geburt laufen und wird sechs Monate lang gesäugt. Pferde sind Säugetiere.

Pferde sind Steppentiere. Sie sind Pflanzenfresser und Zehenspitzengänger mit gut ausgebildetem Geruchs- und Gehörsinn.

Aufgaben

1 Erkläre, weshalb Hauspferde viel Bewegung brauchen.

2 Beschreibe den Bau des Vorderbeins eines Pferdes. ▸2 Vergleiche mit dem Armskelett beim Menschen. Wo ist das Hand-, wo das Ellenbogengelenk?

3 Erkläre, was ein *Zehenspitzengänger* ist.

4* Ein Sprichwort sagt: „Einem geschenkten Gaul schaut man nicht ins Maul." Was kann man an einem Pferdegebiss erkennen?

5 Beobachte Pferde auf einer Koppel. Nenne Verhaltensweisen von Pferden, die an das Leben ihrer wilden Vorfahren erinnern.

Grundlagen Pferde für verschiedene Aufgaben

Vor über 5000 Jahren begann der Mensch das Wildpferd zu zähmen. Das brachte den Menschen wichtige Vorteile: Sie konnten nun weite Strecken in viel kürzerer Zeit überwinden, hatten einen wertvollen Helfer für schwere Arbeiten und zusätzlich einen guten Fleischlieferanten. Später züchteten die Menschen verschiedene Pferderassen, die ihnen für unterschiedliche Zwecke dienten. ▸4

Die Pferderassen fasst man zu mehreren Gruppen zusammen: Kaltblut-, Warmblut- und Vollblutpferde. Diese Bezeichnungen haben nichts mit der Körpertemperatur zu tun. Sie beziehen sich auf das Temperament der Pferde: ▸5–7

4 *Eine Stute säugt ihr Fohlen.*

5 *Kaltblüter bei der Arbeit im Wald*

6 *Warmblüter beim Dressurreiten*

7 *Vollblüter beim Pferderennen*

- Kaltblutpferde (z. B. das Schwarzwälder Kaltblut) besitzen ein ruhiges Temperament. Sie haben einen kräftigen Körper und sind gut zum Arbeiten geeignet, z. B. zum Holzrücken im Wald. ▸5
- Warmblutpferde (z. B. Trakehner) werden gerne als Dressur-, Reit- und Springpferde eingesetzt. ▸6
- Vollblutpferde (z. B. Araber) sind am temperamentvollsten; sie sind besonders schnell. Man bevorzugt diese Pferde bei Pferderennen. ▸7

Kleinwüchsige Pferderassen (kleiner als 1,50 m) bezeichnet man als Ponys. ▸8

8 *Pony*

Vom Auerochsen zum Hausrind

▷ Alle europäischen Hausrinder stammen vom Auerochsen ab, der als Herdentier in Graslandschaften und offenen Wäldern lebte. Heute gibt es diese Wildform nicht mehr. Sie ist im Mittelalter ausgestorben.

▷ Die Domestikation der Rinder begann schon vor 8000 Jahren. Die Menschen verfolgten bei der Züchtung verschiedene Ziele. Was macht das Rind für den Menschen so wertvoll?

1 *Auerochse (Nachzucht)*

2 *Rinder auf der Weide*

Beobachten Untersuchen

1 Milchproben verkosten Kauft frische homogenisierte Bio-Vollmilch mit 3,8 % Fettgehalt, H-Vollmilch mit 3,5 % Fettgehalt, fettarme H-Milch mit 1,5 % Fettgehalt, entrahmte H-Milch mit 0,3 % Fettgehalt, Buttermilch und Rohmilch.

a Füllt von jeder Milch etwas in verschiedene Gläser, die ihr entsprechend beschriftet.

b Erstellt eine Tabelle über Aussehen, Geruch und Geschmack.

c Verkostet anschließend Molke und vergleicht sie mit den Trinkmilchsorten.

2 Joghurt – selbst hergestellt! Besorgt nicht pasteurisierten reinen Joghurt (z. B. in einem Bio-Laden), einen Liter H-Milch und mehrere kleine, saubere Gläser mit Schraubverschluss.

a Füllt nun die H-Milch in die Schraubgläser. Achtet darauf, dass der Rand nicht verschmiert ist.

b Gebt in jedes Glas einen Teelöffel des nicht pasteurisierten Joghurts hinzu. ▸3

c Verschließt dann die Gläser mit dem Schraubverschluss.
Stellt die verschlossenen Gläser 24 Stunden lang bei 30 bis 35 °C in Heizungsnähe oder in einen Wärmeschrank.
Der fertige Joghurt ist im Kühlschrank mehrere Tage haltbar.
Guten Appetit!

3 *Joghurtherstellung*

3 Eine Gesichtsmaske aus Quark *Ihr braucht:* Magerquark, flüssigen Honig, ein Gefäß, Löffel und ein Handtuch.

a Verrührt 2 Esslöffel Magerquark und 1 Esslöffel Honig, bis sich eine gleichmäßige Masse gebildet hat.
Tragt die Maske auf eure gereinigten Gesichter auf. ▸4
Beschreibt eure Empfindungen.

b Wascht die Quarkmaske nach 5 Minuten mit lauwarmem Wasser ab.
Wie fühlt sich die Haut an?

4 *Gesichtsmaske*

Grundlagen Das Rind – ein Pflanzenfresser

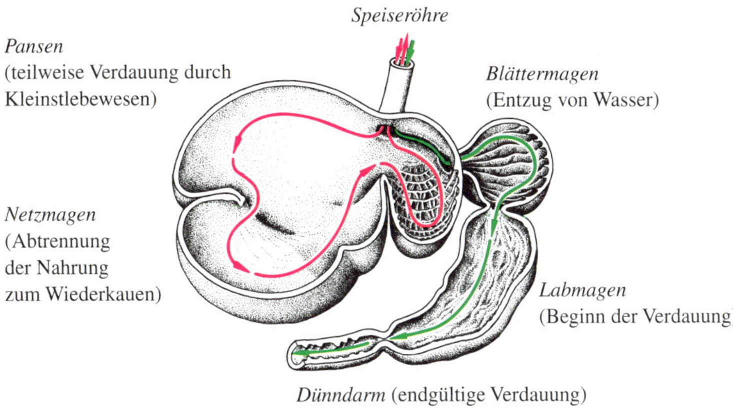

5 *Der Weg der Nahrung beim Rind*

Wiederkäuer Stundenlang grast das Rind. Wenn es sich niedergelegt hat, kaut es noch immer. Denn nach dem Fressen stößt es immer wieder auf. Dabei gelangt verschlucktes Gras vom Magen ins Maul zurück. Jetzt erst wird es ausgiebig zerkaut und mit Speichel vermischt (Wiederkäuer).
Rinder haben einen sehr großen Magen aus vier Teilen. ▸5 Die Pflanzennahrung gelangt aus der Speiseröhre zuerst in den *Pansen* und dann in den *Netzmagen*. Von dort werden kleine Nahrungsballen ins Maul zurückbefördert. Nach dem zweiten Verschlucken gelangt die Nahrung über den *Blättermagen* in den *Labmagen* und den langen Darm.
Das Gebiss ist für Pflanzennahrung bestens geeignet (Pflanzenfressergebiss). ▸6 Die Backenzähne stehen dicht beieinander und haben eine raue Kaufläche, mit der die Pflanzen zerrieben werden.

Huftier Beim Grasen treten die Rinder nur mit den Endgliedern zweier Zehen eines jeden Fußes auf. Sie gehen also auf Zehenspitzen. ▸7 Die Endglieder der Zehen sind zur Verstärkung und zum Schutz mit Horn überzogen. Weil das Rind an jedem Fuß zwei behufte Zehen hat, nennt man es *paarzehiges Huftier (Paarhufer)*.

Fortpflanzung Das männliche Rind heißt *Bulle* oder *Stier*, das weibliche *Kuh*. Mit etwa eineinhalb Jahren bringt die Kuh ihr erstes Kalb zur Welt, nachdem sie von einem Stier befruchtet wurde. Danach kann sie jährlich ein Kalb gebären. Die Kuh bildet von nun an Milch in den Milchdrüsen ihres Euters. Zwei Monate lang saugt das Kalb. Danach kann die Kuh zur Milchgewinnung weitergemolken werden.

Ziele der Rinderzüchtung Für die Rinderzucht gab es vor allem zwei Ziele: hohe Milchleistung oder viel hochwertiges Fleisch. Daher sind reine Milchrassen und Fleischrassen gezüchtet worden. Daneben gibt es Rassen, die eine hohe Milchleistung haben und viel Fleisch liefern. Mit über 4 Millionen Milchkühen ist Deutschland der größte Milcherzeuger Europas.

Das Rind ist ein Pflanzenfresser und gehört zu den Wiederkäuern. Es stammt vom Auerochsen ab und liefert Milch und Fleisch.

Aufgaben

1 Beschreibe den Weg der Nahrung durch den Rindermagen.

2 Das Gebiss des Rinds ist für einen Pflanzenfresser gut geeignet. Begründe!
Welche Besonderheiten erkennst du am Fuß des Rinds?

3 Begründe folgende Begriffe für das Rind: Wirbeltier, Säugetier, Nutztier, Haustier, Pflanzenfresser, Wiederkäuer, Zehenspitzengänger, Paarhufer, Hornträger.

4* Fertige eine Bildleiste an: „Vom Gras zur Milch“.

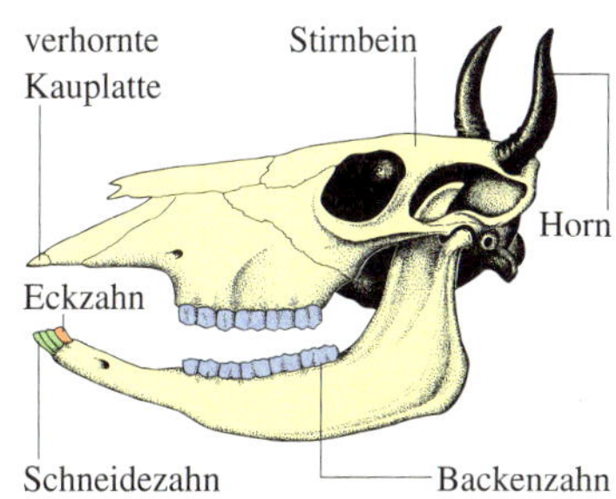

6 *Schädel und Gebiss*

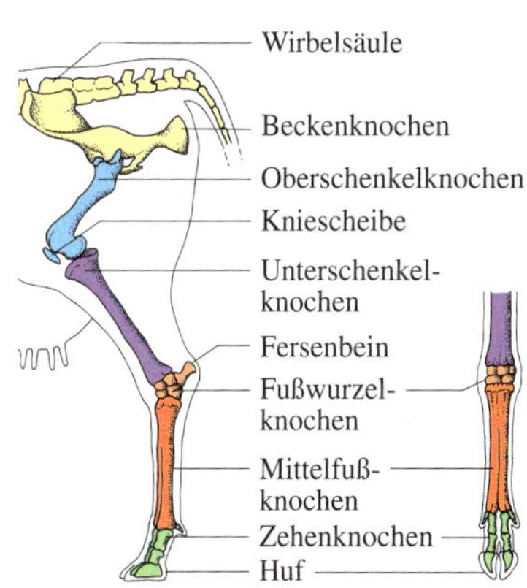

7 *Hinterbein*

Nutztiere für den Menschen

▷ Der Mensch nutzt Tiere nicht nur für seine Ernährung. Das Rind ist dabei von besonderer Bedeutung.

1 *Rinder im Stall*

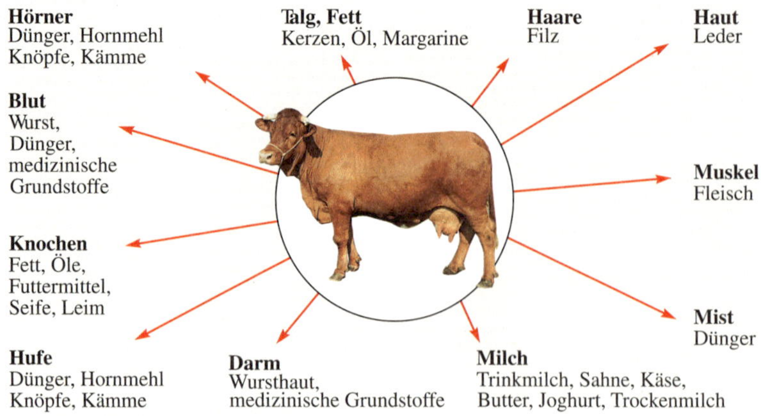

2 *Nutztier Rind (Übersicht)*

Aus dem Alltag Das Nutztier Rind

Als Nutztiere bezeichnet man alle Tiere, die wirtschaftlich genutzt werden. Nutztiere sind bei der Versorgung des Menschen mit Fleisch, Milch, Eiern, Wolle oder Leder besonders wichtig. Von einem geschlachteten Rind wird nicht nur das Fleisch verwertet. ▸2

Haut und Haare Die Haut wird zu Leder verarbeitet. Man sagt, sie wird gegerbt. Aus dem Leder werden Schuhe, Gürtel und Taschen hergestellt. Die Haare werden zu Bürsten, Pinseln oder Fasern verarbeitet.

Knochen und Hörner Tierknochen enthalten viele *Mineralstoffe*. Die Knochen des Rindes werden zu Knochenmehl zermahlen und als Dünger verwendet.
Früher wurden aus den Hörnern der Rinder vorwiegend Knöpfe und Kämme hergestellt. Heute werden die Hörner meist zerkleinert und als Hornspäne unter das Knochenmehl gemischt, um die Düngewirkung zu verbessern. Knöpfe und Kämme werden heute in der Regel aus Kunststoffen hergestellt.

Milch Rinder sind als Milchlieferanten von besonderer Bedeutung. Sie sind Säugetiere und produzieren erst Milch, nachdem sie ein Kalb geboren haben. Die Milch entsteht im Euter. Sie dient bei Wildtieren ausschließlich zur Ernährung der Jungtiere.
Die Menge der Milch, die eine Kuh produziert, ist abhängig von der Rinderrasse und der Ernährung der Tiere. Während eine Kuh in Indien pro Tag zwischen 5 Liter und 15 Liter Milch liefert, produziert eine Kuh in Westeuropa zwischen 18 Liter und 27 Liter Milch täglich.

Tiere in unserer Umgebung

Neben Haustieren und Nutztieren leben auch andere Tiere in unserer Umgebung.

Kulturfolger sind Tiere, die ihre ursprünglichen Lebensräume verlassen haben und nun Städte besiedeln. Ein Beispiel ist die Amsel, die Anfang des 19. Jahrhunderts noch ein scheuer Waldvogel war.

Besucher sind Tiere, die sich nur vorübergehend im Stadtgebiet aufhalten. Sie kehren anschließend wieder in ihren ursprünglichen Lebensraum zurück. Gerade Wildschweine und Füchse kommen regelmäßig in das Stadtgebiet, um Futter zu suchen.

Aufgabe

1 Stelle die von einem Rind gewonnenen Produkte und ihre Verwendung in einer Tabelle zusammen.

Zur Diskussion Massentierhaltung

3 *Hühner in Bodenhaltung*

4 *Hühner in Freilandhaltung*

Fleisch, Wurst, Milch und Eier sind wichtige Lebensmittel. Beim Vergleich der Preise im Discounter, im Supermarkt und in der Fleischerei stellt man deutliche Unterschiede fest. Warum ist das so?
Auf Verpackungen von Eiern kann man die verschiedenen Formen der Tierhaltung ablesen.
Die günstigsten Eier kommen aus der *Käfighaltung*. Mehrere Hennen leben in einem Drahtkäfig. In den Käfigen können sich die Tiere nur schlecht bewegen. Die Käfige stehen in langen Reihen und in mehreren Etagen übereinander. Die Ställe haben keine Fenster und werden mit Lampen beleuchtet. Die Tiere werden automatisch mit Futter und Wasser versorgt. Es gibt keine Nester und die Eier rollen aus dem Käfig direkt auf ein Fließband.
Die Käfighaltung ist weltweit am stärksten verbreitet. Bis 2012 waren in der Europäischen Union Käfigflächen von 550 cm^2 pro Tier verbreitet. Seit 2012 muss in der Europäischen Union jedem Huhn eine Fläche von 750 cm^2 zur Verfügung stehen. Zusätzlich müssen die Käfige Nester, Sitzstangen und einen Scharrbereich haben.

Die *Bodenhaltung* ist in Deutschland am weitesten verbreitet. Mehrere Tausend Hennen leben gemeinsam in einem Stall. Ein Großteil der Fläche wird von Nestern und Sitzstangen eingenommen. Außerdem gibt es eine freie Fläche. Hier können sich die Tiere frei bewegen, picken und scharren. Jedem Tier steht eine Fläche von etwa 1100 cm^2 zur Verfügung. Bei Bodenhaltung können die Tiere eher so leben wie in der Natur. Die Bodenhaltung ist kostengünstiger als die Freilandhaltung.

Bei der *Freilandhaltung* leben die Hühner in einem Stall, der genauso wie bei der Bodenhaltung gestaltet sein kann. Zusätzlich gibt es für jedes Huhn noch eine Fläche im Freien. Sie beträgt mindestens 4 m^2. Die Tiere können eine Rangordnung entwickeln, weil genug Platz zum Rückzug zur Verfügung steht. Bei der Freilandhaltung legen die Hennen weniger Eier als bei allen anderen Haltungsformen. Die Freilandhaltung kommt den natürlichen Lebensgewohnheiten von Hühnern am nächsten.

Aufgaben

2 Fasse die Merkmale der verschiedenen Haltungsformen von Hühnern in einer Tabelle zusammen.

3 Flächenvergleich:
a Zeichne die Flächen von 550 cm^2, 750 cm^2 und 1100 cm^2 jeweils auf Papier.
Zeichne mit Kreide auf dem Schulhof ein Quadrat von 2 m · 2 m. Dies entspricht der Fläche, die einem Huhn bei Freilandhaltung zur Verfügung steht.
b Ein Huhn ist ungefähr 40 cm groß. Berechne die Größe, die ein Huhn bei den verschiedenen Haltungsformen zur Verfügung hätte, wenn es so groß wäre wie du. Vergleiche die Werte mit einem Kinderzimmer.

4 Eier werden nach verschiedenen Kennzeichen eingeteilt. Dazu gehören Güteklasse, Haltungsart und Gewichtsklasse. Informiere dich über die unterschiedlichen Angebote. Trage die Ergebnisse zusammen mit dem Preis in einer Tabelle ein.

Grundlagen Vom Wildschwein zum Hausschwein

1 *Bache mit ihren Frischlingen*

2 *Das Schwäbisch-Hällesche Schwein*

Lebensweise des Wildschweins In freier Natur sind Wildschweine sehr scheu. Im Wildgehege aber lassen sie sich gut beobachten. ▸4 Oft wälzen sie sich im Schlamm, um das Ungeziefer in ihrem Fell loszuwerden. Mit ihrem langen, kräftigen Rüssel durchwühlen sie den Boden. Wildschweine haben einen feinen Geruchssinn; ihnen entgeht kaum etwas Fressbares.
Ein Wildschwein frisst fast alles, was es auf und im Boden findet: Wurzeln, Knollen, Insekten, Würmer und Schnecken. Es frisst auch junge Säugetiere wie z. B. Ratten, Kaninchen und Mäuse. Selbst tote Tiere dienen als Nahrung. Das Gebiss des Wildschweins kann pflanzliche und tierische Nahrung zerkleinern *(Allesfressergebiss)*. ▸6
Das männliche Wildschwein, den *Keiler*, erkennst du an seinen mächtigen Eckzähnen. Das weibliche Tier, die *Bache*, ist immer etwas kleiner. Anfang April bringt sie in einem nestartigen Wurfkessel ihre Jungen, die *Frischlinge*, zur Welt.
Wildschweine leben in Familienverbänden *(Rotten)*.

Das Hausschwein Das Hausschwein stammt vom Wildschwein ab. Vor mehr als 6000 Jahren wurde es aus Wildschweinen gezüchtet.
Im Aussehen unterscheiden sich Hausschwein und Wildschwein beträchtlich. Das Hausschwein hat z. B. kürzere Beine als das Wildschwein. Es bildet außerdem eine starke Fettschicht aus.
Im Freien zeigen Hausschweine noch Verhaltensweisen, die denen des Wildschweins ähnlich sind.

Züchten von Hausschweinrassen Bei der Züchtung wählt man Tiere aus, die für den Menschen vorteilhafte Eigenschaften besitzen. Man sorgt dafür, dass sich Tiere mit diesen Eigenschaften paaren: Man *kreuzt* sie. Durch Züchtung lassen sich zahlreiche Körpermerkmale verändern. ▸5 So entstehen unterschiedliche Rassen.
Beispiele: Die Rasse „Deutsches Edelschwein“ wächst schnell heran und hat fettarmes Fleisch. Eine andere Rasse hat 16 statt 12 Rippen. So lassen sich pro Schlachtschwein 8 Koteletts mehr verkaufen.

Das Hausschwein wurde vor mehr als 6000 Jahren aus dem Wildschwein gezüchtet. Es ist ein Allesfresser mit einem feinen Geruchssinn und dient dem Menschen als Fleischlieferant.

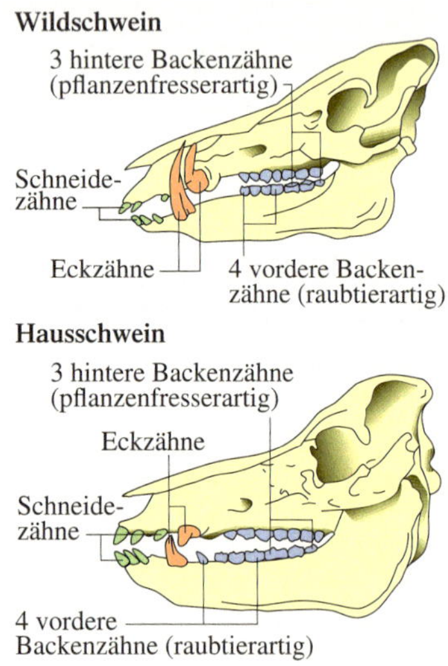

3 *Gebiss von Haus- und Wildschwein*

Aufgaben

1 Hausschweine in Freilandhaltung zeigen Verhaltensweisen des Wildschweins. Nenne diese Verhaltensweisen.

2 Trage Unterschiede und Gemeinsamkeiten von Haus- und Wildschwein in eine Tabelle ein.

3* Haltung von Hausschweinen
a Welches sind typische Verhaltensweisen des Wildschweins?
b Leite daraus Ansprüche an eine artgerechte Tierhaltung ab.
c Welche dieser Ansprüche können im Schweinemaststall nicht erfüllt werden?

Überblick

Haustiere – Nutztiere – Heimtiere
Der Mensch hat einige wild lebende Tiere zunächst durch Zähmung, dann durch gezielte Züchtung zu Haustieren gemacht.
Von Nutztieren gewinnt der Mensch Fleisch, Milch, Haut oder Wolle. Hund und Katze zählt man zu den Heimtieren. Sie leben meist mit uns in der Wohnung.

Verantwortung des Menschen
Haustiere haben Anspruch auf eine artgerechte Haltung. Dabei nimmt der Mensch so weit wie möglich Rücksicht auf die Lebensbedürfnisse und das natürliche Verhalten der Tiere.

Säugetiere
Säugetiere ernähren ihren Nachwuchs mit Milch. Man sagt, die Nachkommen werden gesäugt. Das auffälligste Merkmal der Säugetiere sind ihre Haare, die bei den meisten Arten ein dichtes Fell bilden. Ein weiteres gemeinsames Kennzeichen aller Säugetiere sind die unterschiedlichen Zähne und der in alle Richtungen bewegliche Unterkiefer.

Züchtung von Tieren
Bei der Züchtung werden Tiere mit gewünschten Eigenschaften miteinander verpaart. So sollen gewünschte Eigenschaften verstärkt und ungewünschte Eigenschaften unterdrückt werden.

Alles klar?

1 Nenne die Vorfahren von zwei Haustieren und erstelle einen Steckbrief von einer der Wildformen.

2 Pferde sind perfekt an das Leben in weiten Steppen angepasst.
a Benenne die Teile des Pferdeskeletts. ▸4
b Erläutere die Angepasstheit anhand des Beinskeletts.
c Nenne weitere Angepasstheiten.

3 Du hast den Begriff Züchtung kennengelernt. Beschreibe anhand eines Beispiels, wie die Menschen aus Wildformen nutzbare Pflanzen gezüchtet haben.

4 Fasse die Verdauungsorgane des Rinds ▸5 und ihre jeweiligen Aufgaben in einer Tabelle zusammen.

5* Schlachttiere werden innerhalb Europas oft über weite Strecken transportiert. Es gibt Vorschriften, wie lange die Transporte höchstens dauern dürfen. Außerdem müssen die Tiere getränkt werden.
a Nenne mögliche Gründe für Tiertransporte.
b Tierschützer fordern ein Verbot von Tiertransporten über weite Entfernungen. Nenne Argumente, die sie anführen könnten.

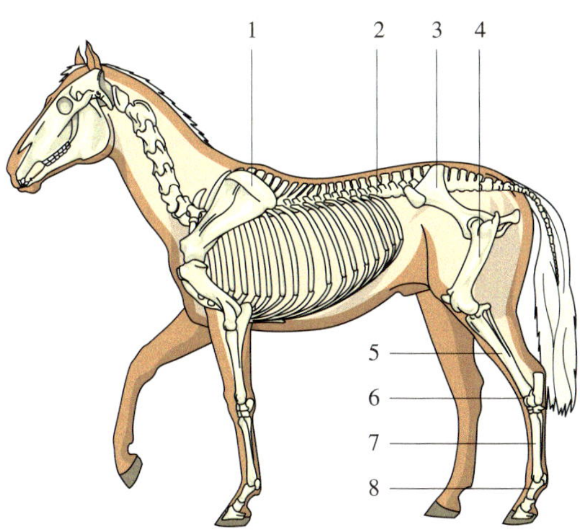

4 *Skelett des Pferdes*

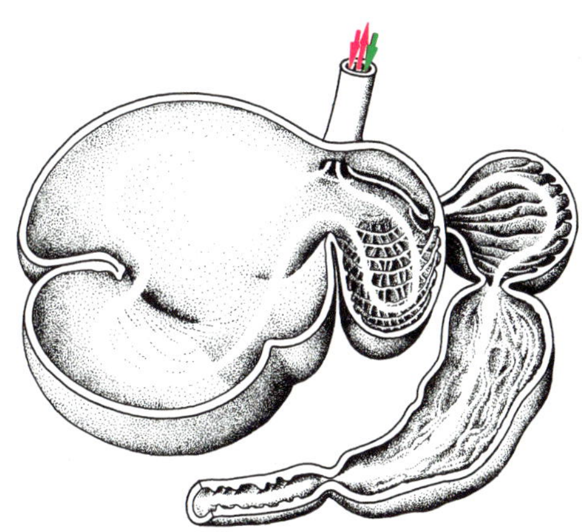

5 *Verdauungsorgane des Rinds*

Tiere aus extremen Lebensräumen

▷ Als „Wüstenschiff“ ist das Dromedar für Menschen der Wüste unentbehrlich. Im Zoo erfreuen wir uns an den fremdländisch aussehenden Tieren.

▷ Eisbären leben im Eis des Polarmeers, aber auch bei uns im Zoogehege.

1 *Dromedare (Einhöckrige Kamele)*

2 *Eisbären*

Grundlagen Ein Leben in der Trockenheit

Die heißen Wüsten Nordafrikas und Arabiens sind der Lebensraum des Dromedars. Dort wachsen nur wenige Pflanzen. Die Tagestemperaturen steigen oft bis auf 50 °C. Nachts wird es kalt.
In den Wüsten wird das Dromedar als Reit- und Tragtier eingesetzt. Außerdem liefert es den Menschen Milch, Wolle, Leder und Fleisch.

Eine Woche ohne zu trinken! Das Dromedar geht mit dem Wasser im Körper äußerst sparsam um: Es scheidet wenig Urin aus und schwitzt viel weniger als ein Mensch. Selbst wenn es ein Viertel seines Körperwassers verliert, gerät es nicht in Lebensgefahr. So kann es ohne zu trinken 6 bis 8 Tage in der heißen Wüste überleben. Wenn das Dromedar in einer Oase ans Wasser kommt, kann es auf einmal bis zu 100 Liter Wasser trinken. So gleicht es die großen Wasserverluste wieder aus.

Anpassungen im Körperbau Auffallend am Dromedar sind die langen Beine, der Rückenhöcker und der hoch aufgerichtete Kopf.
Die langen Beine heben den Körper weit ab vom heißen Wüstenboden. Die Hufe haben eine polsterartige Lauffläche. Beim Auftreten verbreitert sie sich noch. Das trägt dazu bei, dass das schwere Tier nicht im Wüstensand einsinkt.
Der hoch aufgerichtete Kopf ermöglicht eine gute Weitsicht. Bei einem Sandsturm schließt das Dromedar einfach seine Nasenlöcher. Lange Wimpern und viel Tränenfluss schützen die Augen vor Flugsand. Die Ohren sind im Fell versteckt.
Im Rückenhöcker des Dromedars ist Fett gespeichert. Bei gesunden Tieren sind die Höcker prall und aufrecht stehend.
Das filzige Fell hält die Tageshitze der Umgebung ab. Und bei Nacht schützt es vor Auskühlung.

Aufgaben

1 Fasse zusammen, wie das Dromedar an seinen Lebensraum angepasst ist.

2 In Wüstenländern ist das Dromedar ein wichtiges Haustier. Nenne Gründe dafür.

3 Zur Gruppe der Kamele zählen auch Trampeltiere und Lamas.
a Nenne Unterschiede und Gemeinsamkeiten zum Dromedar.
b Informiere dich über weitere Tiere, die in Wüstenregionen leben. Gestalte ein Plakat.

Grundlagen Ein Leben in der Kälte

Der Lebensraum der Eisbären ist das ewige Eis am Nordpol. Dort liegen die Sommertemperaturen kaum über dem Gefrierpunkt. Im Winter ist es oft −40 °C kalt. Die Sonne geht monatelang nicht auf und eiskalte Schneestürme fegen über das Eis. Wenn es so kalt ist, lässt sich der Eisbär einfach mit Schnee zuwehen. Im Sommer gelangt er auf Treibeisschollen oft weit nach Süden. Da er ein guter und ausdauernder Schwimmer ist, legt er den Rückweg im Wasser zurück.

Der Eisbär – ein Raubtier Mit bis zu 500 Kilogramm Körpergewicht ist der Eisbär das größte Landraubtier der Erde. Er hat sich auf Fleischnahrung spezialisiert, vor allem auf Robben. ▸3 Das weiße Fell tarnt den Eisbären, wenn er sich an die auf dem Eis ruhenden Robben anschleicht. Oft lauert er ihnen an Eislöchern auf – da, wo sie zum Atmen auftauchen. Der Eisbär ist ein Einzelgänger. Er legt täglich viele Kilometer alleine auf dem Eis zurück.

Fell und Fett als Kälteschutz Der Eisbär ist an kaltes Wasser und ein Leben auf dem Eis angepasst. Auf dem Eis stellt sein dichtes Fell einen wirksamen Kälteschutz dar. ▸4 Die feine, dichte Unterwolle wird von Talgdrüsen wasserfest eingefettet.
Im Eiswasser schützt das dicke, zottige Fell nicht vor Wärmeverlust. Unter der Haut befindet sich aber eine dicke Fettschicht. Sie verhindert die Auskühlung im Wasser.

Geburt in der Schneehöhle Die Eisbärin lässt sich zu Beginn des Winters vom Schnee zuwehen. Sie zehrt dann von dem Körperfett, das sie sich vorher angefressen hat. Im Dezember bringt sie zwei Eisbärenjunge zur Welt. Diese sind kaum behaart, hilflos, taub und blind. Ernährt werden sie von der fettreichen Milch der Bärin.

Auch in extremen Lebensräumen gibt es Tiere. Verhalten und Körperbau sind an die Temperaturen sowie das Wasser- und Nahrungsangebot angepasst.

3 *Eisbär auf der Jagd*

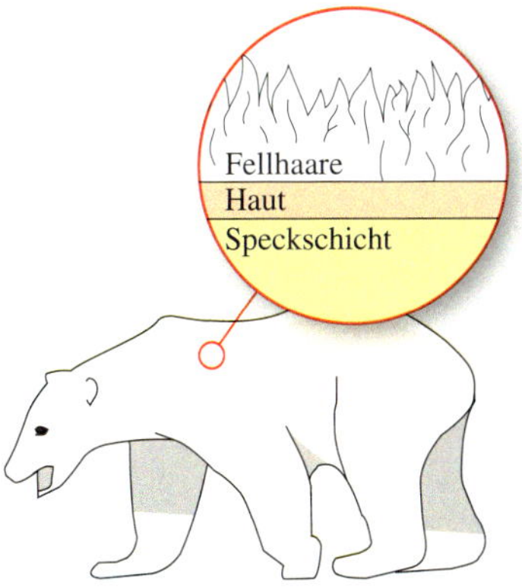

4 *Fell und Speckschicht als Kälteschutz*

Aufgaben

5 Einige Merkmale im Körperbau kennzeichnen den Eisbären als Tier der Eiswüste.
a Beschreibe, wie sein Fell beschaffen ist.
b Vergleiche die Größe seiner Ohren mit der anderer Bären. Erkläre den Unterschied.
c* Informiere dich über seine Fußsohlen.

6 Der Eisbär hat eine Fettschicht unter der Haut.
Wo speichern die Kamele ihr Körperfett?

7 Durch den Klimawandel wird das Packeis in der Arktis immer weniger. Welche Folgen hat dieser Rückgang für den Eisbären? Begründe deine Antwort.

8* Der Eisfuchs hat ein sehr dichtes Fell, besitzt aber nur wenig Körperfett. Die Robbe hat nur ein kurzes Fell, dafür aber eine mächtige Speckschicht. Der Eisbär hat sowohl ein dichtes Fell als auch eine mächtige Speckschicht. Warum braucht er das alles?

9* Informiere dich über weitere Tiere, die in einer Eiswüste leben. Bereite einen Vortrag vor.

10* Beim Zoobesuch: Vergleiche die Umweltbedingungen im Lebensraum des Eisbären mit denen im Gehege: Welche Verhältnisse findet der Eisbär im Zoo vor und welche nicht?

Schlangen aus aller Welt

▷ Schlangen werden vom Menschen wegen der Giftigkeit einiger Arten zu Unrecht verfolgt und getötet.
Im Zoo sind sie ein schaurig-schöner Anziehungspunkt.

1 *Königskobra im Reptilienhaus …*

2 *… und in ihrem Lebensraum*

Grundlagen Ein Leben in der Wärme

Die Königskobra oder Brillenschlange lebt in Wäldern Südostasiens. ▸1–2 Sie wird bis zu 4 m lang und ernährt sich von anderen Schlangen und Eidechsen. Ihr Biss kann für einen Menschen tödlich enden.
Riesenschlangen wie der in Südostasien lebende Tigerpython erwürgen Beutetiere durch Umwinden. ▸3 Er wird bis zu 6 m lang und 90 kg schwer. Schlangen verschlingen ihre Beute im Ganzen. Ihren sehr guten Geruchssinn nutzen sie beim Züngeln. Auch über Erschütterungen des Untergrunds nehmen sie Beute wahr. Ansonsten sind sie fast blind und taub.

Körperbau Schlangen haben eine Wirbelsäule und gehören zu den Kriechtieren (Reptilien). Ihre Haut ist trocken und hat Hornschuppen. Beim Häuten streifen sie ihre Haut als Ganzes ab. ▸4
Schlangen haben keine Beine – sie kriechen auf ihren Rippen! ▸5

Schutz der Schlangen Schlangenleder ist sehr beliebt. Viele Menschen halten sich exotische Schlangen auch als Haustiere. So werden diese Tiere in ihrem natürlichen Lebensraum immer seltener. Nicht nur viele exotische Schlangen stehen unter Naturschutz, sondern auch heimische Schlangen wie die Kreuzotter.

3 *Tigerpython*

4 *Bei der Häutung abgestoßene Haut*

5 *Fortbewegung einer Schlange*

Aufgaben

1 Besuche im Zoo das Reptilienhaus und informiere dich über Aussehen, Lebensweise und Vorkommen von mindestens drei verschiedenen Schlangenarten. Stelle eine Tabelle auf.

2 Haben Schlangeneier eine harte Schale wie Hühnereier? Informiere dich.

3 Auch in unserer Heimat gibt es Schlangen. Finde mehr darüber heraus.

4* Welche bei uns vorkommenden Tiere sind im Washingtoner Artenschutzabkommen verzeichnet? Informiere dich.

Zur Diskussion Artenschutz geht jeden an

Nach den Sommerferien besucht Murat seinen Freund Tim zu Hause. Geheimnisvoll zeigt dieser ihm in einem Karton eine kleine Schildkröte. „Die habe ich aus der Türkei mitgebracht, als Erinnerung an unseren Urlaub." Er nimmt sie auf seine Hand. „Willst du auch mal?" ▸6
Murat weiß von seiner Mutter, dass es verboten ist, Schildkröten und andere Tiere als Urlaubsmitbringsel mitzunehmen. Warum ist das so?

Artenvielfalt Eine *Art* ist eine Gruppe von Lebewesen, die sich untereinander fortpflanzen können. Durch menschliche Eingriffe verschwinden jeden Tag bis zu 70 Pflanzen- und Tierarten von der Erde. Die Artenvielfalt ist unentbehrlich, denn sie ist auch Lebensgrundlage der Menschen.
Stellt euch vor, es gäbe nur noch eine Eidechsenart. Alle würden das Gleiche fressen, die gleichen Reviere aufsuchen, die gleichen Feinde haben. Die Folgen für die Natur wären kaum auszudenken.

Artenrückgang Weltweit geht die Artenvielfalt zurück: Menschen zerstören Lebensräume durch Rodung von Wäldern, Entwässerung und Verschmutzung von Boden und Luft. Tierarten werden ausgerottet, indem Tiere gesammelt und als Andenken an Urlauber oder direkt ins Ausland verkauft werden. ▸7
Das Einführen von Arten in fremde Lebensräume kann ungeahnte Folgen haben. Ein Beispiel dafür sind die Kaninchen in Australien. ▸8 Da sie dort keine natürlichen Feinde haben, können sie sich unbegrenzt vermehren. Die großen Herden verwüsten ganze Landstriche.

Schildkrötenhaltung zu Hause Die Rotwangenschmuckschildkröte von Tim ist im Süden der USA zu Hause. Sie unterliegt der EU-Artenschutzverordnung und ist unter besonderen Schutz gestellt. In deutschen Tierhandlungen werden Nachzüchtungen zum Verkauf angeboten. Die Jungtiere sind nicht größer als ein 2-Euro-Stück und werden wegen ihres niedlichen Aussehens gern gekauft. Die Weibchen werden allerdings fast 30 cm und die Männchen 20 cm groß. Oft wollen sich die Besitzer dann von ihnen trennen. Da sie aber kaum jemand haben will, werden sie in Teichen ausgesetzt. Dort fressen sie bedrohte Fische und Lurche und übertragen Krankheiten auf andere Tiere.

Artenschutzabkommen Bedrohte Tiere und Pflanzen werden durch das weltweit gültige Washingtoner Artenschutzabkommen geschützt. Wenn der Zoll im Gepäck von Reisenden geschützte Tiere oder Pflanzen oder Produkte daraus findet, droht eine hohe Geldstrafe. *Es ist verboten, geschützte, gefährdete oder ausgestorbene Tier- und Pflanzenarten oder Teile von ihnen mitzunehmen oder ihre Lebensräume zu zerstören.*

6 *Rotwangenschmuckschildkröte*

7 *Ungeeignete Souvenirs: Produkte aus Krokodilleder*

8 *Kaninchen in Australien*

Aufgaben

5 Zähle auf, wodurch die Artenvielfalt bedroht ist.

6 Stell dir vor, du bist in der Situation von Murat. Was hättest du zu Tim gesagt?

7* Unter der Adresse *www.artenschutz-online.de* erfährst du, welche geschützten Tiere in den Urlaubsländern zum Verkauf angeboten werden. Erstelle ein Plakat von exotischen Pflanzen und Tieren, die aus diesen Ländern nicht ausgeführt werden dürfen.

Teste dich!

▷ Die Lösungen findest du im Anhang.

1 Du sollst die Frage klären: „Wie viel Futter frisst eine erwachsene Rennmaus in einer Woche?“

a Schreibe Vorschläge auf, wie du diese Frage beantworten könntest.

b Entwirf einen Plan, wie du das Problem experimentell lösen könntest.

c Welche naturwissenschaftlichen Arbeitsweisen setzt du dabei ein?

d Welche Angaben muss ein Protokoll deiner Beobachtungen enthalten?

e Bei einer erwachsenen Rennmaus wird das Körpergewicht in einer Woche nicht zunehmen. Warum nicht?

2 Viele Menschen halten sich einen Hund als treuen Freund. Wahrscheinlich stammen alle Hunde vom Wolf ab. Durch langjährige Züchtung entstanden viele verschiedene Hunderassen.

a An Körperbau und Verhalten kann man erkennen, dass Hund und Wolf miteinander verwandt sind. Zähle vier Gemeinsamkeiten auf.

b Hunde sind viel einfacher abzurichten als Katzen. Erkläre diesen Unterschied. *Tipp:* Denke daran, wie die Wildtiervorfahren der beiden Haustiere leben.

c Der Mensch hält Haustiere zu verschiedenen Zwecken. Nenne mehrere Beispiele.

d Du wünschst dir einen Hund als Spielgefährten. Was musst du vor dem Kauf bedenken?

3 Der Mensch züchtet Nutztiere, um bestimmte Produkte zu erhalten. Bei Rindern ist die Menge der produzierten Milch besonders wichtig. In der folgenden Tabelle kannst du sehen, wie viel Milch eine Kuh in Deutschland im Durchschnitt liefert.

Jahr	Milchleistung pro Jahr
1950	4200 Liter
1960	4600 Liter
1970	4700 Liter
1980	5200 Liter
1990	5600 Liter
2000	6600 Liter
2010	7700 Liter

Zeichne die Werte als Balken in ein Schaubild ein. Arbeite auf einem DIN-A4-Blatt und überlege dir, bevor du zeichnest, wie groß die Balkenabstände bei den Jahreszahlen sein sollen. Eine Balkenhöhe von 2 cm soll eine Milchleistung von 1000 Litern darstellen.

4 Die folgenden Aussagen beschreiben verschiedene Tiere:

a … sind Einzelgänger.

b … verständigen sich im Rudel durch eine deutliche Körpersprache.

c … haben mehrere Mägen.

d … produzieren Milch, um ihren Nachwuchs zu ernähren.

e … wurden schon vor mehr als 6000 Jahren vom Menschen gezüchtet.

f … werden heute in Deutschland nur noch selten für schwere Arbeiten eingesetzt.

g … werden vom Menschen für vielfältige Aufgaben gezüchtet. Es gibt mehr als 400 Rassen.

Ordne die Aussagen den folgenden Tieren zu: Hunde, Katzen, Kühe, Pferde, Säugetiere, Wölfe.

Schätze deine Fähigkeiten ein

Ordne deiner Aufgabenlösung im Heft ein Smiley zu:

☺ Ich konnte die Anforderungen erfüllen.

😐 Ich konnte die Anforderungen nicht vollständig erfüllen.

☹ Ich konnte die Anforderungen nicht erfüllen.

Anforderung	Ich kann …	Hilfe findest du auf Seite …
1	planen, wie ich das Verhalten eines Tieres genau beobachte.	10 f.
2	die Verantwortung einschätzen, wenn man ein Tier halten will.	10, 12–15
3	Daten aus einer Tabelle in ein Schaubild übertragen.	
4	wichtige Aussagen bestimmten Tieren zuordnen.	14–18, 21, 23, 27

Was lebt am und im Parkteich?

Lebensräume in der Stadt

- Schaust du dich auf dem Schulgelände oder im Park genauer um, wirst du viele Pflanzen und Tiere entdecken. Je nachdem, was sie benötigen, besiedeln Lebewesen unterschiedliche Lebensräume.
- In deiner Umgebung findest du verschiedene Bäume. Untersuche sie und erstelle Steckbriefe am Computer.
- Ein Teich mit seinem Ufer ist der Lebensraum von zahlreichen Tieren und Pflanzen. Es gibt mehrere Möglichkeiten, die Eigenschaften seines Wassers zu untersuchen.

Was lebt in meiner Nachbarschaft?

Lebensräume am Schulweg

▷ Vielleicht verlässt du eure Wohnung durch einen Vorgarten, gehst an einer Hecke, an Rasenflächen, unter Bäumen oder an einem Bach entlang oder du durchquerst einen Park. Egal, ob du eher in einer städtischen oder ländlichen Gegend wohnst, ganz bestimmt streifst du unterschiedliche Lebensräume, bis du die Schule erreichst.

▷ An welchen Lebensräumen kommst du vorbei?

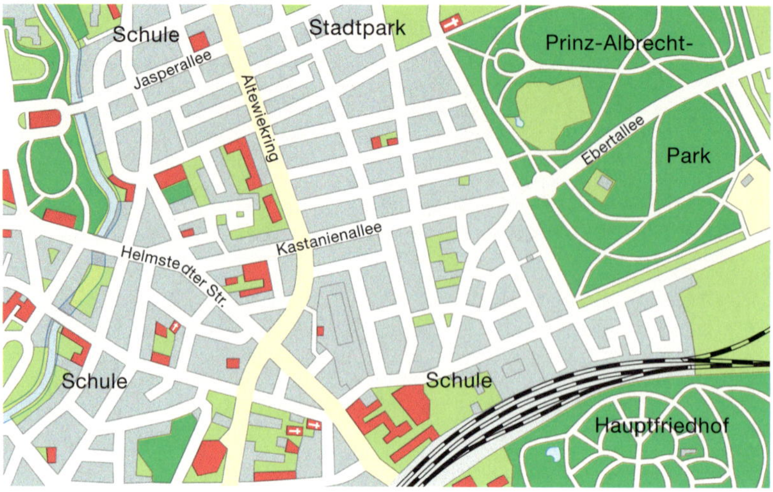

1 *Stadtplanausschnitt*

Grundlagen Was ist ein Lebensraum?

Pflanzen und Tiere bewohnen für sie geeignete Lebensräume. Eine Hecke oder eine Wiese ist ein Lebensraum, aber auch ein einzelner Baum oder ein Wegrand. ▸2 Man spricht von artenreichen Lebensräumen, wenn in ihnen viele verschiedene Tier- und Pflanzenarten vorkommen. Kommen nur wenige Arten vor, spricht man von einem artenarmen Lebensraum. ▸3

Verschiedene Lebensräume	
Acker	landwirtschaftlich genutzte Fläche
Baum	besonders großer, alter Baum
Feldgehölz	kleines Wäldchen oder große Hecke auf landwirtschaftlicher Fläche
Feuchtgebiet	große Pfütze, Tümpel, nasse Wiese, Überschwemmungsgebiet
Garten	vom Menschen mehr oder weniger naturnah angelegte Fläche
Gewässer	Bach, Teich, See, Fluss
Grüne Fassade	mit Kletterpflanzen begrünte Gebäudewand
Hecke	Kräuter, Sträucher und Bäume, in einer Reihe wachsend
Rasen	Fläche, die hauptsächlich aus Gräsern besteht; wird in kurzen Abständen gemäht und auch gedüngt
Trockenmauer	Mauer aus Natursteinen, die ohne Zement errichtet wurde
Wald	Laub-, Nadel- oder Mischwald

3 *Lebensraum Schulteich – artenreich oder artenarm?*

Standortbedingungen Jeder Lebensraum ist von ganz bestimmten Umweltbedingungen geprägt. Man bezeichnet sie als *Standortbedingungen*. Dazu gehören Bodenbeschaffenheit, Licht, Bodenfeuchtigkeit und Luftfeuchtigkeit, Windverhältnisse, Luft- und Bodentemperatur. ▸4 Pflanzen und Tiere haben unterschiedliche Ansprüche an die Standortbedingungen. Die einen bevorzugen einen trockenen, der Sonne zugewandten Standort, die anderen eher feuchte und schattige Plätze. So braucht in Grasfrosch eine hohe Luftfeuchtigkeit und Schatten, sonst würde seine empfindliche feuchte Haut austrocknen.
Unterschiedliche Lebensräume werden daher von verschiedenen Lebewesen besiedelt.

Lebensräume sind gekennzeichnet durch ganz bestimmte Standortbedingungen wie Bodenbeschaffenheit, Feuchtigkeit, Temperatur, Licht- und Windstärke. Pflanzen und Tiere sind an diese Standortbedingungen angepasst.

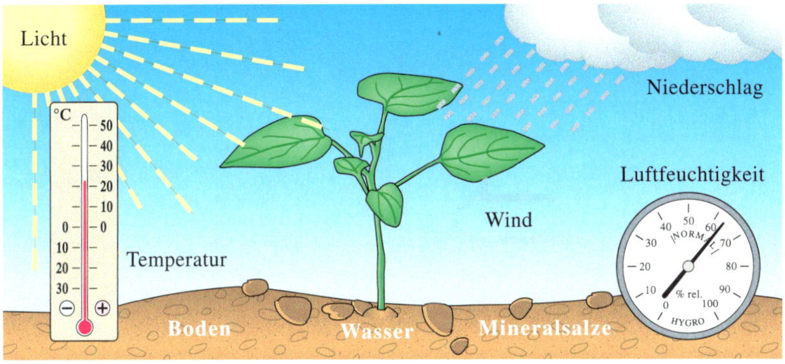

4 *Standortbedingungen*

Aufgaben

1 Vergleiche die abgebildeten Lebensräume. ▸3, 5, 6

2 In so unterschiedlichen Lebensräumen wie Feuchtgebiet und Trockenmauer wirst du selten die gleichen Pflanzen und Tiere finden. Begründe!

3 Nenne Standortbedingungen, die auf eine Zimmerpflanze wirken. Nimm die Grafik zu Hilfe. ▸4

5 *Lebensraum Schulgarten*

6 *Lebensraum Trockenmauer*

Lebensraum Schulgelände

- Das Schulgelände soll nach Pflanzen und Tieren abgesucht werden. Dabei kommt es auf jede Art an, egal, ob ihr sie kennt oder nicht. Ihr werdet selbst an Orten, die kahl und unbewohnbar erscheinen, Pflanzen- und Tierarten entdecken.
- Lebewesen suchen sich den Ort aus, an dem sie alles haben, was sie zum Leben brauchen. An geeigneten Orten können so Gemeinschaften mit erstaunlich vielen Pflanzen- und Tierarten entstehen. Man spricht von *Artenvielfalt*.

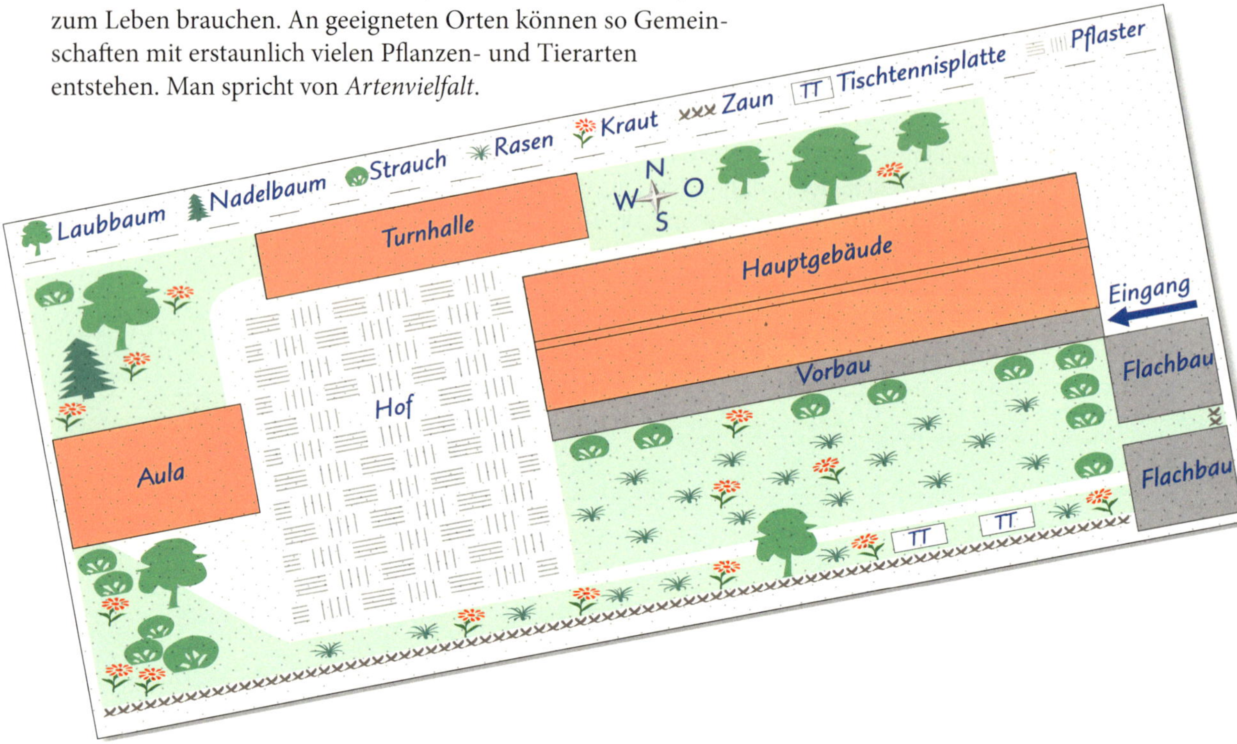

1 *Lebensraum Schulgelände*

2 *Löwenzahn*

3 *Mäusegerste*

4 *Spitzahorn*

5 *Singdrossel*

6 *Kleiner Fuchs*

7 *Marienkäfer*

Projektauftrag

1 Wir erfassen den Lebensraum „Schulgelände“

a Verabredet ein Thema und legt es schriftlich fest.

b Erstellt einen Zeitplan von Beginn bis zum Abschluss der Projektarbeit. ▸8

c Bildet Arbeitsgruppen mit drei oder vier Mitgliedern. Jede Gruppe übernimmt einen Teilbereich des Schulgeländes. Welche Teilthemen und Aufgaben wollt ihr in eurer Arbeitsgruppe übernehmen? Überprüft, ob die selbst gewählten Aufgaben dem Projektziel entsprechen. *Beispiele:* „Pflanzen zwischen Steinplatten“, „Tiere in Rasenflächen“, „Kleintiere in der Rinde“. ▸9

d Trefft euch in regelmäßigen Abständen. Informiert jeweils die anderen Gruppen über den Stand eurer Arbeit. ▸10

e Am Ende eurer Projektarbeit soll ein „Produkt“ entstehen, das eure Erkenntnisse enthält. Wie wäre es mit einem Plakat? ▸11 Jeder Einzelne soll sich darin mit seinem Beitrag wiederfinden. Das „Produkt“ stellt ihr anschließend in der Schule oder beim Elternabend vor. Ihr könnt auch ein Verzeichnis aller gefundenen Arten des Lebensraums „Schulgelände“ (mit Bildern) auf einer CD zusammenstellen.

Datum	Uhrzeit	Aufgabe
5.5.201...	8.45	Wir einigen uns auf eine Projektidee.
9.5.201...	9.30	Tiere fangen.
...	...	...

8 *Muster für einen Zeitplan*

9 *Themenfächer*

10 *Austausch von Informationen*

11 *Die Ergebnisse werden dargestellt und erläutert.*

Welche Tiere leben hier?

▷ Tiere können klein und groß oder schnell und langsam sein. Sie können sich an unterschiedlichen Orten aufhalten und am Tag oder bei Nacht unterwegs sein. Wer sie fangen will, braucht eine Ausrüstung.

Tiere sind Lebewesen. Lasst alle gefangenen Tiere nach der Untersuchung wieder frei!

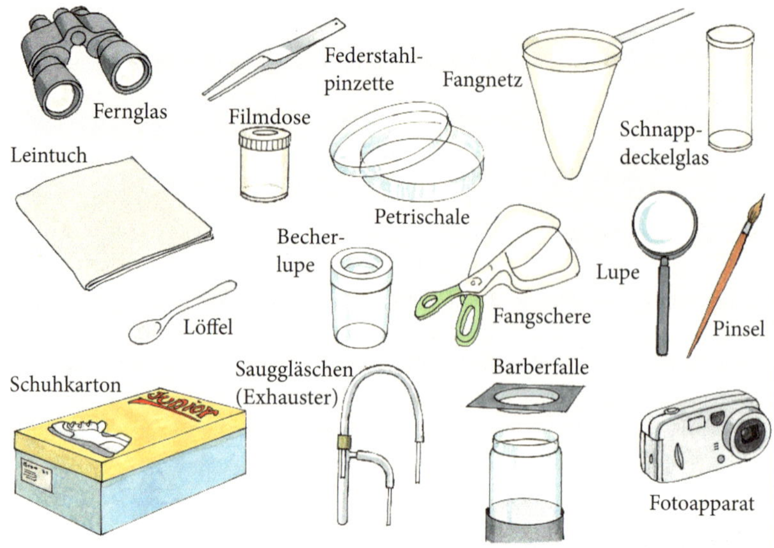

1 *Geräte zum Finden und Fangen*

Beobachten Untersuchen

1 Tiere fangen
- Viele Kleintiere versuchen sich vor ihren Feinden zu verbergen. Spürt sie auf und fangt sie vorsichtig ein. ▸**2–3** Stülpt ein Fangglas über sie oder lasst sie vorsichtig hineinkriechen und schließt den Deckel.
- Sammelt Raupen, Käfer oder Wanzen in Schnappdeckelgläsern. Gebt jeweils etwas vom Fundort dazu, z. B. ein Blatt des Strauchs.
- Saugt sehr kleine Tiere ein ▸**3** oder nehmt sie mit Löffel oder Pinsel auf.
- Fangt Blütenbesucher am besten mit der Fangschere.
- Nehmt Gliedertiere mit weicher Außenhülle mit der Federstahlpinzette auf.

2 Tiere beobachten Nicht alle Tiere lassen sich einfach fangen.
- Beobachtet Vögel mit einem Fernglas und vergleicht sie mit den Abbildungen eines Bestimmungsbuchs. Notiert die Namen.
- Andere Tiere hinterlassen Reste ihrer Mahlzeiten oder andere Spuren. Zeichnet oder fotografiert die Reste und Spuren.

Lurche (Frösche und Kröten) und Kriechtiere (Eidechsen, Ringelnattern …) sind geschützt und dürfen nicht gefangen werden! Manche Tiere sind zart und verletzlich. Achtet darauf, dass sie nicht zu Schaden kommen. Schmetterlinge solltet ihr deshalb nicht einfangen, sondern an Ort und Stelle bestimmen oder zeichnen bzw. fotografieren.

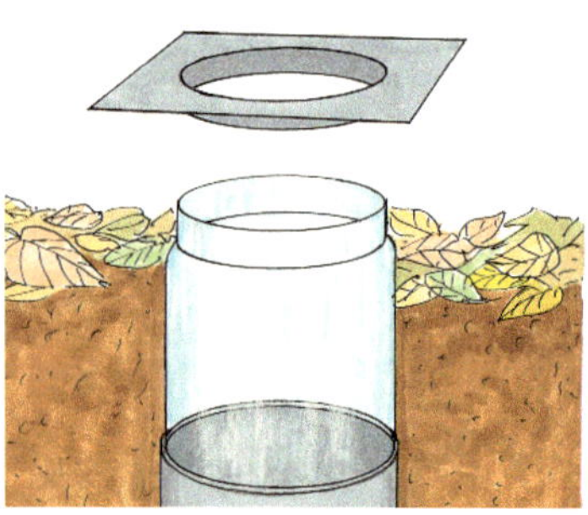

2 *Barberfalle*

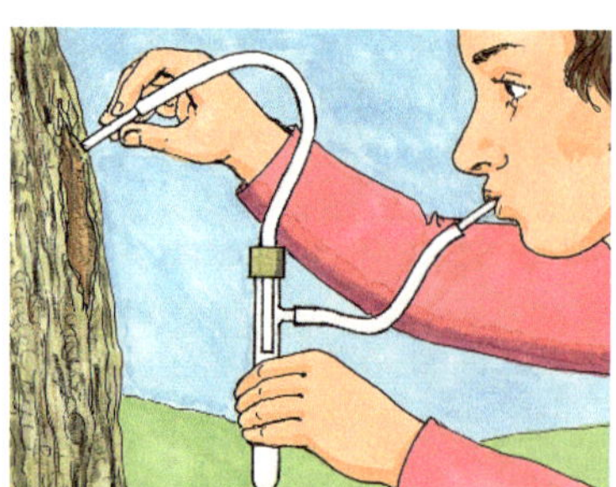

3 *Kleintiere vorsichtig einsaugen*

4 *Zweige über Leintuch abklopfen*

Methode Kartieren

Um den Fundort von Tieren festzuhalten, braucht man einen Plan des Lebensraums. In diesen Plan kann man die Funde genau eintragen. Das nennt man *kartieren*.

Kartiert euer Schulgelände:
- Ihr braucht kariertes Papier, Schreibunterlage, Bleistift, Radiergummi.
- Stellt euch auf den Schulhof und fangt bei eurer Zeichnung mit dem Schulgebäude an. Achtet darauf, dass ihr groß genug zeichnet. Schulhof, Gebäude, Mauern, Zäune, Rasenflächen, Bäume und Sträucher sollen in ihrer Größe und Lage ungefähr stimmen.
- Die Grünflächen könnt ihr mit Buntstiften färben.
- Markiert die Einzelheiten mit einem Buchstaben oder Zeichen und schreibt eine Erklärung dazu. ▸5
- Teilt den Plan dann so auf, dass gleich große Teile für die Arbeitsgruppen entstehen. Mit dem Fotokopierer könnt ihr die Teilpläne vergrößern. Jede Arbeitsgruppe trägt nun ihre Tierfunde am Fundort in ihren Teilplan ein. ▸6
- Setzt die Teilpläne anschließend wieder zu einem Gesamtplan zusammen. Klebt ihn auf Karton oder Packpapier. Jetzt habt ihr eine genaue Übersicht über die Tiervorkommen auf eurem Schulgelände. Als Nächstes müsst ihr eure Funde bestimmen. Benutzt dazu ein Bestimmungsbuch mit Bildern.

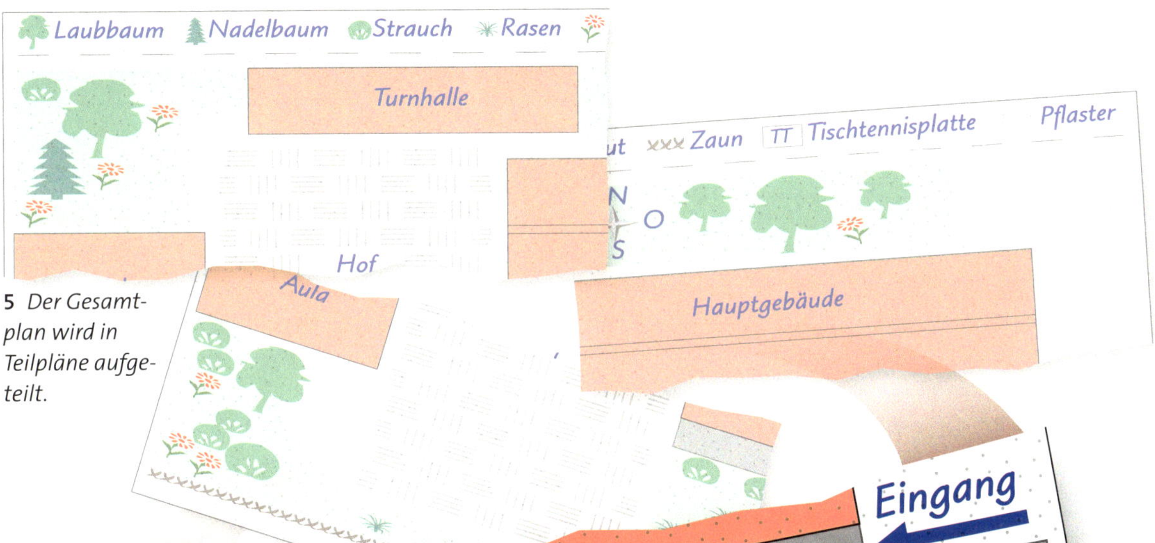

5 *Der Gesamtplan wird in Teilpläne aufgeteilt.*

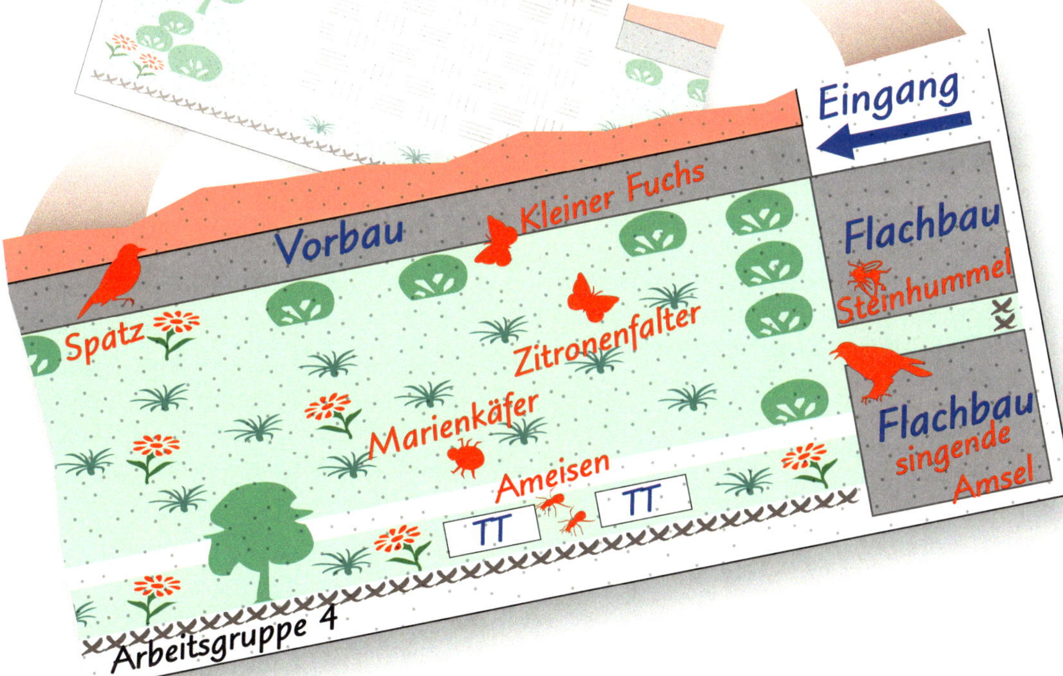

6 *Jede Arbeitsgruppe trägt ihre Funde in ihren Teilplan ein.*

Auswerten und präsentieren

▷ Du hast einen Käfer gefangen. Beim Betrachten mit der Becherlupe fallen dir viele Besonderheiten auf: Kopf mit Fühlern, die in winzige Abschnitte aufgeteilt sind; sechs rotbraune Beine, die aus mehreren Gliedern und einem starken „Schenkel“ bestehen; zwei dunkelbraune Flügeldecken mit parallel verlaufenden Rillen … Wenn du deinen Blick abwendest, vergisst du schon die ersten Merkmale.

▷ Du sollst dir die Gestalt des Tiers merken. Konzentriere dich daher auf den Körperumriss. Alle anderen Merkmale musst du zunächst übersehen. Dein Gehirn übersetzt die Körperform des Tiers in Zeichenbewegungen deiner Hand. So entsteht eine Strichzeichnung.

▷ Du lernst, dass ein Käfer aus drei Abschnitten (Kopf, Brust, Hinterleib) und drei Beinpaaren besteht. Du kannst ihn nun von anderen Gliedertieren unterscheiden.

1 *Unterscheide das Wichtige vom Unwichtigen!*

Beobachten Untersuchen

1 Tiere zeichnen Wählt in der Klasse ein Tier aus, das ihr zeichnen möchtet.

a Zeichnet das Tier mit Bleistift so groß wie eine Hand. Achtet darauf, dass klare, durchgehende Linien entstehen. Die fertige Strichzeichnung könnt ihr schraffieren.

b Vergleicht eure Zeichnungen in der Klasse. Welche Gemeinsamkeiten entdeckt ihr? Schaut noch einmal das Tier an und korrigiert Ungenauigkeiten oder Fehler.

c Beschriftet die Zeichnung: Tiername, Datum und Fundort.

2 Tiere bestimmen

a Nehmt eure Funde mit ins Klassenzimmer. Versucht die Pflanzen und Tiere mit Bestimmungsbüchern zu bestimmen.

b In den Bestimmungsbüchern, im Internet sowie in zusätzlicher Literatur findet ihr weitere Informationen zu den Lebewesen: Nahrung, Feinde, Standort. Schreibt sie neben eure Zeichnungen.

3 Lebensraum „Schulgelände“: Ergebnisse vorstellen

a Besorgt euch eine Rolle Packpapier als Plakatunterlage, Stifte und Klebstoff.

b Setzt eure Teilpläne wieder zum Gesamtplan des Schulgeländes zusammen und klebt ihn auf das Packpapier.

c Jede Gruppe klebt zu ihrem ursprünglichen Teilplan das ganze Material dazu, das sie erarbeitet hat. Ihr habt nun einen Überblick über die Pflanzen und Tiere, die es auf eurem Schulgelände gibt.

d Stellt euer Poster dem Rest der Klasse in einem Kurzreferat vor.

Lebensraum und Nahrungsnetze

1 *Häufige Bewohner des Schulgeländes: Einjähriges Rispengras, Braune Prunella, Raupe (Kleiner Fuchs), Amsel*

Aufgabe

1 Nahrungsketten

a Zeichnet eine Ansicht eures Schulgeländes mit Pflastersteinen, Rasen, Betonflächen, Gehölzen ... auf ein großes Plakat.

b Zeichnet eure Pflanzen- und Tierfunde mit Bleistift und Buntstiften auf runde Papierscheiben (Durchmesser rund 7 cm). Klebt die Scheiben auf das Plakat jeweils an den Ort, wo ihr sie gefunden habt.

c Sucht nach *Nahrungsketten* und kennzeichnet sie durch rote Pfeile. Die Pfeile müssen in die Richtung zeigen, in der die Nahrung aufgenommen wird. Da sich die Nahrungsketten verzweigen, erhaltet ihr ein *Nahrungsnetz* eures Schulgeländes. ▸2

d In diesem Kapitel findet ihr Bilder von weiteren Tieren des Schulgeländes. Sucht heraus, welche Nahrung sie brauchen. Fügt sie ins Nahrungsnetz ein.

Grundlagen Lebensgemeinschaft

Pflanzen brauchen in ihrem Lebensraum Licht, Kohlenstoffdioxid aus der Luft sowie Wasser und Mineralsalze aus dem Boden. Daraus produzieren die Pflanzen mehr Nährstoffe, als sie selbst benötigen. Pflanzen sind in einem Lebensraum die *Produzenten*. Sie verankern sich in der Regel durch ihre Wurzeln. An ihrem Standort müssen sie mit Hitze, Kälte und Trockenheit zurechtkommen.

Tiere können dagegen ihren Standort wechseln und teilweise große Strecken zurücklegen. Meist sind sie dort anzutreffen, wo sie Nahrung und Unterschlupf oder einen Nistplatz finden. Tiere sind in ihrem Lebensraum die Verbraucher, die *Konsumenten*:

- Die meisten Tiere sind *Pflanzenfresser*. Sie ernähren sich von allem, was Pflanzen im Jahreslauf bilden.
- *Fleischfresser* oder *Räuber* ernähren sich von anderen Tieren. Oft werden die Räuber selbst das Opfer von anderen Fleischfressern.

Pflanze, Pflanzenfresser und Fleischfresser bilden eine *Nahrungskette*. Die meisten Tiere haben mehrere Nahrungsquellen. Nahrungsketten sind also miteinander verknüpft. So entsteht ein *Nahrungsnetz*. ▸2 Die Pflanzen und Tiere eines Lebensraums sind eng miteinander verbunden. Sie bilden eine *Lebensgemeinschaft*.

Tiere und Pflanzen einer Lebensgemeinschaft sind über Nahrungsbeziehungen verbunden. Dabei dient eine Art der anderen als Nahrung. Da sich die meisten Tiere von mehr als einer Art ernähren, ergeben sich für jeden Lebensraum bestimmte Nahrungsnetze.

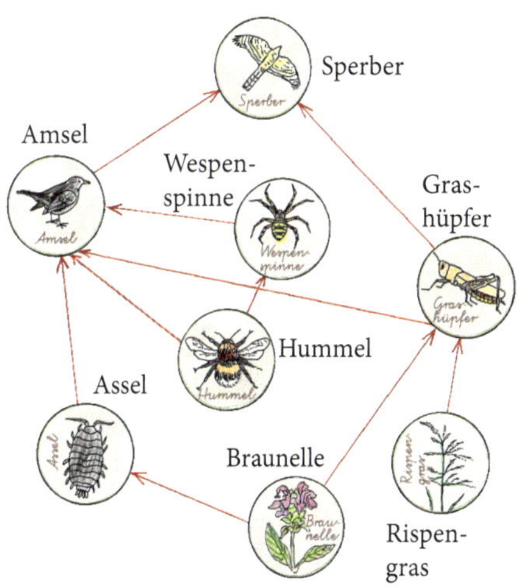

2 *Nahrungsnetz*
(„→“ bedeutet „wird gefressen von“.)

Kennübung Tiere des Schulgeländes

1 *Bänderschnecke: Gehäuse 20 mm breit und 15 mm hoch, mit braunen Längsbändern; frisst grüne Blätter von Kräutern und Gehölzen; Nahrung der Singdrossel, sie schlägt das Gehäuse auf.*

2 *Mauerassel: 3–18 mm groß; gegliederter Körper, Rückenschilder grau oder hell gezeichnet; 7 sichtbare Beinpaare; auffällig gewinkeltes Fühlerpaar; ernährt sich von welken Pflanzenresten.*

3 *Streifenwanze: 9–11 mm groß; auffallend rot-schwarze Färbung; saugt an blühenden Kräutern und Gräsern, indem sie mit ihrem Saugrüssel die Leitungsbahnen ansticht.*

4 *Kreuzspinne: bis 12 mm groß; weißes Kreuz auf dem Hinterleibsrücken; ernährt sich von Fluginsekten wie Fliegen und Hummeln.*

5 *Steinkriecher: bis 30 mm groß; kräftig dunkelrotbraun; mit 15 Paar Laufbeinen; am Kopf ein Paar schnurförmige Fühler; ernährt sich von lebenden Kleinsttieren.*

6 *Ohrwurm: bis 17 mm lang; glänzend braun mit Zangen am Hinterleib; besitzt drei Beinpaare; frisst pflanzliche und tierische Nahrung.*

7 *Grashüpfer: bis 24 mm lang; grünlich, bräunlich oder rötlich; Flügel beim Weibchen kürzer als beim Männchen; flugunfähig; ernährt sich von Pflanzen, vor allem von Gräsern.*

8 *Wegameise: bis 10 mm lang; dunkelbraun bis schwarz; nistet in Erde, Holz und Mauerritzen; ernährt sich vorwiegend vom Honigtau der Blattläuse.*

9 *Rüsselkäfer: bis 9 mm lang; braunschwarz, manche schillernd grün; saugt Pflanzensäfte aus Brennnesseln und anderen krautigen Pflanzen.*

Kennübung Pflanzen des Schulgeländes

10 *Weißklee: Schmetterlingsblütengewächs; bis 30 cm hoch; Einzelblüten weiß oder rötlich weiß, bis 13 cm lang; Blättchen abgerundet, leicht gezahnt; verbreitet auf Wiesen und Rasen.*

11 *Breitwegerich: Wegerichgewächs; bis 30 cm hoch; flache Rosette aus kräftigen, gerippten Blättern; Blüte grünlich gelb, klein, Staubblätter hervorstehend; häufig an Fußwegen.*

12 *Gänseblümchen: Korbblütengewächs; bis 10 cm hoch; Zungenblüten weiß, Röhrenblüten gelb; Rosette aus löffelförmigen, gekerbten Blättern; weltweit verbreitet.*

13 *Löwenzahn: Korbblütengewächs; bis 50 cm hoch; gelbe Zungenblüten; Stängel mit Milchsaft; Rosette mit länglichen, unregelmäßig gesägten Blättern; auf Wiesen.*

14 *Vogelmiere: Nelkengewächs; bis 40 cm lang; Blüte weiß, klein; Blätter oval; untere Blätter gestielt, obere sitzend; weltweit verbreitete Pflanze auf Wiesen.*

15 *Vogel-Knöterich: Knöterichgewächs; niederliegend und stark verzweigt; Blüten hellrot bis weiß; Blätter länglich, zugespitzt; an Wegen und auf Wiesen häufig.*

16 *Hirtentäschelkraut: Kreuzblütengewächs; bis 40 cm hoch; Blüten weiß; Blätter unten in einer Rosette, oben stängelumfassend; weltweit verbreitet auf Wiesen und an Wegen.*

17 *Strahlenlose Kamille: Korbblütengewächs; bis 40 cm hoch; nur gelbgrüne Röhrenblüten; Blätter fein gefiedert; süßlicher Duft; häufig an Wegen und Wiesen.*

18 *Einjähriges Rispengras: Süßgräser; bis 90 cm hoch; rauer, aufrechter Stängel; Blüten in einer Rispe; Blätter dunkelgrün, bis 20 cm lang; häufiges Wiesengras.*

Überblick

Lebensräume
Entscheidend für Pflanzen- und Tiervorkommen sind die Bedingungen am Standort: Licht, Luft- und Bodenbeschaffenheit, Temperatur, Wasser und Luftfeuchte … Das Schulgelände ist wie unsere Städte und Dörfer stark durch die menschliche Nutzung geprägt. Manche Bereiche sind lebensfeindlich. ▸1–2

Standortbedingungen für Pflanzen
Damit sich Pflanzen ansiedeln, muss Platz für Wurzeln vorhanden sein. Nur so können sie sich mit Wasser und Mineralsalzen versorgen. Eine Pflanze ist an ihren Standort gebunden. Sie muss an die bestehenden Bedingungen angepasst sein. Jeder Lebensraum hat spezielle Standortbedingungen. ▸3 Die Pflanzenvielfalt wird von ihnen bestimmt.

Standortbedingungen für Tiere
Den Pflanzen folgen Tiere, die sich von ihnen ernähren oder die Unterschlupf suchen. ▸4 Die Zahl der Pflanzenfresser hängt von der Vielfalt der Pflanzenarten ab. Fleischfresser ernähren sich von den vielen Pflanzenfressern oder von anderen Fleischfressern. ▸5

Nahrungsnetze
Pflanzen, Pflanzenfresser und Fleischfresser sind über Nahrungsbeziehungen verknüpft. Viele Tierarten nutzen mehrere Nahrungsquellen. Zwischen Pflanzen und Tieren besteht ein Netz von Nahrungsbeziehungen, ein Nahrungsnetz. ▸6
Je mehr Nahrungsquellen vorhanden sind, desto sicherer ist das Überleben von Tier- und Pflanzenarten.

1 *Dieser Schulhof bietet wenige Lebensräume für Pflanzen und Tiere.*

2 *Lebensraum Pflasterritze*

3 *Standortbedingung Bodentemperatur*

4 *Hummel sammelt Nektar.*

5 *Amsel frisst Assel.*

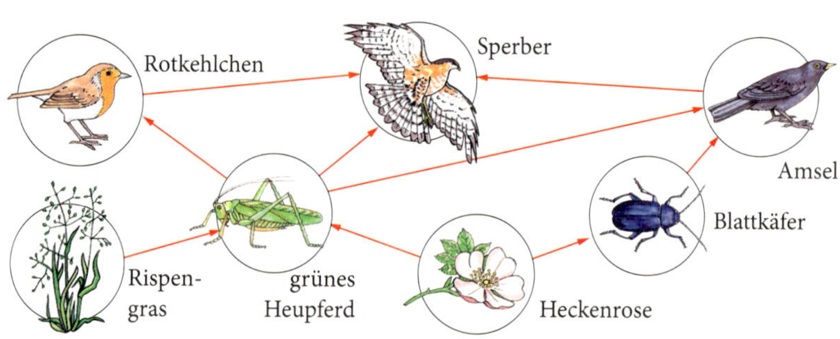

6 *Nahrungsnetz*

Vielfalt von Lebensräumen
Die Vielfalt von Lebensräumen mit unterschiedlichen Standortbedingungen ist Voraussetzung für die Pflanzenvielfalt. Diese ermöglicht ein reiches Tiervorkommen und stabile Lebensgemeinschaften, in denen keine Arten aussterben müssen. ▸7

7 *Dieses Schulgelände ermöglicht Artenvielfalt.*

Alles klar?

1 Wie organisiert man ein Klassenprojekt? Entwickle ein übersichtliches Schaubild, in dem alle wichtigen Vorgehensschritte zu erkennen sind.

2 Was sind *Standortbedingungen* und wovon hängen sie ab?

3 Wähle eine Pflanze aus und nenne günstige Standortbedingungen für diese Pflanze.

4 Nenne günstige Standortbedingungen für das Beispiel eines Tiers.

5 Wähle eine Standortbedingung. Erläutere, wie und womit man sie misst und wie man die Messung auswertet.

6 Ordne die Tiere nach *Pflanzen- und Fleischfressern.* ▸8 *Tipp:* Beobachtungen der Tiere auf dem Schulgelände helfen dir sicher bei der Einteilung.

8 *Pflanzen- oder Fleischfresser?*

7 Erläutere den Begriff *Nahrungsnetz* an einem Beispiel.

8 Angenommen, im Nahrungsnetz fehlt die Amsel. Beschreibe die Folgen. ▸6

9 Du hast ein solches Tier gefangen. ▸9 Fertige eine Bleistiftzeichnung an.

9

Lebensraum Park

▷ Besonders in großen Städten findet man oft großzügig angelegte Parks. Sie bieten Lebensraum nicht nur für Pflanzen und Tiere.

1

Beobachten Untersuchen

1 Der Park in unserer Stadt

a Besorgt euch Informationen vom Grünflächenamt der Stadt:
- Wann und von wem wurde der Park angelegt?
- Wie groß ist der Park?
- Wie wird er gepflegt?
- Wer nutzt den Park?

b Kopiert den Grundriss des Parks aus dem Stadtplan heraus und vergrößert ihn. Pläne und Satellitenaufnahmen sind auch im Internet zu finden. Zeichnet nach dem Grundriss eine Karte des Parks und beschriftet sie.

c Erkundet, wie der Park gestaltet ist, und tragt eure Entdeckungen in die Skizze ein. ▸2

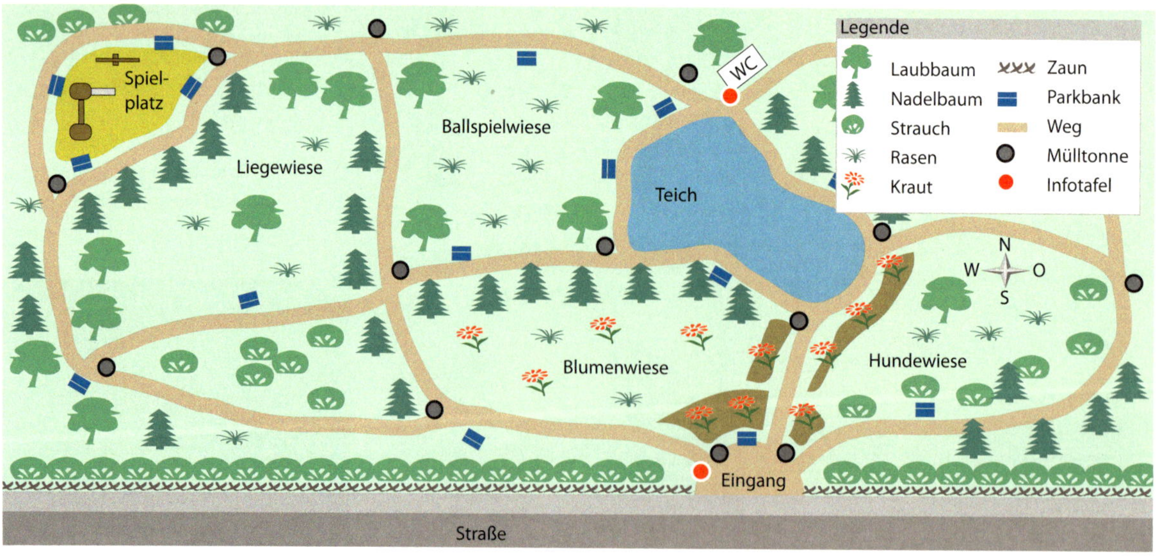

2

d Ist es sauber im Park? Welchen Eindruck habt ihr?

e Interviewt Besucher des Parks.
Tipps: Informationen zum Führen eines Interviews findet ihr auf Seite 10 dieses Buchs. Führt die Interviews nie alleine, sondern wenigstens zu zweit. Stellt mindestens folgende Fragen:
– Wie oft und warum nutzen Sie den Park?
– Was gefällt Ihnen am Park, was nicht?
Überlegt euch noch drei oder vier weitere Fragen. Haltet die Antworten fest und fasst die Ergebnisse zusammen.

2* Erfassen des Lebensraums Park

a Führt ein Klassenprojekt zum Thema „Park“ durch. Versucht es in Teilthemen aufzufächern. ▸3

b Bildet Arbeitsgruppen von drei oder vier Mitgliedern. Jede Gruppe untersucht einen Teilbereich des Parks. Oder jede Gruppe beschäftigt sich mit einem der Teilthemen.

3* Welchen Nutzen haben Parks für die Menschen?

a *Temperatur im Park* Messt an einem heißen Sommertag die Lufttemperaturen im Innern des Parks und auf einer Straße in der Stadt. Gebt Gründe für den Unterschied an. ▸4

b *Lärm im Park* Untersucht, ob Bäume und Sträucher Lärm mindern: Stellt ein Radio so laut, dass ihr es auf einer Wiese in 100 m Entfernung gerade noch hört. Hört man es bei gleicher Einstellung und Entfernung auch, wenn Bäume und Sträucher dazwischen sind?

c *Luft im Park* Staub aus der Luft setzt sich auf den Blättern ab. Mit einem durchsichtigen Klebestreifen könnt ihr den Staub abnehmen. ▸5 Vergleicht die Staubschichten auf Blättern im Park mit anderen Standorten.

d Welche Bedeutung hat der Park für die Menschen? Fasst eure Ergebnisse zusammen.

4* „Parkführer gefällig?“
Eure Untersuchungsergebnisse solltet ihr einer breiteren Öffentlichkeit zugänglich machen. Wie wäre es mit der Gestaltung eines Parkführers? Vielleicht erstellt ihr eine Broschüre oder eine Hinweistafel für den Park.

Teilthema A

Bäume und Sträucher
– Welche Gehölzarten kommen vor?
– Sind es heimische Arten?
– Welche Standortansprüche haben sie?

Teilthema B

Krautige Pflanzen
– Welche Pflanzen, die nicht verholzen, sind angepflanzt worden?
– Lieben sie eher schattige oder sonnige Standorte?

Teilthema C

Vögel
– Welche Vögel kommen im Park vor?
– Welche Bereiche des Parks bevorzugen sie?

Teilthema D

Säugetiere
– Welche Säugetiere kann man beobachten?
– Wo halten sie sich gerne auf?

Teilthema E

Insekten
– Welche Insekten lassen sich entdecken?
– Wo leben sie?

Teilthema F

Standortbedingungen
– Wie sieht es mit den Umweltbedingungen Temperatur, Licht und Wasser aus?

Teilthema G

Wegenetz, Bänke, Mülltonnen
– Sind die Wege sinnvoll angelegt?
– Gibt es genügend Sitzbänke und Mülltonnen?

3 *Mögliche Teilthemen für das Klassenprojekt*

4 *Lufttemperatur messen*

5 *Untersuchung auf Staub*

Kennübung Häufige Tiere in unseren Parks und Gärten

1 *Eichhörnchen: mit Schwanz bis zu 40 cm lang; rotes bis schwarzes Fell; Ohren mit Haarpinsel; tagaktiv; ernährt sich von Samen und Nüssen; in allen bewaldeten Zonen Europas.*

2 *Star: 21 cm lang; im Sommer schwärzlich, mit purpurgrünlichem Glanz; im Winter schwarz, dicht weiß getüpfelt; übernachtet auf Bäumen; kommt überall im Kulturland vor.*

3 *Hausmaus: mit Schwanz 19 cm lang; braungraues Fell, auf der Bauchseite etwas heller; Augen groß; meist nachtaktiv; ernährt sich vor allem von Körnern; kommt weltweit als Kulturfolger vor.*

4 *Kohlmeise: 14 cm lang; rundlich; gelbe Unterseite mit schwarzem Längsband; ernährt sich von Insekten, Knospen und Samen; Höhlenbrüter mit 4–5 Eiern pro Gelege; im Winter oft in Schwärmen.*

5 *Große Wegschnecke: bis 15 cm lang; grau, braun, schwarz oder orangerot; Haut grob höckerig und stark schleimig; große Atemöffnung rechts; ist in Mittel- und Westeuropa häufig.*

6 *Kleiber: 14 cm lang; blaugrauer Rücken, kurzer Schwanz; sehr beweglich mit kräftigem Schnabel, große Füße; klettert an Bäumen auf und ab; ernährt sich von Insekten der Baumrinde.*

7 *Maulwurf: 12–15 cm lang; kurzer Schwanz; Fell dunkelgrau bis schwarz; lebt in unterirdischen Röhrensystemen; ernährt sich von Würmern.*

8 *Ringeltaube: 41 cm lang; rundlicher Körper mit kleinem Kopf, kurze Beine; hintere Rückenpartie grau, weiße Halszeichnung, weißes Flügelband; ernährt sich von Blättern, Samen und Früchten.*

9 *Igel: bis 27 cm lang; Unterseite mattgelbbraun; Kopfstacheln mit schmalem Scheitel; nachtaktiv; überwintert von Oktober bis April; ernährt sich von Insekten, Würmern, Schnecken.*

Kennübung Pflanzen in unseren Parks und Gärten

10 *Stechpalme: spitz gezähnte, immergrüne Blätter; wächst langsam und wird bis zu 250 Jahre alt; rote, giftige Früchte. Heimat: West- und Mitteleuropa.*

11 *Sommerflieder: Die zierlichen Blüten dieses Strauches duften stark und locken Schmetterlinge in den Garten. Blütezeit: August. Heimat: China.*

12 *Ginkgo: auffallender Parkbaum mit fächerförmigen, gelappten Blättern, die in Büscheln stehen; wird bis zu 30 m hoch. Heimat: China.*

13 *Zeder: auffälliger Nadelbaum mit weit ausladenden Zweigen; kleine, tonnenförmige Zapfen; Nadeln stehen in Büscheln. Heimat: Nordafrika und Asien.*

14 *Rosskastanie: in Anlagen häufig; kerzenförmige Blütenstände; Früchte stachlig; reagiert empfindlich auf Luftverunreinigung. Heimat: Südosteuropa.*

15 *Magnolie: große, einzeln stehende Blüten. Die vielen weiß bis rosa gefärbten Blütenblätter sind sehr frostempfindlich. Heimat: Ostasien und Nordamerika.*

16 *Platane: robuster, bis zu 35 m hoher Baum mit weit ausladender Krone; in Städten häufig; Blüten unscheinbar in Blütenständen. Rinde löst sich in Platten. Heimat: Nordamerika.*

17 *Japanische Zaubernuss: 50–150 cm hoher Strauch; blüht bei milder Witterung bereits im Januar; Blüten mit gelben Kron- und braunen Kelchblättern. Heimat: Japan.*

18 *Rhododendron: beliebter, bis zu mehrere Meter hoher Zierstrauch in Gärten und Parks. Die meisten der über 700 Wildformen sind Bergwaldpflanzen. Heimat: Europa und Asien.*

Laubbäume bestimmen

Methode Mit einem Bestimmungsschlüssel arbeiten

Um einen Baum zu bestimmen, kann man verschiedene Merkmale betrachten: die Blätter, die Blüten und Früchte, das Aussehen der Rinde, die Gestalt des Baums. Laubbäume lassen sich besonders leicht anhand ihrer Blattformen und Blattränder unterscheiden. ▸1 Mit dem folgenden Bestimmungsschlüssel kannst du einen Laubbaum anhand eines Blattes bestimmen. Beginne dazu bei „Start" und entscheide dich jeweils zwischen zwei Möglichkeiten. ▸2

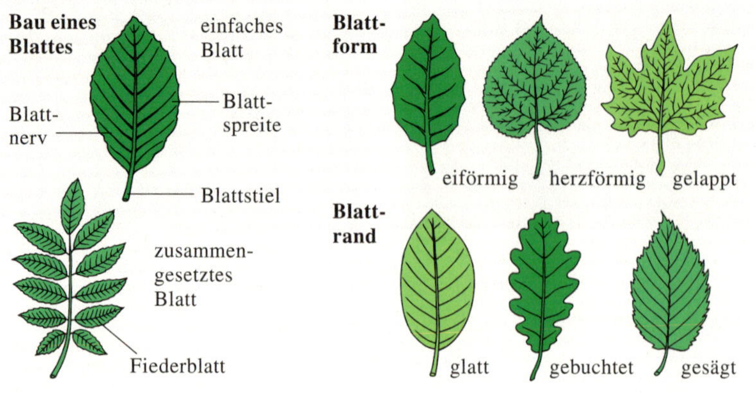

1 *Bau von Laubblättern*

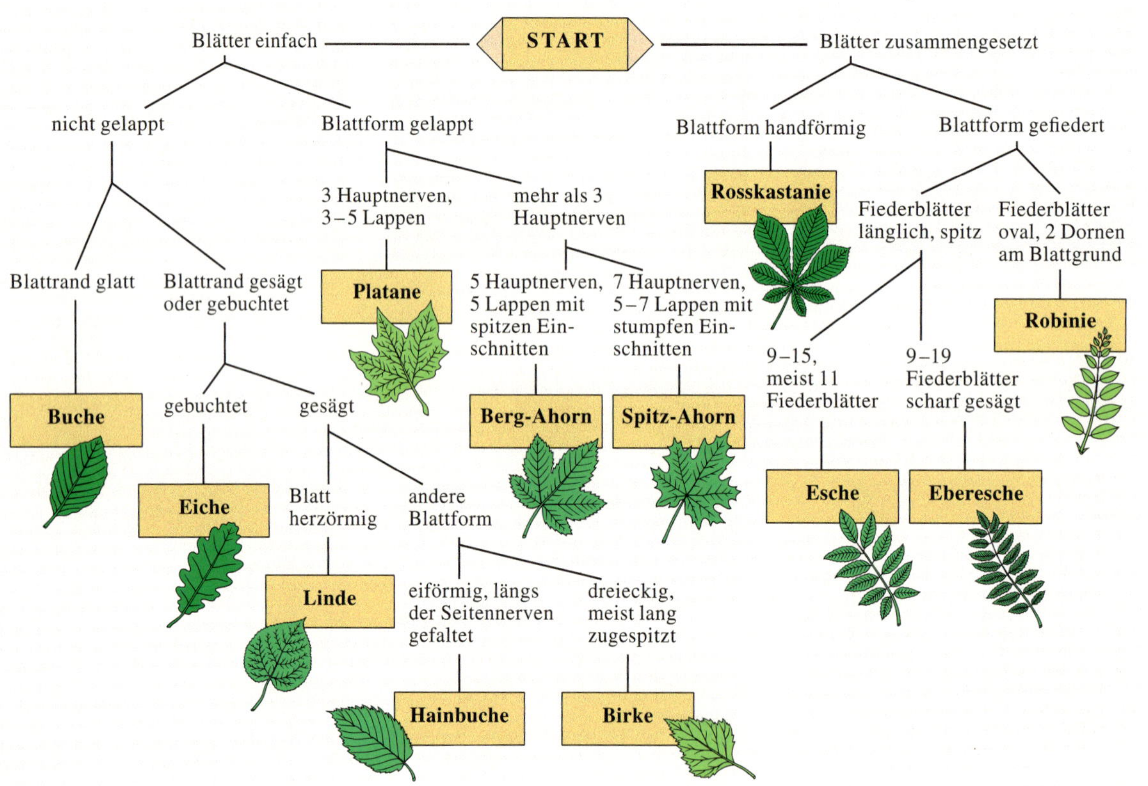

2 *Bestimmungsschlüssel für einheimische Laubbäume*

Auftrag

1 Sammelt Blätter außerhalb des Schulgeländes und bestimmt sie. Nutzt den Bestimmungsschlüssel.

Methode Die digitale Baumsammlung – Bäume fotografieren

Eine digitale Baumsammlung hilft dir, Bäume besser kennenzulernen und sie zu bestimmen. Die Baumsammlung wird am besten arbeitsteilig erstellt. Jeder fertigt mindestens einen Baumsteckbrief an.

1. Die digitale Kamera einstellen

Mache dich mit der digitalen Kamera vertraut.
- Wie schaltet man die Kamera ein und aus?
- Wo ist der Auslöser?
- Kann man einen Verwackelschutz einstellen? Falls ja, solltest du das tun.
- Kann man eine automatische Scharfeinstellung (Autofokus) einstellen? Gibt es eine besondere Einstellmöglichkeit für Nahaufnahmen?
- Kann man die Bildauflösung oder Bildqualität einstellen? Falls ja, stelle die höchste Auflösung oder Qualität ein.
- Gibt es eine Zoomfunktion? Wie nutzt man diese?

2. Fotografieren

Für deinen Baumsteckbrief solltest du unterschiedliche Fotos erstellen:
- Foto des gesamten Baumes
- Foto eines Blattes (Vorderseite und Rückseite)
- Foto der Baumrinde
- Foto der Blüte oder der Frucht

Achte beim Fotografieren im Freien darauf, dass es hell genug ist. Bei Verwendung des Blitzlichts wird das Foto weniger kontrastreich.

3. Bilder auf den Computer übertragen

Die Kamera speichert die Bilder digital auf einer Speicherkarte. Diese gibt es in unterschiedlichen Ausführungen und Größen. Bei vielen Kameras können Bilddateien mit einem USB-Kabel zum Computer übertragen werden. ▸3

Es gibt auch die Möglichkeit, die Speicherkarte aus der Kamera zu nehmen und direkt in einen kleinen Schlitz des Computers oder in einen Adapter zu stecken. Diesen kann man über ein USB-Kabel mit dem Computer verbinden. ▸4

Name	Größe	Typ	Geändert am
IMG_6430.JPG	4.158 KB	JPEG-Bild	12.11.2011 10:43
IMG_6431.JPG	3.621 KB	JPEG-Bild	12.11.2011 10:44
IMG_6432.JPG	3.065 KB	JPEG-Bild	12.11.2011 10:44

5 *Dateien, die auf den Computer übertragen wurden*

3 *Kamera mit USB-Anschluss*

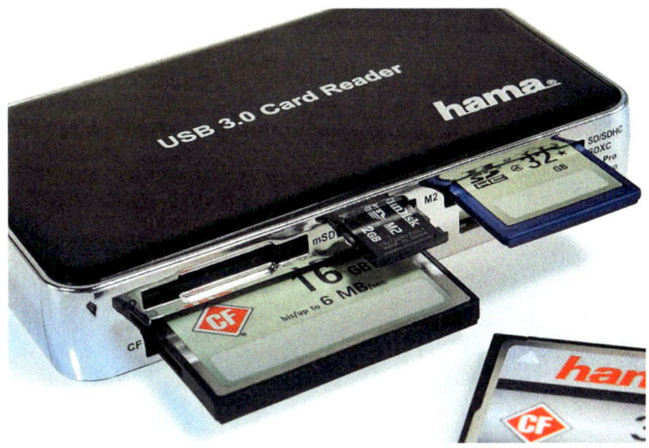

4 *Kartenlesegerät*

4. Bilder gezielt speichern

Es wäre sehr ärgerlich, wenn du deine Bilder später nicht mehr wiederfinden könntest. Die Kamera nummeriert die Bilder nur fortlaufend. ▸5
Deshalb solltest du die Bilder unter aussagekräftigen Namen in einem Verzeichnis auf deinem USB-Stick oder im Schulnetz speichern. Erstelle ein Verzeichnis mit dem Namen <Baumfotos> und darin zwei Unterverzeichnisse mit den Namen <original> und <bearbeitet>. Speichere die Fotos im Verzeichnis <original>. ▸6

(F:) Wechseldatenträger
- Baumfotos
  - bearbeitet
  - original

6 *Verzeichnis auf dem Computer*

Kopiere anschließend alle Originaldateien in das Verzeichnis <bearbeitet> und benenne dort alle Dateien um. Verwende dazu die Baumnamen, z. B.: „Stieleiche.jpg", „Stieleichenblatt-Vorderseite.jpg", „Stieleichenstamm.jpg".

Methode – Die digitale Baumsammlung – Baumsteckbriefe erstellen und ordnen

1. Bildausschnitt wählen

Für deinen Baumsteckbrief sollen die Bilder so bearbeitet werden, dass möglichst nur der Baum, die Rinde oder das Blatt zu sehen ist. Öffne die Bilddatei mit einem Bildbearbeitungsprogramm und wähle einen geeigneten Bildausschnitt. ▸1
Speichere den Bildausschnitt als neue Bilddatei im Verzeichnis <bearbeitet>. Wähle einen aussagekräftigen Dateinamen. Bei diesem Beispiel wäre „Stieleichenblatt-Ausschnitt.jpg“ gut.

1 *Wahl des richtigen Bildausschnitts*

2. Auflösung wählen

Werden mehrere Bilder in eine Textdatei eingefügt, kann die Datenmenge der Textdatei rasch sehr groß werden. Große Dateien verlangsamen die Bearbeitung, den E-Mail-Versand und benötigen einen großen Speicherplatz. Unnötig große Datenmengen sollte man deshalb vermeiden. Die Fotos können durch Verringern der Auflösung verkleinert werden.

2 *Hohe Auflösung*

3 *Niedrige Auflösung*

Das Bild ▸2 hat eine Auflösung von 2164 × 1276 und eine Dateigröße von 537 KB. Mit einem Bildbearbeitungsprogramm kannst du die Auflösung verändern. Probiere mehrmals nacheinander, die Auflösung jeweils zu halbieren. Schon der erste Schritt führt zu einer Auflösung von 1082 × 638 und einer Dateigröße von nur 192 KB. Das Bild zeigt immer noch alle Details scharf. Wenn du dieses Verfahren zu lange fortsetzt, führt es zu sichtbarem Informationsverlust. Bild ▸3 hat nur noch eine Auflösung von 68 × 40 und eine Dateigröße von 2 KB. Finde durch Probieren eine geeignete Auflösung.

3. Bild in Text einfügen

Hast du alle Bilder fertig bearbeitet, musst du noch die Textdatei erstellen. Starte dazu ein Textverarbeitungsprogramm. Eine Möglichkeit für eine übersichtliche Darstellung ist die Tabelle. Füge für den Baumsteckbrief eine Tabelle mit drei Spalten und vier Zeilen ein. Speichere die Textdatei unter einem passenden Namen im Verzeichnis <bearbeitet>. Ergänze deinen Text wie im Beispiel von Bild ▸4 und speichere die Textdatei erneut. Die Bilder werden über das Menü *Einfügen* → *Grafik* → *Aus Datei* eingefügt und mit der Maus auf eine passende Größe gezogen. Die Rahmen der Tabellenzellen können zum Schluss entfernt werden.

Art: Stieleiche		
Fundort: Datum:	Alsterweg 12. 11. 2011	
Blatt:	einfach, gebuchtet, sehr kurzer Stiel	
Rinde:	tief eingerissene braunschwarze Rinde	
Frucht:	Eichel in napfförmigem Becher mit langem Stiel	

4 *Beispiel einer digitalen Baumsammlung*

4. Bäume bestimmen und Dateien ordnen

Mit dem Bestimmungsbaum ▸5 kannst du Bäume bestimmen. Du musst die Blätter genau betrachten. Die Baumsteckbriefe kannst du in entsprechenden Verzeichnisbäumen ordnen. ▸6

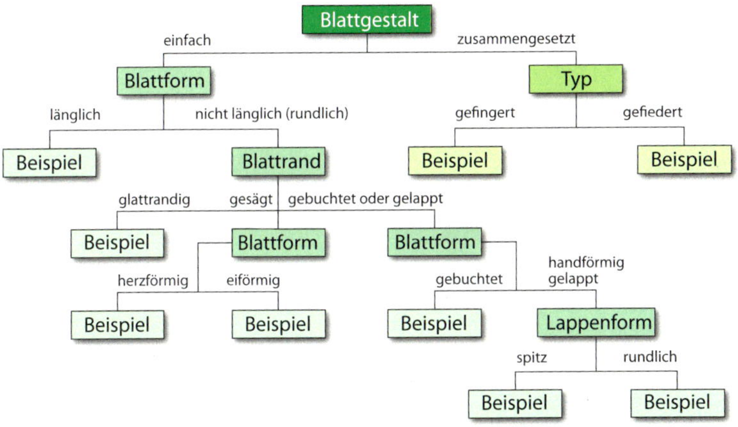

5 *Bestimmungsbaum*

6 *Verzeichnisbaum*

Grundlagen Speicherkarten und Datenmenge

Wie viele Bilder kannst du auf einer Speicherkarte speichern? Das hängt von der Datenmenge pro Bild und der Größe des Speichers ab. ▸7
Es gibt Karten mit Speichergrößen von 1 Gigabyte, 2 Gigabyte, 4 GB, 8 GB, 16 GB, 32 GB usw. Gigabyte wird mit GB abgekürzt.
Digitale Kameras speichern Bilder meist im Dateityp JPG oder JPEG. Dabei werden 16 Millionen Farben unterschieden. Um die Farbinformation eines Bildpunkts zu speichern, werden zwei Byte benötigt.
Der Speicherbedarf eines Bildes hängt von der *Auflösung* ab. Als Auflösung bezeichnet man die Anzahl der Bildpunkte des Bildes. Die Bildpunkte nennt man *Pixel*. Ein Bild, das 2048 Reihen mit jeweils 3072 Pixeln nebeneinander enthält, hat die Auflösung 3072 mal 2048. Es hat dann $3072 \cdot 2048 = 6\,291\,456$ Pixel. Dafür benötigt man eigentlich 12 582 912 Byte Speicherplatz. Die JPG-Datei ist jedoch nur ca. 3,5 Millionen Byte groß. Das liegt daran, dass die Kamera die Datei nach einem komplizierten Rechenverfahren verkleinert, sodass nur noch ein Viertel bis ein Drittel der ursprünglichen Datenmenge benötigt wird.
Für sehr große Datenmengen werden Abkürzungen verwendet:

1 GB	=	1 Gigabyte	=	1 000 000 000 Byte
1 MB	=	1 Megabyte	=	1 000 000 Byte
1 KB	=	1 Kilobyte	=	1 000 Byte

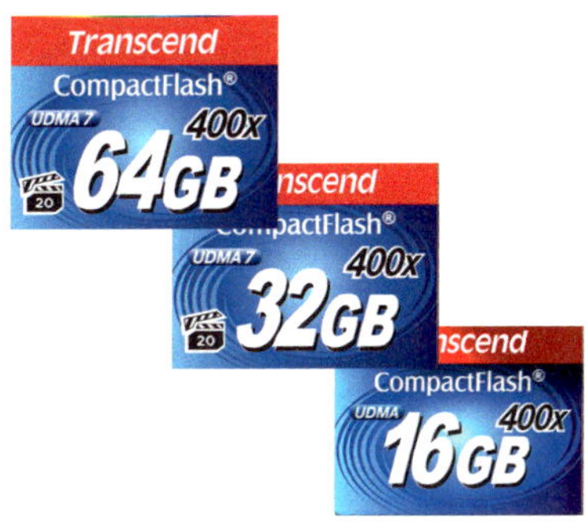

7 *Digitale Kameras speichern Bilder auf Speicherkarten.*

Aufgaben

1 Sieh dir weitere Bäume in der näheren Umgebung deiner Schule an. Bestimme die Baumarten.

2 Erstelle auf deinem USB-Stick eine Verzeichnisstruktur nach Blattmerkmalen für alle Baumsteckbriefe. Kopiere alle Baumsteckbriefe aus deiner Lerngruppe in die passenden Unterverzeichnisse.

3 Suche ein Verzeichnis, in dem sich noch kein Steckbrief befindet. Zeichne dazu das Blatt eines passenden Baumes.

Ein Teich im Park

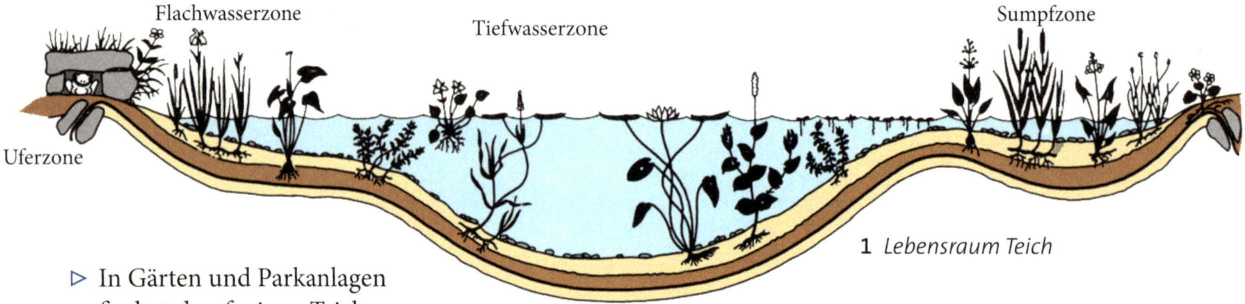

1 *Lebensraum Teich*

▷ In Gärten und Parkanlagen findest du oft einen Teich. Dort gibt es viel zu entdecken: Teichrosen, Rohrkolben und Schilfrohr bereichern die Landschaft. Libellen, Frösche und Enten sorgen für ein buntes Treiben. Es lohnt sich, einen Teich genauer zu untersuchen.

Beobachten Untersuchen

1 Pflanzen bestimmen
Bestimmt die Pflanzen in den verschiedenen Randzonen des Teichs. Ihr benötigt kleine Holzpflöcke, Schnur, Notizblock, Stifte, Schreibunterlage, Maßband, Bestimmungsbücher und Fotoapparat. Richtet euch bei der Durchführung nach den Abbildungen. ▸2–3

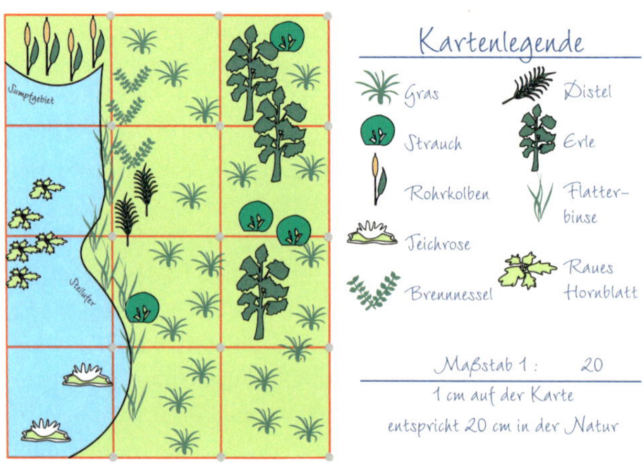

2 *Kartieren*

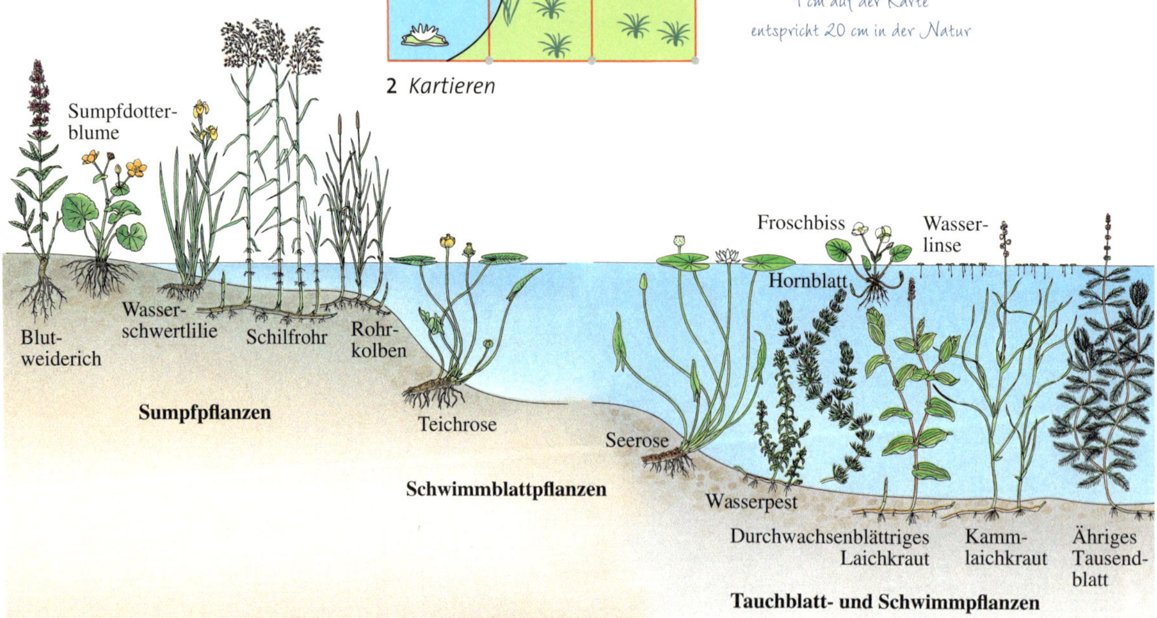

3 *Pflanzen an und im Teich*

Wasserproben aus *Teichen* und *Aquarien* sollen untersucht werden. In welchen Eigenschaften könnten sich die verschiedenen Proben voneinander unterscheiden?

Es empfiehlt sich, einige Untersuchungen zum Vergleich auch mit *destilliertem Wasser* durchzuführen.
Proben aus Gewässern sollten nur unter Aufsicht entnommen werden – nach Möglichkeit an mehreren Stellen der Gewässer. ▸4 Dabei solltet ihr Gummihandschuhe tragen.

4 *Vorsicht beim Wasserschöpfen!*

Wasserproben
(Entnahmestelle: ...)

Nr.	Temperatur	...
1	22°	

5 *Mustertabelle zur Versuchsreihe*

2 **Temperaturmessung**

Die Wassertemperatur ist wichtig, da sie für den Sauerstoffgehalt des Wassers von Bedeutung ist. Je wärmer das Wasser ist, desto geringer ist auch sein Sauerstoffgehalt.

Geräte:
Bechergläser und Thermometer

Versuchsdurchführung:
Entnehmt Wasserproben und bestimmt sofort die Temperatur. ▸6
Tragt die Werte in eine Tabelle ein. ▸5

3 **Sicht- und Geruchsprobe**

Geräte:
Bechergläser (je nach Anzahl der entnommenen Wasserproben)

a Versuchsdurchführung der Sichtprobe:
Füllt jede Wasserprobe in ein Becherglas. Haltet die Gläser gegen das Licht. ▸7 Haltet eure Ergebnisse in der Tabelle fest.
So könnten die Eintragungen lauten: farblos, gelblich, grünlich, bräunlich, klar, leicht getrübt, trüb, sehr trüb.
Wiederholt die Sichtprobe nach einiger Zeit. So könnt ihr feststellen, ob sich noch Schwebstoffe abgesetzt haben. Stellt ihr Veränderungen fest?
Tragt eure Ergebnisse wieder in die Tabelle ein.

b Versuchsdurchführung der Geruchsprobe:
Das untere Bild zeigt, wie ihr die Geruchsprobe durchführt. ▸8
Riecht und tragt eure Ergebnisse in die Tabelle ein. Diese Wörter helfen euch: geruchlos, frisch, modrig, muffig, faulig ...

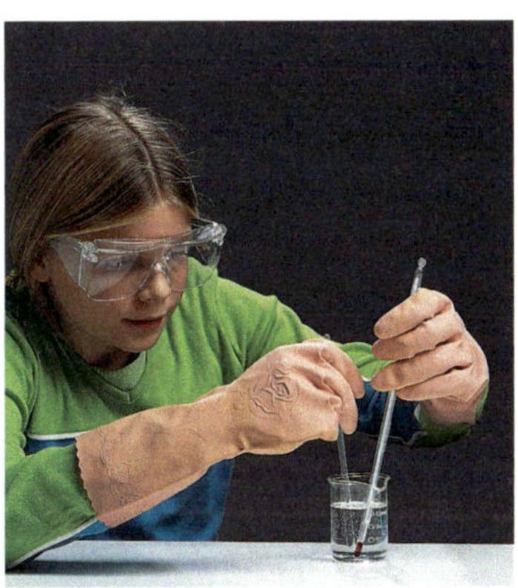

6 *Temperaturmessung*

7 *Sichtprobe*

8 *Geruchsprobe*

4 So arbeiten wir mit Teststäbchen
Manche Stoffe, die im Wasser gelöst sind, können mit Teststäbchen nachgewiesen werden. Teststäbchen enthalten Testzonen. Sie müssen immer vollständig in die Flüssigkeit eingetaucht werden. Wird ein Teststäbchen in eine Flüssigkeit gehalten, dann verfärbt sich die Testzone – sofern die Flüssigkeit den Stoff enthält, den das Teststäbchen bestimmt. Das Ergebnis wird durch einen Vergleich der Testzone mit einer Farbskala bestimmt, die zu dem Teststäbchen gehört. ▸1

5 Wir bestimmen, wie „hart" das Wasser ist
Es gibt „hartes" und „weiches" Wasser – je nach dem Kalkgehalt des Wassers.
Wasser mit niedrigem Kalkgehalt nennt man „weich", solches mit hohem Kalkgehalt „hart". Die Härte des Wassers bestimmt man mit Teststäbchen. ▸2

Geräte und Hilfsmittel:
Bechergläser, Teststäbchen zur Bestimmung der sogenannten Gesamthärte (mit Farbskala)

Versuchsdurchführung:
Haltet die Teststäbchen nur kurz in die Probe. Dabei sollen alle Testzonen benetzt sein. Nehmt die Teststäbchen heraus, wartet ungefähr zwei Minuten und vergleicht die Färbung mit der Farbskala.
Notiert eure Ergebnisse.

6 Wir untersuchen, ob das Wasser Nitrat oder Nitrit enthält
Nitrat und Nitrit sind Salze. Sie gelangen z. B. durch Überdüngung in Gewässer und verschmutzen sie. Auf Teststäbchen für Nitrit und Nitrat befinden sich zwei Testzonen. Die Zone am Ende des Teststäbchens zeigt Nitrat und Nitrit an. Die andere Zone zeigt nur Nitrat an.

Geräte und Hilfsmittel:
Bechergläser, Teststäbchen für den Nitrat-Nitrit-Test (mit Farbskala)

Versuchsdurchführung:
Haltet die Teststäbchen nur kurz in die Probe. Dabei sollen alle Testzonen benetzt sein. Nehmt die Teststäbchen heraus, wartet ungefähr zwei Minuten und vergleicht die Färbung mit der Farbskala. ▸3
Notiert eure Ergebnisse.

7 Wir untersuchen, ob das Wasser sauer ist
Wasserproben z. B. aus Mooren können Stoffe enthalten, die das Wasser leicht „sauer" machen. Wie „sauer" ein Wasser ist, gibt man mit dem pH-Wert an. In natürlichen Gewässern findet man pH-Werte zwischen pH 4 und pH 9. Je niedriger der pH-Wert ist, desto saurer ist das Wasser. Man kann pH-Werte z. B. mit Teststäbchen bestimmen.

Geräte und Hilfsmittel:
Bechergläser, pH-Wert-Teststäbchen mit Farbskala

Versuchsdurchführung:
Haltet die Teststäbchen so lange in die Wasserprobe, bis keine Farbänderung mehr erfolgt. Vergleicht mit der Farbskala und lest den pH-Wert ab. ▸4 Notiert eure Ergebnisse.

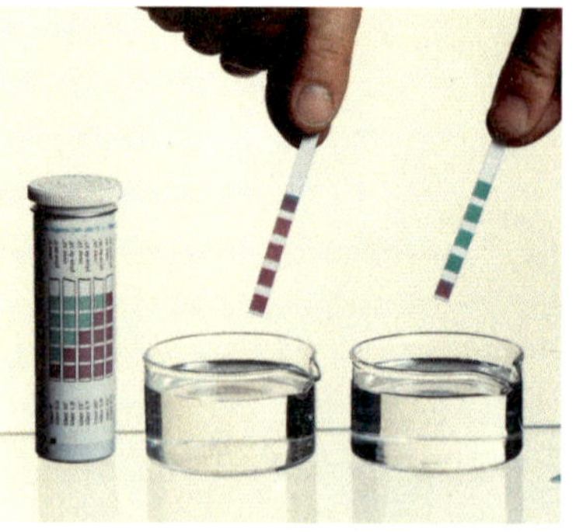
1 *Einsatz von Teststäbchen*

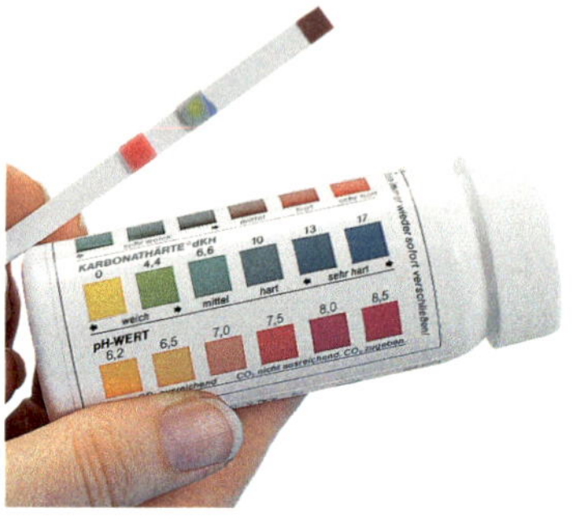

2 *Prüfen, wie hart das Wasser ist*

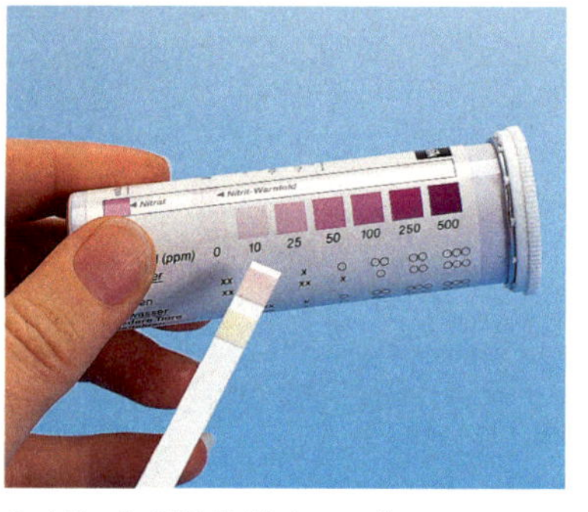

3 *Nitrat-/Nitrit-Untersuchung*

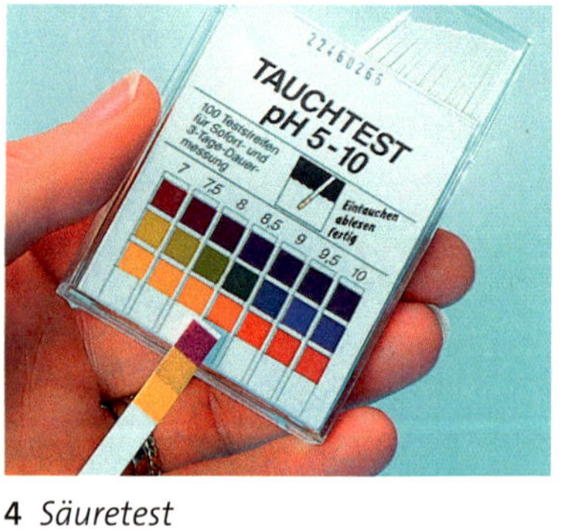

4 *Säuretest*

Tiere am und im Teich

▷ Stockenten begegnen uns oft im Park. Im Bild schwimmt das Weibchen vorn und das Männchen hinten.

1 *Stockentenpaar*

Beobachten Untersuchen

1 Enten beobachten am Teich

Ihr braucht: Bestimmungsbücher, Schreibmaterial, Fernglas, Stoppuhr.

a Beschreibt Aussehen und Körperform. Zeichnet die Enten.

b Beobachtet, wie die Enten fliegen, schwimmen und tauchen.

c Wie nehmen sie Nahrung auf? Vergleicht mit der Zeichnung. ▸3

d Erklärt, wie die Stockente an das Leben am und im Wasser angepasst ist.

2 *Ans Leben im Wasser angepasst*

Grundlagen Entenvögel

Schnell fliegt ein Stockentenpaar durch die Luft heran und landet auf dem Parkteich. ▸1 Mit ihrem Schnabel durchwühlen sie den Schlamm am Grund des Teichs nach Würmern, Schnecken, Kleinkrebsen und Wasserpflanzen. ▸2 Als Nistplatz wählt das Weibchen an Land eine versteckte Stelle. Es watschelt wenig geschickt. Nach 28 Tagen Brutzeit schlüpfen die Küken. Als *Nestflüchter* verlassen sie sofort das Nest und folgen der Mutter zum Wasser. Sie können gleich schwimmen und sich selbstständig ernähren.

3 *Entenvögel auf Nahrungssuche*

Kennübung Vögel

1 *Haussperling, männlich (14 cm)*

2 *Zaunkönig (9 cm)*

3 *Singdrossel (23 cm)*

4 *Hausrotschwanz (15 cm)*

5 *Kohlmeise (14 cm)*

6 *Amsel, links männlich (24 cm)*

7 *Buchfink, männlich (15 cm)*

8 *Nebelkrähe (50 cm)*

9 *Blaumeise (11 cm)*

10 *Elster (50 cm)*

Methode Vögel erkennen und bestimmen

Oft wirst du Vögel entdecken, die du noch nicht kennst. Dann benötigst du ein Bestimmungsbuch und etwas Übung.
Zur Vogelbestimmung brauchst du: Notizbuch, Schreibzeug, Fernglas, Vogelbestimmungsbuch, eventuell MP3-Player und Aufnahmen von Vogelstimmen zum Vergleich.

1 **Bestimmungsbuch anschauen** Mache dich mit dem Bestimmungsbuch vertraut. Meist sind die Vögel dort nach ihrer Verwandschaft geordnet. Ähnlich aussehende Vögel sind auf den gleichen Seiten abgebildet. Um mit dem Bestimmungsbuch zurechtzukommen, benötigst du einige Fachausdrücke. ▸11

2 **Beobachtung vorbereiten** In Parks und Gärten kannst du Vögeln recht nahe kommen. Du brauchst etwas Geduld und solltest dich möglichst ruhig verhalten. Wenn du einen Vogel entdeckt hast, betrachte ihn möglichst mit dem Fernglas.

3 **Vögel beobachten** Achte auf folgende Merkmale:
- Größe: Vergleiche mit einer dir bekannten Vogelart (Amsel, Sperling, Taube).
- Gestalt: Ist der Vogel rundlich oder schlank? Welche Form und Länge haben Schnabel, Schwanz und Beine? ▸11
- Färbung des Gefieders
- Bewegung: Hüpft, trippelt oder schreitet der Vogel? Fliegt er wellenförmig oder gerade?

4 **Im Bestimmungsbuch nachschlagen** Versuche den Vogel im Bestimmungsbuch wiederzufinden.

5 **Beobachtungstagebuch führen** Notiere die Namen der beobachteten Vogelarten. Schreibe den Beobachtungsort dazu. Lege Steckbriefe von den Arten an, die du sicher erkannt hast. ▸12

Tipp: „Von der Amsel bis zum Zilpzalp – die häufigsten Gartenvögel auf einen Blick" kannst du im Internet beim Naturschutzbund Deutschland kennenlernen.

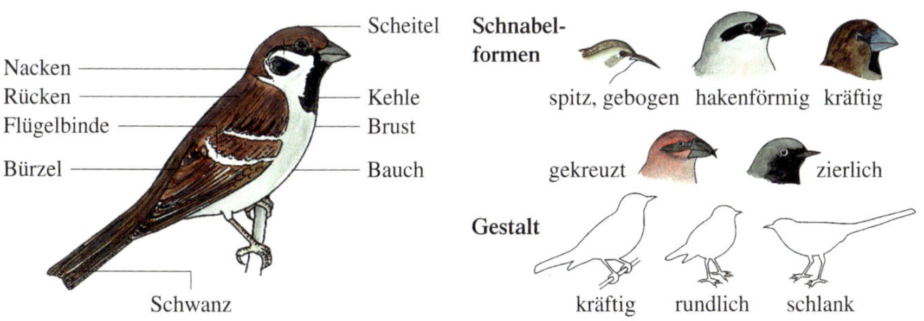

11

Rotkehlchen

Größe: etwas kleiner als ein Sperling
Gefiederfarbe: Kehle und Brust orangerot – Männchen auffälliger gefärbt, Bauchseite gräulich weiß, sonst olivbraun
Schnabel: spitz

12 *Steckbrief*

Aufgaben

1 Ordne die in diesem Kapitel abgebildeten Vögel nach ihrer Größe in einer Tabelle mit drei Spalten:
Taubengröße (und größer) – Amselgröße – Sperlingsgröße (und kleiner).
Ergänze die Tabelle um weitere Vogelarten, die du kennst.

2 Wähle drei Vögel von der Kennübung links aus. Notiere ihre Erkennungsmerkmale.

3* Die Jungvögel der Amsel sind nach dem Schlüpfen noch ziemlich hilflose *Nesthocker*. Bei anderen Vogelarten schlüpfen die Jungvögel als recht selbstständige *Nestflüchter*. Welche Vogelarten sind Nestflüchter, welche Nesthocker? Informiere dich im Lexikon.

Grundlagen Der Teichfrosch – ein Lurch

Lebensraum und Lebensweise Reglos sitzt ein Teichfrosch auf einem Seerosenblatt. Wegen seiner grünen Färbung, der dunklen Flecken und der hellen Streifen ist er kaum zu entdecken.
Frösche gehören zu den *Lurchen (Amphibien)*. Das sind Feuchtlufttiere, die sowohl im Wasser als auch an Land leben. ▸1 Erwachsene Teichfrösche ernähren sich von Insekten und anderen Kleintieren. Die Beute wird mit der klebrigen Zunge gefangen. ▸2
Die Körpertemperatur des Teichfroschs ändert sich mit der Umgebungstemperatur.

1 *Weiblicher und männlicher Teichfrosch*

Fortbewegung und Körperbau Der Teichfrosch hat kräftige Hinterbeine und zwischen den langen Zehen Schwimmhäute. Er kann weit springen. An Land hüpft er. Im Wasser ist er ein guter Schwimmer. Seine großen Augen ragen etwas aus dem Kopf hervor. Dadurch kann der Frosch Beute, aber auch Feinde frühzeitig erkennen. Hinter den Augen liegen die Ohren (Trommelfelle). Mit ihnen nehmen Frösche das Quaken ihrer männlichen Artgenossen wahr.

2 *Nahrungsaufnahme*

Haut und Atmung Die dünne, gut durchblutete Haut ist nackt. Zahlreiche Drüsen sondern einen zähen Schleim ab, der den Körper bedeckt und feucht hält. Frösche nehmen Sauerstoff über die Mundschleimheit, die Lunge und die feuchte Haut auf.

Frösche gehören zu den Lurchen Es gibt zwei Gruppen von Lurchen:
- Froschlurche (Frösche, Unken und Kröten) haben einen gedrungenen Körper ohne Schwanz. Ihre Hinterbeine sind länger als ihre Vorderbeine.
- Schwanzlurche haben einen lang gestreckten Körper mit einem langen Schwanz. An Land bewegen sie sich kriechend fort. Zu ihnen gehören Molche und Salamander. ▸3

3 *Feuersalamander*

Ausgewachsene Lurche leben auf dem Land und atmen durch Lungen und Haut. Alle Lurche brauchen feuchte Lebensräume.

Aufgaben

1 „Der Frosch ist an das Leben im Wasser und an Land angepasst." Erläutere diese Aussage anhand seiner Körpermerkmale.

2 Welche Lurcharten gibt es bei uns? Erarbeite Steckbriefe zu einzelnen Arten.

3 Beschreibe, wodurch der Lebensraum der Lurche in Bild ▸4 gefährdet ist. Nenne weitere Gefahren für seine Lebensräume.

4 Eine Gemeinde plant eine Umgehungsstraße. Der Naturschutzverband wehrt sich, weil die Straße an einem Laichgewässer vorbeiführen soll. Teilt die Klasse in zwei Parteien und sucht Argumente für und gegen die Umgehungsstraße. Jede Partei wählt zwei Sprecher, die miteinander über den Bau der Straße diskutieren.

4 *Gefährdeter Lebensraum*

Grundlagen / Die Krötenwanderung

Ende März regt sich in den ersten warmen, regnerischen Frühlingsnächten etwas unter Laub und Steinen. Es kommt Bewegung in das Winterquartier der Erdkröten. Sie beginnen zum Uferbereich von Teichen und Seen zu wandern – zu den Gewässern, in denen sie aufgewachsen sind. Unterwegs warten die Männchen auf Weibchen, um sich tragen zu lassen. Am Gewässer legt das Weibchen bis zu 6000 schwarze Eier ab. ▸5 Diese schalenlosen Eier heißen *Laich*. Das Männchen besamt sie. Danach wandern die Kröten ins Sommerquartier, meist kühle, feuchte Wälder oder Parks.

Aus dem Laich schlüpfen nach 12 bis 18 Tagen fischähnliche *Kaulquappen*. ▸6 Sie atmen durch Kiemen, haben einen Ruderschwanz und ernähren sich von Algen. Nach drei bis vier Monaten bilden sich bei ihnen Lungen und Beine. ▸7 Die Kaulquappen verwandeln sich zu Kröten, die zum Landleben übergehen. ▸8

Zur Zeit der Krötenwanderung überqueren Lurche oft Straßen. Langsame Arten brauchen für eine 7 m breite Straße 20 Minuten. Zu ihrem Schutz dienen kleine Schutzzäune am Straßenrand. Sie leiten sie zu Auffangbehältern. ▸9 Helfer tragen jeden Abend die gefangenen Tiere über die Straße. Oft leiten Zäune die Tiere in kleine Tunnel unter der Straße. Auch die fingernagelgroßen Jungtiere sind durch die Autos gefährdet.

Lurche wandern im Frühjahr zur Paarung an ihr Geburtsgewässer und legen dort ihre Eier ab. Die Larven atmen zunächst durch Kiemen. Sie entwickeln sich zu ausgewachsenen Tieren.
Lurche sind stark gefährdet. Daher müssen die Tiere und ihr Lebensraum geschützt werden.

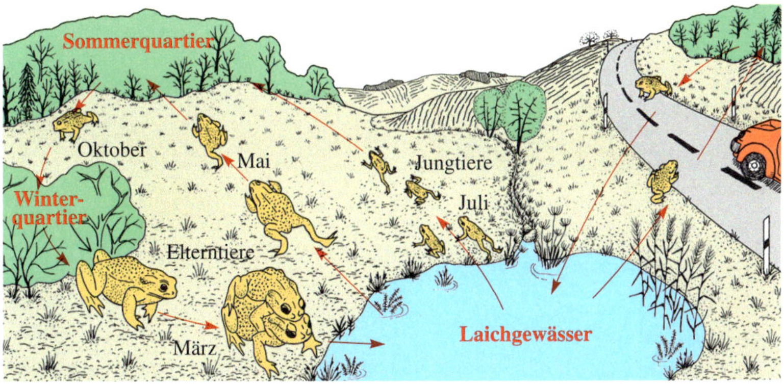

8 *Wanderungen der Erdkröte im Jahreslauf*

5 *Die Erdkröte hat abgelaicht.*

6 *Kaulquappe erst ohne ...*

7 *... dann mit vier Beinen*

9 *Rettet die Lurche!*

Aufgaben

5 Beschreibe das Leben der Erdkröte im Jahreslauf. ▸8

6 Vergleiche Kaulquappe und ausgewachsene Erdkröte in einer Tabelle. Berücksichtige folgende Aspekte: Lebensraum, Körperform, Atmung, Fortbewegung, Nahrung.

7 Zeichne, wie Kröten bei der Wanderung geschützt werden.

Grundlagen / Aus dem Leben der Ringelnatter

Schlangen sieht man bei uns nur selten. Sie sind sehr scheu und lassen sich kaum beobachten. Wichtige Abschnitte aus dem Leben einer Ringelnatter zeigt die Bildfolge. ▸1–8

Schlangen gehören wie Eidechsen, Schildkröten und Krokodile zu den *Kriechtieren (Reptilien)*. Kriechtiere sind an das Leben auf dem Land angepasst. Ihr Körper ist mit einem Schuppenkleid aus Horn vor Wasserverlust geschützt.

Kriechtiere legen ihre Eier immer an Land ab. Die Eischale verhindert das Austrocknen.

1 *Lebensraum der Ringelnatter*

2 *Kriechende Ringelnatter*

3 *Kopf der Ringelnatter*

4 *Sonnenbad*

5 *Züngelnde Ringelnatter*

6 *Ein Frosch wird gefangen.*

7 *Ein Feind: der Mäusebussard*

8 *Eine Ringelnatter schlüpft.*

Aufgaben

1 Schaut euch den Film „Die Ringelnatter“ an. Vorher solltet ihr euch Gedanken machen, welche Themen euch besonders interessieren. Am besten übernehmen verschiedene Schülerinnen und Schüler die Beantwortung unterschiedlicher Fragen.
- Einigt euch, wer zu welchen Fragen die Antworten aufschreibt.
- Merkt euch „eure“ Fragen.
- Macht euch beim Film oder gleich danach Stichworte. Später macht ihr ausführlichere Notizen.
- Tragt die Antworten vor und besprecht sie.
- Fasst schließlich die wichtigsten Szenen aus dem Leben der Ringelnatter schriftlich zusammen.

Beispiele für Fragen zum Film:

a Wo lebt die Ringelnatter?
b Welche Form und Farbe hat sie? Woran kann man sie erkennen?
c Sind alle Hornschuppen gleich?
d Wie bewegt sich die Schlange fort?
e Warum sonnt sie sich?
f Welche Beute jagt die Ringelnatter? Wie spürt sie die Beute auf? Wie bekommt sie die Beute in ihr kleines Maul? Zerkaut sie ihre Beute?
g Warum häutet sich die Ringelnatter?
h Welche natürlichen Feinde hat sie?
i Wo werden die Eier abgelegt? Wie viele Eier sind es? Was kann man über die Eischale sagen?
j Wie sehen die geschlüpften Jungtiere aus? Kümmert sich die Mutter um ihre Jungen?
k Wo überwintert die Ringelnatter?

2 Hast du weitere Fragen zur Ringelnatter? Überlege, wo du Informationen über sie beschaffen kannst.

3* Wie unterscheidet sich die Ringelnatter von anderen einheimischen Schlangen? Stelle andere einheimische Schlangen in kurzen Steckbriefen vor.

Grundlagen Fische im Teich – der Karpfen

Lebensraum und Lebensweise
Träge schwimmt ein Karpfen im Teich. ▸9 Mit dem Maul betastet er Pflanzen und Steine. Ab und zu schnappt er nach einer Pflanze, einem Wurm oder einer Insektenlarve. Karpfen leben in stehenden oder langsam fließenden Gewässern. Sie können bis zu 1,20 m lang und 20 kg schwer werden. Karpfen können mehr als 70 Jahre alt werden. Fische haben die gleiche Temperatur wie ihre Umgebung.

Körperbau und Fortbewegung
Der Körper ist stromlinienförmig: Er ist seitlich zusammengedrückt und an Kopf und Schwanz zugespitzt. Die Schwanzflosse treibt den Karpfen an, die Brustflossen steuern und die Rückenflosse hält seine Lage im Wasser stabil.

Orientierung Fische nutzen den Geruchssinn, den Sehsinn sowie den Tast- und Geschmackssinn. Mit dem Seitenlinienorgan nehmen sie Erschütterungen und Wasserbewegungen wahr. Beim Karpfen kannst du es als dunkle Linie seitlich am Körper sehen.

Haut In der Haut von Rumpf und Schwanz liegen knöcherne Schuppen wie Dachziegel übereinander. Die dünne Oberhaut ist von Schleim überzogen.

Atmung Fische atmen mit Kiemen. Sie nehmen Sauerstoff aus dem Wasser direkt ins Blut auf. Kohlenstoffdioxid aus dem Blut geben sie ins Wasser ab. ▸10

Die Körperform der Fische ist an den Lebensraum Wasser angepasst. Sie atmen durch Kiemen und benutzen die Flossen zur Fortbewegung.

9 *Karpfen*

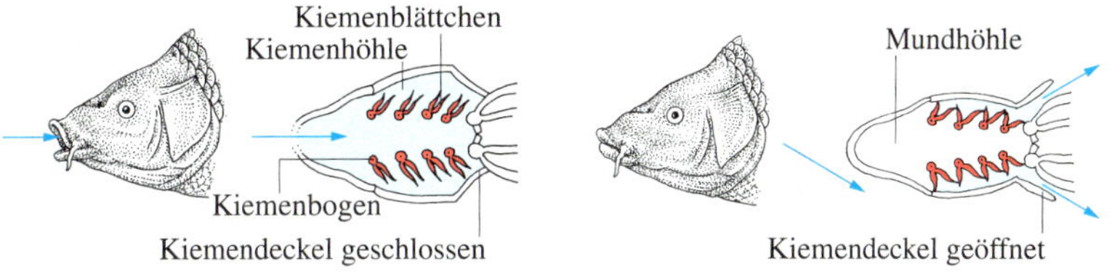

10 *Weg des Wassers beim Ein- und Ausatmen*

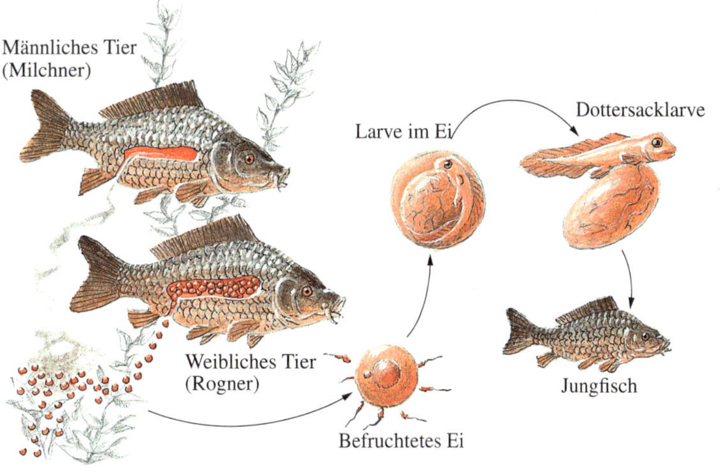

11 *Fortpflanzung und Entwicklung des Karpfens*

Aufgaben

4 „Der Karpfen gehört zu den Wirbeltieren." Begründe diese Aussage.

5 Beschreibe Fortpflanzung und Entwicklung des Karpfens. ▸11

6 Beschreibe den Weg des Wassers beim Ein- und Ausatmen. ▸10 Gehe dabei auch auf die Stellung der Kiemendeckel ein.

7 Durch welche Merkmale ist der Karpfen an das Leben im Wasser angepasst? Erläutere deine Antwort.

8* Informiere dich darüber, wie Karpfen den Winter überstehen.

Überblick

Wirbeltiere
Alle Wirbeltiere haben ein kennzeichnendes Merkmal: die Wirbelsäule. Die Wirbeltiere unterteilt man in fünf *Klassen*: Säugetiere, Vögel, Fische, Lurche und Kriechtiere.

Säugetiere ▸1
Säugetiere werden nach der Geburt von der Mutter mit Milch gesäugt.
Säugetiere atmen mit Lungen. Ihr Körper ist mit Haaren bedeckt. Ihre Körpertemperatur ist gleichwarm.

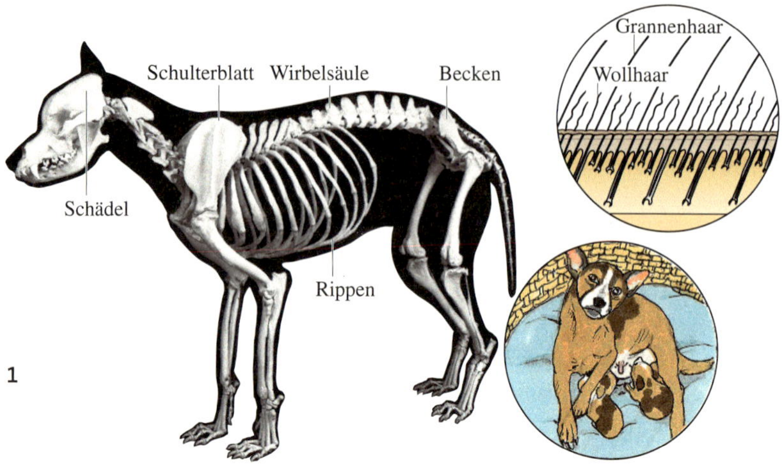

1

Vögel ▸2
Vögel sind an das Fliegen angepasst: Als Vordergliedmaßen haben sie Flügel; ihr Körper ist mit Federn bedeckt.
Vögel besitzen einen Schnabel. Sie atmen mit Lungen. Vögel legen Eier. Die Jungen werden nach dem Schlüpfen von ihren Eltern betreut. Die Körpertemperatur von Vögeln ist gleichwarm.

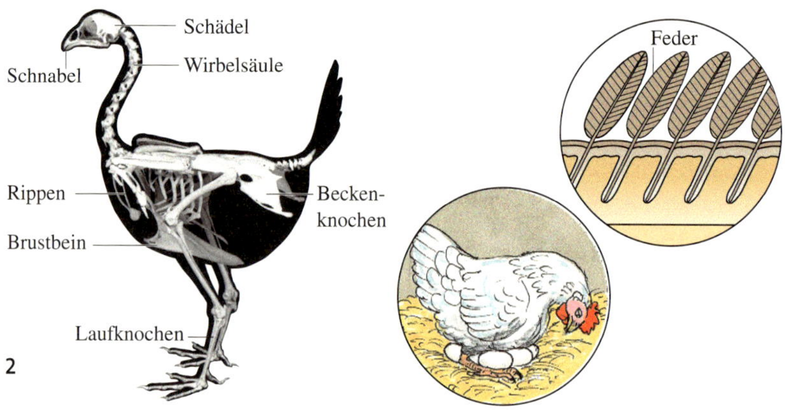

2

Kriechtiere (Reptilien) ▸3
Kriechtiere (Echsen, Schlangen, Krokodile, Schildkröten) haben vier Gliedmaßen, mit denen sie kriechen.
Ihr Körper ist durch Hornschuppen vor Austrocknung geschützt. Ihre Temperatur hängt von der Umgebung ab. Das Weibchen legt nach der Befruchtung Eier in den Boden. Die nötige Brutwärme liefert die Sonne. Nach dem Schlüpfen sind die Jungen selbstständig.

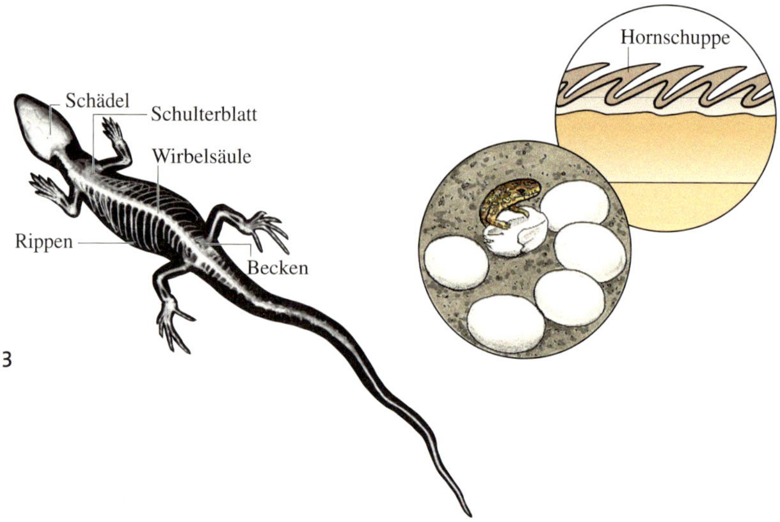

3

Lurche (Amphibien) ▸4

Lurche sind Landwirbeltiere, die vorwiegend in feuchten Gebieten leben.
Larven der Lurche schlüpfen als Kaulquappen aus dem Laich, der im Wasser abgelegt wurde. Sie atmen mit Kiemen.
Lurche haben wasserlebendende Kaulquappen. Diese atmen durch Lungen und über die Haut, die ständig feucht sein muss.
Ihre Temperatur hängt von der Umgebung ab.

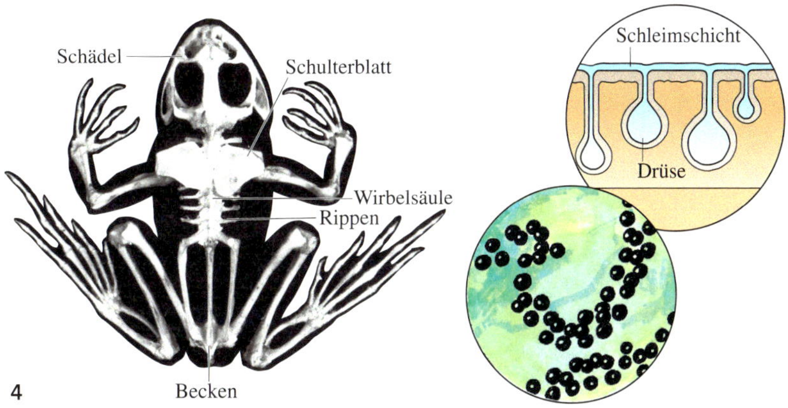

4

Fische ▸5

Fische sind Wassertiere. Sie haben eine strömungsgünstige Form. Ihre Flossen treiben den Körper im Wasser voran.
Die Haut mit ihren Knochenschuppen ist von einer Schleimschicht überzogen.
Fische atmen mit Kiemen. Ihre Körpertemperatur ist von der Temperatur des Wassers abhängig.
Aus dem Laich entwickeln sich Larven. Nach dem Schlüpfen ernähren diese sich vom Eidotter.

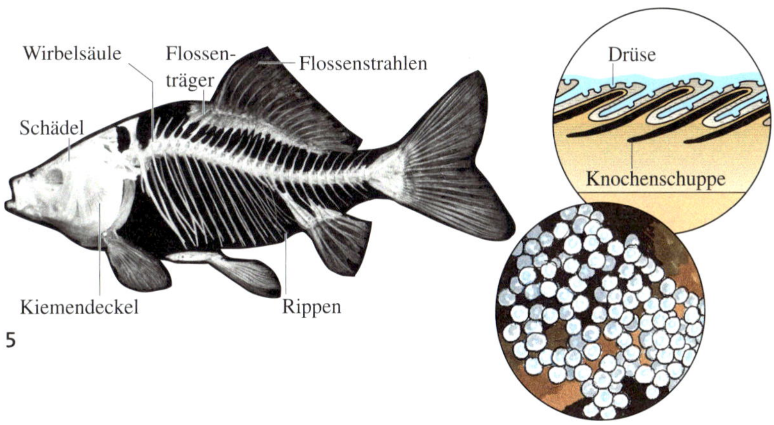

5

Alles klar?

1 Was haben alle Wirbeltiere gemeinsam?
Warum gehören Insekten, Schnecken und Regenwürmer nicht zu den Wirbeltieren?

2 Wirbeltiere bewohnen verschiedene Lebensräume. Nenne spezielle Anpassungen an den Lebensraum bei verschiedenen Wirbeltierklassen.

3 Beispiele für Wirbeltiere sind: Rennmaus, Katze, Pferd, Karpfen, Dromedar, Wellensittich, Hausschwein, Ente.
a Welche Bedeutung haben diese Tierarten für den Menschen?
b Ordne den Tierarten die Begriffe Fisch, Lurch, Kriechtier, Vogel, Säugetier zu. Aus welchen Klassen sind keine Arten angeführt?

4 Tiere sind an ihren Lebensraum angepasst.
a Nenne die Hauptlebensräume der fünf Wirbeltierklassen.
b Welche Körpermerkmale und Eigenschaften sind dabei jeweils entscheidend?

Teste dich!

▷ Die Lösungen findest du im Anhang.

1 Bei den Wirbeltieren unterscheiden wir Säugetiere, Vögel, Fische, Lurche und Kriechtiere.

a Ordne die abgebildeten Wirbeltiere zu. ▸**1**

b Notiere in einer Tabelle Atmung und Hautbeschaffenheit bei den fünf Wirbeltierklassen.

c Beschreibe am Beispiel des Froschs die Fortpflanzung von Lurchen.

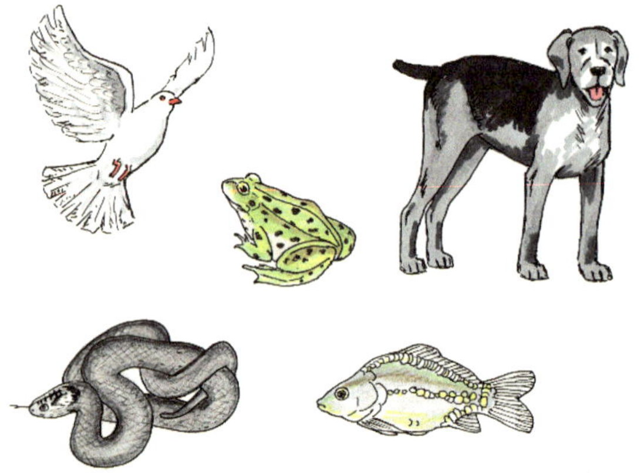

1

2 Lebensräume

a Erkläre, dass alle Entenvögel im Bild ▸**2** in dem selben Gewässer vorkommen können, obwohl sie sich alle von Pflanzen ernähren.

b Beschreibe den Begriff „Lebensraum" in einem Satz.

c Es gibt artenarme und artenreiche Lebensräume. Ordne die folgenden Lebensräume in einer Tabelle ein: Acker, Bergspitze, Hecke, Rasen, See, Teich, Wald, Wüste.

3 Wasser testen

a Nenne drei Eigenschaften des Wassers, die an einem Gewässer untersucht werden.

b Wasseruntersuchungen mit Teststäbchen sollen auch noch einmal mit destilliertem Wasser durchgeführt werden. Erkläre den Sinn dieser Vorgehensweise.

c Formuliere eine Arbeitsanweisung für die Untersuchung der Wasserhärte.

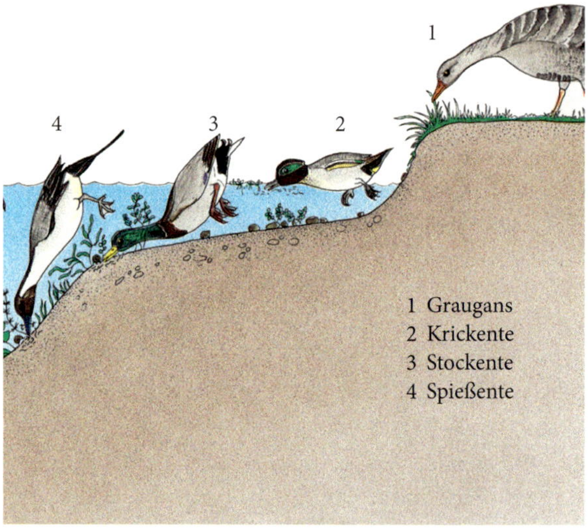

2 *Entenvögel auf Nahrungssuche*

Schätze deine Fähigkeiten ein

Ordne deiner Aufgabenlösung im Heft ein Smiley zu:

☺ Ich konnte die Anforderungen erfüllen.

😐 Ich konnte die Anforderungen nicht vollständig erfüllen.

☹ Ich konnte die Anforderungen nicht erfüllen.

Anforderung	Ich kann ...	Hilfe findest du auf Seite ...
1	für die fünf Wirbeltierklassen die Erkennungsmerkmale nennen sowie ihre Fortpflanzung beschreiben.	61, 64 f.
2	den Zusammenhang zwischen dem Aussehen eines Tieres und seinem Lebensraum beschreiben.	57
2	artenarme und artenreiche Lebensräume unterscheiden.	34 f.
3	Untersuchungsmethoden von Wasser nennen und eine Versuchsplanung beschreiben.	55 f.

Nahrung – Treibstoff für Marathonläufer?

Wie arbeiten die Körperteile zusammen?

Bewegungen an Land

▷ Bewegungen gehören zu unserem Alltag. Dazu nutzen wir auch Hilfsmittel wie Fahrräder, Rolltreppen und andere Fahrzeuge.

▷ Wer sich richtig ernährt, bleibt gesund und fühlt sich wohl. Er kann in Schule, Beruf und Sport sein Bestes geben. Denn aus der Nahrung gewinnt dein Körper die nötige Energie.

▷ Der menschliche Körper ist ein Wunderwerk: Du kannst laufen und springen, heben und schreiben. Was die einzelnen Teile des Körpers dabei leisten, ist erstaunlich. Noch viel erstaunlicher ist ihr perfektes Zusammenspiel.

Fortbewegung prägt unser Leben

▷ Nicht jede Erfindung war ein Erfolg. Zwei Flügel mit den Armen zu schlagen, das reicht nicht zum Fliegen. ▸1

▷ 100 Jahre nach den Versuchen des Schneiders von Ulm hatte menschlicher Erfindergeist das Reisen in der Luft ermöglicht. Im 20. Jahrhundert schaffte der Mensch auch den Sprung in das Weltall. ▸2

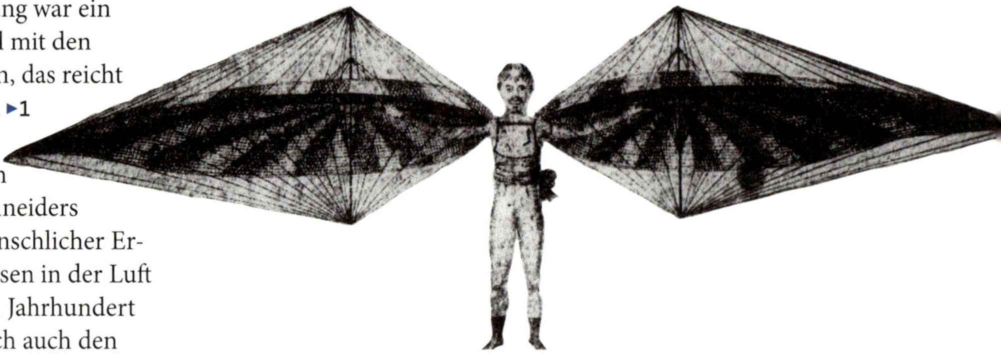

1 *Fluggerät des Schneiders von Ulm*

Aus dem Alltag Fortbewegung

Alle Tiere sind auf Fortbewegung angewiesen. Sie nutzen dazu Flossen, Flügel, Beine oder ihren ganzen Körper – stets angepasst an ihren Lebensraum.
Der Mensch hat seine Fortbewegungsmöglichkeiten durch Erfindungen stark erweitert. Mit technischen Geräten kann er sich auf dem Land, im Wasser, in der Luft und sogar im Weltraum bewegen. Von größter Bedeutung war die Erfindung des Rads.
Du erreichst schon mit dem Fahrrad auf ebener Strecke Geschwindigkeiten, bei denen viele Landtiere auf Dauer nicht mithalten können. Die Fortbewegung mit Muskeln ist jedoch durch körperliche Fähigkeiten begrenzt.
Heute treiben wir Fahrzeuge mit der Energie aus Treibstoffen an. Mit unseren Motorfahrzeugen übertreffen wir sämtliche Lebewesen in Bezug auf Geschwindigkeit und Ausdauer. Besonders das Auto prägt unser Leben.

2 *Spaceshuttle beim Start*

Aufgaben

1 Beschreibe die Vorteile von Fließbändern, Rolltreppen und Aufzügen für die Fortbewegung.

2 Wie viel Zeit benötigst du am Tag, um zur Schule, zu Freunden, in den Verein ... zu gelangen? Notiere einen Tag lang alle Zeiten.
Für welchen Weg hast du am meisten Zeit gebraucht? Berechne, wie lange du insgesamt unterwegs warst.

3* Warum wurde das erste Motorflugzeug nicht mit einer Dampfmaschine angetrieben?

4 Ob in der Steppe, im Urwald oder in den Bergen – kein Tier hat Räder am Körper. Überlege dir mögliche Gründe.

5 Das Rad wird nicht nur beim Fahrrad eingesetzt. Finde mindestens fünf weitere Fahrzeuge mit Rädern.

Aufgaben

Wie haben sich die Menschen früher fortbewegt?

6 Recherchiert in Büchern nach historischen Fahrzeugen zur Fortbewegung auf dem Wasser, an Land und in der Luft.

7 Notiert für jedes Fahrzeug:
- seine Bezeichnung
- seinen Erfinder
- das Land, in dem es erfunden wurde
- das Jahr der Erfindung und den Zeitraum seiner Nutzung
- eine Beschreibung
- in welchen Ländern oder Gegenden der Erde das Fahrzeug genutzt wurde
- die Buchquelle, in der ihr die Information über das Fahrzeug gefunden habt (Titel, Verfasser, Seitennummern)

8 Erstellt mit einem Textverarbeitungsprogramm zu jedem Fahrzeug einen Steckbrief. Nutzt dabei eure Notizen. Schreibt keine Texte aus Büchern ab! Denkt an frühzeitiges und wiederholtes Speichern der Textdateien! Beachtet die Regeln guter Textverarbeitung.

9 Überprüft die Texte mit der Rechtschreibprüfung des Textverarbeitungsprogramms.

10 Fügt eine Abbildung des Fahrzeugs ein.

11 Erstellt eine Wandpräsentation mit einem Zeitstrahl und euren Steckbriefen. Teilt dabei die Zeit seit dem Jahr 5000 v. Chr. in geeignete Abschnitte ein und stellt die Jahre innerhalb eines Abschnitts maßstabsgetreu dar.

3 *Historisches Fahrrad*

4 *Historische Dampflok*

Methode Regeln guter Textverarbeitung

1. Drücke die Eingabetaste nur am Ende eines Absatzes.
2. Drücke die Eingabetaste nicht mehrmals nacheinander. Wenn du einen größeren Abstand nach deinen Absätzen haben möchtest, ändere die Absatzeigenschaften. ▸5
3. Wörter und Rechenzeichen werden durch Leerzeichen voneinander getrennt.
4. Satzzeichen (z. B. Punkt, Komma, Ausrufezeichen, Fragezeichen) werden ohne Leerzeichen direkt hinter das letzte Wort gesetzt. Hinter das Satzzeichen gehört ein Leerzeichen.
5. Wird ein Textteil oder ein Rechenausdruck in Klammern gesetzt, so werden Leerzeichen vor die öffnende Klammer und hinter die schließende Klammer gesetzt. Zwischen die öffnende Klammer und das erste Wort und zwischen das letzte Wort und die schließende Klammer gehört kein Leerzeichen. Genauso wird bei Anführungszeichen verfahren.
6. Drücke die Leertaste und die Tabulatortaste nicht mehrmals nacheinander. Wenn du einen Absatz einrücken möchtest, ändere die Absatzeigenschaften.
7. Verwende in zusammengehörenden Texten nicht mehr als zwei unterschiedliche Schriftarten und nicht mehr als zwei Farben. Der Text wirkt sonst unruhig.
8. Strukturiere längere Texte durch Überschriften. Verwende dabei Formatvorlagen.

5 *Eigenschaften von Absätzen*

Grundlagen / Texte mit dem Computer bearbeiten

Absätze und Zeichen Wir schreiben Texte, um für Leserinnen und Leser eine Information darzustellen. Eine gute Strukturierung erleichtert das Lesen. Deshalb gliedern wir Texte durch *Absätze*. ▸1
Bei der Arbeit mit einem Textverarbeitungsprogramm lässt sich die Darstellung von Absätzen gezielt steuern. Eigenschaften von Absätzen wie Ausrichtung, Zeilenabstand, linker und rechter Einzug sowie Abstände vor und nach einem Absatz lassen sich über das Kontextmenü des Absatzes ändern.
Dazu muss die Schreibmarke in den Absatz gesetzt werden, damit das Textverarbeitungsprogramm eindeutig erkennen kann, welcher Absatz gemeint ist.
Absätze enthalten *Zeichen*. Nicht nur die großen und kleinen Buchstaben, die Satzzeichen und die Ziffern sind Zeichen im Sinne der Textverarbeitung, sondern auch Leerzeichen und Absatzendezeichen.
Zeichen haben Eigenschaften wie Schriftart, Schriftgröße, Schriftfarbe, Schriftschnitt (fett, kursiv, unterstrichen) und Zeichenabstand. ▸2 Um die Eigenschaften von Zeichen zu ändern, müssen diese markiert werden. Das kann durch Überstreichen mit der Maus bei gedrückter linker Maustaste geschehen. ▸3

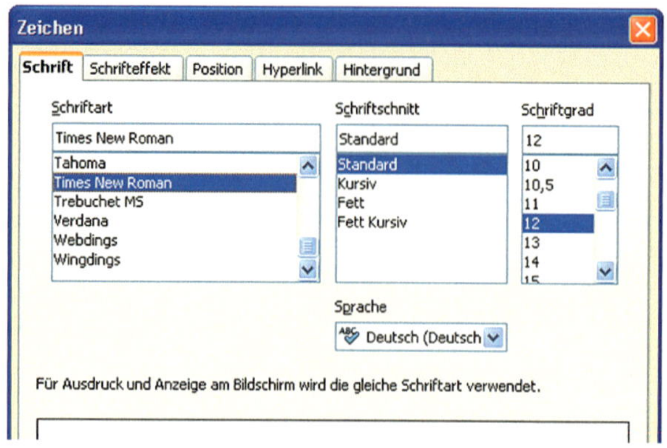

2 *Kontextmenü Zeichen*

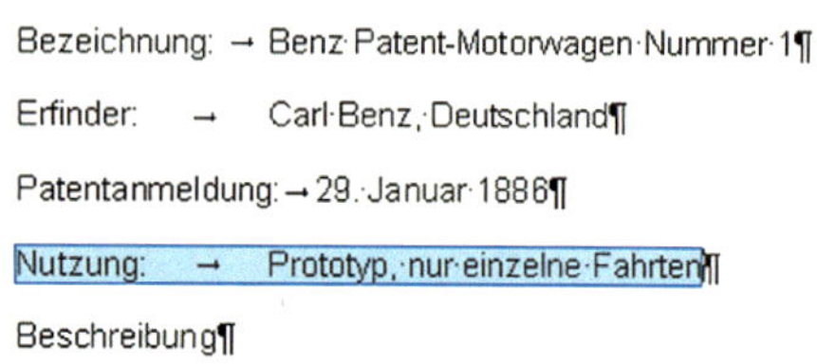

3 *Markierung*

1 *Elemente eines Textdokuments*

Rechtschreibprüfung Mit Textverarbeitungsprogrammen können Texte auf korrekte Rechtschreibung und Grammatik geprüft werden. Bereits bei der Eingabe werden falsch geschriebene Wörter mit einer roten Wellenlinie unterstrichen. ▸4
Über das Kontextmenü liefert das Textverarbeitungsprogramm Verbesserungsvorschläge. Du kannst aber nicht davon ausgehen, dass das Programm alle Fehler findet. ▸5

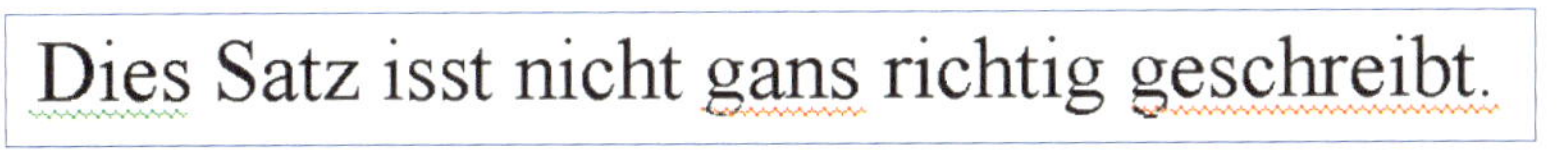

4 *Rechtschreibprüfung durch ein Textverarbeitungsprogramm*

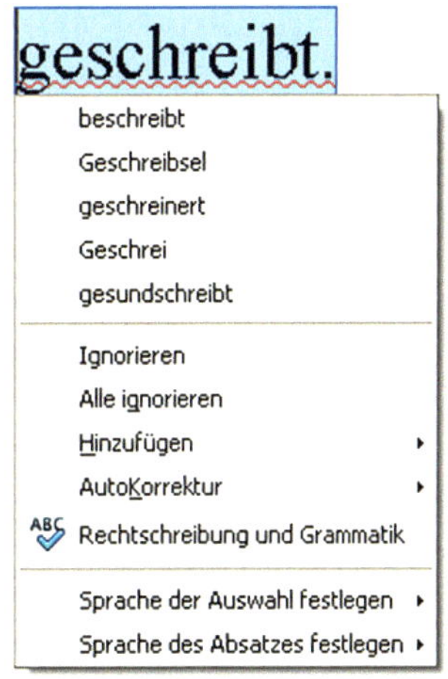

5 *Vorschläge für „geschreibt"*

Im oben stehenden Beispiel hat das Textverarbeitungsprogramm den Grammatikfehler (grüne Wellenlinie) bei „Dies" erkannt. Bei dem Wort „gans" kennzeichnet es korrekt einen Rechtschreibfehler (rote Wellenlinie). Der Fehler bei „isst" wird nicht bemerkt. Die Markierung von „geschreibt" und die Verbesserungsvorschläge „beschreibt" oder „Geschreibsel" helfen nicht. Hier liegt kein Rechtschreibfehler vor, sondern ein Grammatikfehler. ▸5
Der Computer kann nicht denken! Er vergleicht lediglich deine Wörter mit den im elektronischen Wörterbuch gespeicherten.

Urheberrecht Abschreiben ist geistiger Diebstahl. Durch Abschreiben von Texten verletzt man das Urheberrecht des Verfassers. Das gilt auch für das Kopieren von Bildern und Grafiken. Das Recht auf geistiges Eigentum besteht bereits zum Zeitpunkt der Entstehung eines Textes oder Bildes. Eine Copyright-Kennzeichnung ist nicht erforderlich. Verfasse also alle deine Texte selbst.
Ausnahmen: Texte und Bilder dürfen verwendet werden, wenn der Autor einer Weiterverwendung ausdrücklich zugestimmt hat. Die Quellen müssen jedoch immer angegeben werden. ▸6

6 *Foto mit Quellenangabe*

Aufgaben

1 Erkunde mithilfe des Menüs *Format* in deinem Textverarbeitungsprogramm, welche Eigenschaften Absätze und Zeichen haben.
Notiere jeweils fünf Eigenschaften.
Wie kannst du diese Eigenschaften ändern?

2 Auch Bilder, die in Textdokumente eingefügt wurden, haben Eigenschaften. Erkunde in deinem Textverarbeitungsprogramm, welche Eigenschaften Bilder haben. Wie lassen sich diese ändern?

3 Stelle aus den Autosteckbriefen ein Autoquartett her. Dazu musst du die Textdokumente nicht umformatieren. Du kannst neun Seiten auf eine Papierseite drucken. Finde heraus, wie das funktioniert.

4* Erstelle ein Textdokument mit deinem Stundenplan. Ändere dazu die Seiteneigenschaft *Orientierung* in *Querformat* und füge eine Tabelle mit 6 Spalten und 10 Zeilen ein. Erkunde, welche Eigenschaften die ganze Tabelle, die Zeilen, Spalten und Tabellenzellen haben und wie man diese ändern kann.

Selbst erfinden – Fahrzeuge mit Antrieb

- ▷ Mit der Energie einer gespannten Mausefalle auf Rekordfahrt! ▸1
- ▷ Fahrzeugmodelle mit einfachem Antrieb zu bauen ist gar nicht so schwer. Dazu braucht ihr eine Karosserie aus Holz oder Kunststoff und drei oder vier Räder. Sie sollten möglichst reibungsarm laufen. Für den Betrieb auf dem Schulhof sind Gummireifen mit Profil geeignet.
- ▷ An euren Modellfahrzeugen oder Spielzeugautos könnt ihr interessante Messungen machen. Wer fährt am weitesten, längsten oder schnellsten?

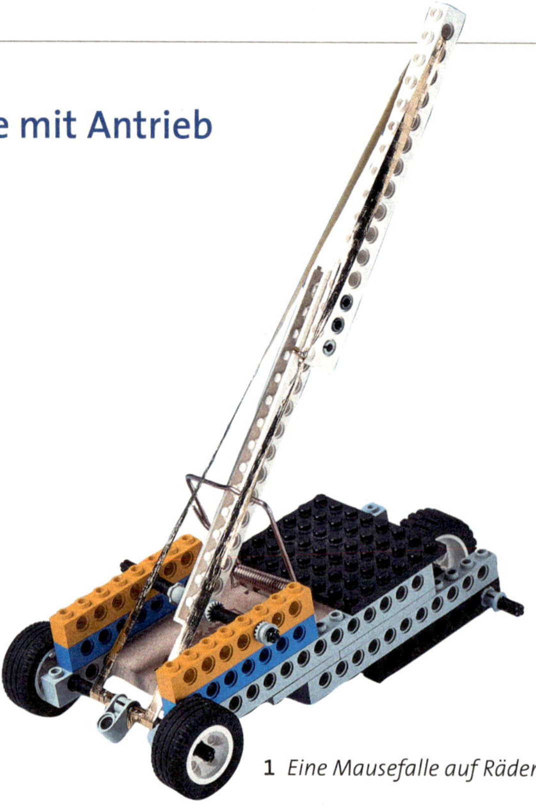

1 *Eine Mausefalle auf Rädern*

Beobachten Untersuchen

1 **Bau eines „Raketenautos"** ▸2 Das „Raketenauto" funktioniert so: Wenn der Ballon seine Luft nach hinten wegschleudert, bewegt sich das leichte Fahrzeug nach vorne. Man nennt das Rückstoßantrieb: rückwärts stoßen, um vorwärtszukommen. Richtige Raketen schleudern beim Start große Mengen heißer Verbrennungsgase nach unten heraus.
Wie schafft ihr es, dass euer Raketenauto möglichst weit fährt? Was vermutet ihr? Probiert es aus!

2 **Bau eines Propellerwagens** ▸3 Flugzeuge nutzen ebenfalls den Rückstoßantrieb. Propeller oder Turbinen schleudern große Luftmengen nach hinten. Auch auf der Startbahn wird das Flugzeug auf diese Weise beschleunigt, bis es abhebt.
Erprobt an eurem Modell verschiedene Propellerformen und -größen.

3 **Bau eines Fahrzeugs mit Gummimotor** ▸4 Das Fahrzeug wird mit der Energie eines gespannten Gummis angetrieben. Um den Gummi zu spannen, muss es zunächst entgegen der Fahrtrichtung geschoben werden.

2 *„Raketenauto"*

3 *Flugzeug ohne Flügel*

4 *Fahrzeug mit Gummimotor*

4 Bau eines „Dragsters" ▸5 Ein kleines Zahnrad („Ritzel") auf der Achse eines Elektromotors treibt das größere Zahnrad auf der Hinterachse des Autos an. Dadurch dreht sich die Hinterachse langsamer als der Motor – ähnlich wie beim ersten Gang eines Fahrrads. Eure „Dragster" fahren trotzdem sehr schnell.

5 Fahrzeug mit Solarantrieb ▸6 Die Sonne liefert die kostenlose Antriebsenergie für den Motor. Das Fahrzeug ist mit zwei Solarzellen ausgestattet. Wenn sie rechtwinklig zur Sonnenstrahlung gestellt werden, erreicht es die höchste Geschwindigkeit. Testet eure Solarfahrzeuge auf dem Schulhof.

6 Vergleich der Modelle

a Nennt Vorteile und Nachteile eurer Fahrzeuge.

b Wettbewerbe:
Welches Fahrzeug …
- rollt auch ohne Antrieb am weitesten (Start von einer Schräge)?
- fährt den steilsten Berg hoch?
- fährt am schnellsten?

Versucht eure Beobachtungen zu erklären und die Modelle zu verbessern.

c Zeichnet auf glattem Boden eine Teststrecke von zwei oder mehr Metern Länge auf.
Ermittelt die Geschwindigkeiten auf dieser Teststrecke. Haltet eure Ergebnisse in einer Tabelle fest. ▸7 Welches Fahrzeug war am schnellsten? Versucht das Ergebnis zu erklären.

Fahrzeug	Weg (gemessen)	Zeit (gemessen)	Geschwindigkeit (berechnet)
Fahrzeug mit Gummimotor	2 m	? s	? $\frac{m}{s}$
…	2 m	? s	? $\frac{m}{s}$

7 *Messtabelle*

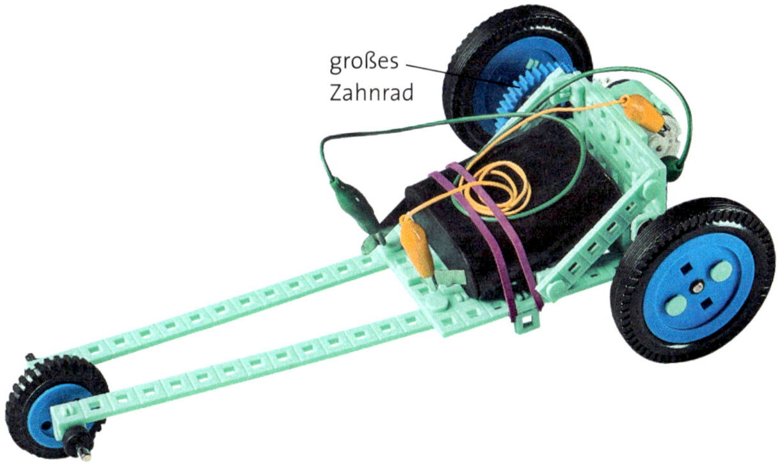

5 *„Elektrodragster"*

6 *Solarfahrzeug*

Erweiterung – Für Bewegung braucht man Energie

Kein Fahrzeug fährt von alleine. Für alle Bewegungen ist so etwas wie ein „Treibstoff" erforderlich, nämlich *Energie*.
Wir Menschen benötigen auch Energie, ähnlich wie eine Maschine. Wir gewinnen sie aus der Nahrung, die im Körper „verbrannt" wird. Die Energie nutzen wir für unsere Körperwärme und unsere Bewegung.

Ernährung und Energiebedarf

Dein Energiebedarf

▷ Auf dem Speiseplan der Inuit im hohen Norden Amerikas steht viel fettreiche Nahrung: Lachs, Walfleisch oder Tran. In eisiger Kälte brauchen sie viel Energie, um ihre Körpertemperatur zu halten und nicht zu erfrieren. Diese Energie „steckt" in kalorienreicher Nahrung.

▷ Wenn du dich ähnlich ernähren würdest, bräuchtest du viel Bewegung, damit die aufgenommene Energie nicht zu „überflüssigen Pfunden" führt.

1 *Inuitjunge beim Eisangeln*

Aufgaben

1 Ermittle deinen Energiebedarf.

a Schreibe auf, was du an einem Tag tust und wie lange die einzelnen Tätigkeiten dauern.

b Auf der folgenden Seite ist der Energiebedarf für viele verschiedene Tätigkeiten angegeben. Berechne damit deinen persönlichen Energiebedarf für den untersuchten Tag. *Hinweis:* Rechne dabei Ruhe- und Schlafzeiten mit 280 Kilojoule pro Stunde (Durchschnittswert).

2 Erstelle einen Speiseplan.

a Besorge dir eine Tabelle mit der Energie von Nahrungsmitteln. Bei abgepackten Lebensmitteln ist sie auf der Verpackung abgedruckt.

b Notiere, was du an einem Tag isst. Berechne die Energie, die du mit der Nahrung aufnimmst.

c Vergleiche die aufgenommene Energie mit deinem Energiebedarf.

3 Du hast bestimmt ein paar Lieblingsspeisen. Informiere dich jeweils über die Energie in einer Portion davon.

4 Katja isst eine kleine Pizza (550 kcal) und Leon einen Doppel-Hamburger (2070 kJ). Beide Portionen sind gleich schwer (200 g). Wer von beiden hat mehr Energie zu sich genommen?

5 Beschreibe, was geschieht, wenn dein Körper mehr Energie mit der Nahrung erhält, als er braucht?

6 Der Junge auf der Leiter isst einen Apfel. ▸2

a Gib an, wie viel Energie nimmt sein Körper dabei auf?

b Wie hoch müsste der Junge klettern, um diese Energie vollständig zu nutzen?

7 Ali hat eine halbe Tafel Schokolade gegessen. Er sagt: „Ich fahre mit dem Rad zur Schule – da verbrauche ich die Energie wieder." Was meinst du dazu?

Kilojoule und Kilokalorie
In „Nährwerttabellen" für Lebensmittel wird die Energie oft in Kilokalorien (kcal) angegeben. In der Physik benutzt man die Einheit Kilojoule (kJ).
1 Kilokalorie und 4 Kilojoule sind etwa gleich viel Energie.
Mehr dazu erfährst du in den Grundlagen auf der folgenden Seite.

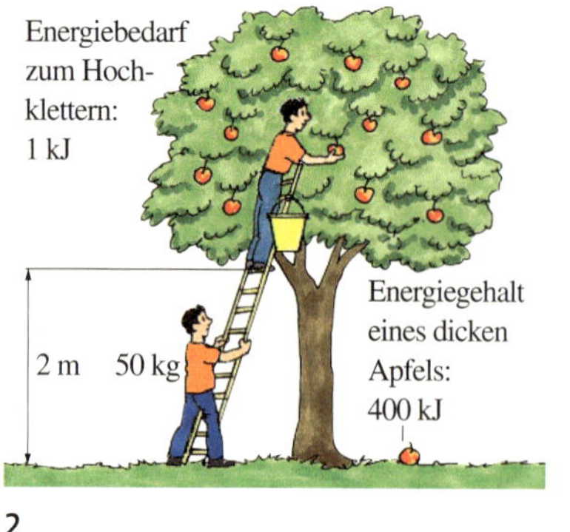

2

Grundlagen Wie viel Energie braucht dein Körper?

3 *Energiebedarf in 30 Minuten*

Der Energiebedarf der Menschen ist unterschiedlich. Er hängt vom Alter, von der Arbeit und der Lebensweise ab. Wer viel Sport treibt, benötigt mehr Energie als jemand, der liest. ▸**3–4**

Bei leichter Tätigkeit brauchst du pro Tag eine Energie von etwa 10 000 Kilojoule (sprich: kilo-dschul, mit langem „u" wie in Schule).

Die Energie wird in der Einheit Joule (J) angegeben. Diese Einheit ist nach dem englischen Physiker *James P. Joule* (1818–1889) benannt.
Mit 1 kJ = 1000 J Energie kann man:
- 10 Liter Wasser aus einem 10 m tiefen Brunnen hochziehen
- den Tee in einer Tasse um 1 °C erwärmen
- eine Sekunde lang staubsaugen

Achte darauf, dass du nicht mehr Energie mit der Nahrung aufnimmst, als du brauchst. Nicht genutzte Nährstoffe werden in Fett umgewandelt und im Gewebe abgelagert.

Auf vielen Lebensmitteln ist angegeben, wie viel Energie sie enthalten. ▸**5–6** Mit „Light"-Produkten solltest du vorsichtig sein, weil sie zwar den Magen füllen, aber keine Energievorräte schaffen. Ein Hungergefühl bleibt.
Auch beim Nichtstun benötigt dein Körper Energie. Wenn du 40 kg wiegst, brauchst du beim Schlafen 160 kJ in der Stunde. Der Grundbedarf unseres Körpers beträgt 4 kJ stündlich für jedes Kilogramm Körpergewicht.

5 *Energie in Nahrungsmitteln (bei jeweils 100 g)*

Energiebedarf bei 1 h Tätigkeit	
Bergsteigen	4800 kJ
Skilaufen (Langlauf)	3800 kJ
Fußballspielen	3000 kJ
Jogging (9 km)	2500 kJ
Schwimmen	1800 kJ
Tanzen	1800 kJ
Tennisspielen	1500 kJ
Gymnastik	1200 kJ
Radfahren (20 km, flach, Windstille)	1200 kJ
Spazierengehen	430 kJ
Stehen	120 kJ
Sitzen	60 kJ

4

Energie in Lebensmitteln	
Schokolade (100 g)	2400 kJ
Chips (100 g)	2200 kJ
Popcorn (100 g)	1500 kJ
Pommes frites (100 g)	1200 kJ
Hamburger (100 g)	1000 kJ
Softeis (100 g)	550 kJ
Energy-Drink (1 Glas)	380 kJ
Cola (1 Glas)	360 kJ
Limo-Bier-Mix (1 Glas)	310 kJ
kleiner Apfel (100 g)	220 kJ
Cola light (1 Glas)	1 kJ
Mineralwasser	0 kJ

6

Fit in den Tag

▷ Dein Frühstück sollte dir schmecken und gesund sein! ▸1–6

▷ Obst, Nüsse, Milch- und Vollkornprodukte sind für die Zähne besser geeignet als Süßigkeiten und Limonade.

▷ Wenn du vor Schulbeginn noch nicht viel essen magst, ist das zweite Frühstück umso wichtiger. Frühstücke doch einmal gemeinsam mit deinen Klassenkameraden.

Doppeldecker
Bestreiche eine Scheibe Vollkornbrot dünn mit Butter und belege sie mit Camembert. Darauf kommen Radieschenscheiben und eine Scheibe Knäckebrot. Dazu gibt es eine Mandarine.

1

Vollkornmüsli
Vermische 4 Esslöffel Vollkornmüsli mit je einem Teelöffel Rosinen, Nüssen und Sonnenblumenkernen oder Kokosflocken. Gib Bananen-, Apfel-, Birnen- und Orangenstückchen dazu und gieße Milch, Joghurt oder Fruchtsaft darüber.

2

Untersuchen

1 Frühstücksgewohnheiten Was frühstückt ihr morgens zu Hause und in der Schule? Führt eine Woche lang Protokoll darüber. Vergleicht eure Protokolle. Gibt es Gemeinsamkeiten? Was gehört zu einer gesunden Ernährung?

Tag	Zu Hause	In der Schule
Montag	?	?
Dienstag	?	?
Mittwoch	?	?

2 Unter welchen Bedingungen schmeckt das Essen? Ob das Essen schmeckt, hängt nicht nur von den Nahrungsmitteln und Getränken ab. Wichtig ist unter anderem,
– in welcher Umgebung gegessen wird,
– mit wem die Mahlzeit eingenommen wird,
– wie lange die Mahlzeit dauert.
Führt eine Befragung in eurer Klasse durch, wie euren Mitschülern Mahlzeiten gefallen und was sie beim Essen gar nicht mögen. Schreibt Essensregeln auf.

3* Plant ein gemeinsames Klassenfrühstück Das Frühstück sollte möglichst abwechslungsreich sein. Was wollt ihr anbieten? Einige Anregungen findet ihr auf dieser Doppelseite. Sucht nach weiteren Rezepten für ein gesundes Frühstück.
Wie viele Nahrungsmittel müssen beschafft werden? Wie sollen die Tische gedeckt werden? Was muss dazu mitgebracht werden?

4* Frühstücken in anderen Ländern Was wird in anderen Ländern gefrühstückt? Bereitet ein kleines Angebot zum Probieren vor. Vielleicht können euch Eltern dabei unterstützen.

5* Wandzeitung Bereitet für den Elternabend eine Wandzeitung zu eurem Klassenfrühstück vor.
Was habt ihr ausprobiert? Was hat besonders gut geschmeckt?
Bestimmt könnt ihr Empfehlungen für ein gesundes Pausenfrühstück geben.

Süß oder herzhaft

Bestreiche die Hälften eines Vollkornbrötchens mit Doppelrahmkäse. Belege sie je nach Geschmack mit Apfel- oder Bananenscheiben, Salatblättern, Tomaten- oder Gurkenscheiben, Paprikastreifen oder Keimlingen.

3

Getränke zum Durstlöschen

Wasser oder Mineralwasser, Gemüsesäfte, Obstsäfte mit Mineralwasser, Früchte- oder Kräutertee

4

5

Gemüse mit Dipp

Schneide Kohlrabi, Gurke, Möhren, Paprika in mundgerechte Streifen und spieße sie auf einen Zahnstocher. Für den Dipp vermischst du Naturjoghurt mit etwas Crème fraîche, etwas Zitronensaft, Salz und Pfeffer.

Joghurt mit frischen Früchten

Gib Beeren oder klein geschnittene Früchte in den Joghurt. Rühre dann noch Sonnenblumenkerne und etwas Obstsaft unter den Joghurt.

6

Hygiene

Haltet die Regeln ein, damit sich keine Krankheitserreger verbreiten:

- Wascht eure Hände gründlich mit Seife.
- Verwendet Einmalhandtücher.
- Lebensmittel sollten so lange wie möglich gekühlt werden.
- Verwendet keine Rohmilch und kein rohes Ei.
- Fleisch muss durchgegart sein.

Frühstück und Zwischenmahlzeiten sind wichtig

Unsere Leistungsbereitschaft hängt von der Tageszeit ab. ▸7
Ohne Frühstück erreichst du nicht das Leistungshoch am Vormittag. Wenn lange Pausen zwischen den Mahlzeiten liegen, sinkt die Leistungsbereitschaft in den Pausen deutlich ab. Mit Frühstück und kleinen Zwischenmahlzeiten kannst du mehr leisten!

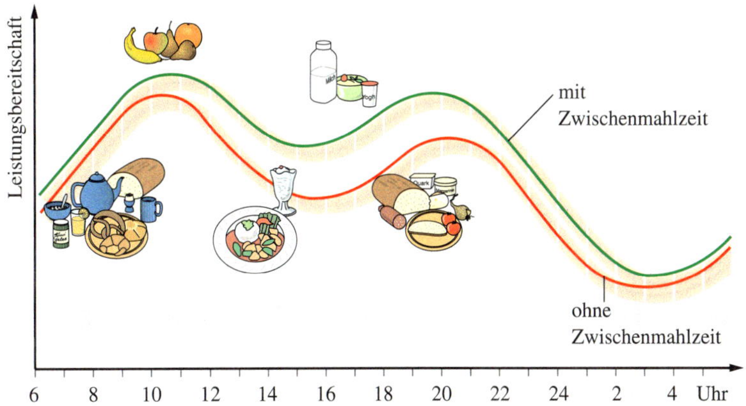

7 *Leistungsfähig durch kleine Mahlzeiten*

Woraus besteht unsere Nahrung?

▷ Wieso müssen wir essen?

1

2

3

Grundlagen Wozu brauchen wir Nährstoffe?

Unsere Nahrung kann von Tieren oder von Pflanzen stammen. Sie kann roh oder gekocht, fest oder flüssig sein. Beim Essen und Trinken nehmen wir verschiedene Stoffe auf. Der Körper braucht sie z. B., um zu wachsen oder um sich zu bewegen.
Für eine gesunde Ernährung brauchen wir zwei Stoffgruppen: Nährstoffe und Ergänzungsstoffe (z. B. Vitamine).

Nährstoffe für den Aufbau Nährstoffe werden für das Wachstum des Körpers gebraucht. Dazu gehören auch das Heilen einer Wunde, der Aufbau von Muskeln und die Erneuerung von Hautschichten. Für den Aufbau des Körpers sind vor allem *Eiweiße (Proteine)* nötig.

Nährstoffe als Energielieferanten Energie brauchen wir, wenn wir laufen, Treppen steigen, einen Gegenstand anheben … Auch zum Denken ist Energie notwendig. Das Herz benötigt Energie, um Blut durch die Adern zu pumpen. Energie ist auch nötig, damit die Körpertemperatur gleichmäßig hochgehalten wird.
Unser Körper erhält die nötige Energie aus den Nährstoffen. Sie werden im Körper verbrannt – allerdings ohne Flamme. Für diesen Vorgang ist Sauerstoff aus der Luft nötig – genauso wie zum Verbrennen von Kohle. Beim Verbrennen wird Energie abgegeben.
Für die Energiegewinnung nutzt der Körper die *Kohlenhydrate* (Stärke und Zucker) sowie *Fette*.

Lebensmittel unterscheiden sich in ihrem Gehalt an Nährstoffen. ▸4 Zu den Nährstoffen gehören Kohlenhydrate, Fette und Eiweiße. Die Nährstoffe werden für den Aufbau des Körpers und als Energielieferanten benötigt.

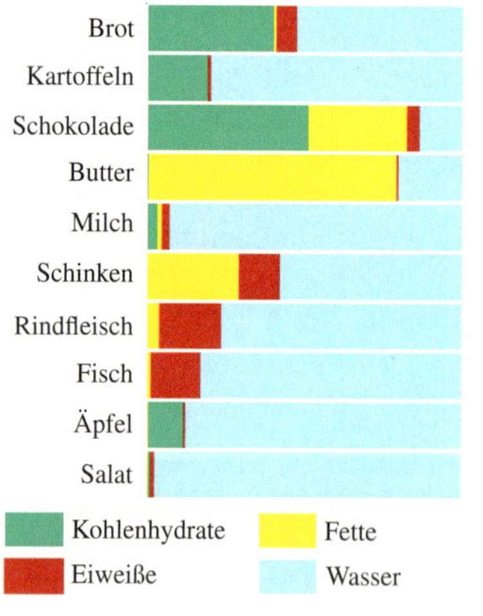

4 *Nährstoffgehalt in Lebensmitteln*

Untersuchen Experimentieren

1 Angaben auf Verpackungen
Für Lebensmittel findet ihr Angaben
- zu den Nährstoffen Kohlenhydrate (Stärke und Zucker), Fette, Eiweiß (Protein) und
- zur enthaltenen Energie. ▸1

a Notiert die Angaben von fünf Lebensmitteln. Stellt jeweils die Nährstoffe in 100 g in Säulendiagrammen dar.

b Vergleicht die Angaben in der Klasse miteinander. Welche Nahrungsmittel enthalten jeweils besonders viele Kohlenhydrate, viel Fett oder Eiweiß?

2 Stärke nachweisen Stärke gehört zu den Kohlenhydraten. Sie lässt sich mit Lugol-Lösung nachweisen.

! Die Lösung ist gesundheitsschädlich und umweltgefährlich! Nicht auf die Haut bringen oder verschlucken.

a Gebt einen Teelöffel Stärke auf ein Schälchen und fügt zwei oder drei Tropfen der Lösung hinzu. ▸5
Notiert die Beobachtung im Protokoll.

b Zur Kontrolle wiederholt ihr den Versuch mit Traubenzucker.

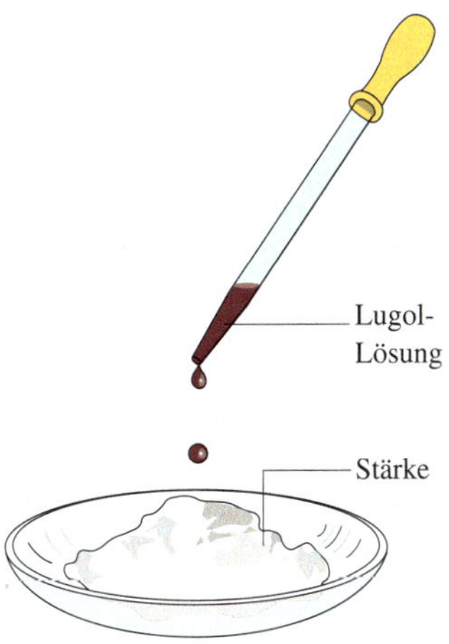

5 *Nachweis von Stärke*

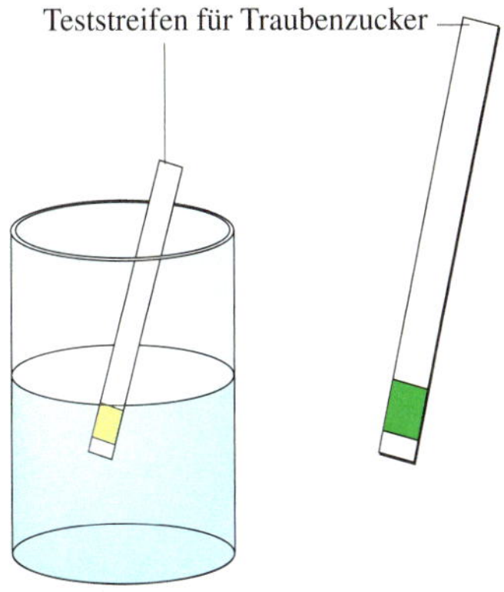

6 *Nachweis von Traubenzucker*

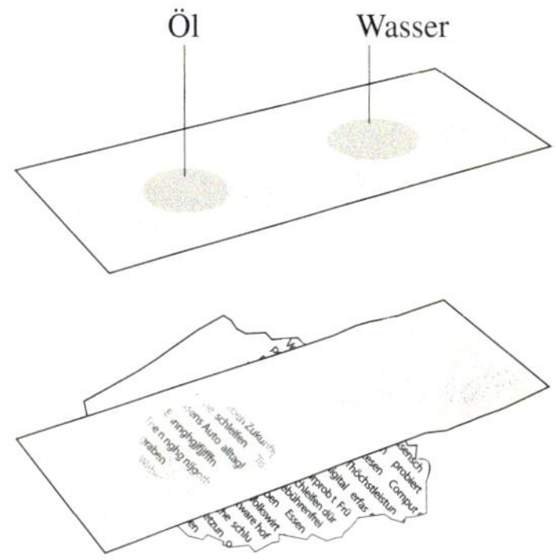

7 *Nachweis von Fett*

3 Traubenzucker nachweisen
Auch Traubenzucker gehört zu den Kohlenhydraten. Er lässt sich mit Teststreifen aus der Apotheke nachweisen. ▸6
Die Teststreifen funktionieren nur in Flüssigkeiten.

a Löst einen Teelöffel Traubenzucker in einem kleinen Becherglas mit Wasser. Haltet den Teststreifen hinein. Notiert die Beobachtung im Protokoll.

b Zur Kontrolle könnt ihr den Streifen auch in Wasser halten.

4 Eiweiß nachweisen Eiweiß wird mit Essig oder Zitronensaft nachgewiesen.

a Füllt ein Reagenzglas 2 cm hoch mit Eiklar. Verdünnt es mit der gleichen Menge Wasser. Schließt das Reagenzglas mit einem Stopfen und schüttelt. Fügt einige Tropfen Zitronensaft oder Essig hinzu. Wenn sich Flocken bilden, ist Eiweiß vorhanden.

b Zur Kontrolle wiederholt ihr den Versuch mit Traubenzucker und Stärke.

5 Fette nachweisen Fettige Lebensmittel hinterlassen auf Papier durchscheinende Flecken. Das Fett saugt sich im Papier fest und verdunstet nicht. Durch Fettflecke kann man Fette in Lebensmitteln nachweisen.

a Gebt einen Tropfen Öl und zur Kontrolle einen Wassertropfen auf ein Stück Filterpapier. ▸7
Kennzeichnet die Stelle mit einem Stift.

b Wartet eine Viertelstunde und notiert eure Beobachtung im Protokoll.

6 Den Nährstoffgehalt von Nahrungsmitteln prüfen Sucht Lebensmittel aus, die ihr untersuchen möchtet. Für den Fettnachweis reicht es, wenn ihr ein Stück auf das Filterpapier drückt und zerreibt. Für die anderen Nachweise müssen feste Lebensmittel wie Brot oder Gemüse zuerst zerkleinert und in Wasser gegeben werden – mit einer Küchenreibe oder einem Mörser. Fertigt eine Tabelle an. ▸8

Lebensmittel	Stärke	Traubenzucker	Eiweiße	Fette
Kartoffel	++	–	–	–

8 *Mustertabelle (Zeichenerklärung:*
++: enthält sehr viel; +: enthält viel; +/–: enthält etwas; –: nicht nachweisbar)

Gesundheit Gesunde Ernährung – was gehört dazu?

Zur gesunden Ernährung gehört eine „vollwertige“ Nahrung. Sie sollte alle Nährstoffe und Ergänzungsstoffe enthalten, die wir brauchen. Der „Ernährungskreis“ gibt einen Überblick. ▸1

Die Mahlzeiten sollten jeden Tag Lebensmittel aus allen Feldern des Kreises enthalten – aus den breiten Feldern größere Mengen, aus den schmalen Feldern kleinere Mengen.

Im Körper wird zwar ständig Energie gebraucht, aber wir müssen nicht ununterbrochen essen. Leber, Muskeln und Fettgewebe enthalten Reservestoffe und liefern bei Bedarf Energie. Nach der Nachtruhe sind die Reserven größtenteils aufgebraucht und müssen durch ein ausreichendes Frühstück ersetzt werden.

Besser als drei Hauptmahlzeiten sind mehrere kleine Mahlzeiten. Große Mahlzeiten belasten die Verdauungsorgane und machen müde. Bei langen Pausen zwischen den Mahlzeiten sinkt die Leistungsfähigkeit. Nach einigen Stunden bekommst du richtig Hunger – und isst vielleicht mehr, als dir lieb ist.

1 *Ernährungskreis*

Aufgaben

1 Nenne zwei Gründe dafür, dass fünf kleine Mahlzeiten am Tag günstiger sind als zwei große.

2 Ernährungswissenschaftler empfehlen, zu den Mahlzeiten Rohkostsalate und Frischobst zu reichen. Erkläre.

3 Kopiert den Ernährungskreis mehrfach, schneidet die „Tortenstücke“ aus und schreibt auf die Rückseite jeweils ein Nahrungsmittel. Stellt daraus die Mahlzeiten zusammen, die euch schmecken. Wer hat die leckerste Kombination?

- VIELSEITIG – ABER NICHT ZU VIEL.
- WENIGER FETT UND FETTREICHE LEBENSMITTEL.
- WÜRZIG – ABER NICHT SALZIG.
- WENIG SÜSSES.
- VIELE VOLLKORNPRODUKTE.
- REICHLICH OBST, GEMÜSE UND KARTOFFELN.
- WENIGER TIERISCHES EIWEISS.
- REICHLICH FLÜSSIGKEIT.
- ÖFTER KLEINERE MAHLZEITEN ESSEN.
- SCHMACKHAFT ZUBEREITEN UND NÄHRSTOFFE SCHONEN.

2 *Ernährungsregeln der Deutschen Gesellschaft für Ernährung*

„Fast Food" Wörtlich übersetzt heißt das „schnelles Essen". Es wird schnell zubereitet und ohne großen Aufwand verspeist. ▸3 Zu solchen Gerichten gehören Pommes frites, Hamburger und Currywurst. Diese Nahrungsmittel enthalten sehr viele Fette und Kohlenhydrate und damit viel Energie.
Fast Food kann aber auch Obst, Salate, Milchgetränke und Joghurt sein. ▸4 Es kommt also auch beim Fast Food darauf an, richtig auszuwählen, wenn man sich gesund ernähren will. ▸5
Den Begriff „schnelles Essen" sollte man jedoch nicht ganz wörtlich nehmen. Zur gesunden Ernährung gehört es auch, dass die Mahlzeiten in sauberer Umgebung und ohne Hast eingenommen werden. Der Magen und die anderen Verdauungsorgane brauchen ein wenig Zeit, damit sie die Nahrung aufnehmen und gut verdauen können.

Naschen und Knabbern Wer isst nicht gerne beim Fernsehen Salzstangen, Chips oder Erdnüsse? Und wer kann schon Süßigkeiten wie Bonbons, Eis und Schokolade widerstehen?
Die Nahrungsmittel sollten aber nur in geringen Mengen gegessen werden, da sie sehr viel Energie enthalten. Beispielsweise besitzen 100 g Schokolade etwa 2200 kJ, 100 g Kartoffelchips sogar ungefähr 2400 kJ. ▸6

6

3 *Fastfood – so ...*

4 *... oder so*

Produkt	Energie in kJ	Eiweiße in g	Fette in g	Kohlenhydrate in g
Hamburger	1087	13,3	9,7	28,9
Pommes frites (mittlere Portion)	1454	3,5	16,2	44,6
Currywurst	2378	19,0	49,0	8,0
Cola-Getränk (0,25 l)	552			33,0
Banane	409	1,3	0,2	22,6
Joghurt (natur, 150 g)	381	5,0	5,3	6,0
Müsliriegel	398	1,8	2,8	15,5
Vollmilch (0,25 l)	669	8,0	8,8	11,8

5 *Verschiedene Fast-Food-Produkte im Vergleich*

Aufgaben

4 Notiere einen Tag lang alles, was du isst. Entspricht dein „Speiseplan" einer gesunden Ernährung? Begründe deine Antwort.

5 Lies die Regeln zur gesunden Ernährung. ▸2 Wie sollten sich deine Ernährungsgewohnheiten verändern? Formuliere Empfehlungen.

6 Wenn dem Körper viele Kohlenhydrate zugeführt werden, kann er dann eher auf Eiweiße oder eher auf Fette in der Nahrung verzichten? Begründe deine Meinung.

7 Beurteile die dargestellten kleinen Mahlzeiten. ▸3–4

8 „Fit kid" und „5 am Tag" – was steckt dahinter? Recherchiert und beschreibt.

Wenn Essen zum Problem wird ...

▷ Lisa ist 11 und kennt ihr Gewicht ganz genau – morgens, mittags und abends. Sie schreibt jeden Bissen auf und rechnet ihn in Kalorien um. Kein Apfel und kein Bonbon entgehen ihr. Schokolade isst sie seit Monaten nicht mehr. Sie möchte auf keinen Fall so werden wie ihre zwei Jahre ältere Schwester. Sie war früher auch schlank und ist jetzt in Lisas Augen pummelig. Die Kontrolle macht Lisa stark. Die Sorgen ihrer Familie überhört sie. Dabei ist Lisa doch schon so dünn ...

▷ Jan ist 11. Wenn er aus der Schule kommt, hat ihm seine Mutter schon das Mittagessen in den Kühlschrank gestellt. Er muss es nur aufwärmen. Jan nimmt sich erst mal eine Packung Kekse und eine Cola. Dann spielt er am Computer. Als alles leer ist, macht er sich doch noch die Lasagne warm. Er isst sie vorm Fernseher. Zum Fußball hat er keine Lust. Die anderen wollen ihn sowieso nicht im Team haben und verspotten ihn ...

1–2 *Lisa und Jan – zwei Gegensätze?*

Untersuchen

1 Selbstbewusstsein „tanken" – zum Schutz der Gesundheit Manchmal fühlen wir uns richtig gut, manchmal auch eher unsicher und einsam. In schwierigen Momenten müssen wir Selbstvertrauen „tanken". Allerdings gibt es dafür geeignete und weniger geeignete „Tankstellen". ▸3

a Erläutert die Abbildung mit eigenen Worten.

b Welche „Tankstellen" haltet ihr bei Einsamkeit und Angst für gut geeignet? Welche würdet ihr am liebsten aufsuchen?

c Überlegt, welche Gefühle Lisa und Jan haben. Womit könnten sie ihren Seelentank füllen?

2 Die Geschichten von Lisa und Jan Wie könnten die beiden Geschichten weitergehen? Überlegt euch ein Ende. Stellt eure Ideen vor und besprecht sie anschließend in der Gruppe.

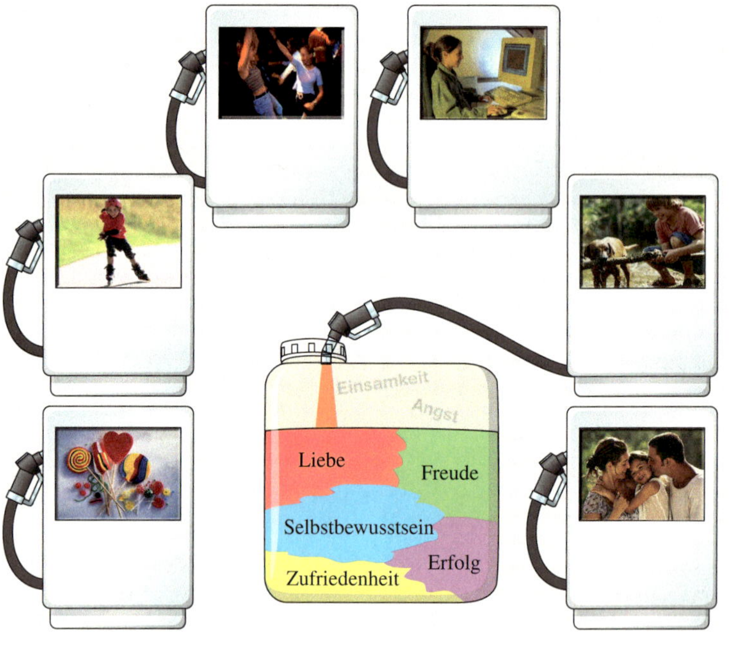

3 *Der „Seelentank" kann von verschiedenen Tankstellen gefüllt werden.*

3 Ein Rollenspiel Peter wird wegen seiner abstehenden Ohren und seiner Körperfülle von einigen Kindern der Klasse nur „Dumbo“ genannt. Er schämt sich deshalb, lässt sich seine Gefühle aber nicht anmerken. Peter zieht sich immer mehr zurück.
Überlegt in der Gruppe Handlungsmöglichkeiten für folgende Personen: einen Mitschüler, der Peter helfen möchte, Peter und der Klassenlehrer. Spielt die Situation mit verteilten Rollen. ▸4

4 *Rollenspiel mit „Zuschauern“*

Gesundheit Muss ich Diät machen?

Viele Menschen machen es sich gern bequem. Sie sitzen vor dem Fernseher oder spielen am Computer. Bewegung und Sport kommen oft zu kurz. Essen steht meist im Überfluss zur Verfügung. Deshalb steigt die Anzahl an übergewichtigen Erwachsenen und Kindern – und Übergewicht kann zur Zuckerkrankheit führen. Gleichzeitig erkranken immer mehr Menschen an Essstörungen wie Magersucht oder Ess-Brech-Sucht (Bulimie). Die Betroffenen werden immer jünger. Lisas Geschichte ist kein Einzelfall:

- Die Hälfte aller 11-Jährigen hat sich mit Diäten beschäftigt.
- Ein Viertel aller Mädchen unter 12 Jahren hat eine Diät ausprobiert.
- Die Hälfte aller normal- und untergewichtigen Mädchen empfindet sich als zu dick. Sie eifern Vorbildern aus Zeitschriften oder Filmen nach.
- Nur eine von 100 Frauen ist rundum zufrieden mit ihrer Figur.
- Über die Hälfte aller Jugendlichen empfindet den eigenen Körper als unvollkommen. Es quält sie, sie möchten aber nicht darüber sprechen.

„Schlankheitsdiäten“ bilden bei Kindern und Jugendlichen häufig den Einstieg in eine ernsthafte Essstörung und sind daher gefährlich.

Selbstvertrauen tanken Vor allem Mädchen meinen oft, dass ihre Persönlichkeit stark vom Aussehen abhängt. Sie glauben, das Problem durch Abnehmen beseitigen zu können. Dabei hat die Unzufriedenheit meist ganz andere Ursachen. „Dünnsein“ ist die falsche „Tankstelle“ für das Selbstbewusstsein. ▸5
Bessere Tankstellen sind Familie und Freunde. Sie schätzen dich und deine Fähigkeiten, deine Ideen, deinen Humor, deine Art. Bei Problemen helfen sie wirksam und uneigennützig. Überlege einfach, warum du deine Freunde gern hast. Doch sicher nicht (nur) wegen ihres Aussehens – oder? Wer sich wohlfühlt, aktiv und lebensfroh ist, sollte sich nicht durch superschlanke Models in Zeitschriften verunsichern lassen. Einige Pfunde mehr zu akzeptieren, das gehört auch zum Selbstbewusstsein.

5

„7 Kilo in 7 Tagen“?

Dieses Motto vieler „Crashdiäten“ ist vollkommen unmöglich. Körperfett kann niemals so schnell abgebaut werden: 1 kg Körperfett enthält 24 000 kJ. Dein Körper braucht täglich im besten Fall vielleicht 10 000 kJ Energie. Du müsstest also nicht einen Tag, sondern zweieinhalb Tage gar nichts essen, um 1 kg zu verlieren. Crashdiäten sind daher sinnlos und eher gefährlich!

Aufgabe

1 „Einseitige Diäten sind gesundheitsschädlich.“ Erkläre diesen Satz mit deinem Wissen über gesunde Ernährung.

Gesundheit / Lecker essen

1

Gemüsepizza

Für 6 Personen benötigst du:
300 g Vollkornmehl,
200 g Weizenmehl, 40 g Hefe,
Salz, Gemüse und Käse.

So wird's gemacht:
Löse 40 g Hefe in einem Viertelliter warmem Wasser auf.
Vermische das Mehl und 1 Teelöffel Salz miteinander. Forme eine Mulde und gieße die Hefe hinein. Verknete alles gründlich mit der Hand oder einem Knethaken.
Lass den Teig unter einem Tuch zwei bis drei Stunden (bis zu 24 Stunden) ruhen. Knete den aufgegangenen Teig nochmals durch. Streue etwas Mehl auf den Tisch und rolle den Teig aus.
Fette das Backblech ein. Gib den ausgerollten Teig darauf, belege ihn mit Gemüse und Käse und backe 30 bis 40 Minuten bei 200 °C.
Am besten backst du die Gemüsepizza gemeinsam mit Freunden.
Viel Spaß!

Folienkartoffeln mit Füllung

Je Person benötigst du: eine große Kartoffel, Alufolie.

So wird's gemacht:
Stich die Kartoffeln mit einem Holzspieß rundherum ein. Wickle jede Kartoffel einzeln in Alufolie und backe sie etwa eine Stunde bei 250 °C im Backofen.
Öffne danach die Folie und schneide die Kartoffeln kreuzweise ein. Jede Kartoffel wird nach unten etwas zusammengedrückt. Die Kartoffeln kannst du nach Belieben füllen.

2

Hirse mit Früchten

Für 4 Personen benötigst du:
300 g Hirse, 0,5 l Wasser, 50 g Rosinen, 2 Bananen, 2 Esslöffel Mandelsplitter, 150 g Beeren nach Wahl und abgeriebene Zitronenschale (unbehandelt).
Zubereitungszeit: 60 Minuten (viel kürzer wird es, wenn die Hirse schon vorbereitet wurde)

So wird's gemacht:
Gib die Hirse mit dem Wasser in einen Topf. Lass das Ganze aufkochen und 5 bis 10 Minuten bei kleinster Hitze köcheln. Nimm die Hirse vom Herd und lass sie weitere 20 Minuten quellen.
Lass dann den Topf abkühlen.

3

Schneide die Bananen in Scheiben. Hebe Rosinen, Bananenscheiben, Beeren, Zitronenschale und Mandelsplitter vorsichtig unter die abgekühlte Hirse. Wenn du magst, kannst du das Ganze mit Sahne garnieren.

Buchweizenpfannkuchen

Für 4 bis 6 Personen benötigst du:
500 g Buchweizenmehl, 40 g Hefe, einen gestrichenen Teelöffel Meersalz, 100 g Butter, 600 g Wasser, 3 Eigelb, 3 Eiweiß und Öl zum Ausbacken.

So wird's gemacht:
Vermenge Mehl, Hefe, Meersalz, Butter, Wasser und Eigelb zu einem Teig. Schlage das Eiweiß zu steifem Schnee und hebe es unter den Teig. Gib etwas Öl in eine Pfanne und backe darin kleine Pfannkuchen aus.

4

Überblick

Energiebedarf
Der Energiebedarf deines Körpers liegt bei etwa 10 000 Kilojoule (kJ) pro Tag. Wer körperlich arbeitet oder Sport treibt, braucht mehr Energie. Führt man mit der Nahrung zu viel Energie zu, wandelt der Körper Nährstoffe in Fett um und speichert sie.

Bestandteile der Nahrung
Unsere Nahrung enthält als Nährstoffe Kohlenhydrate, Eiweiße und Fette sowie Ergänzungsstoffe.
▸5
Nährstoffe benötigen wir
- für den Aufbau des Körpers, z. B. das Wachstum (vor allem Eiweiße), und
- als Energielieferanten (vor allem Kohlenhydrate und Fette).

Zur Energiegewinnung werden die Nährstoffe im Körper mit Sauerstoff aus der Luft „verbrannt".

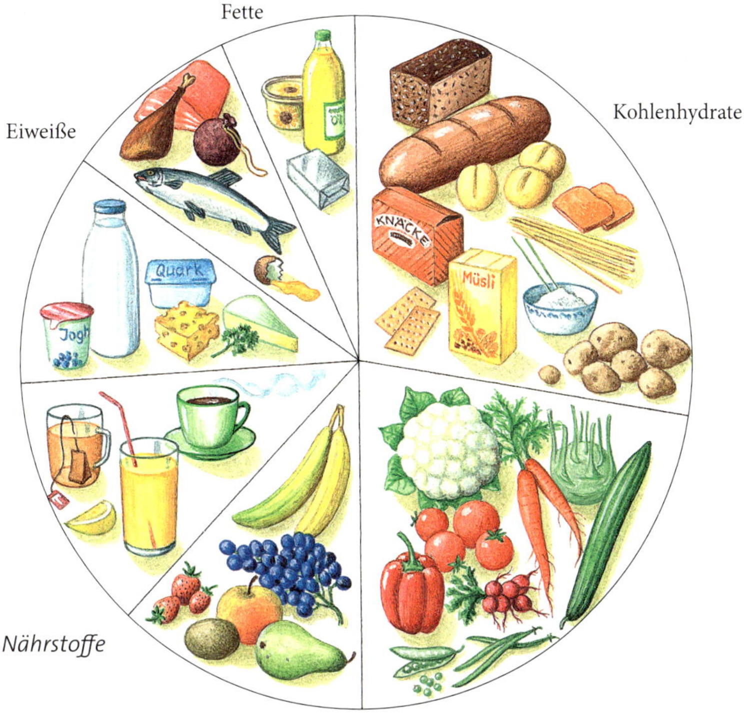

5 *Nährstoffe*

Alles klar?

1 Säuglinge und Junge von Säugetieren werden nur durch die Muttermilch ausreichend ernährt.
a Erkläre, welche Bestandteile in der Milch enthalten sein müssen.
b Wie kannst du deine Antwort überprüfen? Beschreibe eine Möglichkeit.

2 Ein gesundes Frühstück ist wichtig.
a Begründe diesen Satz.
b Welche Nährstoffe liefern dem Körper Energie für den Tag?
c Warum sollte das Frühstück viele Kohlenhydrate enthalten?

3* Es ist ratsam, morgens wenig zuckerhaltige Dinge und lieber Vollkornprodukte zu essen. Erkläre.

4 „Das Frühstück sollte vitaminreich sein und auch Milch oder Milchprodukte enthalten." Bewerte diese Aussage.

5* „Ein gutes Frühstück hält schlank! Ist die erste Mahlzeit des Tages das Mittagessen, so steigt die Gefahr, übergewichtig zu werden." Eine Mahlzeit weglassen und trotzdem dick werden? Erläutere den scheinbaren Widerspruch!

Wie Bewegung in unseren Körper kommt

▷ Wer ist der schnellste Sprinter? Gespannte Erwartung – und dann nichts wie weg! Beim Laufen sind nicht nur die Beine in Aktion …

1

2

Aufgaben

1 Die Sportart Fußball kennst du sicher gut.
a Überlege, auf welche verschiedenen Bewegungen es beim Fußballspielen ankommt.
b Welche Körperteile werden bei den jeweiligen Bewegungen besonders beansprucht?

2 Trage wenigstens drei Sportarten in eine Tabelle ein. Gib jeweils an, welche Bewegungen besonders wichtig sind und welche Körperteile vor allem beansprucht werden.

3 Lies den Text rechts. Beschreibe, was in Jans Körper passiert.

Beim Hürdenlauf – Jans Körper auf Hochtouren
Nur noch Sekunden bis zum Start. Jan kniet in Startposition. Seine Muskeln sind gespannt. Er wartet auf den Startschuss. Jetzt der Knall – der Reiz lässt Jan reagieren. Über die Nerven wird die Information von den Ohren zum Gehirn geleitet. Dieses gibt sofort Befehle über andere Nerven an die Muskeln.
Der Läufer schnellt aus dem Startblock hinaus. Vor sich sieht er die Bahn mit den Hindernissen. Seine Augen und sein Gehirn arbeiten zusammen, damit er rechtzeitig vor der Hürde zum Sprung ansetzt.
Die Muskeln winkeln die Gelenke an: Jan schafft die erste Hürde. Bei der zweiten kommt er aber fast aus dem Gleichgewicht. Unbewusst macht sein Körper Ausgleichbewegungen, vor allem mit den Armen.
Sein Atem geht sehr schnell. Doch endlich ist Jan am Ziel. Noch beim Auslaufen schlägt sein Herz schnell und pumpt viel Blut durch den Körper. Der erhöhte Pulsschlag ist deutlich zu spüren. Bei den anstrengenden Muskelbewegungen hat sich im Körper sehr viel Wärme entwickelt. Der Schweiß auf der Stirn kühlt Jan ab. Er bekommt Durst …

Beobachten Untersuchen

1 **Gehen** Unser Gehen geschieht meist unbewusst. Lernt euren Körper in Bewegung kennen:
a Geht langsam Schritt für Schritt. ▸**3** Achtet auf eure Arme und Beine.
b Welche Muskeln bewegt ihr? Tastet beim Gehen eure Oberschenkel ab. ▸**4**
c Welche Gelenke sind beteiligt? ▸**5**
d Wie bewegen sich eure Füße? ▸**6**
e Geht auf Zehenspitzen. Welche Muskeln spannt ihr besonders an?
f Was ist anders, wenn ihr rennt?

3

4

5

6

2 Wie steht's mit dem Gleichgewicht? Zum Gehen braucht ihr Beine und Füße. Und welche Rolle spielen dabei die Arme?

a Legt beim Gehen beide Arme eng an den Körper an. Geht so auf einer Linie oder Kante. ▸7

b Stellt euch an eine Wand, sodass eine Schulter und ein Fuß die Wand berühren. ▸8 Wie lange könnt ihr den anderen Fuß weghalten, ohne umzukippen?

c Stellt euch auf einen Fuß und schließt die Augen. ▸9 Achtet darauf, wodurch euer Körper das Umkippen vermeidet.

7

8

9

3 Was verändert sich im Körper durch Laufen? Drei Untersuchungen für eine Gruppenarbeit:

- Jede Gruppe bestimmt eine Versuchsperson. Der Rest der Gruppe untersucht und protokolliert.
- Die Versuchspersonen sollen sich erst einmal ausruhen. Wie steht es jetzt um Atemzüge, Puls und Schwitzen?
- Dann rennen sie 3 Minuten lang über den Hof. Danach werden die Untersuchungen wiederholt.
- Vergleicht die Ergebnisse.

a Ein- und ausatmen: Wie viele Atemzüge zählt ihr in einer Minute? ▸10

b Zählt die Pulsschläge pro Minute. ▸11 Den eigenen Puls fühlt man am besten an der Halsschlagader. Ihr findet sie neben dem Kehlkopf. ▸12

c Und wie steht's mit dem Schwitzen? Fragt die Versuchspersonen ...

10

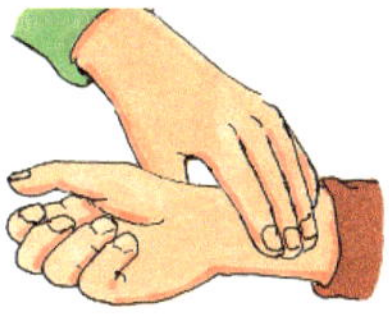
11

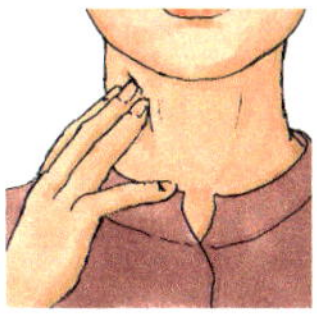
12

Grundlagen So kommt es zu einer Bewegung

Fast der ganze Körper ist beteiligt, wenn wir uns in Bewegung setzen: Augen, Ohren, Gehirn, viele Muskeln, Knochen und Gelenke. ▸13
Beim Gehen macht unser Körper automatisch Gegenbewegungen. So schaffen wir es, das Gleichgewicht zu halten. Holpern und Stolpern vermeiden wir durch unbewusste Ausgleichbewegungen.
Wenn sich unser Körper in Bewegung setzt, reagiert er mit schnellerem Atmen und vermehrten Pulsschlägen. Das Herz hat mehr zu arbeiten.

An einer Bewegung sind Muskeln, Gelenke und Knochen beteiligt. Ausgangspunkt für die Bewegung sind Sinnesorgane und Gehirn.

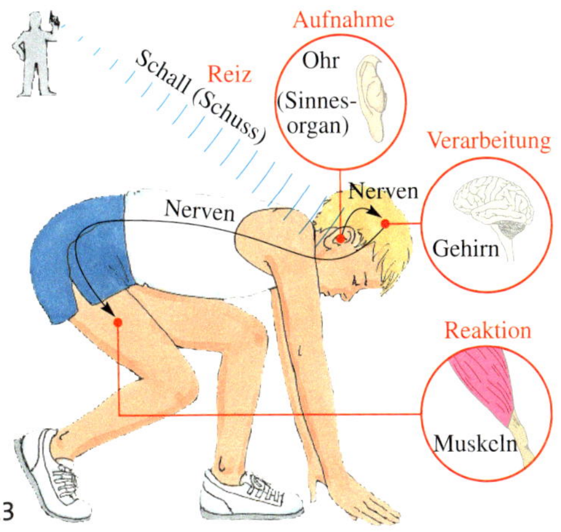

13

Gelenke, Sehnen und Skelett

▷ Was geschieht beim Bewegen?

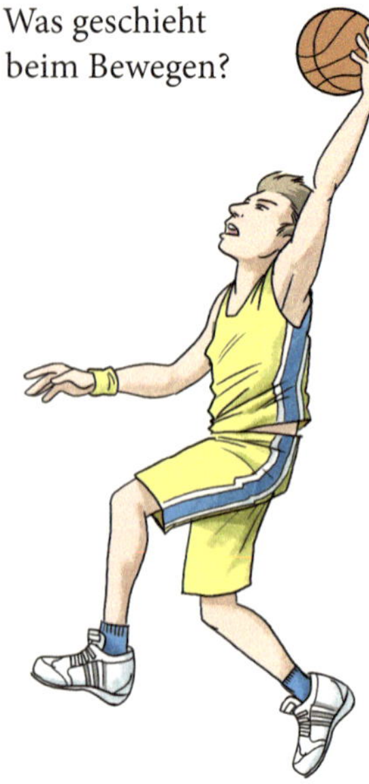

1

2

3

Beobachten Untersuchen

1 Wo befinden sich die Gelenke der Hand? Die Hand ist durch viele Gelenke besonders vielseitig beweglich.

a Zeichnet den Umriss eurer Hand. Legt sie dazu mit der Handfläche nach unten flach auf ein Blatt Papier. Umfahrt sie dann mit einem Farbstift. ▸**4** Sucht nach allen Stellen eurer Hand, die ihr bewegen könnt. Markiert sie in der Umrisszeichnung. Dort befinden sich die Gelenke der Hand.

b Wie viele Gelenke besitzt eine Hand – mehr als 10, mehr als 20, mehr als 30? Schätzt zunächst und zählt sie anschließend. ▸**5**

2 Wo liegen Muskeln und Sehnen in der Hand?

a Umgreift den linken Unterarm mit der rechten Hand. Öffnet und schließt die linke Hand zur Faust. Wo liegen die Muskeln, die sich jetzt bewegen?

b Bewegt mit ausgestreckter Hand die Finger auf und ab. Ihr erkennt dadurch den Verlauf der Sehnen auf dem Handrücken. Zeichnet diese Sehnen mit einem Filzstift nach. ▸**6**

c Welche Bewegungen werden von den Muskeln eures Unterarms hervorgerufen? Welche von denen der Hand?

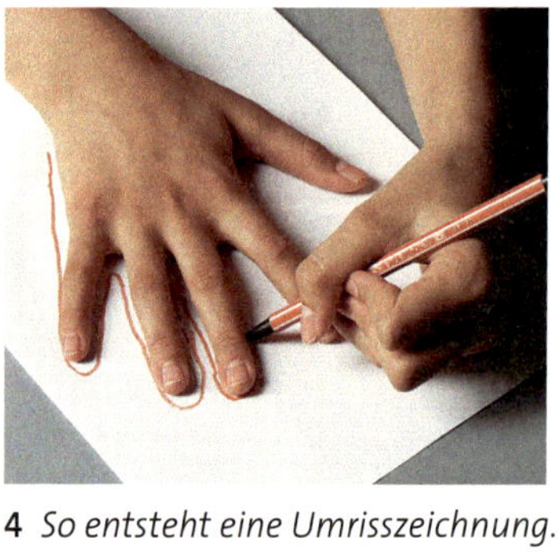

4 *So entsteht eine Umrisszeichnung.*

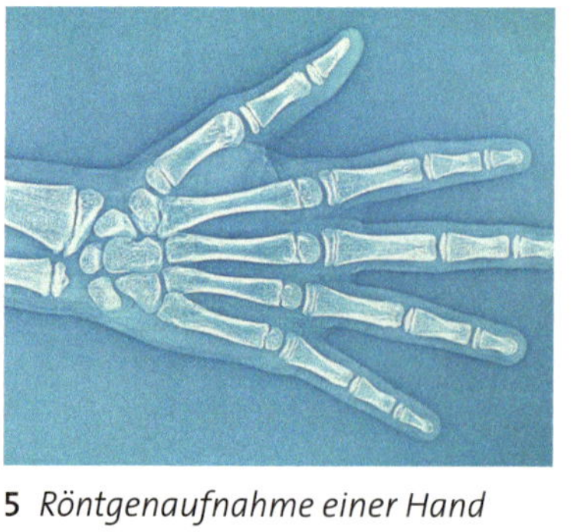

5 *Röntgenaufnahme einer Hand*

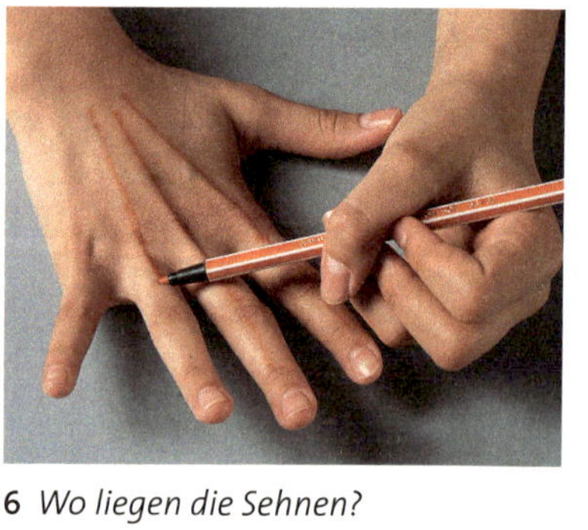

6 *Wo liegen die Sehnen?*

Grundlagen Beweglich durch Gelenke

Unsere Beweglichkeit verdanken wir Knochen, Muskeln und Sehnen – vor allem aber den Gelenken. Sie verbinden die Knochen beweglich miteinander.

Aufbau der Gelenke Alle Gelenke sind ähnlich aufgebaut. ▸7 Die beiden Knochenenden sind glatt und mit elastischen Knorpeln gepolstert. Gelenkschmiere vermindert die Reibung, sodass sich die Knochen leicht bewegen lassen. Die Gelenkkapsel ist eine zähe Hülle. Sie sichert die Festigkeit des Gelenks. Außerdem liegen außen auf der Gelenkkapsel feste Gelenkbänder. Sie erhöhen die Stabilität des Gelenks.

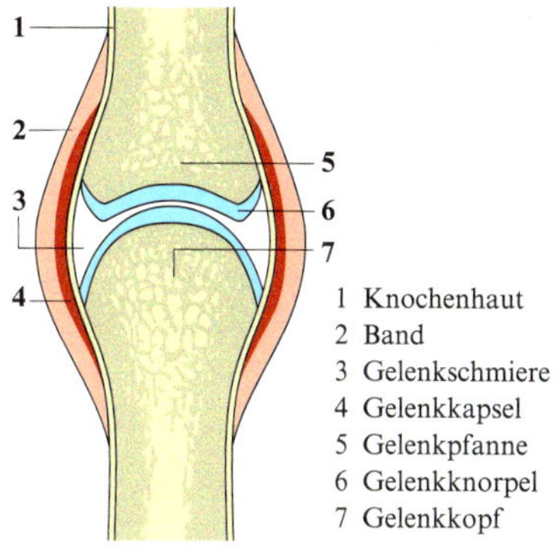

7 *Aufbau eines Gelenks*

Verschiedene Gelenkarten Die Form von Gelenkkopf und Gelenkpfanne bestimmt Art und Beweglichkeit des Gelenks. ▸8–11
- Für die seitliche Drehung des Kopfes ist ein Drehgelenk zwischen den Halswirbeln zuständig.
- Kugelgelenke ermöglichen kreisende Bewegungen nach allen Seiten. Das Schultergelenk und das Hüftgelenk sind solche Kugelgelenke.
- Zwischen Handwurzel und Daumen liegt ein Sattelgelenk. Mit ihm kannst du deinen Daumen in einer Ebene kreisen lassen.
- Beispiele für ein Scharniergelenk sind das Ellbogengelenk und die Gelenke zwischen den Fingergliedern. Sie lassen nur Bewegungen in zwei Richtungen zu: Beugen und Strecken.

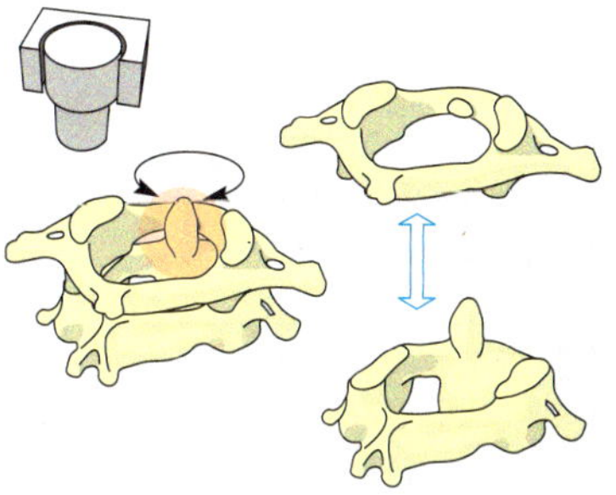

8 *1. und 2. Halswirbel: Drehgelenk*

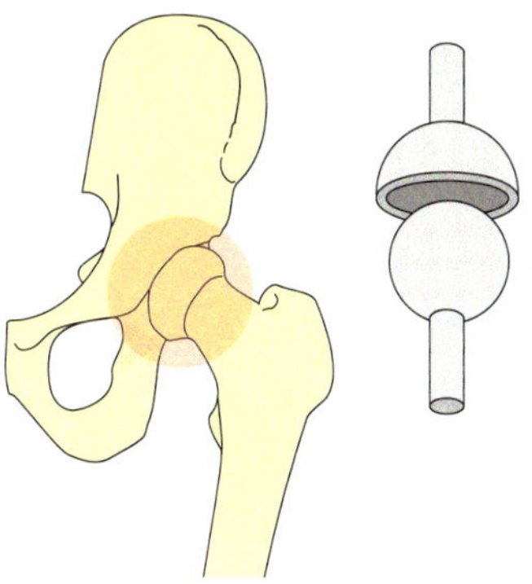

9 *Hüfte: Kugelgelenk*

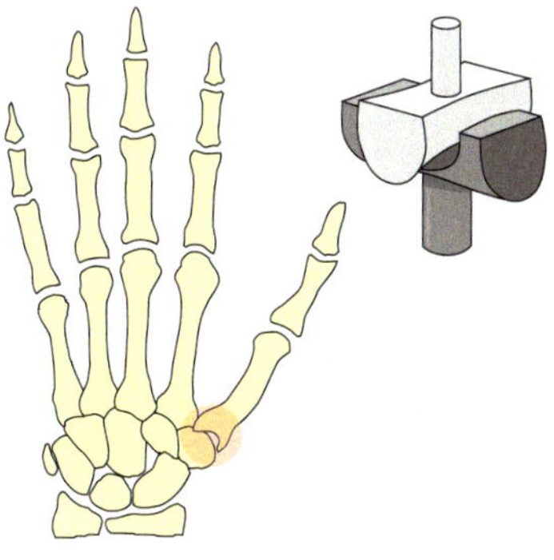

10 *Daumen: Sattelgelenk*

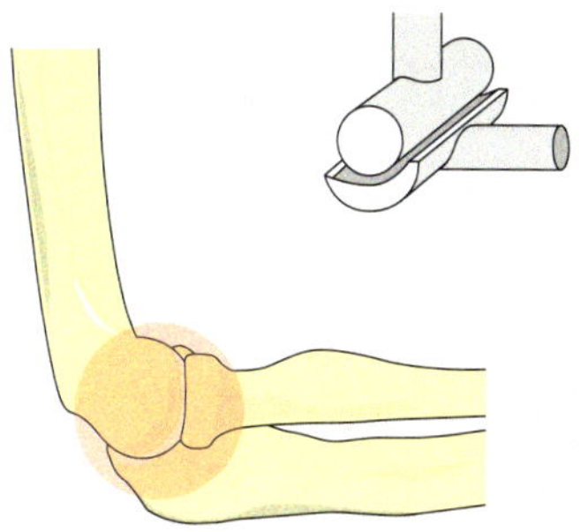

11 *Ellenbogen: Scharniergelenk*

Unsere erstaunliche Hand In einer Hand sind 27 Knochen beweglich miteinander verbunden. Sie werden von 40 einzelnen Muskeln bewegt. Eine Hand bietet nicht ausreichend Platz für alle Muskeln, durch die sie bewegt wird. Deshalb liegen 22 davon im Unterarm. Von dort aus steuern sie mithilfe von Sehnen die Fingerbewegungen.

Aufgaben

1 Welche Hauptaufgabe hat ein Gelenk? Beschreibe sie.

2 Es gibt mehrere Gelenkarten. Weshalb ist das vorteilhaft?

3 Sind alle Finger gleich gut beweglich? Kannst du jeden Finger für sich allein bewegen? Erkläre die Unterschiede.

Aufgaben

1 Hüft-, Finger- und Ellbogengelenk sind Gelenke deines Körpers.
a Gib an, um welche Gelenkart es sich jeweils handelt.
b Welche Bewegungen lassen sich jeweils ausführen?
c Überprüfe deine Antworten am Skelett eines Menschen aus der Schulsammlung.

2 Sieh dir dein Knie und das Bild des Kniegelenks an. ▸1
a Welche Bewegungen ermöglicht das Kniegelenk?
b Wie ist beim Kniegelenk für Stabilität gesorgt?
c Welche Aufgaben haben die Knorpelscheibe (Meniskus) und die Bänder?
d* Wobei wird das Kniegelenk besonders beansprucht? Wodurch wird es leicht verletzt?

3 Nenne Gegenstände deiner Umgebung, die Gelenke haben. Welche Aufgaben haben sie?

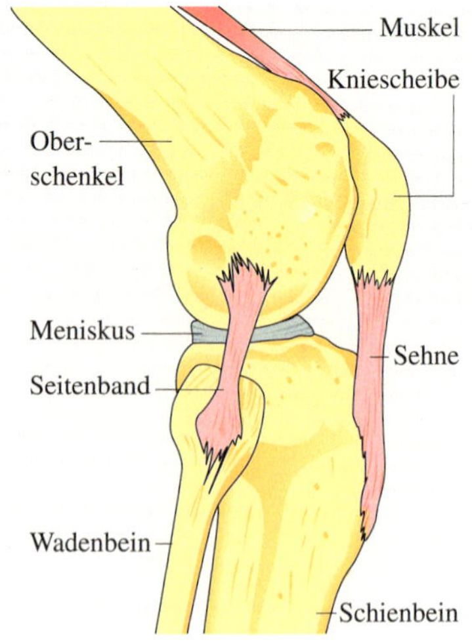

1 *Kniegelenk*

Aus der Technik Gelenke im Vergleich

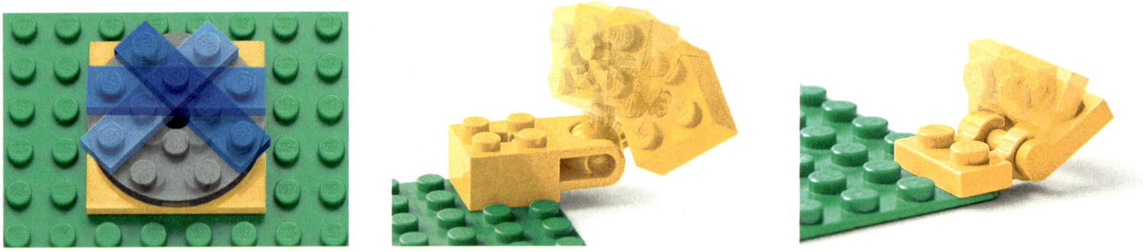

2 *Technische Gelenke: Drehgelenk, Kugelgelenk, Scharniergelenk*

Unser Körper ist mit verschiedenen Gelenken ausgestattet. Das Kniegelenk ist das größte. Es muss die Last des gesamten Körpers tragen. ▸1
An Werkzeugen und Maschinen sorgen technische Gelenke für die Beweglichkeit. Auch hier findet man unterschiedliche Gelenkarten. ▸2
Dreh- und Scharniergelenke verschaffen dem Greifarm eines Industrieroboters Bewegungsmöglichkeiten. ▸3 Elektromotoren entsprechen der Muskulatur des Menschen. Gesteuert werden die Bewegungen durch einen Computer: Er entspricht dem Gehirn. Roboter können für schwere, gefährliche, präzise oder auch eintönige Aufgaben eingesetzt werden.

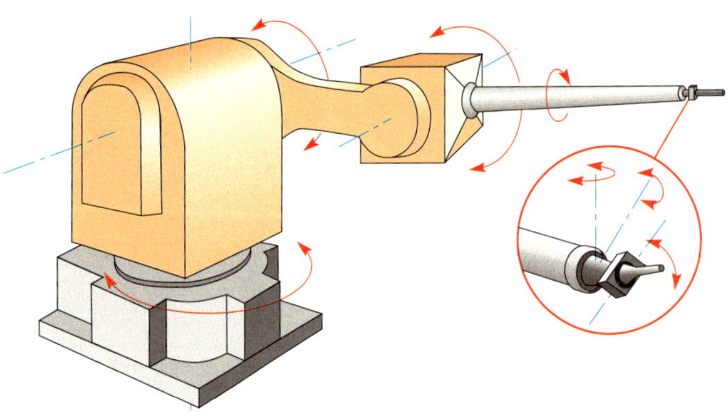

3 *Drehachsen eines Industrieroboters*

Aufgaben

4 Sieh dir die technischen Gelenke genauer an. ▸2 Welche Gelenke des Menschen arbeiten ähnlich?

5 Auch der Greifarm eines Roboters besitzt Gelenke. ▸3
a Wie arbeiten die technischen Gelenke?
b Benenne sie.
c Vergleiche die „Hand" des Roboters mit deiner Hand:
- Welche Gelenke sind ähnlich?
- Durch wie viele Teile wird die Roboterhand bewegt?
- Vergleiche die Steuerung einer Hand mit der eines Roboters.

d Spiele einmal selbst Roboter. Ahme die Bewegungsmöglichkeiten des Roboters nach. Welche Bewegungen gelingen dir, dem Roboter aber nicht?

Grundlagen Das Skelett

Beim Laufen, Turnen oder Springen wird unser Körper oft stark belastet. Erschütterungen müssen ausgeglichen werden. Stöße sind abzufangen. Dabei gilt es, die Beweglichkeit beizubehalten. Das alles leistet unser Skelett. ►4

Das Skelett ist ein Knochengerüst aus über 200 Knochen. Es besteht aus plattenförmigen, langen röhrenartigen und kurzen Knochen.

- Lange, schlanke Knochen können große Gewichte tragen.
- Flächige, gewölbte Knochen bilden schützende Hüllen um empfindliche Organe.

Das Skelett stützt den menschlichen Körper. Außerdem schützt es unsere inneren Organe (z. B. Gehirn, Herz und Lunge).

Knochen bestehen aus einer gummiartigen Grundmasse, in die harter Knochenkalk eingelagert wird. Das macht sie stabil und gleichzeitig elastisch. Sie sind Organe mit Nerven und Blutgefäßen.

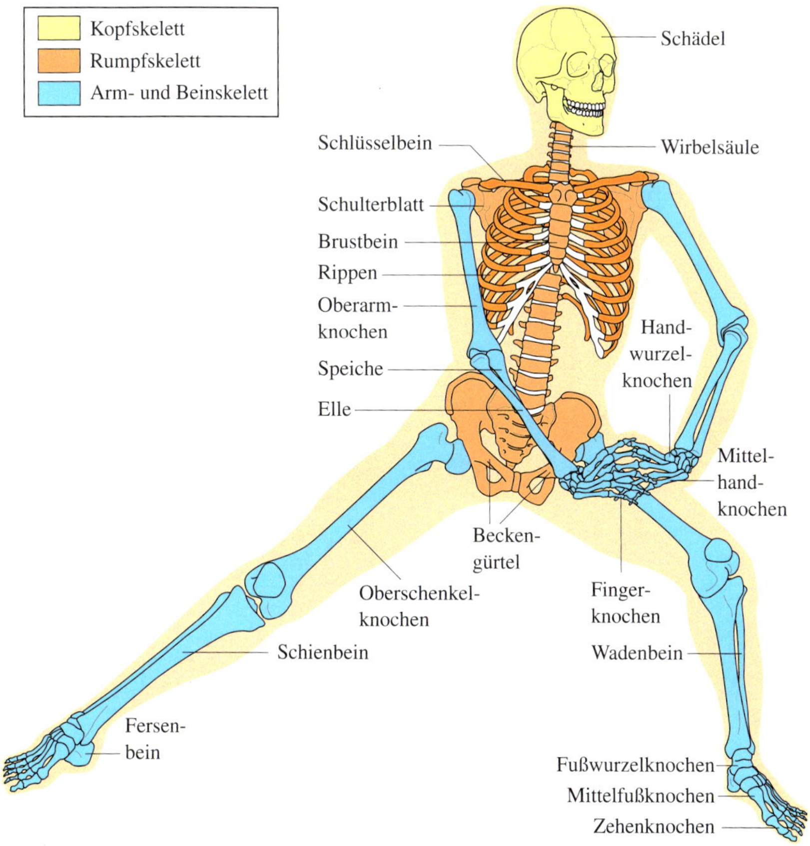

4 *Das Skelett und seine Bestandteile*

Aufgaben

6 Schau dir das Skelett eines Menschen in der Schulsammlung an. Suche daran einige der hier abgebildeten Knochen. ►4

7 Nenne die Hauptabschnitte des menschlichen Skeletts.

a Aus welchen Teilen setzen sie sich zusammen?

b Welche dieser Knochen kannst du ertasten?

8 Welches Organ wird durch das Kopf- oder Schädelskelett gut geschützt?

9 Zähle die Hauptaufgaben der Knochen auf.

10 Das Schädelskelett hat nur einen beweglichen Knochen. Nenne ihn. Beschreibe, wozu er dient.

11* Ein hoher Turm muss standfest sein. Und er muss leicht sein, damit er nicht unter seiner eigenen Last zusammenbricht. In der Bautechnik orientiert man sich gelegentlich an Skeletten von Lebewesen. Informiere dich über Konstruktionen beim Turmbau.

Gesundes Tragen – gesundes Sitzen

1 *Tragen – wie ist es richtig?*

2 *Sitzen – wie ist es richtig?*

Untersuchen Experimentieren

1 Seid ihr abends genauso groß wie morgens? Messt eure Körpergröße – einmal morgens vor der ersten Unterrichtsstunde und einmal nachmittags nach der letzten Stunde. Notiert die Messwerte. Vergleicht mit den Ergebnissen der Mitschüler.
Wie könnt ihr das Ergebnis erklären?

2 Unsere Wirbelsäule

a Ertastet eure Wirbelsäule, wenn ihr aufrecht steht und wenn ihr einen Katzenbuckel macht. Welche Teile der Wirbelknochen fühlt ihr?

b Vergleicht mit denZeichnungen. ▸7–8 Wie ist die Wirbelsäule geformt?

3 Wirbelsäulenformen im Test Baut unterschiedlich geformte Modelle der Wirbelsäule aus dem gleichen Draht. ▸3

a Welches Modell entspricht am ehesten unserer Wirbelsäule?

b An die Spitze jedes Drahts wird ein 50-g-Wägestück angehängt. Was geschieht? Legt eine Tabelle an.

c Welchen Vorteil hat die Form der menschlichen Wirbelsäule?

4 Wie belastbar sind Bandscheiben? Untersucht es mit dem nebenstehenden Versuchsaufbau. ▸4

5 Warum sind unsere Füße gewölbt? Unsere Füße sind gewölbt, denn sie müssen unser Körpergewicht tragen. Welchen Vorteil hat die Wölbung? Plant einen Versuch mit Karton und Wägestück.

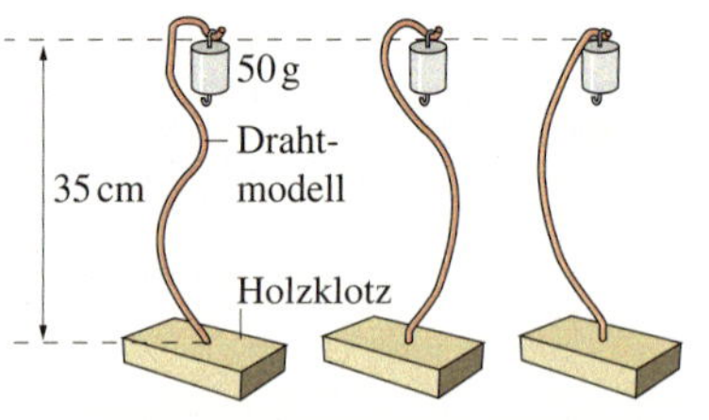

Draht-modell	Nr. 1	Nr. 2	Nr. 3
Höhe:			
ohne Gewicht	35 cm	35 cm	35 cm
mit Gewicht	?	?	?

3 *Verschiedene Wirbelsäulen im Test*

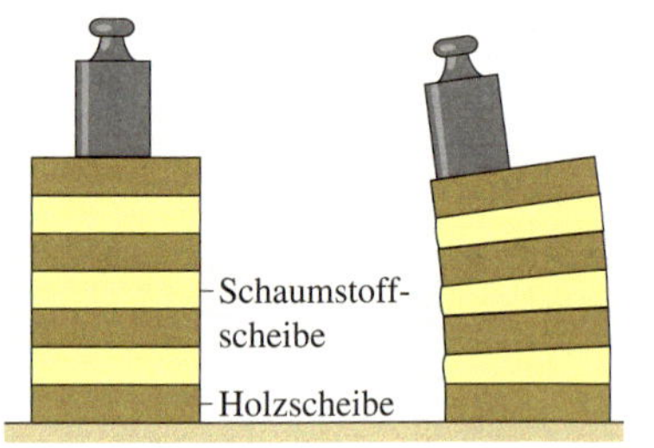

4 *Bandscheiben werden belastet.*

Grundlagen Die Wirbelsäule

Die Wirbelsäule ermöglicht uns den aufrechten Gang. Dadurch haben wir die Hände frei für andere Tätigkeiten.
Sie durchzieht den Körper als Stütze. Von der Seite her gesehen, ist sie wie ein doppeltes S geformt. ▸5–6 So kann sie Stöße beim Gehen oder Springen gut abfedern. Kopf und Körper werden deshalb weitgehend erschütterungsfrei getragen.
Die Wirbelsäule ist aus Wirbelknochen oder *Wirbeln* aufgebaut. ▸7 Sie sind gegeneinander beweglich. Daher kann die Wirbelsäule nach allen Seiten hin gebogen werden. Zwischen den Wirbeln liegen knorpelige Bandscheiben. Sie federn unsere Bewegungen ab. Die Wirbel liegen so übereinander, dass sie einen Kanal bilden. In ihm liegt das Rückenmark. Es enthält viele Nerven, die das Gehirn mit allen Körperteilen verbinden.

Unsere Wirbelsäule ermöglicht uns den aufrechten Gang. Weil sie wie ein doppeltes S geformt ist, kann sie – gemeinsam mit den Bandscheiben – Stöße gut abfangen.

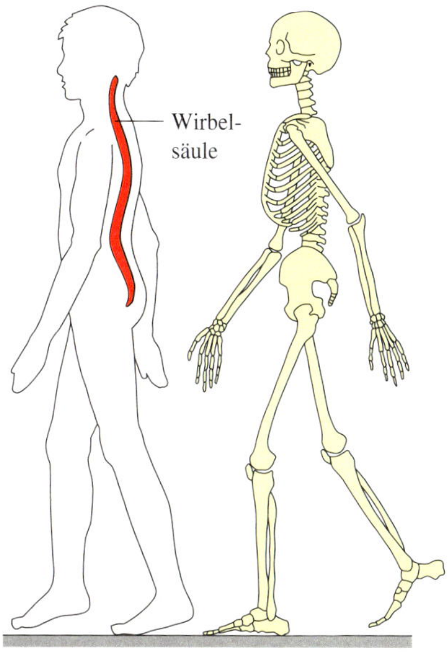

5 *Körperhaltung des Menschen*

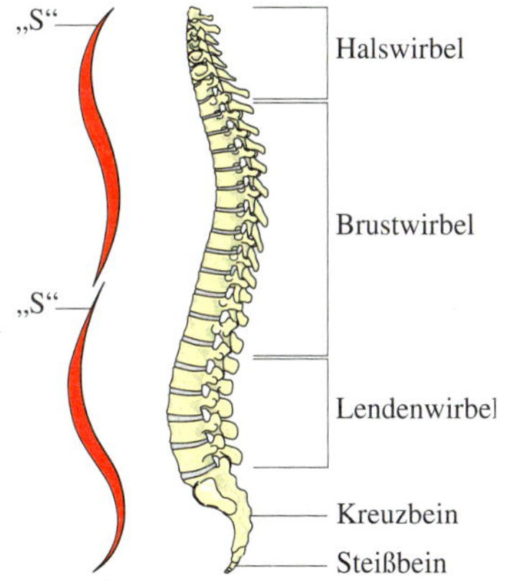

6 *Wirbelsäule: Lage, Form und Aufbau*

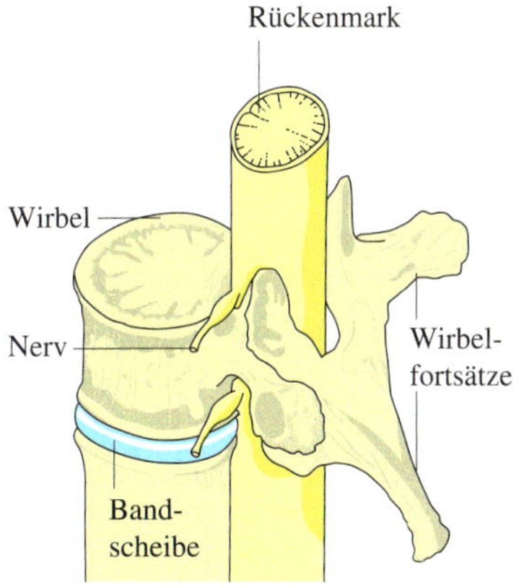

7 *Wirbelknochen*

Aufgaben

1 Nenne die hauptsächlichen Aufgaben der Wirbelsäule.

2 Welche Teile des Körpers sind beim Dämpfen eines Aufpralls beteiligt?

3 Welche Fotos auf dieser Doppelseite zeigen richtiges Verhalten? Begründe deine Auswahl.

Gesundheit Achte auf deine Haltung!

Viele Menschen haben Haltungsschäden, weil sie die Wirbelsäule in jungen Jahren einseitig belastet haben. Auch Bandscheibenschäden können auf lange zurückliegenden Fehlbelastungen beruhen. Haltungsschäden verursachen nach einiger Zeit heftige Rücken- und Kopfschmerzen. Deshalb sollte man nie längere Zeit die gleiche Sitzposition einnehmen.
Wichtig ist auch die richtige Körperhaltung beim Heben. ▸8

8 *Heben – wie ist es richtig?*

Muskeln bewegen den Körper

▷ Der Ruderer legt sich mächtig ins Zeug. ▸1 Seine Muskeln sorgen für Bewegung.

▷ Der Muskel am Oberarm (Bizeps) wird dick und hart, wenn der Ruderer den Unterarm beugt. ▸2
Sobald der Ruderer den Unterarm streckt, wird der Armmuskel auf der Rückseite des Oberarms (Trizeps) dick. ▸3 Kannst du dir denken, warum?

1 *Rudern – Arbeit für die Muskeln*

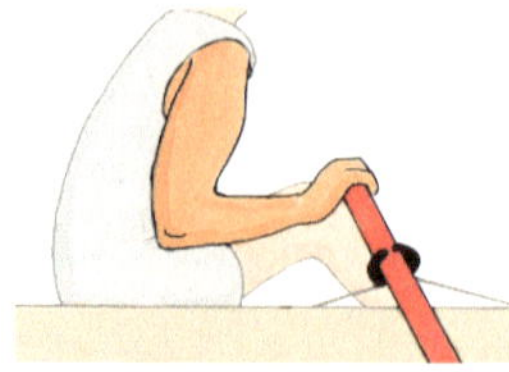
2 *Angezogener Ruderarm*

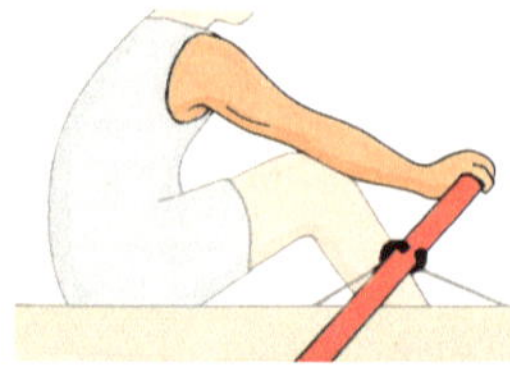
3 *Gestreckter Ruderarm*

Untersuchen Experimentieren

1 Muskel-„Gegenspieler“

a Umfasst euren Oberarm. ▸4 Winkelt ihn an. Welcher Muskel ruft die Bewegung hervor?

b Legt euren Unterarm auf den Tisch. Drückt auf die Tischplatte. ▸5 Welcher Muskel am Oberarm ist jetzt aktiv?

c Streckt und beugt abwechselnd euren Unterarm. Wann verändert sich der Unterarmbeuger (Bizeps), wann der Unterarmstrecker (Trizeps)?

d Tastet den Unterarmbeuger ab. Bewegt dabei den Unterarm. Wo endet der Muskel? Was fühlt ihr dort, wo er endet?

e Beugt und streckt ein Bein im Sitzen. Sucht auch hier die beiden „Gegenspieler“. Wann sind sie jeweils aktiv?

2 Das Modell zweier Muskel-„Gegenspieler“ *Ihr braucht:* 1 Stück Karton, 5 Klammern von Versandtaschen, 2 Gummiringe.

a Baut das Modell nach. ▸6

b Beantwortet die folgenden Fragen zum Modell:
- Was stimmt bei mit der Wirklichkeit überein und was nicht?
- Weshalb nennt man die beiden Muskeln „Gegenspieler“?

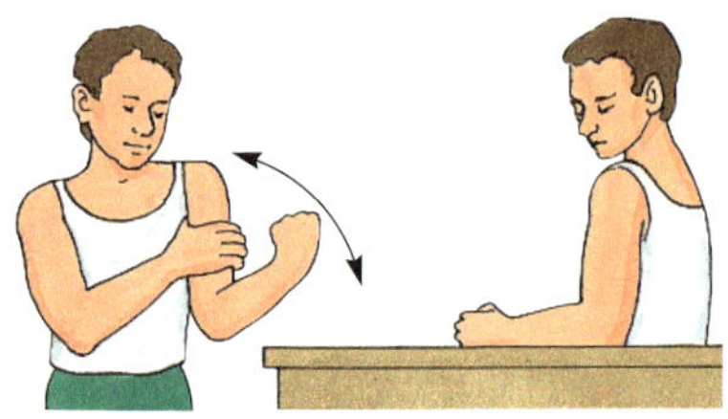
4 5

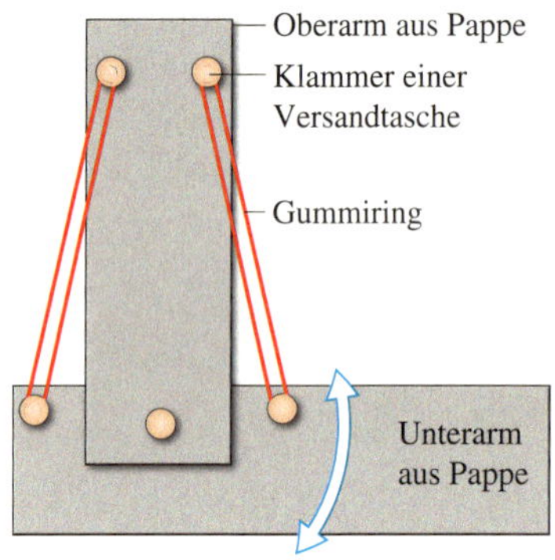

6 *Beuger und Strecker im Modell*

Aufgaben

1 Sehnen verbinden Muskeln und Knochen. ▸7

a Wie sind die Sehnen mit dem Muskel verbunden?

b Nenne die Aufgaben der Sehnen.

c* Was würde geschehen, wenn die Sehnen elastisch wären?

2 Ein Muskel arbeitet, indem er sich verkürzt. Wie wird er wieder gestreckt? ▸9

3* Nenne Muskeln, die du mit deinem Willen beeinflussen kannst. Nenne auch Muskeln, bei denen das nicht geht.

4* Welche Muskeln sind für unsere aufrechte Haltung besonders wichtig? ▸8

Grundlagen Die Muskulatur des Menschen

Muskeln und Sehnen Ein Muskel setzt sich aus Muskelfasern zusammen. ▸7 Er ist von einer Muskelhaut umgeben. Diese geht an den beiden Enden des Muskels in Sehnen über.
Die Sehnen sind an den Knochen festgewachsen, die der Muskel gegeneinander bewegen soll. Dazwischen liegt das Gelenk. Sehnen kann man nicht dehnen. Deshalb übertragen sie die Muskelbewegung direkt auf die Knochen, mit denen sie verbunden sind.

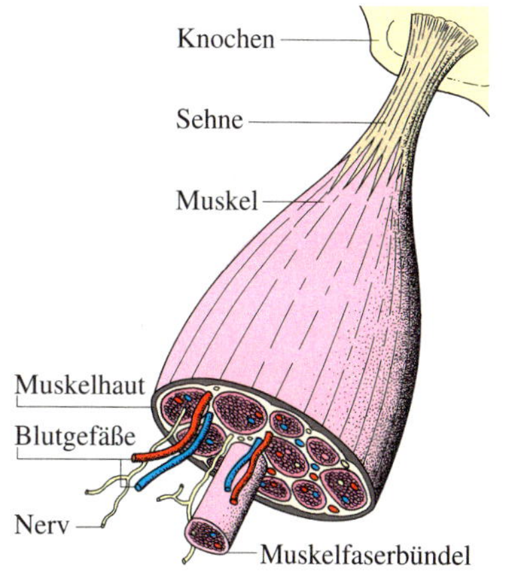

7 *Beuger und Strecker im Modell*

Von der Arbeit der Muskeln Die Gesamtheit aller Muskeln – es sind mehr als 600! – nennt man *Muskulatur.* ▸8 (Du musst dir nicht alle abgebildeten Muskeln merken.) Die Muskeln bilden das „Fleisch" zwischen den Knochen und der Haut. Sie formen damit unser Aussehen. Durch ständige Beanspruchung und Training werden Muskeln dicker und kräftiger. Umgekehrt werden wenig benutzte Muskeln mit der Zeit dünner und schwächer.

Muskeln bewegen Knochen, indem sie sich zusammenziehen. Dabei arbeiten viele Muskeln „auf Befehl" des Gehirns.

- Die Muskeln am Skelett und im Gesicht können wir mit unserem Gehirn beeinflussen (willkürliche Muskulatur).
- Dagegen arbeitet die Darmmuskulatur ohne Befehle des Gehirns (unwillkürliche Muskulatur).

Teamarbeit Muskeln entfalten ihre Kraft dadurch, dass sie sich verkürzen. Sie sind nicht in der Lage, sich selbstständig zu strecken. Dafür ist immer ein anderer Muskel nötig, der sie auseinanderzieht.

Zur Bewegung eines Körperteils sind mindestens zwei Muskeln nötig: ein Beuger und ein Strecker. ▸9 Sie arbeiten als „Gegenspieler" zusammen.

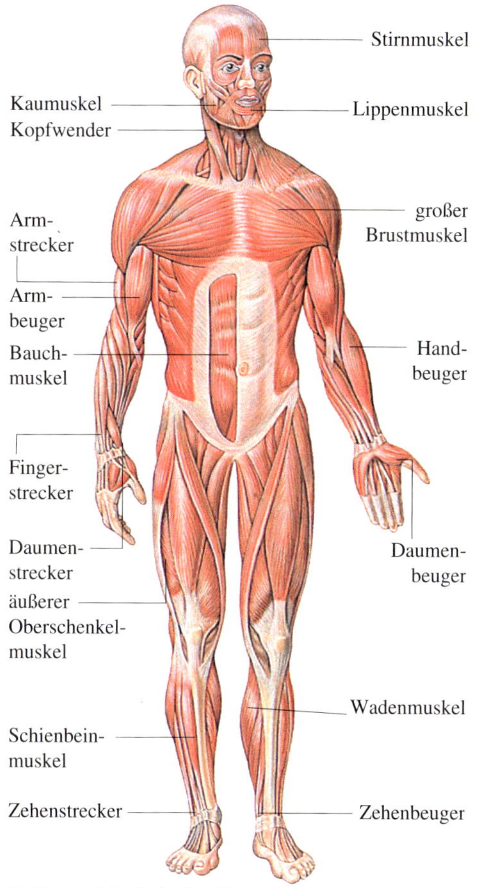

8 *Einige Muskeln des Menschen*

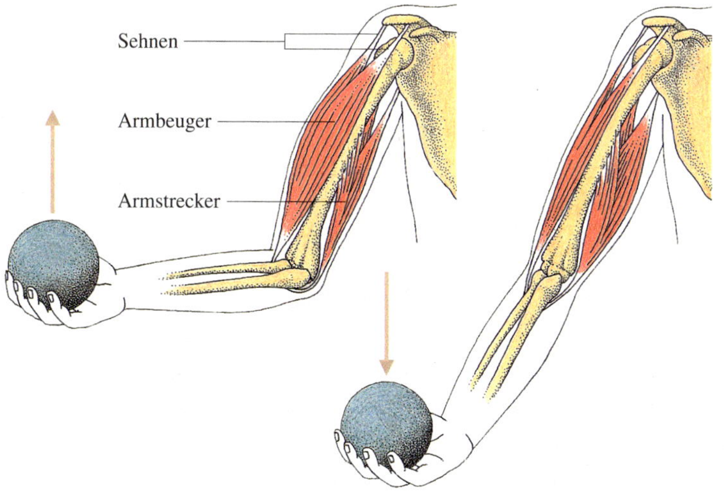

9 *Beuger und Strecker am Oberarm in Aktion*

Gesundheit Ich halte mich fit

Sport ist Mord? Nicht, wenn man richtig trainiert!

1

Räkeln wie eine Katze Räkle dich im Sitzen wie eine Katze beim Aufwachen. Neben dem Räkeln kommt es dabei auf das Dehnen und Strecken an. ▸2

2

Äpfel pflücken Pflücke auf Zehenspitzen einen „Apfel" nahe der Decke des Klassenzimmers. ▸3
Lege ihn dann in der Hocke in einen „Korb" am Boden. Pflücke danach den nächsten. Wechsle linke und rechte Hand ab.

3

Dehnungsübungen (Stretching)
Übungen zur Lockerung und Dehnung von Muskeln, Bändern und Sehnen wärmen den Körper auf. ▸4
Warmlaufen hat die gleiche Wirkung.

4

Dehnen nach dem Sport
Auch nach dem Sport ist es wichtig, sich zu dehnen, um Muskelkater und Verletzungen vorzubeugen.

Rennen im Quadrat Zeichnet mit weißer Kreide ein Quadrat auf den Schulhof (10 m · 10 m). In das Quadrat werden mit roter, blauer, grüner und gelber Kreide je 15 Kreise gezeichnet (jeweils so groß wie ein Handball).
Alle Mitspieler stellen sich um das Quadrat herum. Nach dem Startpfiff muss jeder auf die andere Seite gelangen, darf aber nur auf rote Kreise treten.

Der wandernde Reifen Alle Mitspieler bilden einen Kreis und halten sich dabei an den Händen. Nun versucht einer nach dem anderen durch einen Hula-Hoop-Reifen zu steigen und ihn im Kreis wandern zu lassen. ▸5

5

Gelenkigkeitsübungen Die folgenden Übungen a, b und c beugen Schäden an der Wirbelsäule vor; sie fördern die aufrechte Körperhaltung. ▸**6** Die Übungen d, e und f dienen dem Ausgleich des Hohlkreuzes; sie machen die Wirbelsäule im Bereich der Lendenwirbel beweglicher.

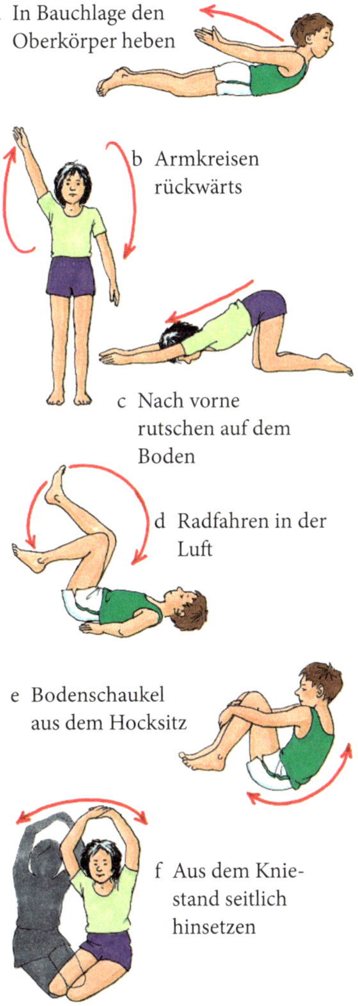

6

Verknoten und entknoten Fasst euch durcheinander an den Händen an. ▸**7** Versucht dann den Knoten zu entwirren. Loslassen dürft ihr die Hände dabei aber nicht!

7

Sport macht durstig Bei körperlicher Anstrengung verlierst du durch Schwitzen viel Wasser. Wer Sport treibt, muss viel trinken. Es eignen sich vor allem Mineralwässer und Fruchtsäfte. Sie enthalten viel Mineralsalze und wenig Zucker.

Schwitzen gehört dazu Schwitzen ist wichtig, weil dadurch überschüssige Körperwärme abgeführt wird. Dazu muss die Sportkleidung Feuchtigkeit aufnehmen und nach außen transportieren können. Frage im Sportgeschäft nach, welche Kleidungsstücke schnell trocknen. Nach dem Schwitzen muss man sich gründlich waschen. ▸**8** Das verhindert Körpergeruch und die Vermehrung von Bakterien.

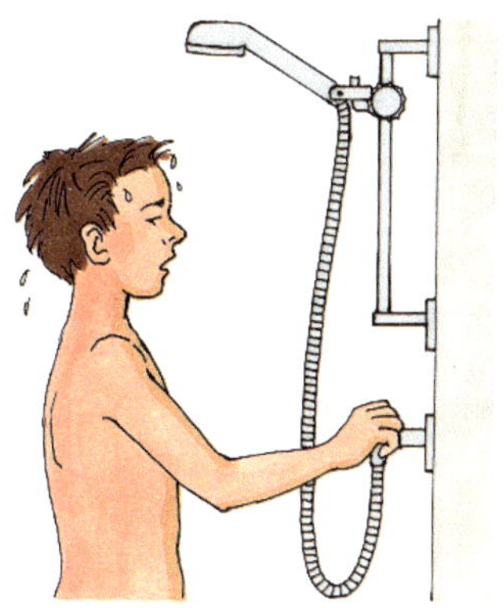

8

Warnzeichen Sport kann auch riskant sein. Deshalb ist es wichtig, auf Warnzeichen deines Körpers zu achten.

– *Seitenstechen* bekommst du, wenn du die körperliche Belastung zu schnell steigerst, falsch atmest oder kurz vor dem Training gegessen hast. ▸**9**

9

– *Muskelkater* tritt nach übermäßiger Anstrengung auf, wenn du ungenügend trainiert bist. ▸**10** Feinste Verletzungen im Muskelgewebe sind die Ursache. Die nächsten Trainingseinheiten solltest du etwas verringern und dann erst wieder langsam steigern.

10

– *Schwellungen* sind oft die Folge einer Verstauchung oder Verrenkung. ▸**11** Nach einigen Tagen gehen sie von alleine zurück. So lange solltest du eine Trainingspause einlegen.

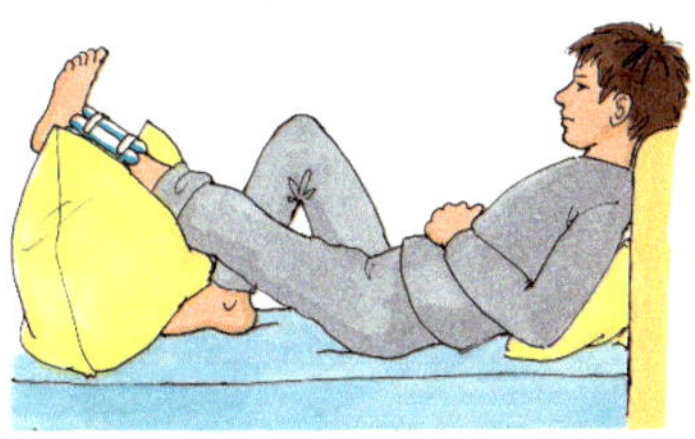

11

Gesundheit Verletzungen und Erste Hilfe

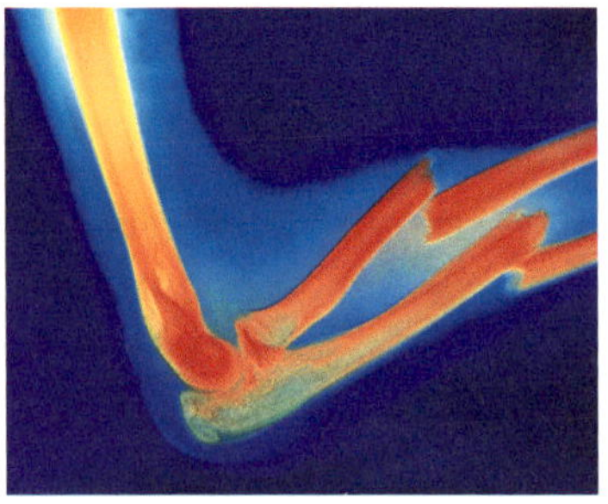

1 *Knochenbruch (Röntgenbild)*

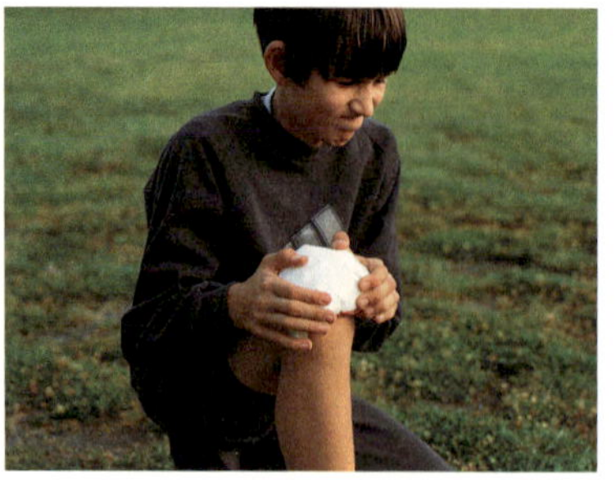

2 *Die Prellung wird gekühlt.*

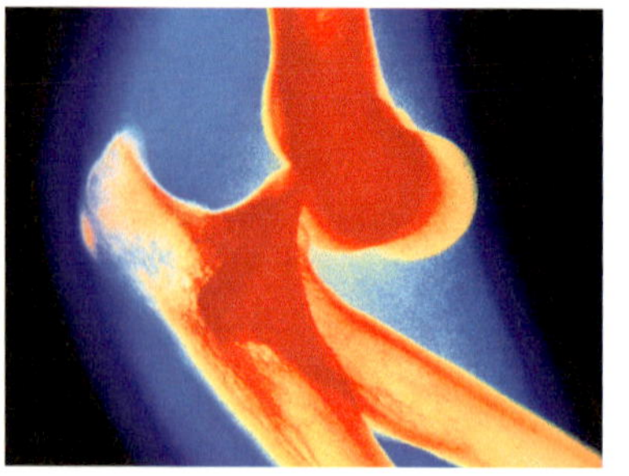

3 *Ausgerenktes Gelenk (Röntgenbild)*

Knochenverletzungen Starke Schmerzen, die sich bei Bewegung verstärken, sind Anzeichen für einen Knochenbruch. ▸1 Die Bruchstelle ist sehr druckempfindlich.

Prellungen Bei einer Prellung werden Blutgefäße verletzt. Das umliegende Gewebe ist dann angeschwollen. ▸2

Verrenkungen Der Gelenkkopf ist aus der -pfanne gesprungen. ▸3

Gelenkverletzungen Durch eine heftige Bewegung kann die Gelenkkapsel überdehnt werden. Bei einer solchen Verstauchung kann es auch sein, dass feine Blutgefäße platzen. Dann kommt es auch noch zu einem Bluterguss. ▸4

Muskelverletzungen Eine anhaltende Überanstrengung der Muskulatur kann zu einem Muskelkater oder einem Muskelkrampf führen. ▸5
Bei einem Muskelriss sind Muskelfasern und Blutgefäße im Muskel eingerissen. Zur Vorbeugung solltest du dich vor dem Sport gründlich aufwärmen.

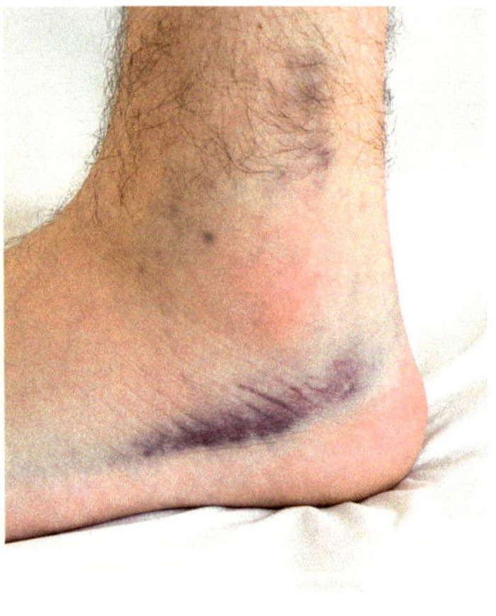

4 *Verstauchter Fuß mit Bluterguss*

5 *Behandlung eines Wadenkrampfs*

Erste Hilfe

Richtig Erste Hilfe zu leisten, kann man in einem Kurs lernen.
Um Hilfe zu holen, solltest du diese Notrufnummern kennen:
Polizei: 110
Feuerwehr: 112
Deine Notrufmeldung sollte folgende Angaben enthalten:
- Wo ist es passiert?
- Was ist passiert?
- Wie viele Verletzte gibt es?
- Welche Art der Verletzung oder Erkrankung liegt vor?
- Wer meldet diesen Unfall?

Warte auf Rückfragen. Lege nicht sofort auf!

Aufgaben

1 Einen Erste-Hilfe-Kurs sollte jeder einmal mitmachen. Überlegt in der Klasse, wie man die Teilnahme an einem solchen Kurs organisieren kann.

2 Überlege, was bei einem Bänderriss passiert.

3 Verletzungen kann man oft vermeiden. Voraussetzung dafür ist, dass man beim Sport nicht übertreibt und sich vorher immer aufwärmt. Welche Übungen zum Warmmachen kennst du?

4 Das Röntgenbild zeigt einen Knochenbruch. ▸1 Um welche Knochen handelt es sich?

Überblick

Vom Reiz zur Bewegung
Der Läufer hört den Startschuss. Er reagiert auf den Reiz. Sinnesorgane (Ohr, Auge), Nerven und Gehirn wirken so zusammen, dass Knochen, Gelenke und Muskeln aktiv werden. ▸6

Skelett und Muskulatur
Knochen bilden unser Skelett, das Stützsystem unseres Körpers. ▸7 Durch Gelenke sind viele Knochen beweglich miteinander verbunden. ▸8 Je nach Aufgabe gibt es verschiedene Gelenktypen.
Mit den Muskeln bewegen wir unseren Körper. ▸9 Sie arbeiten nach dem „Gegenspielerprinzip“: Zur Bewegung eines Körperteils sind jeweils ein Beuger und ein Strecker erforderlich. Sehnen verbinden Muskeln und Knochen. ▸10 Sie übertragen die Bewegung der Muskeln auf die Knochen.

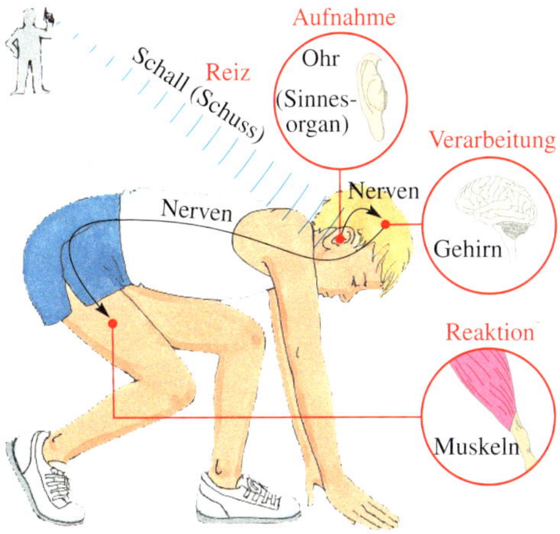

6 *Vom Reiz zur Reaktion*

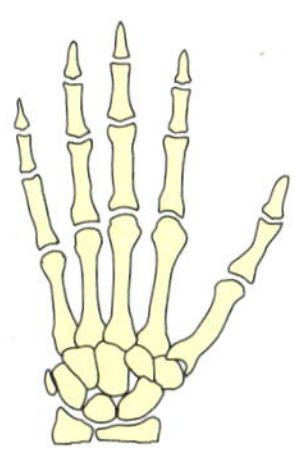
7 *Knochen*

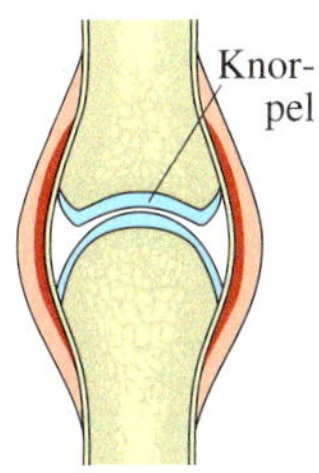

8 *Gelenk*

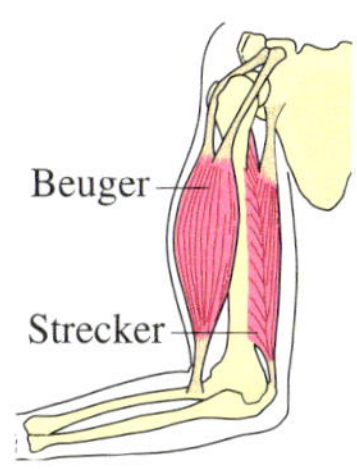

9 *Muskeln*

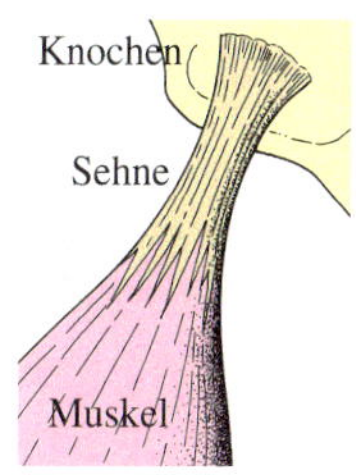

10 *Sehne*

Alles klar?

1 Ein Blick auf unseren Körper:
a Benenne die verschiedenen Teile des Skeletts.
b Nenne drei Gelenkarten. Gib an, wozu sie gebraucht werden.
c Wenn du etwas anhebst, wird dein Bizeps dick und kürzer. Wie wird er wieder gestreckt?

2 Skitag! Gleich bei der ersten Abfahrt ist Sven gestürzt. Er sitzt im Schnee, hat Schmerzen und kann nicht mehr weiter.
a Wie müssen Svens Freunde vorgehen?
b Sven hat sich vor der Abfahrt nicht warm gemacht – eine Ursache für seine Verletzung? Begründe deine Antwort.
c* Das Knie wird beim Gehen und erst recht beim Skifahren besonders beansprucht.
– Wie kannst du das erklären?
– Skizziere ein Kniegelenk. Markiere die Teile des Gelenks, die für die Festigung besonders wichtig sind.
– Welche Aufgaben haben die anderen Teile des Gelenks?
d Regelmäßiger Sport kann die Gesundheit erhalten.
– Welche Teile deines Körpers werden durch Sport leistungsfähiger?
– Wie könnte eine richtige Trainingseinheit für deine Lieblingssportart aussehen? Stelle einen Plan auf.

3* Ein weiter Sprung ▸11
a Schreibe eine Kurzreportage über den Sprung, vom Start bis zur Landung im Sand. (Gehe auf die Zusammenarbeit im Körper bei den Bewegungsabläufen ein.)
b Bevor der Springer losläuft, bewegt er sich rasch auf der Stelle hin und her. Was will er damit erreichen?

11

Meine Atmung – mein Puls

Luft zum Leben

1 *Atmen gehört zum Leben ...*

2

3

Aufträge und Versuche

1 Wie viel Luft benötigen wir? Eine 5-Liter-Kunststoffflasche wird vollständig mit Wasser gefüllt, mit der Hand verschlossen und umgekehrt in eine Schale mit Wasser gestellt. Durch einen Schlauch könnt ihr Luft in die Flasche blasen. (Saubere Mundstücke verwenden!) ▸4

a Atmet ganz normal ein und dann durch den Schlauch auch aus. Lest den Wert ab.

b Zählt, wie oft ihr in jeder Minute atmet. Berechnet, wie viel Luft ihr in 1 Minute braucht.

c Ermittelt nun die Luftmenge, die ihr bei Belastung in 1 Minute benötigt.

d Vergleicht eure Ergebnisse.

4

2 Atembewegungen

a Atmet tief ein und messt den Umfang des Brustkorbs mit einem Maßband. Wiederholt die Messung, nachdem ihr ausgeatmet habt.

b Legt eine Hand auf den Bauch und die andere auf den Brustkorb. Versucht tief einzuatmen, ohne den Brustkorb zu bewegen.

c Ihr habt gerade die Brustatmung und die Bauchatmung kennengelernt. Beschreibt beide Arten der Atmung.

3* Wie ändert sich Luft beim Atmen? Füllt einen Glaskolben zu einem Drittel mit Kalkwasser. (Vorsicht: ätzend!) Mit ihm weist ihr das Gas Kohlenstoffdioxid nach, das ihr von Limonaden kennt.

a Blast mit einem Glasröhrchen und einem Gummiball 10 Sekunden lang Frischluft in das Kalkwasser. Welche Veränderung stellt ihr fest?

b Leitet das Gas aus einer Sprudelflasche über einen Schlauch in Kalkwasser ein. Schüttelt dazu vorsichtig die Flasche. Was beobachtet ihr?

c Wechselt das Kalkwasser aus. Atmet tief ein und haltet die Luft an. Atmet dann vorsichtig durch das Glasröhrchen in das Kalkwasser aus (Mundstück wegwerfen). ▸5 Beschreibt eure Beobachtung.

Achtung: Schutzbrille aufsetzen!

5

Grundlagen Atmungsorgane und Atmung

Der Weg der Atemluft im Körper Meist atmen wir durch die Nase ein. In der Nasenhöhle werden Staub und andere Verunreinigungen durch Millionen feinster Härchen und die feuchte Nasenschleimhaut herausgefiltert. Die gereinigte, feuchte und leicht angewärmte Luft gelangt über den Rachenraum in die Luftröhre. Die etwa 10 bis 12 cm lange Luftröhre ist durch Knorpelringe verstärkt. Innen ist sie mit feinen Flimmerhärchen besetzt. Die Luftröhre teilt sich in zwei Äste, die Bronchien. Durch sie gelangt die Luft in die beiden Lungenflügel. ▸6

Atembewegungen Die Lunge hat keine Muskeln. Sie kann also nicht selbst ein- oder ausatmen. Stattdessen wird der Brustraum abwechselnd erweitert und wieder verengt. Beim Erweitern dehnt sich die Lunge aus. Der Druck in ihr ist dann geringer als außen. Luft strömt in die Lunge. Wenn der Brustraum verengt wird, steigt der Druck in der Lunge. Die Luft strömt heraus – genau wie bei einem Blasebalg.

Bauchatmung Beim Platzschaffen hilft das Zwerchfell – eine Muskelschicht zwischen Lunge und Bauchraum. Normalerweise ist es nach oben gewölbt. Wenn sich seine Muskeln verkürzen, ist das Zwerchfell gespannt und fast waagerecht. Es drückt Magen und Darm nach unten – der Bauch wölbt sich vor und der Raum für die Lunge wird größer. ▸7

Brustatmung Die vielen kleinen Muskeln zwischen den Rippen helfen, den Brustkorb zu vergrößern. Wenn sie sich zusammenziehen, werden die Rippen angehoben, der Brustraum wird größer und frische Luft gelangt in die Lungen. ▸8

Atemvolumen Bei normaler Atmung atmet man pro Atemzug einen halben Liter Luft ein. Wenn man tief einatmet, nimmt man zusätzlich etwa zwei Liter Luft in die Lunge auf. Bei starkem Ausatmen stößt man bis zu fünf Liter aus. Trotzdem bleibt auch dann noch ein Rest Luft in der Lunge.

Die Luft gelangt über die Luftröhre und die Bronchien in die Lunge. Zum Atmen werden der Brustkorb und das Zwerchfell bewegt.

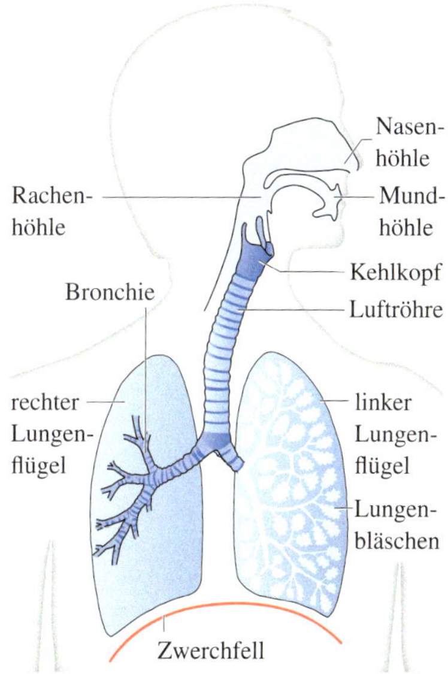

6 *Atmungsorgane*

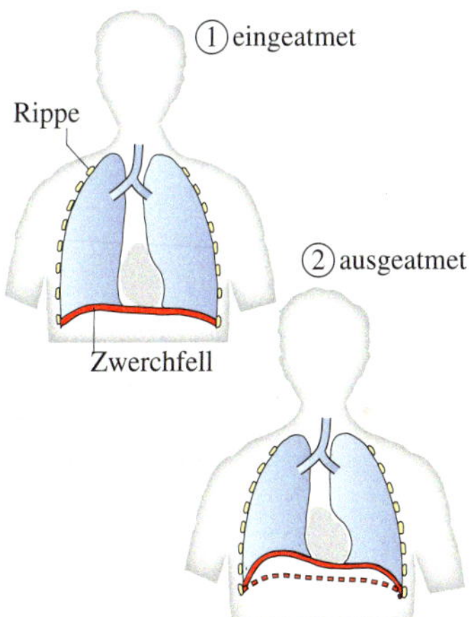

7 *Bauchatmung*

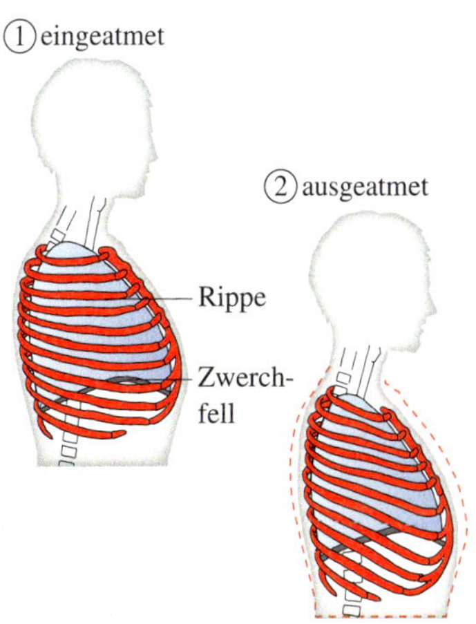

8 *Brustatmung*

Aufgaben

1 Beschreibe den Weg der Atemluft im Körper.

2 Mit einem Modell können wir die Atmung in vereinfachter Form veranschaulichen. ▸9

a Welchen Organen entsprechen die Teile des Modells?

b Das Gummituch wird nach unten gezogen. Beschreibe, was geschieht.

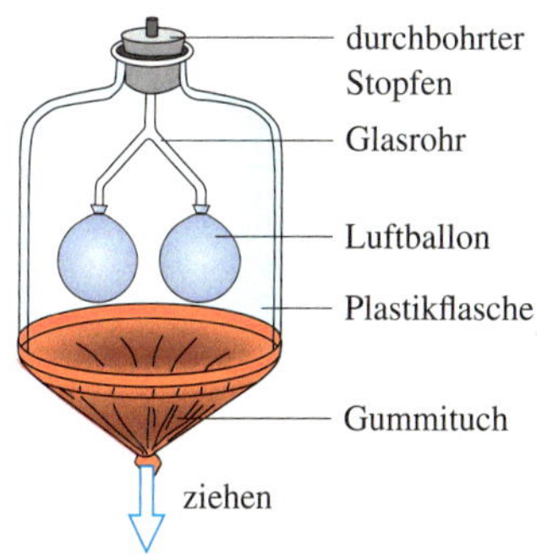

9

Wie kommt der Sauerstoff ins Blut?

▷ Wie unterscheidet sich ausgeatmete Luft von frischer Luft? Was geschieht in der Lunge mit der Luft?

1 *Zusammensetzung von einem Liter Luft*

Grundlagen Gasaustausch in der Lunge

Zufuhr von Sauerstoff Beim Einatmen gelangt die sauerstoffreiche Luft in die Lungenbläschen. ▸2 Sie sind von einem Netz kleiner Blutgefäße umgeben. Der Sauerstoff durchdringt die dünnen Wände der Lungenbläschen und der Blutgefäße und gelangt so ins Blut. Vom Blut wird er an alle Stellen des Körpers transportiert. Er wird in den Körperzellen benötigt, um Nährstoffe aus der Nahrung ohne Flamme zu „verbrennen". So wird Energie für Muskeln, Gehirn und innere Organe gewonnen.

Abgabe von Kohlenstoffdioxid Als Abfallstoff entsteht bei der „Verbrennung" Kohlenstoffdioxid. Es wird von den Körperzellen ins Blut abgegeben und vom Blut zu den Lungenbläschen transportiert. Genau wie Sauerstoff durchdringt auch Kohlenstoffdioxid die Wände der Blutgefäße und der Lungenbläschen. Die ausgeatmete Luft enthält daher mehr Kohlenstoffdioxid und weniger Sauerstoff als die eingeatmete.

In den Lungenbläschen geht Sauerstoff von der Atemluft ins Blut über. Dort gibt auch das Blut Kohlenstoffdioxid an die Luft ab.

Oberfläche der Lungenbläschen Die Lunge eines Erwachsenen enthält 500 Millionen Lungenbläschen. ▸3 Wenn man alle Lungenbläschen nebeneinander ausbreiten könnte, würde man eine Fläche von 150 m^2 brauchen – das entspricht der Fläche eines Volleyballfelds. Je größer die Fläche der Lungenbläschen, desto mehr Sauerstoff und Kohlenstoffdioxid kann über sie ausgetauscht werden.

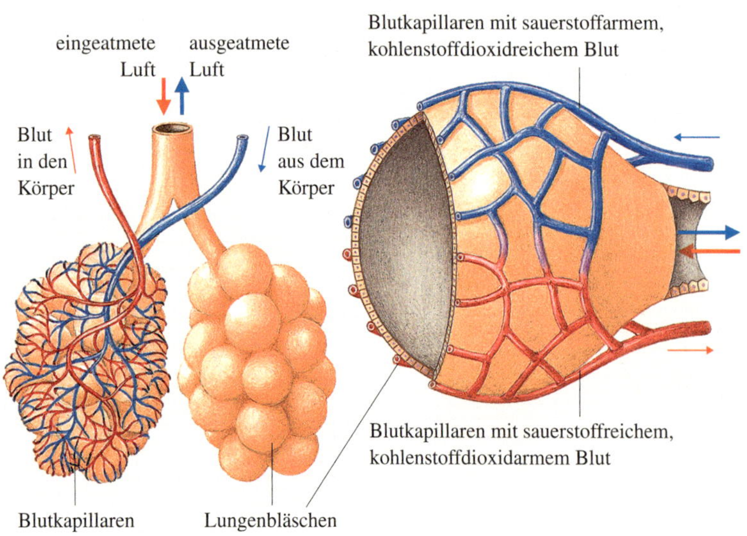

2 *Lungenbläschen*

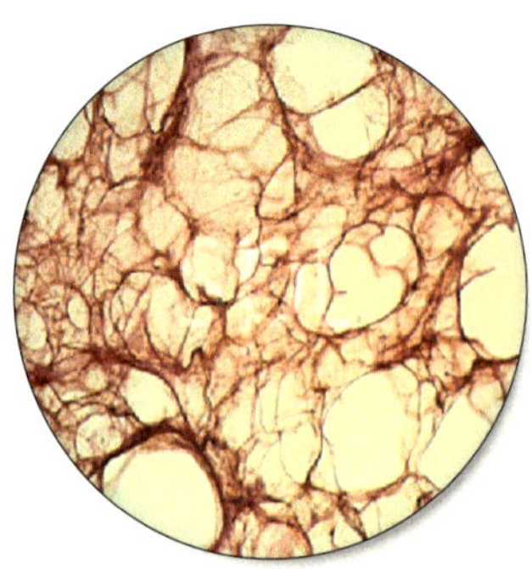

3 *Lungengewebe unter der Stereolupe*

Überblick

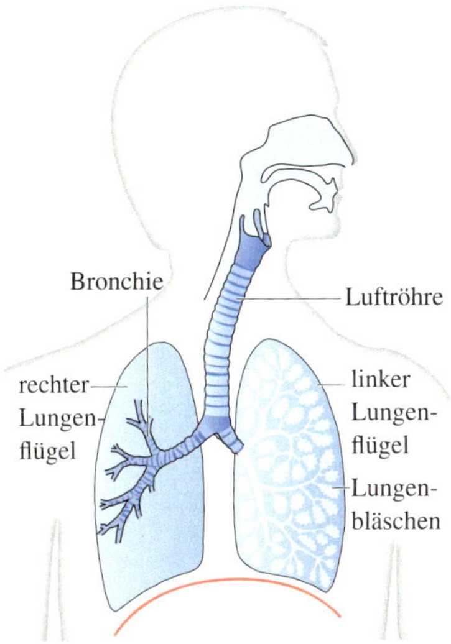

4 *Atmungsorgane*

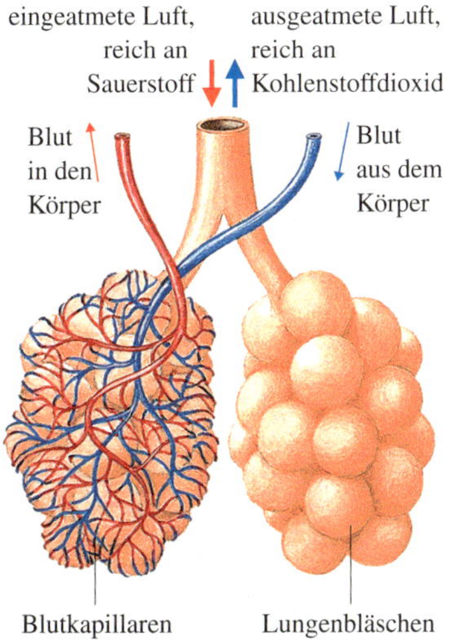

5 *Lungenbläschen und Gasaustausch*

Die Atmung

Beim Einatmen gelangt die sauerstoffreiche Luft durch die Luftröhre, die Bronchien und deren Verzweigungen bis in die Lungenbläschen. Die Lungenbläschen sind von einem Netz kleiner Blutgefäße umgeben. Der Sauerstoff durchdringt die dünnen Wände der Lungenbläschen und der Blutgefäße und gelangt so ins Blut. Vom Blut wird er an alle Stellen des Körpers transportiert.

Der Körper benötigt Sauerstoff, um Energie zu gewinnen. Dabei entsteht als Abfallstoff Kohlenstoffdioxid. Es wird ins Blut abgegeben und mit dem Blutkreislauf zu den Lungenbläschen transportiert. Auch das Kohlenstoffdioxid durchdringt die dünnen Wände der Blutgefäße und der Lungenbläschen. Es wird beim Ausatmen abgegeben.

Alles klar?

1 Das Klassenzimmer sollte regelmäßig gelüftet werden. Begründe!

2 Warum sollte man durch die Nase einatmen? Wann ist es notwendig, durch den Mund einzuatmen?

3 „Atmung ist Gasaustausch." Erläutere diesen Satz.

4 Wenn du einatmest, hebt sich dein Brustkorb. Wird das durch die einströmende Luft bewirkt? Begründe!

5 Welche Folge hätte es für die Atmung, wenn der Brustraum (z. B. durch einen Stich) ein Loch hat?

Teste dich!

▹ Die Lösungen findest du im Anhang.

1 Energiebedarf:

a Ein 45-minütiges Badmintonspiel ▸1 erfordert viel mehr Energie als eine gleich lange Wanderung. Erkläre den Unterschied.

b Der Energiebedarf eines Menschen wird immer nur ungefähr angegeben. Warum ist dies sinnvoll?

c Warum muss die Nahrung des Inuits mehr Fett enthalten als die eines Afrikaners?

2 Ernährung:

a Nenne die drei Hauptbestandteile der Nahrung.

b Wie kannst du den Nährstoff Fett in Lebensmitteln nachweisen?

c Stimmt folgende Aussage: „Wer nicht arbeitet, braucht auch nicht zu essen."

d Kinder und Jugendliche sollen viele Eiweiße essen. Begründe diese Feststellung.

3 Das Skelett des Menschen:

a Beschreibe Aufbau und Form der Wirbelsäule. Welche Vorteile hat ihre Form?

b Woraus besteht das Skelett?

c Welche zwei wichtigen Aufgaben erfüllt das Skelett? Nenne jeweils ein Beispiel.

4 Bewegungen bei Tier und Mensch entstehen auf dieselbe Weise.

a Wie verändern sich Muskeln, um eine Bewegung hervorzurufen?

b Fertige eine Skizze des Oberarms vom Menschen mit Knochen, Muskeln und Gelenken an. Beschrifte deine Skizze.
Erkläre anhand deiner Skizze das Gegenspielerprinzip der Muskeln.

c Lege eine Tabelle zu den Organen an, die an der Armbewegung beteiligt sind.

Organ	Eigenschaften	Aufgaben
?	?	?

d Viele Menschen zeigen Körperfehlhaltungen. Was versteht man darunter? Nenne Beispiele.

e Was kannst du für eine gesunde Körperhaltung tun?

1 *Badmintonspiel*

Schätze deine Fähigkeiten ein

Ordne deiner Aufgabenlösung im Heft ein Smiley zu:
☺ Ich konnte die Anforderungen erfüllen.
😐 Ich konnte die Anforderungen nicht vollständig erfüllen.
☹ Ich konnte die Anforderungen nicht erfüllen.

Anforderung	Ich kann ...	Hilfe findest du auf Seite ...
1	Unterschiede im Energiebedarf des Menschen einschätzen.	74 f.
2	die wichtigsten Nährstoffe und deren Bedeutung für den Körper nennen.	78 f.
3	den Aufbau und die Aufgaben des menschlichen Skeletts beschreiben.	91–93
4	das Zusammenspiel von Knochen und Muskeln bei Bewegungsvorgängen erklären.	94 f.

Luftschiff

Passagierflugzeug

Fliegen

- Die Natur macht uns das Fliegen vor. Trotzdem hat es lange gedauert, bis sich der Mensch mit Fluggeräten in die Luft erheben konnte.
- Die meisten Vögel sind gute Flieger. Ihr ganzer Körper ist an das Fliegen angepasst.
- Passagierflugzeuge sind groß und schwer. Trotzdem schaffen sie es, sich in die Luft zu erheben.
- Papierflieger zu falten ist nicht schwer. Doch nicht alle können gut fliegen.

Vögel – angepasst ans Fliegen

▷ Fliegen wie ein Vogel – ohne Hilfsmittel gelingt das keinem Menschen! Vögel sind an den Lebensraum Luft auf vielfältige Weise angepasst.

1 *Taube im Flug*

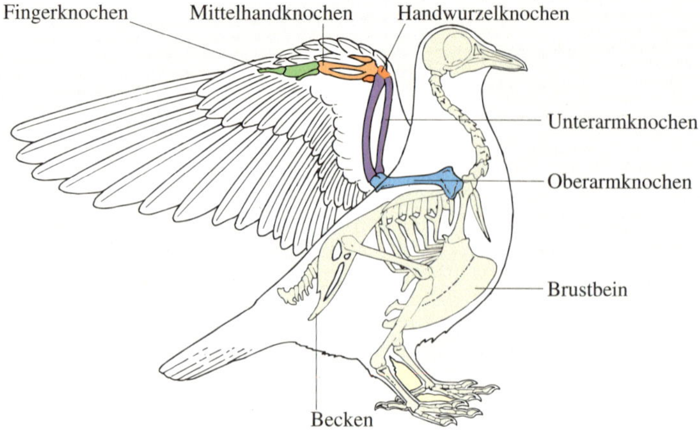

2 *Skelett einer Taube*

Untersuchen Experimentieren

1 Federsammlung Im Park findet ihr häufig Vogelfedern. Legt eine Sammlung an. Notiert dazu die Vogelart, den Federtyp, den Fundort und das Datum. ▸3

2 Bau und Eigenschaften von Federn

a Vergleicht das Gewicht einer Vogelfeder mit dem eines gleich großen Papierstücks.

b Untersucht eine Feder mit der Lupe. Zeichnet sie und beschriftet ihre Teile. Lest dazu den Grundlagentext.

c Knickt einen Federschaft hin und her, bis er abbricht. Zählt, wie oft ihr ihn knicken müsst. Wiederholt den Versuch mit einem Stück Draht.

d Haltet eine große Feder vor eine Kerzenflamme. Versucht mit einem Trinkhalm die Kerze durch die Feder hindurch auszublasen. ▸4
Führt denselben Versuch zum Vergleich mit einem straff gespannten Taschentuch durch. Gelingt es euch, die Kerze auszublasen?

3 *Federtypen*

4 *Luft durch eine Feder blasen*

3 Körpergewicht von Vögeln
Vergleicht die Körpergewichte etwa gleich langer Säugetiere und Vögel aus der Tabelle. Begründet die Unterschiede.

	Körperlänge	Körpergewicht
Feldhase	67 cm	4000 g
Stockente	60 cm	1200 g
Kaninchen	46 cm	1800 g
Krähe	48 cm	550 g

4 Leichtbauweise

a Ermittelt die Gewichte zweier etwa gleich großer Knochen eines Vogels und eines Säugetiers.

b Vergleicht den Längsschnitt durch einen Vogelknochen mit dem abgebildeten Flugzeugflügel. ▸6

5 Flügelform Betrachtet an einem ausgestopften Vogel die Form der Flügel. Achtet auf die Form der Vorderkante und die der Hinterkante des Flügels.
Vergleicht mit dem Querschnitt der Tragfläche eines Flugzeugs. Was fällt euch auf?

Grundlagen Wie Vögel ans Fliegen angepasst sind

Federn und Flügel

Vögel sind die einzigen Wirbeltiere mit Federkleid. Die flauschigen *Daunenfedern* hüllen den Körper ein und schützen ihn vor Wärmeverlust. Darüber liegen die wasserabweisenden *Deckfedern* wie Dachziegel übereinander. Sie verleihen dem Vogel eine strömungsgünstige Form.
Große *Schwungfedern* sitzen an Fingerknochen, Mittelhandknochen und am Unterarm. Sie bilden beim Fliegen die Tragfläche. *Die Schwanzfedern* dienen zum Steuern. Die Federn sind so gebaut, dass kaum Luft hindurchströmen kann. Alle Federn der Taube wiegen zusammen 15 g.

Die Leichtbauweise

Das Skelett eines Vogels ist leicht. Viele Knochen sind von Hohlräumen durchzogen, die innen durch Verstrebungen verstärkt sind. ▸6 So haben sie trotz des geringen Gewichts genug Stabilität.
Am Brustbein setzen große Flugmuskeln an. Bei einer 400 g schweren Taube wiegen die Brustmuskeln 130 g – das Skelett aber nur 20 g.
Die Schädeldecke der Vögel ist so dünn wie Papier. Vögel haben kein schweres Gebiss, sondern besitzen einen leichten Hornschnabel. Besonders leicht sind die Federn gebaut.

Anpassungen bei Verdauung und Atmung

Zum Fliegen ist viel Energie nötig. Bei Vögeln laufen daher alle Stoffwechselvorgänge rasch ab. Sie fressen viel und verdauen schnell. Ihre Atmungsorgane sind besonders leistungsfähig. Sie bestehen aus der Lunge und fünf Paar Luftsäcken. Die Luftsäcke wirken wie Blasebälge und sorgen für eine gute Belüftung der Lunge. Das Herz schlägt sehr schnell.

Vögel sind durch Leichtbauweise an das Fliegen angepasst. Ihr Körper ist mit Federn bedeckt. Sie bestehen aus Horn und werden von der Haut gebildet.
Die Lungen der Vögel stehen mit Luftsäcken in Verbindung und sind dadurch sehr leistungsfähig.

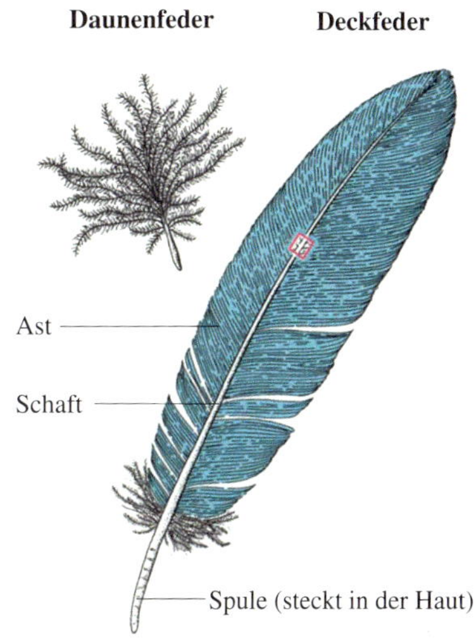

5 *Aufbau einer Feder*

Aufgaben

1 Beschreibe die Anpassungen des Vogelkörpers an das Fliegen. Zähle Vogelarten auf, die nicht fliegen können.

2* Vergleiche die Atmungsorgane eines Vogels mit denen eines Menschen. Nenne die wesentlichen Unterschiede.

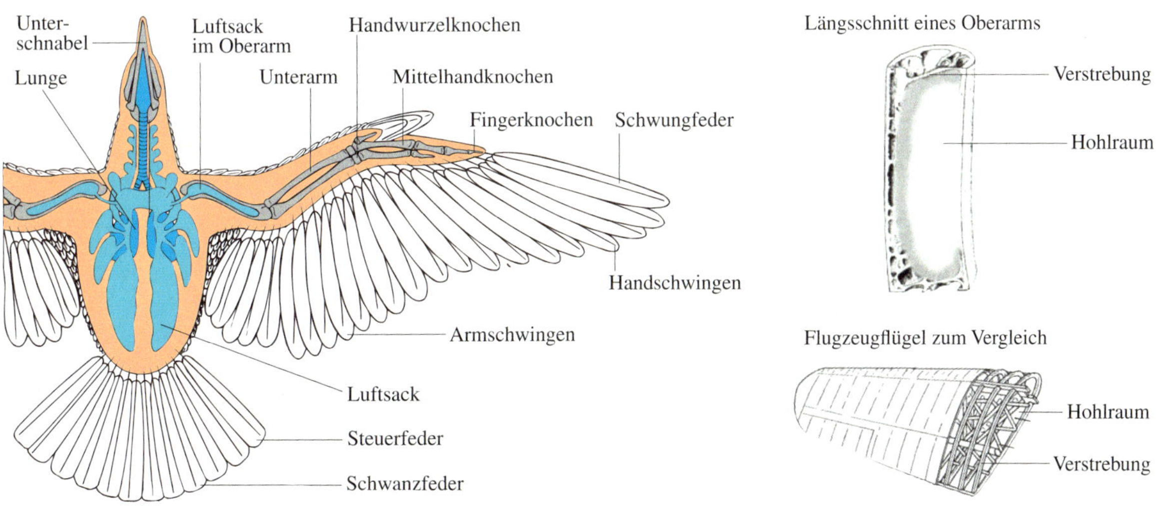

6 *Vögel sind in ihrem Körperbau an das Fliegen angepasst.*

Wie Vögel fliegen

1 *Höckerschwan beim Ruderflug*

2 *Abschlag*

Untersuchen Experimentieren

1 Flugarten im Modellversuch

a Lasst eine Feder in das Glasrohr fallen. ▸3 Führt den Versuch erst ohne und dann mit Kerze durch. Beobachtet und erklärt.

b Lasst eine Feder von einem Buchrücken fallen. ▸4 Wiederholt den Versuch bei eingeschaltetem Föhn. Erklärt eure Beobachtungen.

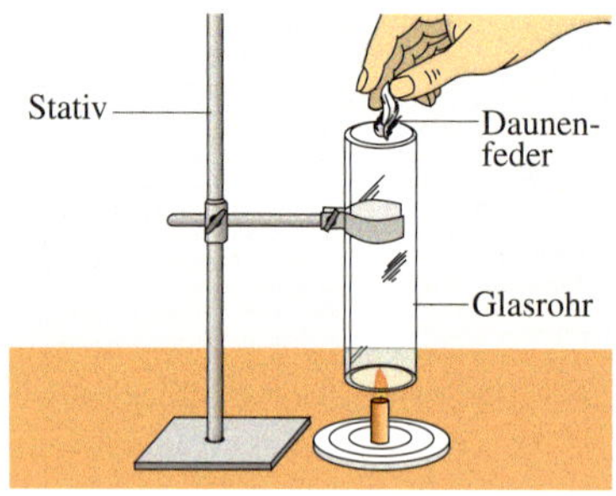

3 *Aufwind durch Erwärmung*

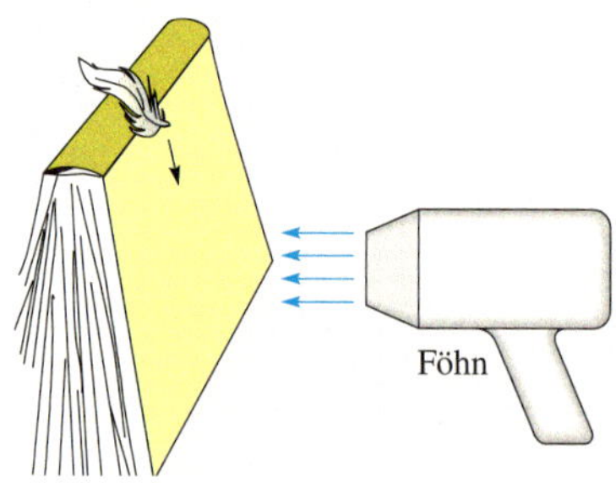

4 *Aufwind durch Umlenkung der Luft*

Grundlagen Vom Vogelflug

Die meisten Vögel sind gute Flieger. Vogelflügel und Vogelkörper sind strömungsgünstig gebaut. So wird der Vogel beim Vorwärtsgleiten kaum durch den Luftwiderstand gebremst. Viele Vögel nutzen aufsteigende warme Luftströmungen, um beim Fliegen nicht allmählich an Höhe zu verlieren.

Beobachtungen am Höckerschwan ▸1

Start: Der Schwan nimmt einen langen Anlauf. Dabei schlägt er kraftvoll mit den Flügeln, bis er sich schließlich in die Luft erhebt.

Ruderflug: Der Schlag der Flügel nach unten heißt *Abschlag.* ▸2 Er lässt den Vogel steigen und bringt ihn voran. Die Federn der Flügel bilden dabei eine luftundurchlässige Fläche. Beim *Aufschlag* führt der Vogel die Flügel wieder nach oben. Dabei knickt er die Flügel im Handgelenk ein und Luft strömt von oben durch die Flügel. Jetzt wirken nur noch die Armschwingen als Tragfläche. ▸5

Steuern: Beim Fliegen steuert der Schwan mit den Schwanzfedern.

Landen: Zum Landen senkt der Vogel die Schwanzfedern. Er spreizt Flügel und Schwanz, um die Geschwindigkeit zu verringern. Gleichzeitig streckt er die Beine vor.

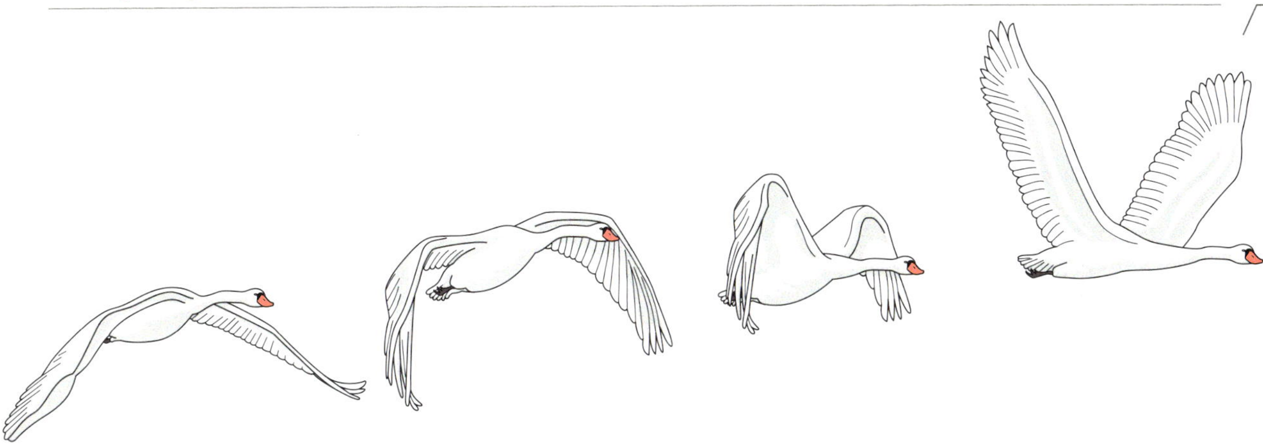

5 *Aufschlag*

Grundlagen Flügelform und Flugformen

Auf welche Art ein Vogel fliegen kann, hängt neben seinem Körpergewicht von der Größe und Gestalt seiner Flügel ab. Kleine Singvögel sind mit ihren rundlichen Flügeln schlechte Gleitflieger. Segeln können sie überhaupt nicht.

Flügelform Schnell fliegende Vögel haben schmale und spitze Flügel. Sie setzen dem Auftrieb wenig Widerstand entgegen. Für kurze Entfernungen sind breite, abgerundete Flügel besser. So kann der Vogel schneller abheben.

Ruderflug Der Ruderflug ist die häufigste Flugform der Vögel. Dabei werden die Flügel mit Muskelkraft auf- und abgeschlagen.

Gleitflug Befindet sich ein Vogel schon hoch in der Luft oder auf einem Baum, kann er ohne Flügelschlag herabgleiten. Beim Gleiten benutzt er seine Flügel als starre Tragflächen. Je größer die Flügel im Verhältnis zum Körpergewicht sind, desto länger ist die mögliche Gleitstrecke.

Segelflug Segelnde Vögel lassen sich ohne Flügelschlag von aufsteigenden Luftströmungen emportragen. Breite Flügel sind dabei eine günstige Voraussetzung. ▸6

Rüttelflug Der Rüttelflug ist ein Ruderflug auf der Stelle. Dabei scheint der Vogel für kurze Zeit in der Luft zu stehen. ▸7

Beim Gleitflug und Segelflug fliegt der Vogel ohne Flügelschlag. Ruderflug und Rüttelflug erfordern Muskelkraft. Rüttelflug ist Fliegen auf der Stelle.

6 *Segelnder Mäusebussard*

7 *Turmfalke beim Rüttelflug*

Aufgabe

1 Der Flug des Höckerschwans:

a Beschreibe mit der Bildfolge oben, wie der Höckerschwan fliegt.

b Warum nimmt der Vogel einen Anlauf?

Erweiterung Flugformen des Rotkehlchens

1 *Rotkehlchen beim Ruderflug*

Aufgaben

1 Beschreibe den Ruderflug des Rotkehlchens. Achte jeweils beim Ab- und beim Aufschlag auf die Bewegung des Vogels sowie auf die Stellung und Bewegung seiner Flügel.
Übertrage die Tabelle in dein Heft und fülle sie aus.

	Abschlag	Aufschlag
Bewegung des Vogels im Raum		
Flügelstellung		
Flügelbewegung		

2 *Flugbilder*

2 Die Flügelform ist eine wichtige Voraussetzung für die Flugform. Vergleiche die Flugbilder von Vogelarten. ▸2

a Welche Arten sind gute Segler, welche gute Gleiter?

b Erkläre den Zusammenhang zwischen der Flügelform und der vorwiegenden Flugart der einzelnen Vögel.

3* Von einem zehn Meter hohen Baum gleiten Vögel unterschiedlich weit. Bild ▸3 zeigt, wie die Flugbahnen im Modellversuch aussehen würden. Nenne Zusammenhänge, die du erkennst.

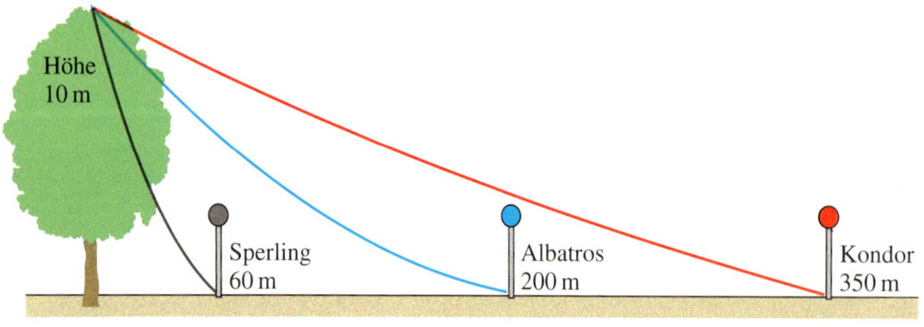

3 *Flugweite beim Gleitflug*

Aus der Umwelt Fledermäuse – meisterhafte Flieger

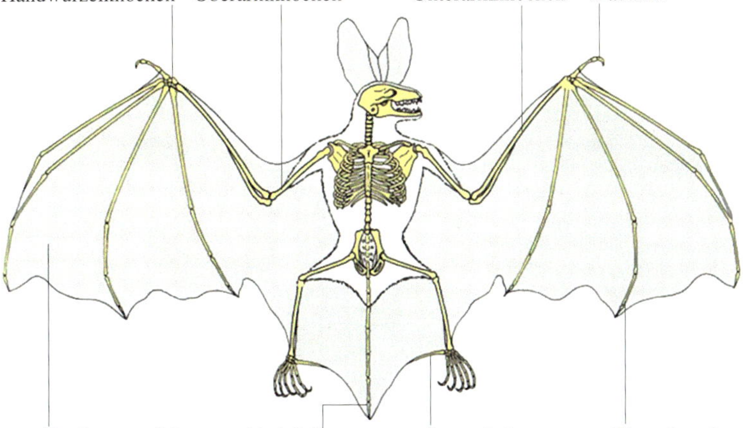

4 *Skelett einer Fledermaus*

5 *Fledermaus*

Fledermäuse sind Säugetiere, die sich den Luftraum erobert haben. Sie sind für den Menschen ungefährlich.

Körperbau und Fortbewegung Die Haut der Fledermäuse ist von einem dichten, seidig glänzenden Fell bedeckt. Ihre Arme sind zu Flügeln umgebildet. Die Mittelhandknochen und die Fingerknochen sind stark verlängert. Zwischen Armen, Beinen und Schwanz ist eine stark durchblutete Flughaut gespannt. Sie macht die Fledermäuse zu guten und wendigen Fliegern. Die Daumen und Füße schauen aus der Flughaut hervor. Sie helfen beim Festhalten, Kriechen und Klettern.
Der Flug der Fledermaus sieht so ähnlich wie das Brustschwimmen beim Menschen aus – nur eben nicht im Wasser, sondern in der Luft. Die Fledermaus hält beide Arme vor den Kopf. Dann zieht sie die Arme in einer kreisförmigen Bewegung nach hinten. Anschließend werden die Arme wieder dicht am Körper nach vorne gestreckt. Bei der Rückwärtsbewegung der Arme ist die Flughaut gespannt. Bei der Vorwärtsbewegung wird sie zusammengefaltet.

Ernährung und Lebensweise Fledermäuse sind Fleischfresser. Ihre Nahrung wie Nachtfalter und andere Insekten erbeuten sie im Flug.
Wenn du schon einmal versucht hast, eine Fliege mit der Hand zu fangen, kannst du dir vorstellen, wie wendig und schnell eine Fledermaus fliegen muss.
Fledermäuse sind bei Dunkelheit aktiv und schlafen am Tag. Sie ziehen sich dazu in dunkle Verstecke zurück. Dies können Dachböden oder hohle Bäume sein. Dort hängen die Fledermäuse mit dem Kopf nach unten. Dabei halten sie sich mit ihren Füßen fest.

Flughunde Flughunde sind neben Fledermäusen die einzigen fliegenden Säugetiere. Sie sind viel größer als Fledermäuse und leben in den Tropen. Aufnahmen von Flughunden werden gern in Vampirfilmen gezeigt. Dabei sind sie völlig harmlos.

Aufgaben

4 Vergleiche den Aufbau deiner Hand mit der Hand der Fledermaus. Beschreibe Gemeinsamkeiten und Unterschiede.

5 Beschreibe, was geschieht, wenn du über längere Zeit mit dem Kopf nach unten an einer Reckstange hängst.

6 Stelle mit einem großen Tuch die einzelnen Bewegungen der Fledermaus beim Flug nach. Lass dich von einem Partner bei den einzelnen Bewegungen fotografieren.
a Beschreibe mit den Fotos den Ablauf der Bewegung.
b* Erkläre, wie es der Fledermaus gelingt, eine Kurve zu fliegen.

7* Vergleiche den Vogelflug auf der vorherigen Doppelseite mit dem Flug der Fledermaus.

Fliegen: Kann die Luft Halt geben?

▷ Der Schwan ist mit bis zu 20 kg ein Schwergewicht unter den Vögeln. Bei einer Spannweite von 2 m fliegt er in 2000 m Höhe mit 100 $\frac{km}{h}$.

1 *Schwan beim Starten*

Untersuchen Experimentieren

1 Langsam fallen – mit Fallschirmen Baut verschiedene Fallschirme aus je einer DIN-A4-Karteikarte, 40 cm Zwirnsfaden und einer Schraubenmutter. ▸2

a Startet eure Fallschirme bei Windstille aus 2 m Höhe. Notiert die Flugstabilität und die Flugdauer. Welcher Fallschirm wird von der Luft am besten getragen?

b Versucht aus dem Material noch bessere Fallschirme zu bauen. *Tipp:* Echte Fallschirme haben oben manchmal ein kleines Loch.

c Eure Fallschirme sinken unterschiedlich schnell. Erklärt, was das mit dem Luftwiderstand zu tun hat.

d Auch bei der „Pusteblume" spielen „Fallschirme" und Luftwiderstand eine Rolle. ▸3 Erklärt diese Aussage. Schaut euch nach Möglichkeit einen Löwenzahnsamen mit der Lupe an.

2 Bau eines Propellerfallschirms ▸4 Knickt das Papier an den gestrichelten Linien. Die mit „R" gekennzeichneten Flächen ergeben den Rotor, die mit „S" gekennzeichneten den Stiel.

a Lasst den Propellerfallschirm fallen.

b Ohne den Stiel und die Büroklammer wäre der Propellerfallschirm viel leichter. Erklärt, warum man sie braucht.

c Baut aus einem zweiten, gleich schweren Papierstreifen einen „normalen" Fallschirm. *Tipp:* Schneidet aus dem gleichen Papier einen Streifen von 7 cm · 12 cm aus. Vergleicht den Flug beider Fallschirme.

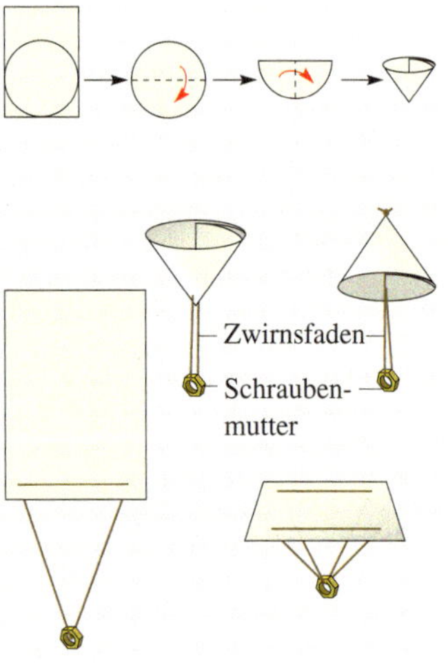

2 *Fallschirmmodelle*

3 *Fliegende Löwenzahnsamen*

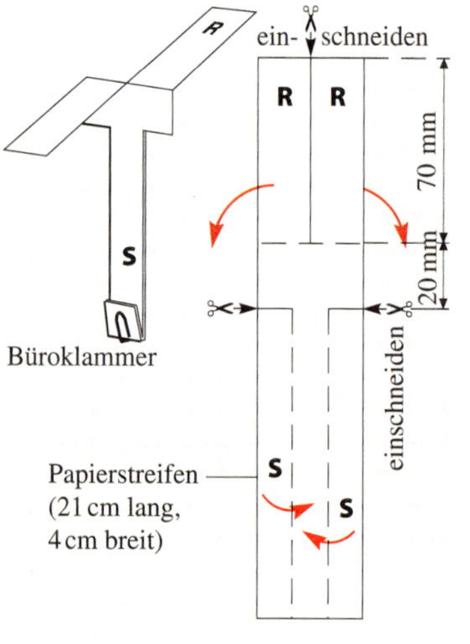

4 *Propellerfallschirm*

3 Modell des Ahornsamens ▸5 Baut das Modell aus festem Papier und einem langen, dünnen Holzstäbchen. Schneidet das Papier zu. Faltet einen 2 cm breiten Streifen und klebt den Stab in den Falz. Auf das schmale Ende des Rotors klebt ihr einen Haken, wie man ihn im Bad benutzt. Die Münze kommt an der gleichen Stelle auf die Rückseite als Ballast.

a Beim Start haltet ihr das Modell an der abgerundeten oberen Ecke fest. Lasst den Rotor aus größerer Höhe fallen. Beschreibt sein Flugverhalten und zeichnet die Flugbahn auf.

b Messt die Fallzeit für eine Höhe von mehreren Metern bei verschiedenen Gegenständen.

c Ahornsamen „kreiseln" mit 1 bis 2 $\frac{m}{s}$ zu Boden. ▸6 Ist euer Rotor schneller?

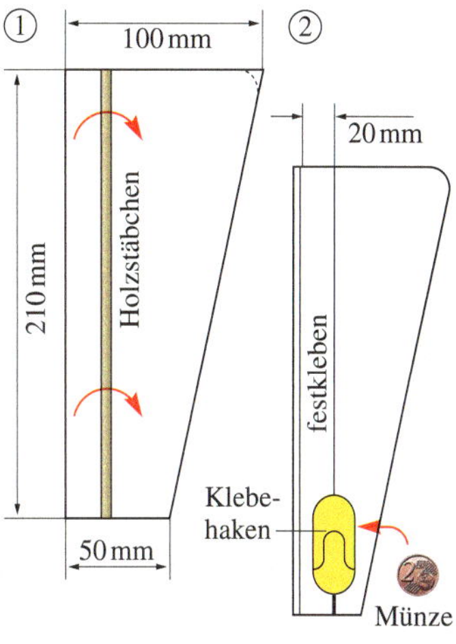

5 *Rotor – Modell für Ahornsamen*

6 *Ahornsamen*

Grundlagen Langsam fallen

Alle Gegenstände werden von der Erde angezogen. Diese Anziehung erschwert jeden Flugversuch.
Ein Gegenstand fällt umso langsamer zur Erde, je größer seine *Fläche* quer zur Bewegungsrichtung ist. Die Luft hat dann eine größere „Tragfläche", an der sie angreifen kann. Der Luftwiderstand ist größer und das Fallen wird behindert.
Eine stabile Flugbahn ist bei der langsamen Fallbewegung ebenso wichtig. So kippt ein waagerecht sinkendes Blatt Papier beim Fallen und stürzt ab. Große Probleme mit der Flugstabilität hatte auch der französische Erfinder *André Garnerin*. Er sprang 1795 als erster Mensch mit dem Fallschirm aus einem Ballon ab. ▸7 Sein Schirm pendelte gefährlich hin und her, weil er kein Loch oben in die Kappe geschnitten hatte. Die gestaute Luft unter dem Fallschirm entwich mal auf der einen, mal auf der anderen Seite. Fallschirme sind heute so gebaut, dass dieses Pendeln nicht mehr auftritt.

7 *Erster Fallschirmsprung*

Mit einigen „Tricks" kann man das unerwünschte Kippen vermeiden und eine stabile Flugbahn erreichen:
- Schwere Teile des Flugobjekts sollten möglichst tief liegen.
- *Drehbewegungen* stabilisieren die Flugbahn. Das kennst du vom Ahornsamen oder von der Frisbeescheibe.
- Auch die *geradlinige Vorwärtsbewegung* beim Sinkflug stabilisiert die Flugbahn. Bei einem Segelflugzeug sorgt dafür ein Leitwerk und die V-förmige Flügelstellung. Moderne Fallschirme sind eher rechteckig und lassen sich bei ihrem Sinkflug recht gut lenken. ▸8

8 *Gleitschirmflieger*

Fliegen: Länger gleiten durch Auftrieb

▷ Vögel können lange gleiten, ohne ein einziges Mal mit den Flügeln zu schlagen. Das gute Gleitverhalten hängt mit der Flügelform zusammen. Auch Segelflugzeuge nutzen diese Flügelform.

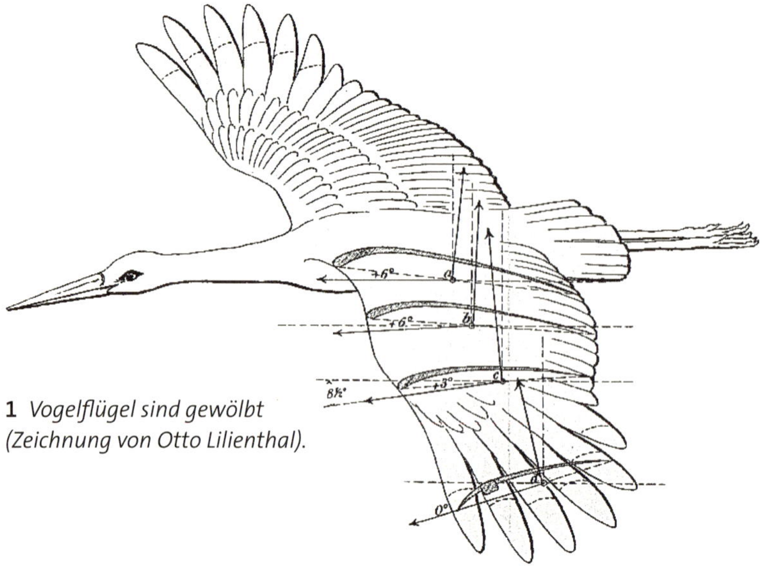

1 *Vogelflügel sind gewölbt (Zeichnung von Otto Lilienthal).*

Untersuchen Experimentieren

1 „Flügel" im Luftstrom Baut einen einfachen „Flügel" aus einem Lineal und Karton. ▸2

a Blast kräftig über die Oberseite des ungewölbten Kartons hinweg.

b Zieht den Karton so über eine Tischkante, dass er eine Wölbung nach oben bekommt. Befestigt ihn wieder an einem Lineal. Ihr könnt den hinteren Rand zusätzlich mit einer Büroklammer beschweren. Blast über den gewölbten „Flügel" hinweg. Was beobachtest ihr? Vergleicht mit Teil a.

2 Vom Luftstrom angehoben Knotet einen Bindfaden an einen aufgeblasenen Luftballon. Befestigt den Faden mit einem Klebestreifen auf einem Tisch. Lasst kalte Luft aus einem Föhn zum Ballon strömen. Richtet den Föhn so auf den Ballon, dass er vom Tisch abhebt. ▸3 Beschreibt, wie ihr den Luftstrom zum Ballon gerichtet habt.

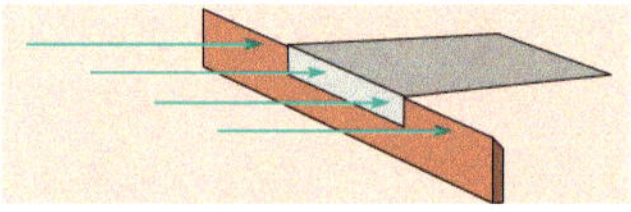

2 *Flügel aus Karton und Lineal*

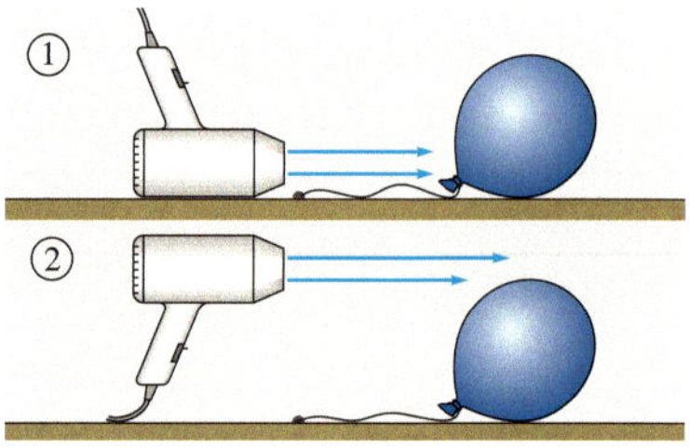

3 *Luftballon anheben im Luftstrom*

Grundlagen Der Auftrieb

Wenn Luft aus einem Luftballon nach unten strömt, fliegt der Ballon nach oben.
Immer wenn Luft von einem „Flugobjekt" nach unten abgelenkt wird, wird es angehoben. Bei einem gewölbten Flügel ist es ähnlich. ▸4

Die gewölbte Oberseite des Flügels lenkt die Luftströmung nach unten um. Der Flügel wird nach oben getrieben. Man nennt das Auftrieb.

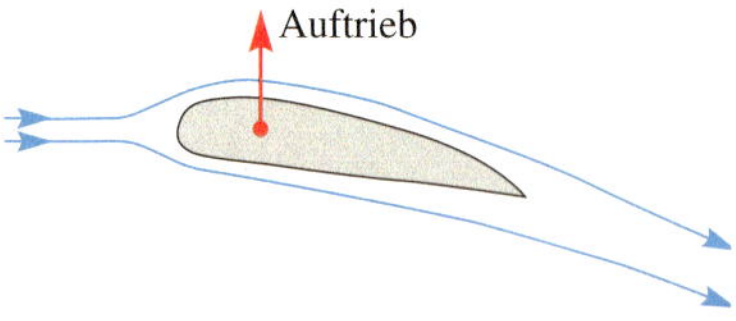

4 *Auftrieb durch gewölbte Flügel*

Der Mensch hat diese Art, besser zu gleiten, bei den Vögeln abgeschaut. Alle Flugzeuge haben auch gewölbte Flügel.

Erweiterung Der Anstellwinkel

Bekommt eine gewölbte Tragfläche zusätzlich einen Anstellwinkel α, wird der Auftrieb noch vergrößert. Den größtmöglichen Anstellwinkel sowie zusätzliche Klappen an den Tragflächen benutzt man beim Starten und Landen eines Flugzeugs.
Allerdings darf man den Anstellwinkel nicht beliebig vergrößern. Sonst reißt nämlich die Strömung über den Tragflächen plötzlich ab, weil sich Wirbel bilden. Die Luftströmung wird dann nicht mehr gleichmäßig nach unten umgelenkt. Durch die Wirbel sinkt die Auftriebskraft schlagartig – und es kann zum Absturz kommen.

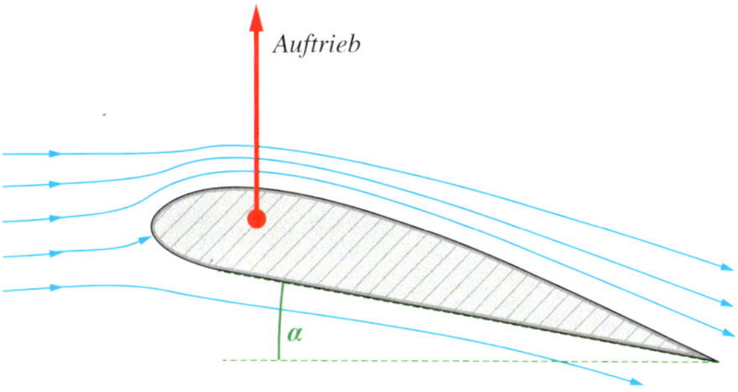

5 *Tragfläche mit Anstellwinkel*

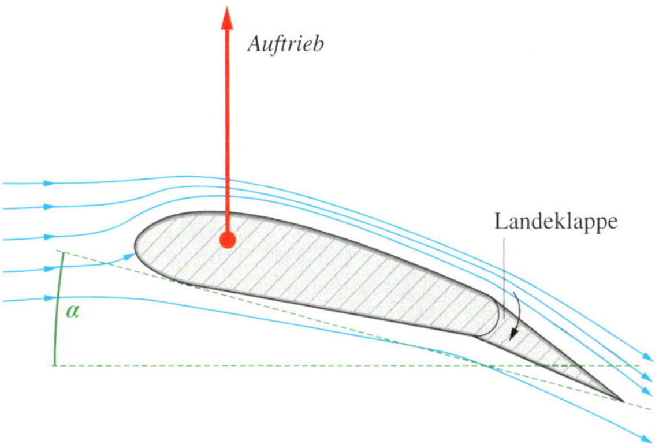

6 *Tragfläche mit Anstellwinkel und zusätzlicher Klappe*

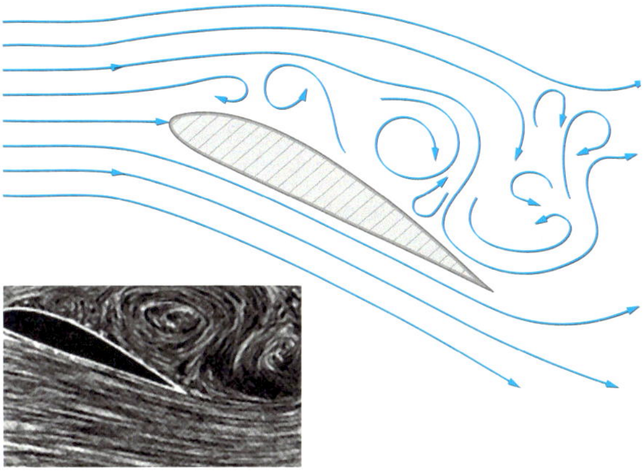

7 *Wirbelbildung bei zu großem Anstellwinkel*

Aus der Geschichte Otto Lilienthal

Als junge Schüler träumten *Otto Lilienthal* und sein jüngerer Bruder *Gustav* davon, wie die Vögel fliegen zu können.
Schon als Kind beschäftigte sich Otto mit Flugversuchen. Als junger Ingenieur baute er Versuchsgeräte, um dem Geheimnis des Fliegens auf die Spur zu kommen. Bei seinen Versuchen fand er heraus, dass sich der Auftrieb durch eine besondere *Form der Flügel* erheblich steigern lässt. Er schrieb: „Von diesem Versuch sind wir mit der Überzeugung heimgekehrt, dass der Segelflug nicht bloß für die Vögel da ist, sondern dass wenigstens die Möglichkeit besteht, dass der Mensch auf künstliche Weise diese Art des Fliegens, die nur ein geschicktes Lenken, aber kein kraftvolles Bewegen der Fittiche erfordert, hervorrufen kann."
1889 veröffentlichte er sein Buch mit dem Titel „Der Vogelflug als Grundlage der Flugkunst". Bald gab Lilienthal die Idee wieder auf, dass seine Flugmaschinen auch „schlagende" Flügel haben müssten.
Er baute dann die ersten großen Gleitmodelle, mit denen er Flugweiten bis zu 25 m erreichte. Otto Lilienthal stürzte im Jahr 1896 bei einem Flugversuch aus 16 m Höhe ab und starb am folgenden Tag an den Folgen des Unfalls.
In nur sechs Jahren hatte Otto Lilienthal mehr als 2000 Flüge durchgeführt und war damals sicherlich der erfahrenste Flieger der Welt.

8 *Otto Lilienthal*

Weite Gleitflüge

▷ Segelflugzeuge werden beim Start nach oben geschleppt. Dann verlieren sie beim Gleitflug ständig an Höhe. Sie gelangen nur in größere Höhen, wenn sie durch Luftströmungen nach oben getragen werden.

▷ Wie erreicht man einen möglichst langen Gleitflug?

1 *Segelflieger*

Untersuchen Experimentieren

1 Möglichst weit gleiten Für einen langen Gleitflug benötigt man ein möglichst geringes Gewicht und große Tragflächen. Aber noch etwas anderes ist wichtig.

a Baut einen Papierflieger mit 5-fach geknicktem Randstreifen. ▸2

b Fasst das Modell am Heck an und lasst es waagerecht abfliegen.

c Seid ihr mit seinem Gleitflug noch unzufrieden? Dann faltet einen Randstreifen noch ein sechstes oder siebtes Mal um. Probiert es so lange, bis euer Modell einen guten Gleitflug ausführt.

d Auf den Kopf gelegt sieht euer Papierflieger wie ein Dach aus. Balanciert dieses Dach auf einer Bleistiftspitze: Wenn es waagerecht verläuft, liegt der Schwerpunkt des Fliegers an der Bleistiftspitze. Messt den Abstand von der Vorderkante.

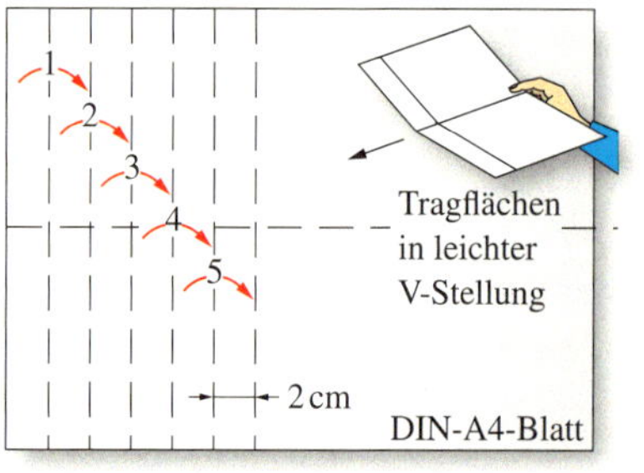

2

2 Postkartengleitflug

a Knickt eine Postkarte quer in eine leichte V-Stellung. Mit wie vielen Büroklammern müsst ihr die Vorderkante beschweren, damit die geknickte Karte einen langen Gleitflug ausführt? Geht ähnlich wie im nebenstehenden Bild vor. ▸3

b Versucht, die folgende Frage zu beantworten: Warum führt eine Postkarte ohne Ballast oder Knicke niemals einen Gleitflug aus?

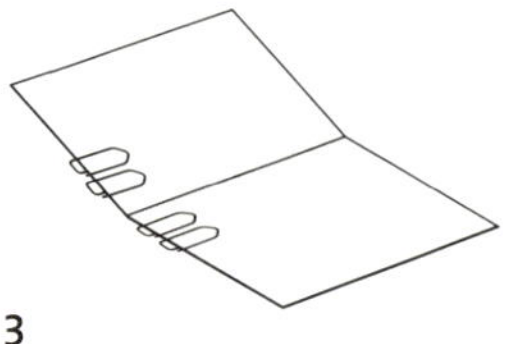

3

Grundlagen Auf die Gewichtsverteilung kommt es an

Es gibt viele Arten, Papierflieger zu falten. Durch das Falten wird immer erreicht, dass der *Schwerpunkt* nicht in der Tragflächenmitte liegt, sondern weiter vorne zur Nase hin. Das Gleiche gilt für Flugzeuge:

Die Gewichtsverteilung bei einem Flugzeug muss immer so sein, dass sein Schwerpunkt unter dem vorderen Drittel der Tragflächen liegt.

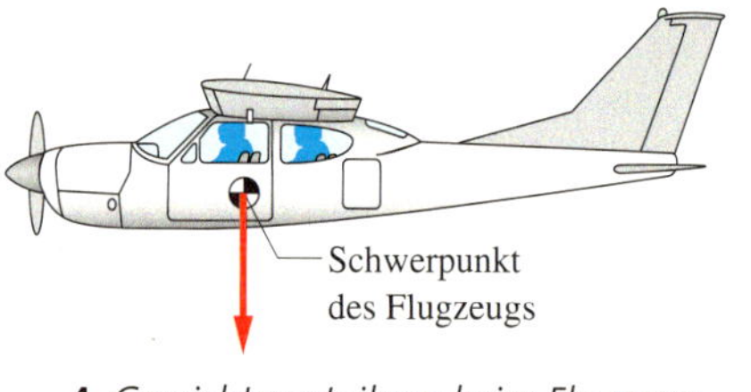

4 *Gewichtsverteilung beim Flugzeug*

Befindet sich der Schwerpunkt weiter vorne, beginnt ein Sturzflug. Liegt er weiter hinten, hebt das Flugzeug die Nase hoch und macht unfreiwillig ein Looping oder stürzt ab. Vögel haben mit dem Schwerpunkt „natürlich“ keine Probleme.

Aus der Technik Papierflieger, die stabil fliegen

Von Papierkonstruktionen mit großen Tragflächen erwartet man gute Gleiteigenschaften. Bei mangelnder Flugstabilität kommen sie dennoch schnell ins Trudeln und stürzen ab.
Ein Flugzeug kann sich nicht nur nach links oder rechts, sondern auch nach oben oder unten bewegen. Es können also viele „Flugfehler“ auftreten, die man jedoch beseitigen kann.

V-Form Ein Papierflieger „rollt“, wenn er sich um seine Längsachse dreht. ▸5
Um dies zu verhindern, faltet man ihn entlang der Mitte. Die Tragflächen erhalten eine V-Form. Damit schaukelt der Flieger nur noch hin und her.

Heckklappen Der Flieger „nickt“, wenn er sich um seine Querachse dreht. Die Nase hebt oder senkt sich dann. ▸6
Zur Korrektur biegt man die hinteren Ecken der Flügel nach oben, wenn der Flieger zum Sturzflug neigt. Stellt sich die Nase eher nach oben, biegt man die Ecken nach unten.
Manchmal ist ein Aufwärtssteigen erwünscht, um z.B. ein Looping zu fliegen. Geht der Flug jedoch zu steil nach oben, so kann das Flugzeug absacken und abstürzen.

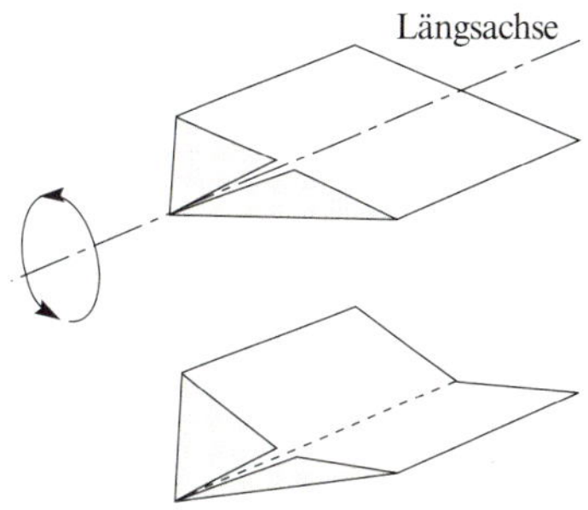

5 *V-Form gegen „Rollen“*

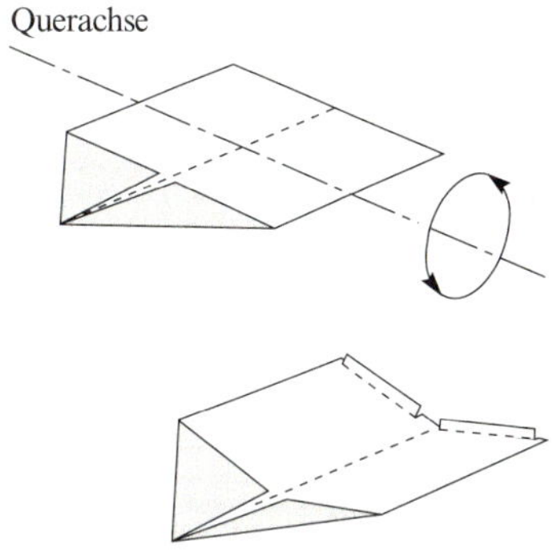

6 *Heckklappen gegen „Nicken“*

Aus der Umwelt Bionik – der Natur abgeschaut

Bei Untersuchungen von Haihaut ▸7 wurden die *Rillenschuppen* entdeckt. Diese Schuppen waren das Vorbild für die Entwicklung der *Rillenfolie*. Ihr Einsatz an Flugzeugen führt zu einer Verringerung des Luftwiderstands. Dadurch sinkt der Treibstoffverbrauch.
Die gespreizten Handschwingen vieler Vogelflügel verringern die Luftreibung an den Flügelenden und führen zu einem stabileren Flug. Die nach oben gebogenen Flügelspitzen ▸8 von Vögeln sind das Vorbild für die Tragflächenform moderner Flugzeuge. Solche Flügelspitzen gab es zuerst bei einigen Segelflugzeugen. Diese *Winglets* verbessern die Flugeigenschaften erheblich. Heute werden auch Verkehrsflugzeuge mit Winglets ausgestattet. ▸9
Dadurch sinkt der Treibstoffverbrauch. Die Winglets verringern die Abgasmenge. So wird die Umwelt weniger belastet.
Es lohnt sich also, die Natur als Vorbild für technische Entwicklungen zu nutzen und *Bio*logie und Tech*nik* zur *Bionik* zusammenzuführen.

8 *Aufwärts gebogene Flügelspitzen*

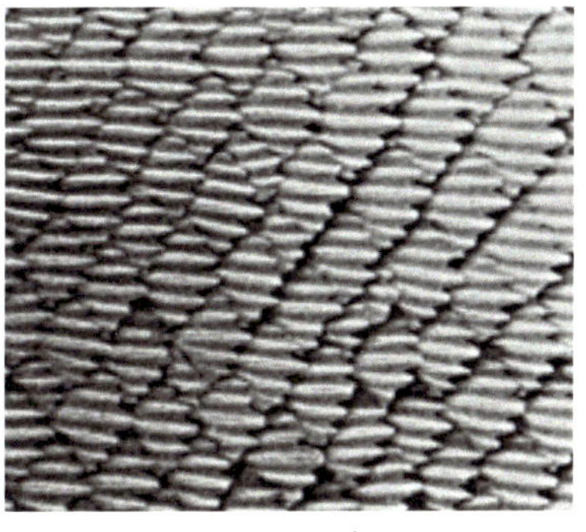

7 *Haihaut (vergrößert)*

9 *Besser gleiten durch Winglets*

Teste dich!

▷ Die Lösungen findest du im Anhang.

1 Fasse die Anpassungen des Vogelkörpers an das Fliegen in einer Tabelle zusammen. ▸1

2 Vögel können auf verschiedene Weise fliegen. Wie unterscheiden sich Gleitflug und Ruderflug?

3 Auftrieb:

a Was hatte Otto Lilienthal bei der Beobachtung des Vogelflügels entdeckt?
Nutze auch die Bilder. ▸2–3

b Erkläre, wie durch die gewölbte Form ein Auftrieb möglich ist.

c Flugzeuge heben erst ab einer bestimmten Geschwindigkeit vom Boden ab. Erkläre mithilfe des Auftriebs.

4 Warum führt eine Postkarte ohne Ballast oder Knicke niemals einen Gleitflug aus?

1 *Ruderflug von Graugänsen*

2 *Lilienthal mit einem Flugmodell*

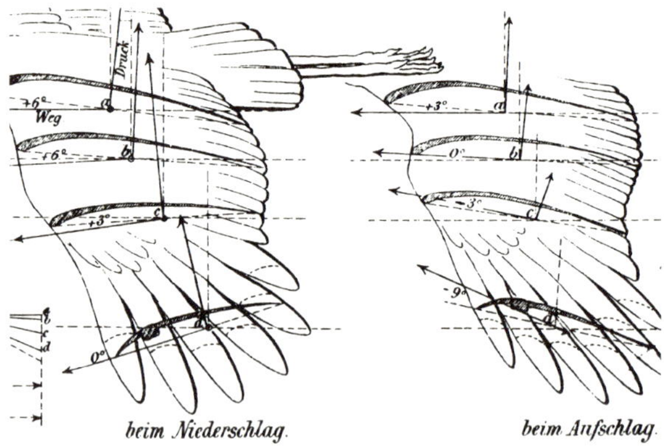

3 *Zeichnung von Lilienthal (Ausschnitt)*

Schätze deine Fähigkeiten ein

Ordne deiner Aufgabenlösung im Heft ein Smiley zu:

☺ Ich konnte die Anforderungen erfüllen.

😐 Ich konnte die Anforderungen nicht vollständig erfüllen.

☹ Ich konnte die Anforderungen nicht erfüllen.

Anforderung	Ich kann ...	Hilfe findest du auf Seite ...
1	die Anpassungen eines Vogelkörpers an das Fliegen aufzählen.	106 f.
2	Merkmale verschiedener Flugformen nennen.	109 f.
3	die Grundlagen des Auftriebs beschreiben und am Flugzeugflügel erklären.	114 f.
4	die optimale Lage des Schwerpunkts für den Gleitflug angeben.	116 f.

Wie und was hören wir?

Schall und Wahrnehmung

- Wir Menschen haben verschiedene Sinnesorgane. Mit ihnen nehmen wir die Welt um uns herum wahr. Sie sind unser „Fenster zur Welt“ und bestimmen mit, wie wir sie erleben.
- Auge und Ohr sind unsere wichtigsten Sinnesorgane. Beim Sehen und Hören, aber auch beim Tasten, Schmecken und Riechen spielt unser Gehirn eine wichtige Rolle.
- Wir bewegen uns ständig in einem Meer von Geräuschen und Klängen. Dass wir sie hören, ist oft nützlich und angenehm – manchmal auch störend.
- Du lernst den Aufbau und die Funktionsweise des Ohrs kennen und untersuchst, was wir hören.

Wahrnehmen mit allen Sinnen

▷ Mit seinen Sinnen kann Marco Schritt für Schritt die verschiedenen Eigenschaften der Flaschen und schließlich ihren Inhalt herausfinden.

▷ Was tut er jeweils und welche Sinne setzt er dabei ein?

▷ Welche Eigenschaften der Flaschen und Getränke kann Marco wahrnehmen?

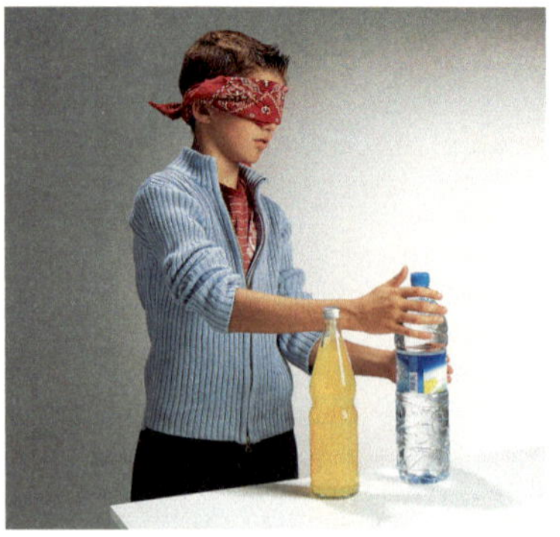

1

2

3

4

5

Beobachten Untersuchen

Lernen an Stationen

Wenn ihr eure Sinne testen wollt, solltet ihr zu zweit oder in kleinen Gruppen arbeiten. Als Arbeitsform eignet sich das Stationenlernen:

- Für jeden Versuch ist ein eigener Aufbau (Station) vorgesehen.
- Jede Gruppe fängt an einer beliebigen Station an. Seid ihr an einer Station fertig, wechselt ihr selbstständig zur nächsten freien Station.
- Lest die Arbeitsanweisungen vor Versuchsbeginn vollständig und gründlich durch.
- Beachtet unbedingt die Sicherheitshinweise.
- Haltet eure Beobachtungen auf einem Laufzettel (Ergebnisblatt) fest. ▸6
- Räumt und reinigt die bearbeiteten Stationen, damit die nächste Gruppe gleich weiterarbeiten kann.

Station	Was nehmen wir wahr?	Womit nehmen wir wahr?	Was machen wir damit?	Beispiele
Schnupperbox	Geruch	Nase	Riechen	fruchtig, nach Wald
Fühlbox	?	?	?	?
Schüttelbox	?	?	?	?
...	...	...	...	...

6 *Muster für einen Laufzettel*

1 Fühlbox

Material: Augenbinde, verschlossene Schachtel mit verschiedenen Gegenständen

Durchführung: Verbindet der Versuchsperson die Augen. Sie darf die Gegenstände vorher nicht sehen.

a Die Versuchsperson nimmt einen Gegenstand aus der Schachtel und beschreibt ihn möglichst genau.

b Notiert, welche Gegenstände schnell erkannt werden. Woran werden sie erkannt?
c Füllt die Zeile „Fühlbox“ auf dem Laufzettel aus.

2 Schüttelbox

Versuchsgeräte: undurchsichtige Filmdosen oder kleine Pappschachteln mit Deckel. Befüllt die Behälter vor dem Schließen mit Sand, Kies, Nägel, Glaskügelchen, Reis ... Überlegt, ob ihr eine Liste mit Materialien dazulegen wollt.

Durchführung:

a Schüttelt die Dosen vorsichtig. Findet anhand der Geräusche heraus, welches Material enthalten ist.
b Füllt die Zeile „Schüttelbox“ aus.

3 Schnupperbox

Versuchsgeräte: Filmdosen oder kleine PET-Flaschen, die ihr in undurchsichtige Tüten einpackt, Augenbinde. Überlegt, welche Speisen, Gewürze, Getränke oder weiteren Duftstoffe ihr auswählt.

! Fragt vorher eure Lehrerin oder euren Lehrer, ob diese Dinge unbedenklich sind.

Durchführung: Verbindet einem Mitglied eurer Gruppe die Augen.

! Fragt die Versuchsperson, ob sie eine Lebensmittelallergie hat!

a Haltet der Versuchsperson die geöffneten Filmdosen an die Nase. Welche Materialien erkennt sie schnell, welche nur schwer?
b Bei Nahrungsmitteln könnt ihr die Versuchsperson auch probieren lassen. Achtet dabei auf Reinlichkeit.
c Füllt die Zeile „Schnupperbox“ aus.

4 Fühlen wir überall gleich gut?

Versuchsgeräte: Kämme, Zahnspachtel oder Pappschablonen mit unterschiedlichem Zackenabstand, Augenbinde, Lineal ▸7

Durchführung:

a Messt den Zackenabstand.
Notiert ihn in einer Tabelle auf einem Blatt Papier.
b Verbindet einem Mitglied eurer Gruppe die Augen. Berührt Stirn, Lippe, Fingerbeere, Oberarm und Nacken der Versuchsperson mit einem Kamm bzw. Zahnspachtel in unregelmäßiger Reihenfolge. Wenn die Versuchsperson die Spitzen einzeln spürt, notiert ihr ein „+“, sonst ein „–“.
c Füllt die Zeile „Fühlen wir überall gleich gut?“ aus.

5 Immer geradeaus

Versuchsgeräte: Augenbinde, Kreide

Durchführung: Zieht mit Kreide einen Strich auf dem Boden. Versucht mit verbundenen Augen möglichst geradeaus auf dem Kreidestrich zu laufen.

! Achtet darauf, dass ihr die Person jederzeit auffangen könnt.

a Zuerst vorwärts, dann rückwärts auf dem Kreidestrich laufen.
b Wiederholt den Versuch auf einem Bein hüpfend.
c Dreht euch fünfmal um die eigene Achse und versucht dann, geradeaus zu gehen.
d Füllt die Zeile „Immer geradeaus“ aus.

6 Prüft euren Wärmesinn

Versuchsgeräte: 3 Thermoskannen mit Wasser unterschiedlicher Temperatur, elektronisches Thermometer.

! Die Wassertemperatur darf 40 °C nicht überschreiten!

Durchführung:

a Unsere Körpertemperatur beträgt 37 °C. Messt die Temperatur an den Fingerspitzen mit dem Thermometer.
b Öffnet die Thermoskannen und prüft mit dem Mittelfinger: In welcher ist das Wasser nach eurem Empfinden am kältesten, in welcher am wärmsten? Tragt euren Eindruck in eine Tabelle ein. ▸8
c Schätzt die Temperaturen und notiert eure Schätzungen. Messt dann mit dem Thermometer.
d Füllt die Zeile „Wir prüfen unseren Wärmesinn“ auf dem Laufzettel aus.

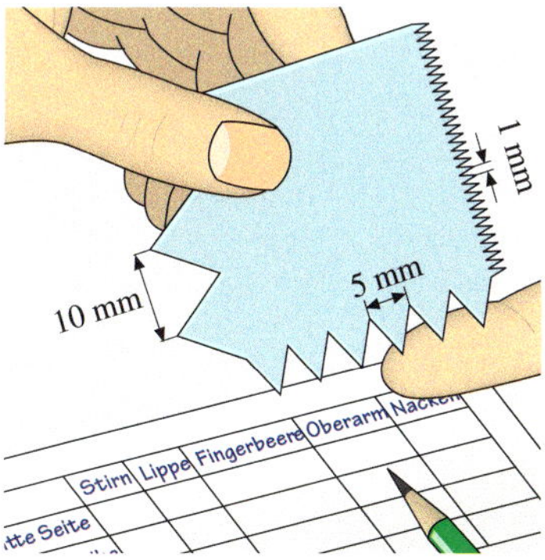

7

	Kanne 1	Kanne 2	Kanne 3
Temperatureindruck	?	?	?
Geschätzte Temperatur	? °C	? °C	? °C
Gefühlte Temperatur	? °C	? °C	? °C

8

Grundlagen Mit den Sinnen erschließen wir die Welt

Wahrnehmung Über unsere Sinne nehmen wir die Umwelt wahr. Mit den Sinnesorganen können wir ganz unterschiedliche Informationen aufnehmen. ▸1 Ein Duft, der über die Nase aufgenommen wird, stellt einen ganz anderen Sinneseindruck dar als eine glatte und kalte Oberfläche, die über die Haut wahrgenommen wird.

Reiz und Reaktion Alles, was wir mit unseren Sinnesorganen wahrnehmen können, nennt man *Reize*. Die Sinnesorgane sind auf bestimmte Reize spezialisiert. ▸2
Wenn du deine Lieblingsmusik hörst, gelangt der Schall in dein Ohr. Im Ohr wandeln Sinneszellen den Schall in Signale um. Diese Signale werden über Nerven ins Gehirn weitergeleitet. Das Gehirn verarbeitet die Signale – erst jetzt hast du einen Höreindruck.
Vielleicht wird auch gleich eine *Reaktion* ausgelöst: Du bewegst deinen Mund, um mitzusingen und beginnst zu tanzen.

Zusammenspiel der Sinne Die Sinnesorgane ergänzen sich gegenseitig. Ein weiches Fell kannst du fühlen, aber ob es sich dabei um das Fell einer Katze handelt, kannst du nur sehen.
Wenn ein Sinnesorgan beeinträchtigt ist, können andere Sinne besonders empfindlich sein. Sie ersetzen so den geschädigten Sinn zum Teil.
Viele Sinnesleistungen von Tieren sind beim Menschen schwächer ausgeprägt oder gar nicht vorhanden. Umgekehrt hat aber auch der Mensch Sinnesleistungen, die bei Tieren nicht oder schwächer vorhanden sind.

1 *Die Sinne des Menschen*

Reiz	Reizaufnahme im Sinnesorgan …	Reizleitung im Nervensystem	Gehirn verarbeitet Reiz zu …	Reizleitung im Nervensystem	Reaktion (Muskeln)
Licht	Auge		Bild		Bewegung
Schall	Ohr		Höreindruck		
Berührung	Haut		Tasteindruck		

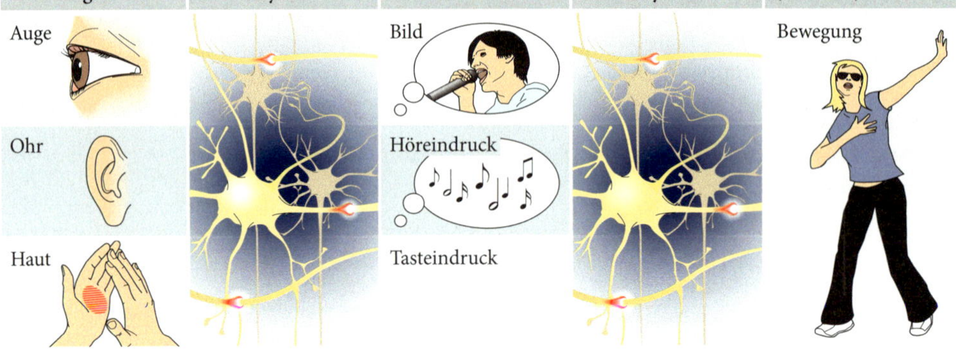

2 *Vom Reiz zur Reaktion*

Aufgaben

1 Erläutere das Bild ▸1. Verwende die Begriffe aus der Abbildung.

2 Wähle aus Bild ▸1 ein Sinnesorgan mit dem dazugehörigen Sinn aus. Erstelle dazu eine Mindmap. Ordne die Begriffe sinnvoll.

3 Für Lebewesen haben ihre Sinnesorgane Bedeutung für Orientierung, Nahrungsaufnahme, Überleben und Fortpflanzung.
Nenne für jede Aufgabe mehrere Lebewesen, die unterschiedliche Sinnesorgane benutzen.

Untersuchen

1* Wenn ein Sinn fehlt

a Kennt ihr jemanden, der blind ist oder eine andere Beeinträchtigung der Sinne hat? Befragt ihn, wie er sich in seiner Umwelt zurechtfindet. Wie verhalten sich andere Menschen ihm gegenüber? Berichtet in der Klasse darüber.

b Nennt und erläutert Beispiele dafür, wie sich Gehörlose in ihrer Umgebung zurechtfinden.

2 Blind in einer sehenden Welt

a Lasst euch mit verbundenen Augen und/oder mit Ohrstöpseln von einem Mitschüler über den Pausenhof oder durch die Fußgängerzone führen. Berichtet über eure Erfahrungen.

b Probiert unter den gleichen Bedingungen, euch mit einem (Blinden-)Stock zu orientieren. Auch hier müssen stets Mitschüler in der Nähe sein, falls Hilfe notwendig ist. Welche Erfahrungen macht ihr jetzt?

3 Blindenschrift Stecht mit einer Nadel Lochmuster in ein Blatt Papier mit Rechenkästchen. Dreht das Papier um. Ertastet die kleinen Erhebungen um die Löcher. Könnt ihr mit geschlossenen Augen die Muster erfühlen?

Aus dem Alltag – Tasten statt sehen – wenn ein Sinn fehlt

Manchmal kannst du Blinde mit einem Blindenhund sehen, der sie sicher durch den Straßenverkehr führt. ▸3 Beide müssen sich dabei sehr konzentrieren – also bitte den Hund nicht streicheln oder von seiner Aufgabe ablenken!
Für blinde oder stark sehbehinderte Fußgänger sind die Lichtsignale einer Ampel nicht zu erkennen. Damit sie dennoch wissen, wann sie ungefährdet über die Straße gehen können, ertönt ein Summton. Er signalisiert ihnen grünes Licht.
Viele Bahnhöfe sind mit einem Leitsystem für Blinde ausgestattet: Geriffelte Bodenplatten verlaufen parallel zur Bahnsteigkante und führen zu den Treppenaufgängen. ▸4 Sie ermöglichen es Blinden, sich ohne fremde Hilfe auf dem Bahnsteig sicher zu bewegen.
Bei der Blindenschrift handelt es sich um punktförmige Erhöhungen. ▸5 Blinde „lesen“ die Buchstaben tastend mit den Fingern.
Die kräftigen Farben und die mit dem Geldwert zunehmende Größe soll Sehbehinderten die Unterscheidung der Geldscheine erleichtern.
Für Blinde wurden die Banknoten zudem mit Tastmerkmalen versehen. ▸6

3 *Blindenhund und hörbare Ampel*

4 *Geriffelte Bodenplatten*

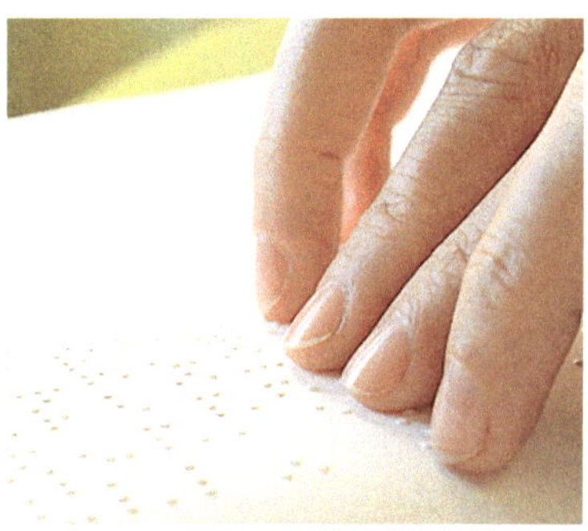

5 *Blindenschrift*

6 *Ertastbare Markierungen*

Aufgabe

4 Welche Möglichkeiten erleichtern Blinden bei uns das Leben? Wie informieren sie sich über das Weltgeschehen oder die Angebote im nächsten Elektronikmarkt?

Aus der Umwelt Die Sinneswelt von Tieren

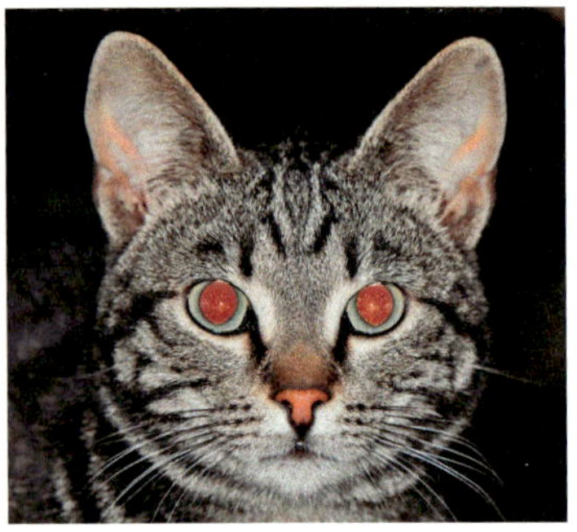

1 **Sehen im Dunkeln:** *Katzen sehen auch bei wenig Licht noch gut. Sie können daher in der Dämmerung auf die Jagd nach Beute gehen.*

2 **Meister im Scharfsehen:** *Greifvögel erspähen ihre Beute schon aus großer Höhe. Sprichwörtlich sind daher die „Adleraugen" der Greifvögel.*

3 **Mit dem „inneren Kompass" nach Hause:** *Tauben haben einen Magnetsinn. Durch ihn finden sie auch bei großen Entfernungen wieder in den heimischen Schlag zurück.*

4 **Ein Geruchsspezialist:** *Hunde können Düfte riechen, die für unsere Nase viel zu „dünn" sind. Es genügen geringste Mengen von Duftstoffen vom Schuh eines Menschen, um seine Fährte aufzunehmen.*

5 **Stumme Welt der Schlangen:** *Schlangen sind taub. Sie spüren aber die geringsten Erschütterungen des Bodens. Außerdem können sie feinste Temperaturunterschiede wahrnehmen.*

Pflanzen haben keine Sinnesorgane wie Tiere. Sie können aber z.B. auf Licht oder Berührung reagieren.

6 **Pflanzen auf Beutefang:** *Die Venusfliegenfalle hat drei Fühlborsten. Ihre Fangblätter klappen sofort zusammen, wenn eine Fliege alle Fühlborsten berührt.*

7 **Pflanzen reagieren auf Licht:** *Manche Pflanzen richten Blüten oder Blätter nach der Sonne aus. Gänseblümchen öffnen oder schließen die Blüten je nach Sonnenstand.*

Aufgaben

1 Kennst du außer der „Spürnase Hund" noch weitere Tiere mit besonderen Sinnesleistungen? Beschreibe diese Leistungen.

2 Welche Vorteile bringen ausgeprägte Sinneswahrnehmungen dem jeweiligen Tier? Nenne Beispiele.

3 Gibt es Sinnesleistungen von Tieren, die beim Menschen nicht zu finden sind? Erläutere deine Beispiele.

4 Kennst du weitere Pflanzen, die auf Licht oder Berührung reagieren? Beschreibe sie.

Aus der Technik Technische Geräte erweitern die Sinneswelt des Menschen

8 Sehen im Dunkeln: *Mit Nachtsichtgeräten können Rettungskräfte auch bei Dunkelheit sehen. Tierforscher beobachten damit Tiere, die nachts aktiv sind.*

9 Sicher unterwegs im Gelände: *Die Kompassnadel zeigt stets nach Norden. Die Erde ist ein riesiger Magnet, der sie ausrichtet. Bei Wanderungen leisten Karte und Kompass gute Dienste.*

10 In die Ferne schweifen: *Weit entfernte Dinge werden mit Ferngläsern „herangeholt“. Mit einem Fernrohr (Teleskop) kannst du z.B. den Mond betrachten.*

11 Kostbare Schätze vor Verfall schützen: *Mit einem Hygrometer wird die Luftfeuchtigkeit gemessen. In Museen müssen z.B. alte Bücher und Gemälde vor zu hoher Luftfeuchtigkeit geschützt werden.*

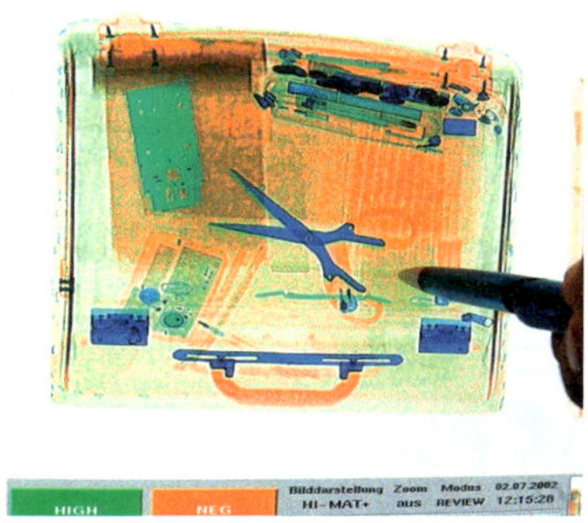

12 Röntgenblick: *Mit Röntgenstrahlung können Metallgegenstände in Koffern sichtbar gemacht werden. Dies geschieht bei den Sicherheitskontrollen auf Flughäfen.*

13 Lauschen mit gespitzten Ohren: *Richtmikrofone verstärken entfernte und sehr leise Geräusche (Stimmen, Tierlaute ...). Sie werden bei der Personenüberwachung und in der Forschung eingesetzt.*

14 Ist da jemand? *Bewegungsmelder reagieren auf Personen, die sich bewegen. Sie schalten z.B. Lampen, automatische Türen oder die Sirenen von Alarmanlagen ein.*

15 Temperaturen sichtbar machen: *Jeder Gegenstand sendet Strahlung aus, die jedoch für uns meist unsichtbar ist. Die Wärmebildkamera stellt die Temperaturen durch Farben dar.*

Aufgaben

5 In „Die Sinneswelt von Tieren“ sind Sinnesleistungen von Tieren beschrieben. Ordne ihnen jeweils ein technisches Gerät zu. Für welche Sinnesleistungen gibt es keine Entsprechungen?

6 Nenne Beispiele für technische Geräte, die die Sinneswelt des Menschen erweitern. Stelle die Geräte und ihre Funktion in einem Kurzvortrag vor.

Die Haut als Sinnesorgan

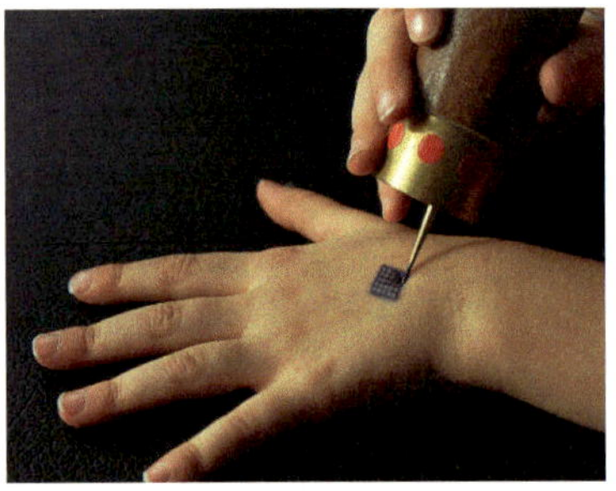

1 *Wo liegen Wärmepunkte?*

▷ Mit einer angewärmten Stricknadel von 60 °C (aus einem Trockenschrank oder Wasserbad) lassen sich „Wärmepunkte" finden. ▸1 Die Nadel wird ohne Druck auf die Haut aufgesetzt. Die Stellen, an denen die Versuchsperson statt eines Druckreizes einen Wärmereiz empfindet, werden mit einem roten Filzstift markiert.

▷ „Kältepunkte" der Haut lassen sich mit Nadeln aus dem Eisschrank finden. Sie werden blau markiert.

▷ Sind für Wärme und Kälte verschiedene Sinneseinrichtungen zuständig? Wenn ja, welche sind häufiger?

Grundlagen Die Haut – ein vielseitiges Sinnesorgan

Mit der Haut nehmen wir Druck, Wärme, Kälte und Verletzungen wahr. ▸2

Tastkörperchen in der Haut sprechen auf leichteste Berührungen an. Bei stärkerem Druck reagieren die tiefer liegenden Lamellenkörperchen.

„Warm" und „kalt" erkennen wir mit besonderen Kalt- und Warmsinneskörperchen. Sie melden dem Gehirn Temperaturunterschiede.

Freie Nervenenden sind gleichmäßig über die Haut verteilt. Sie sorgen für die Schmerzempfindung bei Verletzungen, die durch Stiche, Druck, Schläge oder Chemikalien hervorgerufen werden.

Die verschiedenen Sinneskörperchen sind unregelmäßig über die Haut verteilt. Je mehr vorhanden sind, desto empfindlicher ist ein Körperteil.

Verschiedene Sinneskörperchen in der Haut schicken bei Berührung, Druck, Wärme, Kälte oder Verletzung über die Nerven Signale zum Gehirn. Dort werden die Signale verarbeitet: Wir fühlen Druck, Wärme, Kälte oder Schmerz. ▸3

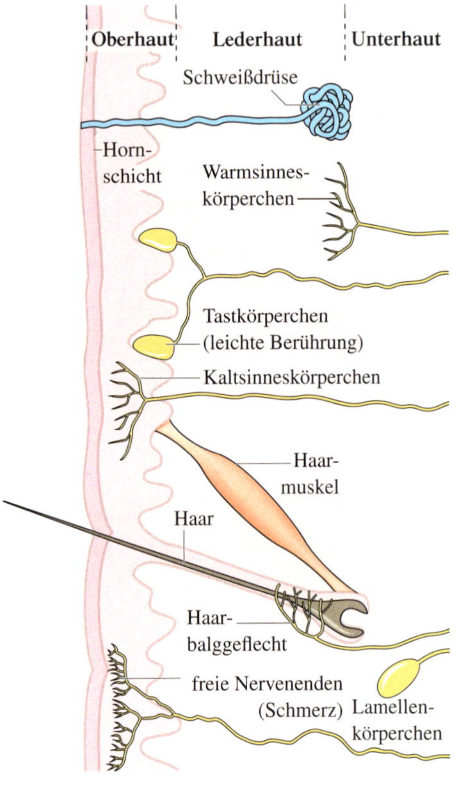

2 *Sinnesorgan Haut*

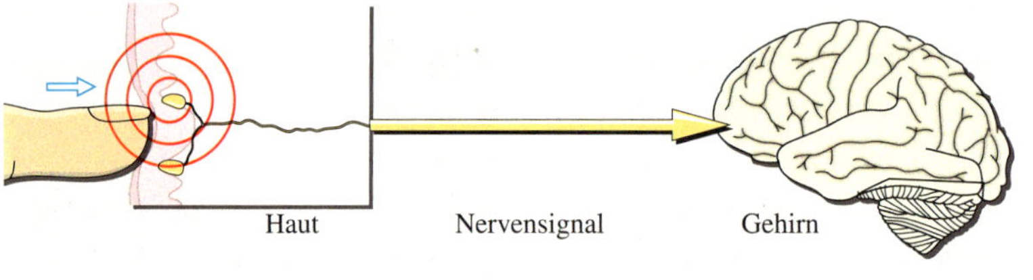

3 *Wahrnehmung eines Berührungsreizes*

Hautstelle	Abstand
Zungenspitze	1 mm
Fingerkuppe	2 mm
Lippen	4 mm
Unterarm	40 mm
Rücken	70 mm

4 *Druckreize*

Aufgaben

1 Fasse in einer Tabelle die Sinneskörperchen der Haut zusammen. Gib auch an, was du mit den Sinneskörperchen wahrnimmst.

2 Tabelle ▸4 zeigt, in welchem Abstand zwei gleich starke Druckreize noch getrennt wahrgenommen werden. Welchen Vorteil hat es, dass die Tastkörperchen an bestimmten Stellen besonders dicht liegen?

Aus dem Alltag Sonnenbrand – Sonnenschutz

Durch die Strahlung der Sonne gelangen nicht nur Wärme und Licht zu uns, sondern auch ultraviolette Strahlung (UV-Strahlung). Sie ist für unsere Augen unsichtbar.
UV-Strahlung kann in unsere Haut eindringen und dort Schäden anrichten. Es entstehen z. B. Runzeln und Falten. In manchen Fällen verursacht eine zu starke UV-Strahlung sogar Hautkrebs. Zunächst entstehen dunkle Flecken, die allmählich größer werden. Hautkrebs muss sofort behandelt werden. Bei hellhäutigen Europäern wird er immer häufiger.

Die Haut schützt sich selbst Gegen die schädliche UV-Strahlung schützt sich unser Körper selbst: In der Oberhaut bilden sich dunkle Farbstoffe. Sie hindern die UV-Strahlung daran, in tiefere Schichten der Haut einzudringen.
Von der Sonne beschienen, erzeugt die Haut mehr Farbstoffe als gewöhnlich. Sie wird dadurch braun.

Wir haben nicht alle gleich viele dunkle Farbstoffe in der Haut. Nach ihrer Menge unterscheidet man vier Hauttypen. ▸ **5–8**
Je nachdem, zu welchem Hauttyp du gehörst, verträgst du die Sonne besser oder schlechter. Ein Maß dafür ist die Eigenschutzzeit. Sie sagt dir, wie lange du dich ungeschützt in der starken Mittagssonne aufhalten kannst, ohne dabei Schaden zu nehmen.

Vorbeugungsmaßnahmen Mit Sonnenschutzmitteln kann man seine Eigenschutzzeit verlängern. Es werden Mittel mit Lichtschutzfaktoren von 2 bis 50 angeboten. Wie viele Minuten du geschützt bist, berechnest du so:
Eigenschutzzeit · Lichtschutzfaktor = Schutzzeit.
Nutze aber die errechnete Zeit nie voll aus! Wenn du im Wasser warst oder geschwitzt hast, kann sie sich nämlich verkürzen.
Das sicherste Mittel gegen Hautschäden ist das einfachste: Im Schatten bleiben!

Sehr helle Haut; zahlreiche Sommersprossen; blaue, selten auch braune Augen; rötliche Haare; Gefahr eines schmerzhaften Sonnenbrands
Eigenschutzzeit: 5–10 Minuten

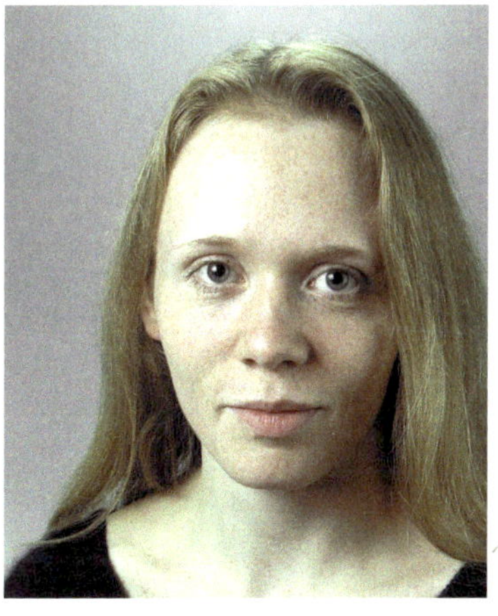

5 *Hauttyp 1*

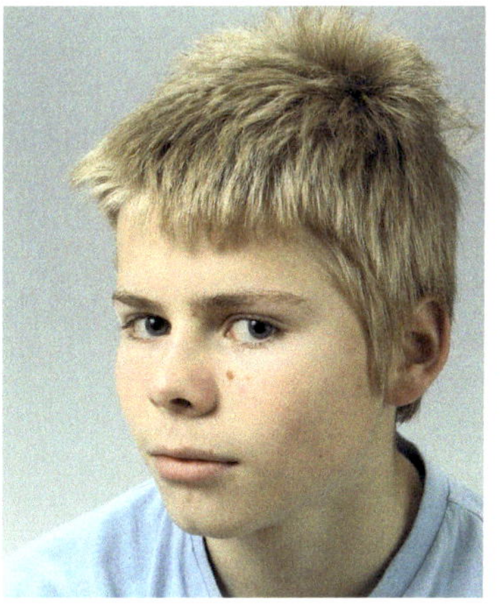

6 *Hauttyp 2*

Helle Haut; nur wenige Sommersprossen; grüne oder graue Augen; blonde oder braune Haare; Gefahr eines schmerzhaften Sonnenbrands
Eigenschutzzeit: 10–20 Minuten

Helle bis hellbraune Haut; keine Sommersprossen; graue oder braune Augen; dunkelblonde bis braune Haare; nur geringe Gefahr eines Sonnenbrands
Eigenschutzzeit: 20–30 Minuten

7 *Hauttyp 3*

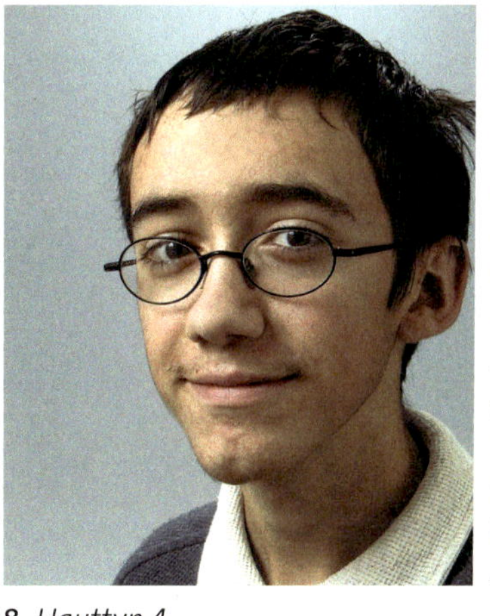

8 *Hauttyp 4*

Hellbraune bis olivfarbene Haut; keine Sommersprossen; braune Augen; braune bis schwarze Haare; kaum Sonnenbrandgefahr
Eigenschutzzeit: 40 Minuten

Warm oder kalt?

▷ Im Schwimmbad: Einer der beiden hat vorher heiß geduscht und einer kalt. ▸1
Empfinden sie deshalb die Wassertemperatur als unterschiedlich?

▷ Eine Mutter prüft die Körpertemperatur ihres Kindes. ▸2
Sie stellt besorgt fest: Das Kind hat Fieber. Wie kommt sie darauf?

1

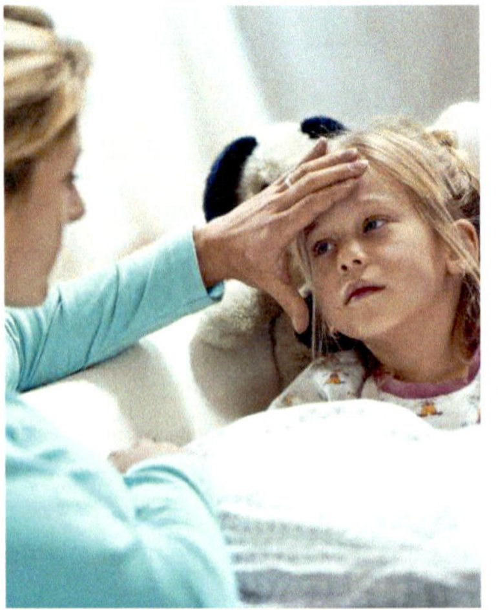

2

Beobachten Untersuchen

1 **Wie warm ist das Badewasser?** Bereitet heißes Wasser vor und lasst es allmählich abkühlen. Prüft immer wieder vorsichtig mit dem Finger, ob die Wassertemperatur schon erträglich ist. Schätzt, wie warm das Wasser ist, wenn es euch „gerade richtig" vorkommt. Messt jetzt die Temperatur mit einem Thermometer. Gebt an, wie genau eure Messung stimmte.

2 **Temperaturmessungen zu Hause** Messt mit einem Zimmerthermometer die Temperatur in allen Räumen eurer Wohnung – auch im Bad und im Keller. Nennt die Temperatur, bei der es euch zum Lesen zu warm oder zu kalt wäre.

3 **Wir messen die Lufttemperatur (Langzeitversuch)** Messt mit einem Außenthermometer dreimal täglich die Lufttemperatur im Schatten. Lest die Temperatur möglichst immer zur gleichen Zeit ab. Tragt die Messwerte in eine Tabelle ein. ▸3

Langzeitprotokoll: Messung der Lufttemperatur — *Ort: im Garten, unter dem Apfelbaum* — *Name:* — *Klasse:*

Datum / Tageszeit	4. 12.	5. 12.	6. 12.	7. 12.	8. 12.	usw.
Morgens (7.00 Uhr)	2 °C	… °C	… °C	… °C	… °C	… °C
Mittags (13.00 Uhr)	8 °C	… °C	… °C	… °C	… °C	… °C
Abends (19.00 Uhr)	5 °C	… °C	… °C	… °C	… °C	… °C

3 *Mustertabelle zum Langzeitversuch*

Auftrag

1 Unser Temperatursinn

Erkundigt euch auf der übernächsten Seite, wie ein Protokoll geführt wird. Übertragt das Muster in eure Hefte. Führt diesen Versuch ▸4 durch und vervollständigt das Protokoll: ▸5

Eine Hand haltet ihr zwei Minuten lang in heißes Wasser und die andere gleichzeitig in kaltes. Dann taucht ihr beide Hände gleichzeitig in das lauwarme Wasser. Was empfindet ihr? Erklärt.

4 *Drei-Schüssel-Versuch*

VERSUCHSPROTOKOLL

Name ...

Datum ...

Frage:
Wie zuverlässig ist unser Temperatursinn?

Vermutung:
Unser Temperatursinn lässt sich täuschen.

Aufbau/Durchführung:
Material: 3 Schüsseln mit Wasser (kalt, lauwarm und heiß);
Uhr

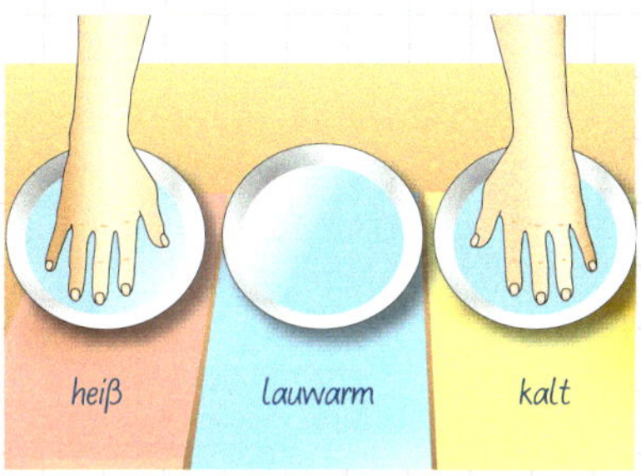

Beobachtung:

5 *Protokoll*

2 Zusatzversuch

Befüllt zwei Schüsseln mit Wasser gleicher Temperatur. Taucht gleichzeitig einen Ellenbogen und eine Hand ein. Was empfindet ihr? Erklärt. Fertigt auch hierzu ein Protokoll an.

Grundlagen Wärmeempfinden und Temperaturmessung

Wir nehmen Temperaturen über die Haut wahr. Unser *Wärmesinn* ermöglicht es uns nämlich, Temperaturen zwischen 15 °C und 45 °C ungefähr zu unterscheiden.
Im Bereich der Körpertemperatur (37 °C) ist der Wärmesinn besonders empfindlich.
Hohe und niedrige Temperaturen nehmen wir nur als „heiß“ oder als „kalt“ wahr. Eventuell empfinden wir dabei auch einen Schmerz. Gelegentlich täuscht uns der Temperatursinn auch.
Um Temperaturen zuverlässig zu bestimmen, messen wir mit Thermometern. ▸1

1 *Experimentierthermometer im Einsatz*

Wir haben ein Temperaturempfinden. Wenn wir aber Temperaturen genau angeben wollen, messen wir mit einem Thermometer.
Die Maßeinheit der Temperatur ist 1 Grad Celsius (1 °C).

Aus dem Alltag Verschiedene Thermometer

Zur Temperaturmessung stehen uns verschiedene Thermometer zur Verfügung. ▸2 Im Grundaufbau sind sie gleich.
Den Abstand zwischen der niedrigsten und höchsten Temperatur, die man mit einem Thermometer messen kann, nennt man den Messbereich dieses Thermometers.
Flüssigkeitsthermometer enthalten entweder Alkohol oder Quecksilber. Mit Quecksilberthermometern musst du besonders vorsichtig umgehen. Wenn sie zerbrechen, werden giftige Dämpfe frei.
Immer häufiger nimmt man heute elektronische Thermometer.

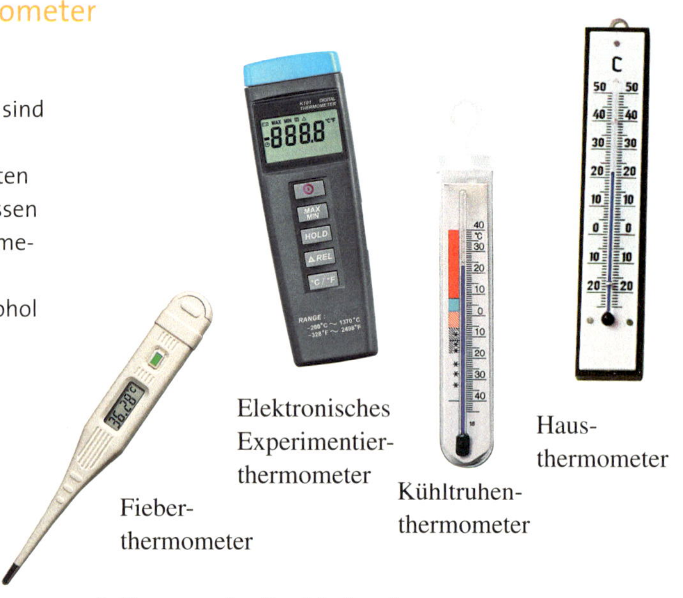

2 *Thermometer für viele Zwecke*

Aufgaben

1 Nenne den Temperaturbereich, für den du Temperaturen relativ genau angeben kannst.

2 Unser Temperaturempfinden lässt sich manchmal täuschen. Nenne Beispiele dafür.
Erkläre, wie es zu dieser Täuschung kommt.

3 Bei Wind merkt man einen deutlichen Unterschied zwischen der gemessenen und der „gefühlten Temperatur“. ▸3 Erkläre diesen Unterschied.

4 Nenne Vor- und Nachteile von elektronischen Thermometern.

Gemessene Temperatur in °C	So empfinden wir die Temperatur in °C bei Windstärke …			
	2	4	6	8
0	−2	−11	−17	−19
−5	−7	−18	−24	−27
−10	−13	−25	−32	−35
−15	−18	−31	−39	−43

3 *Temperaturen bei Wind*

Methode So schreibt man Versuchsprotokolle

In den Naturwissenschaften schreiben wir Protokolle zu den Versuchen. Wir dokumentieren so die Versuche und ihre Ergebnisse. Andere können jeden Versuch nachvollziehen und überprüfen. Auch Wissenschaftler schreiben auf, was sie beobachtet, getan und gemessen haben. Wir benutzen für Protokolle ein bestimmtes Muster.

Für den Versuch mit der Stricknadel auf Seite 126 kann das Protokoll so aussehen: ▸4

Frage
Schreibe zuerst die Frage auf, die mit dem Versuch beantwortet werden soll.

Vermutung
Schreibe auf, welche Antwort du auf die Frage erwartest. Die Vermutung kann durch den Versuch bestätigt oder widerlegt werden.

Aufbau/Durchführung
Notiere die Materialien, die du für den Versuch brauchst. Zeichne den Versuchsaufbau.

Beobachtung
Notiere, was du siehst, was du hörst oder gemessen hast. Messwerte werden in eine Tabelle eingetragen. Unterscheide zwischen Beobachtung und Auswertung!

Auswertung
Werte deine Beobachtungen und deine Messwerte aus und beantworte die Frage.

VERSUCHSPROTOKOLL

Name: ...

Datum: ...

Frage:
Ist das Wärmeempfinden unserer Haut überall gleich?

Vermutung:
Das Wärmeempfinden unserer Haut ist nicht überall gleich.

Aufbau/Durchführung:
Material: Stricknadel (heiß und kalt),
Farbstifte (blau und rot)
Punkte, bei denen ich Wärme empfinde, werden rot markiert.
Punkte, bei denen ich Kälte empfinde, werden blau markiert.

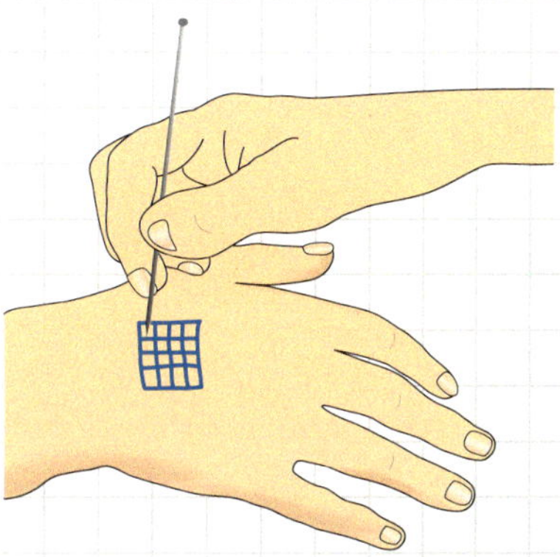

Beobachtung:
Es gibt Tastpunkte, die auf Wärme reagieren, und Tastpunkte, die auf Kälte reagieren.

Auswertung:
Auf Kälte und Wärme reagieren verschiedene Sinneskörperchen.
Das Wärmeempfinden unserer Haut ist nicht überall gleich.
Die Vermutung war richtig.

4 *Muster eines Protokolls*

Was und wie wir hören

Es singt und klingt – die Welt voller Schallquellen

▷ Hupen, Motoren, Stimmen, Musik, Blätter im Wind, Vögel, eine Biene … – alle erzeugen Schall.

1

2

Untersuchen Experimentieren

1 Wie kann man Schall erzeugen? Euch stehen verschiedene Gegenstände zur Verfügung:
- ein dünner Kunststoffstreifen oder ein Grashalm ▸3
- ein Luftballon
- ein Blatt Papier
- eine Wasserflasche (halb gefüllt)
- ein Kunststofflineal
- ein dünnwandiges Weinglas ▸4
- eine Glasscheibe und Styropor

Beschreibt oder skizziert jeweils, wie es gelingt, damit Töne oder Geräusche zu erzeugen.
Sucht Begriffe für das, was ihr hört (z. B. Quietschen).

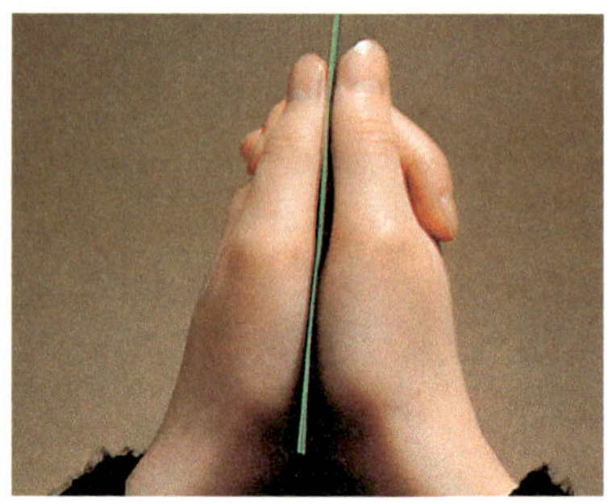

3 *Schall – mit einem Grashalm erzeugt*

2 Schallerzeugung beobachten Führt die folgenden Experimente durch. Beschreibt jeweils, was ihr hört und seht. Welche Gemeinsamkeiten erkennt ihr?

a Spannt eine Metallstricknadel an der Tischkante fest, sodass ein Ende frei ist. Zupft am freien Ende.

b Schlagt eine Stimmgabel an und haltet ihre Enden in ein Glas Wasser.

c Spannt einen dünnen Draht von ca. 50 cm Länge an beiden Enden fest ein und zupft daran.

d Streut auf ein Trommelfell etwas Sand oder einige Reiskörner. Schlagt die Trommel an.

4 *Schall – mit einem Weinglas erzeugt*

5 *Laut ...*

6 *... und leise*

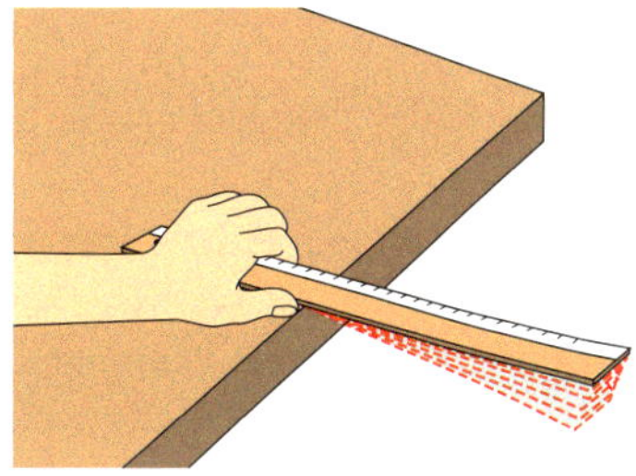
7

3 **Laut und leise** Töne können sehr unterschiedlich sein. ▸5–6 Erzeugt unterschiedlich laute Töne mit der gleichen Schallquelle, z. B. mit:
- einem gespannten Gummiband
- einer Stimmgabel
- einem Lineal, das an der Tischkante festgehalten wird ▸7

a Was müsst ihr bei der Schallerzeugung beachten?
b Was ändert sich mit der Lautstärke an der Bewegung der Schallquelle? Beschreibt es.

4 **Hoch und tief – mit der gleichen Schallquelle** Erzeugt hohe und tiefe Töne mit:
- einem Lineal oder einer Metallstricknadel
- einem Gummiband
- einem gespannten Draht (Saite)
- einer teilweise mit Wasser gefüllten Flasche

Was müsst ihr dazu jeweils an den Schallquellen verändern?

5* **Aus Tönen wird Musik**
a Untersucht eine Spieluhr. Erklärt, wie sie hohe und tiefe Töne erzeugt.
b Versucht Tonfolgen aus tiefen und hohen Tönen mit Gegenständen aus dem Haushalt zu erzeugen (Blumentöpfe, Gläser, Besteck, Flaschen ...). ▸8 Vielleicht gelingt euch sogar eine kleine Melodie.
c Worin unterscheiden sich Lautsprecher für hohe und für tiefe Töne?

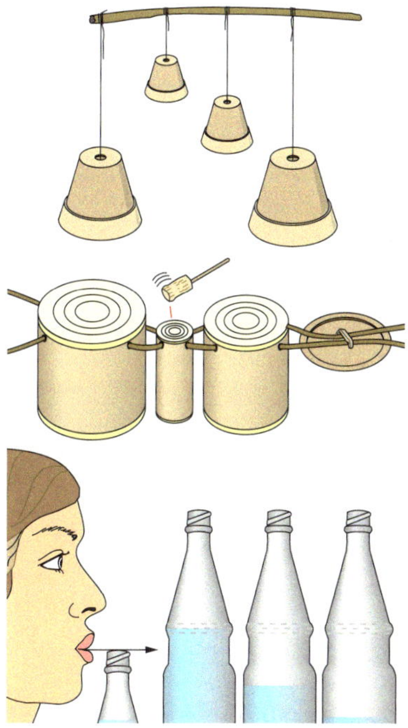
8

6* **Wie kann man Schall verstärken?** Spannt ein Gummiband und zupft es an. Mit einer Backform oder einer Kunststoffdose könnt ihr den Ton verstärken. ▸9
Ähnlich könnt ihr auch bei einer Drahtsaite vorgehen: Zupft die gespannte Drahtsaite zunächst allein an und verstärkt dann den Ton mit verschiedenen Behältern.

7* **Sind zwei Stimmgabeln doppelt so laut wie eine?**
a Schlagt eine Stimmgabel an der Tischkante leicht an. Merkt euch, wie laut ihr den Ton empfindet. Schlagt dann zwei gleiche Stimmgabeln leicht an. Ist der Ton jetzt doppelt so laut?
b Statt der Stimmgabeln könnt ihr auch schwingende Lineale, klingende Wasserflaschen oder brummende Elektromotoren nehmen.
c Wie viele elektrische Summer braucht man, bis man sie doppelt so laut hört?

9

Grundlagen Schall und Schwingungen

Der Klang einer Stimmgabel, Motorengeräusch, Hundegebell …

Schall ist alles, was wir hören.

Alle Dinge, mit denen du Schall erzeugst, sind *Schallquellen*. Sie senden Schall aus. ▸1 Unser Ohr ist ein *Schallempfänger*. Schallsender und Schallempfänger sind Teil eines Systems, mit dem z. B. Sprache und Musik übertragen werden.
Beim Erzeugen von Schall bewegt sich immer etwas an der Schallquelle hin und her. *Beispiele:*

- Beim Anzupfen wird die Stricknadel nach unten gebogen. ▸2 Nach dem Loslassen bewegt sie sich schnell auf und ab.
  Ähnliches passiert beim Zupfen an einer gespannten Saite.
- Die Enden der klingenden Stimmgabel bewegen sich rasch hin und her. ▸3
- Das Auf und Ab des Trommelfells lässt Reiskörner hüpfen. ▸4
- Wenn du eine Wasserflasche anbläst, wird die Luft darin in Schwingungen versetzt.

Schall entsteht durch die schnelle Schwingung eines Gegenstands. Die Schwingungen sind die Ursache dafür, dass wir etwas hören.

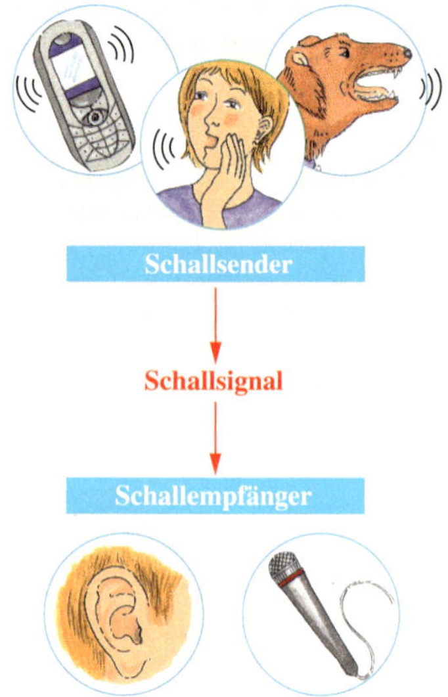

1 *Von der Schallquelle zum Empfänger*

2 *Angezupfte Stricknadel*

3 *Eintauchen der Stimmgabel*

4 *Reiskörner auf Trommel*

Aufgaben

1 Das Brummen einer fliegenden Hummel ist Schall. Wie wird er wohl erzeugt? Überlege, was bei der Hummel schwingt.

2 Nenne verschiedene Gegenstände, mit denen Schall erzeugt wird. Beschreibe jeweils, was bei ihnen schwingt.

3 Finde weitere Beispiele für „Schallsender – Schallsignal – Schallempfänger". Welche Bedeutung hat das Signal jeweils für den Empfänger? Schreibe deine Beispiele in einer Tabelle auf.

Schallsender	Schallsignal	Schallempfänger	Bedeutung
Hund	Bellen	Ohr des Spaziergängers	Warnung
…	…	…	…

Aus dem Alltag

Schallsignale auf der Straße

Du musst am Fahrrad eine Klingel haben, damit du anderen Verkehrsteilnehmern Schallsignale geben kannst. Gleiche Schallsignale können aber Unterschiedliches bedeuten: Du kannst mit dem Klingeln einen Freund grüßen oder einen Fußgänger auf dem Fahrradweg warnen.
Auch Polizei-, Feuerwehr- und Krankenwagen warnen im Einsatz mit Schallsignalen.

Grundlagen Lautstärke und Tonhöhe

Laut – leise Ein gespanntes Gummiband klingt laut, wenn du es kräftig anzupfst. Es schwingt dann weit hin und her. Das Gummiband hat einen großen „Schwingungsbauch". ▸5 Bei leisen Tönen ist er klein.

Je stärker eine Schallquelle schwingt, desto lauter ist der Schall.

Die Lautstärke wird in Dezibel A – kurz dB(A) – angegeben. 10 dB(A) empfinden wir als Stille, 100 dB(A) als sehr laut.

Hoch – tief Lässt du ein Lineal weniger an der Tischkante überstehen und zupfst es an, dann schwingt es schneller. Es entstehen höhere Töne.

Je schneller eine Schallquelle schwingt, desto höher ist der Ton.

In einer angepusteten Wasserflasche schwingt die Luft schneller, wenn die Flasche höher gefüllt und der Luftraum kleiner ist.
Wie schnell eine Schallquelle schwingt, gibt man in Hertz (Hz) an. Bei 1 Hertz schwingt sie einmal je Sekunde hin und her. Die Bezeichnung erinnert an den deutschen Physiker *Heinrich Hertz* (1857–1894).
Ein Ton von 20 Hz ist sehr tief, ein Ton von 1000 Hz schon recht hoch. Sehr hohe Töne gibt man auch in Kilohertz (kHz) an:
1 kHz = 1000 Hz.
Das gesunde Ohr eines Kindes kann Töne zwischen 16 Hz und 20 kHz hören. Schwingungen mit mehr als 20 kHz kann der Mensch nicht wahrnehmen, aber manche Tiere können es.

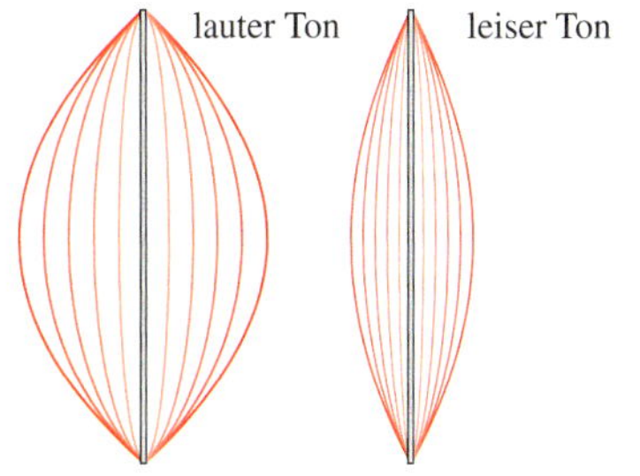

5 *Schwingendes Gummiband*

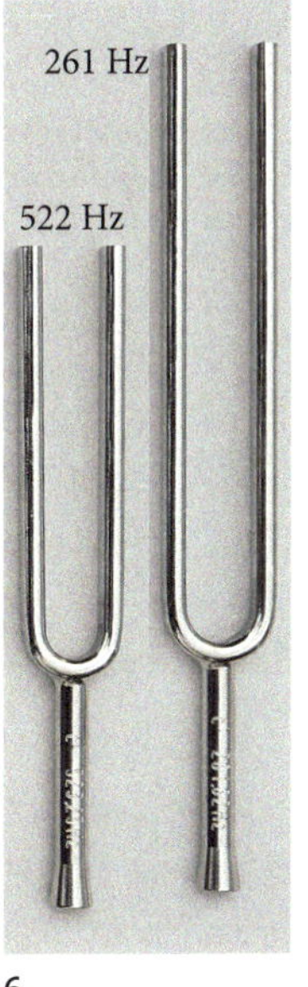

6

Aufgaben

4 Je voller eine Glasflasche gefüllt ist, desto tiefer klingt sie beim Anschlagen und desto höher beim Anblasen. Erkläre den Unterschied.

5 Welche Stimmgabel klingt höher? ▸6 Erkläre den Unterschied.

6* Erzeuge Schwingungsbilder von Stimmgabeln auf einer Glasplatte oder von Musikinstrumenten auf dem Computermonitor. ▸7–8

Aus der Technik Schallschwingungen sichtbar machen

Die Schwingungen einer Stimmgabel werden sichtbar, wenn du die Stimmgabel über eine berußte Glasplatte führst. ▸7 Zum Berußen verwendest du eine Kerzenflamme.
Schallsignale werden auf dem Computermonitor sichtbar, wenn du ein Mikrofon an die Soundkarte anschließt. Zur Soundkarte gehören Programme, die Schwingungsbilder liefern. ▸8

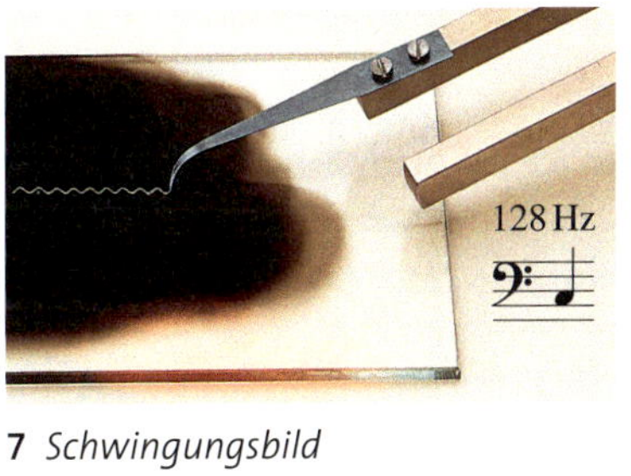

7 *Schwingungsbild*

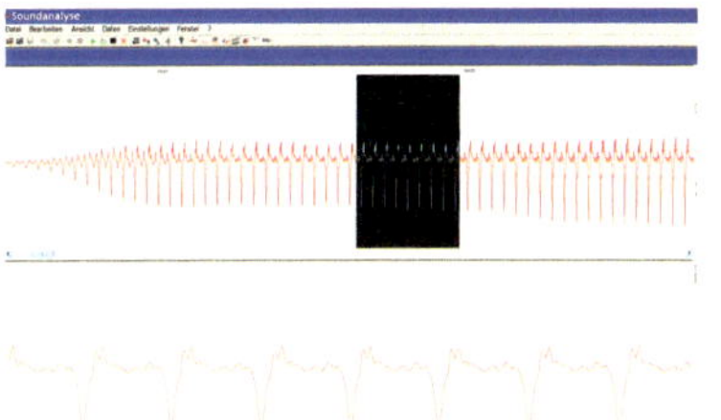

8 *Aufgezeichnete Schallsignale*

Schall unterwegs

▷ Ob man mit einem Gartenschlauch „telefonieren“ kann? Wie gelangen die Worte ans Ohr?

1

Untersuchen Experimentieren

1 Wie breitet sich Schall aus?

a Schlagt das linke Tamburin an. ▸2 Beobachtet, was passiert.

b Versucht zu erklären, wie der Schall vom linken Tamburin zum rechten gelangt.

2 Was macht der Schall mit der Kerzenflamme? ▸3

a Die Papphröhre wird an einer Seite mit einem aufgeschnittenen Luftballon verschlossen. Schlagt die Gummihaut an. Beobachtet und erklärt.

b Eine „Schallkanone“ könnt ihr aus einem Kunststoffeimer mit Deckel bauen. Wenn ihr kräftig auf den Eimerboden schlagt, wird eine Kerzenflamme noch in 1 m Abstand ausgeblasen.
Hinweise: In die Mitte des Deckels schneidet ihr ein 5 cm großes Loch – am besten mit einer Lochsäge.
Auch eine 1-l-Blechdose (z. B. für Waschbenzin) eignet sich. Ihr entfernt den Boden mit dem Dosenöffner und spannt einen Luftballon darüber.

3* Schall im luftleeren Raum? „Im Weltall ist es ganz still. Im luftleeren Raum breitet sich Schall nicht aus.“

a Plant einen Versuch, der die Behauptung bestätigt. ▸4
Statt des Weckers kann auch ein klingelndes Handy benutzt werden.

b Führt den Versuch durch. Fertigt ein Versuchsprotokoll an.

4 Schall – nicht nur in Luft

a Legt euren Kopf mit einem Ohr fest auf die Tischplatte. Lasst einen Mitschüler leise Klopfzeichen geben.

b Schiebt nun einen Block aus Styropor zwischen Tischplatte und Ohr. Hört ihr die Klopfzeichen immer noch?

c Probiert aus, ob ihr durch eine Stativstange hindurch das Ticken einer Uhr hören könnt.

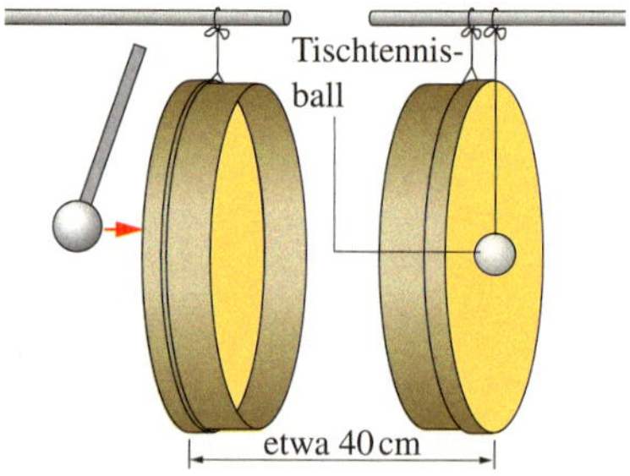

2

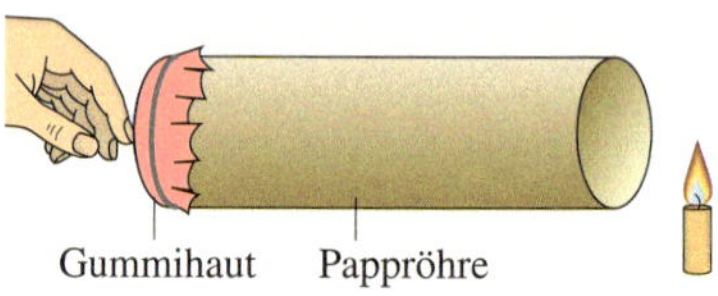

3

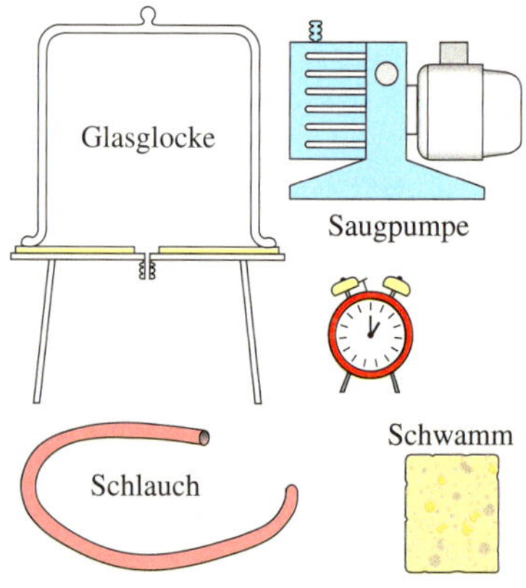

4

Grundlagen Schallwellen

Luft Wenn du das Fell eines Tamburins anschlägst, wird es zunächst rasch eingedrückt. ▸5 Die Luft hinter dem Fell kann nicht so schnell ausweichen und wird zusammengedrückt. Es entsteht eine *Luftverdichtung*. Gleich nach dem Anschlag schwingt das Fell zurück. Die Luft kann nicht so schnell folgen. Es entsteht eine *Luftverdünnung*.

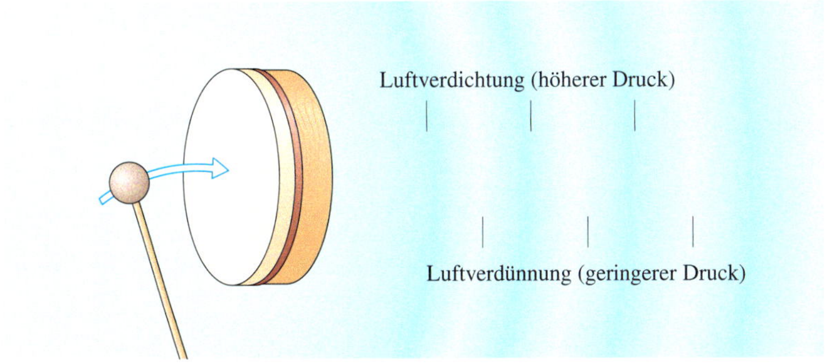

5 *Schallausbreitung in Luft*

Die Folge von Luftverdichtung und Luftverdünnung überträgt sich von einer Luftschicht auf die nächste. Sie „wandert“ auf diese Weise vom Tamburin weg. Die Luft gerät ins Schwingen.

Von der Schallquelle aus laufen Luftverdichtungen und Luftverdünnungen in den Raum. Eine *Schallwelle* breitet sich durch die Luft aus.

Beim Tamburin hören wir einen kurzen Schlag. Bei einer Gitarrensaite hören wir einen längeren Klang. Solange eine Schallquelle schwingt, sendet sie Schallwellen aus.
Die Schallwellen laufen von der Schallquelle in alle Richtungen auseinander. Dabei werden die Luftschichten mit zunehmender Entfernung immer weniger verdichtet und verdünnt. Die Lautstärke nimmt ab.

Feste und flüssige Stoffe Der Schall wird in Glas oder Eisen besser weitergeleitet als in der Luft. Zur Erklärung stellen wir uns vor, dass die Schallquelle die kleinsten Teilchen fester Stoffe zum Schwingen anregt. Ein Modell zeigt diese Art der Schallübertragung. ▸6 Die Teilchen geben ihre Schwingungen gut an Nachbarteilchen weiter.

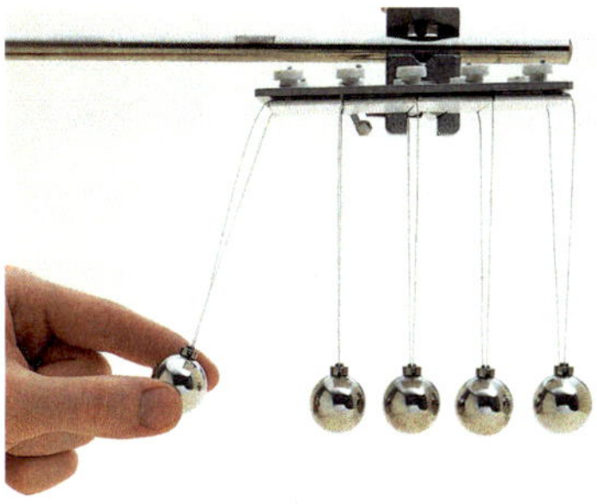

6 *Modell für die Schallausbreitung in festen Stoffen*

Schall breitet sich in festen und auch in flüssigen Stoffen gut aus. Im leeren Raum kann er sich nicht ausbreiten.

Aufgaben

1 Beschreibe, wie bei einer Gitarre die Schallwelle in der Luft entsteht.

2 „Im Weltraum ist es still. Morgens kann man nicht durch den Wecker geweckt werden.“ Erkläre diesen Satz aus einem Science-Fiction-Roman.

Schall braucht Zeit und kommt zurück

▷ Schall breitet sich von der Quelle in alle Richtungen aus. Wenn er auf eine große Fläche trifft, wird er zurückgeworfen. Ähnliches kennst du von einem Ball, der von einer Wand zurückprallt.

1

Untersuchen Experimentieren

1 Wie schnell ist der Schall in der Luft?

a Messt im Freien mit einem Messband eine Strecke von mindestens 200 m ab, die gut zu überblicken ist. An einem Ende der Strecke schlägt eine Schülerin oder ein Schüler kräftig mit einem Hammer auf ein altes Kuchenblech. Am anderen Ende stoppt ein zweiter Schüler die Zeit zwischen „Hammerschlag sehen" und „Hammerschlag hören".
Tipp: Messt am besten mehrmals und notiert eure Werte in einer Tabelle. ▸2 Berechnet dann die Durchschnittszeit. Zufällige Abweichungen der gemessenen Zeiten nach oben oder unten werden auf diese Weise „herausgemittelt".

b Berechnet die Schallgeschwindigkeit. ▸3

2 Wie wird Schall abgelenkt? Stellt einen tickenden Wecker auf einem Stück Schaumstoff in ein hohes Glas. Ihr seht den Wecker, denn das Licht geht durch das Glas hindurch. ▸4 Haltet euer Ohr ungefähr einen Meter vom Glas entfernt.

a Mit je einer Platte aus Glas, Holz, Eisen, Pappe und Kork soll der Schall so umgelenkt werden, dass er besser an euer Ohr gelangt. Wie müssen die Platten gehalten werden?

b Welche Materialien lenken den Schall besonders gut um?

3 Wie entsteht ein Echo?

a Stellt euch vor eine Hauswand und ruft einen kurzen Namen (Anna, Otto ...). Ändert euren Abstand zur Wand. Wo hört ihr den ganzen Namen als Echo?

b Erklärt, wie das Echo entsteht.

Messung	Zeit zwischen Sehen und Hören
1	? s
2	? s
3	? s
4	? s
5	? s

2 *Mustertabelle*

Auswertung
- Entfernung zur Schallquelle: 200 Meter
- Durchschnittszeit: ... Sekunden
- Schallgeschwindigkeit: Entfernung geteilt durch Durchschnittszeit = ... Meter pro Sekunde

3 *Berechnung der Schallgeschwindigkeit*

4

4* **Entfernungen messen mit Schall** Ein elektronischer Entfernungsmesser misst Abstände mit Schall. ▸5 Der Ton ist so hoch, dass wir nichts hören.

a Vermesst mit dem Gerät die Größe des Klassenzimmers.

b Spannt eine Schnur in 2 m Höhe durch das Klassenzimmer. Befestigt das Messgerät beweglich an der Schnur. Führt es dann langsam durch den Raum, in dem Tische, Stühle und Kisten auf dem Boden stehen.
Messt alle 20 cm die Entfernung in Richtung Boden. Notiert die Messwerte in einer Tabelle. Zeichnet aus den Entfernungsangaben ein Bild des Fußbodens. Wo stehen Tische, wo Stühle, wo Kisten?

c Messt die Entfernung einer Wand. Stellt eine Stativstange zwischen Gerät und Wand. Beschreibt, was passiert. Findet eine Erklärung.

5* **Mit den Ohren „sehen"** Gelingt es euch, mit verbundenen Augen möglichst nah an die Tafel heranzugehen – nur mit Schall? Im Klassenraum muss es dafür vollkommen still sein. ▸6
Die Tafel reflektiert die Schallwellen von der Glasflasche. Bei guter Konzentration könnt ihr das als Veränderung im Klangbild wahrnehmen und so die Nähe der Tafel „hören".
Führt einen Wettbewerb durch. Gewonnen hat, wer der Tafel am nächsten kommt, ohne sie zu berühren.

5 *Elektronischer Entfernungsmesser*

6 *Orientieren mit Schall*

Aus der Natur Delfine jagen mit Schall

Delfine können unter Wasser sehr gut sehen. ▸7 Aber je tiefer sie tauchen, desto dunkler wird es. Bei schlechter Sicht orientieren sie sich mit Schall. In Wasser ist Schall viermal so schnell wie in Luft und hat eine 40-mal größere Reichweite.
Zur Jagd senden die Delfine kurze Klicklaute mit bis zu 150 kHz aus. Der Schall wird auch von kleinen Fischen reflektiert und kehrt als Echo zurück. ▸8 Daraus gewinnt der Delfin ein „Hörbild" seiner Umgebung.

7 *Delfin*

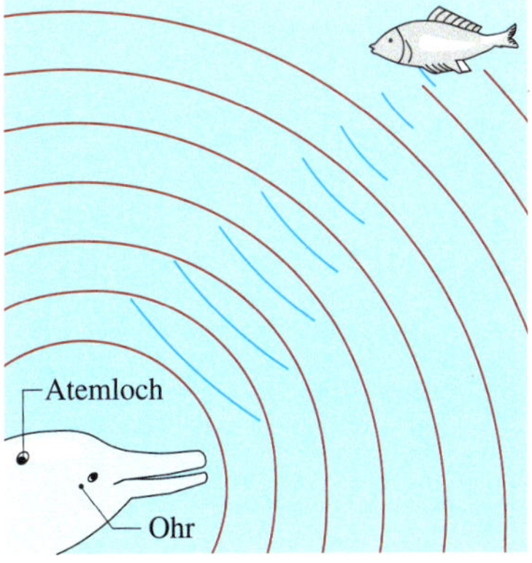

8 *„Echopeilung" bei Delfinen*

Aufgaben

1 Wievielmal schneller ist der Schall im Wasser als in der Luft?

2 Für Menschen sind die Jagdtöne der Delfine unhörbar. Erkläre, woran das liegt.

3 Erläutere die Gemeinsamkeiten zwischen dem Versuch „Mit den Ohren sehen" und der Orientierung des Delfins.

Grundlagen Entfernungen messen – mit Schall

Beim Gewitter siehst du erst den Blitz. Den Donner hörst du etwas später. Schall braucht Zeit, um sich auszubreiten.

In Luft breitet sich der Schall in 3 Sekunden 1 km weit aus.

Manchmal wird Schall an weit entfernten Wänden reflektiert. Dann kommt er mit einer hörbaren Verzögerung zurück. Wir hören ein *Echo*. In der Technik nutzt man das Echo, um Entfernungen zu bestimmen. Die Idee ist ganz einfach: In weiter Entfernung vor einer Hauswand lässt du eine aufgeblasene Papiertüte zerplatzen. Wenn das Echo genau eine Sekunde später zu hören ist, ist die Wand 170 m von dir entfernt. Denn der Schall legt in der Luft 340 m in einer Sekunde zurück: Er läuft 170 m zur Wand und von dort 170 m wieder zurück.
Diese Idee nutzen elektronische Entfernungsmesser, mit denen Maler Räume vermessen. ▸1 Die Geräte senden eine Folge von Schallsignalen aus, die wir nicht hören können: *Ultraschall* mit einer Tonhöhe von mehr als 20 000 Hz (20 kHz). An der Decke wird der Schall reflektiert und läuft zum Entfernungsmesser zurück, wo er von einem Mikrofon aufgenommen wird. Aus der Zeit zwischen Senden und Empfangen sowie der Schallgeschwindigkeit berechnet das Gerät die Entfernung.

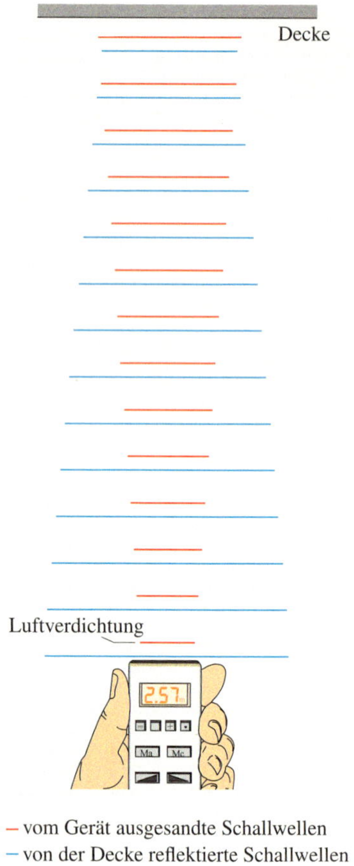

1 *Je länger der Schall braucht, desto weiter ist die Decke entfernt.*

Aufgaben

1 Dein Rufen im Gebirge kommt nach 3 s zurück. Wie weit ist die Bergwand von dir entfernt? Berechne es.

2 Ein elektronischer Entfernungsmesser zeigt eine Raumhöhe von 340 cm an. Berechne, wie lange der Schall unterwegs war.

3* Das Echolot eines Schiffs misst 2 s zwischen Senden und Empfangen des Signals. ▸2 Berechne die Meerestiefe. *Hinweis:* Die Schallgeschwindigkeit beträgt im Meerwasser 1500 Meter pro Sekunde.

Aus der Technik Das Echolot

Schiffe messen die Wassertiefe nach dem Echoverfahren. Ein Echolot sendet Schallsignale aus. Sie werden vom Meeresboden reflektiert und am Schiff wieder aufgefangen. ▸2
Je weiter der Meeresboden entfernt ist, desto länger braucht der Schall für Hin- und Rückweg. Die Laufzeit des Schalls wird gemessen. Daraus berechnet ein Computer die Wassertiefe – mit der bekannten Schallgeschwindigkeit in Wasser.

Mit dem Echolot lassen sich auch Fischschwärme orten. ▸3

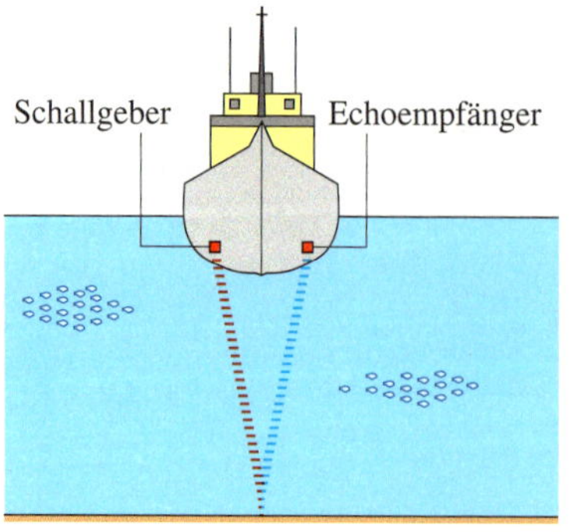

2 *Echolot zur Entfernungsmessung*

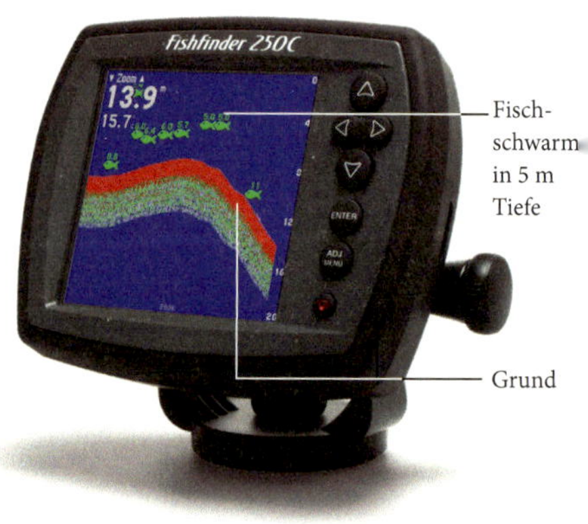

3 *Schirm eines Echolots*

Aus Natur und Umwelt – Fledermäuse – nächtliche Peilung mit Ultraschall

4 *Flug durch den nächtlichen Wald*

5 *Für Fledermäuse kein Hindernis ...*

Töne oberhalb von 20 000 Hz hören wir Menschen nicht mehr. Man spricht von *Ultraschall*.
Fledermäuse hören Ultraschall von mehr als 120 000 Hz. Sie erzeugen auch Ultraschall. ▸4 Ihre Rufe werden von Hindernissen wie Wänden oder Gitterstäben reflektiert. Je weiter ein Gegenstand entfernt ist, desto länger dauert es, bis das Echo zu den Ohren der Fledermaus gelangt. Mit dieser „Echopeilung“ können Fledermäuse bei absoluter Dunkelheit fliegen, ohne an Hindernisse zu stoßen. ▸5 Für einen Versuch wurden mehrere dünne Drähte im Labor aufgehängt. Die Fledermaus flog im dunklen Raum umher, ohne ein einziges Mal anzustoßen!
Fledermäuse ernähren sich von Nachtfaltern und anderen Insekten. Auch bei der Jagd nutzen sie die Echopeilung: Sie senden Ultraschallrufe in Abständen von Hundertstelsekunden aus und orten so ihre Beute. ▸6

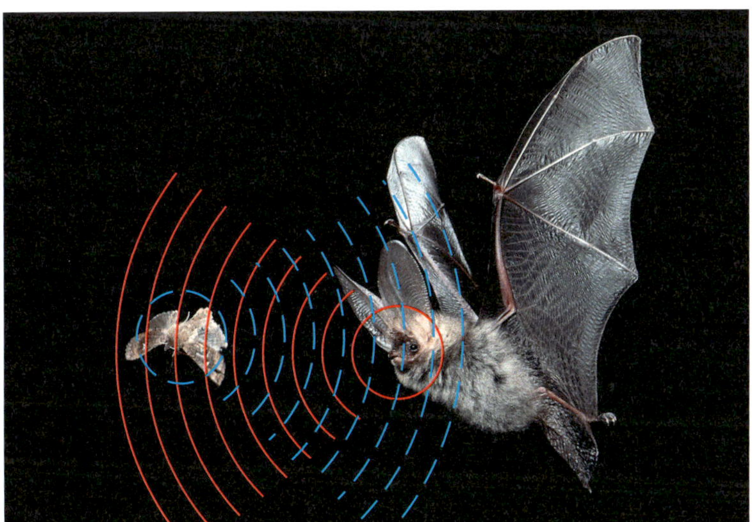

6 *Echopeilung bei Fledermäusen*

Aufgaben

4 Beschreibe, wie sich Fledermäuse im Dunkeln orientieren.

5 Vergleiche die Echopeilung der Fledermaus mit dem elektronischen Entfernungsmesser. Nenne Gemeinsamkeiten und Unterschiede.

6 Der dichte Pelz von Nachtschmetterlingen verschluckt Ultraschallwellen. So sind diese Tiere vor der Echopeilung der Fledermäuse geschützt.
Plane einen Versuch, der zeigt, wie der Schutz funktioniert. *Tipp:* Du kannst einen elektronischen Entfernungsmesser benutzen.

Wie wir hören

▷ Wie gut können wir die Richtung bestimmen, aus der ein Laut kommt?

▷ Was leistet unser Gehör sonst noch?

1 *Richtungshören*

Untersuchen

1 Was Geräusche verraten Setzt euch mit geschlossenen Augen ans offene Fenster. Konzentriert euch auf die Geräusche von draußen.

a Beschreibt, welche Geräusche ihr erkennt. An welchen Merkmalen erkennt ihr sie?

b Versucht zu sagen, wie weit die Schallquellen entfernt sind. Aus welcher Richtung kommt der Schall? Bewegen sich die Schallquellen?

c Sind euch die Geräusche schon zuvor aufgefallen? Nein? Dann erklärt, warum ihr sie erst jetzt bemerkt.

2 Die Bedeutung der Ohrmuscheln Im Zimmer wird ein laut tickender Wecker aufgestellt. Lauscht auf das Geräusch.

- Drückt die Ohrmuscheln mit den Fingern zurück an den Kopf.
- Dann biegt ihr sie nach vorne.
- Haltet die Hände hinter die Ohrmuscheln und vergrößert sie so.
- Deckt die Ohrmuscheln mit den Händen von vorne ab.

Beschreibt jeweils den Höreindruck. Erklärt die Beobachtungen.

3 Richtungshören erproben

a Bildet einen Kreis um eine Versuchsperson und klatscht einzeln. Kann die Person mit verbundenen Augen angeben, aus welcher Richtung das Klatschen kommt?

b Die Versuchsperson verschließt ein Ohr (Wattestöpsel). Wieder soll sie die Richtungen erkennen.

c Was zeigt dieser Versuch über das Richtungshören?

4 Wie wir Richtungen hören

a Markiert einen ein Meter langen Gummischlauch genau in der Mitte. Eine Person hält die beiden Schlauchenden in ihre Ohren. ▸2 Klopft mit einem Stift leicht auf den Schlauch. Kann die Versuchsperson angeben, ob links, rechts oder in der Mitte auf den Schlauch geklopft worden ist?

b Erklärt das Ergebnis.

5* „Vertauschte Ohren" Steckt auf zwei Gummischläuche jeweils einen Trichter. Befestigt die Schläuche so wie in der Abbildung gezeigt. ▸3 Stellt euch nun in die Mitte des Klassenzimmers, schließt die Augen und haltet die Enden der Schläuche in beide Ohren.

a Die Mitschüler klatschen abwechselnd in die Hände. Könnt ihr die Richtung des Klatschenden eindeutig bestimmen?

b Vertauscht nun die Schlauchenden. Was stellt ihr fest?

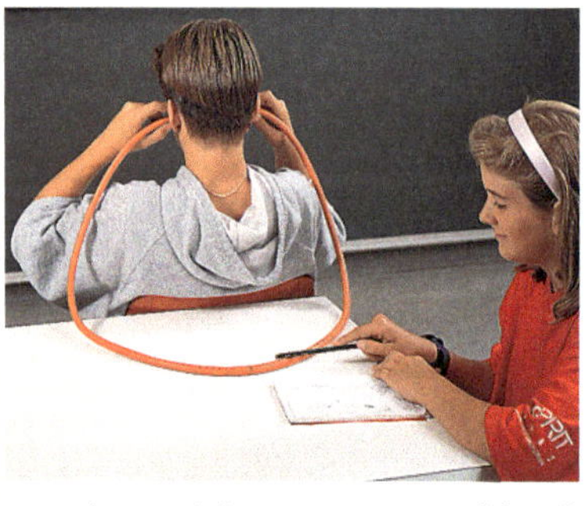

2 *Richtungshören mit einem Schlauch*

3 *„Vertauschte Ohren"*

6 Tonhöhe

a Bis zu welcher Tonhöhe könnt ihr noch Töne hören? Prüft es mit einem Tongenerator und einem Hochtonlautsprecher.

b Vergleicht eure Hörgrenzen.

7 Hörfähigkeit Die Versuchsperson sitzt mit verschlossenen Augen vorne im Unterrichtsraum. Flüstert ihr aus verschiedenen Entfernungen Worte zu. Dabei muss sie jeweils ein Ohr zuhalten.

8* Hören – bei geschlossenen Ohren

a Haltet euch beide Ohren zu, sodass ihr nichts hört. Ein Mitschüler hält euch nun eine angeschlagene Stimmgabel direkt ans Ohr. Dann setzt er sie direkt auf euren Kopf – erst in die Mitte, dann rechts und links davon. Wann hört ihr den Ton? Ändert sich der Höreindruck, wenn die Stimmgabel seitlich aufgesetzt wird?

b Warum könnt ihr hören, obwohl der Gehörgang verschlossen ist?

Grundlagen Vom Ohr zum Hören

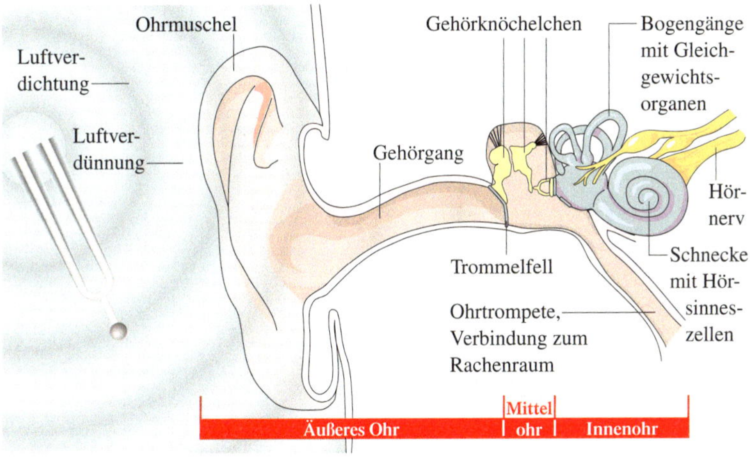

4 *Das menschliche Ohr*

5 *Sinneshärchen in der Schnecke*

Das Ohr ist unser Schallempfänger. Es ist recht kompliziert aufgebaut: ▸4
- Das Außenohr besteht aus Ohrmuschel, Gehörgang und Trommelfell.
- Im Mittelohr liegen die Gehörknöchelchen. Sie verbinden das Trommelfell mit dem Innenohr.
- Die Schnecke im Innenohr ist das eigentliche Hörorgan. Sie ist mit einer Flüssigkeit gefüllt. In ihrem Innern sitzen die Sinneshärchen. ▸5

Der Schall wird von den Ohrmuscheln aufgefangen und zum Trommelfell geleitet. Von dort wird er zur Schnecke übertragen. In der flüssigkeitsgefüllten Schnecke breiten sich Schallwellen aus und reizen die Sinneshärchen.

Über den Hörnerv schicken die gereizten Sinneshärchen elektrische Signale ans Gehirn. ▸6 Dieses wertet die Signale aus: Jetzt erst hörst du dein Lieblingslied, unterscheidest bekannte von unbekannten Stimmen und weißt, ob ein Geräusch weit entfernt oder bedrohlich ist.

Ohr und Gehirn arbeiten beim Hören zusammen. Dabei spielen neben dem Schall auch Wissen und Erfahrung eine wichtige Rolle.

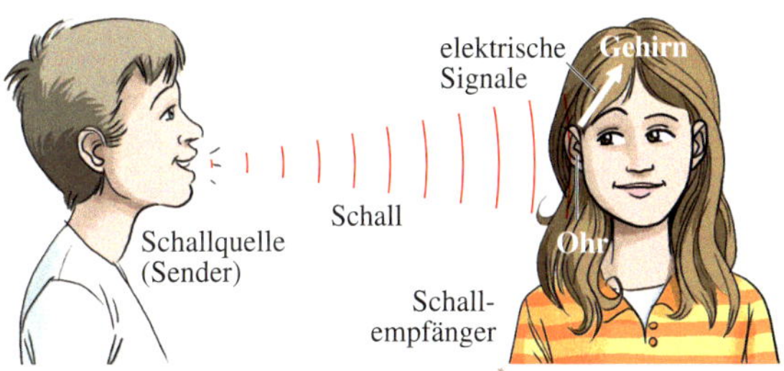

6 *Hörvorgang (schematisch)*

Gesundheit Was das Ohr so alles kann

Leistungen des Gehörs Unser Gehör unterscheidet laut und leise, hoch und tief. Außerdem können wir die Richtung wahrnehmen, aus der Schall kommt: ▸1

– *Tonhöhe* Im vorderen Teil der Schnecke werden die Sinneshärchen durch die hohen Töne gereizt, weiter hinten durch die tiefen. So kann das Gehirn hohe und tiefe Töne unterscheiden.
– *Lautstärke* Je lauter Schall ist, desto stärker werden die Sinneshärchen im Innenohr gereizt und desto mehr Signale senden sie an das Gehirn. So nehmen wir die Lautstärke wahr.
– *Richtung* Der Zeitunterschied zwischen dem Eintreffen des Schalls in den beiden Ohren wird wahrgenommen. Aus dem winzigen Unterschied ermittelt das Gehirn die Richtung, aus welcher der Schall kommt.
– *Hörbereiche* Kinder können Töne bis zu 20 kHz hören. Manche Tiere können noch viel höhere Töne wahrnehmen. Bei Tönen zwischen 16 Hz und 20 kHz spricht man von Schall. Oberhalb von 20 kHz beginnt der Ultraschall. ▸2

Pflege des Ohres Drüsen in den Wänden des Gehörgangs bilden Ohrenschmalz. Es verklebt Staubteilchen, damit sie sich nicht vor dem Trommelfell ablagern. Durch Bewegungen der Kiefermuskulatur beim Kauen wird das Ohrenschmalz ständig nach außen befördert. Das kannst du spüren, wenn du deine Finger leicht in den Gehörgang steckst und dann kaust. Du brauchst deshalb deine Ohren nur äußerlich zu reinigen. Verwende am besten einen Tuchzipfel, sei dabei aber sehr vorsichtig. Bohre niemals in den Gehörgang hinein, auch nicht mit einem weichen Wattestäbchen. Dabei könntest du nämlich das Ohrenschmalz zu einem Pfropf zusammenschieben. Der würde die Schwingungen des Trommelfells behindern. Nur der Arzt kann dann einen solchen Pfropf entfernen.
Spitze Gegenstände gehören nie in den Gehörgang!

1

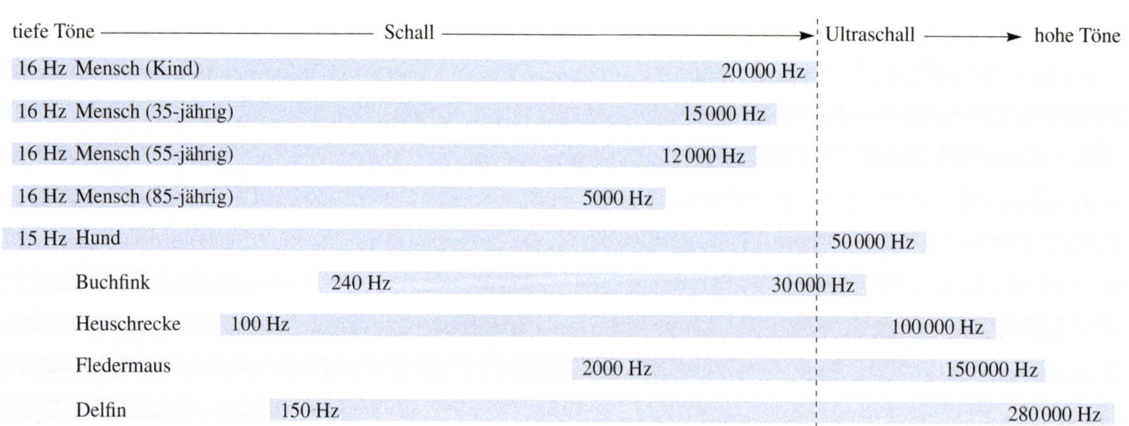

2 *Verschiedene Hörbereiche*

Überblick

Wie Schall entsteht Wenn ein Gegenstand (Lineal, Saite, Trommelfell …) schnell hin- und herschwingt, entsteht Schall. ▸3

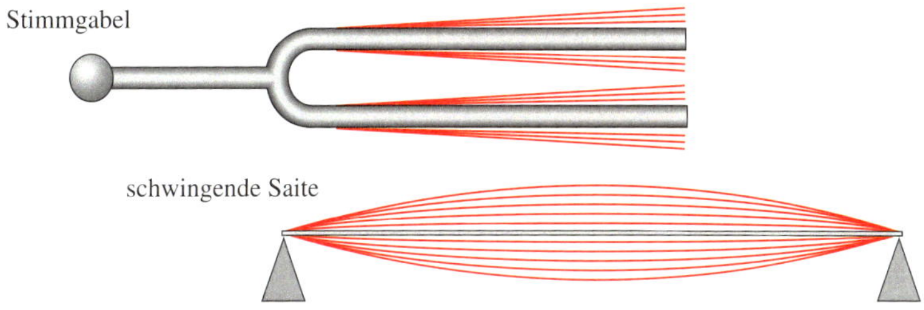

3 *Schnelle Schwingungen erzeugen Schall*

Laut und leise – hoch und tief
Je weiter eine Schallquelle hin- und herschwingt, desto lauter ist der Ton.
Je schneller eine Schallquelle schwingt, desto höher ist der Ton. Wir können Schwingungen von 16 bis 20 000 Hz hören. ▸4

4 *Tonhöhe*

Schallwellen Schallquellen erzeugen in Luft Verdichtungen und Verdünnungen. Diese breiten sich nach allen Seiten aus. In der Luft legt Schall in jeder Sekunde 340 m zurück. ▸5
Wenn Schall auf Wände trifft, wird er zurückgeworfen (reflektiert).

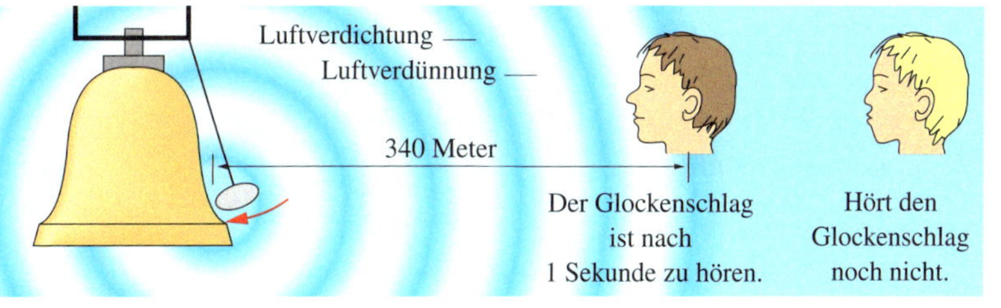

5 *Schallgeschwindigkeit*

Wie wir hören Das Signal einer Schallquelle gelangt über die Luft in unsere Ohren. Das Ohr empfängt den Schall. ▸6 Mit unseren zwei Ohren können wir die Richtung einer Schallquelle erkennen.

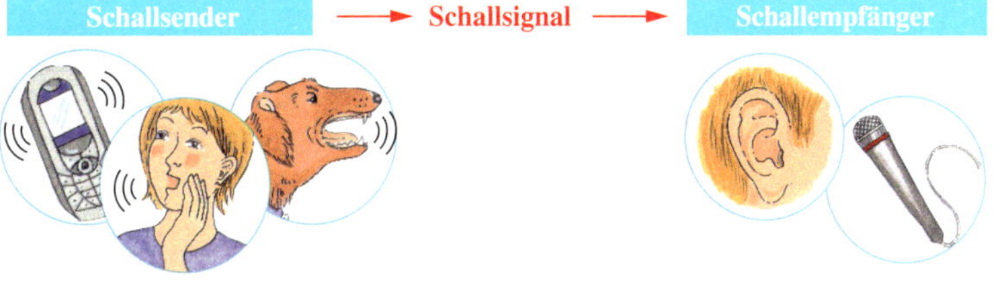

6 *Schallübertragung*

Alles klar?

7

1 In der Musik unterscheidet man Schlag-, Blas-, Streich- und Zupfinstrumente. Nenne je ein Beispiel. Beschreibe, wie der Schall dort erzeugt wird.

2 Beschreibe, wie die Lautstärke einer Stimmgabel verändert werden kann.

3 Eine Hummel hat einen Flügelschlag von 240 Hz und eine Mücke von 600 Hz. Vergleiche die Tonhöhen.

4 Beschreibe, wie man die Entfernung eines Gewitters bestimmen kann.

5 In einem befahrenen Autotunnel ist es immer laut. Erkläre dies.

6 Zuhörer halten hin und wieder eine Hand hinter ein Ohr. ▸7 Erkläre!

Lärm macht krank

1

Untersuchen Experimentieren

1 Lärm bei Hausaufgaben

a Löst 25 Rechenaufgaben (z.B. 12 · 15) in ruhiger Umgebung. Stoppt die Zeit.

b Hört laute Störgeräusche. Wie lange braucht ihr nun, um 25 weitere Aufgaben zu lösen?

2 Lautstärke messen Die Lautstärke wird gemessen und in Dezibel A oder kurz dB(A) angezeigt. ▸2

a Messt die Lautstärke:
- an verschiedenen Orten der Schule während der Pause
- direkt an einem Kopfhörer bei voller Musiklautstärke
- an einer Lautsprecherbox
- von Motorgeräuschen an Mofas und Motorrollern in einem Meter Abstand ▸3

b Stellt die Messwerte auf einem Plakat zusammen. Vergleicht sie mit den Vorschriften am Arbeitsplatz und der Lärmskala. ▸5

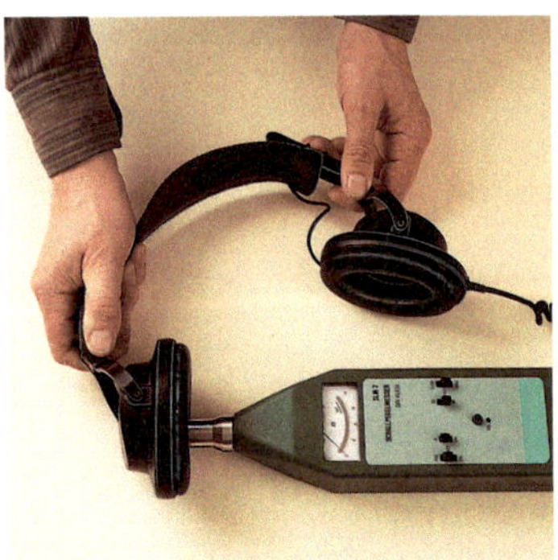

2 *Messung der Lautstärke*

3 *Betriebserlaubnis*

3 Wie kann eine Schallquelle gedämpft werden?

a Messt die Lautstärke eines klingelnden Weckers mit dem Schallpegelmesser in einem Meter Abstand.

b Messt dann die Lautstärke bei gleichem Abstand für folgende Anordnungen:
- Wecker im Schuhkarton
- Karton mit Styropor ausgekleidet
- Karton mit Watte ausgelegt
- Karton mit Teppich ausgelegt
- Karton mit Waben von Eierkartons ausgekleidet

Notiert die Messwerte in einer Tabelle. Ermittelt den besten Schalldämpfer.

4 Schall dämmen durch Umlenken Setzt einen Lautsprecher in eine tiefe, mit Schaumstoff ausgekleidete Box. Schließt ihn an einen Tongenerator an. Richtet die offene Seite auf eine Spanplatte im Abstand von einem halben Meter.

a Messt die Lautstärke in dB(A) im gleichen Abstand hinter der Platte. Notiert den Wert.

b Messt die Lautstärke hinter Platten aus Glas, Styropor und Kork.

c Welche Platte dämmt den Schall am besten?

Grundlagen Lautstärke messen

Die Lautstärke Schall empfinden wir als laut oder leise. Wir hören ihn mit einer bestimmten *Lautstärke*. Sie hängt von der Schallquelle ab und vom Abstand zwischen Ohr und Schallquelle.
Bei zwei gleichen Schallquellen in gleicher Entfernung nimmt unser Ohr nicht die doppelte Lautstärke wahr. Erst zehn gleiche Schallquellen empfinden wir als doppelt so laut! ▸4

Lautstärke messen Um Lautstärken vergleichen zu können, misst man sie mit einem Schallpegelmesser. Er besitzt ein Mikrofon und eine Skala, die Werte in Dezibel A anzeigt.

Die Lautstärke wird in Dezibel A – kurz dB(A) – gemessen. Doppelte Lautstärke bedeutet eine Zunahme um 10 dB(A).

Bei 0 dB(A) hören wir nichts. Geräusche bis 30 dB(A) empfinden wir als leise. Nervliche Belastungen setzen bei Lautstärken ab 70 dB(A) ein. Dauernder Lärm über 85 dB(A) macht schwerhörig. ▸5

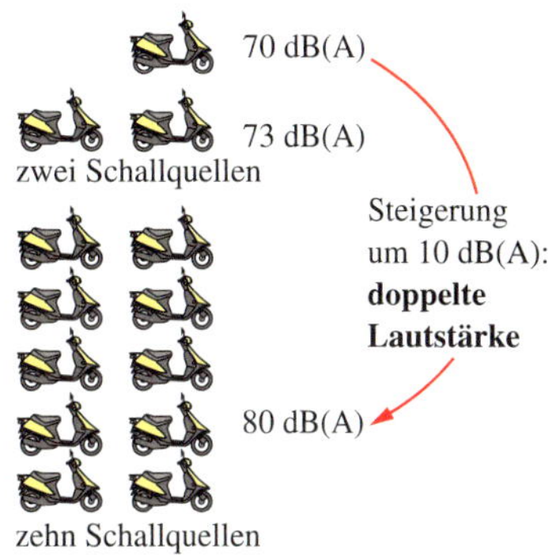

4 *Verdopplung der Lautstärke*

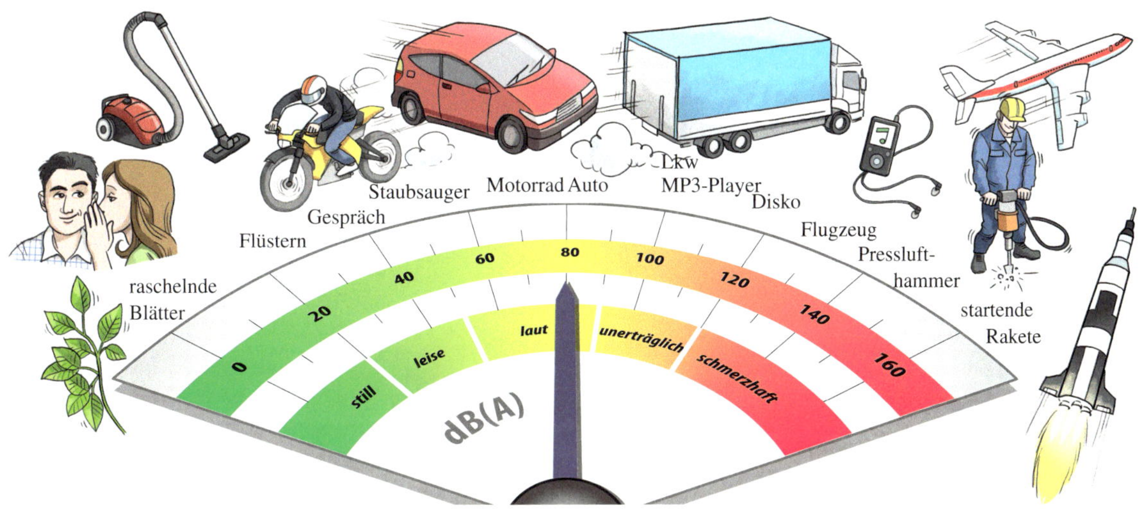

5 *Verschiedene Lautstärken – Lärmskala*

Gefahren für die Gesundheit Schall kann zerstören. Unser Ohr kann durch Schall schwer geschädigt werden.
Doppelte Lautstärke entspricht zehn gleichen Schallquellen, vierfache Lautstärke hundert Schallquellen, achtfache Lautstärke tausend Schallquellen. Zwar empfinden wir die laute Musik von 100 dB(A) aus dem MP3-Player „nur“ achtmal so laut wie den Lärm von einem Mofa [70 dB(A)]. Auf unser Gehör trifft jedoch genauso viel Schall wie von 1000 Mofas. Die Ohren werden dabei geschädigt, wir können nicht mehr alle Töne hören. Darum solltest du dich nie auf Dauer bei zu starken Schallquellen aufhalten.

Aufgaben

1 Stelle eine Liste von Schallquellen zusammen, die das Gehör schädigen können.

2 Nenne Möglichkeiten, wie die Lautstärke einer Schallquelle vermindert werden kann.

3 „Doppelt so viele Schallquellen bedeutet doppelte Lautstärke.“ Bewerte diese Aussage.

Gesundheit Schutz vor Lärm

1 *Lärm und seine Wirkungen*

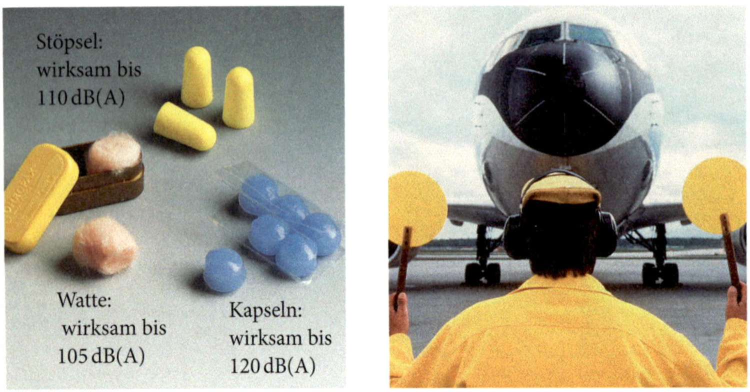

2 *Gehörschutz*

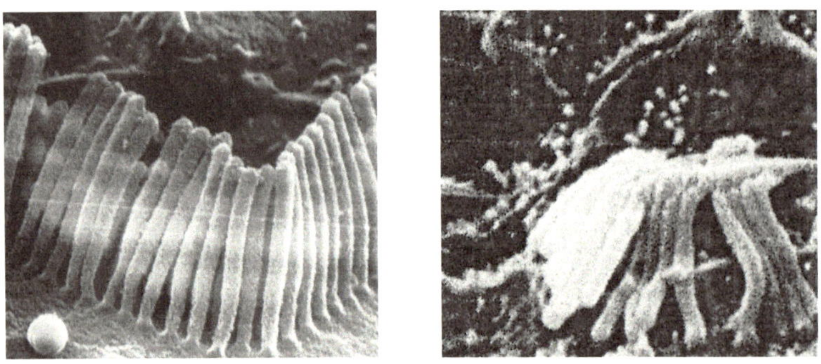

3 *Gesunde und geschädigte Sinneshärchen im Innern des Ohrs*

Lärm macht krank ▸1 Nicht nur der Lärm von Straßen, Baustellen und Fabriken führt zu Hörschäden und Krankheiten, sondern auch zu laute Musik aus Boxen und Kopfhörern.

Am Arbeitsplatz, in Fabriken oder Büros gilt die „Unfallverhütungsvorschrift Lärm“, die Obergrenzen festlegt. In Büros darf es nicht lauter als 70 dB(A) sein. In Fabrikhallen muss bei Lautstärken ab 85 dB(A) den Beschäftigten ein Gehörschutz gestellt werden. An Arbeitsplätzen, an denen Lärm von 90 dB(A) und mehr auftritt, ist jeder verpflichtet, einen Gehörschutz zu tragen. ▸2 Als Schutz können Stöpsel aus Schaumstoff oder Silicon den Gehörgang verschließen. Man verwendet auch Kapseln, die wie Kopfhörer in die Ohrmuscheln gesetzt werden. Gehörschutzmittel sind dann geeignet, wenn sie eine „CE“-Kennzeichnung besitzen.

In der Arbeitswelt gibt es gesetzlich vorgeschriebene Lautstärkegrenzen – nicht aber im Privatbereich. Hier setzen sich Personen freiwillig Lautstärken von mehr als 100 dB(A) ohne Schutz aus. Bei einem „voll aufgedrehten“ Walkman muss dein Ohr Lautstärken wie bei einem Kompressorhammer aushalten. Dabei kommt es zu bleibenden Schädigungen des Gehörs. Geschädigte Sinneshärchen im Innenohr wachsen niemals nach! ▸3

Der ganze Körper leidet unter Lärm: Hoher Blutdruck, Magenschmerzen, Nervosität und Schlaflosigkeit sind die Folgen. Am Ende kann eine hohe Lärmbelastung zu Magenbeschwerden und Herz-Kreislauf-Erkrankungen führen.

Schall dämmen Du sitzt am offenen Fenster und musst eine schwierige Aufgabe lösen. Draußen dröhnt der Autoverkehr. Du kannst dich schlecht konzentrieren. Also schließt du das Fenster. Es tritt nun weniger Schall in das Zimmer, weil das Fensterglas einen Teil des Schalls reflektiert. Auch das Mauerwerk des Hauses reflektiert den Schall. Diese Art Schallschutz heißt *Schalldämmung*. Viel besser als eine einfache Glasscheibe dämmt ein Schallschutzfenster. ▸4

Bei der Schalldämmung wird ein Teil des Schalls durch Reflexion fortgelenkt und so die Lautstärke gemindert. Zur Dämmung kommen Betonplatten, Stein, Holz oder Glas zum Einsatz. Aus solchen Materialien baut man auch Lärmschutzwände an Straßen. ▸5

Schall dämpfen Bei der Schalldämpfung wird ein Teil des Schalls von geeigneten Materialien verschluckt. Wir sagen: Der Schall wird *absorbiert*.

Schallschluckende Materialien: Zur Schalldämpfung eignen sich Materialien mit einer lockeren, rauen Oberfläche oder vielen Poren, in denen Luft eingeschlossen ist. Hartschaumplatten, Teppiche oder Textilien wirken daher in Wohnräumen schalldämpfend. ▸6

Schalldämpfer: Der Schalldämpfer eines Motorrads oder Autos ist in mehrere Kammern aufgeteilt, in denen der Schall hin und her geworfen wird. Dadurch wird der Schall abgeschwächt und die Motorgeräusche werden gedämpft. ▸7

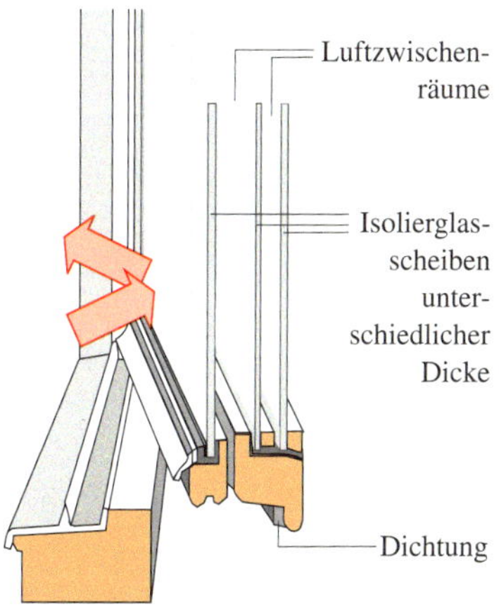

4 *Schallschutzfenster – Lärmminderung um 45 dB(A)*

5 *Schallschutzwand*

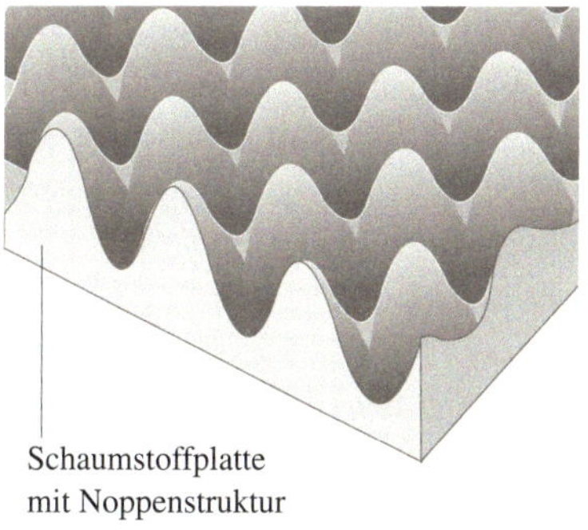

6 *Schalldämpfung*

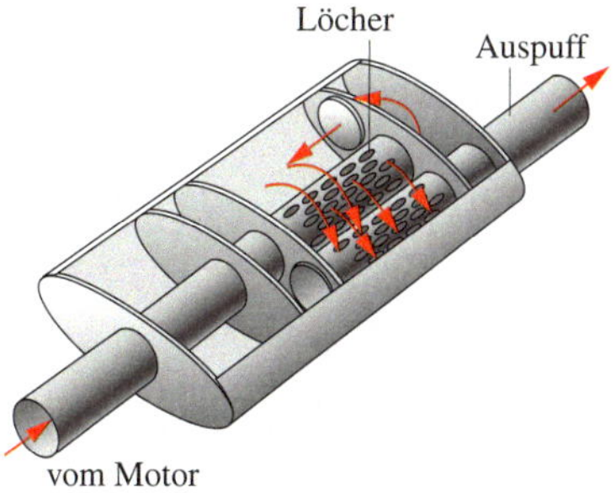

7 *Schalldämpfer eines Autos*

Tinnitus und Hörsturz Mehr als 3 Millionen Menschen in Deutschland empfinden ständig Geräusche in ihrem Ohr, obwohl von außen kein Schall ins Ohr dringt. Die Ärzte nennen diese Krankheit *Tinnitus*. Niemand außer dem Betroffenen hört die Geräusche. Für den Kranken ist das starke Ohrensausen aber sehr unangenehm und belastend. Er kann sich oft nur schwer konzentrieren und schläft auch schlecht. Bis jetzt ist die Krankheit nicht heilbar. Selbsthilfegruppen in vielen Orten wissen aber über Möglichkeiten Bescheid, wie man mit der Krankheit leben kann. Häufig werden Jugendliche nach dem Besuch eines Rockkonzerts von Tinnitus geplagt.

Wenn ein Mensch plötzlich auf einem Ohr – selten auf beiden – nicht mehr hören kann, ist ein *Hörsturz* eine mögliche Ursache. Zum Hörsturz kommt es, wenn jemand unter Stress steht, wenn er also „viel um die Ohren" hat. Nur rasche ärztliche Hilfe kann vielleicht verhindern, dass der Patient schwerhörig oder taub wird.

Aufgaben

1 Wie wirken große Lautstärken auf den menschlichen Körper? Erläutere, wie du dich schützen kannst.

2 Mache für deinen Klassenraum verschiedene Vorschläge zum Schallschutz. Der Schall, der im Raum entsteht, soll leiser werden und die Geräusche von draußen sollen weniger zu hören sein.

3 Der Schlagzeuger eurer Schülerband hat seit Wochen starke Magenschmerzen. Schreibe ihm deinen Ratschlag auf.

Lärm und seine Folgen

▷ Was wird als Lärm empfunden?

▷ Wie stark ist eine Gegend von Lärm belastet?

▷ Wie wirksam sind Lärmschutzmaßnahmen?

▷ Welche Hörstörungen gibt es? Wie kann man vorbeugen?

Das Thema „Lärm“ eignet sich gut zur Projektarbeit.

1

Methode Projektarbeit

1 **Planen** Nachdem ihr euch für ein Teilthema entschieden habt und Gruppen gebildet wurden, wird die Arbeit geplant. Haltet eure Planung schriftlich in einem Arbeitsplan fest:
- Notiert das Ziel eures Projekts.
- Welche Aufgaben sind zu bearbeiten?
- Wo erhaltet ihr Informationen zu eurem Thema?
- Welche Messungen und Versuche könnt ihr durchführen?
- Wer übernimmt welchen Auftrag oder welche Aufgabe? Wobei braucht ihr Lehrerhilfe?
- Wie viel Zeit ist für die Arbeitsschritte nötig (Zeitplan)?
- Wie stellt ihr die Ergebnisse eurer Arbeit vor?

Tipp zur Informationsbeschaffung: Büchereien und Schulbüchereien, Schulbücher, Stadt- oder Gemeindeverwaltungen, Internet, verschiedene Firmen, Organisationen und Ministerien …

2 **Durchführen** Die übernommenen Aufgaben bearbeitet ihr allein oder zu zweit.
- Zwischenergebnisse oder Fragen solltet ihr immer wieder in eurer Gruppe besprechen.
- Beachtet unbedingt, dass die vereinbarte Zeit eingehalten wird.

3 **Präsentieren** Um eure Arbeitsergebnisse vorzustellen, gibt es verschiedene Möglichkeiten:
- Poster oder Wandzeitung
- Folien für den Tageslichtprojektor
- Ausstellung eurer Arbeitsergebnisse
- Bildschirmseiten, eventuell als Teil der Homepage eurer Schule

Am Ende stellt ihr den Mitschülern die Ergebnisse eurer Gruppe vor – so anschaulich wie möglich. Übt das Vortragen in der Gruppe.

2 *Präsentieren*

Untersuchen

1* Empfindung von Schall – Lärm oder nicht Lärm?

a Mit dem MP3-Player wird Lärm aufgezeichnet: Verkehrslärm, Geräusche einer Bohrmaschine, Blasmusik, Musik von einer CD ... Dazu entwickelt ihr einen Fragebogen mit einer Skala für die Lärmempfindung. Die Skala soll von 0 für „keine Störung" bis 6 für „unerträglich" reichen.

b Mit dem Fragebogen werden nun Mitschüler und Erwachsene befragt, wie sie den Lärm beurteilen.

c Wertet die Fragebogen aus:
- Stimmen die Bewertungen der verschiedenen Personen überein oder gibt es große Unterschiede?
- Lassen sich die unterschiedlichen Einschätzungen erklären?

d Findet ihr weitere Beispiele für Schall, zu dem verschiedene Menschen unterschiedliche Einstellungen haben?

2 Lärmschutz

a Untersucht die Wirkung von Lärmschutzmaßnahmen. Messt mit dem Schallpegelmessgerät z. B.:
- auf einem Gehweg vor und hinter einem Lärmschutzwall
- an einer Durchgangsstraße und in einer Grünzone innerhalb der Stadt
- vor und hinter einem Lärmschutzfenster

Vergleicht die Ergebnisse.

b Welche Lärmschutzeinrichtungen gibt es sonst noch in eurem Wohnort? Sind weitere geplant?

c Wenn möglich, nehmt Fotos für eure Präsentation auf.

3 Erstellen einer „Lärmkarte"

a Fertigt für die Umgebung eurer Schule eine „Lärmkarte" an. ▸3 Zeichnet dazu Straßen und Kreuzungen als Grundriss auf. Messt an verschiedenen Stellen die Lautstärke. Ist die Lärmbelastung von der Tageszeit abhängig?

b Ihr könnt auch eine „Lärmkarte" der Schule erstellen. Messt dazu in Klassenräumen, in der Pausenhalle, im Pausenhof, in der Turnhalle, in der Küche.

c Überlegt, was man gegen den Lärm tun könnte.

4 Hörschäden und ihre Vermeidung

a Führt ein Interview mit einem Hörgeräte-Akustiker. Erstellt dafür zunächst einen Fragenkatalog. Danach bittet ihr telefonisch um einen Gesprächstermin. Mögliche Fragen:
- Welche Hörstörungen gibt es? Wie häufig kommen sie vor?
- Sind Hörschäden heilbar?
- Welche Personengruppe ist besonders betroffen?
- Welche Hilfsmittel werden Hörgeschädigten angeboten?

b Welche gesetzlichen Vorschriften zur Lärmvermeidung gibt es?
Wie lässt sich Lärm wirkungsvoll bekämpfen?

c Welche Hilfen werden für Tinnitus-Geplagte angeboten? Sammelt Informationen zu diesem Thema.

5 Präsentation Erstellt ein Poster mit der Überschrift „Lärm, seine Folgen und Möglichkeiten zur Lärmbekämpfung".
Jede Gruppe liefert dafür einen Beitrag mit ihren Arbeitsergebnissen. Gesammelte Zeitungsartikel und Abbildungen vervollständigen das Poster.

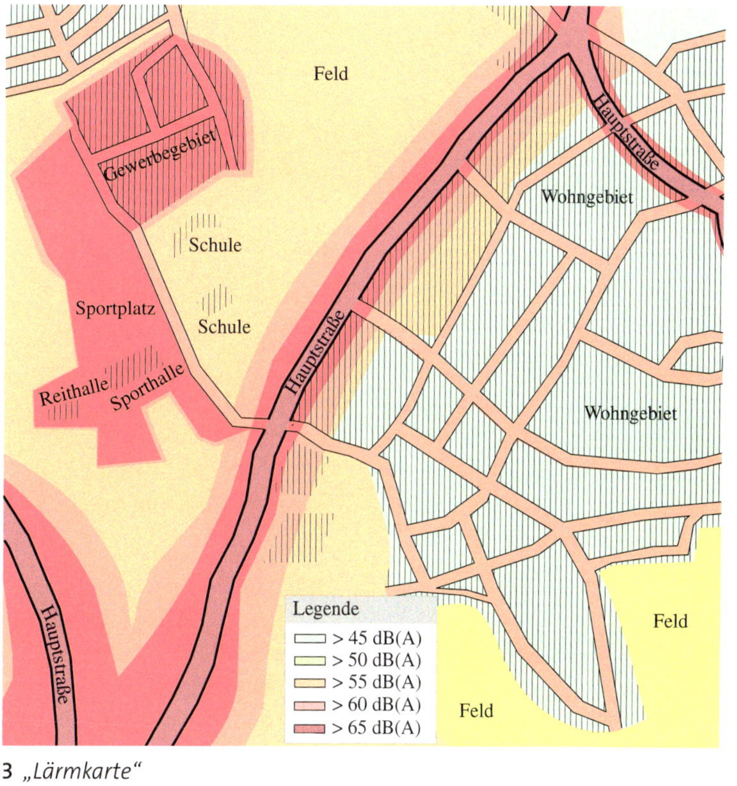

3 *„Lärmkarte"*

Methode Vortrag mit Bildschirmpräsentation

Ein Vortrag dient dazu, die Zuhörer zu informieren. Informationen kann man viel besser aufnehmen und behalten, wenn man sie gleichzeitig über Augen und Ohren aufnimmt. ▸1 Du kannst am Computer eine Bildschirmpräsentation erstellen, um deine Informationen zu visualisieren.

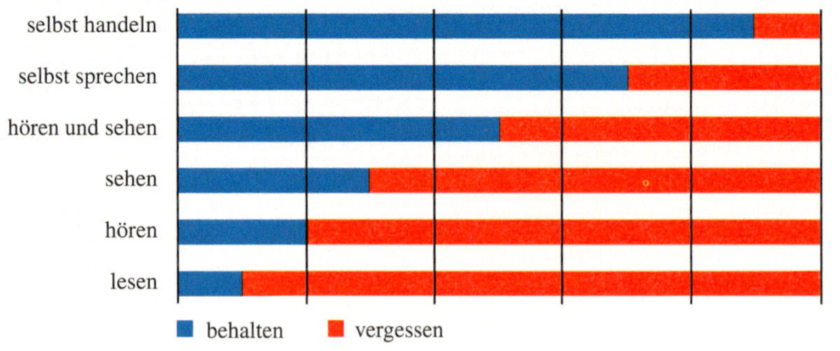

1 *Ergebnis einer wissenschaftlichen Untersuchung*

Wie erstellt man eine gute Bildschirmpräsentation?

1. Überlege dir zuerst, was du in welcher Reihenfolge sagen möchtest. Notiere dazu Stichworte auf Papier.
2. Erstelle für jede Folie einen Entwurf auf Papier. Notiere dort auch, was du zu der Folie sagen möchtest. Beschränke dich bei deiner ersten Präsentation auf vier Folien. Die erste Folie soll nur das Thema und die Gliederung enthalten.
3. Bildschirmpräsentationen kannst du z. B. mit dem Programm Open Office Impress erstellen. Beim Programmstart öffnet sich automatisch ein *Assistenzprogramm*, das dir bei den ersten Schritten hilft. ▸2
4. Klicke bei den drei Schritten einfach auf „Weiter" und „Fertigstellen". Damit wird eine leere Präsentation für den Bildschirm ohne Effekte erstellt.
5. Anfangs enthält die neue Präsentation nur eine leere Folie. Weitere Folien fügst du über das Menü *Einfügen → Seite* hinzu.

2

6. Das *Layout* deiner Folien kannst du im „Aufgabenbereich" ändern. Das Standardlayout im Bild ▸3 rechts ist für die erste Folie günstig. Für die weiteren Folien eignet sich evtl. das in dem Bild ausgewählte Layout besser. Es enthält drei Bereiche für Titelzeile, Bilder und Text.

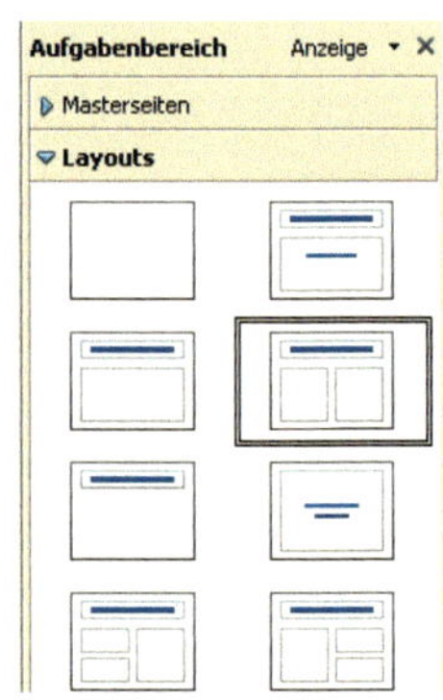

3

7. *Deine Folien sollen deinen Vortrag nicht ersetzen, sondern unterstützen!* Schreibe auf deine Folien keine langen Sätze, sondern nur Spiegelpunkte mit übersichtlich strukturierten Stichworten.
8. Beschränke dich auf maximal fünf Spiegelpunkte je Folie. Verwende eine einheitliche *Schriftart* und wähle als *Schriftgröße* mindestens 28 Punkt.

9 Die Hintergrundfarbe kannst du über das Menü *Format* → *Seite* … ändern. Wähle für alle Folien dieselbe Hintergrundfarbe. Achte bei der Farbwahl auf einen hohen Kontrast zu deiner Schriftfarbe. *Beachte*: Vermeide rote Schrift vor dunkelblauem Hintergrund und umgekehrt! Das führt zu Flimmereffekten.

10 Manchmal ist es für die Zuhörer besser, wenn sie einen Folieninhalt nicht auf einmal sehen. Im „Aufgabenbereich" kannst du unter „Benutzerdefinierte Animation" einen „Effekt hinzufügen". Es erscheint ein neues Fenster mit einer Auswahl an Effekten. Der Effekt „Erscheinen" ▸4 zeigt alle Spiegelpunkte nacheinander und lenkt deine Zuhörer am wenigsten vom Vortrag ab.

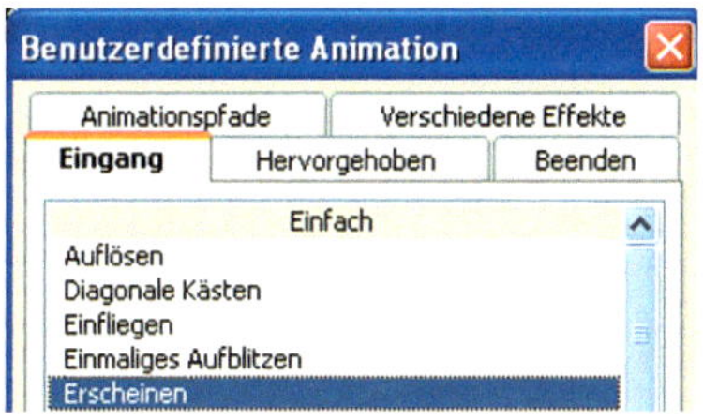

4 *Animationen*

11 Starte die Präsentation mit einem Klick auf das Symbol „Bildschirmpräsentation". Teste den Effekt.

12 Wenn alle Spiegelpunkte auf einmal erscheinen sollten, musst du noch eine Einstellung bei den Effektoptionen vornehmen. Wähle in der Karteikarte „Textanimation" unter „Texte gruppieren" die Einstellung „Nach 1. Abschnittsebene" aus, bestätige die Auswahl mit OK und teste die Präsentation erneut.

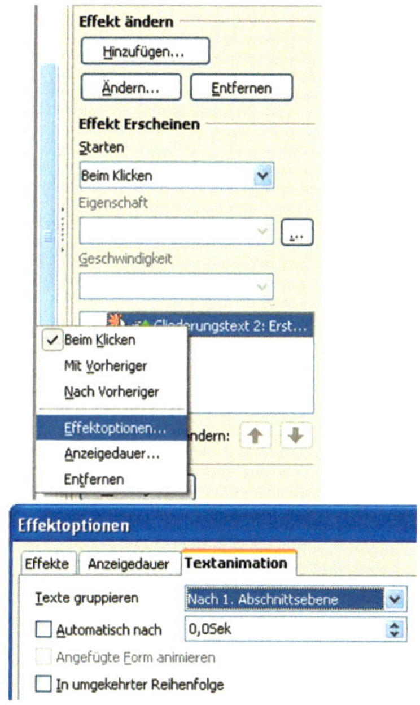

5 *Effektoptionen*

13 Probe den Vortrag mit einem Partner. Gebt euch eine Rückmeldung dazu, wie der Vortrag auf die Zuhörer wirkt.

Grundlagen Schriften

Schriftarten Viele Programme bieten unterschiedliche Schriftarten zur Auswahl an. Für Bildschirmpräsentationen ist „Arial" eine gute Wahl. Diese Schrift hat keine *Serifen*. Serifen sind kleine Ausläufer der einzelnen Zeichen, die die Grundlinie und die Mittellinie betonen. Serifen sind im Bild ▸8 beim Buchstaben T grün markiert. „Times New Roman" ist ein Beispiel für eine Schrift mit Serifen. Schriften mit Serifen werden in vielen Zeitungen verwendet, damit das Auge der Zeile besser folgen kann. Zeilen in Bildschirmpräsentationen sind dagegen vergleichsweise kurz. Wegen der gröberen *Auflösung* der Bildschirme können Serifen nicht präzise dargestellt werden. Daher sind serifenlose Schriften für Bildschirmpräsentationen die bessere Wahl.

Schriftgrößen Die Größe der Buchstaben ist eine Eigenschaft der Zeichen. Um sie zu ändern, müssen die Zeichen markiert sein. Anschließend kann die Größe über das *Kontextmenü* oder direkt über das kleine Auswahlfeld neben dem Feld für die Schriftart geändert werden. Die Größe der Schrift heißt dort *Schriftgrad*. Das ist der Fachbegriff. In den meisten Programmen wird der Schriftgrad in der Einheit Punkt (pt) angegeben. Ein Punkt entspricht im Druck $\frac{1}{72}$ Zoll, das sind 0,353 mm.

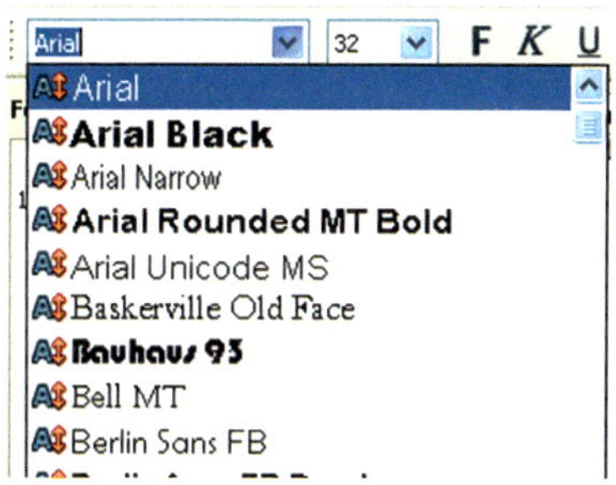

6 *Schriftarten zur Auswahl*

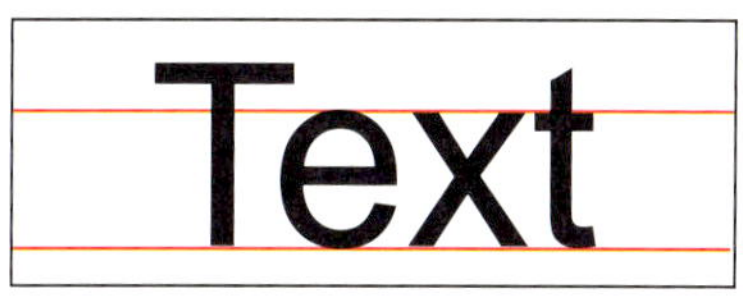

7 *Schrift ohne Serifen*

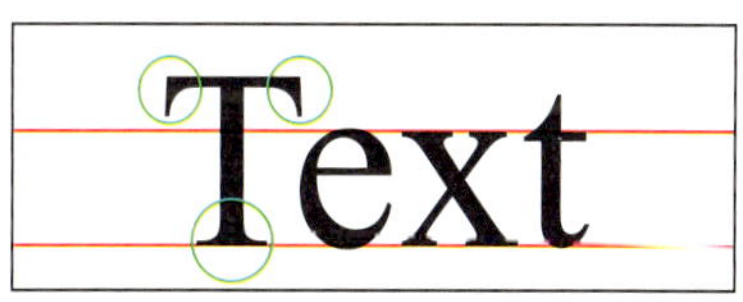

8 *Schrift mit Serifen*

Teste dich!

▷ Die Lösungen findest du im Anhang.

1 Eine Zeitungsmeldung lautet: „Der Rotorlärm eines Hubschraubers zerstört Fensterscheiben."
a Erkläre, wie es möglich sein könnte.
b Gelingt es dir, ein Haus aus Spielkarten mit einer Schallquelle zum Einstürzen zu bringen? Beschreibe dein Vorgehen.
c* Bereite eine Präsentation vor deiner Klasse vor, in der du die Schallausbreitung erklärst. Plane dazu einen Versuch, mit dem du zeigen kannst, wie sich Schall in der Luft ausbreitet.

2 In den Bergen kannst du mit einem Pfiff die Entfernung einer Felswand bestimmen.
a Beschreibe, wie du vorgehst und wie du die Entfernung berechnest.
b Nach 1 Sekunde hörst du das Echo deines Pfiffs. Wie weit ist die Felswand entfernt?
c Beschreibe Probleme bei dieser Art der Entfernungsbestimmung.
d Nenne Anwendungen dieser Methode zur Entfernungsmessung aus Natur und Technik.

3 Jedes Ohr besteht aus drei Ohren!
a Stimmst du der Aussage zu? Begründe deine Antwort.
b Benenne die Teile des Ohrs mit Fachwörtern. ▸1 Beschreibe jeweils ihre Funktion.

4 Im Übungsraum der Schulband wird ein Schallpegel von 95 dB(A) gemessen. Das Mofa des Schlagzeugers erzeugt einen Schallpegel von 75 dB(A).

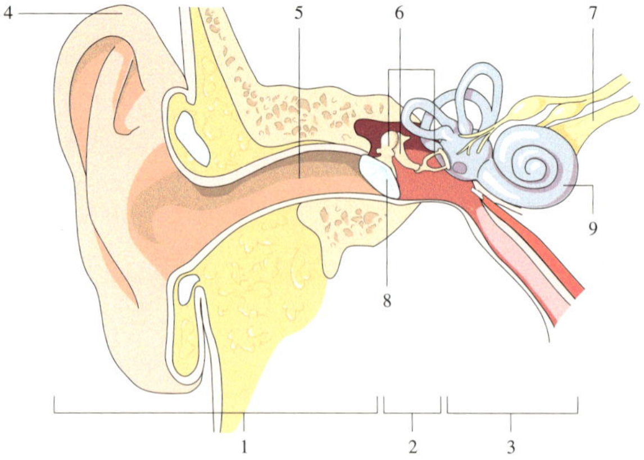

1

a Wievielmal höher ist die Belastung der Ohren im Übungsraum gegenüber der beim Mofafahren?
b Gib Verhaltensregeln für den Übungsraum an.
c Formuliere Vorschläge, wie der Raum gestaltet werden soll, damit wenig Lärm nach außen dringt.
d Präsentiere deine Vorschläge mit einem Modellversuch.

5 Wissenschaftler empfehlen, Musik mit einem MP3-Player nur so laut zu hören, dass du Gespräche von Personen in deiner Nähe noch hören kannst. Nenne Argumente für oder gegen diese Empfehlung.

Schätze deine Fähigkeiten ein

Ordne deiner Aufgabenlösung im Heft ein Smiley zu:
☺ Ich konnte die Anforderungen erfüllen.
😐 Ich konnte die Anforderungen nicht vollständig erfüllen.
☹ Ich konnte die Anforderungen nicht erfüllen.

Anforderung	Ich kann ...	Hilfe findest du auf Seite ...
1	einen Versuch planen und mein Wissen über die Ausbreitung von Schall anwenden.	134 f.
2	die Entstehung des Schalls mit Schwingungen beschreiben und angeben, wann ein Ton hoch ist.	140
3	den Aufbau des Ohrs mit Fachwörtern benennen und die Funktion der einzelnen Teile beschreiben.	143
4, 5	Gefahren durch Lärmbelästigung einschätzen und Maßnahmen zum Schutz vor Lärm beschreiben.	147–149

Was braucht eine Pflanze zum Wachsen?

Unser Garten

- Es gibt verschiedene Bodenarten. Woraus besteht Boden und welche Merkmale lassen sich untersuchen?
- Im Garten oder im Park wachsen zahlreiche Blütenpflanzen. Sie haben alle den gleichen Grundaufbau. Blütenpflanzen lassen sich Pflanzenfamilien zuordnen.
- Wenn aus einem Samen eine neue Pflanze entstehen soll, müssen bestimmte Bedingungen erfüllt sein. Welche Bedingungen sind das?

Boden ist nicht gleich Boden

▷ Bodenreste an den Schuhen verraten, ob jemand am Strand oder im Wald gewesen ist. Es gibt viele verschiedene Arten von Böden.
Einige Eigenschaften des Bodens kannst du durch einfache Untersuchungen ohne besondere Hilfsmittel feststellen.

1 *Bodenprobe*

2 *Fingerprobe*

Beobachten Untersuchen

1 Die „Fingerprobe" ▸2 Ihr könnt die Bodenart einfach mit Daumen und Zeigefinger bestimmen. Nutzt die Übersicht. ▸3

Wie fühlt sich die Bodenprobe an?	Bodenart
Körnig, rau; geringe Bindigkeit, hohe Luft- und Wasserdurchlässigkeit	Sand
Klebrig, lässt sich zu bleistiftstarken Walzen ausrollen	lehmiger Sand
Klebrig, lässt sich zu besonders dünnen Walzen ausrollen	sandiger Lehm
Klebrig, kann sehr gut ausgerollt und zu Figuren geformt werden	Lehm
Sehr gut ausrollbar, enthält sehr feine Sandkörner, die nur zwischen den Zähnen knirschen	lehmiger Ton
Sehr gut ausrollbar; hohe Bindigkeit, kaum luft- und wasserdurchlässig	Ton

3 *Bestimmung von Böden mit der Fingerprobe*

2 Bestandteile von Bodenproben Die Bestandteile der verschiedenen Bodenproben lassen sich voneinander trennen.
Ihr braucht: 1 grobmaschiges und 1 feinmaschiges Sieb.
Durchführung: Siebt die Proben zunächst mit dem grobmaschigen Sieb. Notiert, welche Bestandteile im Sieb bleiben. Mit dem feinmaschigen Sieb untersucht ihr jetzt den Teil der Proben, der durch das erste Sieb gefallen ist. Notiert auch hier die Ergebnisse. Nutzt die Übersicht. ▸4

Durchmesser der Korngrößen	Bezeichnung des Bodens
über 20 mm	Steine
2–20 mm	Kies
0,2–2 mm	Grobsand
0,063–0,2 mm	Feinsand
0,002–0,063 mm	Schluff
unter 0,002 mm	Ton

4 *Bodenarten nach Korngrößen*

Für die folgenden Versuche benötigt ihr verschiedene Bodenproben und Messzylinder, mit denen ihr die Wassermenge in Millilitern (ml) bestimmen könnt. Sammelt Bodenproben in Schraubgläsern und beschriftet sie mit ihrer Herkunft. Notiert die Versuchsergebnisse in einer Tabelle. ▸5

Herkunft der Bodenprobe	Kalkgehalt	pH-Wert	Wasserhaltefähigkeit	Humusboden
Wald	?	?	? ml	ja/nein
...	?	?	? ml	ja/nein

5 *Mustertabelle*

3 **Kalkgehalt von Böden** Böden unterscheiden sich durch ihren Gehalt an Kalk. Gebt von jeder Probe einen Löffel Boden auf ein Uhrglas. Beobachtet was passiert, wenn ihr fünf Tropfen Salzsäure auf die Probe gebt. ▸6

! Vorsicht! Salzsäure nicht auf die Haut oder die Kleidung bringen. Sie wirkt reizend.

4 **Säuregrad von Böden** Ein Boden kann auch sauer sein – wenn auch nicht so sauer wie eine Zitrone. Wie sauer er ist, ermittelt ihr mit einem Teststreifen. Dabei lest ihr den pH-Wert eurer Bodenprobe von einer Farbskala ab. Je niedriger der pH-Wert ist, desto saurer ist der Boden.

a Untersucht Zitronensaft, Leitungswasser, destilliertes Wasser oder Limonade mit den Teststäbchen. Ermittelt den pH-Wert.

b Gebt zwei Löffel Boden und 50 ml destilliertes Wasser in das Glasgefäß. Wenn sich der Boden abgesetzt hat, taucht ihr den Teststreifen in das Wasser und ermittelt den pH-Wert. ▸7

5 **Wasserhaltefähigkeit von Böden** Füllt zehn Löffel getrockneten Boden in ein dickes Glasrohr. Unter das Glasrohr stellt ihr einen Messzylinder. Dann füllt ihr 100 ml Wasser vorsichtig in das Rohr. Sobald kein Wasser mehr abläuft, lest ihr die durchgelaufene Menge ab. ▸8
Berechnet, wie viel Wasser im Boden zurückgehalten wurde.

6 **Humusgehalt des Bodens** Der Humusgehalt von Böden wird durch Ausglühen ermittelt. Die pflanzlichen und tierischen Anteile von Humus verbrennen bei starker Erhitzung einer Bodenprobe. Sandkörner und kleine Steine bleiben übrig.

a Gebt 50 g von einer getrockneten Bodenprobe in einen Eisentiegel. Erhitzt den Tiegel, bis der Boden ausgeglüht ist.

b Nach dem Erkalten wird der ausgeglühte Boden gewogen. Berechnet den Humusanteil. Wenn 100 g Boden mindestens 20 g Humus enthalten, spricht man von einem Humusboden.

Beobachtung	Bezeichnung des Bodens
keine Reaktion	kalkarm
schwaches Aufbrausen	gering kalkhaltig
kurzes, starkes Aufbrausen	kalkhaltig
anhaltendes, starkes Aufbrausen	kalkreich

6 *Kalkgehalt von Böden*

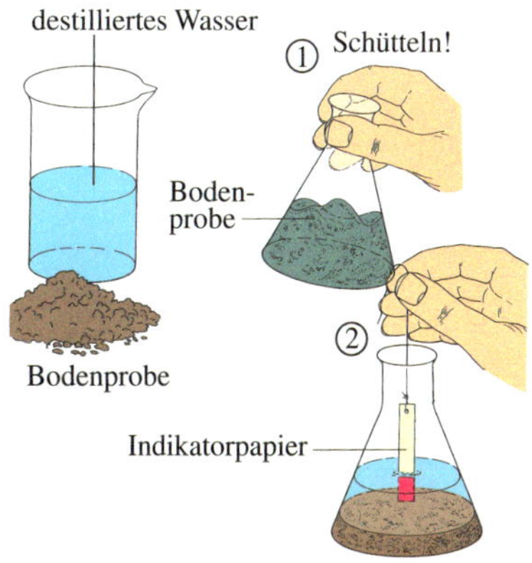

7 *Bestimmung des pH-Wertes*

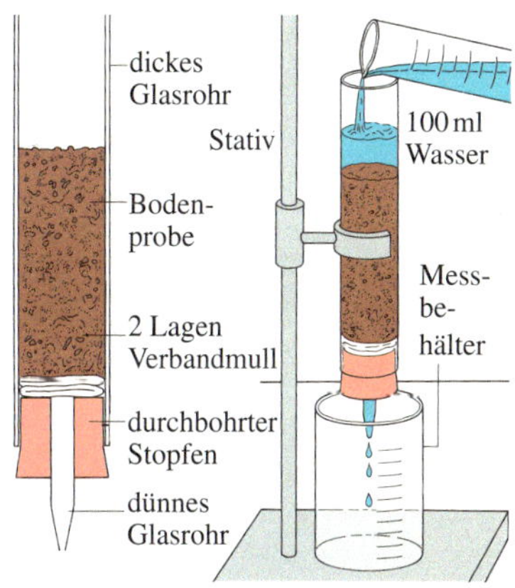

8 *Ermittlung der Fähigkeit des Bodens, Wasser zu speichern*

Grundlagen Woraus besteht Boden?

Zum größten Teil besteht Boden aus *mineralischen* Bestandteilen. Es handelt sich dabei um kleine Körnchen, die durch die Verwitterung von Gestein entstanden sind. Bei der Verwitterung wird Gestein nach und nach in immer kleinere Bruchstücke gespalten. So entsteht ein Gemisch aus größeren und kleineren Bruchstückchen, die durch Siebe mit unterschiedlichen Lochgrößen voneinander getrennt werden können. Die kleinsten Bodenstückchen sind mit bloßem Auge gar nicht mehr erkennbar.
Ein kleiner Teil des Bodens, etwa ein Zehntel, sind *organische* Substanzen. Das sind Stoffe, die von Tieren und Pflanzen stammen. Es kann sich dabei um lebende oder abgestorbene Tiere und Pflanzenteile handeln. Zum lebenden Anteil gehören Pflanzenwurzeln und Bodenlebewesen, wie Regenwürmer, Pilze oder Bakterien. Abgestorbene, verrottete Lebewesen machen den größten Teil der organischen Bodenbestandteile aus. Man bezeichnet ihn als *Humus*. Böden mit einem hohen Humusgehalt sind besonders fruchtbar.

Bodenbewohner

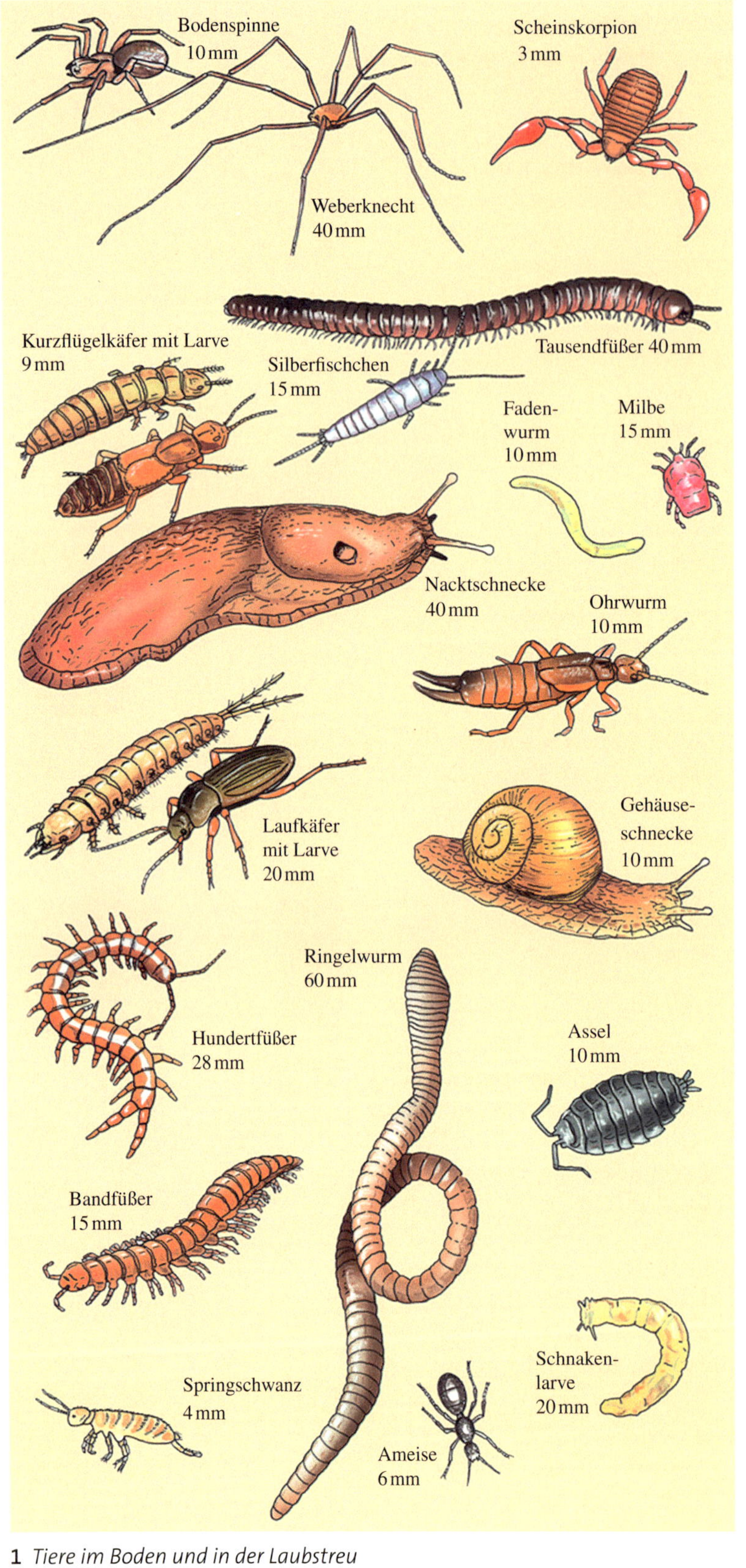

1 *Tiere im Boden und in der Laubstreu*

Untersuchen Beobachten

1 Die Lichtfalle für Bodenlebewesen *Ihr braucht:* Trichter, grobes Sieb, Pappkarton, Lampe, Glasschale, angefeuchteten Pinsel, Lampe, leere Konservendose ohne Boden und Deckel, Waldboden mit Laubstreu, Lupe.
So wird's gemacht: Drückt die Dose wie einen Stechzylinder in den Waldboden. Entnehmt die obere Bodenschicht samt der Streu und gebt sie in das Sieb. Setzt das Sieb auf den Trichter, der in eine dunkle Schachtel ragt. Schaltet das Licht an und wartet etwa zehn Minuten. ▸2
Die Tiere fliehen vom Hellen ins Dunkle und fallen in das Glas unter dem Trichter.
Betrachtet die Tiere mit der Lupe. Benutzt dabei auch den Pinsel. Versucht sie zu bestimmen. ▸1
Lasst die Tiere nach Beendigung der Untersuchung wieder im Wald frei.

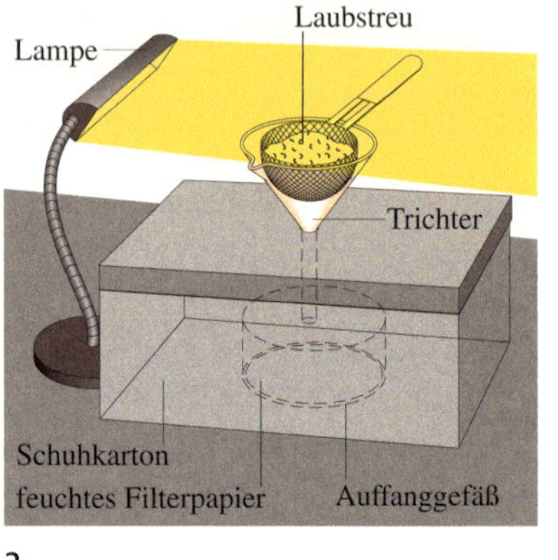

2

2 Das Regenwurmglas ▸3 Füllt in ein Glasgefäß jeweils 4 cm hohe Schichten lockere Gartenerde oder helle Komposterde oder hellen Sand.
Auf der Komposterde werden einige Blätter verteilt. Die Erde wird gleichmäßig befeuchtet. Jetzt werden etwa zehn Regenwürmer eingesetzt. Verschließt das Gefäß mit einem Deckel aus Pappe. Beobachtet das Glasgefäß über einen längeren Zeitraum. Was ist mit der Erde und dem Sand nach einer Woche, was nach zwei Wochen geschehen?

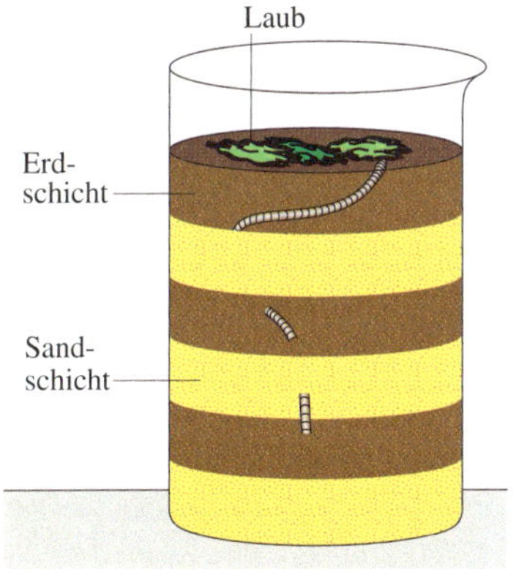

3

Aus der Umwelt Der Regenwurm – ein nützlicher Bodenbewohner

Bodenverbesserer Regenwürmer erhöhen die Bodenfruchtbarkeit. Sie fressen keine Wurzeln, sondern nur verrottende und verwesende Pflanzenteile. Gern ziehen sie bei Nacht abgefallene Blätter in ihre Bodenröhren. Sobald die Blätter sich zersetzen, werden sie vom Regenwurm zusammen mit Erde gefressen. Der Wurmkot wird entweder in den Bodenröhren oder an der Erdoberfläche in kleinen Häufchen abgelagert. Er ist mit Pflanzenresten angereichert. So entsteht fruchtbare Erde.
In einem Kubikmeter Erde können über 300 Regenwürmer leben. Sie graben Gänge bis in zwei Meter Tiefe. Durch ihre Tätigkeit lockern sie den Boden. Bei Regen dringt das Wasser durch die Gänge schnell in die Erde ein. Bei Trockenheit fördern die Gänge die Durchlüftung.

Feuchtlufttier In feuchten Nächten kommen die Regenwürmer aus der Erde und gehen auf Nahrungssuche. Nach starken Regenfällen sieht man oft viele Regenwürmer auf der Erdoberfläche. ▸4 Sie haben ihre Röhren verlassen um nicht zu ersticken. Die gleiche Gefahr droht ihnen, wenn die Sonne ihre Haut austrocknet. Regenwürmer atmen durch die Haut. Das ist aber nur möglich, wenn sie feucht ist. Doch auch bei ausreichender Feuchtigkeit sterben die Tiere an der Erdoberfläche rasch, weil ihre Haut durch die Sonnenstrahlung geschädigt wird.
Regenwürmer legen Eier, aus denen nach zwei bis fünf Monaten kleine Würmchen schlüpfen. Die Tiere können zehn Jahre alt werden.
Der Regenwurm sorgt für fruchtbaren Boden: Er lockert, durchmischt und düngt ihn.

Haltung von Regenwürmern Regenwürmer sind Lebewesen. Sie können in einem geschlossenen Glas mit feuchter Erde und Gras oder Laub transportiert werden.
Das Glas sollte kühl und dunkel gelagert werden. Regenwürmer sind bei Versuchen vor Licht und Austrocknung zu schützen. Nach Beendigung eines Versuchs werden sie im Freien auf lockerer Erde ausgsetzt.

4 *Regenwurm*

Wie entsteht Humus?

▷ Ein Garten macht Freude, wenn die Pflanzen gut wachsen. Reiner Sandboden ist dafür ungeeignet. Deshalb müssen Gartenbesitzer oft erst dunkle, fruchtbare Gartenerde heranschaffen. Solche Erde enthält viel *Humus*.
Wie entsteht Humus?

1

Beobachten Untersuchen

1 Minikomposthaufen

Ihr braucht: ein altes Aquarium, etwas Zeitungspapier, ungekochte Obst- und Gemüseabfälle (besonders geeignet: Porreereste), Blumenerde, Laubstreu, etwas Kompost, einige Regenwürmer, einen Wasserzerstäuber.
Denkt daran, dass Regenwürmer Lebewesen sind.
So wird's gemacht: Gebt das Kompostmaterial ins Aquarium, mischt es und schiebt es zu einem Haufen zusammen. Legt anschließend die Regenwürmer obenauf und beobachtet sie. ▸2
Deckt das Aquarium nicht ab und stellt es nicht in die pralle Sonne. Der Komposthaufen muss feucht gehalten werden. Sprüht ihn daher regelmäßig mit Wasser ein.
Beobachtet über einige Wochen die Veränderungen eures Komposthaufens. Gelegentlich könnt ihr auch neues Kompostmaterial mitbringen und oben auf den Haufen geben.

2 *Komposthaufen zum Ausprobieren*

2 Recycling in der Natur

Ihr braucht: drei saubere Bechergläser, Sand, Gartenerde, Haushaltsfolie, Filterpapier, Laubblätter, Holzstückchen, Plastik, Klebestreifen.

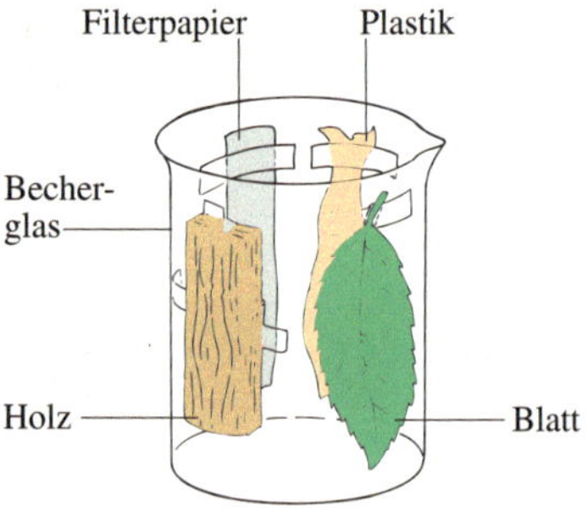

3

So wird's gemacht: Befestigt je einen Streifen Filterpapier und Kunststoff, ein Blatt sowie ein Holzstückchen mit Klebestreifen an der Innenseite der Gläser ▸3
Füllt ein Glas mit Sand und die anderen mit Gartenerde. Feuchtet die Erde an und verschließt die Gläser mit Haushaltsfolie.
Stellt ein Glas mit Erde in den Kühlschrank und die anderen ins warme Zimmer. Haltet die Erde feucht. Prüft täglich den Zustand der Gegenstände in den Gläsern.
Fertigt ein Beobachtungsprotokoll an. Nach drei Wochen ist der Versuch beendet. Entnehmt die Gegenstände und untersucht sie. Tragt eure Beobachtungen wieder in das Protokoll ein. ▸4
Wertet euer Protokoll anschließend aus.

Beobachtungsprotokoll

Datum	Gegenstand	in Sand	in Erde (warm)	in Erde (kalt)
21.06.	Filterpapier	?	?	?
	Blatt	?	?	?
	Holz	?	?	?
	Plastik	?	?	?

4

Aus der Umwelt / Aus Gartenabfällen wird Humus

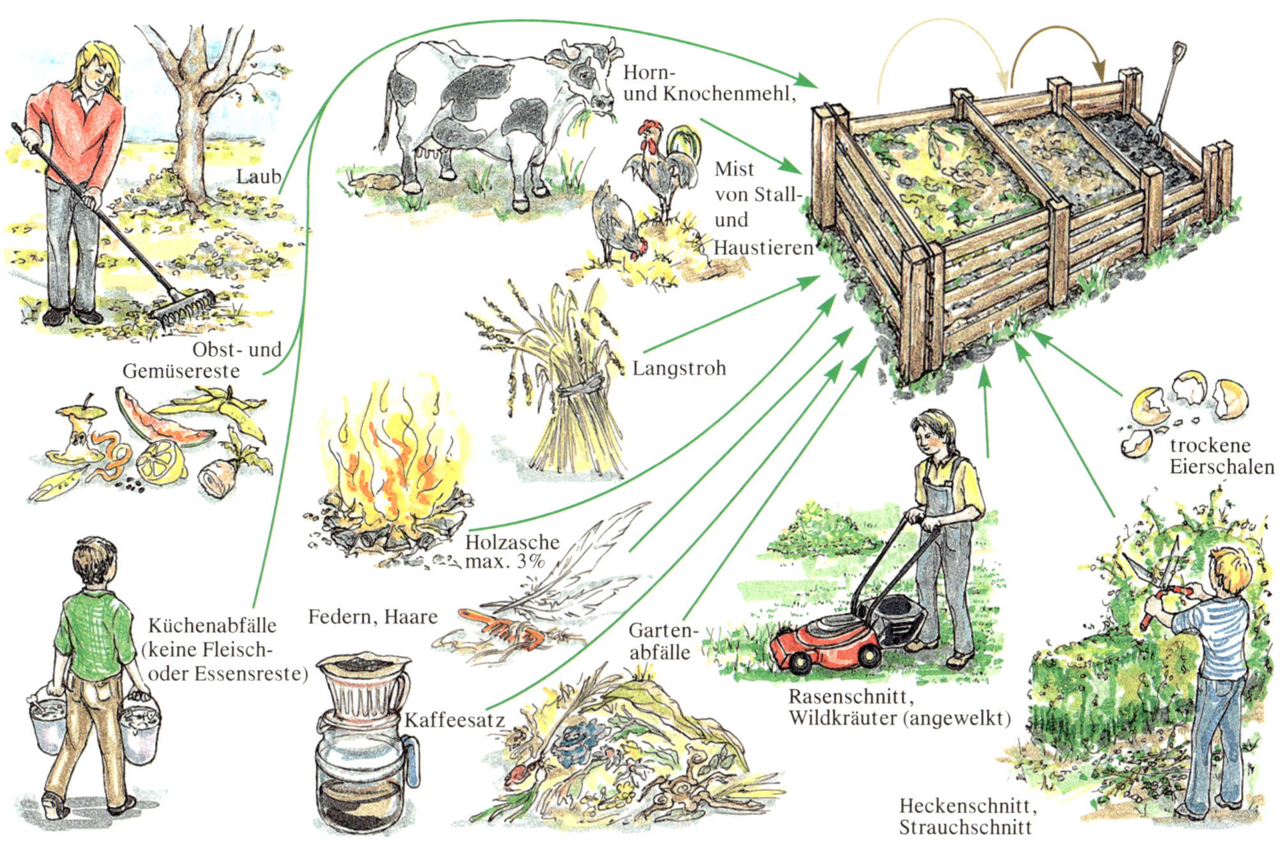

5 *Kompostierung von Garten- und Küchenabfällen*

Die Bildung von Humus ist das gemeinsame Werk von Bodentieren und kleinsten Lebewesen. Dieser Vorgang läuft langsam ab. Er ist auch von der Beschaffenheit des Bodens abhängig.
Wer einen Garten hat, bemüht sich deshalb ständig um Nachschub an Humus für die Beete. Man kann ihn kaufen oder durch Anlegen eines eigenen Komposthaufens gewinnen. Dieser wird mit verschiedenen Abfällen „gefüttert“. ▸5
Schon nach kurzer Zeit bildet sich fruchtbare, humushaltige Gartenerde. So löst der Komposthaufen zwei Probleme auf einmal. Küchen- und Gartenabfälle werden umweltfreundlich beseitigt und man erhält den kostbaren Humus.
Für eine schnelle Gewinnung von Humus bietet sich das „Drei-Kammer-System“ an. Der Komposthaufen besteht aus drei Kammern. In die größte werden die frischen Abfälle eingefüllt. Nach etwa fünf bis sechs Wochen wird ihr Inhalt in die zweite und nach weiteren sechs Wochen in die dritte Kammer umgefüllt.
Die leeren Kammern nehmen jeweils wieder neue Abfälle auf.
Humus hat keine einheitliche Zusammensetzung. Es gibt mehrere Arten von Humus. Zum Beispiel ist Torf eine sehr saure Humusart. Sein pH-Wert liegt bei 3,5 bis 4,5. Man findet Torf im Boden von Nadelwäldern, in der Heide und in Torfmooren.

Blütenpflanzen unserer Heimat

1 *Klatschmohn*

2 *Rhododendron*

3 *Akelei*

Grundlagen Merkmale von Blütenpflanzen

Jede Pflanze hat bestimmte Merkmale, durch die sie sich von anderen Pflanzen unterscheidet.
Die Blüten bestehen aus *Kelchblättern*, *Kronblättern*, *Staubblättern* und *Fruchtblättern*. Bei den Blüten können die Blütenblätter frei stehend oder miteinander verwachsen sein. Man unterscheidet glockige, röhrenförmige oder trichterförmige Blüten. Oft sind mehrere Blüten zu einem Blütenstand vereinigt. Die Blätter haben unterschiedliche Formen. ▸5

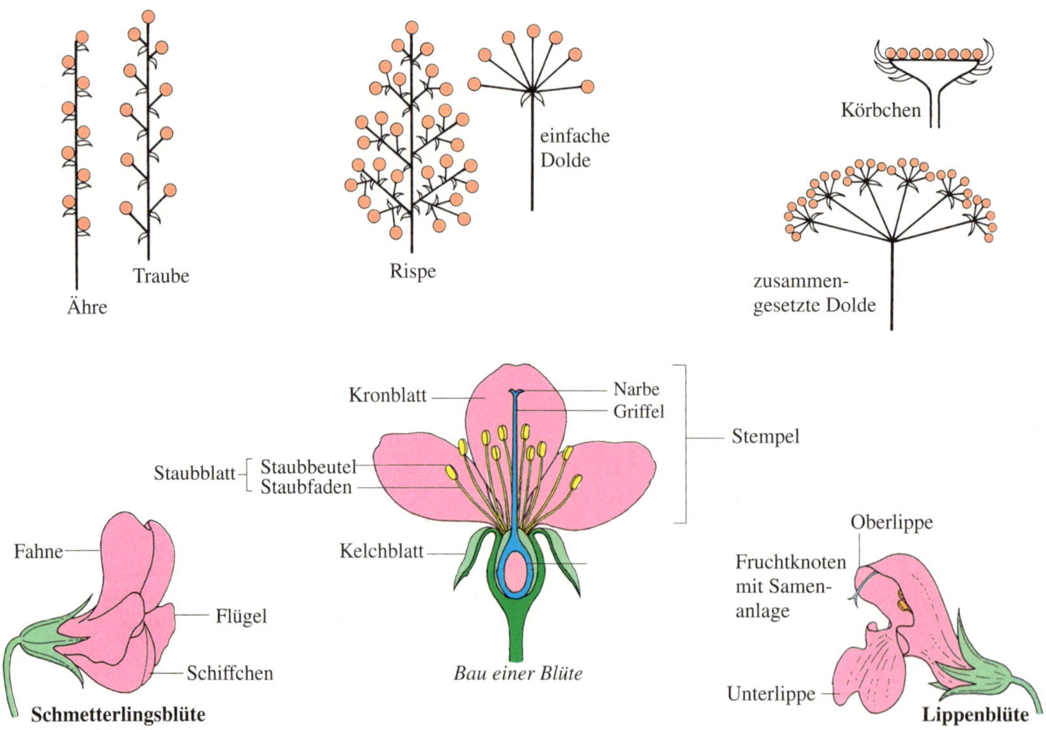

4 *Merkmale von Blüten*

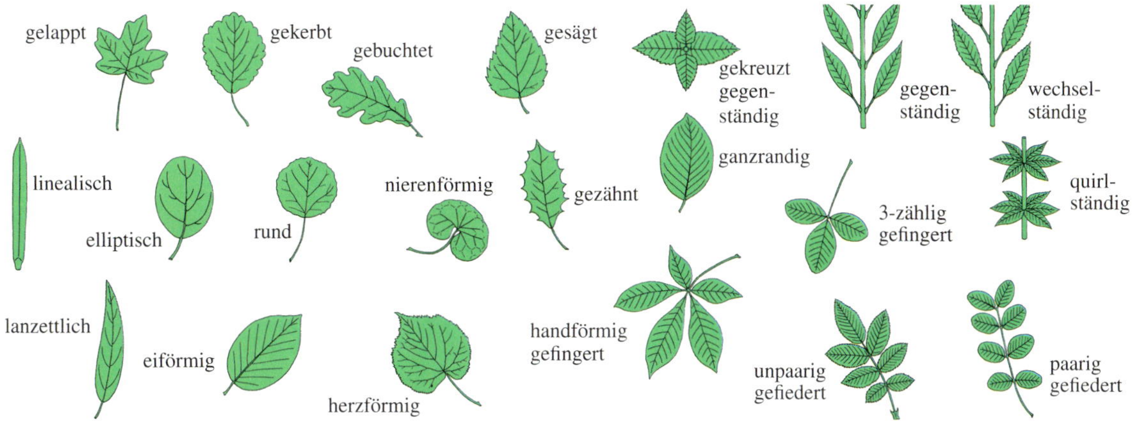

5 *Merkmale von Blättern*

Grundlagen Vom Aufbau der Blütenpflanzen

Vom Aufbau der Blütenpflanzen
Alle Blütenpflanzen sind ähnlich aufgebaut: ▸6
Sie haben *Wurzeln* und einen *Spross*. Dieser besteht aus *Stängel*, *Laubblättern* und *Blüten*.
Wurzel, Laubblätter und Stängel gehören zu den *Organen* der Pflanze.

Die Aufgaben der Pflanzenteile
Die Teile der Blütenpflanze haben unterschiedliche Aufgaben:
- Die Wurzel verankert die Pflanze im Boden. Von dort nimmt sie Wasser mit gelösten Mineralstoffen auf.
- Der Stängel enthält viele Leitgefäße. In ihnen wird das Wasser mit den Mineralstoffen aus der Wurzel in die Blätter und Blüten transportiert.
- Mithilfe der grünen Blätter bildet die Pflanze ihre Nährstoffe. Dazu braucht sie Licht.

Blütenpflanzen haben Wurzeln und einen Spross, der aus Stängel, Laubblättern und Blüten besteht. Sie unterscheiden sich im Aufbau ihrer Blüten und der Form ihrer Laubblätter.

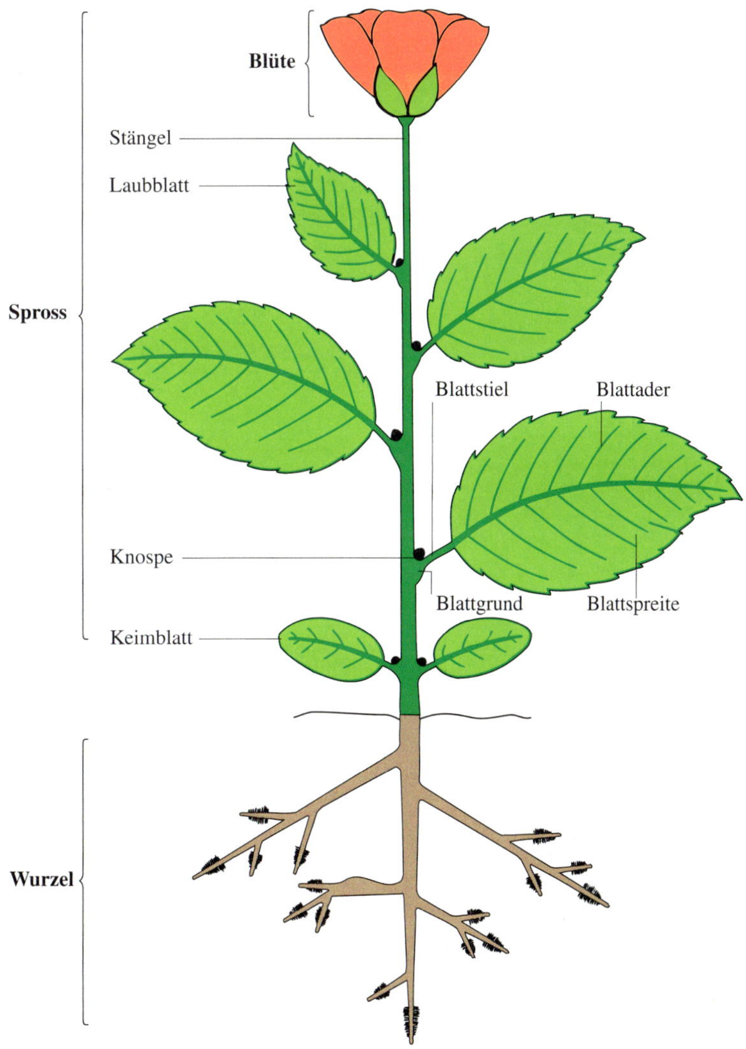

6 *Grundaufbau einer Blütenpflanze*

Die Heckenrose und ihre Verwandten

▷ In vielen Parks findet man häufig einen sehr schönen Strauch: die Heckenrose. Dieser Strauch ist auch als Hecke sehr beliebt, weil er so gut wie undurchdringlich ist. Seine besonderen Kennzeichen sind zahlreiche rötliche Blüten, rote Früchte (Hagebutten genannt), gefiederte Blätter und Stacheln an verholzten Stängeln.

1 *Heckenrosenstrauch und Hagebutten*

Beobachten Untersuchen

1 Heckenrosenstrauch

a Der Strauch besitzt junge Triebe, aber auch Zweige aus dem Vorjahr. Worin unterscheiden sie sich? Welche tragen Blüten?

b Beobachtet die Blüten der Heckenrose am Abend, am frühen Morgen und an einem sonnigen Mittag. Wie sehen sie aus, wenn am Mittag feuchtes Wetter herrscht? Welche Insekten besuchen die Blüten?

2 Blätter, Blüten und Früchte

a Löst ein Blatt der Heckenrose direkt am Stängel ab. Skizziert es. Beschriftet eure Zeichnung.

b Löst eine Blüte der Heckenrose ab. Betrachtet sie von oben. Welche Blütenteile aus der Zeichnung erkennt ihr. ▸2

c Schneidet die Blüte vorsichtig der Länge nach durch. Zeichnet dann einen Längsschnitt. Beschriftet die Zeichnung.

d Schneidet eine Hagebutte der Länge nach durch. Zeichnet und benennt die Bestandteile. Erklärt den Begriff Sammelfrucht. ▸2

4 Dornen oder Stacheln? Dornen entspringen aus dem Holz eines Stängels und können deshalb nur schwer abgebrochen werden. Stacheln bilden sich aus der Rinde und lassen sich leicht ablösen.

a Schneidet mit einem Messer vorsichtig einen Stängel der Heckenrose der Länge nach durch. ▸3

b Besitzt die Heckenrose nun Dornen oder Stacheln? Begründet eure Antwort

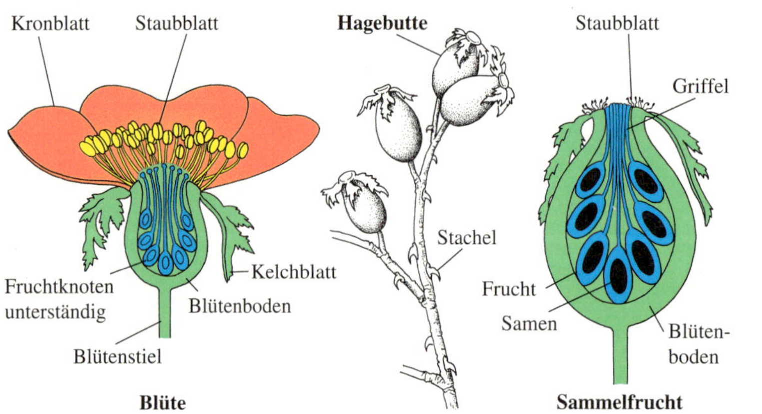

2

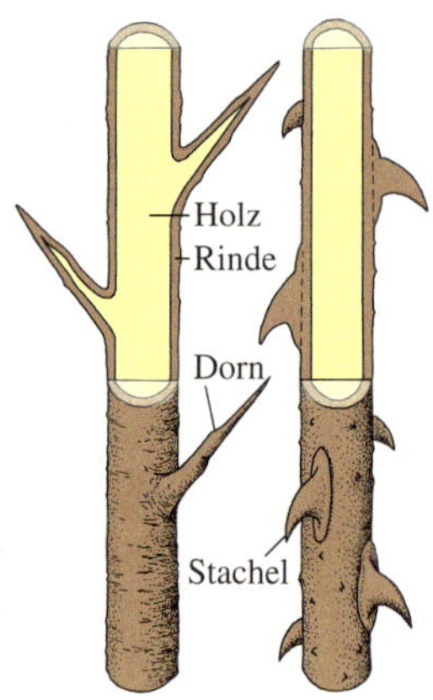

3

Grundlagen Ordnung in der Pflanzenwelt

Familie – Gattung – Art ▸4 Manche Pflanzen sind einander grundsätzlich ähnlich. So können z. B. ihre Blüten den gleichen Grundbauplan haben. Man fasst solche Pflanzen zu *Familien* zusammen.
Bei den Pflanzen einer Familie gibt es auch Unterschiede, etwa bei den Früchten. Man unterteilt sie deshalb in *Gattungen*.
Pflanzen, die unter natürlichen Bedingungen Nachkommen hervorbringen können, gehören zu einer *Art*.

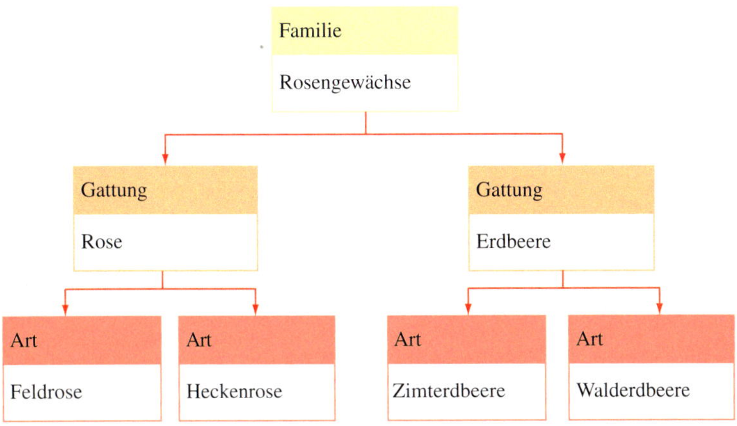

4 *Ordnungsschema für Rosengewächse*

Die Familie der Rosengewächse Die Blüten dieser Familie haben fünf Kelchblätter, fünf freie Kronblätter und einen Kranz von Staubblättern. ▸5–8 Zu ihr gehören z. B. alle Rosenarten sowie einige Obstarten und die Beispiele der folgenden Seite.

Ein wichtiges Merkmal für die Unterscheidung von Blütenpflanzen ist der Blütenbau. Alle Pflanzen mit gleichem Grundbauplan der Blüte werden zu einer Pflanzenfamilie zusammengefasst. Die Blüten der Rosengewächse haben fünf Kelchblätter, fünf freie Kronblätter und viele Staubblätter.

Aufgaben

1 „Die Heckenrose ist für viele Tiere doppelt nützlich." Erkläre diese Aussage.

2 Vergleiche die Blüten. ▸5–8 Welche gemeinsamen Merkmale erkennst du?

3 Die Frucht der Heckenrose nennt man Hagebutte.
a Erkundige dich, wozu Hagebutten verarbeitet werden.
b Sieh im Lexikon oder im Internet nach, was *Hag* und *Butte* bedeuten.

4* Die Heckenrose kommt oft in Märchen und Volksliedern vor. Informiere dich im Lexikon oder im Internet und nenne Beispiele dafür.

Blüten: 5 Kelchblätter, 5 weiße Kronblätter, viele Staubblätter, 1 Stempel
Früchte: Sammelfrucht mit vielen Samen
Blätter: gefiedert

5 *Feldrose (Kriechende Rose)*

Blüten: 2-mal 5 Kelchblätter, 5 weiße Kronblätter, viele Staubblätter und Stempel
Früchte: Aus jedem Fruchtknoten wird ein Nüsschen. Der Blütenboden bildet rotes Fruchtfleisch (Sammelnussfrucht).
Blätter: dreigeteilt, grob gesägt

6 *Erdbeere*

Blüten: 5 grüne Kelchblätter, 5 weiße Kronblätter, viele Staubblätter, 1 Stempel
Früchte: Der Fruchtknoten bildet meist eine rote, außen fleischige Frucht. Im Fruchtfleisch liegt der Samen mit hartem Gehäuse (Steinobst).
Blätter: eiförmig, gesägt

7 *Kirsche*

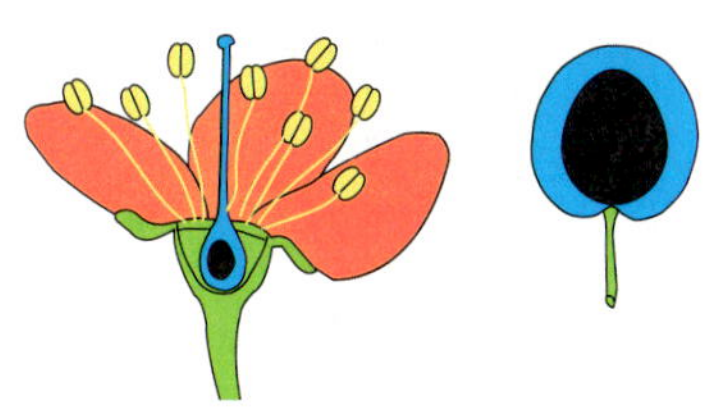

Blüten: 5 grüne Kelchblätter, 5 weiße Kronblätter, viele Staubblätter, 1 Stempel
Früchte: Im Fruchtknoten entsteht eine schwarzblaue Steinfrucht (Steinobst).
Blätter: eiförmig, gesägter Rand

8 *Schwarzdorn*

Kennübung Von der Vielfalt der Rosengewächse

Zur Familie der Rosengewächse gehören die Rosen, verschiedene Obstsorten, viele Wildkräuter und Heilpflanzen. ▸ **1–8**

Aufgaben

1 Nenne die familiären Gemeinsamkeiten der Rosengewächse.

2 Überprüfe diese Gemeinsamkeiten – soweit möglich – anhand der Bilder auf dieser Doppelseite.

1 *Bachnelkenwurz: Kraut, 30–50 cm hoch; Blütezeit: April bis Juni; nach unten nickender Blütenstängel; alte Heilpflanze; wächst auf nassen Wiesen und an Bächen.*

2 *Odermennig: Kraut, 30–130 cm; Blütezeit: Juni bis August; Blüten in langen Trauben; alte Heilpflanze, die an sonnigen Waldrändern und Wegrainen wächst.*

3 *Kartoffelrose: bis zu 2,5 m hoher Strauch; Blütezeit: Juni/Juli; Blüten einzeln an Blütenstielen; wächst an sonnigen Standorten.*

4 *Traubenkirsche: Baum, 3–15 m hoch; Blütezeit: Mai; Blüten in hängenden Trauben; wächst an Bachufern.*

5 *Himbeere: Strauch, 50–120 cm hoch; Blütezeit: Mai bis August; rote Stacheln; wächst in lichten Wäldern; Früchte reich an Vitamin C.*

6 *Apfel: Obstbaum bis 6 m hoch; Blütezeit: April bis Juni (rosaweiße Trauben); Wildapfel mit kleinen, säuerlichen Früchten; wächst in Auwäldern und Gebüschen.*

7 *Wildbirne: Obstbaum, bis 20 m hoch; rote Staubblätter; Stammform der Kulturbirne; der Baum wächst in Laubwäldern.*

8 *Pflaume: Baum, bis 8 m hoch; Blütezeit: April bis Juni; Frucht: aus dem Fruchtknoten wird eine Steinfrucht; kommt in verschiedenen Kulturformen vor (z. B. Mirabelle, Reneklode).*

Kreuzblütengewächse

Familie: Kreuzblütengewächse

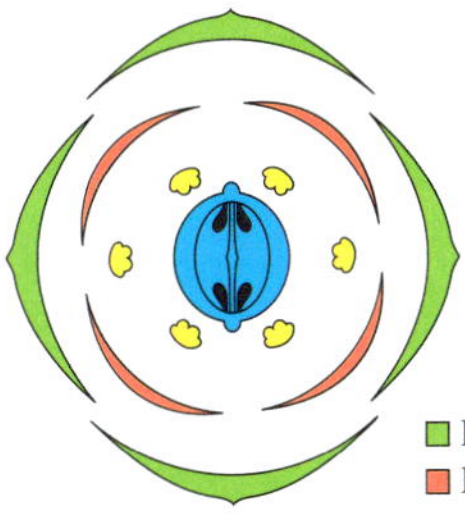

Blüte: 4 Kelchblätter, 4 Kronblätter, 4 lange Staubblätter – jeweils kreuzförmig angeordnet; 2 kurze Staubblätter, 1 Stempel
Blütenstand: Traube
Frucht: Schote aus 2 Fruchtblättern

1

Die Rapspflanze gehört zur Familie der *Kreuzblütengewächse.* ▸1–2 Sie ist Lieferant für Speiseöl und Biodiesel sowie eine Futterpflanze. Du erkennst die typischen Familienmerkmale: Die Blütenteile (4 Kelchblätter, 4 Kronblätter, 6 Staubblätter) sind kreuzförmig angeordnet. Die Früchte entstehen aus den beiden miteinander verwachsenen Fruchtblättern des Fruchtknotens. Eine Scheidewand trennt diese Schote in zwei Fächer. An ihr hängen die ölhaltigen Samen links und rechts in vier Reihen.
Auch viele andere Blütenpflanzen besitzen Kreuzblüten und haben Schoten als Früchte. ▸3–6 Sie gehören ebenfalls zu den „Kreuzblütlern". Von dieser Familie gibt es in Mitteleuropa etwa 200 Arten.

Untersuchen

1 Rapsschote Öffnet eine Rapsschote mit der Pinzette. Untersucht die Anordnung der Samen an der Scheidewand. Zählt die Samen. Zeichnet und beschriftet.

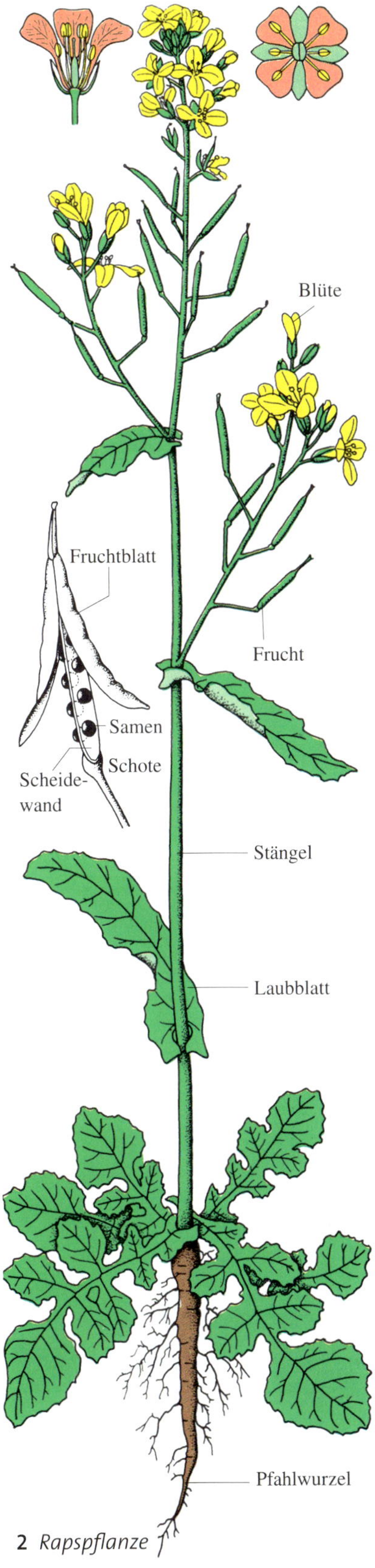

2 *Rapspflanze*

3 *Wiesenschaumkraut*

4 *Gartenrettich*

5 *Goldlack*

6 *Hirtentäschel*

Korbblütengewächse

Familie: Korbblütengewächse

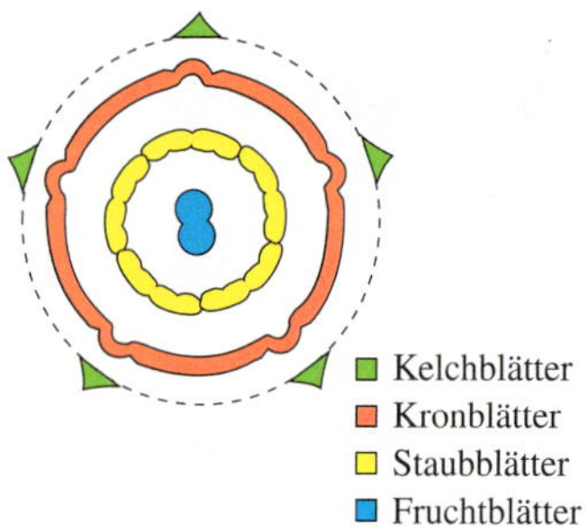

Viele Einzelblüten bilden körbchenartige Blütenstände. Je nach Art enthalten die Blütenstände Röhrenblüten, Zungenblüten oder beide zugleich. *Beispiele:* Der Löwenzahn hat nur Zungenblüten, Kornblumen nur Röhrenblüten, Gänseblümchen beides.

1

2 *Sonnenblume*

Bekannte Vertreter der *Korbblütengewächse* sind die Sonnenblume und der Löwenzahn. ▸1–5 Bei beiden sind die Blütenstände aus vielen Einzelblüten zusammengesetzt. Der Löwenzahn hat fast ausschließlich Zungenblüten. Die Familie der Korbblütengewächse ist mit etwa 20 000 Arten außerordentlich groß. Fast alle „Korbblütler" sind Kräuter. ▸6–7 Einige Korbblütengewächse sind geschützt, z. B. das Edelweiß, einige Distelsorten und Arnika.

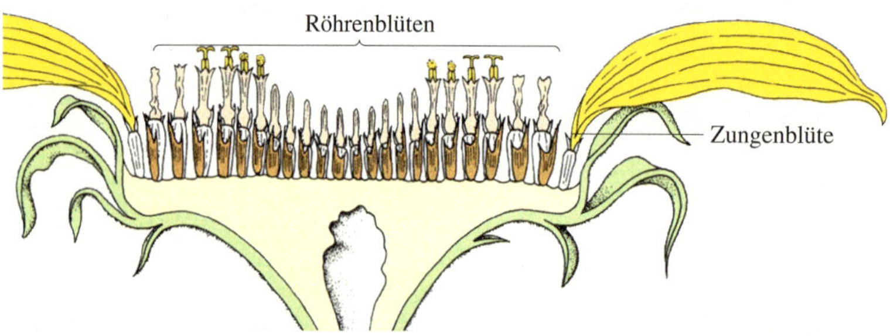

3 *Sonnenblume*

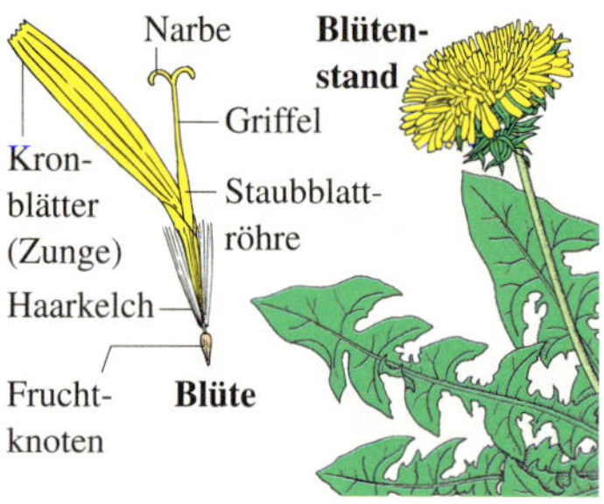

4 *Blütenstand des Löwenzahns*

5 *Fruchtstand des Löwenzahns*

6 *Kamille*

7 *Kornblume*

Untersuchen

1 Sonnenblume

a Zupft Blüten der Sonnenblume aus dem Korbinnern und vom Rand. ▸8 Betrachtet die Einzelblüten mit der Lupe.

b Vergleicht die Blüten mit der Zeichnung der Blütenkorbhälfte. ▸3 Was unterscheidet die Einzelblüten aus der Korbmitte von den anderen? Welche Blütenblätter erkennt ihr?

c Beide Formen der Einzelblüten ergänzen einander:
- Welche Blüten locken Insekten zur Bestäubung an?
- In welchen Blüten kann es zur Befruchtung kommen?

8 *Sonnenblumenkorb*

Überblick

Aufbau der Blütenpflanze

Alle Blütenpflanzen haben den selben Grundaufbau. ▸9

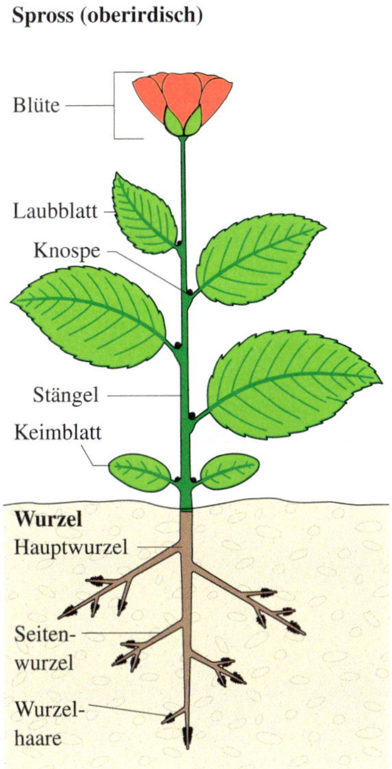

9

Ordnung in der Pflanzenwelt

Um die Vielfalt der Blütenpflanzen zu ordnen, stellt man die miteinander verwandten Pflanzen zu Familien zusammen. Verwandtschaft lässt sich bei Pflanzen am besten am Bau der Blüten feststellen.
Pflanzen, die unter natürlichen Bedingungen Nachkommen hervorbringen können, gehören zu einer *Art*.
Ähnliche Arten fasst man zu *Gattungen* zusammen, ähnliche Gattungen zu einer *Familie*. ▸10

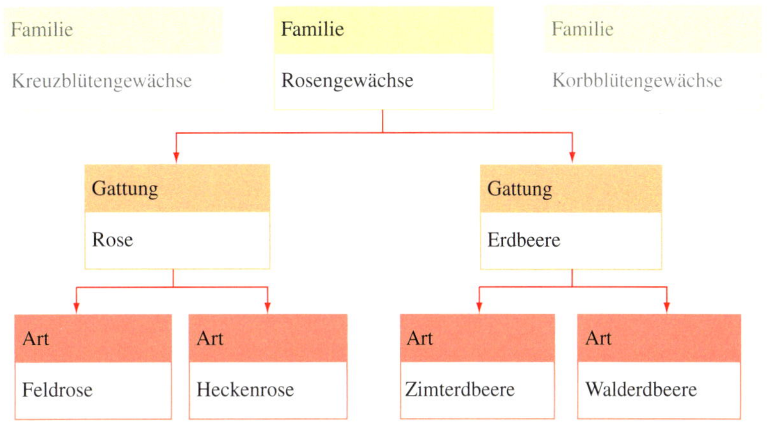

10

Alles klar?

1 Lies den Steckbrief zur Gartenerbse.

a Die Erbse gehört nicht zu den Rosengewächsen. Begründe!

b* Recherchiere: Zu welcher Familie gehört die Gartenerbse? Nenne weitere Arten aus dieser Familie.

2 Kirsche und Birne sind Rosengewächse. Woran kann man das erkennen?

3 Zeichne den Blütenbau einer Kirschblüte und einer Rapsblüte. Vergleiche beide Blüten.

4* Löwenzahn wächst auf Wiesen.

a Die „Blüte" des Löwenzahns ist eigentlich ein Blütenstand. Erkläre diese Aussage.

b Zu welcher Pflanzenfamilie gehört der Löwenzahn?

c Nenne weitere Arten aus dieser Familie.

Steckbrief: Gartenerbse

Blütenfarben: weiß bis blasslila
Blütenaufbau: 5 Kronblätter, zwei zusammengewachsen; Blüte sieht wie Schmetterlingsflügel aus; 5 verwachsene Kelchblätter, 10 Staubblätter
Größe: bis 2 m
Stängel: kantig, liegt auf dem Boden oder klettert an Stangen empor
Blätter: große, leicht gezahnte Blätter am Stängel, außerdem kleine Blätter mit Ranken
Früchte: 3–12 cm lang, 1–2 cm dick, gelblich oder bräunlich, enthalten 3–9 mm große Samen

Wie aus einem Samen eine neue Pflanze entsteht

▷ Die Entwicklung einer 50 m hohen Buche aus einem Samen dauert etwa 100 Jahre.

▷ Unter welchen Umständen wächst aus einem Samen überhaupt eine große Pflanze heran?

1 *Aus Buchensamen entstehen Jungpflanzen und später Bäume.*

Beobachten Untersuchen

1 **Samen der Feuerbohne** Die Samen müssen vorher einen Tag lang in einer Schale mit Wasser quellen.

a Entfernt die Samenschale vorsichtig mit dem Fingernagel. Klappt die beiden Bohnenhälften auseinander und untersucht sie mit der Lupe:
- Findet ihr die Keimwurzel?
- Wo liegen die Keimblätter? Wie viele sind es? Welche Farbe haben sie?
- Fertigt eine Skizze an. Beschriftet sie. ▸**2–3**

b Wiegt einen trockenen Samen ab. Messt auch seine Länge. Macht dasselbe mit einem gequollenen Samen. Erklärt den Unterschied.

2 **Die Keimung der „Superfeuerbohne"** Wer zieht aus einem Samenkorn die größte Feuerbohnenpflanze heran?

a Lasst die Samen der Feuerbohne einen Tag lang in Wasser quellen.

b Füllt ein Einmachglas mit angefeuchteter Watte. Um das Glas herum wickelt ihr schwarzen Karton. Drückt einige gequollene Samenkörner ein wenig in die Watte hinein. Haltet die Watte während des Versuchs immer feucht. Stellt das Gefäß an einen warmen und hellen Ort.

c Protokolliert das Wachstum. Messt dazu 3 Wochen lang täglich die Länge des Keimstängels und der Keimwurzel. Tragt die Messwerte in eine Tabelle und ein Diagramm ein. ▸**4**

d Fertigt immer dann eine Zeichnung des Keimlings an, wenn sich etwas verändert hat. Notiert an jeder Zeichnung das Datum.

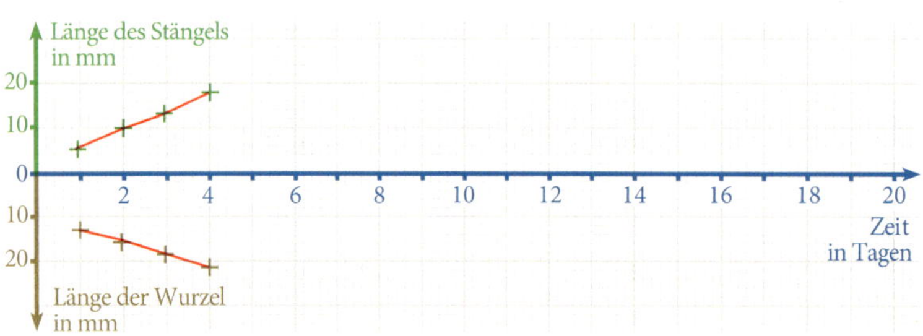

4 *Wachstum einer Feuerbohnenpflanze (Musterdiagramm)*

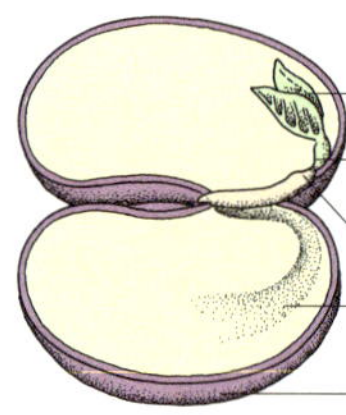

2 *Samen der Feuerbohne*

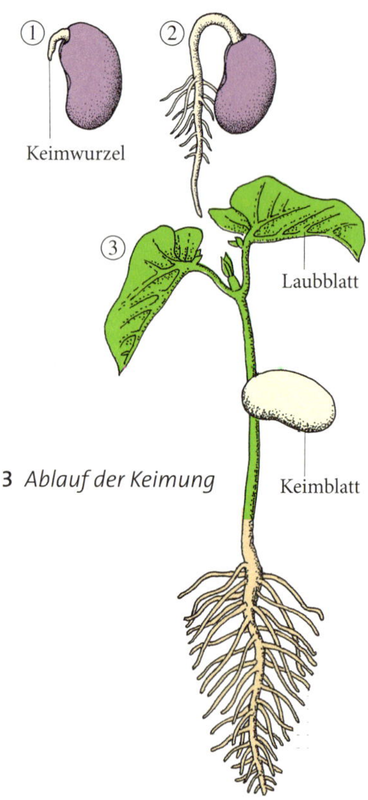

3 *Ablauf der Keimung*

3 **Was brauchen Samen zum Keimen?** Die Bedingungen für das Keimen könnt ihr mit Kressesamen herausfinden. ▸5–6

a Gebt je 15 Samenkörner in sechs Petrischalen (oder Untertassen). Legt die Samen:
- in Schale 1 auf trockene Erde
- in Schale 2 auf feuchte Erde
- in Schale 3 auf feuchte Erde; verschließt die Schale mit ihrem Deckel und verklebt den Rand mit Klebeband
- in Schale 4 auf feuchte Erde; stellt die Schale in den Kühlschrank
- in Schale 5 auf ein angefeuchtetes Küchentuch
- in Schale 6 auf feuchte Erde; stellt die Schale ins Dunkle

Ihr dürft die Samen der Schalen 2–6 nicht austrocknen lassen!

b Stellt Vermutungen an, welches die besten Wachstumsbedingungen sind. Versucht eure Vermutungen zu begründen.

c Protokolliert das Keimen der Kressesamen. Notiert jeden Tag, wie viele Samen in den unterschiedlichen Schalen gekeimt sind.

d Schreibt auf, was Kressesamen zum Keimen brauchen.

5 *Kresse wird zum Keimen gebracht.*

Keimen von Kressesamen Name: .... Datum: .... Klasse: ....

Schale	Besondere Bedingung	Vermutung	Wie viele Samen sind schon gekeimt? 1. Tag	2. Tag	3. Tag	4. Tag	5. Tag	6. Tag	Beobachtung
1	ohne Wasser	?	?	?	?	?	?	?	?
2	keine	?	?	?	?	?	?	?	?
3	luftdicht verschlossen	?	?	?	?	?	?	?	?
4	kalt und dunkel	?	?	?	?	?	?	?	?
5	ohne Erde	?	?	?	?	?	?	?	?
6	dunkel	?	?	?	?	?	?	?	?

6 *Protokoll (Muster)*

Aufgaben

1 Jan hat Kressesamen keimen lassen.

a Bei welchen Bedingungen keimen und wachsen die Samen am besten (Tabelle unten)?

b Welche Bedingungen brauchen die Samen nicht zum Keimen?

2 Samen der Feuerbohne

a Zeichne einen Querschnitt durch einen Feuerbohnensamen und beschrifte ihn.

b Beschreibe, wie eine Feuerbohne keimt. Was benötigen die Samen zum Keimen?

Schale	Erde	Wasser	Wärme	Licht	Luft	Beobachtung
A	✓	✓	✓	✓	–	Die Samen keimen nicht.
B	✓	✓	✓	–	✓	Samen keimen gut. Die Keimlinge sind aber lang, dünn und blass.
C	✓	✓	–	✓	✓	Bei Kälte keimen die Samen viel langsamer als im warmen Zimmer.
D	✓	–	✓	✓	✓	Die Samen keimen nicht.
E	–	✓	✓	✓	✓	Die Samen keimen ganz normal.
F	✓	✓	✓	✓	✓	Fast alle Samen keimen.

Was geschieht in der Pflanze?

- ▷ Zimmerpflanzen verbessern die Raumluft. Die Blätter geben Wasserdampf ab und befeuchten so die Luft. Die meisten Menschen empfinden die feuchte Luft beim Atmen als angenehm.
- ▷ Wie kommt das Wasser in die Blätter?
- ▷ Warum kommt das Wasser in die Blätter?

1 *Der Wasserdampf schlägt sich an der kalten Fensterscheibe nieder.*

Untersuchen Experimentieren

1 **Wasserleitung in den Pflanzen** Ihr benötigt zwei Fleißige Lieschen oder Buntnesseln. Schneidet die Wurzeln mit einem scharfen Messer unter Wasser frisch ab. Stellt die eine Pflanze in ein Becherglas mit roter Farblösung (rote Tinte oder Lebensmittelfarbe), die andere zur Kontrolle in ein Glas mit Wasser. ▸2
Schneidet von jedem Spross nach einer Stunde ein 2 cm langes unteres Stück des Stängels ab. Spült es unter Wasser kurz ab. Betrachtet mit einer Lupe die frischen Schnittflächen.
Wodurch wird das Wasser in der Pflanze nach oben geleitet? Deutet die Beobachtungsergebnisse.

2 **Durchziehen die Leitungsröhren alle Pflanzenteile?** Schneidet den unteren Teil des Stiels einer weißen Blüte (z. B. Nelke) bis zur Hälfte auf. Legt ein Klebeband um das obere Schnittende, damit sich der Stiel nicht weiter spreizt. Stellt die eine Stängelhälfte in Farbstofflösung, die andere in Wasser. ▸3
Formuliert eine Vermutung über die Verfärbung der Blüte.
Beobachtet nach ein bis zwei Stunden die Veränderungen der Blüte.
Warum war eure Vermutung zutreffend bzw. unzutreffend? Begründet!

3 **Wasseraufnahme durch die Wurzeln** Stellt ein Fleißiges Lieschen mit Wurzeln in einen Messzylinder mit Leitungswasser. Füllt zur Kontrolle einen zweiten Messzylinder bis zur gleichen Höhe mit Wasser und markiert den Wasserstand. ▸4
Vergleicht alle zwei Stunden den Wasserstand in den Zylindern und notiert den jeweiligen Wasserverlust.
Zeichnet den Aufbau am Anfang und am Ende des Versuchs. Erklärt den Wasserverlust.

4 **Stärkebildung im Blatt** *Ihr braucht:* 2 Reagenzgläser, Kartoffelstärke, Spatel, Pipette, Zimmerpflanze (z. B. Geranie), Alufolie, Klebeband, Schreibtischlampe, 3 Bechergläser, Heizplatte, Wasser, Brennspiritus, Iod-Kaliumiodid-Lösung, Küchenpapier.

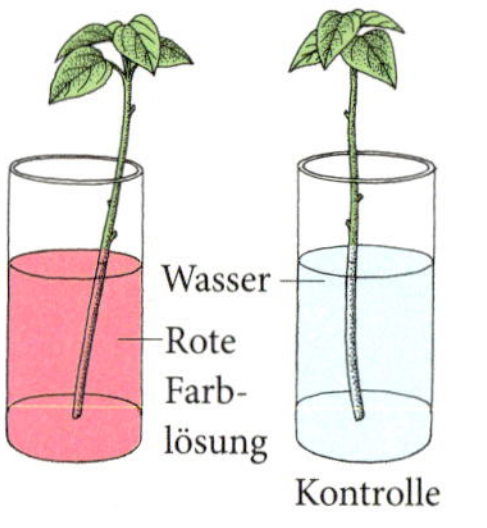

2

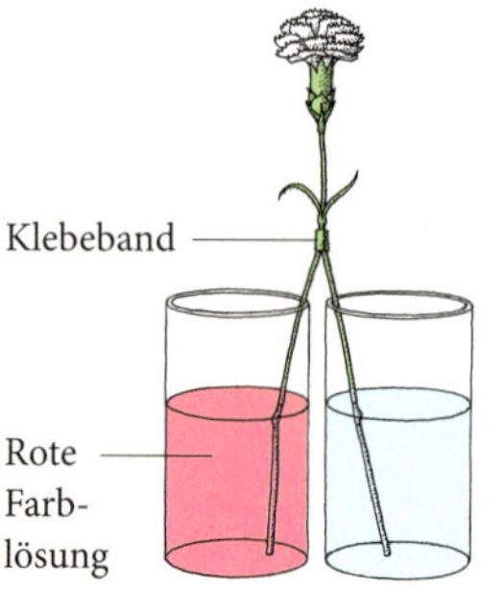

3

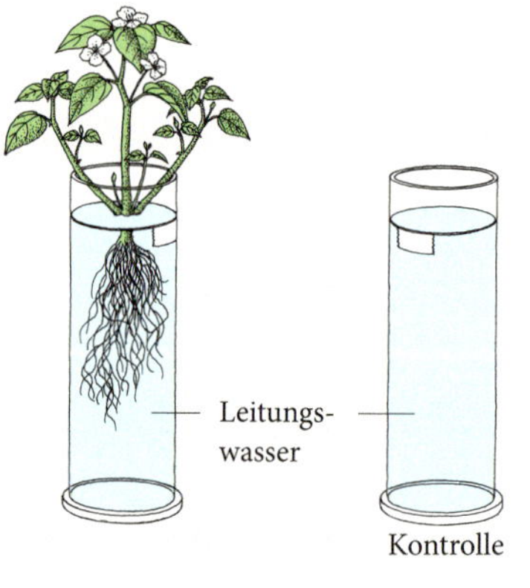

4

a Iod-Kaliumiodid-Lösung färbt Stärke blau. Probiert es aus:
Gebt eine Spatelspitze Kartoffelstärke in ein Reagenzglas. Tropft mit einer Pipette etwas Iod-Kaliumiodid-Lösung hinein. Tropft zum Vergleich ein wenig von der Lösung in ein leeres Reagenzglas.

b Klebt ein Stück Alufolie auf ein grünes Blatt einer Zimmerpflanze. ▸5
Beleuchtet das Blatt mindestens zwölf Stunden mit der Lampe.
Füllt etwas Iod-Kaliumiodid-Lösung in ein Becherglas und etwas Wasser in ein zweites Becherglas.
Die Lehrerin oder der Lehrer erhitzt ein wenig Brennspiritus.
! Feuergefahr: Keine offene Flamme verwenden!
Haltet das grüne Blatt vorsichtig mit der Pinzette in den erhitzten Brennspiritus.
Taucht das Blatt mit der Pinzette in das Becherglas mit Wasser und legt es dann kurz in das Becherglas mit der Iod-Kaliumiodid-Lösung.
Tupft das Blatt mit Küchenpapier ab.

c Erklärt euer Versuchsergebnis. ▸6

5

6

Grundlagen Was Pflanzen zum Leben brauchen

Alle Blütenpflanzen entwickeln sich aus Samen, die in der Blüte gebildet werden. Der Samen enthält den Keimling der Pflanze. Der Samen keimt nur, wenn ihm ausreichend Wasser, Wärme und Luft zur Verfügung stehen. Erst dann wächst die Keimwurzel, die den Samen fest verankert. Gleichzeitig durchbricht der Keimstängel die feste Samenschale, wächst zum Licht hin und treibt bald Blätter aus. Der Keimling ernährt sich während der Keimung von den Nährstoffen in seinen Keimblättern.
Im Wasser sind Mineralstoffe aus dem Boden gelöst. Wasser und Mineralstoffe nimmt die Pflanze über ihre feinen Wurzelhaare auf. Der Stängel leitet das Wasser in die Blätter. Dort verdunstet es an der Blattunterseite. Fehlen lebenswichtige Mineralstoffe im Wasser, ist die Entwicklung der Pflanze gestört.
Tiere und Menschen müssen essen, um leben zu können. Grüne Pflanzen können nicht essen.

Pflanzen stellen Zucker, Stärke, Fett und Eiweiß selbst her. Aus Wasser und Kohlenstoffdioxid (ein Bestandteil der Luft) bauen sich grüne Pflanzen die Nährstoffe auf, die sie brauchen. Dafür müssen sie im Licht stehen. Gleichzeitig geben die Pflanzen den für uns lebenswichtigen Sauerstoff ab. Der gesamte Vorgang heißt *Fotosynthese*. ▸7

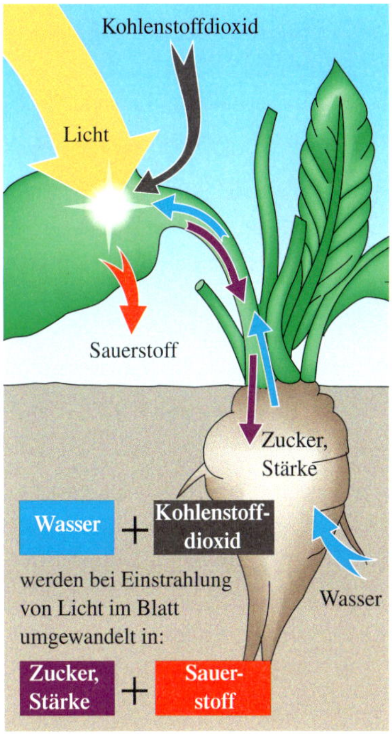

7 *Fotosynthese bei der Zuckerrübe*

Aufgaben

1 Nenne die verschiedenen Teile einer Blütenpflanze und ihre Aufgaben.

2 Einige Pflanzen besitzen grün-weiße Blätter. ▸8 Stelle eine Vermutung auf, wo sich Stärke in einem solchen Blatt nachweisen lässt. Beschreibe, wie du die Stärke nachweisen würdest.

3* Pflanzen benötigen Mineralstoffe für ihr Wachstum. Plane ein Experiment, mit dem du das herausfinden kannst.

8

Teste dich!

▷ Die Lösungen findest du im Anhang.

1 Boden:
a Woraus besteht Boden?
b Woraus besteht Humus?
c Welche Eigenschaften haben Böden mit einem hohen Humusgehalt?
d Beschreibe, wie du den pH-Wert einer Bodenprobe bestimmen kannst.

2 Der Regenwurm ist ein typischer Bodenbewohner. ▸1
a Wovon ernährt sich ein Regenwurm?
b Beschreibe, wie der Regenwurm den Boden verbessert.
c Nenne Wettereinflüsse, die dem Regenwurm schaden.

3 Die Abbildungen zeigen drei Pflanzen. ▸2–4
a Wiesenschaumkraut und Ackersenf sind Kreuzblütengewächse. Woran erkennt man das in der Zeichnung?
b Begründe, dass der Löwenzahn zu einer anderen Pflanzenfamilie gehört. Nenne diese Pflanzenfamilie.

4 Aus einem Samen ist eine Feuerbohne herangewachsen.
a Was braucht ein Samen zum Keimen?
b Beschreibe die Entwicklungsstufen vom Samen zur blühenden Pflanze.
c Wohin wächst die Pflanze, wenn Licht von der Seite einfällt? Plane dazu ein Experiment.

1 *Regenwurm*

2

3

4

Schätze deine Fähigkeiten ein

Ordne deiner Aufgabenlösung im Heft ein Smiley zu:
☺ Ich konnte die Anforderungen erfüllen.
😐 Ich konnte die Anforderungen nicht vollständig erfüllen.
☹ Ich konnte die Anforderungen nicht erfüllen.

Anforderung	Ich kann …	Hilfe findest du auf Seite …
1	die wichtigsten Bodenbestandteile nennen und erklären, wie der pH-Wert einer Bodenprobe bestimmt wird.	157, 161
2	die Bedeutung des Regenwurms für den Boden beschreiben und kenne Wettereinflüsse, die ihm schaden.	159
3	die Merkmale von Kreuzblütengewächsen und Korbblütengewächsen anwenden.	167 f.
4	beschreiben, wie aus einem Samen eine Pflanze entsteht, und dazu ein Experiment planen.	170–173

Blick auf die Erde

Licht und Schatten

- In unserer Umgebung gibt es verschiedene Lichtquellen. Ohne sie könnten wir gar nichts sehen. Die Sonne ist die wichtigste Lichtquelle des Menschen.
- Erde und Mond sind ständig in Bewegung. Dadurch erleben wir Tag und Nacht, die vier Jahreszeiten und sehen verschiedene Mondphasen.
- Neben Sonne, Erde und Mond gehören noch andere Himmelskörper zu unserem Sonnensystem. In diesem Kapitel erfährst du mehr über sie.

Was brauchen wir zum Sehen?

▷ Harry sagt: „Wie ungerecht! Der Grottenolm ist blind, aber die Eule hat Superaugen."

▷ „Der Grottenolm wäre auch mit Superaugen nicht besser dran", entgegnet ihm Tina.

▷ Überlegt, welche Aussage richtig ist.

1 *Nachtjäger haben große Augen. Eulen können bei Nacht sehr gut sehen.*

2 *Der Grottenolm lebt in Gewässern in dunklen Höhlen. Seine Augen bilden sich nach der Geburt vollständig zurück.*

Untersuchen

1 Im Dunkeln sehen?

a Geht in ein vollständig verdunkeltes Zimmer. Seht ihr noch etwas?

b Könnt ihr vielleicht etwas sehen, wenn sich eure Augen nach einiger Zeit an die Dunkelheit gewöhnt haben? Überprüft, ob wirklich kein Licht ins Zimmer dringt.

c Gibt es Gegenstände, die man im Dunkeln sehen kann? Probiert es mit einem Leuchtstift und einem Rückstrahler aus (Speichenreflektor fürs Fahrrad, Sicherheitsanhänger ...).

d Könnt ihr jetzt sagen, was man alles zum Sehen braucht?

2 Wie wird es hell genug zum Sehen? Geht mit einer Taschenlampe in ein dunkles Zimmer. Haltet nacheinander ein weißes und ein dunkles (schwarzes) Blatt Papier sowie ein Stück zerknitterte Alufolie an die Wand. Beleuchtet die Flächen so mit der Taschenlampe, dass nur auf sie das Licht fällt.

a Beobachtet, wie hell es im Raum wird. Könnt ihr auf einer Buchseite die Buchstaben erkennen, wenn die Seite nicht direkt von der Taschenlampe beleuchtet wird?

b Beschreibt eure Beobachtung und überlegt euch dafür eine Erklärung.

Grundlagen Das Auge – ein Lichtempfänger

Wenn wir die Augen schließen oder wenn es ganz dunkel ist, sehen wir nichts. Zum Sehen muss Licht in unser Auge gelangen. Wenn das Licht einer Kerzenflamme ins Auge fällt, sehen wir die Flamme. Das Auge ist also ein *Lichtempfänger*.
Die Sterne, die Sonne, eine Leuchtstoffröhre, eine Glühlampe, ein brennendes Streichholz oder eine Kerzenflamme sind *Lichtquellen*. Sie erzeugen Licht und senden es aus. ▸3

Zum Sehen gehört zweierlei: die Lichtquelle und das Auge. Lichtquellen senden Licht, die Augen empfangen es. Wir sehen die Lichtquelle, wenn ihr Licht ins Auge fällt.

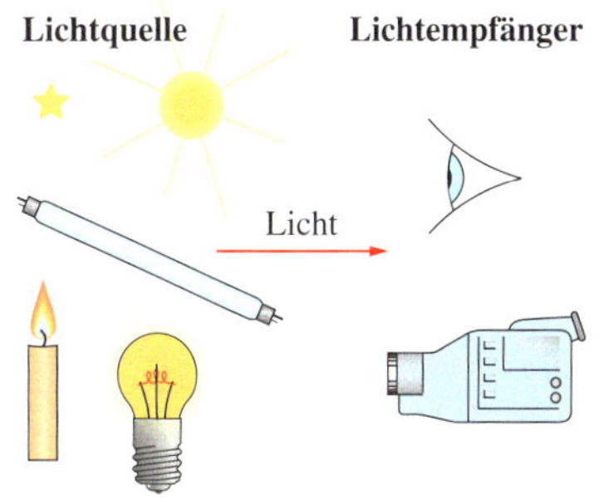

3

Aus der Umwelt Lebendige Lichtquellen

Manche Lebewesen erzeugen Licht, um gesehen zu werden. Oft wird ein Partner angelockt – oder ein Beutetier.
Glühwürmchen oder Johanniskäfer sind bei uns heimisch. Im Körper bilden sie einen Stoff, den sie zum Leuchten bringen. ▸4
Der Tintenfisch hat viele Leuchtorgane. Sie können sogar in verschiedenen Farben leuchten. ▸5

Im Pazifik leben leuchtende Quallen. Ein Forscher übertrug ihre Fähigkeit zu leuchten auf andere Organismen. Dafür ist er 2008 mit dem Nobelpreis geehrt worden. ▸6
In der Dunkelheit der Tiefsee kann der Anglerfisch seine Beute nicht sehen. Er sorgt aber dafür, dass er gesehen wird: Mit dem Leuchtorgan an seinem Kopf lockt er die Beute vor sein Maul. ▸7

4 *Glühwürmchen (Johanniskäfer)*

5 *Leuchtender Tintenfisch*

6 *Leuchtende Qualle*

7 *Anglerfisch*

Aufgabe

1 Nenne jeweils fünf künstliche und fünf natürliche Lichtquellen.

Krumm oder gerade?

▷ Was sagen diese Bilder über die Ausbreitung des Lichts?

1

2

Untersuchen Experimentieren

1 Wie sich Licht ausbreitet Von einer Lampe fällt Licht durch ein Schlüsselloch. ▸3 Übertragt das Bild vergrößert in euer Heft. Zeichnet dann ein, wie das Licht durch das Loch fällt.

2 Lichtausbreitung – sichtbar gemacht Bespannt ein Sieb mit Alufolie. Stülpt es dann über eine sehr helle Glühlampe. Stecht einige Löcher in die Folie. ▸4

a Wie könnt ihr das austretende Licht sichtbar machen?

b Was zeigt dieser Versuch über das Licht?

3* Licht fällt durch ein Loch Das Licht einer Experimentierleuchte fällt durch das Loch in einer Blende. ▸5

a Bewegt den Schirm (die Pappe) von der Blende weg. Beobachtet dabei den Lichtfleck.

b Zeichnet die Anordnung ▸6 groß ab, dazu das Licht, das den Fleck erzeugt. (Geht von der Lampenmitte aus.)
Zeichnet die roten Strahlen für den „Rand" des Lichts mit dem Lineal. Welche Eigenschaft des Lichts wird damit ausgedrückt?

c Stellt eine zweite Blende zwischen Schirm und Blende (Lampe ausgeschaltet). Worauf müsst ihr achten, damit auf dem Schirm wieder ein Lichtfleck erscheint? Begründet eure Antwort.
Schaltet die Lampe ein: Entsteht ein Lichtfleck auf dem Schirm?

d Die Blende soll jetzt ein großes Loch haben. Stellt die Lampe dicht hinter die Blende. Entfernt diesmal die Lampe langsam von der Blende. Wie ändert sich dabei der Lichtfleck?

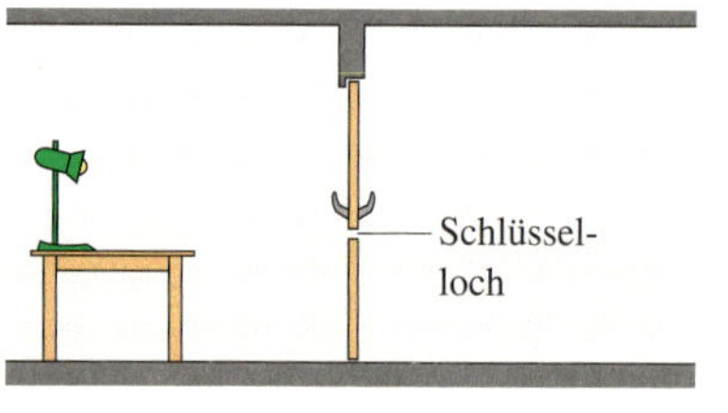

3

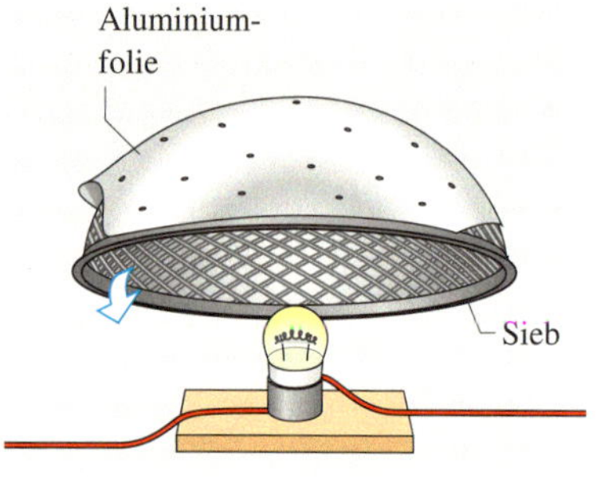

4

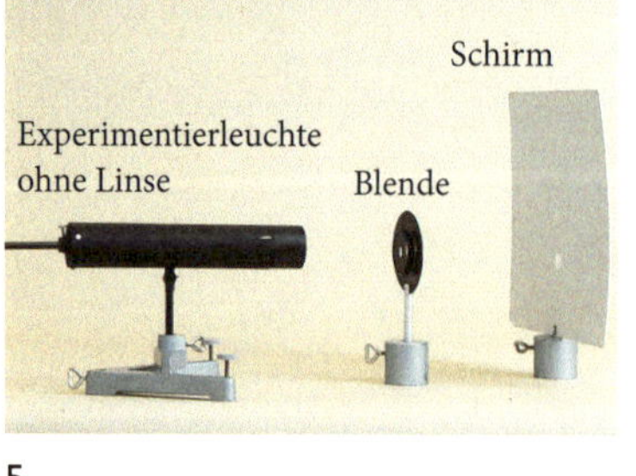

5

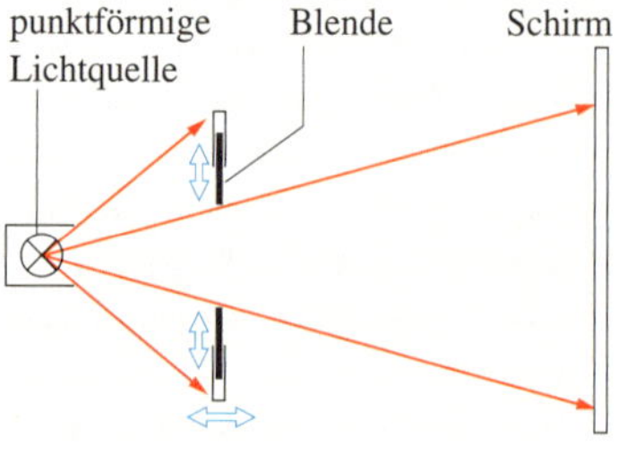

6

Grundlagen Wie sich Licht ausbreitet

Das Licht breitet sich von einer Lampe in alle Richtungen aus. Es verläuft geradlinig. Hinter einem Loch entsteht ein Lichtbündel. ▸7 Zum Zeichnen von Lichtbündeln verwenden wir die Randstrahlen und den Mittelstrahl.

Lichtstrahlen sind gedachte Linien, mit denen wir den Verlauf von Licht beschreiben. Wir zeichnen sie als Pfeile und zeigen, in welche Richtung sich das Licht ausbreitet.

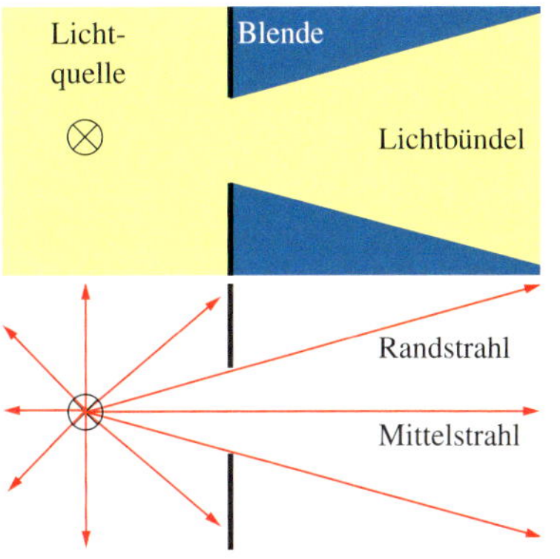

7 *Lichtbündel und Lichtstrahlen*

Aufgaben

1 Was versteht man unter einem Lichtstrahl?

2 Vor einer Lochblende (Durchmesser: 5 mm) steht in 8 cm Abstand eine kleine (punktförmige) Lichtquelle.

a Fertige eine Zeichnung an und trage die Randstrahlen hinter der Blende ein.

b Wie ändert sich der Verlauf der Randstrahlen, wenn eine Blendenöffnung kleiner gewählt wird? Stelle das Lichtbündel in einer zweiten Zeichnung dar.

c* Die kleine Blendenöffnung wird beibehalten, die Lampe aber weiter von der Blende entfernt. Zeichne wieder.

Aus der Technik Gerader Tunnel – dank Laserstrahlen

In den Bergen und beim Bau von U-Bahnen müssen oft kilometerlange Tunnel gebaut werden. Riesige Maschinen bohren den Tunnel in einem einzigen Arbeitsgang durch das Erdreich.
Um die Richtung des geplanten Tunnels genau einzuhalten, setzt man „Laserstrahlen" ein. Das sind sehr schmale und helle Lichtbündel. ▸8
Die Maschine wird so gesteuert, dass das Licht immer auf den Lichtempfänger vorn am Bohrer fällt. ▸9

8 *Laserlicht zur Vermessung eines Tunnels*

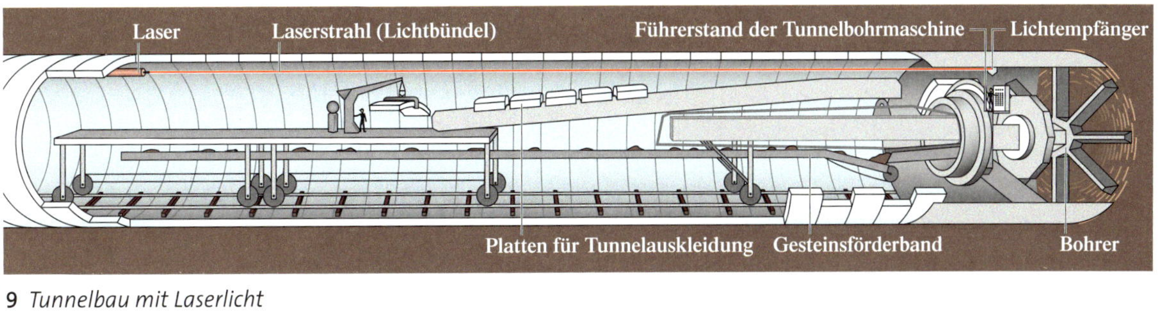

9 *Tunnelbau mit Laserlicht*

Wir sehen Gegenstände

▷ Das Lichtbündel des Projektors ist nicht zu sehen. Nur durch den Zeigestock wird das Bild sichtbar – ganz ohne Leinwand. Durchschaust du den Trick?

1

Untersuchen Experimentieren

1 Ist es hell genug zum Sehen? Verdunkelt euer Zimmer so weit wie möglich (Nacht, Vorhänge zu, alle Lichter aus). Leuchtet mit einer Taschenlampe auf eine weiße Wand, ein schwarzes Buch, einen Schrank ... Wann ist es im Zimmer am hellsten?

2 Mit Papier beleuchten Jemand stellt sich mit dem Rücken vor ein helles Fenster. Dann hält er sich ein Blatt weißes Papier vors Gesicht, als würde er lesen. Welche Veränderungen erkennt ihr?

3 Wie viel Licht werfen Gegenstände zurück? Schneidet in weißen Karton ein großes Loch und steckt ihn auf eine Experimentierlampe. ▸2 So wird er nicht direkt beleuchtet. Untersucht seine Ausleuchtung, wenn weißes oder schwarzes Papier, zerknitterte Alufolie ... vor die Leuchte gehalten werden.

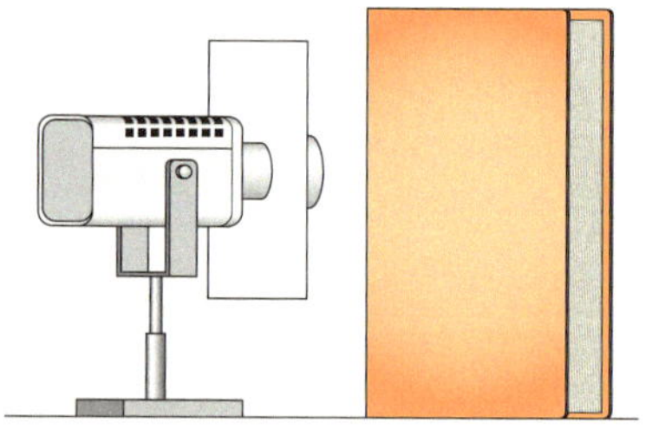

2

4 Unsichtbares Licht?

a Geht bei Regen oder Nebel nachts mit einer Taschenlampe nach draußen. Richtet die Taschenlampe in den Himmel, auf nahe und ferne Gegenstände. Was beobachtet ihr?

b Leuchtet mit der Taschenlampe im dunklen Badezimmer auf das Wasser in der Badewanne. Schüttet nun etwas Milch in das Wasser. Beschreibt eure Beobachtungen.

c Der Lehrer richtet einen Laserpointer auf eine Wand des Klassenraums. Könnt ihr das Licht von der Seite her sehen? Dann wird ein staubiger Lappen ausgeschüttelt ...
Erklärt das Versuchsergebnis.

! Mit dem Laser nicht in Augen leuchten! Nicht hineinblicken! Das Auge könnte dauerhaft geschädigt werden.

Grundlagen Wenn Licht auf Gegenstände trifft ...

Wenn du eine weiße Wand mit der Taschenlampe beleuchtest, wird es im ganzen Raum heller. Die Wand verteilt das Licht der Taschenlampe in alle möglichen Richtungen. Dieser Vorgang heißt *Streuung*. ▸3–7

Wenn Licht auf einen hellen Gegenstand fällt, wird es in alle Richtungen zurückgeworfen. Es wird gestreut.

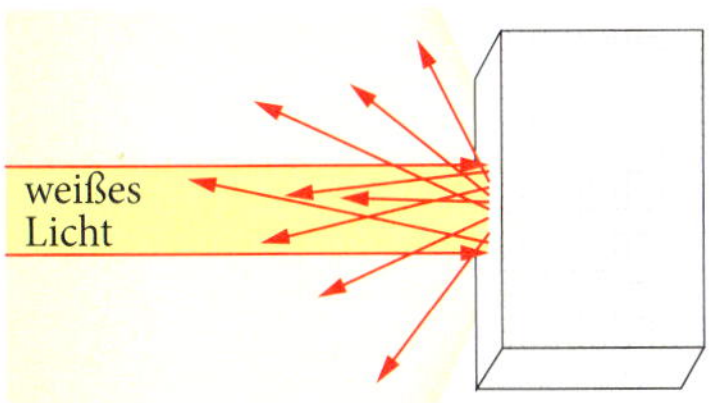

3 *Weiße Gegenstände streuen den größten Teil des Lichts unverändert zurück.*

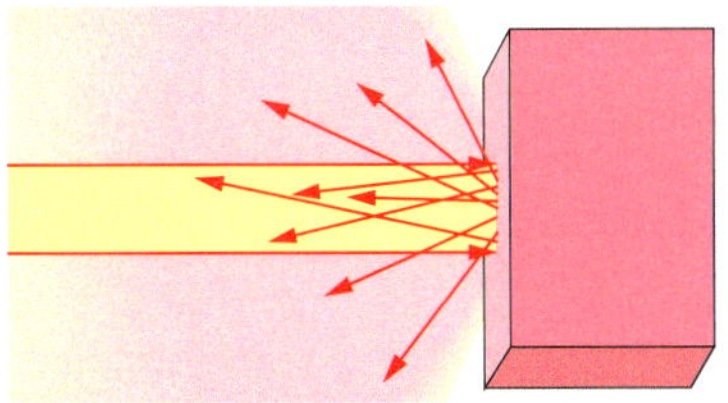

4 *Farbige Gegenstände streuen farbiges Licht zurück. Das auftreffende Licht wird also verändert.*

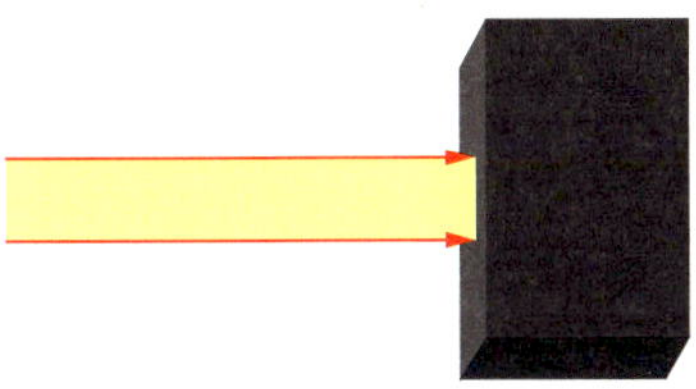

5 *Dunkle Gegenstände verschlucken (absorbieren) viel Licht. Nur ein kleiner Teil wird zurückgeworfen.*

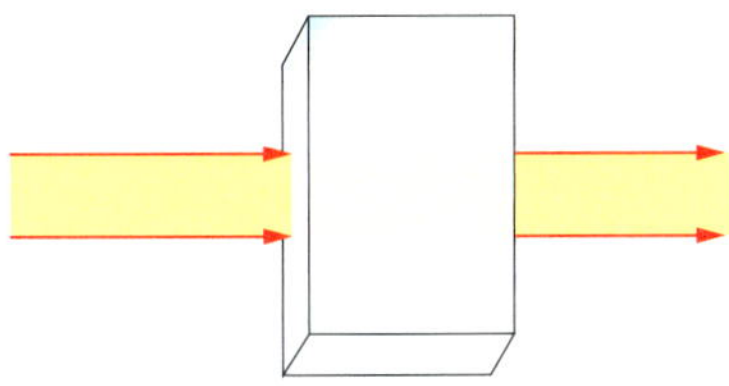

6 *Klare, farblose Gegenstände wie Glasplatten oder Flüssigkeiten lassen das Licht fast ungehindert durch.*

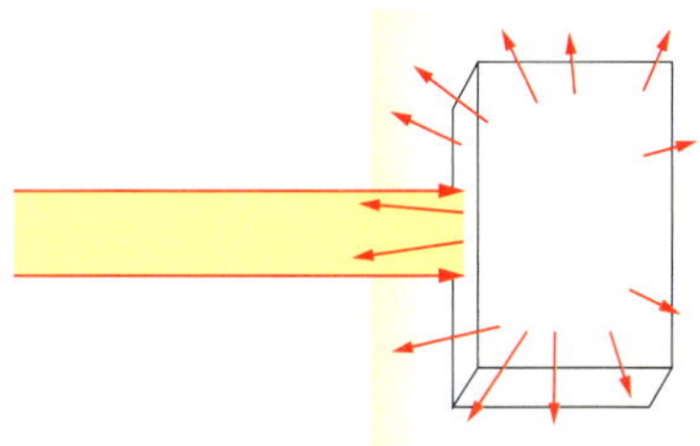

7 *Durchscheinende Gegenstände (Pergamentpapier, Milchglas) streuen Licht in alle Richtungen.*

Grundlagen Streulicht ist wichtig fürs Sehen

Wir sehen nicht nur Lichtquellen. Menschen, Blumen, Bücher oder der Mond leuchten nicht selbst. Trotzdem können wir sie sehen. Sie müssen dazu von einer Lichtquelle beleuchtet werden. Die beleuchteten Gegenstände werfen das Licht ganz oder teilweise zurück. Sie streuen das Licht.

Wenn Streulicht von einem Gegenstand in unsere Augen fällt, können wir den Gegenstand sehen. ▸8

Von der Seite kann man das Licht einer Lichtquelle nicht sehen. Man sieht es nur, wenn das Licht durch Nebel oder Rauch gestreut wird und in unsere Augen gelangt.

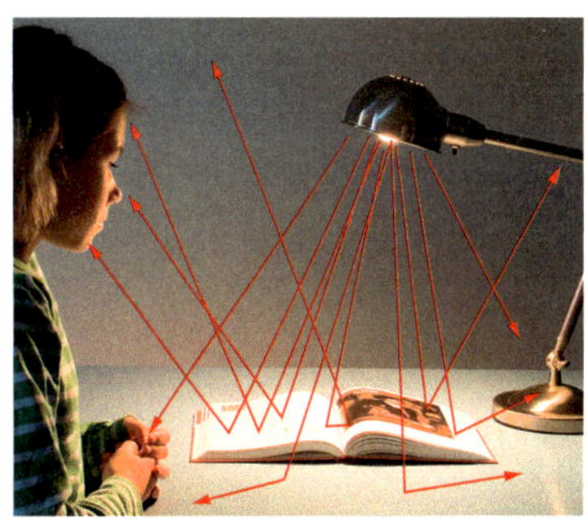

8 *Streulicht fällt ins Auge – wir sehen das Buch.*

Aufgaben

1 „Der Vollmond beleuchtet die Erde." Beurteile, ob diese Aussage stimmt.

2 Wenn die Sonne untergegangen ist, kann man manchmal noch Flugzeuge im Sonnenlicht sehen. Wie ist das möglich?

Überblick

Schall und … **… Licht haben vieles gemeinsam**

Sender und Empfänger

Immer wenn wir etwas hören, gibt es eine Schallquelle, die den Schall erzeugt. Das Schallsignal gelangt an unser Ohr, unseren Schallempfänger. Das Gehör leitet das Signal an unser Gehirn und wir können den Schall als Sprache, Musik oder Lärm erkennen.
Schallsignale können auch durch einen technischen Schallempfänger aufgezeichnet werden. Mit einem Mikrofon kannst du Schall aufnehmen und speichern. Die gespeicherten Schallsignale können dann wieder über einen Kopfhörer oder Lautsprecher (Schallquellen) hörbar gemacht werden.

Immer wenn wir etwas sehen, gibt es eine Lichtquelle, die das Licht erzeugt. Das Licht gelangt (direkt oder auf dem Umweg über einen streuenden Gegenstand) in unsere Augen; unser Gehirn hilft uns, etwas zu erkennen.
Es gibt auch technische Lichtempfänger: Solarzellen, Fotoapparate, Dämmerungssensoren. Das empfangene Licht wird weiterverarbeitet: zu elektrischer Energie, zu Bildern, zum Ein- und Ausschalten eines Stromkreises …

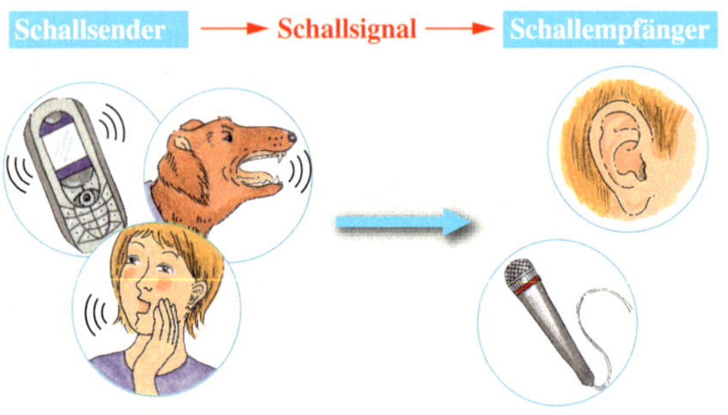

1

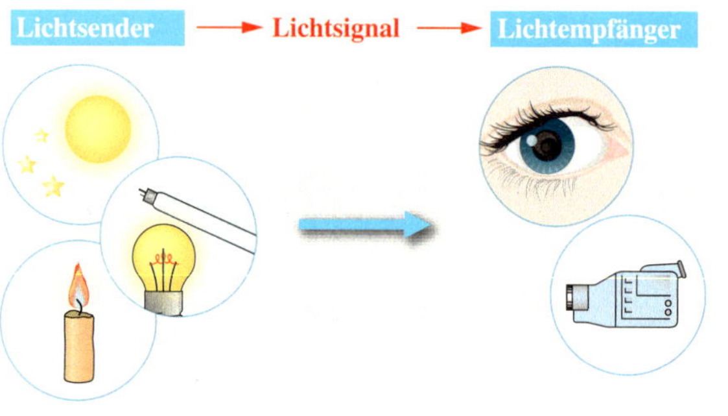

2

Ausbreitung

Damit sich Schall ausbreiten kann, muss es ein Übertragungsmittel geben. Oft gelangen Schallsignale über die *Luft* an unser Ohr. Die Luft wird durch eine Schallquelle in Schwingungen versetzt (Luftverdichtung und -verdünnung).
Die Luftschwingungen breiten sich mit Schallgeschwindigkeit im Raum aus. Der Schall legt in einer Sekunde einen Weg von 340 m zurück. Ein Donner, den wir 6 Sekunden nach dem Blitz hören, ist ca. 2 km (2040 m) entfernt entstanden. Im Wasser, in Steinen oder Eisenschienen breitet sich der Schall sehr viel schneller aus.

Licht gelangt auch von den fernsten Sternen zu uns – durch den leeren Weltraum. Ein Übertragungsmittel ist nicht nötig.
Licht ist unvorstellbar schnell: In einer Sekunde legt es 300 000 km zurück. Es könnte in einer Sekunde also siebenmal um die Erde laufen.
Von der Sonne braucht es trotzdem mehr als 8 Minuten bis zur Erde. Wir sehen den Sonnenaufgang also immer verspätet. So wie wir auch beim Blick in den Nachthimmel in die Vergangenheit sehen. Denn das Sternenlicht erreicht uns erst Jahre, Jahrhunderte oder Jahrtausende, nachdem es ausgesandt wurde.

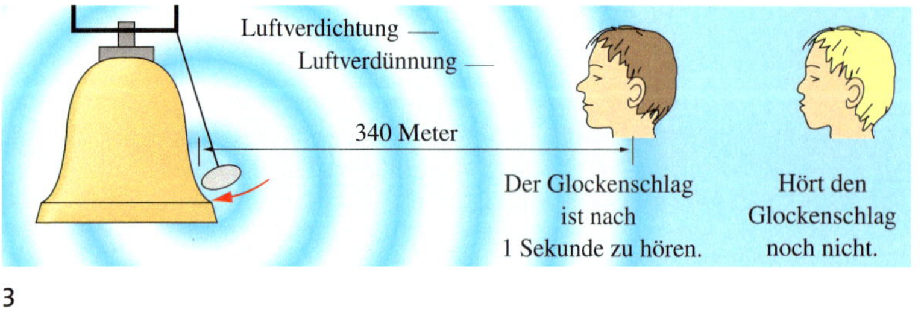

3

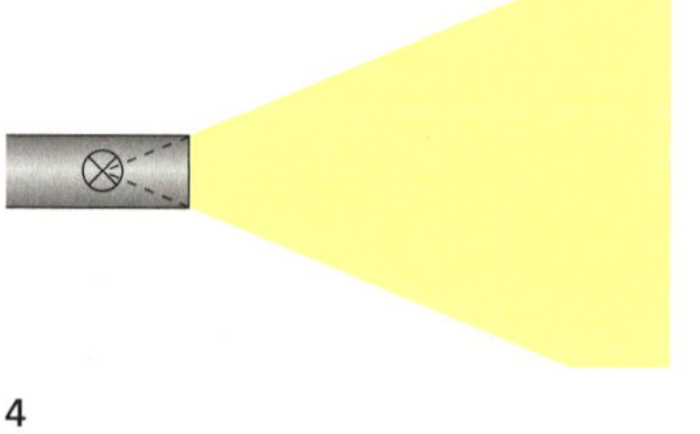
4

Reflexion – Absorption – Streuung

Gegenstände, die dem Schall „im Wege" stehen, haben verschiedene Wirkungen:
- Schall kann an Wänden *zurückgeworfen* werden. Er ändert dabei seine Richtung. Wir hören ein Echo. Dichte Fenster oder Wände, die den Schall reflektieren, schützen uns vor Lärm. Zur Reflexion eignen sich glatte, harte Wände.
- Gardinen und Vorhänge *streuen* den Schall.
- Gegenstände mit weicher, löchriger Oberfläche (Schaumstoff, Wollstoffe) können uns vor zu lautem Schall schützen, denn sie *verschlucken (absorbieren)* Schall. Dabei werden sie unmerklich erwärmt.

Gegenstände, die dem Licht „im Wege" stehen, haben verschiedene Wirkungen:
- Auch Licht kann beim Auftreffen auf einen Gegenstand seine Richtung ändern oder verschluckt werden. Stößt es auf einen Spiegel, dann wird es in eine bestimmte Richtung *zurückgeworfen (reflektiert)*.
- Eine weiße Fläche verteilt das Licht in alle Richtungen, sie *streut* das Licht.
- Eine schwarze Fläche *verschluckt (absorbiert)* das Licht. Dabei wird sie erwärmt.

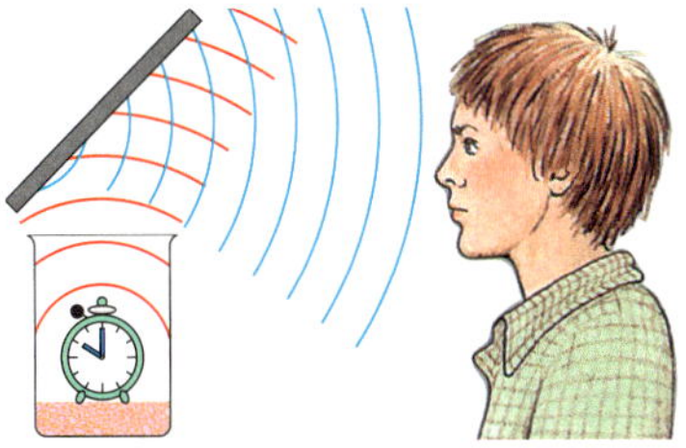

5

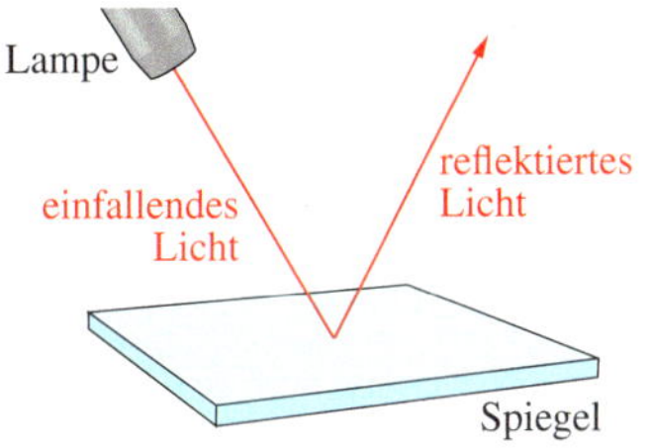

6

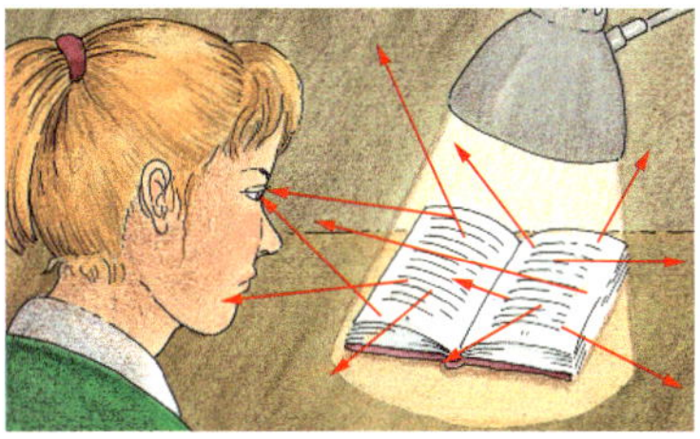

7

Wahrnehmung

Wir können Schall nur hören, wenn die Schallquelle in der Sekunde zwischen 20 und 20 000 Schwingungen erzeugt (20 Hz bis 20 kHz). Im Alter hören wir die hohen Töne schlechter.
Tiere hören oft viel höhere Töne, die Fledermaus bis zu 120 kHz *(Ultraschall)*. Es gibt auch sehr tiefe Töne, die wir nicht wahrnehmen. Blauwale und Elefanten können Schallsignale unter 15 Hz hören und erzeugen *(Infraschall)*.

Unsere Augen können Millionen verschiedener Farbtöne wahrnehmen. In jedem Regenbogen kommen die Farben Rot, Gelb, Grün, Blau, Violett und unzählige Zwischentöne vor.
Es gibt auch Strahlung, die unsere Augen nicht wahrnimmt: *Infrarote Strahlung* bemerken wir nur dadurch, dass sie wärmt. Bienen können die *ultraviolette Strahlung* sehen, dafür erkennen sie Rot nicht. Die Mohnblume erscheint ihnen schwarz.

Gefahren

Sehr laute Schallquellen wirken sich auf unsere Gesundheit aus: Kopfschmerzen, Muskelverspannungen und Konzentrationsstörungen. Dauerhafter Lärm führt zu bleibenden Gehörschäden. Auch Herz, Magen und Darm können geschädigt werden. Darum muss man sich vor Lärm schützen: Ohrstöpsel für die Disko, „halbe" Lautstärke beim MP3-Player …

Auch Licht kann gefährlich werden. Der UV-Anteil der Sonnenstrahlung kann zu Sonnenbrand führen. Mit jedem Sonnenbrand steigt die Gefahr, an Hautkrebs zu erkranken. In eine starke Lichtquelle (Sonne, Schweißflamme …) nicht direkt hineinschauen: Deine Augen erleiden sonst einen dauerhaften Schaden. Dunkle Gläser schützen die Augen vor zu starken Lichtquellen.

Wie Schatten entstehen

▷ Das Schattenbild eines Menschen zu zeichnen ist gar nicht so schwer …

1

Untersuchen Experimentieren

1 Schattenbilder zeichnen

a Sucht euch einen Partner oder eine Partnerin. Zeichnet eure Schattenbilder. ▸1

b Die Schattenbilder aller Mitschüler der Klasse werden mit einer Nummer versehen und ausgehängt. Ordnet den Nummern die Namen zu. Welches Bild wird von den meisten Schülern und Lehrern erkannt?

2 Schattenspiele Mit den Händen kann man Schattenbilder erzeugen. ▸2 Probiert es aus.

3 Unterschiedliche Lichtquellen Wie verändert sich das Schattenbild, wenn ihr statt einer Kerze eine Schreibtischlampe verwendet?

4 Wo liegt das Schattenbild? Ein Brett wird etwa 2 m vor der Wandtafel an einem Stativ befestigt. Davor wird in einigem Abstand eine Glühlampe gestellt. ▸3
Versucht die Lage des Schattenbildes genau vorherzusagen. Wie geht ihr dazu vor? *Tipp:* Ein Bindfaden kann euch helfen.

5 Große Schatten – kleine Schatten Ein Stift wird zwischen eine Kerze oder Taschenlampe und eine Wand gehalten. Wo muss sich der Stift befinden, damit ihr ein großes (kleines) Schattenbild erhaltet? Fertigt dazu zwei Zeichnungen an.

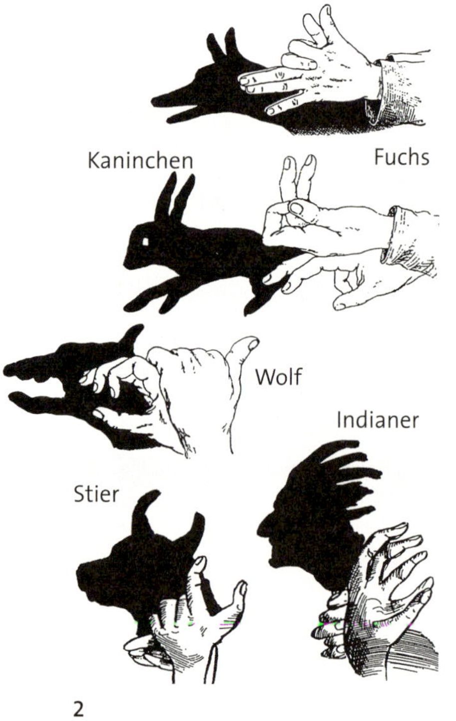

2

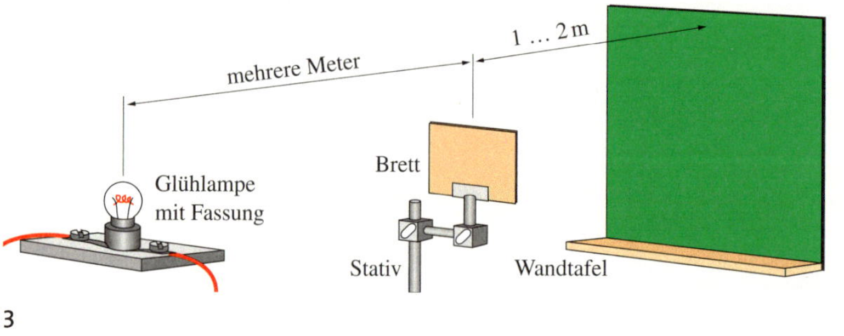

3

Grundlagen Schattenraum und Schattenbild

Licht breitet sich geradlinig aus. Wenn ihm ein Gegenstand im Weg steht, gelangt kein Licht in den Raum hinter dem Gegenstand. Dieser Raum heißt Schattenraum. ▸4
Auf einer Wand oder dem Fußboden hinter dem Gegenstand entsteht ein Schattenbild. ▸5

Wenn wir von Schatten sprechen, kann der Schattenraum oder das Schattenbild gemeint sein. Das Streulicht aus der Umgebung kann den Schattenraum erhellen.
Entfernt man den Gegenstand von der Wand oder dem Fußboden, so wird das Schattenbild größer.
Schattenbilder haben scharfe Ränder, wenn die Lichtquelle viel kleiner ist als der Gegenstand, der den Schatten wirft. Man spricht von *punktförmigen Lichtquellen*. Bei großflächigen (ausgedehnten) Lichtquellen entstehen Schattenbilder mit unscharfen Rändern.

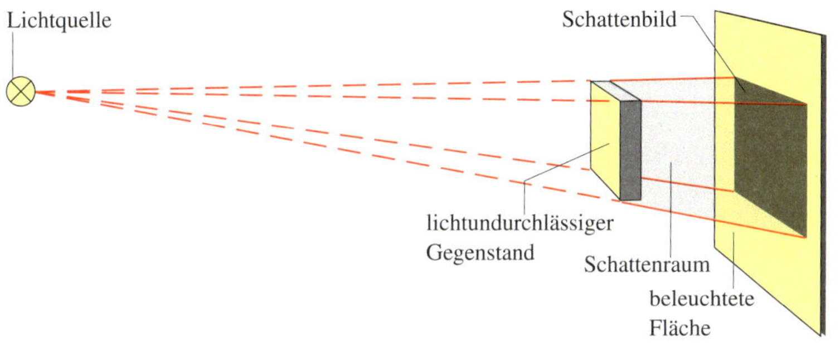

4 *Schattenraum – Schattenbild*

5 *Im Schatten des Sonnenschirms*

Aufgaben

1 Drei Dinge sind erforderlich, damit Schattenbilder entstehen können. Nenne sie.

2 Mit welcher Art von Lichtquellen werden die Ränder eines Schattenbilds scharf (unscharf)?

3 Erkläre die Begriffe „Schattenraum" und „Schattenbild" an einem Sonnenschirm. ▸5

4* Mit dem Thema *Schatten* haben sich auch Comiczeichner beschäftigt. ▸6–8
a Gib an, was bei diesen Bildern nicht stimmt.
b Schreibe die lustige Geschichte in wenigen Sätzen auf. ▸7
c Wie kann man den Schatten auf der Wand wirklich verschwinden lassen? ▸8

6

7

8

Farbige Schattenbilder

▷ Schattenbilder sind nicht immer grau oder schwarz …

1

Untersuchen Experimentieren

1 Drei Schatten mit zwei Lampen? Beleuchtet eine Streichholzschachtel mit zwei Kerzen.

a Beobachtet die entstehenden Schatten genau.

b Sind alle Schatten gleich dunkel? Erklärt die Beobachtung.

c Wie viele Schatten entstehen, wenn die Schachtel mit drei Kerzen beleuchtet wird?

2 Farbige Schatten Mit farbigen Spotlampen werden Schatten eines Gegenstands auf einer weißen Wand erzeugt. ▸1

a Die rote Lampe soll eingeschaltet werden. Überlegt vorher: Welche Farbe bekommt der Schatten?

b Statt der roten wird nun die grüne Lampe eingeschaltet. Was ändert sich, was bleibt gleich?

c Die Wand wird mit beiden Lampen beleuchtet. Sie sollen zunächst einen größeren Abstand voneinander haben (ca. 60 cm). Erläutert, wie die farbigen Schatten des Gegenstands entstehen.

d Die Lampen werden zusammengerückt, sodass sich die farbigen Schatten überlappen. Erklärt, wie das dunkle Schattengebiet entsteht.

3* Das Küken im Ei – ein Schattentrick zum Vorführen Schneidet aus Pappe einen Rahmen zurecht (etwa 20 cm breit und 30 cm hoch). Klebt darauf Pergamentpapier.

Das Schattenbild des Kükens muss etwas kleiner sein als das Ei. Schneidet das Küken aus Pappe aus und klebt es an das Holzstäbchen. Küken und Ei sollen 20 cm vor dem Schirm stehen. ▸2

Zündet eine der Kerzen an. Stellt sie so auf, dass nur der Schatten des Eies auf dem Schirm zu sehen ist. Die zweite Kerze wird so angeordnet, dass der Schatten des Kükens auf dieselbe Stelle fällt wie der des Eies.

Nun könnt ihr das Kunststück vorführen. Zündet zunächst die Kerze an, die das Schattenbild des Eies erzeugt. Um das Ei zu „durchleuchten“, zündet ihr die zweite Kerze an. Der Schatten des Eies wird dadurch aufgehellt (Halbschatten). Im Ei erscheint das Küken dunkel – wie bei einem Röntgenbild.

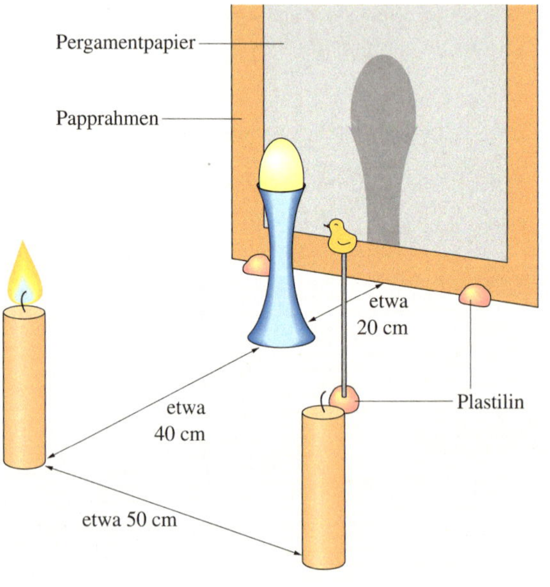

2

Grundlagen Kernschatten und Halbschatten

Oft wird ein Gegenstand von mehreren Lichtquellen beleuchtet. Die Schattenbilder können sich dann überlappen. ▸1
Die Zeichnung ▸3 zeigt den Versuch von oben betrachtet. Im dunklen Bereich in der Mitte fehlt das Licht von beiden Lampen. In den roten Bereich fällt nur das Licht der roten Lampe, dort fehlt das Licht der grünen Lampe. Im grünen Bereich fehlt das Licht der roten Lampe.

Kernschatten heißt der Bereich, in den hinter einem Gegenstand kein Licht fällt.
Halbschatten nennt man die Bereiche, in die Licht von nur einer Lampe fällt.

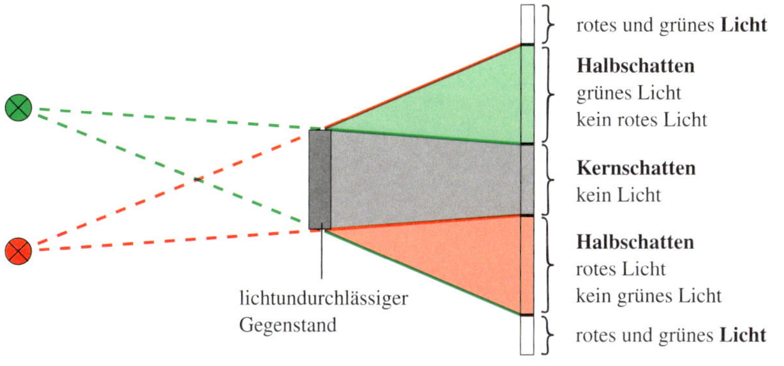

3 *Kernschatten – Halbschatten*

Aufgaben

1 Beschreibe, wie du möglichst scharfe Schattenränder bekommst.

2 In Klassenräumen und Büros benutzt man Lichtleisten. Beschreibe den Vorteil dieser Beleuchtung.

3* Im Wohnbereich wird oft eine indirekte Beleuchtung verwendet. Den Grund dafür erkennst du, wenn du die beiden Bilder vergleichst: ▸4–5
a Bei welchem Bild ist die rechte Wand indirekt beleuchtet?
b Was geschieht dabei mit dem Licht der Lampe?
c Worin liegt der Vorteil dieser Beleuchtungsart?

4 Beschreibe und erkläre die Schatten. ▸6 Wo müssen die Kerzen stehen, damit der Kernschatten möglichst lang (kurz) wird?

4

5

6

Mondfinsternis und Sonnenfinsternis

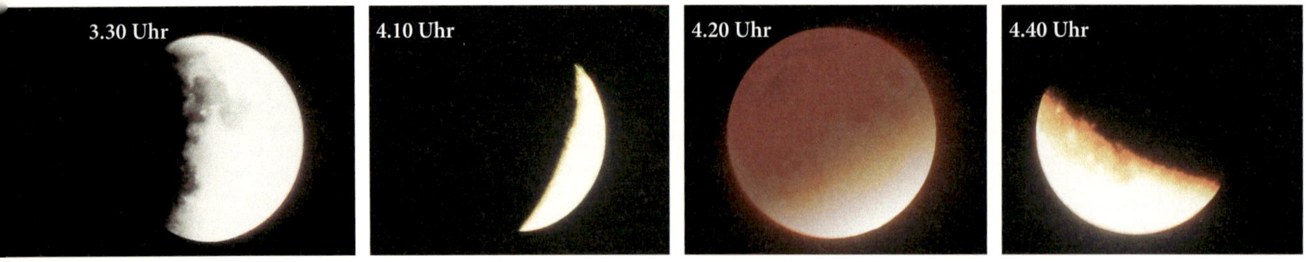

1 *Mondfinsternis*

2 *Sonnenfinsternis*

▷ Manchmal kannst du in einer klaren Vollmondnacht etwas Seltsames am Himmel erleben. Eben noch stand der Mond rund und strahlend am Himmel. Doch dann scheint sich etwas Dunkles, Braunes in ihn hineinzufressen. Er wird immer schmaler – bis er nur noch als schmale Sichel zu sehen ist. Dann ist er verschwunden. Nein, nicht völlig verschwunden. Wenn sich die Augen an die Dunkelheit gewöhnt haben, ist er in fahlem Braunrot zu sehen. Doch dann wird eine schmale Sichel wieder hell. Nach etwa zwei Stunden steht er wieder rund und voll am Himmel.

▷ Früher bekamen die Menschen Angst bei einer Mondfinsternis, weil sie dachten, der Mond wird von einer bösen Schlange oder einem riesigen Hund gefressen. Um das Untier zu verscheuchen, schrien sie und machten Lärm.
Heute können wir uns dieses Schauspiel ohne Angst ansehen. Doch die Frage bleibt: Warum verschwindet der Vollmond manchmal für ein paar Stunden?

▷ Manchmal verfinstert sich sogar die Sonne. Wie ist das möglich?

Untersuchen Experimentieren

1 Modellversuch zur Sonnenfinsternis

a Stellt euch 2 m vor eine große, kugelförmige Glühlampe (Durchmesser: 12 cm, mattiert). Haltet einen Tennisball so vor das Auge, dass er die Lampe gerade vollständig verdeckt. Bewegt dann den Kopf hin und her. Was beobachtet ihr?

b Der Ball wirft einen Schatten auf euer Gesicht. In welchem Teil des Schattens befand sich euer Auge, als ihr die Lampe hinter dem Ball nicht mehr gesehen habt? Wo befand es sich, als die Lampe teilweise verdeckt war?

2 Mond- und Sonnenfinsternis darstellen Wie stehen Sonne, Mond und Erde bei einer Mond- oder Sonnenfinsternis? Die Experimentierleuchte stellt die Sonne dar, ein Globus die Erde und der Ball den Mond. ▸3

3

Grundlagen Wie kommen Finsternisse zustande?

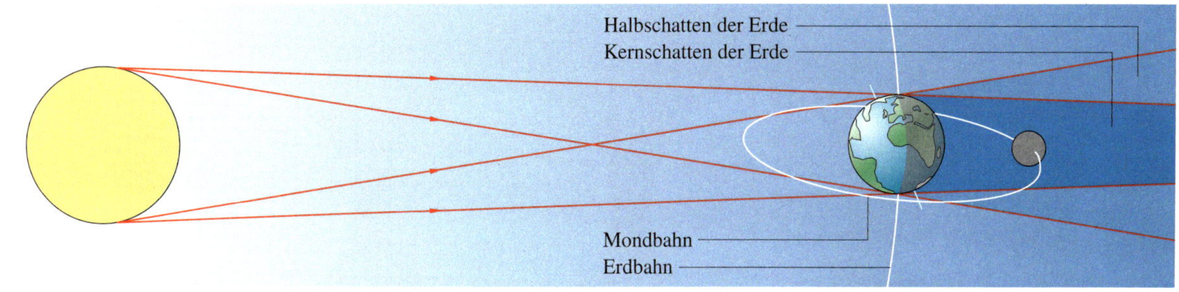

4 *Mondfinsternis*

Mondfinsternis Die Erdkugel wird ständig von der Sonne beschienen. Hinter der Erde ist stets ein Schattenraum vorhanden, der weit in den Weltraum reicht. Da die Sonne eine ausgedehnte Lichtquelle ist, entstehen hinter der Erde Kern- und Halbschatten. ▸4

Der Mond umkreist einmal im Monat die Erde – auf einer schief liegenden Bahn. Meist verläuft seine Bahn oberhalb oder unterhalb des Schattenraums der Erde. Bei einer Mondfinsternis streift oder durchquert der Mond den Kernschatten der Erde. Man sieht den Erdschatten auf dem Mond. Sonne, Erde und Mond liegen dann auf einer Geraden. Mondfinsternisse treten daher nur etwa zweimal im Jahr bei Vollmond auf. ▸5

5 *Der verfinsterte Mond*

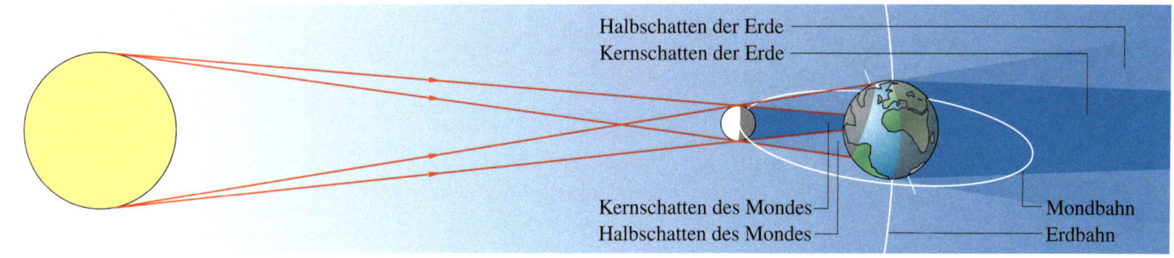

6 *Sonnenfinsternis*

Sonnenfinsternis Hinter dem Mond gibt es stets einen Schattenraum. ▸6 Meist geht der Schatten an der Erde vorbei.

Bei einer Sonnenfinsternis steht der Mond zwischen Sonne und Erde. Sein Schatten fällt auf die Erde. Von der Erde aus sieht man, dass sich der Mond als schwarze Scheibe vor die Sonne schiebt. Wenn man sich im Kernschatten des Monds aufhält, sieht man die Sonne ganz verdeckt. ▸7

Im Bereich des Halbschattens sieht man die Sonne teilweise verdeckt.

Sonnenfinsternisse sind selten zu beobachten, weil der Kernschatten auf der Erde nur einen Durchmesser von 200 km hat. Wo er entlangläuft, wird es mitten am Tag dunkel und die Temperatur sinkt.

7 *Die verfinsterte Sonne*

Aufgaben

1 Es gibt nicht jeden Monat eine Mondfinsternis. Erkläre, wieso nicht.

2 Eine totale Sonnenfinsternis gibt es in Deutschland nur sehr selten zu sehen. Woran liegt das?

Neumond – Halbmond – Vollmond

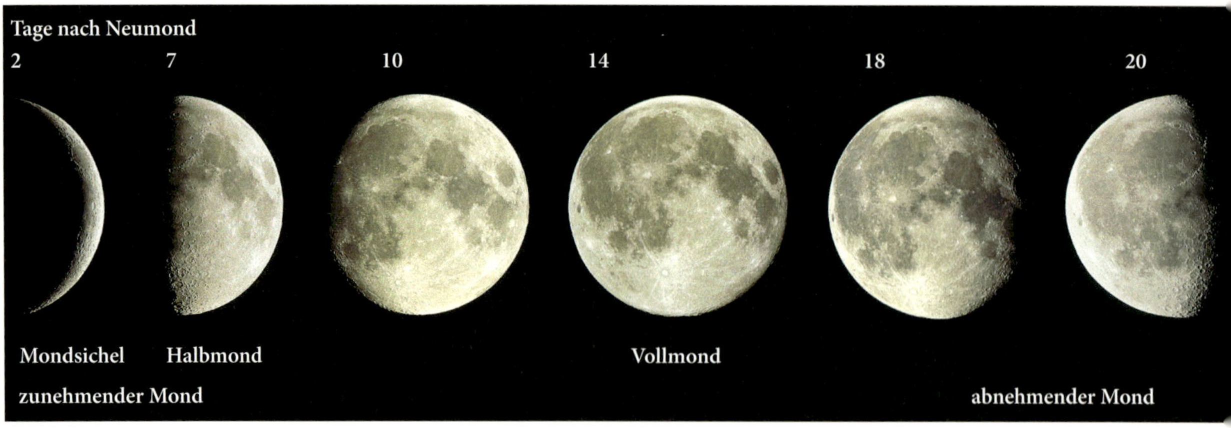

1 *Warum verändert der Mond von Tag zu Tag seine Form?*

Untersuchen Experimentieren

1 Beobachtung des Monds

a Schaut einen Monat lang täglich am Nacht- oder Taghimmel nach, ob der Mond zu sehen ist. Protokolliert seine Form und das Datum.

b Manchmal sind Mond und Sonne gleichzeitig zu sehen. Zeigt mit einem Arm zum Mond, mit dem anderen zur Sonne und schätzt den Winkel. Fertige jeweils eine Zeichnung an. ▸2

c Gestaltet aus allen Bildern ein Plakat.

2 Wie die Mondphasen entstehen Eine Schülergruppe stellt sich eng zusammen. Sie stellt die Beobachter auf der Erde dar. ▸3 Eine Styroporkugel oder ein weißer Ball stellt den Mond dar. Er wird von einer starken Lampe beleuchtet. Ein Schüler trägt den Ball um die Beobachter herum.

a Zeichnet die beleuchtete Kugel in verschiedenen Stellungen, wie ihr sie seht.

b Skizziert an der Tafel die Sonne und die Bahn des Monds um die Erde. Klebt die von euch gezeichneten „Mondphasen" so an die Tafel, wie sie von der Erde aus zu sehen sind.

3 *Mondphasen im Modell*

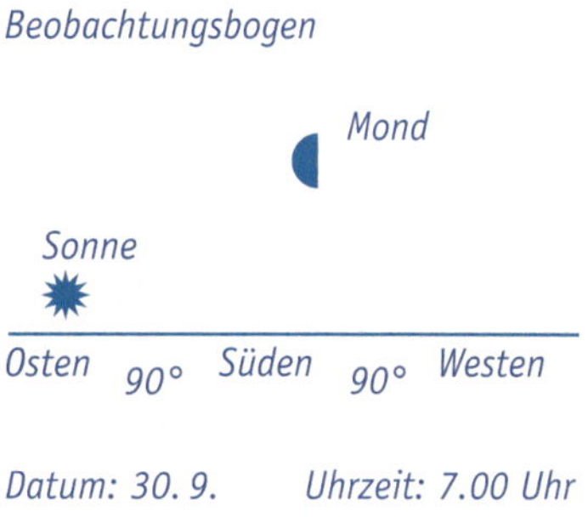

2 *Muster für eine Zeichnung*

Grundlagen Die wechselnde Gestalt des Monds

Der Mond ist eine Kugel. Sein Durchmesser beträgt etwa ein Viertel des Erddurchmessers. Er erzeugt kein Licht, sondern wird von der Sonne beleuchtet. Immer ist eine Hälfte des Monds hell, die andere dunkel. ▸4
In etwa einem Monat umkreist der Mond einmal die Erde. Die Gestalt des Monds, die wir sehen, ändert sich von Tag zu Tag: zunehmende Sichel, zunehmender Halbmond, Vollmond, abnehmender Halbmond und abnehmende Sichel. ▸5 Bei Neumond wirst du ihn nicht sehen. Man bezeichnet die wechselnden Gestalten als *Mondphasen*.

4 *Zur Hälfte beleuchtete Kugeln*

Der Mond ist stets von der Sonne zur Hälfte beleuchtet. Wir sehen unterschiedlich viel von dieser beleuchteten Hälfte – je nachdem, wie Mond, Erde und Sonne gerade zueinander stehen.

5 *Abnehmend – zunehmend*

Die Abbildung unten zeigt den zur Hälfte beleuchteten Mond auf seiner Bahn um die Erde. ▸6

Position 1: Wir sehen einen abnehmenden Halbmond. Beleuchteter und unbeleuchteter Teil sind gleich groß.
Position 2: Die unbeleuchtete Hälfte des Monds erscheint uns groß. Sie ist uns zugewandt. Wir sehen einen kleinen Teil der beleuchteten Hälfte.
Position 3: Bei Neumond steht der Mond etwa in Richtung der Sonne. Wir sehen den unbeleuchteten, dunklen Teil des Monds.
Position 7: Wir blicken auf die beleuchtete Halbkugel. Es ist Vollmond.

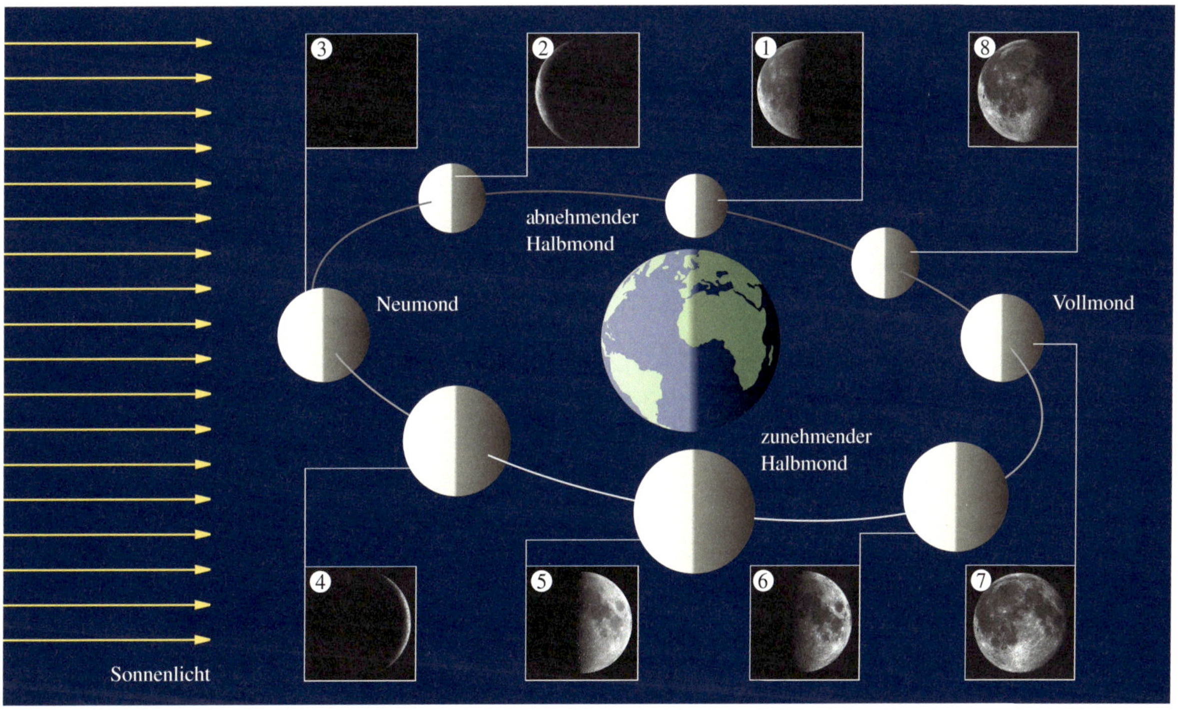

6 *So würde ein Raumfahrer Erde und Mond sehen. Die Fotos zeigen, wie wir den Mond von der Erde aus sehen.*

Aufgabe

1 Beschreibe die Positionen 4–6 auf ähnliche Weise.

Tageszeiten und Jahreszeiten

Grundlagen Wie Tag und Nacht entstehen

Jeden Morgen geht die Sonne in östlicher Richtung auf; sie steigt am Himmel empor. Wenn sie den höchsten Punkt über dem Horizont erreicht hat, ist es Mittag. Die Sonne steht dann genau im Süden. Danach sinkt sie wieder zum Horizont und geht in westlicher Richtung unter. Diese Beschreibung entspricht unseren Beobachtungen. Doch in Wirklichkeit bewegt sich die Sonne gar nicht um die Erde. ▸1

Die Erde dreht sich in 24 Stunden einmal um sich selbst – und wir mit ihr. Wenn wir dabei ins Sonnenlicht kommen, ist es bei uns Tag. Die „Reisezeit" im Schatten der Erde nennen wir Nacht.

Auf der „Tagseite" werfen alle Körper, die von der Sonne beschienen werden, einen Schatten. Seine Länge und Richtung ändern sich langsam. ▸2

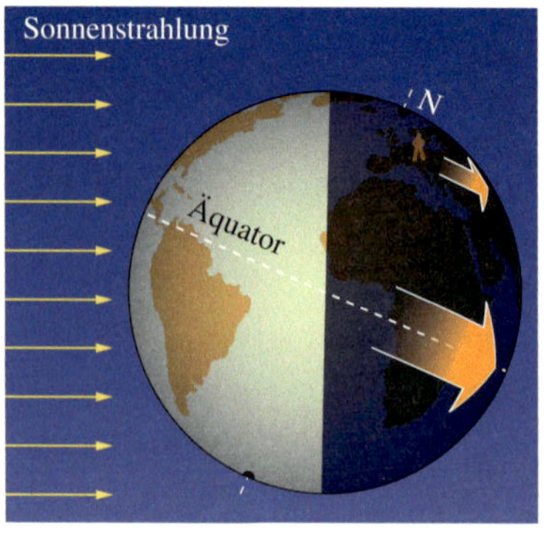

1 *Eine Erdumdrehung ist ein Tag.*

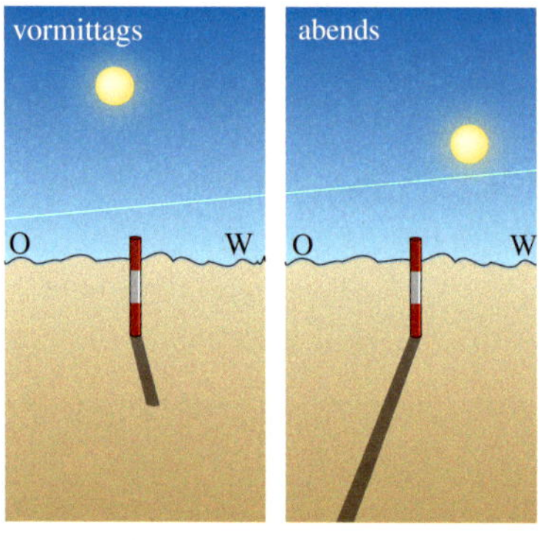

2 *Der Schatten ändert sich.*

Aufgaben

1 Erkläre, wie Tag und Nacht entstehen. Nutze einen Globus als Hilfe.

2 Wann ist der Schatten eines Gegenstands am kürzesten?

3* Jeden Tag drehen wir uns auf der Erde mit ihr im Kreis herum. Wir sind dabei schneller als ein Airbus. Wieso merken wir nichts davon?

4* Erkläre, warum die Sonne im Osten aufgeht.

Grundlagen Sonnenstand und Erwärmung

Sommer steht die Sonne höher am Horizont als im Winter. ▸3 In beiden Fällen fällt zwar gleich viel Sonnenstrahlung auf die Erde, im Winter verteilt sie sich aber auf eine viel größere Fläche. ▸4

Die Erdoberfläche erwärmt sich im Sommer stärker als im Winter, weil die Sonnenstrahlung steiler auf die Erde trifft.

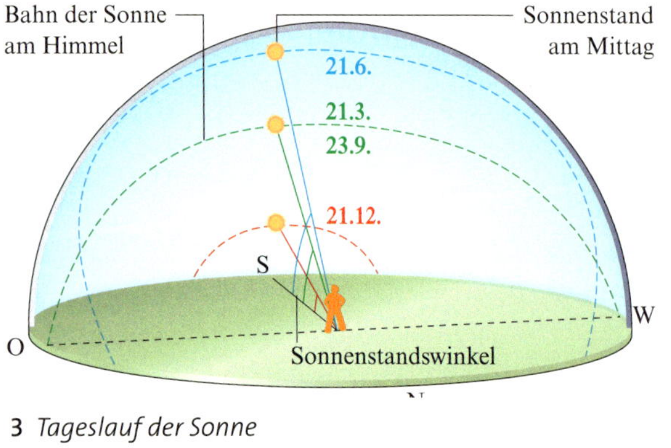

3 *Tageslauf der Sonne*

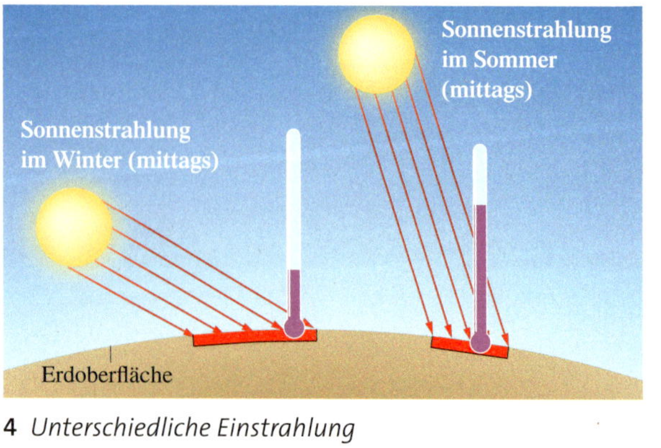

4 *Unterschiedliche Einstrahlung*

Grundlagen Wie die Jahreszeiten entstehen

Im Sommer ist es bei uns viel wärmer, obwohl die Erde weiter von der Sonne entfernt ist als im Winter. Wie kommt das?
Die Erde dreht sich nicht nur um sich selbst. Sie umrundet im Lauf eines Jahrs (etwas länger als 365 Tage) auch einmal die Sonne. Und das Wichtigste: Die Erdachse steht nicht gerade, sondern etwas schräg.

- Im Frühling und Sommer ist die nördliche Erdhälfte zur Sonne hin geneigt. ▸5 Die Bahn, auf der sich Deutschland um die Erdachse dreht, liegt länger im Hellen als im Dunkeln. Die Tage sind lang, die Nächte kurz.
- Im Herbst und Winter ist es umgekehrt. Deutschland liegt länger im Dunkeln als im Hellen. Die Tage sind kürzer als Nächte.

Die Jahreszeiten entstehen, weil die Erde um die Sonne kreist und die Erdachse etwas schräg steht.

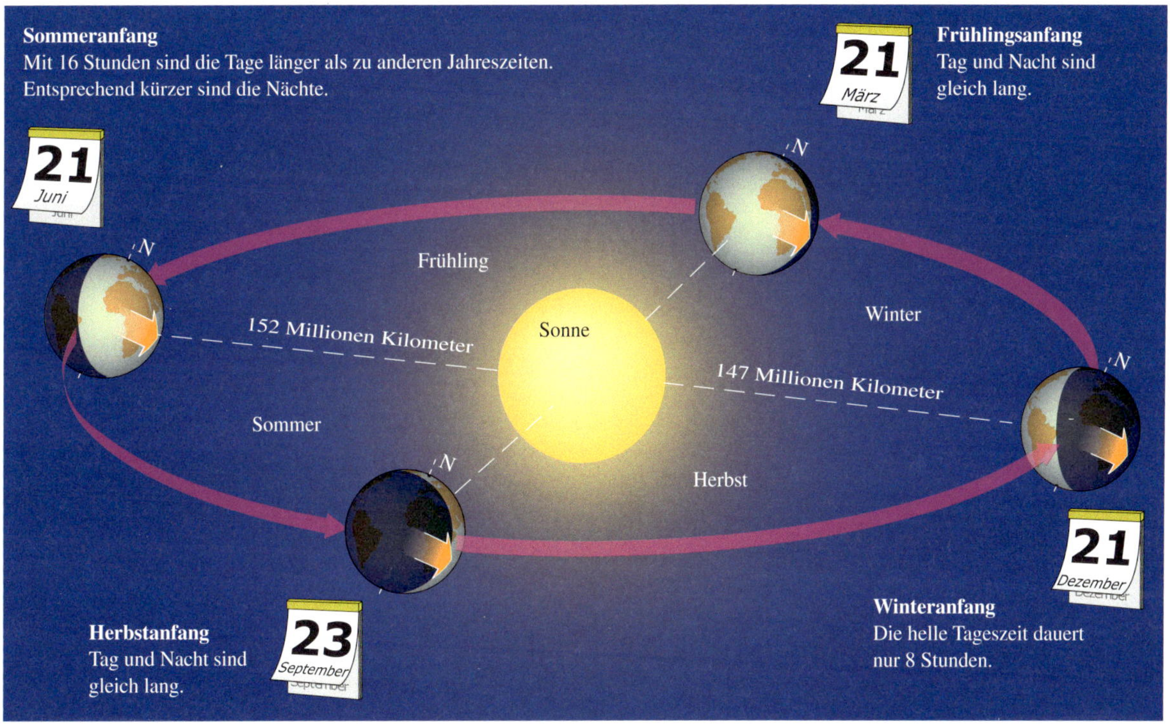

5 *Ein Umlauf um die Sonne ist ein Jahr.*

Aufgaben

5 Die Erde macht zwei Bewegungen gleichzeitig. Beschreibe sie und gib die Umdrehungszeiten an.

6 Im Sommer dauern die Tage länger als im Winter. Erkläre den Unterschied.

7 Marvin sagt: „Heute dauert der Tag 16 Stunden, die Nacht 8 Stunden." Sandra erwidert: „Unsinn, jeder Tag dauert 24 Stunden."
a Welches Datum hat der Tag?
b Hat Marvin recht oder Sandra? Begründe.

8* Welche Jahreszeit herrscht bei Bild ▸1 in Deutschland? Zeichne ein ähnliches Bild für 6 Monate später.

9* Sind die Tage am 21. März und am 23. September auf der ganzen Erde gleich lang? *Tipp:* Ein Globus und eine Lampe helfen dir bei der Antwort.

Überblick

Entstehung von Schatten

Schatten entstehen, wenn Licht auf einen Gegenstand trifft und ihn nicht durchdringen kann. Im Raum hinter dem Gegenstand fehlt dann das Licht. Diesen Raum nennt man *Schattenraum.* ▸1

Ein *Schattenbild* entsteht, wenn ein Schirm in den Schattenraum gehalten wird. Punktförmige Lichtquellen erzeugen scharf begrenzte Schattenbilder. Bei ausgedehnten Lichtquellen sind die Ränder der Schattenbilder unscharf.

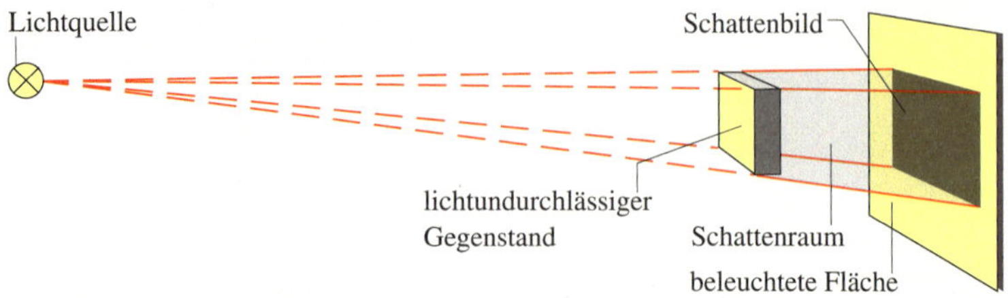

1 *Entstehung von Schatten*

Kernschatten und Halbschatten

Zwei punktförmige Lichtquellen erzeugen mehrere Schatten. ▸2

- *Halbschatten* nennt man den Bereich des Schattens, in dem das Licht einer Lichtquelle fehlt.
- Im *Kernschatten* fehlt das Licht beider Lichtquellen.

2 *Kern- und Halbschatten*

3 *Sonnenfinsternis*

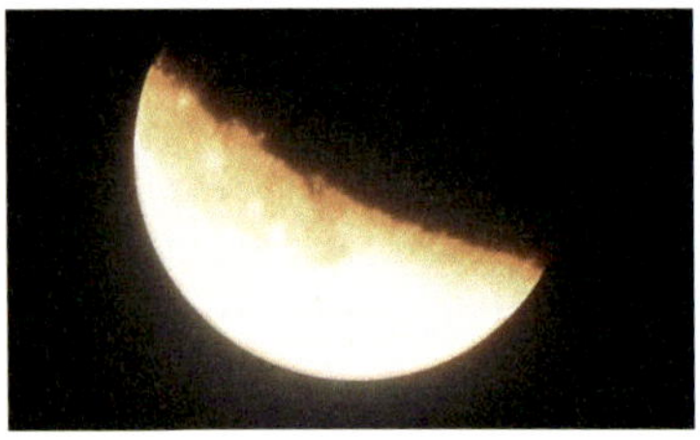

4 *Mondfinsternis (teilweise)*

Finsternisse

Wenn sich der Mond zwischen Erde und Sonne schiebt, fällt der Schatten des Monds auf die Erde. Wer in diesem Schattenbereich steht, sieht eine *Sonnenfinsternis*: Der Mond verdeckt die Sonne. ▸3

Befindet sich der Mond im Schattenbereich der Erde, sieht man eine *Mondfinsternis.* ▸4

Mondphasen

Der Mond ist ständig zur Hälfte von der Sonne beleuchtet. Er läuft einmal im Monat auf einer Kreisbahn um die Erde. Von der Erde aus sehen wir unterschiedlich viel von der beleuchteten Mondhälfte. ▸5

5 *Mondphasen: zunehmender Mond, Vollmond, abnehmender Mond*

Die Sonne bestimmt unsere Zeit

Die Erde ist immer in Bewegung:

- Sie dreht sich um sich selbst und wir drehen uns mit ihr. Es wird nur immer eine Hälfte der Erde von der Sonne beschienen. Die andere Hälfte liegt im Schatten. Dadurch gibt es bei uns *Tag und Nacht.* ▸6
- Gleichzeitig bewegt sich die Erde auch noch in riesigem Abstand um die Sonne herum. ▸7 Weil die Erdachse etwas schief steht, wird mal die Nord- und mal die Südhälfte der Erde stärker beleuchtet. Dadurch gibt es vier *Jahreszeiten.*

Die Erde wird selbst ständig vom Mond umkreist. ▸8

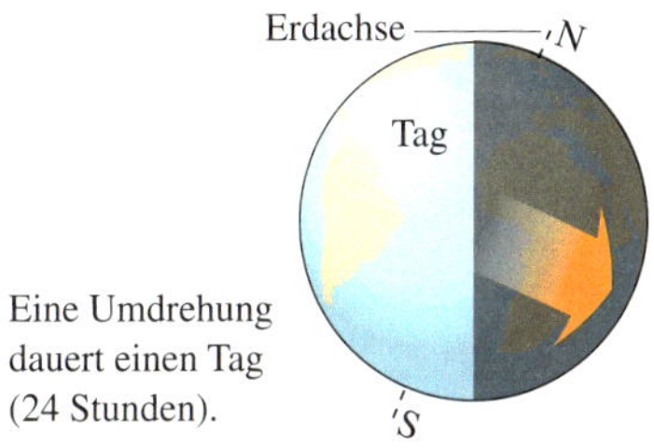

6 *Drehung um die Erdachse*

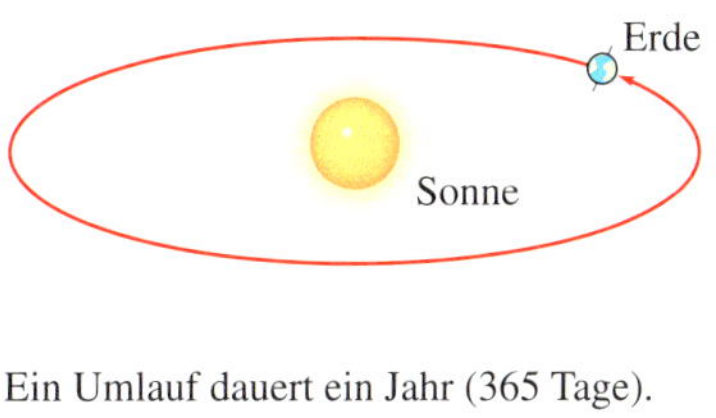

7 *Umlauf der Erde um die Sonne*

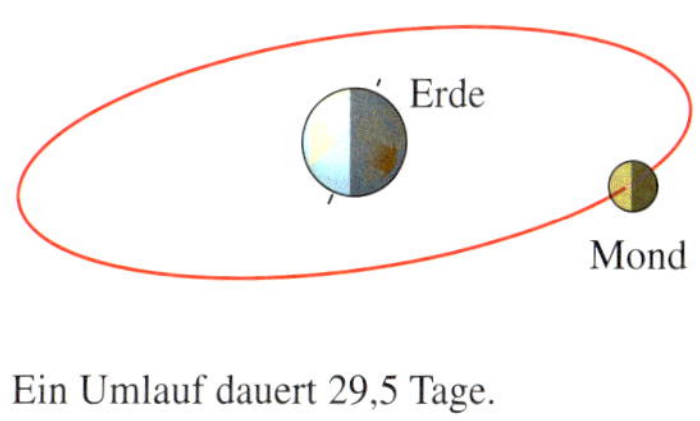

8 *Umlauf des Mondes um die Erde*

Der Erdboden wird durch die Sonne erwärmt

Die Sonne beleuchtet und erwärmt die Erde im Lauf eines Tags und Jahrs unterschiedlich stark. Je höher die Sonne am Himmel steht, desto mehr kann sich der Erdboden erwärmen. ▸4–7

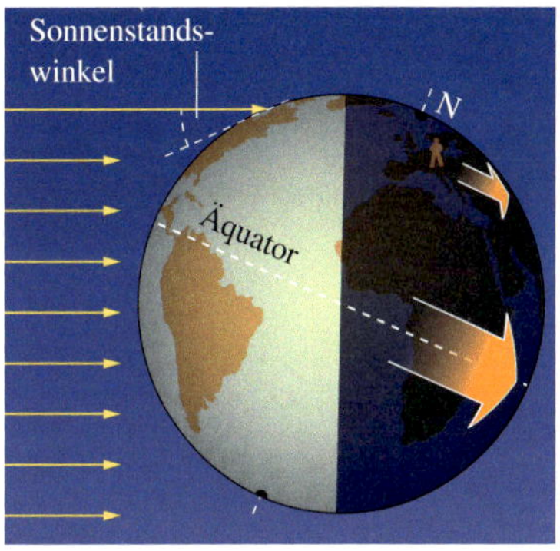

9

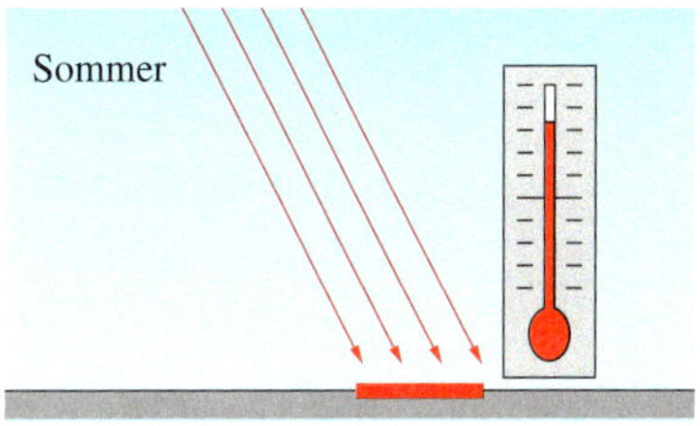

10

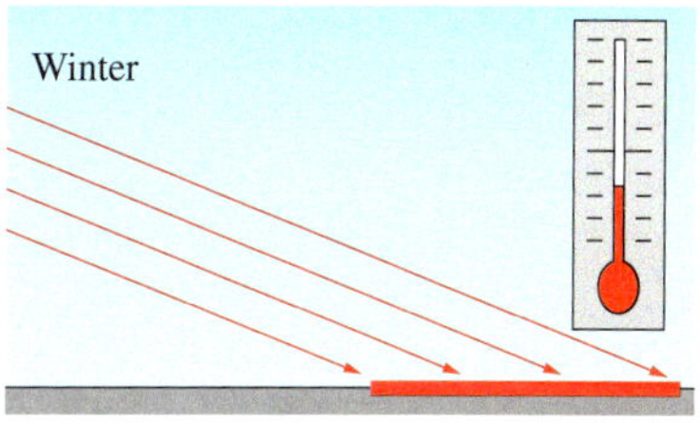

11

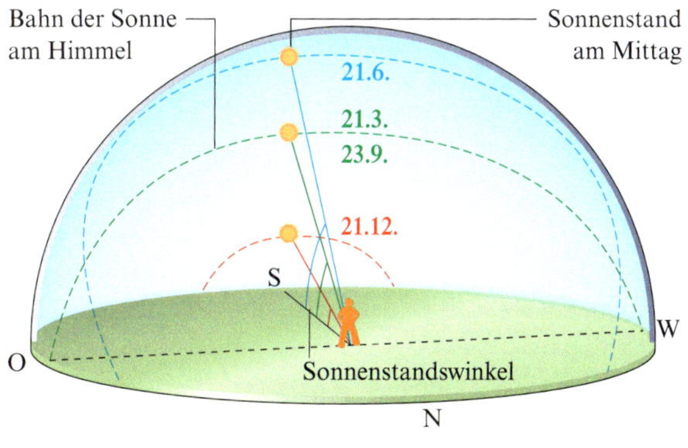

12

Alles klar?

1 Tinas kleiner Bruder meint: „Schatten hängen von der Kleidung ab. Helle Kleidung macht helle Schatten – und dunkle Kleidung dunkle." Nimm Stellung dazu.

2 Ein Karton wirft einen Schatten. ▸1 Welche Form hatte wohl die Lichtquelle? Wie war sie angeordnet? Zeichne den Aufbau auf einem Blatt Papier.

3 „Schatten gibt's nur, wo Licht ist. In finsterer Nacht gibt es keine Schatten." – „Im Gegenteil, nachts gibt es nur Schatten!" Erläutere beide Meinungen.

4 Überlege, wo die Lampe auf dem Tisch stehen sollte: ▸2
– bei einem Linkshänder
– bei einem Rechtshänder
Begründe jeweils deine Antwort.

5* Unter welchen Bedingungen entstehen farbige Schattenbilder? ▸3 Erläutere die Begriffe *Kernschatten* und *Halbschatten* an diesem Bild.

6 In manchen Nächten ist der Mond auch bei wolkenlosem Himmel nicht zu sehen. In welcher Phase befindet sich dann der Mond?

7 Wann entsteht eine Sonnenfinsternis (eine Mondfinsternis)? Zeichne die Lage von Sonne, Mond und Erde jeweils auf.

8 Wie entstehen Vollmond, abnehmender und zunehmender Halbmond? Zeige es mit einer Taschenlampe und einem Tennisball.

9* Mondfinsternisse gibt es nur bei Vollmond. Sonnenfinsternisse treten nur bei Neumond auf. Gib für beides eine Erklärung.

10* Ein Wettersatellit hat die Erde aus 36 000 km Höhe zu verschiedenen Zeiten fotografiert. ▸4 Die Aufnahmen wurden anschließend nebeneinandergestellt. Der Satellit befand sich immer über der angekreuzten Stelle.

a Wann stand die Sonne hinter dem Satelliten?

b Erkläre das unterschiedliche Aussehen der Erde.

4 *Satellitenaufnahmen der Erde*

1

2

3

11 Ergänze: „Ein Umlauf der Erde um die Sonne dauert genau ..." Was folgt daraus?

12* Welche Jahreszeit herrscht in Deutschland, wenn die Erde so wie in der Zeichnung zur Sonne steht? ▸5

13 An welchem Datum sind bei uns Tag und Nacht jeweils genau 12 Stunden lang?

14 „Wenn die Erdachse nicht schräg stünde, gäbe es keine Jahreszeiten." Begründe diese Behauptung.

15* Berechne, wie oft sich der Mond in einem Jahr um die Erde dreht. Was bedeutet das für unsere Monate?

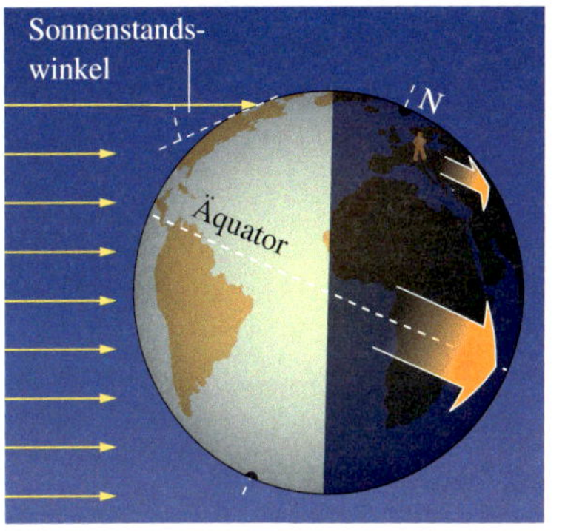

5

16 Sonnenstandswinkel ▸6

a Was versteht man unter dem Sonnenstandswinkel?

b An welchem Tag und zu welcher Zeit ist der Sonnenstandswinkel bei uns am größten?

c Erkläre, wieso der Sonnenstandswinkel am Bodensee größer ist als zur gleichen Zeit an der Nordsee.

d* Ermittle mithilfe des Internets den höchsten Sonnenstandswinkel am Sommer- und Winteranfang für deinen Wohnort.

17 Erkläre durch eine einfache Skizze, wieso sich bei uns der Boden im Winter weniger erwärmt als im Sommer.

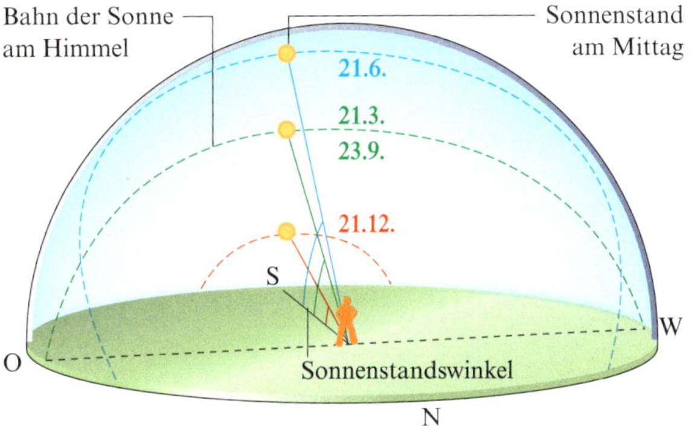

6 *Tageslauf der Sonne*

Planeten, Sterne, Galaxien

▷ Wenn du in einer klaren Nacht zum Himmel blickst, siehst du Hunderte von Sternen. Darin einzelne Sternbilder oder sogar die Planeten zu finden ist nicht einfach. Denn der Himmel sieht nicht immer gleich aus. Im Lauf von 24 Stunden dreht sich der Sternenhimmel mit Sonne, Planeten und Mond scheinbar um den Polarstern. Außerdem wandert der Mond von Nacht zu Nacht vor den Sternbildern ein Stück weiter. Auch die Planeten verändern mehr oder weniger schnell ihre Position.

▷ Eine Sternkarte kann dir bei der Suche helfen.

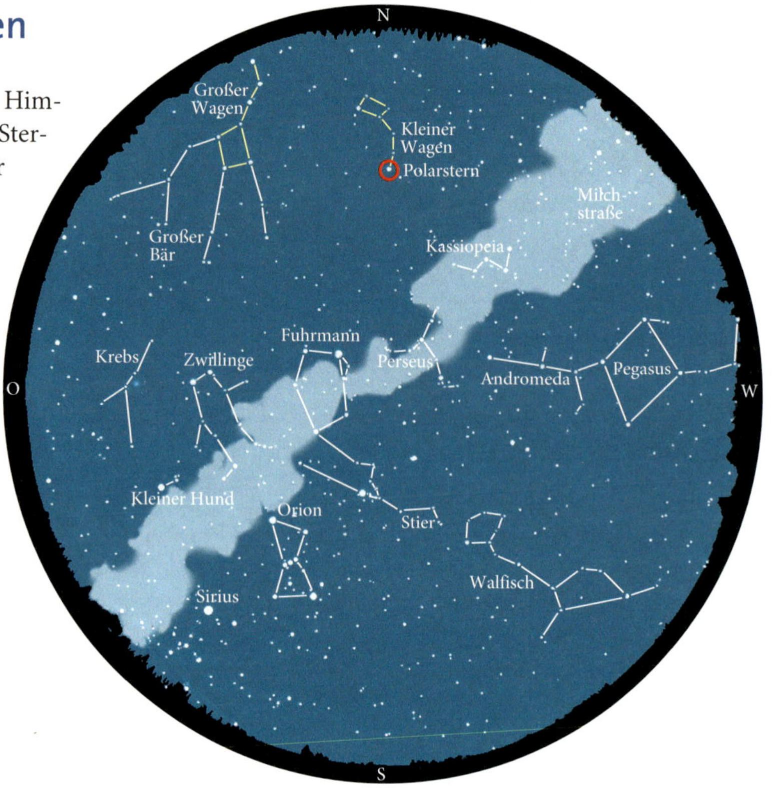

1 *Sternkarte*

Beobachten

1 Der Mond wandert

a Betrachtet den zunehmenden Mond einige Abende lang. Fertigt eine Skizze der hellen Sterne in seiner Nähe an. Um wie viele Grad wandert er von Abend zu Abend vor dem Hintergrund der Sterne nach links? Die Winkel bestimmt ihr mit der Hand. ▸2

b In welchem Sternbild steht der Mond zur Beobachtungszeit? Schaut in einer interaktiven Sternkarte nach und vergleicht mit der Wirklichkeit. *Tipp:* Geht zur Suchmaschine „fragFINN" und sucht nach: „Sternkarte interaktiv".

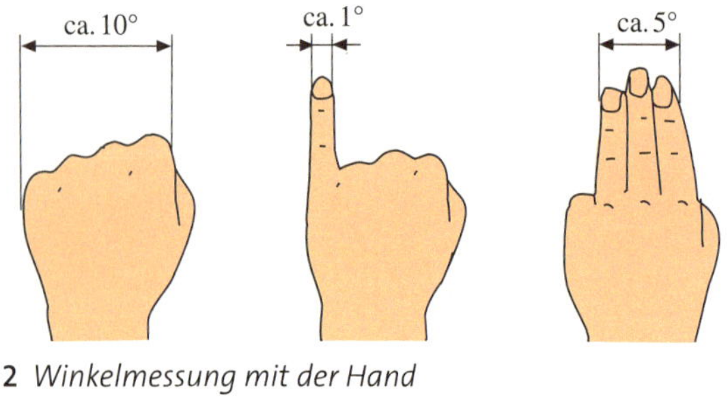

2 *Winkelmessung mit der Hand*

2 Sternbilder Sucht Sternbilder am Himmel. Ziemlich einfach zu finden sind: der Große Wagen (Großer Bär), Orion (nur im Winter), Kassiopeia (das Himmels-W), Fuhrmann, Perseus, Andromeda und Pegasus (Fünfsternreihe).

3* Geschichten zu Sternbildern Zu vielen Sternbildern gibt es uralte Geschichten. Sucht sie im Internet: „Sternbilder Sagen". Übt eine Geschichte. Zeigt das zugehörige Sternbild und tragt sie frei vor.
Tipp: Sternbilder könnt ihr mit dem OH-Projektor präsentieren. Stecht in ein Stück Pappe die hellsten Sterne eines Sternbilds als Löcher.

4 Planeten

a Informiert euch, welche Planeten zurzeit am Nachthimmel sichtbar sind. Mit einer interaktiven Sternkarte leicht zu finden sind: Venus, Mars, Jupiter und Saturn.

b Sucht diese Planeten am Nachthimmel.

c* Sammelt Informationen über die Planeten. Fertigt mit ausgedruckten Fotos und erläuternden Texten ein Planetenplakat an.

Sterne und Planeten finden

Am einfachsten findet ihr euch mit einer interaktiven Sternkarte aus dem Internet zurecht. Stellt den Beobachtungszeitpunkt ein und druckt sie dann aus. (Tipp: Unter „Seite einrichten" Querformat einstellen.) Nehmt euch dann eine Taschenlampe und geht mit der Sternkarte nach draußen. Sie ist so gezeichnet, wie ihr den Himmel beim Blick nach Norden seht. Schaut ihr aber nach Osten, dann dreht die Sternkarte so, dass „Osten" oben liegt. Blickt nun immer abwechselnd zur Sternkarte und zum Himmel. Dann könnt ihr Sternbilder und die zurzeit sichtbaren Planeten finden.

5 Jupitermonde

a Sucht den Jupiter und betrachtet ihn mit einem Fernglas oder Fernrohr mit 10-facher Vergrößerung. Erkennt ihr drei oder vier winzige Punkte in einer Reihe neben ihm? Das sind die Jupitermonde Io, Ganymed, Europa und Callisto. ▸3 Beobachtet sie mehrere Nächte lang und skizziert ihre Positionen.

b Vergleicht mit einer aktuellen Angabe der Jupitermondpositionen im Internet.

3 *Jupiter und vier Monde*

6 Venus Der Planet steht oft als heller Morgen- oder Abendstern am Himmel – nicht weit von der auf- oder untergehenden Sonne. ▸4 Schätzt mit der gestreckten Faust ihren Winkelabstand zur Sonne ab (siehe Auftrag 1a). Wiederholt die Beobachtung einige Tage lang.

4 *Venus am Morgenhimmel*

7* Andromedanebel Der Andromedanebel ist nur in sehr dunklen, klaren Nächten als winziger verwaschener Fleck im Sternbild Andromeda zu sehen. Am besten findet ihr ihn mit einem Fernglas und einer interaktiven Sternkarte. ▸5

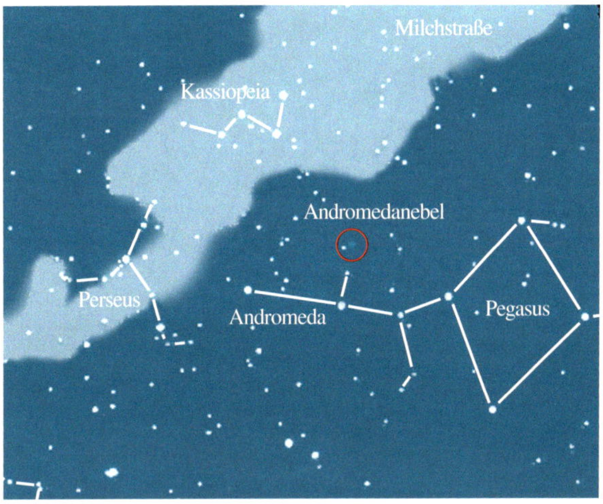

5 *Wie findet man den Andromedanebel?*

6 *Unsere Milchstraße*

8 Milchstraße In einer mondlosen, klaren Nacht – weit weg vom Licht der Städte – könnt ihr die Milchstraße als nebliges Band quer über den Himmel sehen. ▸6

9 Sternschnuppen Lest im Internet nach, wann es besonders viele Sternschnuppen zu sehen gibt (Suche: „Meteorstrom"). Versucht in günstigen Nächten, Sternschnuppen zu beobachten. Wenn der Himmel klar ist und ihr außerhalb einer Stadt seid, müsst ihr meist nur einige Minuten lang auf die erste Sternschnuppe warten. Vergesst nicht, euch etwas zu wünschen!

Grundlagen Himmelskörper im Sonnensystem

Unser *Mond* ist der nächste Himmelskörper im All. ►1 Er ist 360 000 km von der Erde entfernt. Das amerikanische Mondflugprogramm *Apollo* zeigte, dass Menschen diese große Entfernung überwinden können. Zwischen 1969 und 1972 landeten sechs bemannte Raumfähren auf dem Mond. Zwölf Menschen haben ihn insgesamt betreten. Alle sind gesund zur Erde zurückgekehrt.

Der Mond ist eine Wüste aus Sand und Stein. Seine Oberfläche ist übersät mit Einschlagkratern von *Meteoriten* aus dem Weltraum. Die größten Krater kannst du schon mit einem Fernglas sehen. Der Mond hat keine *Atmosphäre*. Menschen, Tiere und Pflanzen könnten auf dem Mond kaum überleben: Die Temperaturen betragen nachts etwa −40 °C und tagsüber etwa 140 °C.

1 *Unser Mond*

2 *Sonne und Planeten (Abstände sind nicht maßstabsgerecht.)*

3 *Die Planeten umkreisen die Sonne. (Abstände und Größen entsprechen nicht der Wirklichkeit.)*

Acht *Planeten* umkreisen die Sonne. ▸2 Sie sind sehr unterschiedlich: Merkur, Venus, Erde und Mars bestehen aus Gestein. Bis auf die Erde sind sie Gesteinswüsten wie unser Mond. Die Venus hat eine Atmosphäre aus Kohlenstoffdioxid und Stickstoff. An ihrer Oberfläche ist es 400 °C heiß. Jupiter, Saturn, Uranus und Neptun sind Gaskugeln. Fast alle Planeten haben eigene Monde, die Gasplaneten außerdem noch Ringe.
Am Himmel erkennst du die Planeten daran, dass sie im Lauf des Jahrs durch die Sternbilder hindurchwandern. Planet bedeutet „Wandelstern". Alle Planeten und die Sonne befinden sich (fast) in einer Ebene. ▸3

Kometen erkennst du an ihrem Schweif. ▸4 Mit bloßem Auge oder einem Fernglas kannst du nur selten Kometen sehen. Sie bewegen sich in einer großen ovalen Bahn um die Sonne. Alle paar Jahrzehnte kommen sie in Sonnennähe. Dann streuen sie das Sonnenlicht und sind mit etwas Glück auch von der Erde aus zu sehen. Sie bestehen aus „schmutzigem Eis". In Sonnennähe schmilzt ein Teil des Eises und der Komet bekommt einen sichtbaren Schweif aus kleinen Steinchen. Der Schweif zeigt immer von der Sonne weg – egal, in welche Richtung sich der Komet bewegt. Kreuzt die Erde eine solche Spur, dann verglühen die Steinchen in der Atmosphäre. Sie leuchten kurz als *Sternschnuppen* auf. ▸5 Die Erde taucht jedes Jahr zur gleichen Zeit in eine Kometenspur. Daher wissen die Astronomen schon vorher, in welchen Nächten die meisten Sternschnuppen über den Himmel ziehen.
Gelegentlich treffen auch größere Steine aus dem Weltall auf die Erdatmosphäre. Sie verglühen nicht ganz, sondern treffen mit viel Wucht als Meteoriten auf die Erde. ▸6 Meteoriten können riesige Krater aufreißen oder den Himmel durch die aufgewirbelte Staubwolke verdunkeln. Einem weltweiten Tiersterben fielen vor 65 Millionen Jahren zwei Drittel aller Tierarten zum Opfer. Es wurde möglicherweise durch einen in Mexiko eingeschlagenen Meteoriten verursacht.

5 *Sternschnuppe über China, aus dem All fotografiert*

6 *Hier schlug vor 50 000 Jahren ein Eisenmeteorit mit 50 m Durchmesser ein. Der Krater in Arizona ist 180 m tief.*

4 *Halleyscher Komet*

Aufgaben

1 Der Satz „*M*ein *V*ater *e*rklärt *m*ir *j*eden *S*onntag *u*nseren *N*achthimmel" hilft, sich die Reihenfolge der Planeten zu merken.
a Erkläre den Merksatz.
b Findest du einen lustigeren oder besseren Merkspruch?

2 Welche Planeten nennt man Gasplaneten?

3 Kann eine Sternschnuppe gefährlich sein? Begründe deine Meinung.

4 Warum ist Leben auf dem Mond nicht möglich? Nenne mehrere Gründe.

Methode Sachtexte lesen und verstehen

Geht es dir auch manchmal so? Du liest einen Text und hinterher fragst du dich: Worum ging es denn? Hab ich alles verstanden? Manchmal merkst du später im Test, dass mit dem Lesen des Texts längst nicht alles geklärt ist. Die folgenden Hinweise sollen dir helfen, Texte gründlicher zu lesen und besser zu verstehen.

1. **Text überfliegen** Lies den Text zuerst ganz durch. Störe dich nicht daran, wenn du einiges nicht verstehst. Lies einfach weiter.
2. **„Verstehensinseln" finden** Notiere in Stichworten, was von dem Text in deinem Gedächtnis hängen geblieben ist.
3. **Abschnittweise lesen und verstehen** Lies den Text nun Abschnitt für Abschnitt. Eine oder mehrere der folgenden Arbeitstechniken werden dir beim Verstehen des Textes helfen:
   - Formuliere *Fragen*, die in den einzelnen Textabschnitten beantwortet werden.
   - Schreibe *Überschriften* für die einzelnen Abschnitte auf.
   - Liste *neue Begriffe* auf, die im Text erläutert werden. Schreibe die Erklärung auf.
   - Suche die Textstellen, die durch *Bilder* erläutert werden. Vergleiche Text und Bild. Erkennst du den Zusammenhang?
   - Suche *Erklärungen* im Text. Die zugehörigen Fragen fangen oft mit „Warum" an. Lies die Sätze zwei- oder dreimal. Was soll erklärt werden? Welche Grundlagen werden benötigt? Erkläre den Zusammenhang in eigenen Worten. Oft hilft eine Skizze.

Grundlagen Himmelskörper im Sonnensystem

Unser *Mond* ist der nächste Himmelskörper im All. ▸1 Er ist 380 000 km von der Erde entfernt. Das amerikanische Mondflugprogramm *Apollo* zeigte, dass Menschen im Weltraum diese Entfernung überwinden können. Zwischen 1969 und 1972 landeten sechs bemannte Raumfähren auf dem Mond. Zwölf Menschen haben ihn insgesamt betreten. Alle sind wohlbehalten zur Erde zurückgekehrt.
Der Mond ist eine Wüste aus Sand und Stein. Seine Oberfläche ist übersät mit Einschlagkratern von Meteoriten aus dem Weltraum. Die größten Krater kannst du schon mit einem Fernglas sehen. Der Mond hat keine Atmosphäre. Menschen, Tiere und Pflanzen könnten auf dem Mond kaum überleben: Die Temperaturen betragen nachts etwa −40 °C und tagsüber etwa 140 °C.

1 Unser Mond

1

Musteraufgabe

Lies den Text „Himmelskörper im Sonnensystem" abschnittweise. Versuche ihn zu verstehen.

Fragen:

1. und 2. Abschnitt: Wie weit ist der Mond entfernt? Wie sieht seine Oberfläche aus? Warum könnten wir auf dem Mond nicht leben?

3. und 4. Abschnitt: ...

Überschriften:

„Unser Mond", „Die Planeten" ...

Neue Begriffe:

Mond: großer Himmelskörper, der die Erde oder einen anderen Planeten umkreist

Planet: ...

Bild und Text vergleichen:

Bild 1 zeigt unseren Erdmond. In den ersten beiden Abschnitten wird er beschrieben.

Bild 2 ...

Erklärungen:

Wie entstehen Sternschnuppen?

Sternschnuppen sind Steinchen aus dem Weltraum, die in der Atmosphäre unserer Erde verglühen. Sie stammen oft aus dem Schweif eines Kometen.

Aufgaben

1 Die Musteraufgabe zeigt, wie du den Text „Himmelskörper im Sonnensystem" verstehen kannst. Die Lösungen sind allerdings noch nicht vollständig. Bearbeite sie weiter.

2 Lies den Text „Himmelskörper im Universum". Wende die Methode „Sachtexte lesen und verstehen" an.

Grundlagen Himmelskörper im Universum

1500 Sterne kannst du in einer klaren Nacht mit bloßem Auge sehen. Mit einem großen Fernrohr sind es Millionen. Wir sehen sie stets in gleicher Anordnung, sie scheinen am Himmel befestigt (fixiert) zu sein. Schon vor 4000 Jahren haben die Menschen Sterne zu Sternbildern zusammengefasst. Die bekanntesten sind der Große Wagen, Kassiopeia (Himmels-W) und Orion. Alle Sterne leuchten von sich aus – manche bläulich, andere rötlich. Die Farbe hängt mit ihrer Temperatur zusammen. Die meisten Sterne sind etwa so groß und so hell wie die Sonne. Unsere Sonne ist ebenfalls ein Stern, der an der Oberfläche eine Temperatur von 5500 °C hat. Die Erdkugel hätte über 1 000 000 mal Platz in der Sonne.

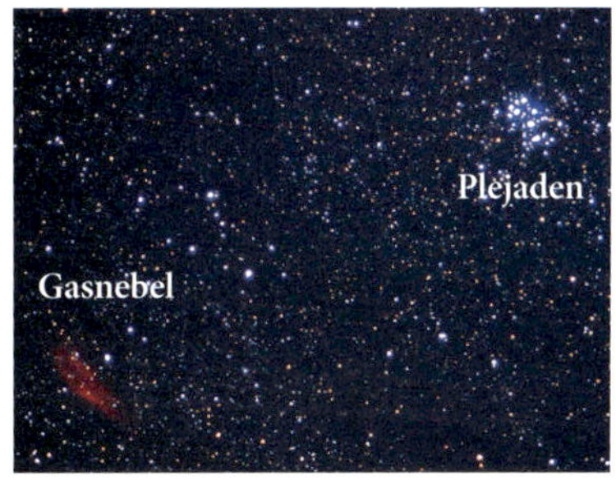

2 *Rötlich leuchtender Gasnebel*

Gasnebel erscheinen auf Fotos als unregelmäßige, farbig leuchtende Gebilde. ▸2 Sie sind mit dem Fernglas kaum zu sehen, weil sie wenig Licht aussenden. Ein Fotoapparat am Fernrohr kann das Licht einige Minuten lang sammeln und Gasnebel sichtbar machen.

In einer klaren mondlosen Nacht kannst du fernab vom Licht der Städte die *Milchstraße* erkennen. Im Fernrohr entdeckt man, dass ihr helles Band aus Millionen von Sternen besteht. ▸3

3 *Milchstraße*

Die Sterne sind ungleichmäßig im All verteilt. Oft treten sie in „Scheiben“ oder „Spiralen“ auf. Das sind die *Galaxien*:
- Die Milchstraße ist unsere eigene Galaxie. Sie besteht aus 1000 bis 3000 Milliarden Sternen und hat einen Durchmesser von etwa 100 000 *Lichtjahren*. Ein Lichtjahr ist die Strecke, die das Licht in einem Jahr zurücklegt: 9467 Milliarden Kilometer.
- Der Andromedanebel ist eine andere Galaxie. Er ist als schwacher Fleck im Sternbild Andromeda zu finden. ▸4 Die Galaxie ist 2,5 Millionen Lichtjahre von uns entfernt.

4 *Andromedagalaxie*

Im Zentrum der meisten Galaxien vermuten *Astronomen* einen ungeheuer massereichen Stern. Er wird auch als „Schwarzes Loch“ bezeichnet und hält die Galaxie zusammen. Im Universum gibt es vielleicht 500 Milliarden Galaxien. Die genaue Zahl ist unbekannt. Fast täglich werden neue Galaxien entdeckt. ▸5

5 *Hier siehst du keine Sterne, sondern Galaxien! Allein in dem fotografierten Bereich zählt man 100 000 Galaxien.*

Aufgabe

3* Die schönsten Bilder vom Hubble-Teleskop kannst du im Internet ansehen.
Suche jeweils die fünf eindrucksvollsten Bilder von Galaxien, Nebeln und Planeten. Stelle begleitende Informationen zusammen.

Aus der Geschichte Astronomie und Astrologie – zwei ungleiche Schwestern

Astronomie oder Astrologie – ähnliche Wörter mit sehr verschiedenen Bedeutungen:

- *Astronomen* erforschen den Himmel mit Fernrohren. ▸1 Mit physikalischen Methoden untersuchen sie das Licht und die Bewegung der Sterne. Sie entwickeln Vorstellungen darüber, wie das Universum entstanden ist und wie sich Galaxien, Sterne und die Erde gebildet haben. Grundlage für ihre Überlegungen sind physikalische Gesetze.
- *Astrologen* glauben, dass die Sterne das Schicksal jedes Menschen lenken. Die Stellung der Sterne und Planeten in der Stunde der Geburt soll die Persönlichkeit prägen. Sie behaupten, dass der Mensch je nach Sternzeichen (Krebs, Löwe ...) besondere Charakterzüge hat: „Krebse sind typische Stimmungs- und Familienmenschen. Mal trifft man auf gut gelaunte und humorvolle Krebse, mal wollen sie am liebsten gar nicht erst angesprochen werden. Aber auf gar keinen Fall sind sie eintönig. Sie leben in einer Fantasiewelt, die das wirkliche Leben erheblich erschwert." Astrologen wenden die Methoden der Astronomen an, um die Himmelsbewegungen für die nächsten Tage vorauszuberechnen. Auf dieser Grundlage erstellen sie Horoskope. ▸2

Sterne faszinieren die Menschen schon immer. Vor langer Zeit glaubte man, dass Götter im Himmel leben und unser Schicksal lenken. Die Himmelsbewegungen sollten also Auskunft über die Zukunft geben können. Astronomie und Astrologie waren noch nicht getrennt.

Krebs (21. Juni–22. Juli)

Eine Aufgabe erfordert mehr Einsatz, als Sie sich vorgestellt haben. Da Sie die Sache übernommen haben, müssen Sie sie auch zu Ende führen!

2 *Horoskop aus einer Zeitung*

1 *Hubble-Teleskop*

Die ersten genauen Berechnungen der Himmelsbewegungen verdanken wir den *Babyloniern*. Bestimmte Stellungen der Planeten hielten sie für günstig, um einen Handel abzuschließen oder Krieg zu führen. Als bösartig galten Sonnen- und Mondfinsternisse. Für ihre Berechnung mussten die Babylonier die Bahnen der Sonne und des Monds am Himmel kennen. Im 2. Jahrhundert vor Christus gelang es ihnen, Mondfinsternisse auf etwa eine Stunde genau vorherzusagen.

Physiker erstellten auch noch rund 1700 Jahre später Horoskope. Erst mit Beginn der Neuzeit vor etwa 400 Jahren entwickelte sich die Astronomie zu einer Naturwissenschaft und löste sich von der Astrologie. Naturwissenschaftler streben nach gesicherten Erkenntnissen. Ohne solches Wissen könnten wir uns niemals ruhigen Herzens in ein Flugzeug setzen. Verlässliches Wissen erwirbt man durch genaue Beobachtungen und Experimente. Wissenschaftliche Aussagen muss man überprüfen können. Sie müssen logisch und nachvollziehbar mit anderen Aussagen zusammenhängen. Ob das auf astrologische „Erkenntnisse" zutrifft, könnt ihr selbst prüfen.

Aufgaben

1 Welches Sternzeichen bist du? Unter „Horoskop Zeitung" oder „Horoskop kostenlos" findest du im Internet Horoskope für dich. Vergleiche einige. Erkennst du Ähnlichkeiten? Widersprechen sie sich?

2* Sammelt Argumente für oder gegen Horoskope. Diskutiert miteinander.

Überblick

Sonnensystem und Milchstraße
Unsere Sonne wird von der Erde und sieben weiteren Planeten umkreist.
Die Planeten ändern innerhalb von Tagen und Wochen ihre Position am Sternenhimmel. Die Sterne, die wir mit bloßem Auge sehen, sind weit entfernte Sonnen. Sie gehören alle zur selben Galaxis wie die Sonne mit ihren Planeten.
Außer unserer Milchstraße gibt es unzählige weitere Galaxien mit unvorstellbar vielen Sternen.

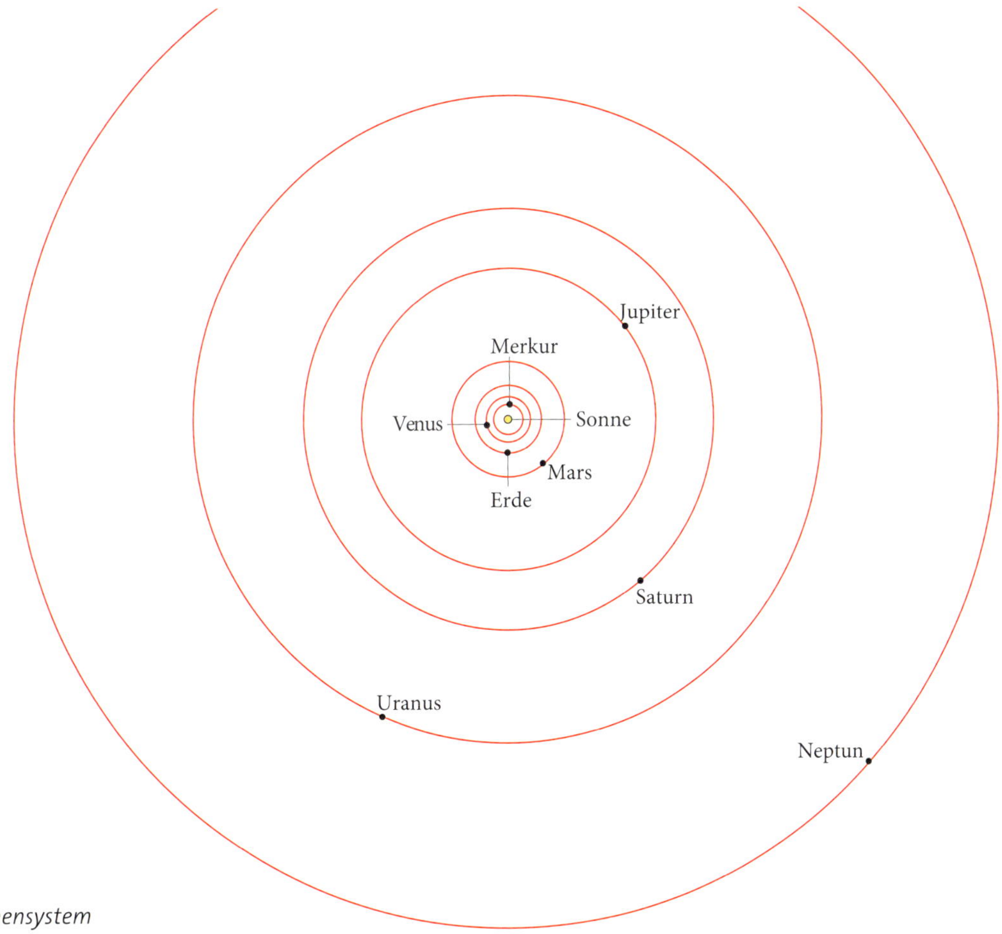

3 *Unser Sonnensystem*

Alles klar?

1 Unser Sonnensystem
a Nenne die acht Planeten in der richtigen Reihenfolge. Beginne mit dem sonnennächsten Planeten.
b Nenne die Nachbarplaneten der Erde.

2 Worin unterscheiden sich die Himmelskörper?
a Planeten und Sterne
b Monde und Planeten

3* Astrologie und Astronomie sind ähnliche Wörter. Was versteht man unter beiden Begriffen?

Teste dich!

▷ Die Lösungen findest du im Anhang.

1 Welche Geräte sind Lichtquellen: Kinoleinwand, Planet, Monitor, Glühwürmchen, Straßenschild?

2 Wenn du im Dunkeln an Straßenlaternen vorbeigehst, ändert sich dein Schattenbild.
a Wie entsteht ein Schatten?
b Wann ist der Schatten kurz, wann lang?
c Unter welchen Umständen hast du zwei Schatten?
d Fertige als Antwort drei Zeichnungen an.

3 Finsternisse:
a Begründe mit einer Skizze, dass Sonnenfinsternisse stets nur auf einem kleinen Teil der Erdoberfläche zu beobachten sind. ►1
b Wie sieht der Mond aus, wenn er sich bei einer Mondfinsternis im Halbschatten der Erde befindet?

1

4 „Im Osten geht die Sonne auf, im Süden …" Wie geht der Spruch weiter? Stimmt der Spruch eigentlich? Begründe.

5 Welche Arten von Himmelskörpern im Weltall kennst du? ►2 Beschreibe ihre Eigenschaften.

2 *Sonnensystem*

Schätze deine Fähigkeiten ein

Ordne deiner Aufgabenlösung im Heft ein Smiley zu:
☺ Ich konnte die Anforderungen erfüllen.
😐 Ich konnte die Anforderungen nicht vollständig erfüllen.
☹ Ich konnte die Anforderungen nicht erfüllen.

Anforderung	Ich kann …	Hilfe findest du auf Seite …
1, 2	Lichtquellen von Lichtempfängern unterscheiden und die Entstehung von Schatten mit der geradlinigen Ausbreitung des Lichts erklären.	177, 185–187
3	die Entstehung von Mondfinsternis und Sonnenfinsternis erklären und meine Kenntnisse anwenden.	189
4	meine Kenntnisse zur Entstehung der Tageszeiten anwenden.	192
5	die Himmelskörper nennen und deren wichtigste Eigenschaften beschreiben.	200 f.

Wie kann man sich vor Kälte schützen?

Nichts als Wasser?

Wetter und Klima

- Klirrende Kälte im Winter, tropische Hitze im Sommer – wir erhalten im Sommer viel mehr Sonnenstrahlung als im Winter. Die Temperaturen und das Wetter in den Jahreszeiten unterscheiden sich stark.
- Auf dem See, in dem du im Sommer badest, kannst du im Winter vielleicht Schlittschuh laufen. Im Winter gefriert das Wasser, das ist die Ursache dafür, dass Felsen im Laufe der Zeit zerbröckeln. Wegen der Temperaturunterschiede zwischen Sommer und Winter besitzen viele Bauwerke Dehnungsfugen.
- Tiere überstehen den Winter auf ganz verschiedene Weise. Auch wir Menschen passen uns an die unterschiedlichen Temperaturen durch unsere Kleidung an. Im Winter heizen wir unsere Häuser.

Wetter beobachten und protokollieren

▷ Die Aussichten: Heute ist es bewölkt und teilweise regnerisch. Die Höchsttemperatur beträgt 24 bis 33 °C. In den nächsten Tagen bleibt es warm und der Regen lässt nach.

▷ Wie lässt sich das Wetter beobachten und vorhersagen?

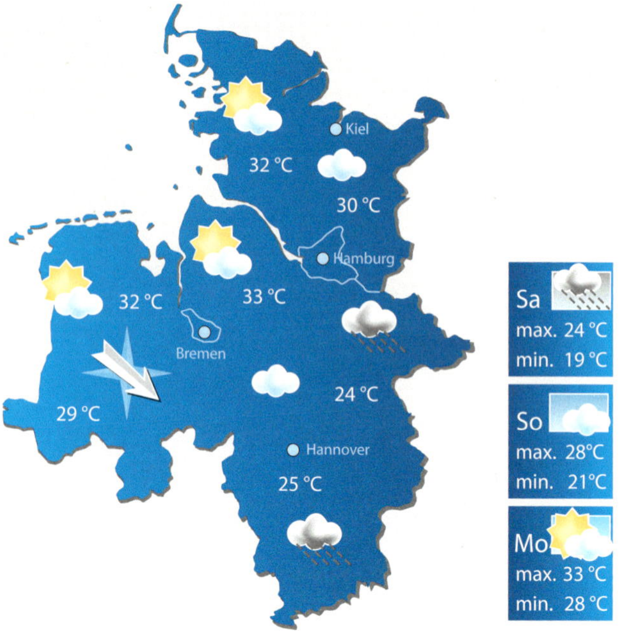

1

Beobachten Untersuchen

1 Wie ändert sich das Wetter über längere Zeit?
Zum „Wetter" gehören viele Einzelheiten, die ihr beobachten, messen und protokollieren könnt. Genaueres zu den Wetterwerten und Messgeräten findet ihr auf den Folgeseiten. Hier zunächst ein Überblick, bevor ihr die Aufgaben zur Wetterbeobachtung in eurer Klasse verteilt. ▸2

a Sammelt ab jetzt Wetterkarten aus der Zeitung.

b Beobachtet selbst das Wetter. Ihr müsst täglich immer zur gleichen Zeit beobachten und sorgfältig protokollieren. ▸3
Auch Beobachtungen in der Natur gehören zum Wetterprotokoll. Sie zeigen, wie sich das Wetter auf die Natur auswirkt, z. B. welche Blüten aufgehen, welche Früchte reifen oder welche Blätter abfallen.

Die *Bewölkung* gibt an, wie stark der Himmel bedeckt ist.
Die *Windrichtung* ist einfach zu bestimmen. Die *Windstärke* kann man anhand einer Tabelle schätzen, wenn man kein Messgerät hat.
Es gibt unterschiedliche Arten von *Niederschlag*: Regen, Schnee und Hagel. Ein Messgerät dafür könnt ihr selbst basteln.
Zur Bestimmung der *Lufttemperatur* braucht man ein Thermometer. Gemessen wird im Schatten, etwa in Augenhöhe über dem Boden und wenigstens 10 m von einer Hauswand entfernt.
Den *Luftdruck* misst man mit einem Barometer. Es zeigt den Druck in hPa (Hektopascal) an. Das Barometer kann im Zimmer stehen.

2

Methode Langzeitprotokoll

Wetterprotokoll September	Name:					Klasse:		
	Uhrzeit, zu der abgelesen wurde:							
Datum	Bewölkung	Luftdruck in hPa	Windrichtung	Windstärke	Lufttemperatur in °C	Niederschlag Art	Menge in cm³	Beobachtungen in der Natur
1. September	?	?	?	?	?	?	?	?
...	?	?	?	?	?	?	?	?

3 *Wetterprotokoll (Mustertabelle)*

1 Anlegen des Wetterprotokolls

Legt die Tabelle des Wetterprotokolls an. ▸3 Ihr müsst für jeden Tag des Monats eine eigene Zeile vorsehen. Das Protokoll soll auch an schulfreien Tagen weitergeführt werden.

Beobachtet das Wetter jeden Tag möglichst zur gleichen Zeit. Tragt die gemessenen Wetterwerte bzw. die beobachteten Wettererscheinungen in das Protokoll ein. ▸4

2 Auswerten des Wetterprotokolls

Stellt für jeden Monat Folgendes fest:
- die durchschnittliche Temperatur
- die Niederschlagsmenge und -art

Stellt fest, welche Monate besonders trocken bzw. feucht waren. Ermittelt auch, welche Monate besonders warm bzw. kalt waren.

Wann fiel der erste Schnee? Wann gab es den ersten Frost? Wann und wie oft stieg die Temperatur über 30 °C?

Ermittelt, in welchen Monaten es besonders lange hell ist und wann die Tage besonders kurz sind. Vergleicht dazu eure Aufzeichnungen in der Spalte „Beobachtungen in der Natur".

Vergleicht die Wetterkarten und -vorhersagen aus der Zeitung, dem Radio und Internet mit eurem Protokoll. Hatte der Wetterbericht immer recht?

3 Auswertung von Wetterdaten mit Diagrammen

Man kann die Daten für die Temperatur und die Niederschlagsmengen auch grafisch (zeichnerisch) auswerten. ▸5–6 Mithilfe der Diagramme kann man schnell erkennen, wann es warm war oder wann es viel geregnet hat.

Stellt in einem ähnlichen Diagramm die gemessenen Luftdruckwerte dar. Ergänzt über jeder „Säule" das an dem Tag aufgezeichnete Bewölkungssymbol. Erkennt Ihr einen Zusammenhang?

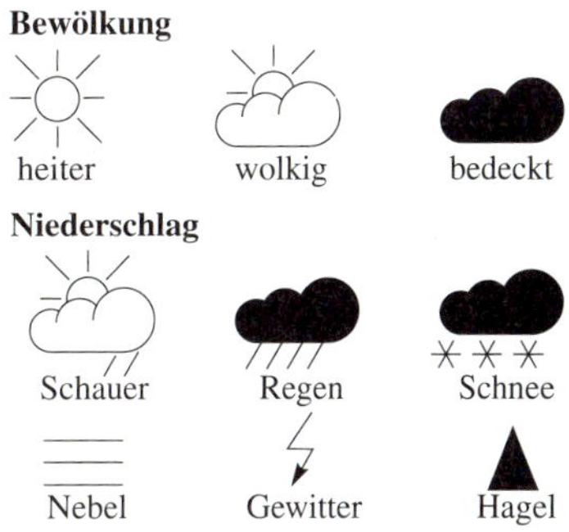

4 *Wettersymbole (Beispiele)*

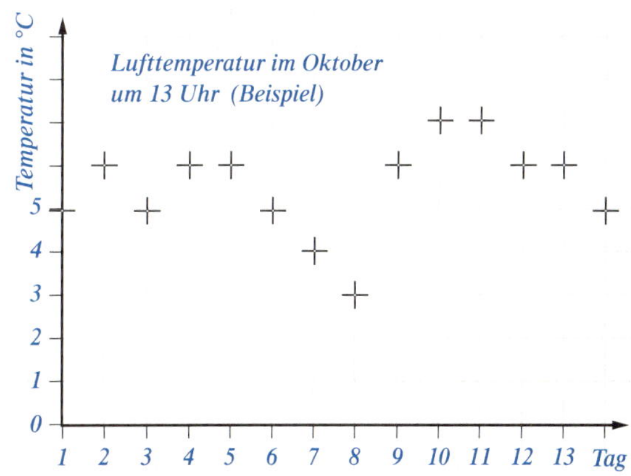

5 *Diagramm Lufttemperatur*

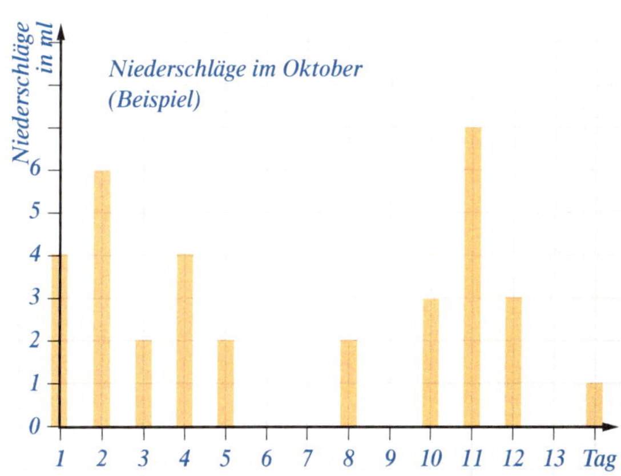

6 *Diagramm Niederschlagsmenge*

Temperaturen messen

1 *Temperatur messen im Teich*

2 *Thermometer ablesen*

Temperaturen in °C	Datum		
	2.11.	3.11.	4.11.
Luft (morgens)	4	−2	0
Luft (mittags)	6	10	7
Boden	6	4	5
Wasser	8	7	6

3 *Temperaturen protokollieren*

Beobachten Untersuchen

1 **Temperatur messen** Lest euch die *Regeln zur Temperaturmessung* durch. Messt an verschiedenen Stellen die Lufttemperatur: im Klassenraum in 10 cm Höhe und in 2 m Höhe, über dem Heizkörper, im Flur, auf dem Schulhof.
Messt auch verschiedene Temperaturen von Wasser: Leitungswasser, Sprudel aus dem Kühlschrank, Wasser bei Zimmertemperatur.

2 **Luft-, Boden- und Wassertemperaturen messen** Messt über einen längeren Zeitraum. Die Messergebnisse tragt ihr in eine Tabelle ein. ▸3
a Lufttemperatur: Messt zweimal täglich, möglichst am gleichen Ort und jeweils zur gleichen Zeit (z. B. vor Beginn und am Ende des Unterrichts).
b Temperatur im Boden: Messt einmal täglich in 10 cm Tiefe.
c Wassertemperatur: Messt einmal täglich in 10 cm Wassertiefe (z. B. im Schulteich).

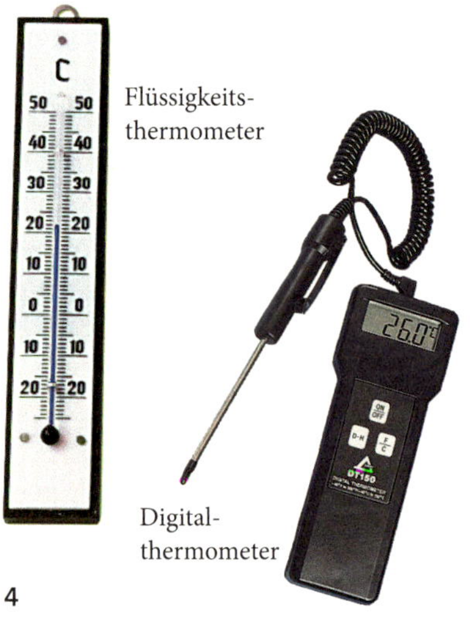

4

Grundlagen Temperaturen und Thermometer

Für die Messung der Temperatur benutzt man Thermometer. ▸4

Die Temperatur gibt an, wie warm oder kalt etwas ist.

Temperaturen unter 0 °C erhalten ein Minuszeichen.

Regeln zur Temperaturmessung
Lies die Temperatur erst ab, wenn sich die Anzeige nicht mehr ändert. Das kann ein bis zwei Minuten dauern.
Beim Messen der Lufttemperatur muss der Temperaturfühler trocken sein. Sonst wird eine zu niedrige Temperatur angezeigt.
Miss die Lufttemperatur im Schatten ungefähr 2 m über dem Boden.

Wie hoch war die durchschnittliche Wassertemperatur? ▸3
Um sie zu berechnen, addiert ihr die Temperaturen und teilt sie dann durch die Zahl der Tage:
8 °C + 7 °C + 6 °C = 21 °C

$$\frac{21\,°C}{3} = \underline{7\,°C}$$

5 *Durchschnittstemperatur berechnen*

Methode Messwerte im Diagramm darstellen

Anna und Markus haben Temperaturen gemessen. Sie wollen die Messwerte in einem Diagramm aufzeichnen.

Wochentag	Mo	Di	Mi	Do	Fr	Sa	So
Temperatur in °C	7	8	5	4	1	-1	2

Markus zeichnet für jeden Tag ein Thermometer. ▶6 Weil es zu mühsam ist, zeichnet er bald nur noch die Flüssigkeitssäule.

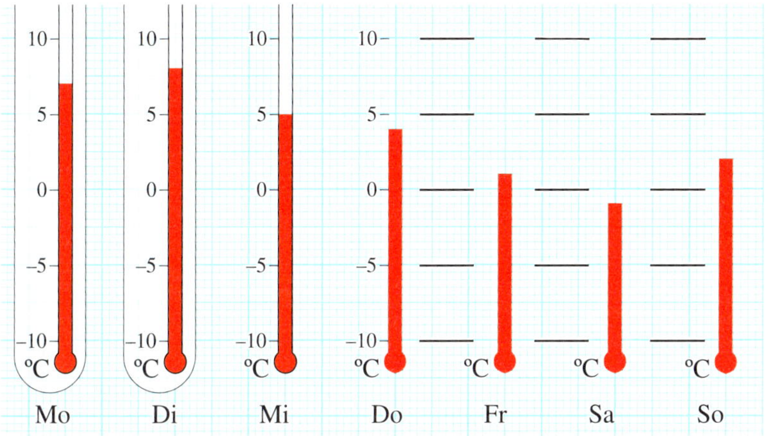

6

„Noch einfacher ist es, nur mit einem kleinen Kreuz einzuzeichnen, wie hoch die Flüssigkeit steht", meint Anna. Und so geht es: ▶7

1. Suche die gemessene Temperatur auf der Temperaturachse. Von dort aus zeichnest du mit Bleistift und Lineal eine dünne waagerechte Linie.
2. Auf der Zeitachse suchst du den zugehörigen Wochentag und ziehst eine senkrechte Linie.
3. Am Schnittpunkt der beiden Linien zeichnest du ein Kreuz.

Auf dieselbe Weise findest du die anderen Punkte. Das geht sogar, ohne jedes Mal Linien zu zeichnen.

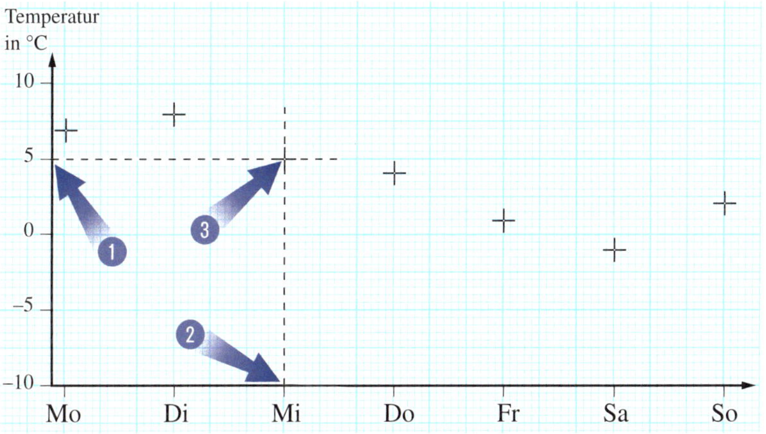

7

Aufgaben

1 Zeichne ein Diagramm mit den Lufttemperaturen, die ihr mittags gemessen habt. Zeichne im selben Diagramm mit anderen Farben die Boden- und Wassertemperaturen ein. Was fällt dir auf?

2* Das Diagramm zeigt die Durchschnittstemperaturen für alle Monate eines Jahrs. ▶8

a Ermittle aus dem Diagramm die Temperatur im März (August).

b Wo könnten solche Temperaturen auf der Erde gemessen werden?

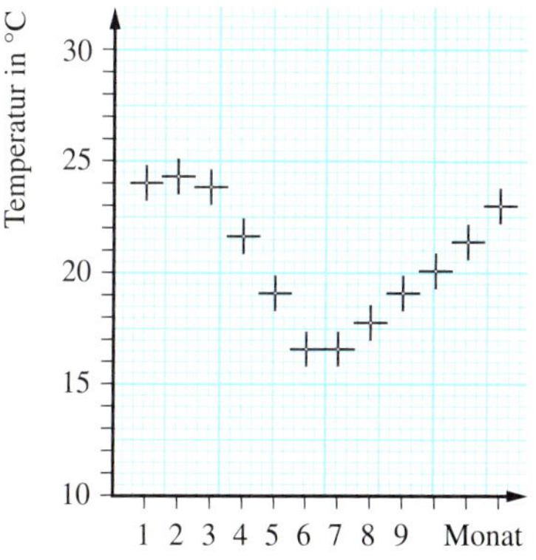

8

Bewölkung und Niederschläge

▷ Wie viel bei einem solchen Wolkenbruch wohl vom Himmel runterkommt?

1

Beobachten Untersuchen

1 Niederschläge messen Ihr braucht einen Regenmesser. ▸2–3 Leert ihn nach jeder Messung.

a Schreibt nach jedem Regen die Niederschlagshöhe auf.

b Rechnet die Messwerte für eine Woche zusammen.

2 Wolken beobachten

a Schreibt auf, was der Wetterbericht (Radio, Tageszeitung) zu Bewölkung und Niederschlag vorhersagt. Notiert, wie das Wetter tatsächlich wird.

b Beobachtet an verschiedenen Tagen wenigstens 10 Minuten lang, wie sich eine Wolke verändert.

c Fotografiert Wolken. Notiert die Wetterentwicklung am gleichen und am folgenden Tag.

d Versucht aus der Art der Bewölkung vorherzusagen, ob es bald regnet.

2 *Regenmesser (gekauft)*

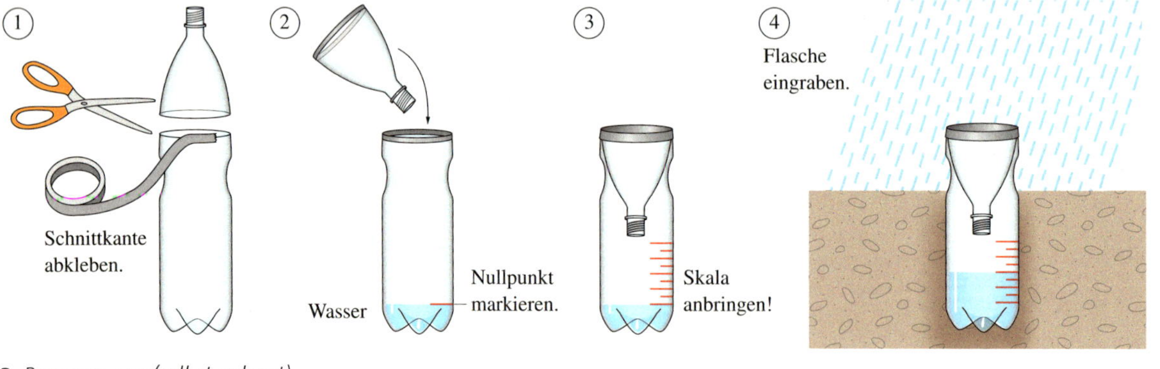

3 *Regenmesser (selbst gebaut)*

Grundlagen Niederschlag „in mm“

Im Wetterbericht heißt es: „Die Niederschlagsmenge betrug zwei Millimeter.“
Was bedeutet das?

- Wäre der Regen auf ein Kuchenblech gefallen, so stünde das Wasser darin 2 mm hoch.
- Ein Regenmesser zeigt an, dass auf jeden Quadratmeter Bodenfläche 2 Liter Wasser gefallen sind.

Bringt ein Gewitterschauer 20 Liter Regen pro Quadratmeter, so steigt der Wasserspiegel in einem Schwimmbecken um 20 mm an.

Luftfeuchtigkeit und Wolkenbildung

▷ Wenn die Wolkenränder „ausfransen“, kannst du den Regenschirm zu Hause lassen. ▸1 Die Wolke wird sich in der trockenen Umgebungsluft bald auflösen.

▷ Die Ränder dieser Wolken sind scharf begrenzt. ▸2 An den Oberseiten quellen immer neue Wolkenhügel hervor. Bald wird es regnen. Aber warum?

1 *Wolke löst sich langsam auf.*

2 *Wolke wächst rasch.*

Beobachten Untersuchen

1 Aus Wasserdampf wird Wasser

a Ihr braucht eine leere Saftflasche mit weiter Öffnung. Trocknet sie sorgfältig innen und außen ab. Legt sie geöffnet mehrere Stunden lang in den Kühlschrank. So kühlt die Luft in der Flasche stark ab.

b Holt die Flasche aus dem Kühlschrank. Haucht zwei- oder dreimal in sie hinein. Die Feuchtigkeit des Atems bildet an der Innenwand der Flasche Nebel. Ihr seht ihn deutlich, wenn ihr die Flasche gegen das Licht haltet.

c Verschließt die Flasche mit einem passenden Deckel. Stellt sie dann an einen sonnigen, warmen Platz. Was ist nach einiger Zeit zu sehen?

d Legt die verschlossene Flasche zurück in den Kühlschrank.

e Erklärt eure Beobachtungen.

Grundlagen Wenn Luftfeuchtigkeit zu Wolken wird

Wenn Wasser zu Wasserdampf wird, wird die Luft immer feuchter. In jedem Kubikmeter kann sich aber nur eine begrenzte Menge Wasserdampf befinden. Wie groß diese Menge ist, hängt von der Temperatur ab. Bei 24 °C können sich höchstens 22 g Wasserdampf in einem Kubikmeter Luft befinden. Die Luft ist dann mit Wasserdampf „gesättigt“. Man sagt, sie ist zu 100 % feucht.

Sehen kann man Wasserdampf zwar nicht, aber man spürt ihn. In so feuchter Luft fühlen wir uns nämlich nicht wohl. Es ist dann wie in einem Treibhaus: Der Schweiß auf unserem Körper bleibt auf der Haut liegen und die nasse Kleidung klebt am Körper.

Wenn 100 % feuchte Luft abkühlt (z. B. in Aufwinden), wird der Wasserdampf wieder zu flüssigem Wasser. Es bilden sich winzige Wassertröpfchen. Eine weiße Wolke entsteht. Wenn die Wolke so tief hängt, dass du in ihr spazieren gehen kannst, nennt man sie Nebel.

Werden die Wolkentröpfchen größer und schwerer, beginnt es zu regnen. Ist die Wolke sehr kalt, gefrieren die Tropfen zu Graupeln oder Hagelkörnern. Wolken und Niederschläge entstehen also immer dann, wenn feuchte, warme Luft abkühlt. ▸3

Aufgaben

1 Wieso kann man in Wolken spazieren gehen?

2 Morgens hängen an den Gräsern oft Tautropfen. Sie lösen sich meist rasch auf. Erkläre beides.

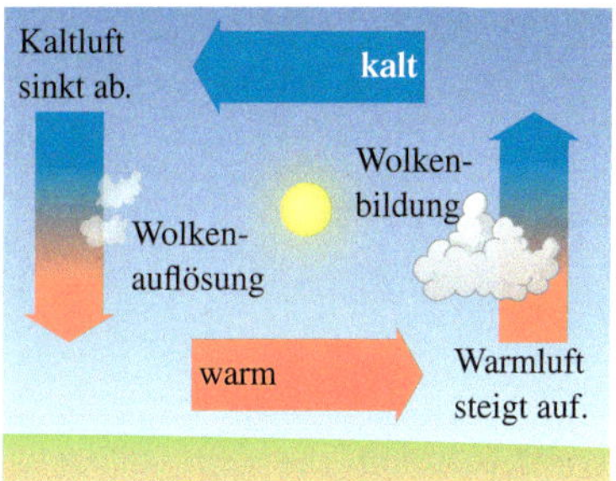

3

Aus der Umwelt Nebel, Wolken, Regen, Hagel, Schnee

1 *Großer Baum – rund 200 Liter Wasser werden an einem Sommertag zu Wasserdampf.*

2 *Kleine Wolke – 600 000 Liter Wasser in Form von Dampf*

Überall auf der Erde wird flüssiges Wasser zu Wasserdampf. ▸1 Die Luft enthält stets Wasserdampf. Sehen kann man ihn nicht. Wenn der Wasserdampf abkühlt, entstehen Wolken oder Nebel.

Wolken Wolken entstehen, wenn der Wasserdampf mit erwärmter Luft hochsteigt, in kältere Luftschichten gelangt und dort wieder zu Tröpfchen wird. Es bilden sich winzige Wassertröpfchen und in größeren Höhen auch kleine Eiskristalle. Sie fallen nicht zur Erde, obwohl Wasser schwerer als Luft ist; denn sie werden von der aufsteigenden Luft in der Schwebe gehalten. Wir sehen sie als Wolken. ▸2

Nebel Besonders oft tritt Nebel im Frühjahr und Herbst in Flusstälern auf. ▸3 Dort wird dauernd viel Wasser zu Wasserdampf. Wenn er dann in der kühlen Abend- oder Morgenluft abkühlt, entstehen kleine Wassertröpfchen. Wir sehen sie als Nebel.

Regentropfen Sie entstehen erst, wenn viele der winzigen Tröpfchen einer Wolke zu einem großen Tropfen „zusammenfließen" – wie Fettaugen auf der Suppe. Die Tropfen werden dann so schwer, dass sie als Regen zur Erde fallen. ▸4
Dicke Regentropfen können sich nur bilden, wenn in der Wolke neben den Wassertröpfchen auch Eiskristalle vorhanden sind. Die Wassertröpfchen schrumpfen und geben Wasserdampf ab. Die Eiskristalle nehmen ihn auf und wachsen zu Hagelkörnern an. ▸5 Auf ihrem tiefen Fall zur Erde tauen sie in wärmeren Luftschichten und gelangen als dicke Regentropfen auf die Erde.

3 *Nebel im Flusstal*

4 *Regen*

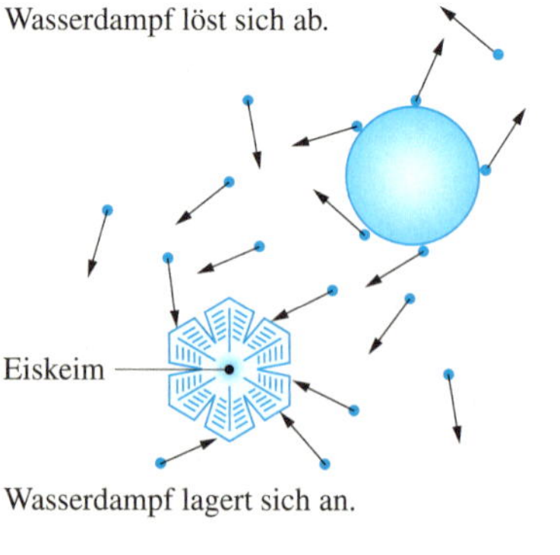

5 *Das Wolkentröpfchen schrumpft, der Eiskristall wächst.*

Hagel Als Hagel prasseln die Körner auf uns herab, wenn sie sehr dick sind und auf dem Weg zur Erde nicht ganz auftauen. In Gewitterwolken werden Hagelkörner durch die starken Aufwinde immer wieder hochgerissen und wachsen so immer weiter, weil sich immer mehr Wasser anlagert. Hagelkörner können so groß wie Tennisbälle sein und großen Schaden anrichten.

Schnee In großen Höhen liegen die Lufttemperaturen meist weit unter 0 °C. Dort bilden sich dann aus dem Wasserdampf keine Wassertröpfchen, sondern Eiskristalle – ohne zwischendurch flüssig zu werden. Die Eiskristalle haben viele unterschiedliche Formen. ▸6 Sie vereinen sich schließlich zu Schneeflocken. Wenn die Flocken schwer genug sind, rieseln sie als Schnee zur Erde nieder – wenn sie nicht in tieferen Luftschichten tauen.

6 *Eiskristalle in verschiedenen Formen*

Aufgaben

1 Beschreibe, was ein Baum mit der Bildung von Wolken zu tun hat. ▸1

2 Wasserdampf ist unsichtbar! Warum sehen wir dann aber die Wolken?

3 Wie bildet sich Schnee? Suche eine Erklärung.

4* Flugzeuge fliegen meist über den Wolken. Informiere dich über die Flughöhe und die Lufttemperatur dort.

Aus der Umwelt Der Wasserkreislauf

Wasser ist für Pflanzen, Tiere und uns Menschen unentbehrlich. Ohne Nahrung kann ein Mensch zwei Wochen auskommen, ohne Wasser höchstens zwei bis drei Tage.
Der allergrößte Teil des Wassers auf der Erde füllt die Ozeane. Über den Ozeanen wird ständig Wasser zu Wasserdampf (Verdunstung). Die dafür nötige Wärme liefert die Sonne. Damit beginnt für das Wasser ein Kreislauf, der wieder im Meer endet. ▸7
Die aufsteigende Luft kühlt ab. Dabei wird der Wasserdampf wieder zu winzigen Tröpfchen. Es entstehen Wolken. Mit dem Wind werden die Wolken über weite Strecken transportiert. Aus den Wolken fällt Regen und Schnee.
An Land bilden sich Rinnsale, Bäche und Ströme, die das Wasser wieder ins Meer bringen.
Ein Teil des Wassers versickert, wird als Grundwasser gespeichert und fließt ebenfalls ins Meer.

Angetrieben wird dieser gewaltige Wasserkreislauf durch die Sonne. Er stellt ständig sauberes Wasser für das Leben auf der Erde bereit. Der Mensch nutzt den Wasserkreislauf auch mit Wasserkraftwerken und erhält so elektrische Energie.

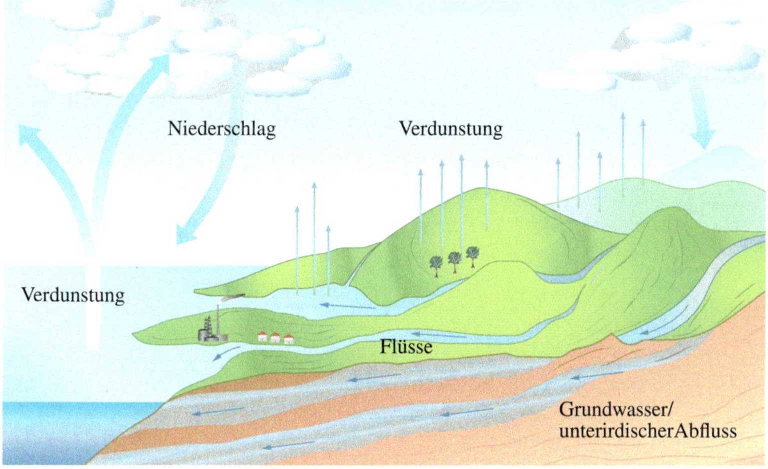

7 *Wasserkreislauf*

Aufgabe

5 Beschreibe, wie das Wasser in einen Bergsee kommt.

Windrichtung und Windstärke

- ▷ Der Wetterhahn schaut immer genau in die Richtung, aus der gerade der Wind weht. Schaut der Hahn nach Westen, dann weht der Wind aus Westen in Richtung Osten.
- ▷ Ein Windsack zeigt in die Richtung, in die der Wind weht.
- ▷ Ob man aus der Windrichtung und -stärke bereits abschätzen kann, wie morgen das Wetter wird?

1 *Wetterhahn*

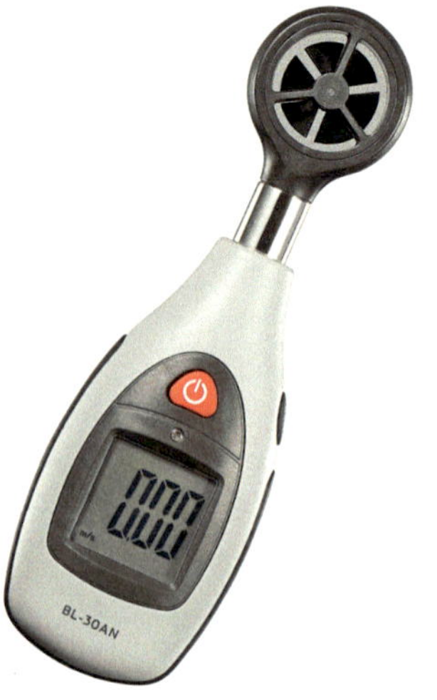

2 *Windstärkemesser*

Beobachten Untersuchen

1 Windrichtung und Windstärke beobachten

a Übt, wie man mit dem Windstärkemesser umgeht. ▸2 Schätzt die Windstärke anhand der Tabelle ab. ▸3

b Messt mit dem Windstärkemesser in freiem Gelände. Mit einem langen Streifen Kreppband und einem Kompass könnt ihr die Windrichtung bestimmen. Das ist die Richtung, aus der der Wind kommt. Protokolliert im Abstand mehrerer Tage die vorherrschende Windrichtung. Schreibt auf, wie sich das Wetter entwickelt.

2 Stimmt die Windvorhersage? Im Wetterbericht der Tageszeitung werden Windrichtungen und -stärken vorhergesagt. Überprüft, ob die Vorhersagen eintreffen.

3* Wirkungen des Winds Fotografiert Rauchfahnen über Schornsteinen, krumm gewachsene Bäume, Schneewehen, Sturmschäden …

4* Wind und Bauernregeln „Ziehn hohe Wolken dem Wind entgegen, gibt's am nächsten Tag schon Regen." – „Ostwind im Winter ist ein rauer Vetter, doch bringt er uns beständig Wetter." Informiert euch über solche „Bauernregeln". Prüft, ob ihre Vorhersagen zutreffen.

Windstärke	Bezeichnung	Geschwindigkeit in $\frac{km}{h}$	Auswirkungen des Winds
0	Windstille	0 bis 1	Rauch steigt senkrecht nach oben; auf See gibt es keine Wellen.
1	leichter Zug	1 bis 5	Rauch steigt schräg empor; Blätter bewegen sich nicht.
2	leichte Brise	6 bis 11	Wind im Gesicht spürbar; Blätter säuseln; Windfahne bewegt sich.
3	schwache Brise	12 bis 19	Blätter und dünne Zweige bewegen sich; Wimpel wird gestreckt.
4	mäßige Brise	20 bis 28	Wind bewegt Zweige und Äste, hebt Staub und loses Papier hoch.
5	frische Brise	29 bis 38	Kleine Bäumchen schwanken; weiße Schaumkronen auf See.
6	starker Wind	39 bis 49	Starke Äste bewegen sich; Regenschirme kaum zu halten.
7	steifer Wind	50 bis 61	Bäume bewegen sich; Gehen gegen den Wind wird schwieriger.
8	stürmischer Wind	62 bis 74	Zweige brechen von Bäumen; das Gehen wird stark behindert.
9	Sturm	75 bis 88	Kleine Schäden an Häusern; Dachziegel lösen sich; Äste brechen.
10	schwerer Sturm	89 bis 102	Bäume entwurzelt; Autos fortgewirbelt; große Schäden an Häusern.
11	orkanartiger Sturm	103 bis 117	Überall große Schäden; außergewöhnlich hohe Wellen auf See.
12	Orkan	ab 118	Schwere Verwüstungen; die See ist aufgewühlt und vollständig weiß.

3 *Windstärke abschätzen*

Der Luftdruck

▷ Ankes Mutter schaut aufs Barometer und sagt dann: „Morgen gibt es schlechtes Wetter.“ ▸1

1 *Barometer*

Beobachten Untersuchen

1 **Luftdruck messen**

a *Vorversuch:* Legt ein Barometer in ein großes Glas. Verschließt das Glas ganz dicht mit einer Folie. Drückt auf die Folie. Wieso ändert sich dadurch die Barometeranzeige?

b Lest das Barometer eine Woche lang täglich zur gleichen Zeit ab. Protokolliert die Messwerte und eure Wetterbeobachtungen.

c Lest an einem besonders stürmischen Tag das Barometer jede Stunde ab. Notiert die Messwerte.

2 **Schön – Veränderlich – Regen** Diese Worte stehen auf manchen Barometern. Prüft, ob das mit dem Wetter übereinstimmt.

Grundlagen Der Luftdruck

Wir leben auf dem Grund eines „Luftmeers“. Über uns befindet sich eine viele Kilometer dicke Luftschicht. ▸2

Je tiefer du in einem Meer aus Wasser tauchst, desto mehr spürst du, wie das Wasser von allen Seiten auf deinen Körper drückt. Fische im tiefen Ozean sind auf diesen Wasserdruck eingestellt und spüren ihn nicht.

Im „Luftmeer“ ist es ähnlich. Der Luftdruck ist auf dem Grund am größten. Du merkst von ihm nichts, weil sich dein Körper darauf eingestellt hat.

2 *Die Lufthülle der Erde, aus dem Weltall fotografiert*

Gemessen wird der Luftdruck mit einem Barometer. Der normale Luftdruck beträgt 1013 hPa (sprich: Hektopascal).

Je nach Wetterlage kann der Luftdruck höher oder niedriger sein. Auf Satellitenfotos erkennt man Gebiete mit niedrigem Luftdruck („Tief“) an den vielen Wolken. Wolkenwirbel verraten ein Sturmtief. ▸3 Hochdruckgebiete („Hoch“) sind meist wolkenfrei.

3 *Europa, vom Wettersatelliten aus fotografiert*

Aufgaben

1 Das Barometer hat zwei Zeiger: ▸1 Der dicke zeigt den aktuellen Luftdruck an, der dünne den Luftdruck vom Vortag. Lies beide Werte ab. Wie hat sich der Luftdruck verändert?

2 Beschreibe den Himmel über Deutschland und England an dem Tag, als das Satellitenbild aufgenommen wurde. ▸3

Aus der Natur Wie der Wind am Meer entsteht

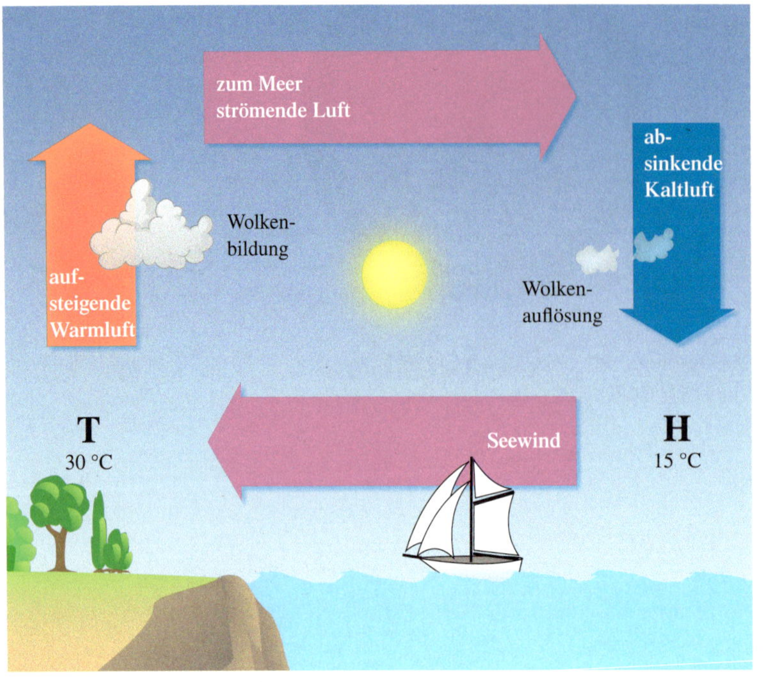

1 *Entstehung von Seewind*

Wenn die Sonne auf die Erde scheint, erwärmt sich diese nicht überall gleich: Die Luft über den Landflächen wird wärmer als die über den Meeresflächen.
Beim Erwärmen über dem Land dehnt sich die Luft aus und steigt nach oben. Dadurch wird die Luftsäule über dem Land höher. In großer Höhe bewegt sich die Luft in Richtung Meer. ▸1 Durch diese Luftbewegung ändert sich der Luftdruck über dem Land. Er wird geringer (T: Tiefdruckgebiet, „Tief").
Anders ist es über dem Meer. Hier fließt die Luft vom Land über die kühlere Meeresluft. Dadurch steigt der Luftdruck an der Meeresoberfläche. Es entsteht ein Gebiet mit höherem Luftdruck (H: Hochdruckgebiet, „Hoch"). Der Wind, der diesen Druckunterschied wieder ausgleicht, weht vom Meer zum Land. Man spricht von *Seewind*.

Wind hat seine Ursache in Luftdruckunterschieden. Diese werden durch die Sonnenstrahlung hervorgerufen. Man kann sagen: Die Sonne treibt den Wind an.

Nachts kühlt sich die Luft über dem Meer weniger stark ab als die Luft über dem Land. Die Folge ist ein umgekehrter Kreislauf der Luftmassen. Es weht nun ein *Landwind* vom Land hinaus in Richtung Meer. ▸2

Merkwürdig ist, dass der Wind vom Hochdruckgebiet niemals schnurgerade zum Tiefdruckgebiet weht. Er weht immer auf gebogenen, spiralförmigen Bahnen. Das hängt mit der Drehung der Erde zusammen. Auf Satellitenfotos ist das gut zu erkennen.

Aufgaben

1 „Die Sonne treibt den Wind an." Erkläre den Satz.

2 Bei Wetteransagen wird von „Hochdruckgebieten" gesprochen. Was verstehst du darunter?

3* Viele Duschen haben einen Duschvorhang. Wenn man warm duscht, klebt einem der Vorhang an den Beinen. Erkläre dies mit den Begriffen Hoch- und Tiefdruckgebiet.

2 *Landwind*

Überblick

Die Sonne macht unser Wetter
Die Ursache für unser Wetter ist die Sonne: Sie erwärmt Luft, Erdboden und Wasser unterschiedlich und erzeugt dabei Hoch- und Tiefdruckgebiete. Der Wind weht dann vom Hoch zum Tief. Die Sonnenwärme lässt Wasser zu Wasserdampf werden und erzeugt so Wolken und Niederschläge.
Das tägliche Wetter wird bestimmt durch:
- die Lufttemperatur (gemessen in Grad Celsius)
- den Luftdruck (gemessen in Hektopascal)
- Windrichtung und Windstärke
- die Luftfeuchtigkeit
- Bewölkung, Niederschlag

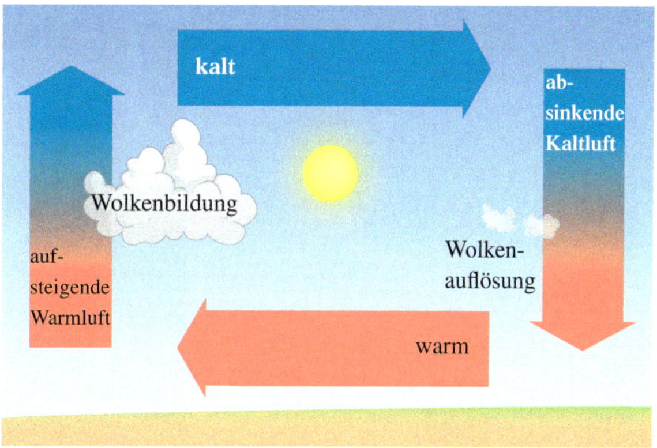

3

Barometer
Das Barometer zeigt den Luftdruck an. Der Luftdruck entsteht, weil wir am Grund eines „Luftmeers" wohnen. Die Änderungen des Luftdrucks verraten ziemlich genau, ob ein sonniger oder regenreicher Tag folgt. Die Übersicht zeigt einfache Wetterregeln.

Änderung am Barometer	Einfache Wetterregel
Luftdruck sinkt schnell.	Wind und Sturm
Luftdruck sinkt langsam.	Schönes Wetter endet bald.
Luftdruck bleibt gleich.	Keine Wetteränderung
Luftdruck steigt langsam.	Schönes Wetter für längere Zeit
Der Luftdruck steigt schnell.	Kurzfristige Wetterbesserung

5 *Wetterregeln für das Barometer*

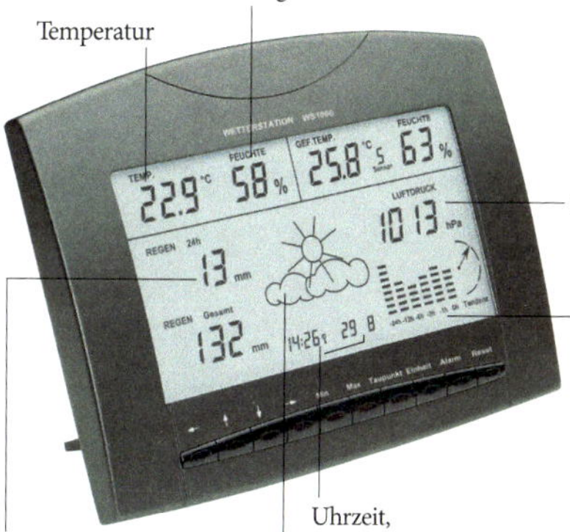

4

Alles klar?

1 Nenne die Bedingungen, die unser Wetter bestimmen.

2* Wie entsteht am Meer nachts der Landwind? Erkläre anhand einer Skizze.

3* Nenne Berufe oder Freizeitbeschäftigungen, die stark vom Wetter abhängig sind.

4 „Die Sonne ist weit weg, trotzdem macht sie unser Wetter." Erkläre diese Aussage.

5 Woraus bestehen Wolken? Nenne den Grund für die Wolkenbildung im Bild ▸3.

6 Deine Wetterstation zeigt Werte wie im Bild ▸4. Musst du einen Regenschirm zum Ausflug mitnehmen? Begründe deine Entscheidung.

Was sich mit der Temperatur ändert

Schnee und Eis, alles nur Wasser – die Aggregatzustände

▷ Viermal Wasser, das seinen Zustand ändert oder gleich ändern wird … ▸1–4

1

2

3

4

Untersuchen

1 Wasser und Wasserdampf beim Kartoffelkochen

a Messt mit einem Messbecher, wie viel Wasser ihr zum Kartoffelkochen nehmt. Notiert den Wert.

b Warum hebt sich der Deckel, wenn die Kartoffeln kochen?

c Haltet einen kühlen Spiegel oder Deckel über den Topf.

d Wartet, bis die Kartoffeln gar sind. Gießt dann das Wasser vorsichtig in einen anderen Topf ab. Messt, wie viel Wasser übrig geblieben ist. Wo könnte das restliche Wasser geblieben sein?

! Verbrühungsgefahr: Nehmt Topflappen und den Deckel zu Hilfe.

2 Wo bleibt das Wasser? Gebt einen Esslöffel Wasser auf eine Untertasse. Stellt das Ganze an einen warmen Platz. Wie lange dauert es, bis alles Wasser verschwunden ist? Was ist mit dem Wasser geschehen?

3 Wie heiß kann Wasser werden? Füllt 1 Liter Wasser in ein Gefäß. Hängt den Tauchsieder vorsichtig hinein. ▸5

! Verbrühungsgefahr! Tragt hitzebeständige, wasserfeste Handschuhe. Das Becherglas darf nicht umkippen. Beachtet die Sicherheitshinweise zum Tauchsieder (s. „Methode: Der Tauchsieder“).

a Messt die Wassertemperatur. Schaltet dann den Tauchsieder ein. Lest die Temperatur alle 30 Sekunden ab. Notiert die Messwerte. *Tipp:* Rührt mit einem Glasstab um. So erwärmt sich das Wasser gleichmäßig.

Zeit nach dem Einschalten	0 s	30 s	60 s	…
Temperatur des Wassers	? °C	? °C	? °C	…

b Messt noch 2 Minuten lang weiter, wenn das Wasser siedet.

c Stellt die Messwerte im Diagramm dar. Zeichnet die Messkurve ein.

4 Wie kalt kann Wasser werden? Ein Becherglas wird mit einer Mischung aus zerstoßenem Eis und Kochsalz gefüllt. In die Mischung wird ein Reagenzglas mit Wasser gestellt. ▸6 Messt alle 30 Sekunden die Temperatur und rührt hin und wieder um. Notiert die Messwerte in einer Tabelle. Was fällt euch auf?

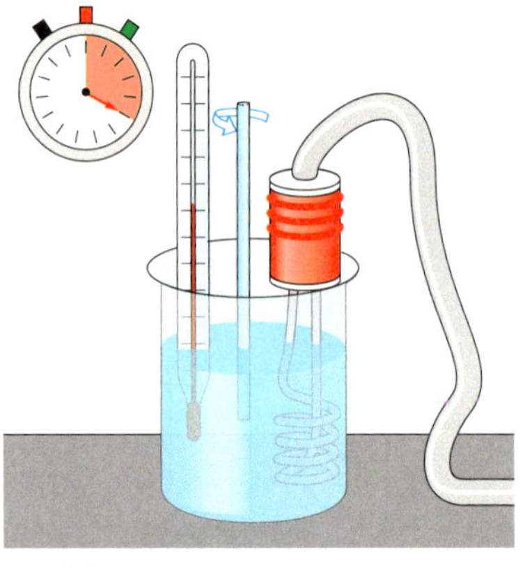

5 *Erhitzen von Wasser*

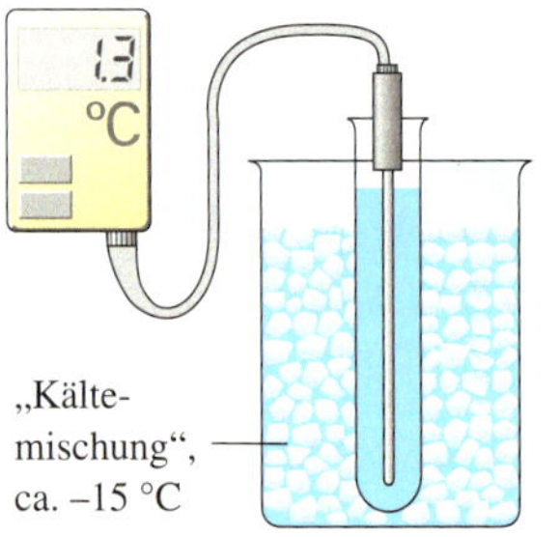

6 *Abkühlen in einer Kältemischung*

Methode Messkurven zeichnen

Wenn die Messwerte im Diagramm eingetragen sind, kannst du die Messkurve zeichnen. ▸7
Verbindest du die Messpunkte direkt miteinander, ergibt sich eine Zickzacklinie (schwarze Linie im Bild). Besser ist es, eine glatte Messkurve zu zeichnen, die ungefähr die Messpunkte trifft (rote Kurve).

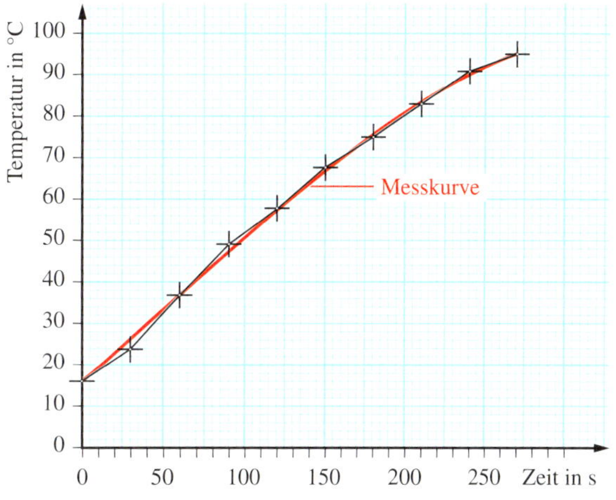

7 *Zeit-Temperatur-Diagramm*

Aufgabe

1 Die Tabelle, nach der das Diagramm gezeichnet wurde, ist unvollständig. ▸8

a Lies die fehlenden Werte aus dem Diagramm ab.

b* Lies aus der Messkurve ab: Welche Temperaturen wurden nach 50 s, 100 s und 200 s erreicht?

Zeit in s	0	30	60	90	120	150	?	210	240	?
Temperatur in °C	16	24	37	?	58	68	75	83	91	?

8

Grundlagen Fest – flüssig – gasförmig

Zustandsformen Wasser kommt als festes Eis, flüssiges Wasser oder gasförmiger Wasserdampf vor. Sein *Aggregatzustand* hängt von der Temperatur ab. ▸9

Schmelzen und Erstarren Wenn man Eis erwärmt, *schmilzt* es bei 0 °C. Das Wasser geht vom festen in den flüssigen Zustand über. Man sagt: Die *Schmelztemperatur* von Wasser beträgt 0 °C.
Beim Abkühlen *erstarrt* das Wasser bei der gleichen Temperatur. Aus flüssigem Wasser wird festes Eis.

Verdampfen und Kondensieren Bei 100 °C siedet Wasser. Im Innern der Flüssigkeit bilden sich Dampfblasen. Das flüssige Wasser geht in den gasförmigen Zustand über, es *verdampft*. Die *Siedetemperatur* von Wasser beträgt 100 °C.

Das Regenwasser in einer Pfütze wird auch unterhalb seiner Siedetemperatur zu Wasserdampf. Das Wasser *verdunstet*.
Beim Abkühlen wird Wasserdampf wieder flüssig. Der Dampf *kondensiert*.

Energie zum Schmelzen und Verdampfen Beim Sieden steigt die Temperatur des Wassers trotz Energiezufuhr nicht an. Die Energie ist nötig, um das Wasser zu verdampfen. Auch zum Schmelzen von Eis braucht man Energie.

Eis wird flüssig, wenn es die Schmelztemperatur (0 °C) erreicht. Bei der Siedetemperatur (100 °C) siedet das Wasser. Es entsteht Wasserdampf.

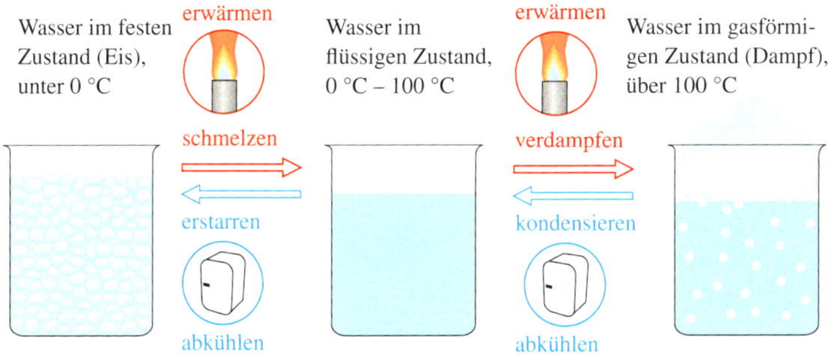

9 *Zustandsänderungen von Wasser*

Aufgaben

2 Wenn man als Brillenträger im Winter von draußen in eine warme Wohnung kommt, beschlägt die Brille. Erkläre!

3 Der Zustand von Alkohol ändert sich bei –115 °C und bei 78 °C. Wie heißen diese Temperaturen? Nenne die Zustandsänderungen, die bei diesen Temperaturen eintreten.

Methode Bedienungsanleitung für den Gasbrenner

Es gibt unterschiedliche Arten von Gasbrennern. Deshalb können die Gasbrenner an eurer Schule anders aussehen als hier gezeichnet. Dann müsst ihr euch genau zeigen lassen, wie sie bedient werden. Das muss natürlich geschehen, bevor ihr damit arbeitet!

1 *Wie funktioniert der Gasbrenner?*

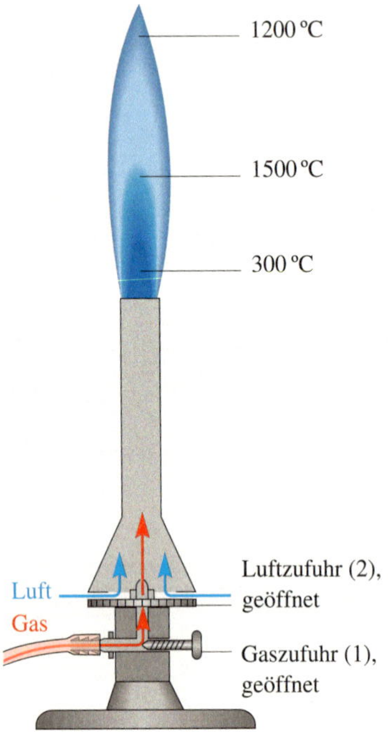

2 *Gasbrenner*

Bedienungsanleitung

- Die Gaszufuhr (1) und die Luftzufuhr (2) müssen geschlossen sein. Überprüfe es!
- Öffne den Gashahn am Tisch. Entzünde dann ein Streichholz oder ein Feuerzeug. Öffne die Gaszufuhr am Brenner und halte die Flamme von der Seite an das ausströmende Gas.
- Mit der Gaszufuhr am Brenner stellst du die Höhe der rötlich gelben Flamme auf ca. 10 cm ein. Diese Flamme ist rund 1000 °C heiß; sie rußt stark.
- Öffne nun vorsichtig die Luftzufuhr, bis die Flamme eine bläuliche Farbe hat. Die Flamme ist jetzt viel heißer (1200 bis 1500 °C) und rußt nicht mehr. Am heißesten ist sie etwas unterhalb der Spitze.
- Vergiss nicht, Gaszufuhr und Luftzufuhr am Brenner nach dem Versuch zu schließen.

Sicherheitsmaßnahmen

▸ Informiere dich für den Notfall, wo Feuerlöscher und Löschdecke sind. Du solltest auch wissen, wo sich der nächste „NOT-AUS-Knopf" befindet.

▸ Schutzbrille tragen! ▸3

▸ Lange Haare müssen zusammengebunden werden. ▸4

▸ Lass offene Flammen nie unbeaufsichtigt.

▸ Schließe den Gashahn, wenn die Flamme deines Brenners erlischt.

▸ Beachte beim Wiederanzünden: Zuerst am Brenner die Gaszufuhr (1) und die Luftzufuhr (2) schließen!

▸ Bei Gasgeruch: Schließe sofort den Gashahn und informiere die Lehrerin oder den Lehrer. Fenster öffnen!

3 *Schutzbrille tragen!*

4 *Lange Haare zusammenbinden!*

Methode Bedienungsanleitung für den Tauchsieder

Mit Tauchsiedern wird nur Wasser erwärmt. ▸5
Im spiralförmigen Tauchsiederrohr wird ein Draht elektrisch erhitzt. Die entstehende Wärme muss sofort an das Wasser weitergegeben werden, sonst kann der Draht durchglühen.

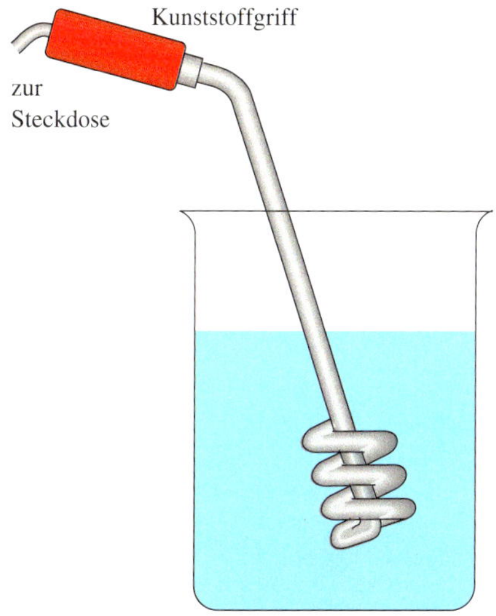

5 *Tauchsieder*

Bedienungsanleitung

- Vor dem Anschließen muss der Tauchsieder in Wasser eintauchen. Seine Spirale muss immer ganz im Wasser stecken.
- Wenn das Wasser ausreichend warm ist, ziehst du zuerst den Stecker aus der Steckdose (aber nicht am Kabel!). Dann erst nimmst du den Tauchsieder aus dem Wasser.

Sicherheitsmaßnahmen

▸ Tauchsiedern sieht man es nicht an, ob sie heiß sind. Fasse sie deshalb immer nur an ihrem Kunststoffgriff an.

▸ Der Stecker darf nicht nass sein und nicht mit nassen Händen in die Steckdose gesteckt oder aus ihr herausgezogen werden.

Aufgaben

1 Die Flamme eines Brenners darf man nicht wie eine Kerzenflamme ausblasen. Erkläre!

2 Zu den Grundregeln beim Experimentieren mit offenen Flammen gehören zwei wichtige Dinge:
- Schutzbrille tragen. ▸3
- Lange Haare zusammenbinden. ▸4

Begründe diese Regeln.

3 *Prüfung für den Brennerführerschein* ▸6
Wenn du die folgenden Fragen beantworten kannst, bestehst du die Prüfung bestimmt.

a Was musst du tun, bevor du den Brenner anzündest?

b Mit welcher Schraube regelst du die Gaszufuhr, mit welcher die Luft?

c Welche Flamme ist heißer, die gelbrote oder die blaue? Wo ist sie am heißesten und wie heiß ist sie ungefähr?

d Im Notfall musst du unbedingt wissen: Wo sitzt der nächste Not-Aus-Knopf? Wo sind Löschdecke und Feuerlöscher?

e Was musst du tun, wenn deine Flamme plötzlich erlischt?

6

Vom inneren Aufbau der Stoffe

▷ Wasser kann fest, flüssig oder gasförmig sein. Es bleibt aber immer derselbe Stoff. Wie ist das möglich?

▷ Auch andere Stoffe gibt es in drei Aggregatzuständen. Wie kann man sich den inneren Aufbau von Stoffen vorstellen?

1

Beobachten Untersuchen

1 Kann man Salzkristalle immer weiter zerlegen?

a Zerschlagt ein Salzkristall. Betrachtet die Bruchstücke. Zerkleinert sie immer weiter. Benutzt eine Lupe. Was stellt ihr fest?

b Löst Salz in Wasser auf. Das Salz ist nicht mehr zu sehen, aber zu schmecken. Versucht zu erklären.

2 Fein verteilte Düfte Versprüht ein wenig Parfüm. Prüft, ob man es im ganzen Raum riechen kann.

Grundlagen Das Teilchenmodell

Salzbrocken lassen sich in kleine Bruchstücke zerstoßen. Gibt man Salz in Wasser, so löst es sich auf und ist für das Auge nicht mehr sichtbar. Das Salz muss aber noch vorhanden sein. Wir können es schmecken. Um diese Beobachtungen zu erklären, müssen wir Vorstellungen vom inneren Aufbau der Stoffe entwickeln.

2

Wir stellen uns vor, dass alle Gegenstände aus kleinsten Teilchen aufgebaut sind.

In festen Gegenständen haben die Teilchen einen starken Zusammenhalt wie Legosteine in einem „Bauwerk". ▸2
Flüssigkeiten können wir leicht umrühren. Eine Wasserpfütze verschwindet „von selbst". Die Teilchen in Flüssigkeiten sind also leicht voneinander trennbar. Sie haben keinen so festen Zusammenhalt. In einer Flüssigkeit sieht es aus wie auf einer sehr vollen Tanzfläche. ▸3
Der Duft von Parfüm ist überall im Zimmer zu riechen. Wasserdampf verteilt sich in der Küche. In Gasen haben die Teilchen keinen festen Zusammenhang. Sie verteilen sich wie ein Mückenschwarm im ganzen Raum.

3

Methode Zustandsformen im Teilchenmodell

Ein und derselbe Stoff kann fest, flüssig oder gasförmig sein. Im Teilchenmodell können wir uns die Aggregatzustände so vorstellen:

Stoffe im festen Zustand

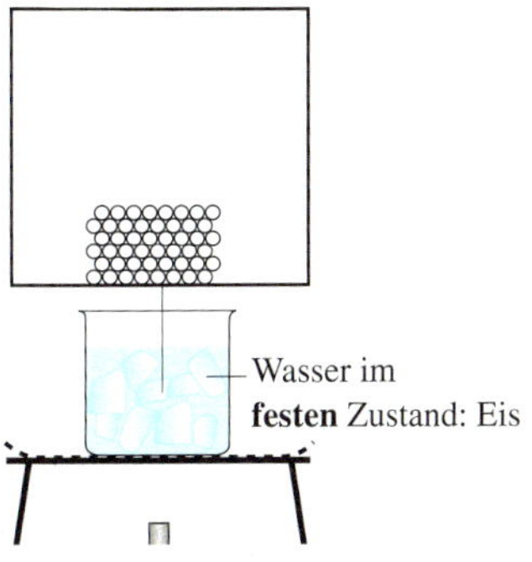

4

Bei einem Stoff in *festem* Zustand liegen die Teilchen, aus denen er besteht, dicht zusammen.
Die Teilchen haben einen starken Zusammenhalt. Sie können ihren Platz nicht verlassen.

Stoffe in flüssigem Zustand

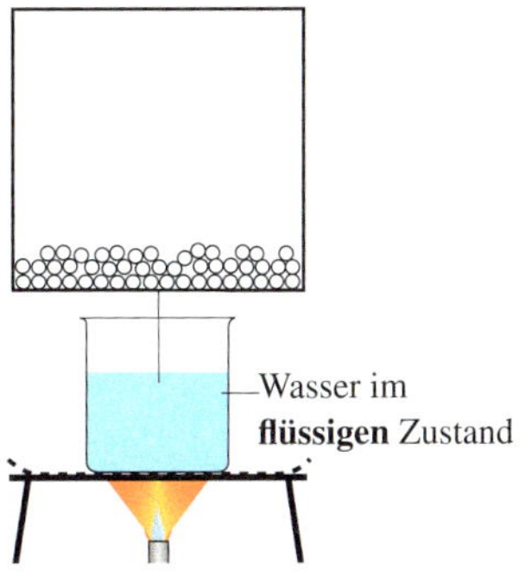

5

Auch im *flüssigen* Zustand besitzen die Teilchen einen Zusammenhalt.
Er ist aber nicht so groß wie im festen Zustand. Die Teilchen haben nun keine festen Plätze mehr. Sie können sich gegeneinander verschieben.

Stoffe in gasförmigem Zustand

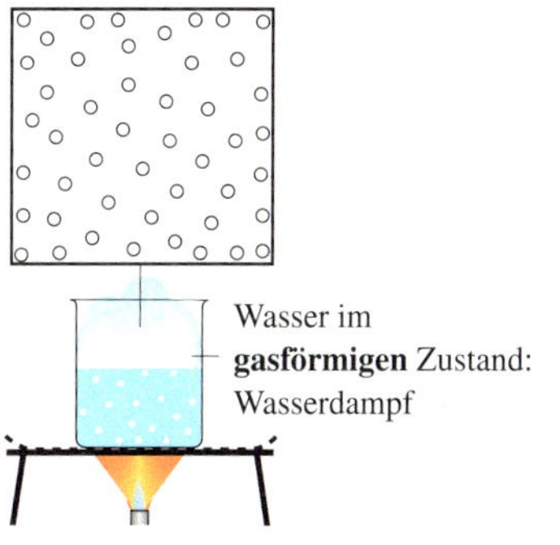

6

Bei einem Stoff im *gasförmigen* Zustand besitzen die Teilchen keinen Zusammenhalt mehr.
Sie verteilen sich auf den ganzen Raum, der ihnen zur Verfügung steht.

Modelle helfen verstehen Du kennst Spielzeugmodelle von Autos. Solch ein Modellauto zeigt, wie ein Kraftfahrzeug aussieht. Trotzdem ist es nur ein Modell. Die Karosserie ist nicht aus Blech, das Modell besitzt weder Motor noch Bremsen. Es gibt nur Teile der Wirklichkeit wieder, in diesem Fall Farbe und Form.
Mit dem Teilchenmodell machen wir uns von unsichtbaren Dingen und Vorgängen eine Vorstellung. Das Teilchenmodell hat sich in der Physik bewährt. Obwohl es eine einfache Vorstellung vom Aufbau der Stoffe ist, kann man mit ihm viele Eigenschaften der Stoffe erklären.
Wir werden das Teilchenmodell nach und nach durch neue Erkenntnisse erweitern und so immer besser verstehen, wie die Körper im Innern aufgebaut sind.

Wie groß sind die Teilchen?
Die Teilchen verschiedener Stoffe sind unterschiedlich groß. Aber alle sind winzig klein: Auf dem Lineal siehst du, wie groß 1 Millimeter ist. Stell dir im Vergleich dazu eine Strecke von 1 Kilometer vor. Dasselbe Größenverhältnis besteht zwischen einem Wasserteilchen und einem Millimeter! Die Teilchen sind etwa 1 millionstel Millimeter groß.

Aufgaben

1 Das „Teilchenspiel“: Einige Schülerinnen und Schüler sollen die verschiedenen Zustandsformen eines Stoffes spielen. Jeder stellt ein Teilchen dar. Sie sammeln sich an einer freien Stelle des Klassenzimmers.
a Macht Vorschläge, wie sie den festen Zustand spielen können. (Lest euch den Text unter den Bildern oben durch.)
b Jetzt sollen der flüssige und der gasförmige Zustand gespielt werden. Was muss sich ändern?

2* „Ein Haus sieht anders aus als die Steine, aus denen es gebaut ist.“ Passt diese Aussage auch auf Gegenstände und die Teilchen, aus denen sie bestehen? Diskutiert darüber miteinander.

Grundlagen Die Oberflächenspannung

Mit Wasser kannst du interessante Beobachtungen machen:
- Ein Wasserläufer kann auf der Wasseroberfläche laufen. ▸1
- Wasser bildet Tropfen. ▸2
- Eine Büroklammer kann auf dem Wasser schwimmen. ▸3
- Du kannst in eine volle Flasche noch vorsichtig Wasser dazugeben. Dann bildet sich ein Wasserberg. ▸4

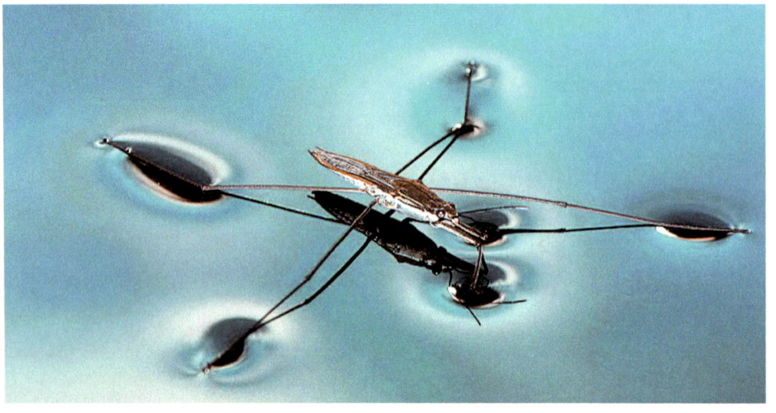

1 *Wasserläufer*

2 *Wassertropfen auf einem Blatt*

3 *Schwimmende Büroklammer*

4 *Wasserberg*

Es scheint so, als ob sich die Oberfläche des Wassers wie eine gespannte elastische Folie verhält. Man spricht von der *Oberflächenspannung* des Wassers.
Unsere Beobachtungen ▸1–4 können wir mit dem Teilchenmodell erklären: Wir stellen uns vor, Wasser besteht aus kleinsten Teilchen. Zwischen den Teilchen gibt es einen Zusammenhalt. Teilchen in der Mitte werden in alle möglichen Richtungen gezogen. Teilchen am Rand werden zur Mitte gezogen. ▸5
Die Oberflächenspannung kann durch einen Tropfen Spülmittel zerstört werden. Eine Büroklammer, die auf dem Wasser schwimmt, geht dann unter.

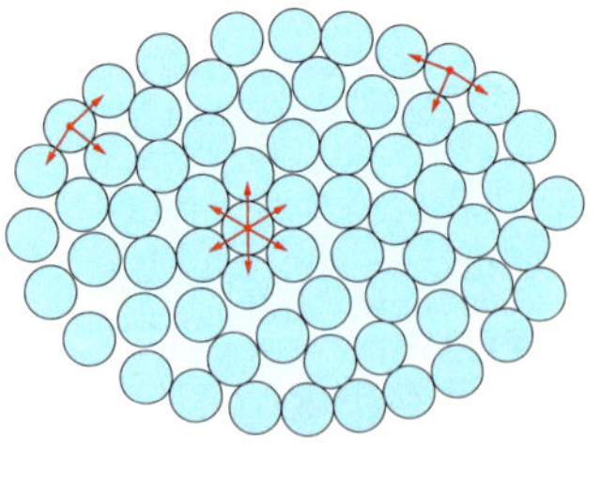

5 *Oberflächenspannung beim Wassertropfen*

Wie das Thermometer zu einer Skala kommt

Aus der Geschichte So entstand die Thermometerskala

Rechts siehst du ein sehr langes, ungewöhnliches Thermometer. Es wurde vor etwa 300 Jahren in Florenz (Italien) hergestellt. ▸1 Die Glaskugel an seinem unteren Ende entspricht der Thermometerkugel. Sie enthält Alkohol. Das dünne Steigrohr ist fast einen Meter lang. Auf das Rohr sind viele kleine Glasperlen aufgeschmolzen; sie stellen die Skala dar.

Das Thermometer von Celsius Viele Bemühungen gab es, ein „allgemein verwendbares" Thermometer zu erfinden. Den Durchbruch schaffte schließlich der Schwede *Anders Celsius* (1701–1744).
Celsius wählte zwei Fixpunkte für seine Skala:
1. die Schmelztemperatur von Eis
2. die Siedetemperatur von Wasser

Diese Fixpunkte konnte man überall auf der Welt ermitteln. Der erste Fixpunkt wurde 0 Grad genannt, der zweite 100 Grad. Den Abstand zwischen den beiden Fixpunkten teilte Celsius in 100 gleiche Teile ein. ▸2 Mit gleichen Abständen konnte er die Skala nach unten fortsetzen (z. B. bis –10 Grad). Genauso konnte er sie nach oben verlängern (z. B. 120 Grad).
Seit jener Zeit erinnert auf den meisten Thermometern ein „C" an Celsius. Außerdem werden Temperaturen in „Grad Celsius" (°C) angegeben.

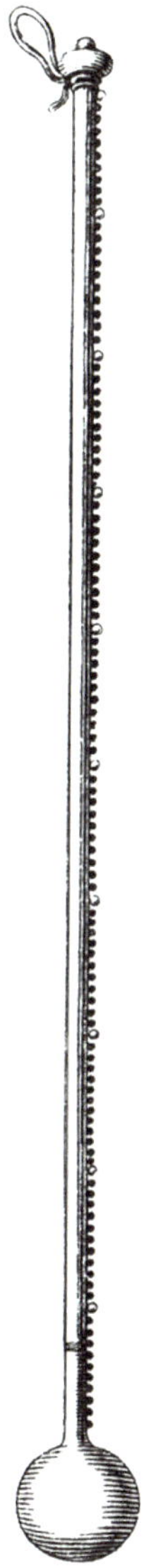

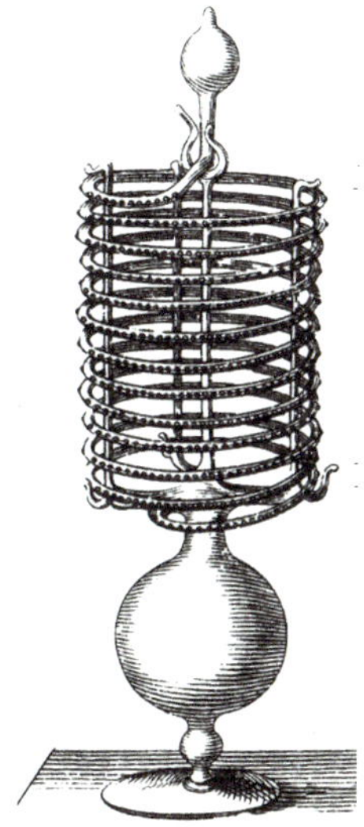

1 *Kunstvolle Thermometer aus Florenz*

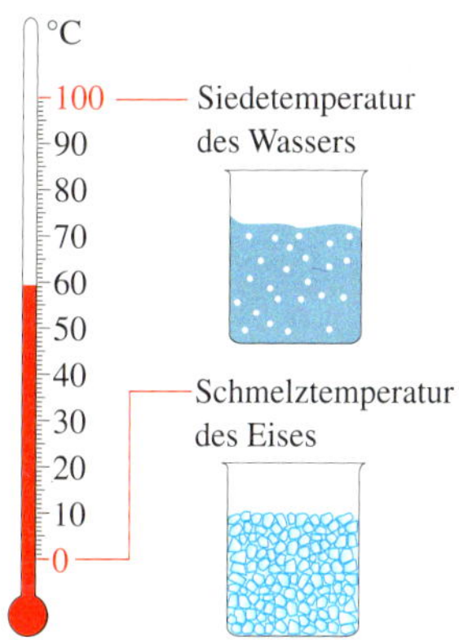

2 *Die Celsiusskala*

Aufgaben

1 Auf der Thermometerskala spielen zwei Temperaturen eine besondere Rolle. Nenne sie.

2 In dem Text wird das Wort „Fixpunkt" erwähnt.
a Erkläre, was man darunter versteht.
b* Warum eignen sich die Schmelztemperatur von Eis und die Siedetemperatur von Wasser als Fixpunkte?

3* Angenommen, man würde die Körpertemperatur des Menschen als Fixpunkt wählen. Schreibe auf, welche Probleme dadurch entstehen würden.

4 Alex soll eine Thermometerskala entwickeln. Er nimmt ein Thermometer mit Skala und überträgt die Skala einfach auf das Thermometer ohne Skala. ▸3
a Hältst du das für eine gute Methode? Begründe deine Antwort.
b Anja hat eine andere Idee: Sie stellt das Thermometer ohne Skala zunächst in Schmelzwasser. Sie markiert den Stand der Flüssigkeitssäule und schreibt „0 °C" daran. Dann trägt sie jeweils 1 cm darüber die Werte 10 °C, 20 °C usw. ein. Was hältst du davon? Begründe deine Antwort.

3

Verbogene Schienen, platzende Rohre

▷ Warum können sich Schienen im Sommer verbiegen?

▷ Wie funktioniert die Feuerlöschanlage (Sprinkleranlage)?

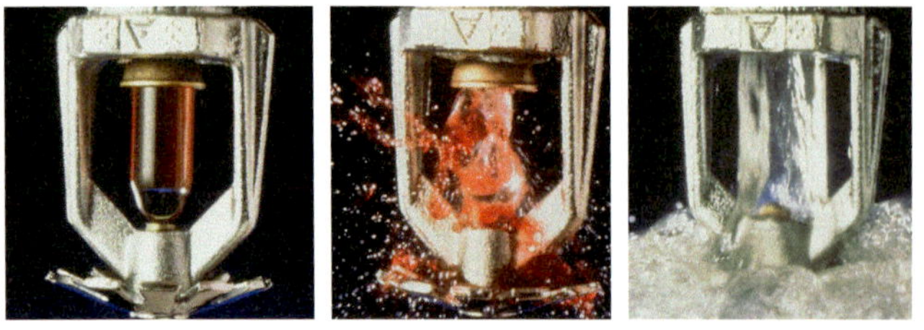

1 *Platzender Glasverschluss einer Sprinkleranlage*

2 *Durch Hitze verbogene Schienen*

Untersuchen

1 Wasser in der Getränkedose Füllt eine Getränkedose mit Wasser. Es soll bis an das Trinkloch reichen. Trocknet die Dose oben ab. Stellt sie dann in einen Topf mit heißem Wasser. ▸3

a Was geschieht, wenn sich das Wasser in der Dose allmählich erwärmt?

b* Unter welcher Bedingung wäre beim Erwärmen das Gegenteil möglich?

! Gefahr durch heißes Wasser bzw. Metall: Schützt eure Hände mit Topflappen oder hitzebeständigen Handschuhen. ▸3–4

2 Der eingezwängte Topfdeckel In ein Brett sind zwei Nägel eingeschlagen. Ein Topfdeckel aus Metall (unlackiert) passt gerade noch hindurch.

a Legt den Deckel auf eine Kochplatte und schaltet sie ein. Nach 2 Minuten nehmt ihr ihn mit Topflappen vom Herd. ▸4 Passt der Deckel noch zwischen die Nägel?

b Kühlt den Deckel mit Wasser ab. Passt er jetzt?

3 Luft in der Flasche mit der Münze Hokuspokus mit einer Flasche. ▸5 Sicher könnt ihr das auch ... *Tipp:* Die Flaschenöffnung anfeuchten.

4* Bimetallstreifen Zwei Bleche aus verschiedenen Metallen sind fest miteinander verbunden. ▸6 Was geschieht, wenn ihr diesen *Bimetallstreifen* erhitzt? Begründet eure Vermutung und überprüft sie.

3

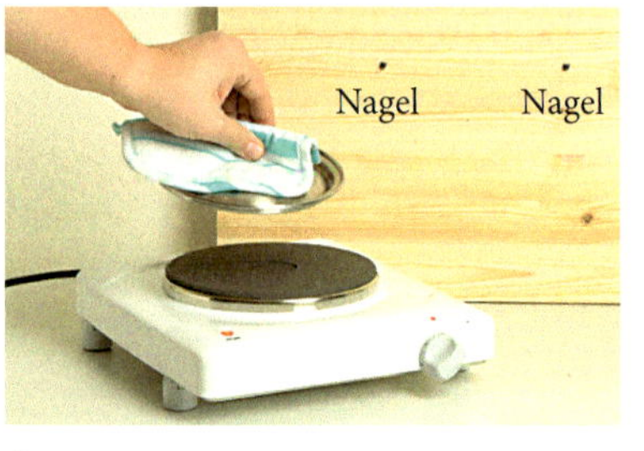

4

5

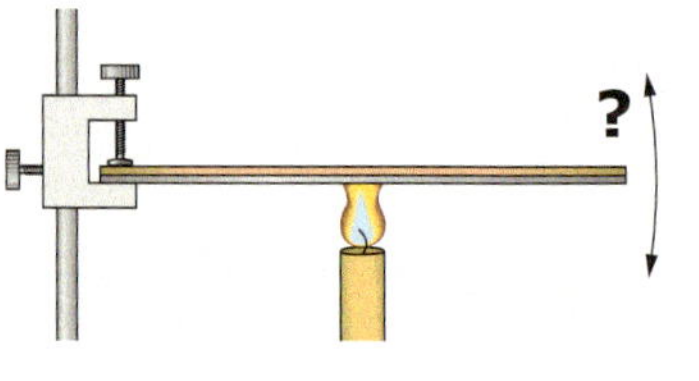

6

Grundlagen Ausdehnung beim Erwärmen

Im Winter ist dein Fahrradreifen oft nicht mehr so prall gefüllt wie im Sommer. Luft ist aber kaum entwichen. Im Sommer hingegen können zu prall gefüllte Reifen in der Sonne platzen.

Die meisten Gegenstände dehnen sich beim Erwärmen nach allen Richtungen aus – egal, ob sie fest, flüssig oder gasförmig sind. Ihr Volumen nimmt mit der Temperatur zu. Bei Stäben spielt vor allem die Längenzunahme eine Rolle. ▸7

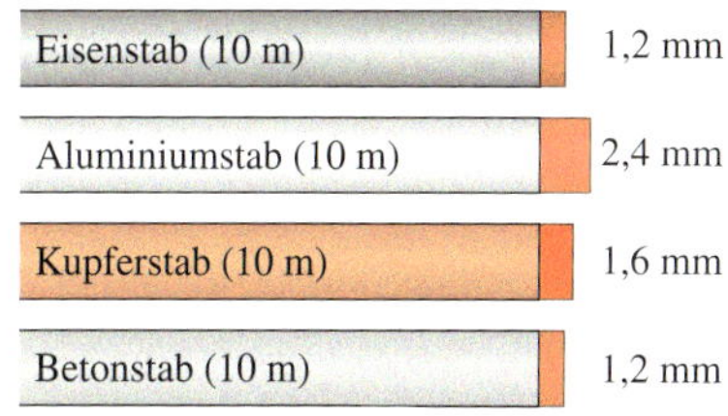

7 *Ausdehnung bei Erwärmung um 10 °C*

Dabei spielt der *Stoff*, aus dem die Gegenstände bestehen, oft eine Rolle: Aluminium dehnt sich stärker aus als Eisen, Spiritus stärker als Wasser. Gase dagegen dehnen sich alle gleich stark aus (bei gleicher Temperaturerhöhung). Luft dehnt sich also so stark aus wie Sauerstoff oder Gas aus der Sprudelflasche (Kohlenstoffdioxid).

Wie ist die Ausdehnung zu erklären? Mit dem Teilchenmodell kann man die Ausdehnung bei Erwärmung erklären. Die Teilchen eines festen Gegenstands sitzen nicht still an ihren Plätzen, sondern schwingen hin und her. Je höher die Temperatur ist, desto stärker ist diese Bewegung. Bei stärkerer Bewegung brauchen die Teilchen mehr Platz. Das bedeutet, dass sich der Gegenstand ausdehnt.
Dazu ein Modellversuch: Kinder stehen dicht beieinander und bewegen sich kaum. ▸8 Dann beginnen sie sich stärker zu bewegen …

8 *Modellversuch zur Wärmeausdehnung*

Aufgaben

1 Wovon hängt es ab, ob sich ein Körper stark oder weniger stark ausdehnt?

2 Ein Luftballon wird mit Atemluft (ca. 30 °C) aufgeblasen. Gleich darauf wird er in den Kühlschrank gelegt. Dort herrscht eine Temperatur von 8 °C. Was wird man wohl nach einer Stunde sehen können? Probiere es aus.

3 Weshalb werden Brücken auf Rollen gelagert? ▸9

4 Der „Zaubertrick" mit der Münze und der Flasche geht besser, wenn die Flasche vorher einige Zeit im Kühlschrank lag. ▸5 Begründe und probiere es aus.

5 Die Flüssigkeit in einem Thermometer steigt, wenn man es in warmes Wasser hält. Erkläre den Vorgang.

6* Bei Flüssigkeitsthermometern sind die Stoffe Glas und Wasser kombiniert. Was wäre, wenn diese Stoffe sich gleich stark ausdehnen würden? Begründe!

7* Ein Bimetallstreifen wird erhitzt. Die untere Seite besteht aus Kupfer, die obere aus Eisen. Nach welcher Seite biegt sich der Streifen? *Tipp:* Bild ▸7

9 *Brücke auf Rollen*

Lernstationen: Ausdehnung beim Erwärmen

▷ Das Arbeiten an Lernstationen läuft so ab: Jede Gruppe durchläuft jede Station und führt dort die entsprechenden Aufgaben durch – an jeder Station also eine andere.

▷ Die gleichen Stationen können auch zweimal aufgebaut werden. Es sollte immer eine Lernstation mehr vorhanden sein, als Gruppen gebildet werden. So kann man einen Stau vermeiden.

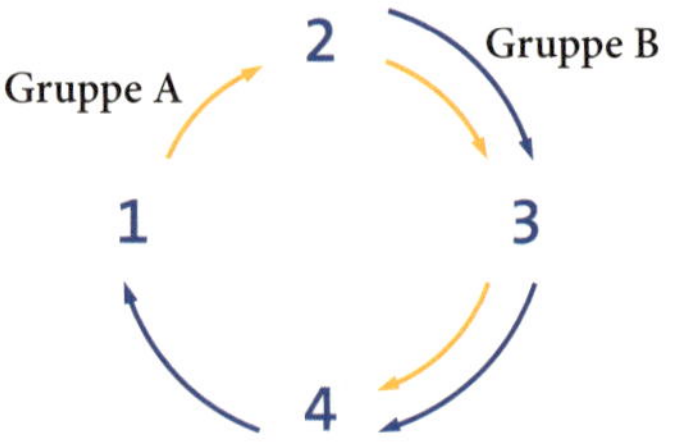

1 Wie stark dehnt sich Eisen aus?

Versuchsgeräte und -aufbau:

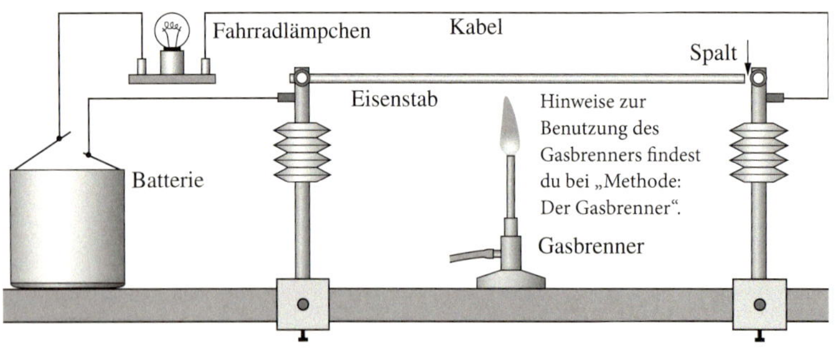

Durchführung:

a Schiebt den rechten Ständer so an den Eisenstab heran, dass er ihn berührt. Die Lampe muss leuchten.
Der Spalt wird 5 mm breit eingestellt. Erhitzt nun den ganzen Eisenstab. Dehnt er sich so weit aus, dass der Spalt geschlossen wird und die Lampe leuchtet?

b Kühlt den Stab in kaltem Wasser ab. Macht den Spalt dann so schmal, dass gerade noch eine Postkarte hindurchpasst. (Eine Postkarte ist nur 0,25 mm dick.) Erhitzt nun den Stab von Neuem. Wird der Spalt diesmal geschlossen?

Auswertung:

Beschreibt in kurzen Sätzen, was ihr beobachtet habt.
Findet (schriftlich) eine Erklärung für das Verhalten des Eisenstabs.

2 Wird eine Eisenkugel durch Erhitzen dicker und schwerer?

Versuchsgeräte und -aufbau:

Durchführung:

a Vor dem Erhitzen: Stellt fest, wie viel die kalte Eisenkugel wiegt. Schreibt den Messwert auf. Probiert, ob die Kugel durch den Ring passt.
Erhitzt die Kugel nun mit dem Brenner.

b Nach dem Erhitzen: Wie viel wiegt die Kugel jetzt? Passt die heiße Kugel noch durch den Ring?

c Kühlt die Kugel in kaltem Wasser. Passt sie nun durch den Ring?

Auswertung:

Schreibt ein kurzes Versuchsprotokoll. Beantwortet die Versuchsfrage.

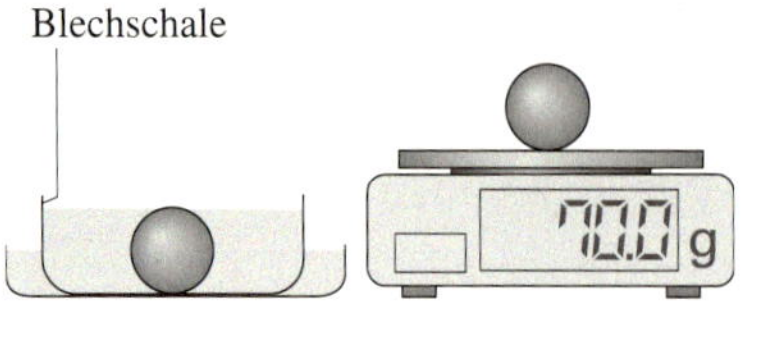

„Spielregeln" für die Arbeit an den Lernstationen

1. Jede Gruppe sollte höchstens vier Teilnehmer haben.
2. An den Stationen findet ihr die Aufgabenstellungen und Anweisungen.
3. Schreibt die Beobachtungen und Ergebnisse für jede Station in eure Hefte.
4. Nach der Arbeit an einer Station säubert ihr alle Geräte.
5. Dann räumt ihr alles wieder so auf, wie ihr es vorgefunden habt. Die nächste Gruppe soll ja ihren Versuch alleine aufbauen.
6. Danach wechselt ihr zur nächsten freien Station, an der ihr noch nicht gearbeitet habt.

3 Flüssigkeiten werden erwärmt

Versuchsgeräte und -aufbau:

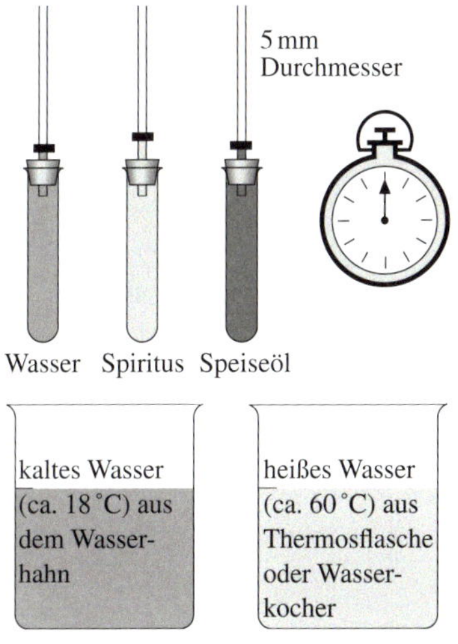

Durchführung:

a Stellt die Reagenzgläser in ein Becherglas mit kaltem Wasser. Markiert jeweils mit einer Pappmarke, wie hoch die Flüssigkeiten in den Reagenzgläsern stehen.

b Stellt nun die Reagenzgläser in ein Becherglas mit heißem Wasser. Nach 3 Minuten markiert ihr mit weiteren Pappmarken den neuen Flüssigkeitsstand. Messt nach, um wie viel die Flüssigkeitssäulen jeweils gestiegen sind.

c Die Reagenzgläser werden nun wieder in ein Becherglas mit kaltem Wasser gestellt. Was geschieht?

Auswertung:

Legt eine Tabelle an und tragt die Messergebnisse ein.
Formuliert die Ergebnisse der Versuche.

4 Dehnt sich auch Luft aus?

Versuchsgeräte und -aufbau:

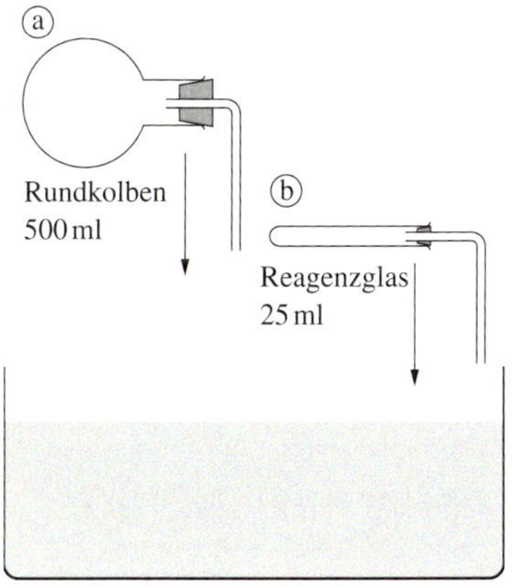

Durchführung:

Hinweis: Führt die beiden Versuchsteile mehrmals durch. Kühlt nach jedem Versuch den Glaskolben und das Reagenzglas in kaltem Wasser ab. Trocknet außerdem die Gläser.

a Umschließt den Glaskolben fest mit beiden Händen und haltet das Winkelröhrchen sofort ins Wasser. Zählt die Luftbläschen, die hochsteigen. Wer schafft die meisten Bläschen?

b Macht dann dasselbe mit dem Reagenzglas.

Auswertung:

Schreibt ein kurzes Versuchsprotokoll. Erklärt eure Beobachtungen.

Aus der Technik Ausdehnung beim Erwärmen

Große Wirkung Dicke Glasflaschen können zerspringen, wenn man heiße Getränke einfüllt. Zwischen Innen- und Außenseite des Glases wird der Temperaturunterschied auf einmal zu groß. Schon winzige Unterschiede in der Ausdehnung können ein Zerspringen bewirken.
Dass Glas zerspringt, ist nicht überraschend. Doch sogar Eisenbahnschienen können durch Hitze Schaden nehmen. Bei großer Hitze dehnt sich der Stahl der Schienen stark aus. Bei der Ausdehnung treten so große Kräfte auf, dass sich die Schienen verbiegen können.
Ein Lehrerversuch zeigt, wie groß die Kräfte bei Temperaturänderungen sein können. ▸1 Das Rohr in der Mitte wird erhitzt und dehnt sich aus. Deshalb kann man den Keil immer tiefer in den Spalt hineinschieben. Dann wird kaltes Wasser auf das Rohr gegossen – und der Eisenbolzen zerspringt.

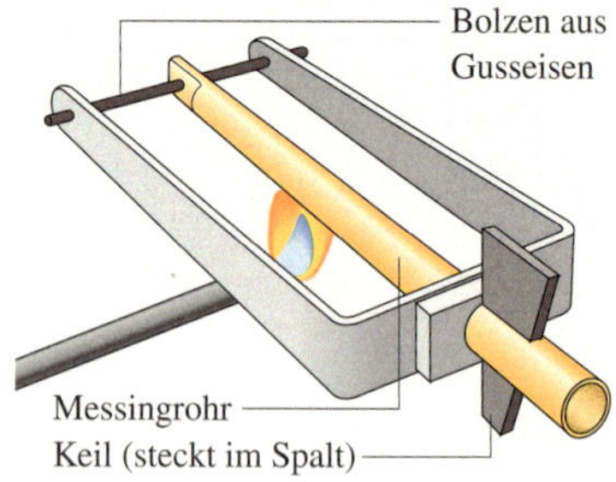

1 *Lehrerversuch mit Bolzensprenger – Splitterschutz erforderlich!*

Stahlbeton Die Außenmauern und Decken vieler Häuser werden aus Beton hergestellt. Das ist ein Gemisch aus Kies, Zement und Wasser. Man verstärkt den Beton dadurch, dass man Stahlmatten oder Stahlgeflechte einfügt. Erst darauf wird dann der zunächst noch flüssige Beton gegossen. ▸2 Dieser „kombinierte" Baustoff heißt *Stahlbeton*.
Wenn zwei Baustoffe so eng miteinander verbunden werden, besteht normalerweise ein Problem: Bei Temperaturänderungen könnten sich die Baustoffe unterschiedlich stark zusammenziehen oder ausdehnen. Das würde zu Rissen und Schäden am Bauwerk führen.
Bei Stahlbeton besteht diese Gefahr nicht: Beton und Stahl (gehärtetes Eisen) dehnen sich bei Erwärmung im Sommer gleich stark aus. Und bei Abkühlung im Winter ziehen sich die beiden Stoffe gleich stark zusammen.

2 *Kombinierter Baustoff: Stahlbeton*

Glaskeramik Herdplatten aus Glaskeramik werden nur an den eingeschalteten Kochstellen erhitzt. ▸3 Die restliche Fläche bleibt kalt. Die Temperaturunterschiede in der Platte sind beträchtlich. „Normales" Glas würde sich an den erhitzten Stellen stark ausdehnen. Die Platte würde zerbersten. Glaskeramik ist ein Werkstoff, der sich beim Erwärmen praktisch nicht ausdehnt.

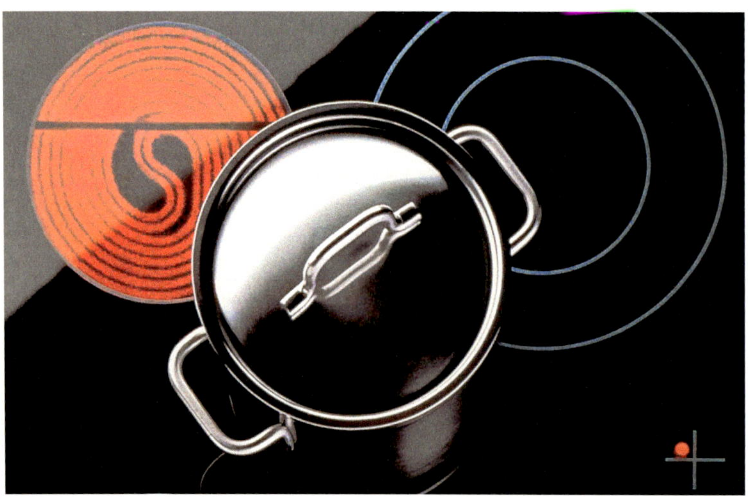

3 *Herdplatte aus Glaskeramik*

Aufgaben

1 Schreibe ein Versuchsprotokoll zum Lehrerversuch mit dem Bolzensprenger. Erkläre, warum der Eisenbolzen zerspringt.

2 Stahl und Beton kann man als Baustoffe miteinander verbinden. Glas und Aluminium aber nicht. Erkläre den Unterschied.

3 Getränkeflaschen oder Dosen sind nie bis zum Deckel gefüllt. Was könnte geschehen, wenn zwischen dem Deckel und der Flüssigkeit kein Platz wäre?

Aus der Technik So funktionieren Sprinkleranlagen

Viele Lagerräume, Theatersäle und Kaufhäuser sind mit automatischen Löschanlagen ausgestattet. An der Decke dieser Räume befinden sich (meistens für uns verborgen) Löschwasserleitungen. Das Wasser in den Leitungen steht unter Druck – wie in jeder anderen Wasserleitung auch. Die Leitungen enden in den Sprüheinrichtungen, die wir an den Decken sehen, den *Sprinklern*. ▸4–5 In den Sprinklern sind die Wasserleitungen durch bauchige Glasröhrchen verschlossen. Diese Röhrchen sind mit einer speziellen Flüssigkeit gefüllt.
Bei einem Brand steigt die Lufttemperatur im Raum an – vor allem über dem Brandherd. Dort befinden sich die Sprinkler. Die Flüssigkeit im Glasröhrchen erwärmt sich und dehnt sich dadurch aus. Sie „sprengt" das Glasröhrchen und gibt damit den Weg für das Löschwasser frei. Ein dicker Wasserstrahl trifft nun auf die sternförmige Metallplatte am Boden des Sprinklers. Dadurch verwandelt sich der Strahl in einen sprühenden Regen.

4 *Sprinkler an der Decke*

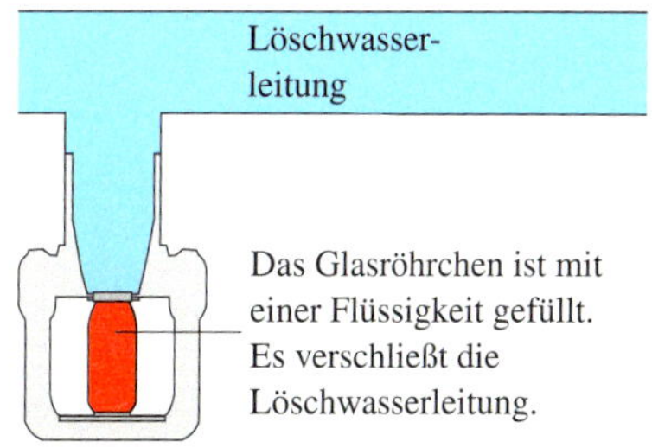

5 *Aufbau des Sprinklers*

Aus der Technik Bimetallstreifen als Temperaturwächter

Ein Bimetallstreifen kann als temperaturabhängiger Schalter (Thermostat) eingesetzt werden. Bild ▸6 zeigt die Funktionsweise eines solchen Schalters im Bügeleisen. Der elektrische Strom durch die rot gezeichneten Teile heizt die Sohle des Bügeleisens auf. Das Bimetall biegt sich über der heißen Sohle nach oben und unterbricht den Stromkreis am Kontakt K. Mit der Stellschraube kann man den Abstand zwischen Kontaktblech und Bimetall verändern. Bei größerem Abstand muss sich der Bimetallstreifen stärker verbiegen, damit der Stromkreis unterbrochen wird. Dies geschieht erst dann, wenn das Bügeleisen eine höhere Temperatur hat.

An Heizungskörpern wird die gewünschte Raumtemperatur am Thermostatventil eingestellt. Solange es zu kalt im Raum ist, öffnet ein Bimetallstreifen das Ventil. Heißes Wasser strömt in den Heizkörper. Wenn die eingestellte Temperatur erreicht ist, wird das Ventil geschlossen.

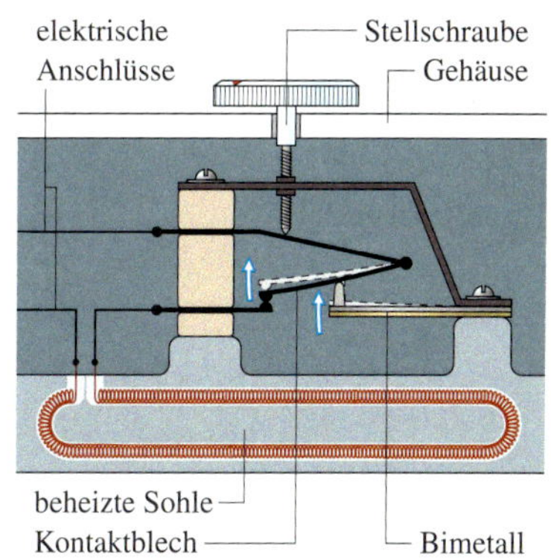

6 *Bügeleisen*

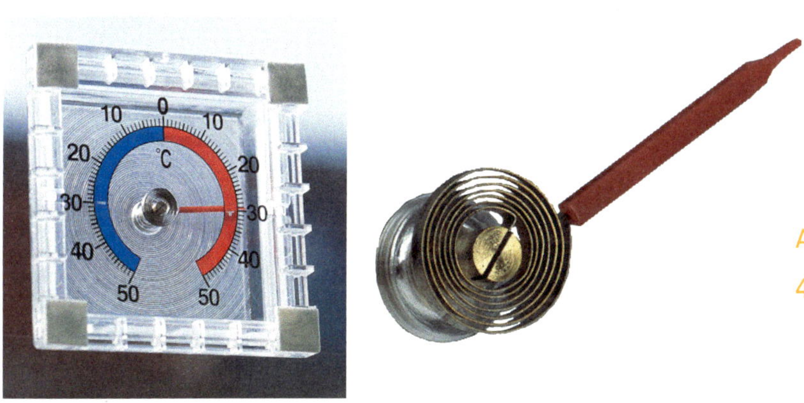

7 *Bimetallthermometer*

Aufgabe

4 Dieses Thermometer besitzt eine Bimetallspirale. ▸7 Erkläre die Wirkungsweise. Aus welchem Metallpaar könnte eine solche Spirale gefertigt sein?

Wasser verhält sich sonderbar

- ▷ Eisige Kälte, die Lufttemperatur beträgt –10 °C. Trotzdem ist das Wasser im See unter dem Eis nicht gefroren. Dort leben sogar Fische!
- ▷ Wie warm ist das Wasser im zugefrorenen See?

1

Untersuchen Experimentieren

1 Temperaturen in unterschiedlichen Wassertiefen
Für den Versuch braucht ihr einen hohen Standzylinder. ▸2 Wo wird man die niedrigste Wassertemperatur messen? Wo ist die Temperatur im Standzylinder am höchsten?

2 Wie verhält sich kaltes Wasser beim Erwärmen?
Ein Kolben mit Thermometer und Steigrohr wird vollständig mit abgekochtem Wasser gefüllt und im Kühlschrank in Eiswasser auf 0 °C bis 1 °C gekühlt. Dann wird das Wasser langsam erwärmt. (Magnetrührer verwenden.) Beobachtet die Wassersäule im Steigrohr bei steigender Temperatur.

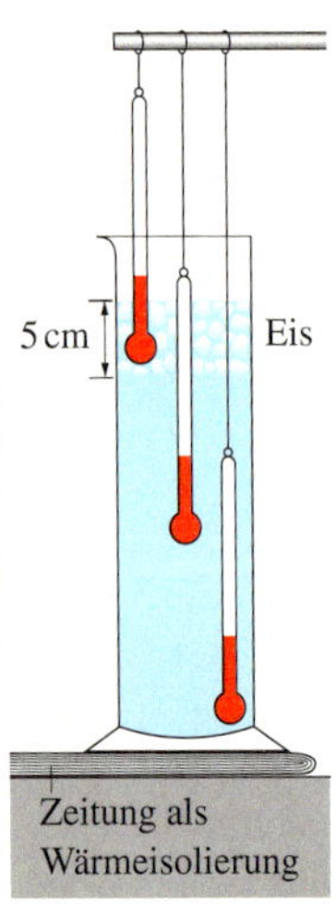

2

3

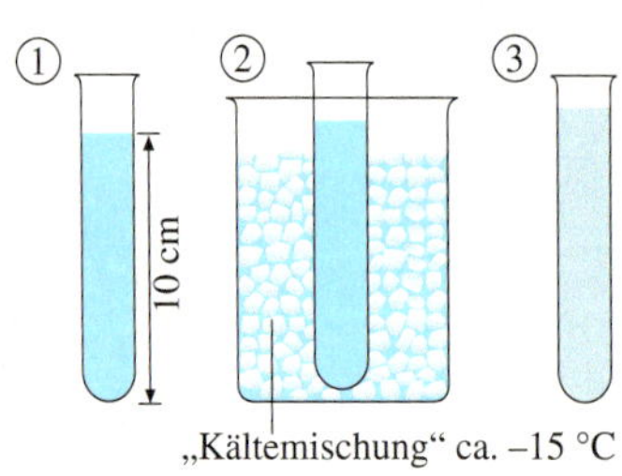

4

3 Schwimmen oder sinken?
a Schwimmt Eis auf Wasser? Probiert es mit einem Eiswürfel aus.
b Schwimmt festes Wachs auf flüssigem Wachs? Stellt ein Teelicht in einer Blechdose auf die elektrische Herdplatte. Wenn das Wachs geschmolzen ist, schaltet ihr den Herd aus und stellt die Dose auf eine Unterlage. Legt Wachsbrocken auf das flüssige Wachs. Schwimmen sie?
! Kein offenes Feuer verwenden!

4 Erstarren von Wachs und Wasser
a Stellt eine Blechdose mit einem Teelicht auf die elektrische Herdplatte. Gebt in das flüssige Wachs so viele Wachsbrocken, bis das Teelicht randvoll ist. Nehmt die Dose vom Herd und lasst das Wachs erstarren. Beschreibt die Oberfläche.
! Kein offenes Feuer verwenden!
b Untersucht, ob die Oberfläche von erstarrtem Wasser genauso aussieht.

5 Die gesprengte Eisenkugel ▸3 Wasser kann eine Eisenkugel sprengen! Die Kugel wird vollständig mit Wasser gefüllt und unter 0 °C abgekühlt.

6 Wie stark ändert sich das Volumen von Wasser beim Gefrieren? Plant einen Versuch, mit dem ihr diese Frage beantworten könnt. Das Bild hilft dabei. ▸4

Grundlagen Wasser – eine ganz besondere Flüssigkeit

Wenn man warmes Wasser abkühlt, verhält es sich zunächst wie alle anderen Stoffe. Es zieht sich zusammen, sein Volumen wird kleiner. Wird das Wasser kälter als 4 °C, passiert etwas Ungewöhnliches: Sein Volumen wird wieder größer.

Bei 4 °C hat eine bestimmte Wassermenge ihr kleinstes Volumen. ▸5

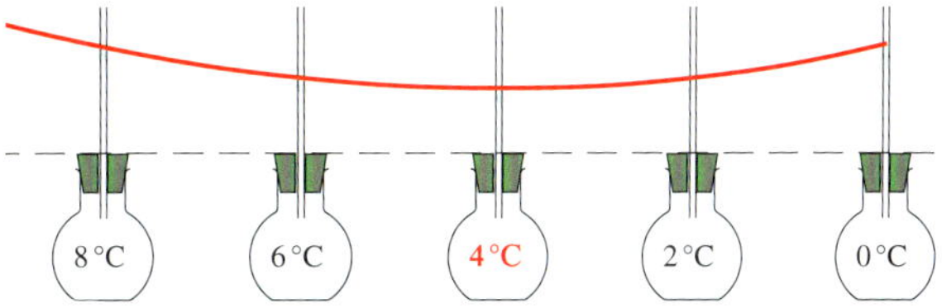

5 *Kleinstes Volumen von Wasser bei 4 °C (rote Kurve: Wasserstand im Steigrohr)*

Stell dir vor, ein Gefäß wird bis zum Rand mit Wasser von 4 °C gefüllt. Wenn das Wasser auf 0 °C abgekühlt wird, dehnt es sich aus. Ein wenig Wasser läuft über den Rand. Das übrige Wasser im Gefäß ist nun etwas leichter als das Wasser von bei 4 °C am Anfang – es fehlt ja ein wenig. Wasser von 0 °C ist also „leichter" als Wasser von 4 °C.
Kühlt man Wasser von 0 °C ab, so gefriert es. Normalerweise ziehen sich Stoffe beim Erstarren zusammen. Aus 1 Liter Wasser werden aber 1,1 Liter Eis! ▸6 Bei dieser sprunghaften Ausdehnung bleibt die Temperatur bei 0 °C. Erst das feste Eis kann kälter als 0 °C werden.

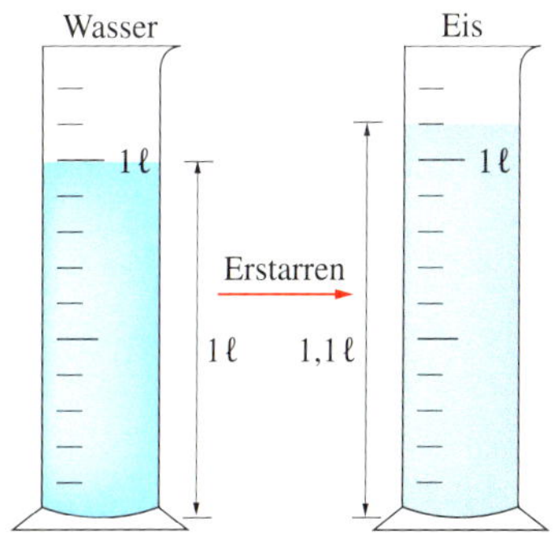

6

Wenn Wasser gefriert, hat das Eis bei 0 °C ein größeres Volumen als das flüssige Wasser bei 0 °C.

1,1 Liter Eis wiegen soviel wie 1 Liter Wasser. 1 Liter Eis (0,1 Liter fehlen) ist also leichter als 1 Liter Wasser. Deshalb schwimmt Eis auf Wasser.

Grundlagen Wassertemperaturen in einem See

Vielleicht hast du diese Erfahrung auch schon im Sommer gemacht: Beim Baden und Tauchen in einem See wird das Wasser immer kälter, je tiefer du dich unter der Oberfläche befindest. ▸7
Wenn dann im Herbst und im Winter die Lufttemperatur sinkt, kühlt das Wasser an der Oberfläche ab. Es wird dadurch schwerer und sinkt nach unten. Schließlich hat das ganze Wasser im See eine Temperatur von 4 °C.
Wenn das Wasser an der Oberfläche noch weiter abkühlt (auf 3 °C oder 2 °C), sinkt dieses kühlere Wasser nicht. Es schwimmt auf dem Wasser von 4 °C. Also nimmt die Wassertemperatur nur noch in den oberen Wasserschichten ab und an der Oberfläche erstarrt das Wasser zu Eis. Im See nimmt die Wassertemperatur mit zunehmender Tiefe jetzt bis auf 4 °C zu. ▸8 Wenn der Frost anhält, kühlt auch das unmittelbar darunterliegende Wasser weiter ab – die Eisschicht auf dem See wird immer dicker.
Wenn der See tief genug ist, friert er nicht bis zum Boden durch. Dadurch überleben Wasserpflanzen und Wassertiere im Winter im Tiefenbereich des Sees.

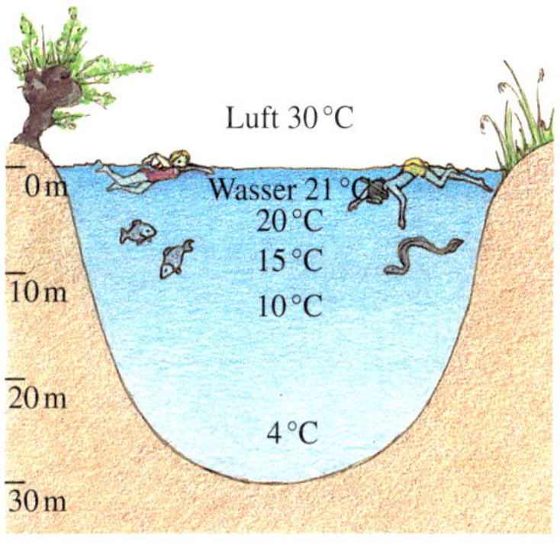

7 *See im Sommer*

8 *See im Winter*

Aus Umwelt und Technik Schäden durch gefrierendes Wasser

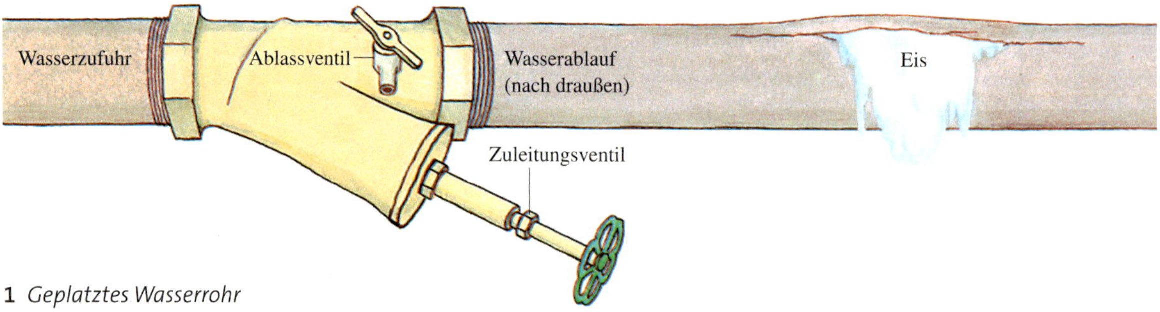

1 *Geplatztes Wasserrohr*

Wasserrohre werden bei uns mindestens 1 m tief im Erdboden verlegt. So tief gefriert in Deutschland der Boden fast nie. Und damit gefriert auch das Wasser in den Rohren nicht.
Der Wasseranschluss im Garten ragt ein Stück weit aus dem Erdboden heraus. Bei solch ungeschützten Rohren muss man das Wasser ablassen, wenn Frost erwartet wird. Dazu schließt man das Zuleitungsventil. Außerdem öffnet man den Wasserhahn im Garten und das Ablassventil. Dann fließt das Wasser aus dem Rohr. Wenn das versäumt wird, können die Rohre durch das gefrierende Wasser gesprengt werden. ▸1

Im Winter und im zeitigen Frühjahr entstehen Schlaglöcher oder Risse auf den Straßen. ▸2 Man nennt diese Straßenschäden Frostaufbrüche. Auch sie haben gefrierendes Wasser zur Ursache. ▸3

2 *Frostaufbrüche*

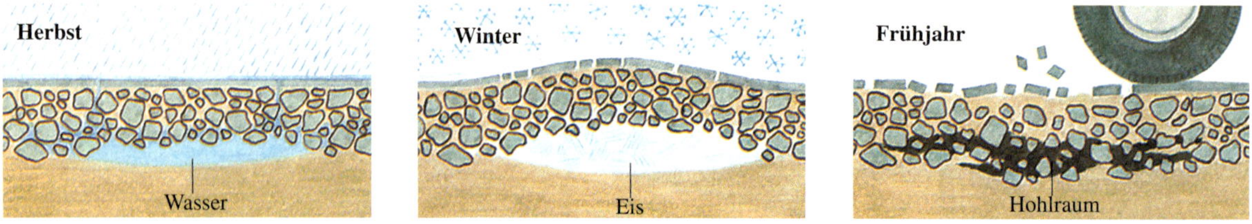

3 *Entstehung des Frostaufbruchs*

Gefrierendes Wasser gestaltet Landschaften
Gewaltig ist die Wirkung von gefrierendem Wasser im Gebirge. Das zeigen die Schotter- und Geröllfelder. ▸4
Gefrierendes Regenwasser kann sogar mächtige Felsen sprengen. In Hunderttausenden von Jahren trägt die Verwitterung zur Veränderung ganzer Landschaften bei.

4 *Geröllfeld im Gebirge*

Aus Umwelt und Technik Druckluft gegen Eis

In manchen Wintern sind Gewässer lange zugefroren. Das Eis kann dann beispielsweise an Schleusentoren Schäden anrichten. Deshalb hält man die Umgebung der Tore oft eisfrei. Dazu wird Druckluft eingesetzt. ▸5 Vor dem Schleusentor sind auf dem Boden des Sees Schläuche mit kleinen Löchern verlegt. Wenn der Winter kommt und der Frost beginnt, pumpt man Druckluft in die Schläuche. Die Luft entweicht aus den Löchern und steigt nach oben. Dabei reißt sie Wasser vom Grund des Sees mit nach oben – und dieses Wasser hat eine Temperatur von 4 °C. Das aufsteigende wärmere Wasser verhindert also das Zufrieren. Auch Fahrrinnen und Schiffsanleger werden so eisfrei gehalten.

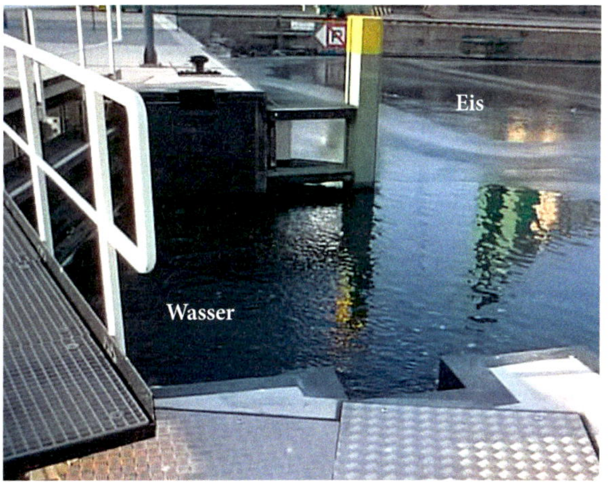

5 *Druckluft reißt 4 °C „warmes" Wasser nach oben.*

Aufgaben

1 „Das Verhalten von Wasser ist beim Abkühlen nicht normal." Erkläre, was damit gemeint ist.

2 Beschreibe, wie Eis sein Volumen verändert, wenn es schmilzt.

3 Die beiden Teelichter waren randvoll mit flüssigem Wachs und Wasser gefüllt. Dann standen sie einige Zeit im Kühlschrank. ▸6 In welchem ist Wasser, in welchem Wachs? Begründe deine Antwort.

4 Im Winter soll man keine gefüllten Flaschen im Freien stehen lassen. Erkläre diese Vorsichtsmaßnahme.

5* Wenn der Garten schon im Herbst umgegraben wird, ist der Boden im folgenden Frühjahr besonders locker. Erkläre!

6* „Wasser ist als Thermometerflüssigkeit ungeeignet." Erkläre diese Aussage.

7 Im Winter ist das Wasser am Grund eines tiefen Sees mindestens 4 °C warm.
a Gib dafür eine Erklärung.
b Was würde geschehen, wenn das Wasser sich normal wie andere Flüssigkeiten verhalten würde?

6

8* Wasserrohrbruch im Garten ▸1
a Bei Frost kann es zu einem Wasserrohrbruch kommen. Oft bemerkt man den Schaden erst bei Tauwetter. Erkläre beides.
b Beschreibe, wie man solche Wasserrohrbrüche vermeiden kann.

Überblick

Fest – flüssig – gasförmig

Stoffe können in drei unterschiedlichen Aggregatzuständen vorkommen. Sie können fest, flüssig oder gasförmig sein. ▸1

Die Schmelz- und Siedetemperaturen sind bei jedem Stoff anders. Man kann deshalb mithilfe dieser Temperaturen Stoffe voneinander unterscheiden.

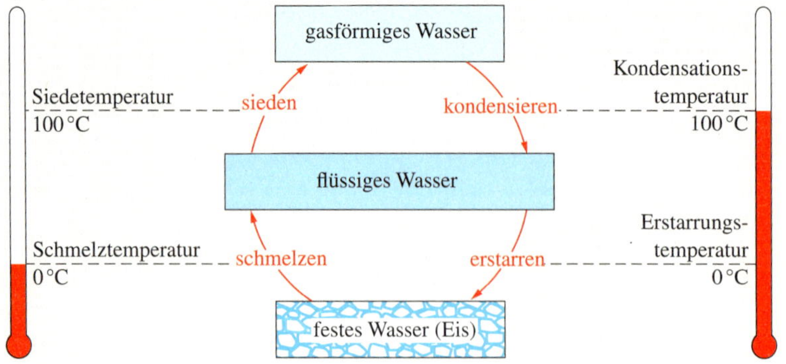

1 *Änderung des Zustands*

Die Celsiusskala

Die Thermometerskala wird nach einem Vorschlag von *Celsius* durch zwei Fixpunkte festgelegt: ▸2

- die Schmelztemperatur von Eis (0 °C)
- die Siedetemperatur von Wasser (100 °C)

Diese beiden Punkte markiert man. Der Abstand dazwischen wird in 100 gleiche Teile geteilt. Jedes Teil entspricht 1 °C.

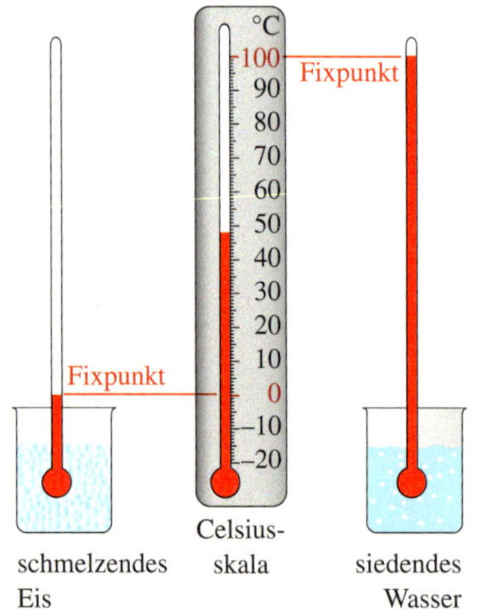

2 *Fixpunkte der Celsiusskala*

Das Teilchenmodell

Wir stellen uns vor, dass alle Körper aus kleinsten Teilchen aufgebaut sind:

- Bei festen Körpern gibt es einen starken Zusammenhalt und die Teilchen haben feste Plätze. Die Abstände sind gering.
- Bei Flüssigkeiten ist der Zusammenhalt geringer, die Teilchen können sich gegeneinander verschieben. Die Abstände sind gering.
- Bei Gasen gibt es keinen Zusammenhalt der Teilchen. Sie füllen den gesamten Raum aus, der zur Verfügung steht. Die Abstände zwischen den Teilchen sind groß.

Volumenänderung fester Körper

Ein fester Gegenstand dehnt sich beim Erwärmen nach allen Seiten aus. Sein Volumen wird größer. Beim Abkühlen zieht er sich zusammen. Sein Volumen wird geringer.

Je größer die Temperaturänderung ist, desto stärker dehnt sich der Gegenstand aus. Die Volumenänderung hängt auch davon ab, woraus der Gegenstand besteht.

Volumenänderung von Flüssigkeiten

Eine Flüssigkeit, die erwärmt wird, dehnt sich aus. Wenn sie abgekühlt wird, zieht sie sich zusammen.

Unterschiedliche Flüssigkeiten dehnen sich verschieden stark aus. ▸3

Je größer die Temperaturänderung ist, desto stärker dehnt sich die Flüssigkeit aus. Die Volumenänderung hängt auch davon ab, um welche Flüssigkeit es sich handelt.

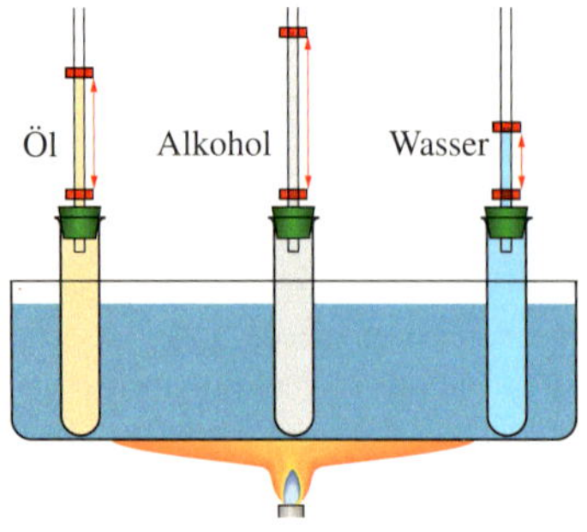

3 *Alkohol dehnt sich stärker aus als Öl und Wasser.*

Volumenänderung von Gasen
Ein Gas, das erwärmt wird, dehnt sich aus. Wenn es abgekühlt wird, zieht sich das Gas zusammen.
Je größer die Temperaturänderung ist, desto stärker dehnt sich das Gas aus. Die Ausdehnung der Gase hängt aber nicht von der Art des jeweiligen Gases ab.

Wasser verhält sich anders
Beim Abkühlen zieht sich Wasser zusammen – wie andere Stoffe auch. Aber sein kleinstes Volumen hat es nicht bei 0 °C, sondern bei 4 °C. ▸4
Unterhalb von 4 °C dehnt es sich beim Abkühlen aus.
Beim Gefrieren nimmt das Volumen von Wasser stark zu.

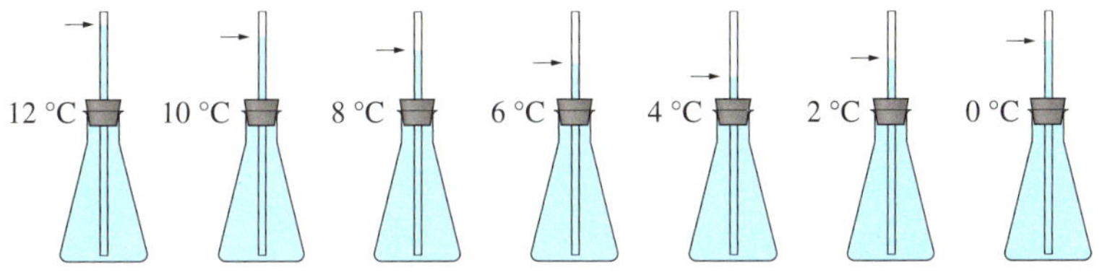

4

Alles klar?

1 „Wenn man Kartoffeln im offenen Topf kocht, sollte das Wasser gerade noch sieden. Es ist nicht sinnvoll, auf eine höhere Heizstufe zu schalten." Erkläre diese Regel.

2 Aus folgenden Materialien soll ein Thermometer gebaut werden: kleines Glas- oder Kunststoffgefäß mit Deckel, dünner, durchsichtiger Trinkhalm, Wasser, Tinte und Klebstoff.
Zeichne einen Entwurf. Beschreibe, wie du zu einer Skala kommen kannst.

3 In welchem Aggregatzustand ist der Zusammenhalt der Teilchen am größten? In welchem ist der Abstand der Teilchen am größten?

4 In vier Thermometern stehen die Flüssigkeiten gleich hoch. ▸5 Zeigen die Thermometer auch die gleiche Temperatur an? Begründe deine Antwort.

5 Die Spalten in der Fahrbahn einer Brücke nennt man *Dehnungsfugen*.
a Erkläre diesen Namen.
b Die Bilder zeigen die Abdeckung einer Dehnungsfuge. ▸6 Welche Aufnahme wurde im Sommer gemacht, welche im Winter? Begründe deine Antwort.

6 Eine Flasche wird randvoll mit heißem Saft gefüllt und dann verschlossen. Nach einiger Zeit ist oben ein Teil der Flasche leer. Wie kommt das?

7 Berge im Hochgebirge werden im Laufe der Zeit niedriger. Man spricht von *Erosion* (Verwitterung) der Berge. Durch welche Vorgänge wird die Erosion bewirkt?

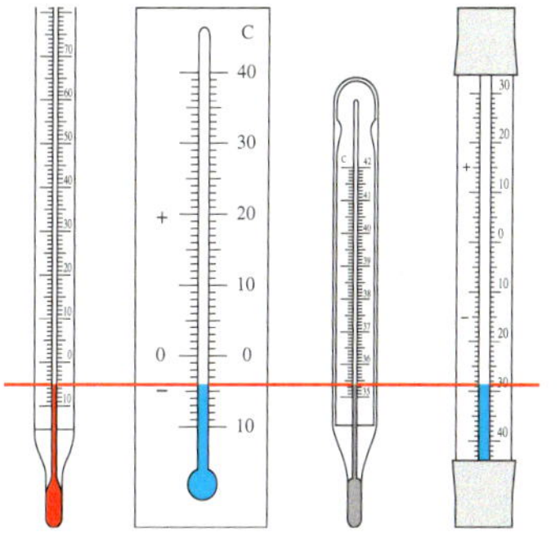

5

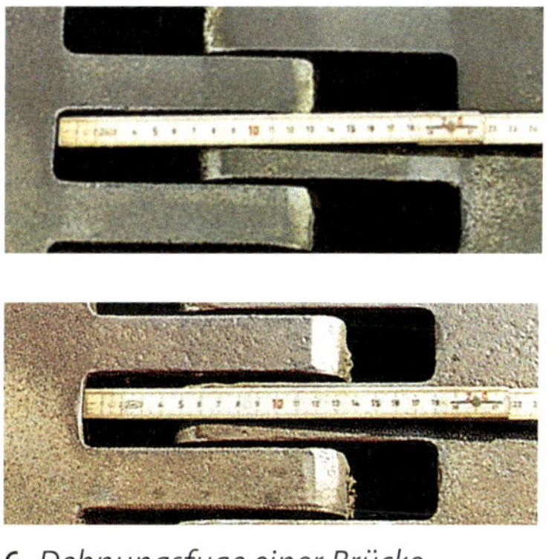

6 *Dehnungsfuge einer Brücke*

Wie Tiere überwintern

1 *Fledermaus beim Winterschlaf*

2 *Zauneidechsen in frostsicherer Erdhöhle*

3 *Dachs im Winter*

Untersuchen

1 **Wie Zauneidechse, Fledermaus und Dachs überwintern** Die Tabelle zeigt Körpertemperatur und Puls der Tiere. ▸4

Jahreszeit		Zauneidechse		Fledermaus		Dachs	
	Außen-temperatur	Körper-temperatur	Herzschläge (pro Minute)	Körper-temperatur	Herzschläge (pro Minute)	Körper-temperatur	Herzschläge (pro Minute)
Frühling	15 °C	15 °C	20	39 °C	270	37 °C	130
Sommer	25 °C	25 °C	45	39 °C	270	37 °C	160
Herbst	5 °C	5 °C	12	39 °C	270	37 °C	140
Winter	2 °C	2 °C	weniger als 1	5 °C	10	37 °C	150

4 *Zauneidechse, Fledermaus und Dachs in den verschiedenen Jahreszeiten*

a Übertragt die Diagramme für die Zauneidechse ins Heft. Fertigt weitere Diagramme für Fledermaus und Dachs an. ▸5

b Was fällt euch auf, wenn ihr die Werte bei der Zauneidechse vergleicht?

c Was fällt euch an den Werten der Fledermaus auf, was beim Dachs?

d Vergleicht die Diagramme für Eidechse, Fledermaus und Dachs. Welchen Unterschied stellt ihr fest?

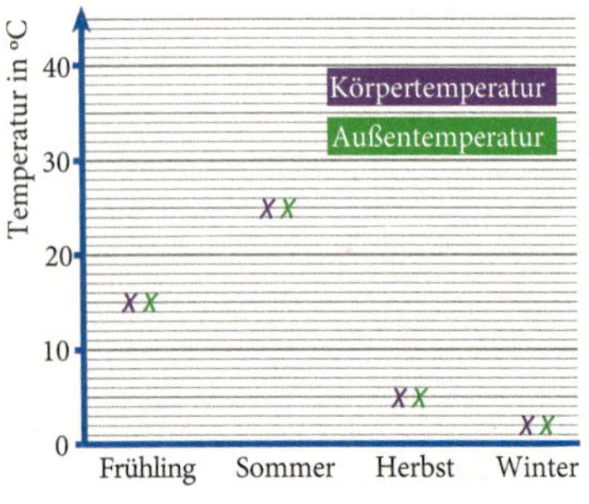

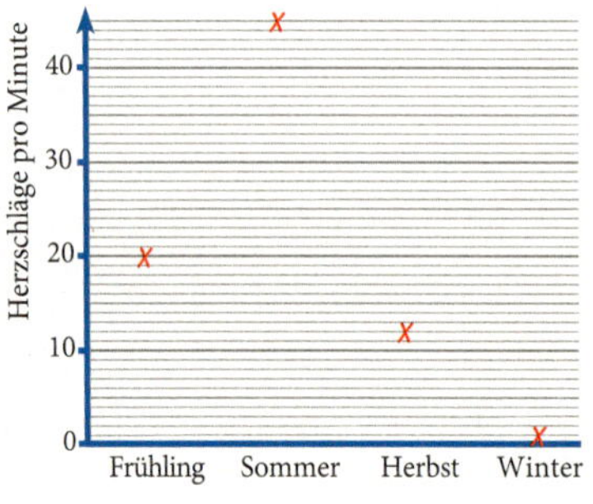

5 *Musterdiagramme Zauneidechse*

Grundlagen Wie Tiere überwintern

Wechselwarme Tiere Die Körpertemperatur von Kriechtieren, Lurchen und Fischen wechselt mit der Temperatur ihrer Umgebung. Wenn die Tiere in der Sonne liegen, steigt ihre Körpertemperatur. Sie sinkt im Schatten oder in kühlen Erdhöhlen. Man sagt, die Tiere sind *wechselwarm*. Im Winter werden sie starr und steif; sie verfallen in die Winterstarre. Um zu überleben, brauchen sie einen frostsicheren Platz.

Fische	Lurche	Kriechtiere
Winterstarre – Fische überwintern an tiefen Stellen. – Ihre Körpertemperatur entspricht der Wassertemperatur. – Atmung und Herzschlag werden langsamer. – Die Fische bewegen sich kaum noch.	*Winterstarre* – Die Tiere brauchen weder Fettpolster noch Vorräte. – Sie verstecken sich an geschützten, frostsicheren Stellen, z. B. im Schlamm eines Teichs. – Atmung und Herzschlag werden stark verlangsamt. – Die Tiere werden starr und können sich nicht bewegen.	

Gleichwarme Tiere Säugetiere und Vögel sind *gleichwarm*. Ihre Körpertemperatur bleibt immer gleich. Nur bei den Winterschläfern unter ihnen sinkt die Körpertemperatur im Winterschlaf auf 4 bis 6 °C ab.

Säugetiere	Vögel
Winteraktiv Katze, Hase, Reh, Wildschwein ... – sind das ganze Jahr über aktiv – bekommen ein dichtes Winterfell – fressen sich ein Fettpolster an *Winterschlaf* Igel, Haselmaus, Feldhamster, Murmeltier, Fledermaus ... – fressen sich im Spätsommer ein Fettpolster an – verschlafen den Winter in frostsicheren Verstecken (oft unter der Erde) – Atmung und Herzschlag sind stark verlangsamt. – Die Körpertemperatur sinkt stark ab. – Bei Temperaturen nahe 0 °C erhöht sich die Körpertemperatur, das Tier wacht auf. *Winterruhe* Eichhörnchen, Bär, Dachs ... – fressen sich Fettpolster an – Manche Arten legen Vorräte an, manche bekommen ein dickes Winterfell. – Die Tiere dösen, schlafen, ruhen in einem frostsicheren Bau. – Atmung und Herzschlag sinken kaum ab. – Die Tiere wachen bei günstiger Witterung auf und gehen an ihre Vorräte.	*Standvögel* Elster, Waldkauz ... – bleiben am Ort – schützen sich, indem sie das Gefieder aufplustern und sich eng aneinanderkuscheln *Zugvögel* Weißstorch, Kranich, Rauchschwalbe ... – fliegen in wärmere Gegenden, da sie hier im Winter keine Nahrung finden *Teilzieher* Buchfink, Rotkehlchen, Amsel, Stockente ... – ein Teil der Vögel zieht im Winter nach Süden – ein Teil verbringt den Winter bei uns

Aufgaben

1 Beschreibe, wie die Zauneidechse überwintert.
Was passiert, wenn die Temperatur in ihrem Versteck weit unter den Gefrierpunkt sinkt?

2 Welche Säugetiere halten einen Winterschlaf, welche eine Winterruhe? Suche und nenne auch Tiere, die nicht in der Tabelle genannt sind.

3* Wie ernähren sich Standvögel im Winter? Nenne verschiedene Möglichkeiten.

6 *Winterfütterung von Rotwild*

7 *Haselmaus beim Winterschlaf*

8 *Weißstörche in Afrika*

Erweiterung Der Igel in den Jahreszeiten

Im August wirft die Igelin zwei bis zehn nackte Junge. ▸1 Jedes wiegt 20 g und ist 6 bis 10 cm lang. Die jungen Igel kommen mit rund 100 weichen Stacheln zur Welt. Sie fallen später aus und werden durch harte Stacheln ersetzt. In der zweiten Woche öffnen sich Augen und Ohren. Nach vier Wochen wiegen die Jungen bereits 160 g und nehmen von nun an feste Nahrung auf. Dennoch säugt sie die Igelin noch bis zu sechs Wochen. ▸2 Dann gehen sie eigene Wege, Igel sind Einzelgänger. Sie werden 25 bis 35 cm lang und 1000 g schwer.

In der Dämmerung erwacht der Igel und verlässt sein Versteck unter einer Hecke, am Waldrand oder im Garten. Er hält seine Schnauze dicht über den Boden und erschnüffelt mit seiner empfindlichen Nase seine Beute: Insekten, Würmer, Schnecken, aber auch tote Frösche, Mäuse und Jungvögel. Auch Bucheckern und Beeren stehen auf seinem Speiseplan.

Im Frühherbst frisst sich der Igel Fettreserven an. Im Oktober oder November zieht er sich mit einem zusätzlichen Gewicht von bis zu 400 g in sein Nest aus Moos, Laub oder Heu zurück. Wenn es dann kälter wird, senkt der Igel seine Körpertemperatur bis auf 6 °C und fällt in den Winterschlaf. Er atmet selten. Verdauung und Herztätigkeit sind eingeschränkt.

Fällt die Körpertemperatur unter 6 °C, so setzt der Weckreiz ein. Die Körpertemperatur steigt an. Der Igel atmet schneller. Mit dem zusätzlichen Sauerstoff wird ein Teil der Fettreserven zur Energieerzeugung genutzt. Bei Störungen oder in langen kalten Wintern werden die Fettreserven vorzeitig verbraucht. Dann überlebt der Igel den Winter nicht.

Mit zunehmender Tageslänge und steigenden Temperaturen erwachen die Igel im März oder April aus dem Winterschlaf. Sie haben ein Fünftel ihres Gewichts verloren und sind hungrig. Durch das reichliche Nahrungsangebot erreichen sie im Mai wieder ihr ursprüngliches Gewicht.

Im Juni und Juli ist Paarungszeit. Auf der Suche nach einem Weibchen wandern die Igelmännchen oft weite Strecken.

Bei Gefahr rollt sich der Igel zusammen und richtet die Stacheln auf. Nur Eulen, Greifvögel, Füchse, Dachse und Hunde zählen zu seinen Feinden. Beim Überqueren von Straßen droht ihm Gefahr durch Autos.

1 *Jungtier*

2 *Igelmutter mit Jungen*

Aufgaben

1* Stelle das „Igeljahr“ dar. Schreibe zu jedem Monat auf eine Karteikarte, was der Igel tut. Überlege, wie du die 12 Karten an einer Plakatwand übersichtlich gestalten kannst. Ergänze durch weitere Texte, Bilder und Zeichnungen.

2* Lies den Text zum Igel durch. Verschaffe dir einen Überblick über den Inhalt. Kläre unbekannte Wörter. Finde zu jedem Abschnitt eine Überschrift. Fasse die Abschnitte zusammen und berichte deinem Tischnachbarn.

3* Veranschauliche die Tabelle ▸3 in einem Diagramm.

4* Ein Garten soll igelfreundlich gestaltet werden. Beachte die Ansprüche des Igels an die Umwelt. Zeichne einen Gartenplan (mit Beschriftung).

Nahrungstier	Anteil
Käfer	39 %
Raupen	24 %
Regenwürmer	19 %
Ohrwürmer	6 %
Käferlarven	5 %
Schnecken	4 %
Fliegenlarven	5 %
Tausendfüßer	1 %

3 *Nahrungstiere des Igels*

Erweiterung Das Eichhörnchen

Im Herbst suchen Eichhörnchen Eicheln und Nüsse und vergraben oder verstecken sie als Vorräte.
Eichhörnchen halten Winterruhe. Sie bleiben bei besonders kalter Witterung in ihrem Nest und schlafen. Bei wärmerer Witterung gehen sie auf die Suche nach ihren Vorräten. ▸4 Die Verstecke haben sie sich nicht gemerkt, sondern sie finden viele Verstecke durch Riechen wieder. Wenn das Nahrungsangebot im Herbst gering ist und ein strenger Winter folgt, sind die Vorräte schnell aufgebraucht und viele der Tiere verhungern.
Ihre kugelförmigen Baumnester bestehen aus Reisig und Heu. Innen sind sie mit Gras, Bast, Moos, Federn und Wolle gepolstert. Die Nester sind wasserdicht und die dicke Wandung schützt vor der Kälte.
Eichhörnchen sind Nagetiere und gehören zu den Allesfressern. Auf dem Speiseplan stehen je nach Jahreszeit Knospen und junge Triebe, Nüsse, Bucheckern, Eicheln und Kastanien, Samen aus Tannen- und Fichtenzapfen, Beeren, Körner und Obst. Sie fressen auch Insekten, Schnecken und Larven.

4 *Eichhörnchen*

Aufgabe

5* Lies den Text zum Eichhörnchen durch. Verschaffe dir einen Überblick über den Inhalt. Kläre unbekannte Wörter. Finde zu jedem Abschnitt eine Überschrift. Fasse die Abschnitte zusammen und berichte deinem Tischnachbarn.

Aus der Geschichte Aktion Eichhörnchen – der Mensch sorgt für den Winter vor

Supermärkte halten für uns das ganze Jahr hindurch ein großes Angebot bereit. Selbst im Winter gibt es frisches Obst und Gemüse zu kaufen. Es stammt aus Gewächshäusern oder aus fernen Ländern. Wenn etwas nicht frisch zu erhalten ist, gibt es noch die Tiefkühltruhe.
Das war nicht immer so: Früher stammte die Nahrung aus der näheren Umgebung und wurde oft selbst angebaut. Für den Winter mussten die Menschen vorsorgen, um nicht zu hungern. Heute sind es vor allem Landwirte und Kleingärtner, die noch Nahrungsvorräte für den Winter selbst anlegen:
- Kartoffeln und Rüben lassen sich einkellern oder in Mieten frostgeschützt aufbewahren. ▸5
- Äpfel kann man im Keller lagern oder in Ringe schneiden und trocknen.
- Marmelade oder Gelee aus Beeren und anderem Obst eignet sich als Wintervorrat.
- Eingekochtes Obst ist viele Monate lang haltbar. Es wird dazu in Gläsern mit Wasser und Zucker erhitzt. Dann verschließt man die Gläser luftdicht mit einem Deckel und einem Gummiring. ▸6
- Gurken und Kürbis kann man in Essigwasser aufbewahren.
- Weißkohl wird geschnitten, gesalzen und gestampft. Durch Bakterien entsteht daraus haltbares Sauerkraut.
- Fleisch konserviert man durch Räuchern oder durch Salz (Pökelfleisch).

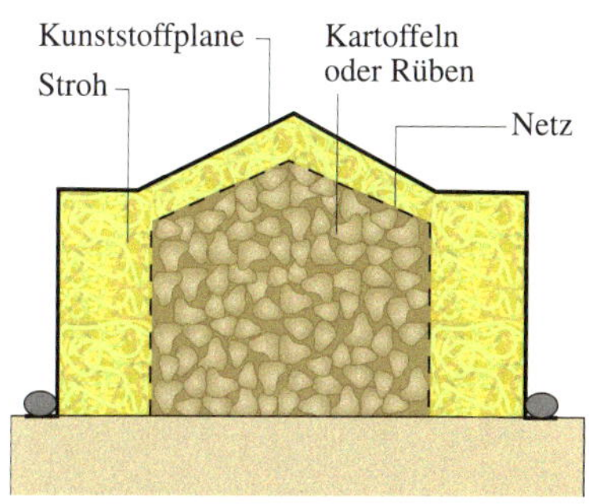

5 *Miete*

6 *Eingekochtes Obst*

Methode Informationen suchen im Internet

Das Internet ist ein weltweites Netz. Es besteht aus sehr vielen Computern, die mit Kabeln oder per Funk miteinander verbunden sind. Wenn du deinen Computer mit dem Internet verbindest, wird er Teil des Internets. Das gilt natürlich auch für Smartphones. Alle Computer, die mit dem Internet verbunden sind, können Daten an andere Computer senden oder Daten von anderen Computern laden.
Auf vielen Computern sind Programme installiert, die anderen Computern Informationen in einer Form zur Verfügung stellen, die von sogenannten *Browsern* wie z. B. Mozilla Firefox gelesen werden können. Das Wort Browser ist von dem englischen Verb „to browse" abgeleitet. Die deutsche Übersetzung heißt „blättern". Mit Browsern kannst du in den Seiten des *World Wide Web* blättern. Das World Wide Web ist ein weltweites Informationsnetz.
Wenn du dir eine bestimmte Seite im World Wide Web ansehen möchtest, gibst du die *Adresse* der Seite im *Adressfeld* des Browsers ein. ▸1 Die Webseiten des Naturschutzbundes Deutschland erreichst du unter der Adresse www.nabu.de. An dem „.de" am Ende erkennst du, dass es sich um eine deutsche Webseite handelt.
Oft suchst du eine Information, kennst aber nicht die Adresse der Webseite. Um die Information zu finden, kannst du eine *Suchmaschine* benutzen. Eine Suchmaschine hat sehr viele Webseiten mit geeigneten Schlagwörtern gespeichert. Mit den Suchmaschinen www.blinde-kuh.de, www.fragfinn.de oder www.helles-koepfchen.de kannst du Webseiten für Kinder und Jugendliche finden. Du kannst auch die Suchmaschine www.google.de nutzen. Sie liefert leider auch Werbung und speichert Daten über deine Suche.

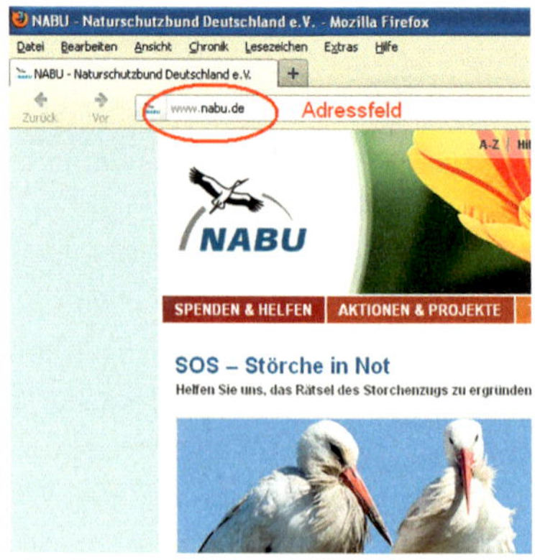

1

So findest du Informationen im Internet:

1. Überlege dir zuerst, was du herausfinden willst. Notiere einige Fragen. Beispiele: Warum ziehen Weißstörche? Wohin fliegen sie?
2. Gib die Adresse (z. B. www.fragfinn.de) einer Suchmaschine in das Adressfeld deines Browsers ein.
3. Gib Schlagwörter in das Suchfeld ein. Schreibe keine Fragen oder ganze Sätze. Noch besser sind zwei oder mehr Schlagwörter, z. B. „Weißstorch" und „Zugweg". ▸2
4. Die Suchmaschine zeigt dir meist mehrere Ergebnisse an. Wähle nur Webseiten aus, die du für zuverlässig hältst. Durch einen Mausklick auf ein Ergebnis gelangst du auf die gewünschte Webseite. Ihre Adresse steht jetzt im Adressfeld deines Browsers.
5. Überfliege die Seite. Prüfe, ob sie die gesuchte Information enthält. Wenn nicht, dann wähle eine andere vertrauenswürdige Seite aus den Suchergebnissen.
6. Lege eine Textdatei an. Speichere dort die Antworten auf deine Fragen. Speichere auch die Adressen der Webseiten, auf denen du die Informationen gefunden hast. Dazu kopierst du die Adresse aus dem Adressfeld des Browsers.

2

Grundlagen Zugvögel

3 *Schwalben brechen im August auf.*

4 *Flugformation von Graugänsen*

5 *Weißstorch in Afrika*

Schon im Spätsommer sammeln sich bei uns Zugvögel zum Abflug in ihre Winterquartiere am Mittelmeer oder in Afrika. Die Vögel fliegen oft Tausende von Kilometern weit. Im nächsten Frühling kehren sie in ihre Brutgebiete zurück. ▸3–6
Viele Graugänse aus Nordeuropa sind Wintergäste bei uns oder in den Niederlanden und Frankreich.
Ob ein Vogel zieht, wann er zum Aufbruch bereit ist, und in welche Richtung er fliegt, ist ihm angeboren. Unterwegs orientieren sich Zugvögel am Stand der Sonne und der Sterne, an auffälligen Geländemerkmalen und an den Magnetpolen der Erde.
Der weite Flug ins Winterquartier kostet die Vögel viel Energie. Daher fressen sie sich vorher Fettreserven an. Wenn diese aufgebraucht sind, werden sogar innere Organe abgebaut, um weitere Energie zu gewinnen. Vor allem große Vögel wie Störche nutzen warme Aufwinde, die über Landflächen entstehen. So können sie im Segelflug Energie sparen.
Viele Vögel überleben den Zug nicht. Sie sterben an Entkräftung, werden Opfer von Greifvögeln oder Jägern oder verletzen sich an Hochspannungsleitungen. Sogar Zusammenstöße mit Flugzeugen kommen immer wieder vor.

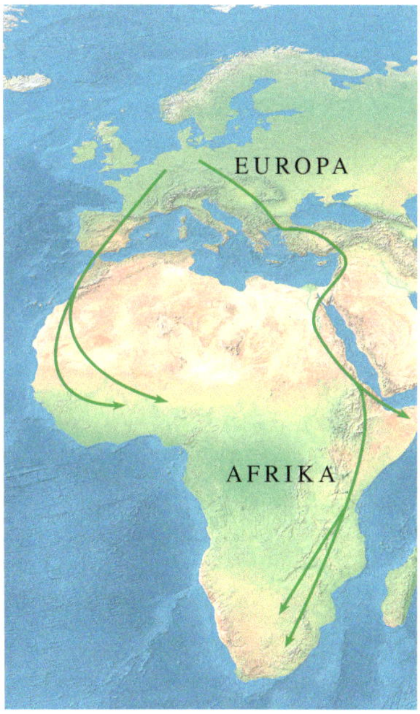

6 *Zugwege des Weißstorchs*

Aufgaben

1 „Der Vogelzug hängt mit dem Nahrungsmangel zusammen." Erläutere diesen Satz am Beispiel des Weißstorchs.

2* Informiere dich über die Zugwege von Mäusebussard, Kranich und Rauchschwalbe. Nimm deinen Atlas zu Hilfe und nenne die Länder, die diese Vögel überfliegen. Gib an, wo sie überwintern.

3 Erkläre, warum Störche nicht auf direktem Weg nach Afrika fliegen.

4* Finde heraus, warum Zugvögel beringt werden. ▸7 Schlage in einem Lexikon nach oder recherchiere im Internet.

5* Störche werden heute nicht mehr beringt. Recherchiere und notiere den Grund für den Verzicht auf die Beringung.

7 *Ein Storch wird beringt.*

Wie schützen sich Menschen und Tiere vor Kälte?

1 *Quietschvergnügt in Eis und Schnee ...*

2 *Winterkleidung schützt.*

3 *Das Dach wird wärmeisoliert.*

Untersuchen Experimentieren

1 Können Kleidung und Fell wärmen? Als Ersatz für das Eisbärenfell oder für Winterkleidung verwenden wir Wolle oder Watte.

a Füllt zwei kleine Plastikdosen mit heißem Wasser. Verschließt sie. Wickelt eines der Gefäße in Watte ein. Das andere bleibt auf dem Tisch stehen. ▸4

b Nach 30 Minuten prüft ihr die Temperatur beider Gefäße. Haltet sie dazu an die Wange. Was stellt ihr fest?

c Wickelt das Gefäß wieder ein. Prüft beide Gefäße Stunden später.

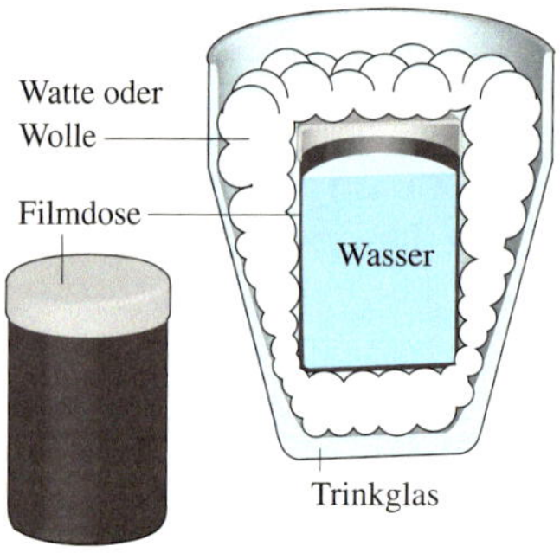

4

2* Wie Wohnungen uns vor Kälte schützen Bastelt ein Versuchshaus aus einem Schuhkarton. ▸5 Als „Ofen" soll eine Blechdose mit 50 °C heißem Wasser hineinkommen.

a Das „Haus" stellt ihr in einen kühlen Raum. Messt die Anfangstemperatur im „Haus". Um wie viel ist die Temperatur nach einer halben Stunde gesunken?

b Wie schafft ihr es, das Haus länger warm zu halten? Probiert es aus.

c Beschreibt eure Versuchsergebnisse und erklärt sie.

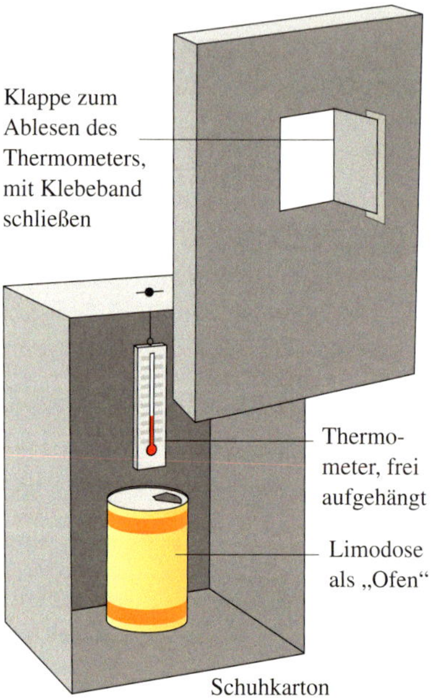

5 *Versuchshaus (Bastelanleitung)*

3* **Doppelt hält besser** Den Vorteil einer Doppelverglasung sollt ihr in einer Versuchsreihe herausfinden. ▸6 Von einer Seite her wird das Fenster mit einem Haartrockner erwärmt. Auf der anderen Seite wird mit einem elektronischen Thermometer gemessen.

a Worin unterscheiden sich die drei Versuchsanordnungen?

b Plant diese Versuchsreihe selbst. *Tipp:* Es wird eine Uhr benötigt.

c Bevor ihr zu experimentieren beginnt: Überlegt, welche Ergebnisse herauskommen könnten.

d Wenn die Ergebnisse feststehen, vergleicht sie miteinander. Versucht sie zu erklären.

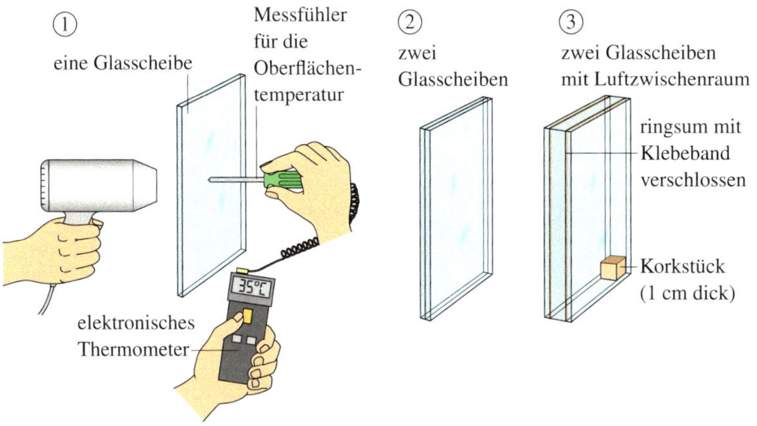

6 *Wärmedämmung durch Fenster*

Welche Stoffe leiten Wärme schnell weiter und welche nicht? In den folgenden Versuchen könnt ihr es herausfinden.

4 **Nagel oder Zündholz?** Erhitzt die Spitze eines Nagels. ▸7 Werdet ihr zuerst den Nagel loslassen (weil er zu heiß ist) oder das Zündholz (weil ihr euch die Finger verbrennt)?

! Verbrennungsgefahr: Wenn der Gegenstand zu heiß wird, lasst ihr ihn auf eine feuerfeste Unterlage fallen!

5 **Was wird schneller heiß?** Stellt einen hölzernen Kochlöffel und eine Suppenkelle aus Metall in heißes Wasser. Fasst sie nach einigen Minuten oben an.

a Was stellt ihr fest?

b Schreibt das Versuchsergebnis in einem Satz auf. Verwendet dabei die Worte „Metall“ und „Wärmeleitung“.

6 **Metalle als Wärmeleiter** Drei gleich lange Streifen aus verschiedenen Metallen werden an einem Ende mit einer Flamme erhitzt. ▸8

a Welches Versuchsergebnis vermutet ihr?

b Sucht nach einer Erklärung für eure Beobachtungen.

7 **Ist Wasser ein guter oder ein schlechter Wärmeleiter?**

a Erhitzt das Wasser im oberen Teil des Becherglases. ▸9 Wie lange könnt ihr das Glas unten anfassen?

! Verbrühungsgefahr: Das Becherglas darf nicht umkippen, falls der Tauchsieder hineingehängt wird. Beachtet die Sicherheitshinweise zum Tauchsieder (s. „Methode: Der Tauchsieder“).

b Beantwortet jetzt die Frage nach dem Wasser als Wärmeleiter.

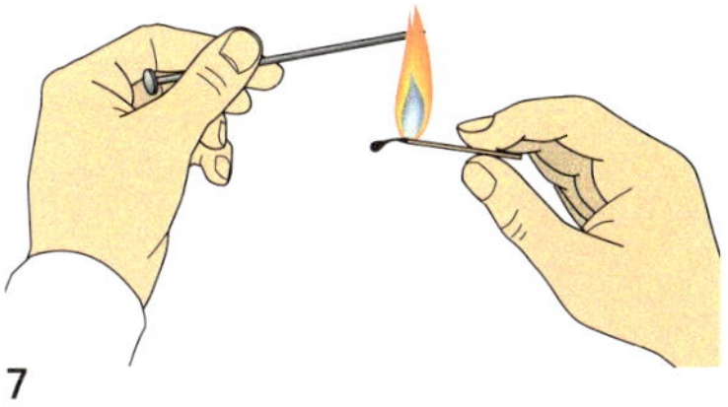

7

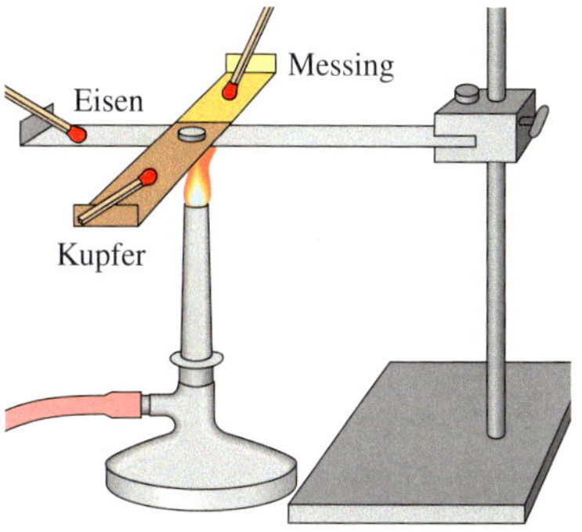

8

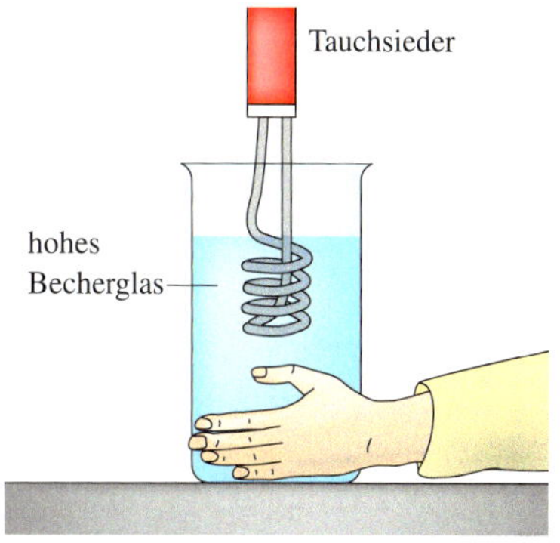

9

Grundlagen Energie, Wärme und Temperatur

Energie und Wärme Wasser wird nicht von alleine warm. Um es zu erhitzen, stellst du es z. B. im Topf auf die heiße Herdplatte. Das Wasser im Planschbecken wird im Sommer von der Sonne erwärmt.
Zum Erwärmen muss dem Wasser immer etwas von außen zugeführt werden. Wir nennen es *Energie.* ▸1 Im erwärmten Wasser ist die zugeführte Energie dann gespeichert: in Form von *Wärme.*

Um einen Gegenstand zu erwärmen, braucht man Energie. Die Energie wird als Wärme im Gegenstand gespeichert. Wärme ist eine Energieform.

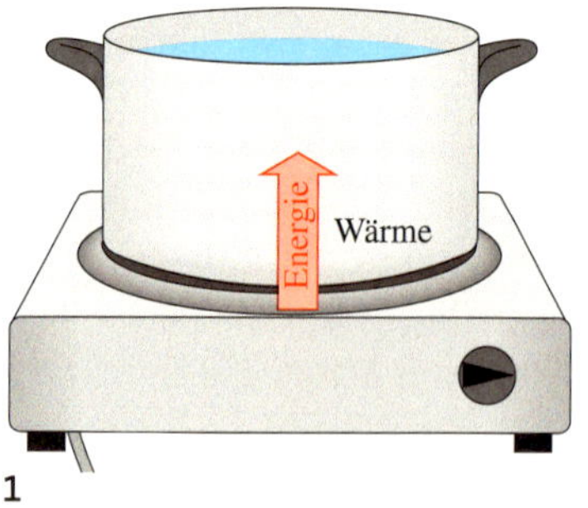

1

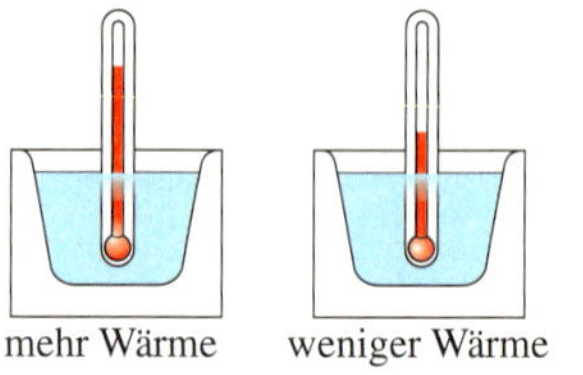

2

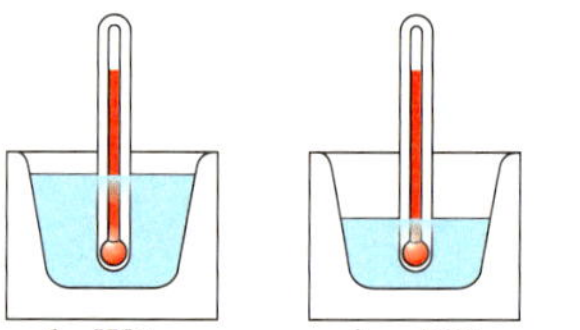

3

Wärme und Temperatur sind nicht das Gleiche Stell dir vor, du lässt eine Badewanne mit warmem Wasser volllaufen:
- Je höher die Temperatur des Wassers ist, desto mehr Wärme ist in ihm gespeichert. ▸2
- Je mehr Wasser in die Wanne eingelaufen ist, desto mehr Wärme ist in ihm gespeichert. ▸3

Wie viel Wärme gespeichert ist, hängt also nicht nur von der Wassertemperatur ab – auch die Wassermenge ist wichtig! Noch ein Beispiel: Der frisch gekochte Tee in einer Tasse hat eine höhere Temperatur als das Badewasser. Aber in der Badewanne ist viel mehr Wasser als in der Tasse. Deshalb ist im Badewasser mehr Wärme gespeichert als im Teewasser.

Grundlagen Wärmeleitung und Wärmedämmung

Wärmeleitung Der Eisenstab wird an einem Ende erwärmt. ▸4 Man beobachtet, dass auch die Temperatur des Wassers steigt. Es strömt also Energie (Wärme) von der Flamme durch den Stab ins Wasser. Sie wird im Eisenstab weitergeleitet. Dabei bewegt sich das Eisen selbst nicht.
Beim Kochtopf wird die Energie (Wärme) von der heißen Herdplatte durch den Topfboden ins Wasser geleitet.

Energie strömt immer vom heißen Ende eines Gegenstands zum kalten Ende. Dabei bewegt sich der Stoff nicht, aus dem der Gegenstand besteht. Dieser Vorgang heißt Wärmeleitung.

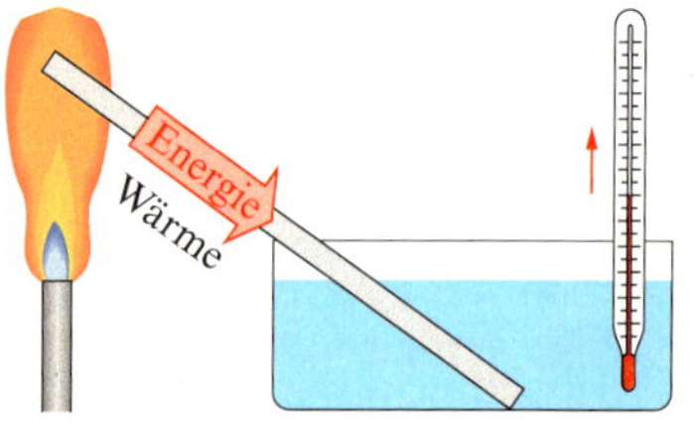

4 *Wärmeleitung in einem Eisenstab*

Wärmeleiter Ein Kupferstab leitet die Energie viel besser als ein Glasstab. Unter den Stoffen gibt es gute und schlechte *Wärmeleiter:*
- Metalle wie Eisen, Aluminium und Kupfer sind sehr gute Wärmeleiter.
- Wasser, Glas, Stein und Beton sind keine guten Wärmeleiter.
- Luft und alle anderen Gase sind sehr schlechte Wärmeleiter (Isolatoren) – genau wie Wolle, Glaswolle, Mineralwolle und trockenes Holz.

Wärmedämmung Als Kälteschutz besitzt der Eisbär ein dickes Fell und eine Speckschicht. Menschen schützen sich durch bauschige Kleidung. Kleidung, Fell und Speckschicht dienen der *Wärmedämmung.*
Kleidung verhindert, dass der Körper rasch Wärme an die Umgebung abgibt und so auskühlt. Auch bei Häusern ist Wärmedämmung wichtig. Zum Wärmedämmen nimmt man Stoffe, die viel Luft enthalten. ▸5

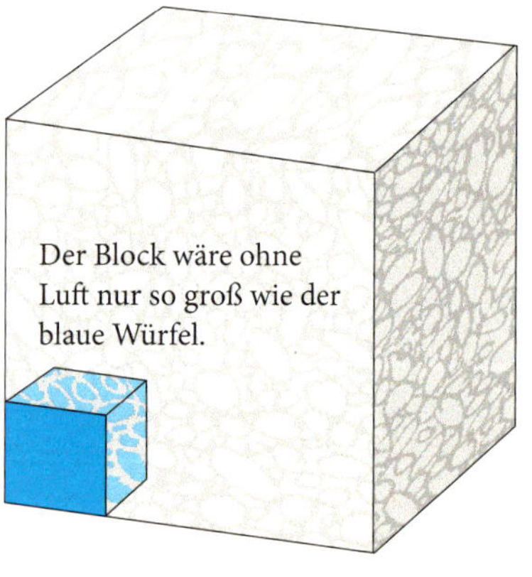

5 *Luft im Styroporblock*

Aus Natur und Umwelt Wärmedämmung bei Tieren

Säugetiere und Vögel sind *gleichwarme Tiere*. Ihre Körpertemperatur bleibt immer ziemlich gleich. Sie liegt zwischen 37 °C und 41 °C – auch bei Walrossen und Robben in den Polargebieten oder bei Wasservögeln und Ponys im Winter. ▸**6–8**
Tiere erwärmen ihren Körper durch Bewegen und durch Muskelzittern. Die nötige Energie stammt aus der Nahrung. Damit die Körperwärme nicht nutzlos an die Umgebung abgegeben wird, besitzen Säugetiere und Vögel eine Wärmedämmung: ein Fell, eine Speckschicht oder ein Federkleid. Gefieder und Fell enthalten viel Luft, Fett oder Speck sind schlechte Wärmeleiter.
Das Winterfell der Tiere ist viel dichter als das Sommerfell. ▸**8** Damit sich das Gefieder nicht mit Wasser vollsaugt, wird es von Fettdrüsen immer wieder eingefettet. So können Wasservögel auch kalte Winter überstehen.

6 *Walross*

7 *Pony im Sommer*

8 *Pony im Winter*

Aufgaben

1 In einem kleinen Planschbecken ist das Wasser schon nach einem Tag angenehm warm. Bei einem Freischwimmbad kann es Wochen dauern, bis die gleiche Temperatur erreicht ist. Erkläre den Unterschied.

2 Ordne nach ihrer Fähigkeit, Wärme zu leiten: Eisen, Glas, Kupfer, Luft, Styropor.

3 „Zieh dir eine warme Jacke an!" Beschreibe, worauf die Wirkung der Jacke beruht. Woher kommt die Wärme bei der „warmen Jacke"?

4* Das Gewebe einer Winterjacke wird wieder bauschig, wenn man es zusammendrückt und loslässt. Wieso ist das für die Wärmedämmung wichtig?

5 Bei strenger Kälte sehen Vögel dicker aus als normal. ▸**9–10** Wodurch sind sie dicker geworden? Welchen Nutzen hat das?

6* Sandra und Alex wollen einen Behälter bauen. Er soll im Sommer Getränke länger kalt und im Winter länger warm halten.
a Kann das ein und derselbe Behälter leisten? Begründe deine Antwort.
b Überlege, welche Stoffe Sandra und Alex nehmen könnten.
c Fertige eine Zeichnung an und benenne die Stoffe. Begründe, warum du gerade diese Stoffe vorschlägst.
d Du sollst nachweisen, dass der Behälter die gewünschte Wirkung hat. Plane dazu Versuche.
e Alex behauptet: „Unser Behälter wärmt Früchtetee." Hat er recht? Begründe deine Antwort. Wenn nötig, schreibe den Satz anders auf.

9 *Rotkehlchen im Winter*

10 *Rotkehlchen im Sommer*

Ein warmes Zimmer dank Heizung

▷ Wie wird das Wohnzimmer erwärmt?

1

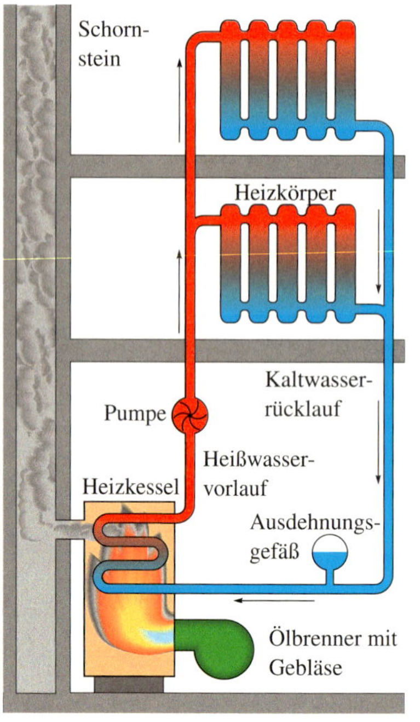

2 *Heizungsanlage*

Untersuchen Experimentieren

1 Wie funktioniert eine Heizungsanlage?

a Fühlt mit der Hand bei einem großen Heizkörper, wie heiß die beiden Zuleitungsrohre sind. Stellt ihr einen Unterschied fest? Erklärt ihn.

b Schaut euch die Heizung im Keller an oder lasst euch vom Hausmeister die Zentralheizung zeigen und erklären.

c Beschreibt die mit Öl betriebene Heizungsanlage. ▸2 Verwendet dabei auch den Begriff Energie (Wärme). Beginnt beim Brenner.

2 Eine „Heizungsanlage" ohne Pumpe Das Gefäß stellt eine Heizungsanlage dar. ▸3 Der Bereich der Flamme ist der Heizkessel. Das übrige Gefäß ist Heizkörper und Zuleitungsrohr zugleich. Was passiert, wenn das Wasser erwärmt wird? Beobachtet und erklärt.

3* Wie die Heizung die Luft im Zimmer erwärmt Schneidet eine Papierspirale aus. ▸4 Steckt an ihrem inneren Ende von unten her eine Stecknadel hindurch. So kann sich die Spirale drehen.
Haltet die Spirale einige Minuten über eine Wärmequelle.

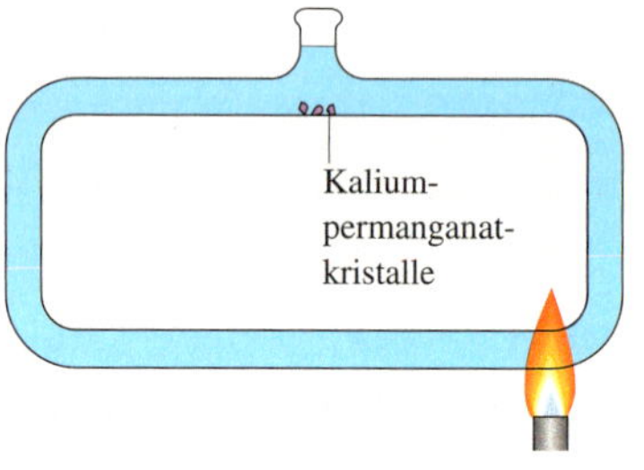

3 *Modell für die Heizungsanlage*

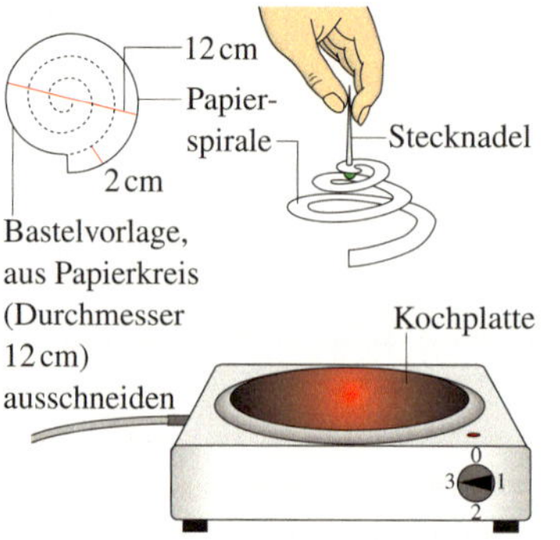

4

Grundlagen Wärmetransport durch Strömung

In einer Heizungsanlage fließt Wasser im Kreislauf. ▸5 Das Wasser wird im Heizkessel erhitzt und transportiert Energie (Wärme) zu den Heizkörpern. Dort gibt es sie an die Räume ab. Das abgekühlte Wasser strömt zurück zum Heizkessel. Eine Pumpe sorgt dafür, dass das Wasser durch Rohrleitungen und Heizkörper strömt.
Auch warme Luft kann Energie (Wärme) transportieren.

In erhitztem Wasser oder warmer Luft ist Energie (Wärme) gespeichert. Zusammen mit dem Wasser oder der Luft kann die Wärme strömen. Man spricht von einem Wärmetransport durch Strömung.

Wärmetransport durch Strömung – ohne Pumpe Über einer heißen Kochplatte oder einem Heizkörper wird Luft erwärmt und steigt auf. Beim Aufsteigen führt die Luft Energie (Wärme) mit. Oben strömt sie von der Heizung weg und gibt Energie an Decke, Wand und Möbel ab. Die abgekühlte Luft sinkt wieder zum Boden und fließt zum Heizkörper zurück. ▸6
Ein ähnlicher Kreislauf kann auch in Wasser zustande kommen. ▸3

Strömungen von Stoffen können auch durch die Wärmequelle selbst angetrieben werden.

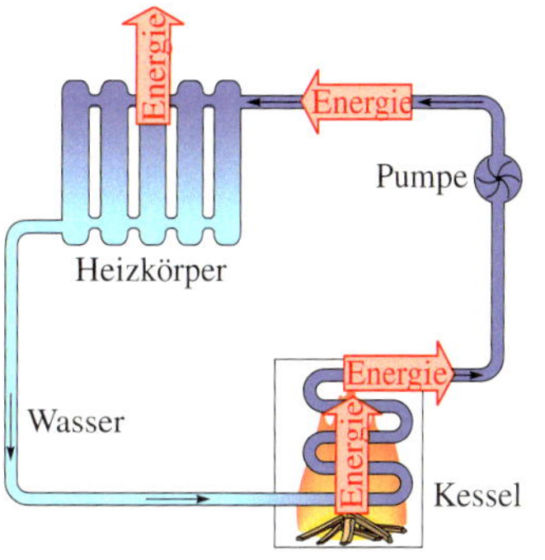

5 *Warmwasserkreislauf mit Pumpe*

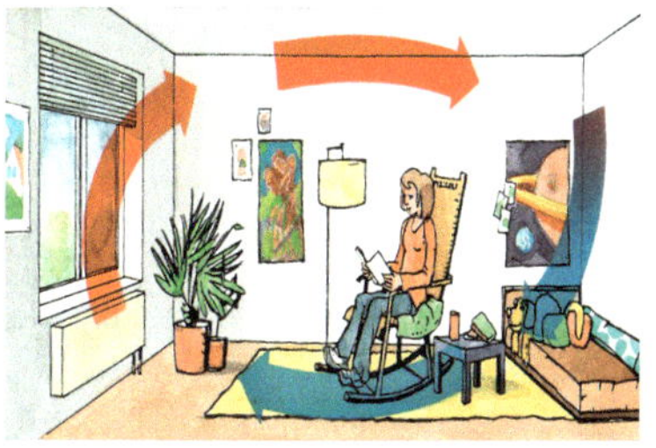

6 *Warmluftkreislauf ohne Pumpe*

Aufgaben

1 Auch ein Wärmetransport … ▸7 Erläutere ihn.

2* Ein Bussard kann in höhere Luftschichten aufsteigen, ohne seine Flügel zu bewegen. Suche eine Erklärung dafür.

7

Aus der Umwelt Der Golfstrom

Der Golfstrom ist eine der wichtigsten Meeresströmungen. Du kannst ihn dir als einen breiten, tiefen Strom von warmem Wasser mitten im Atlantischen Ozean vorstellen. Er führt 100-mal so viel Wasser wie alle Flüsse Europas zusammen! ▸8
Der Golfstrom hat seinen Namen vom Golf von Mexiko. Dort ist das Wasser rund 25 °C warm. Auf seinem Weg durch den Atlantik nimmt der Golfstrom die im Wasser gespeicherte Wärme mit. Er erreicht schließlich die Südspitze Englands. Von dort strömt das warme Wasser weiter zur Küste Norwegens. Selbst im kühlen Norden ist es immer noch um 2–3 °C wärmer als das umgebende Atlantikwasser.
Die Luft über dem Golfstrom nimmt viel von der mitgeführten Wärme auf. Sie gelangt als milder Westwind an die Küsten. Dadurch ist das Klima in Nordwesteuropa milder als in anderen Gebieten, die genauso weit im Norden liegen. Einige Folgen dieser riesigen „Warmwasserheizung“ sind: Die Westküste Norwegens bleibt selbst in kalten Wintern eisfrei. In Norwegen reifen im Sommer Erdbeeren und Kirschen. An der Südwestküste Englands gedeihen sogar Palmen.

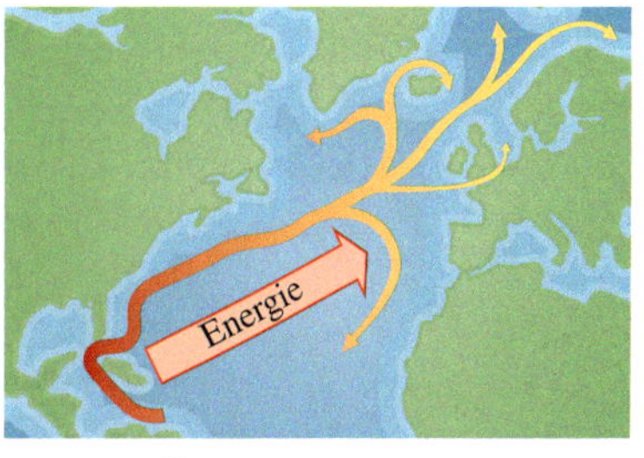

8 *Der Golfstrom transportiert Energie über weite Strecken.*

Aufgabe

3 Verfolge im Atlas den Verlauf des Golfstroms. Wo beginnt er? An welchen Ländern fließt das warme Wasser vorbei?

Die Sonne wärmt uns auch im Winter

▷ Es ist nicht die Umgebungsluft, die hier wärmt!

1 *Sonnenbaden im Winter*

Untersuchen Experimentieren

1 **Gefühlte Strahlung** Haltet eine Hand dicht vor die Wange. Was fühlt ihr? Versucht die Beobachtung zu erklären.
Haltet eine Hand neben eine Schreibtischlampe. ▸2 Bringt zwischen Lampe und Hand ein Blatt Papier. Was beobachtet ihr?

2 **Strahlung umlenken** Überzieht eine Postkarte glatt mit glänzender Aluminiumfolie. Ein Toaster dient als Strahlungsquelle.

a Stellt den eingeschalteten Toaster neben euch. Haltet die Alufolie so, dass sie das Gesicht erwärmt. Erklärt eure Beobachtung.

b Haltet die Postkarte mit der Folie nahe an die Wange. Haltet dann eine Hand im gleichen Abstand an die Wange. Woher kommt die Energie?

3 **Strahlung überträgt Energie** An kühlen Tagen kann man mit Heizstrahlern die nähere Umgebung erwärmen. ▸3 Wo muss man sich vor einem solchen Strahler aufhalten? Wie kommt dabei die Energie zu einem hin?

4 **Was wird heißer, Schwarz oder Weiß?** Legt im Freien ein weißes und ein schwarzes Blatt Papier nebeneinander in die Sonne. Unter beide Blätter kommt als Isolierung eine Zeitung. ▸4 Prüft nach 15 Minuten mit der Wange die Temperatur der Oberflächen.

2 *Spürst du, ob die Lampe leuchtet?*

3 *Heizstrahler – wo wird es warm?*

4 *Was wird heißer?*

Grundlagen Strahlung und Energie

Die Sonne, der Glühdraht einer Glühlampe oder eine Kerzenflamme sind sehr heiß. Sie strahlen Energie zum großen Teil in Form von sichtbarem Licht ab. Ein warmer Heizkörper, eine warme Herdplatte oder deine Hand sind nicht so heiß. Sie geben unsichtbare Strahlung ab. ▸5
Je wärmer ein Heizkörper ist, desto schneller wird die Stube warm. Ein heißer Heizkörper gibt also mehr Energie ab als ein warmer.

Je höher die Temperatur eines Gegenstands ist, desto mehr Energie strahlt er ab.

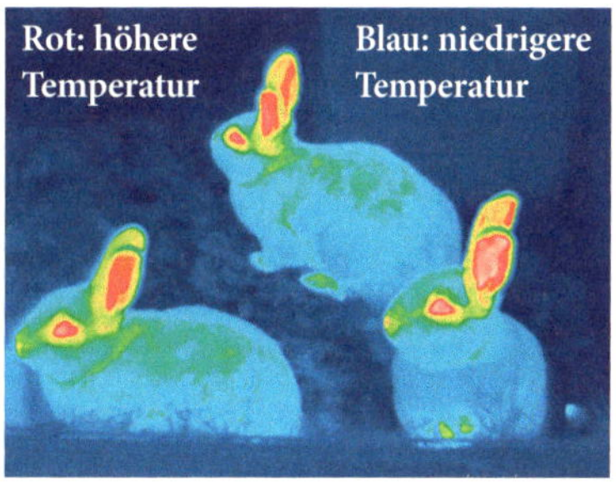

5 *Kaninchen – mit einer Kamera fotografiert, die die unsichtbare Strahlung der Tiere aufzeichnen kann*

Die Strahlung der Sonne geht durch das luftleere Weltall. Sie breitet sich geradlinig aus.
Die Blätter eines Baums halten die Strahlung der Sonne ab. Ein Glasfenster ist dagegen für die Sonnenstrahlung weitgehend durchlässig. Manchmal beobachtet man, wie sich die Sonne im Fenster spiegelt.
Wenn die Strahlung auf einen Gegenstand trifft, nimmt er sie teilweise auf: Die Strahlung wird *absorbiert*. Dadurch wird der Gegenstand erwärmt. Dunkle Gegenstände oder der Erdboden absorbieren die Strahlung gut und erwärmen sich deshalb schnell. Helle oder farbige Gegenstände *streuen* die Strahlung. Spiegelnde Oberflächen *reflektieren* einen Teil der Strahlung. Sie werfen ihn zurück und erwärmen sich langsamer.

Wenn Strahlung auf einen Gegenstand trifft, kann sie aufgenommen (absorbiert), gestreut oder zurückgeworfen (reflektiert) werden. Wenn Sonnenstrahlung auf die Lufthülle der Erde trifft, wird sie zum größten Teil von der Lufthülle und der Erde aufgenommen. Der Rest wird ins Weltall zurückgestreut. ▸6

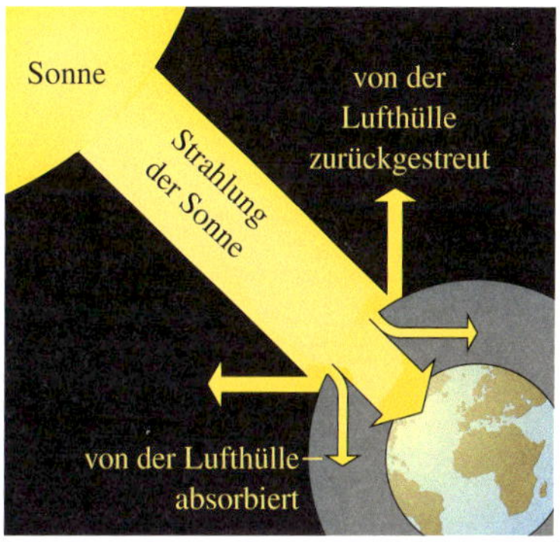

6 *Sonnenstrahlung trifft auf die Lufthülle der Erde.*

Aufgaben

1 Was bedeutet *absorbieren* und was *reflektieren* von Strahlung?

2 Rohre von Sonnenkollektoren sind schwarz, Astronauten tragen helle Anzüge. ▸7–8 Begründe!

3 Nenne einige Gegenstände, die Energie abstrahlen.

4* In den Verbandskästen liegt eine dünne „Wärmeschutzfolie" aus Kunststoff. Die eine Seite ist mit einer glänzenden Metallschicht überzogen. Wie muss man einen Verletzten in die Folie einpacken, um ihn warm zu halten? Begründe das Vorgehen.

7 *Dunkle Sonnenkollektoren*

8 *Helle Astronautenkleidung*

Aus der Technik Sonnenkollektoren für warmes Wasser

Manche Häuser sind auf ihrer Südseite mit Sonnenkollektoren ausgestattet. Mit ihnen wird Wasser durch die Sonnenstrahlung erwärmt. Und so funktioniert ein Sonnenkollektor: ▸1

- Die Sonnenstrahlung dringt durch die Glasscheiben. Sie trifft auf die schwarze Absorberplatte aus Metall. Dort wird die Strahlung absorbiert. Die Temperatur der Platte steigt daraufhin an.
- Hinter der Absorberplatte wird eine Flüssigkeit in Rohren vorbeigepumpt. Sie wird von der Absorberplatte erwärmt und speichert die Wärme sehr gut. Diese Flüssigkeit gefriert erst bei viel tieferen Temperaturen als Wasser.
- Dann wird die Flüssigkeit in den Wärmetauscher geleitet. ▸2 Dort gibt sie die Energie (Wärme) an das kalte Leitungswasser ab.

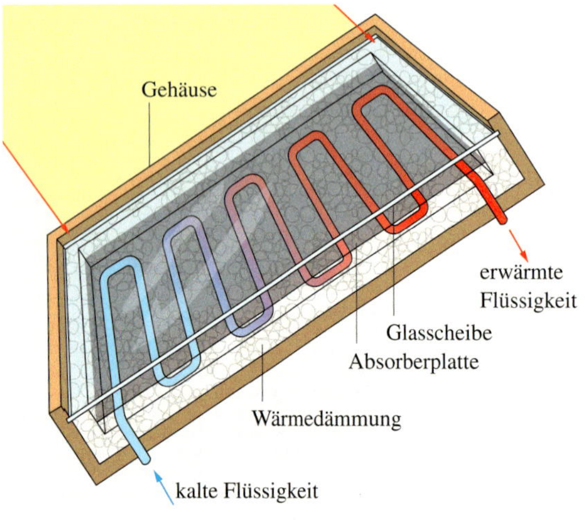

1 *Sonnenkollektor (Aufbau)*

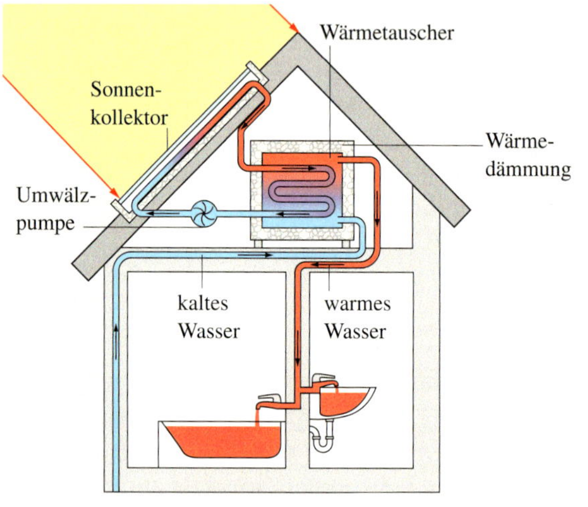

2 *Warmwasserversorgung mit Sonnenkollektoren*

Aufgaben

1 Wie wird die Flüssigkeit im Sonnenkollektor erwärmt? Beschreibe den Vorgang. ▸1 Welche Aufgabe hat der Wärmetauscher? ▸2

2 Bauanleitung für einen Sonnenkollektor

a *Ihr braucht:* Spanplatte (50 cm · 50 cm), Dachlatte (2 m lang), Klarsichtfolie, 5 m Gartenschlauch, Nägel, Holzleim, Dachnägel, schwarze Wandfarbe.

Aufbau: Befestigt die Latten hochkant auf der Grundplatte mit Leim und Nägeln. ▸3

Lasst bei A und E Platz für den Schlauch. Er wird mit Dachnägeln auf der Platte befestigt. Streicht ihn schwarz an.

Stellt den Kollektor senkrecht zum Sonnenlicht auf. ▸4 Verbindet ihn über einen Schlauch mit dem Wasserhahn und lasst ihn volllaufen.

b Wie stark und wie schnell erwärmt sich das Wasser im Kollektor? Messt die Temperatur alle 30 Minuten. Notiert eure Messwerte in einer Tabelle.

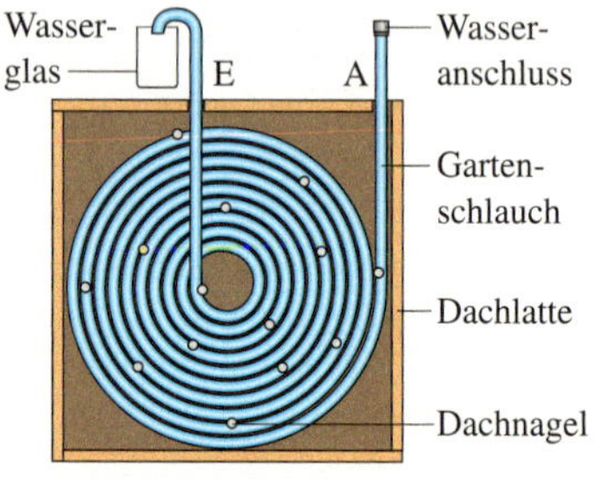

3

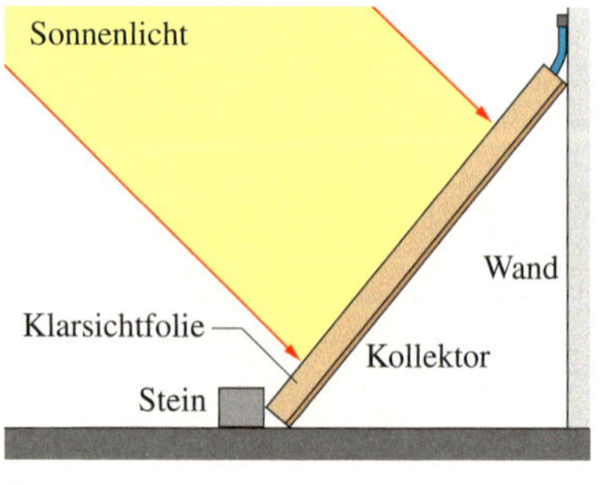

4

Überblick

Wie Tiere überwintern

Tiere sind an den Wechsel der Jahreszeiten angepasst. Sie überstehen den Winter auf verschiedene Weise: *Wechselwarme Tiere* (Kriechtiere, Lurche, Fische) fallen an frostsicheren Orten in die Winterstarre.
Gleichwarme Tiere (Säugetiere und Vögel) schützen sich durch ein dickes Fell, Gefieder oder ein Fettpolster. Viele Säugetiere halten Winterschlaf oder Winterruhe.
Gefieder und Fell (Winterkleidung bei Menschen) sorgen dafür, dass der warme Körper nur langsam Energie an die kältere Umgebung abgibt. Zur Wärmedämmung sind Materialien gut geeignet, die viel Luft enthalten.

Wärmeleitung

Wärmeleitung erfolgt in Stoffen, ohne dass sich der Stoff bewegt. Die Energie (Wärme) wird vom heißen zum kalten Teil des Körpers geleitet.
Alle Metalle sind *gute Wärmeleiter*. Sehr *schlechte Wärmeleiter* sind Luft und Styropor.

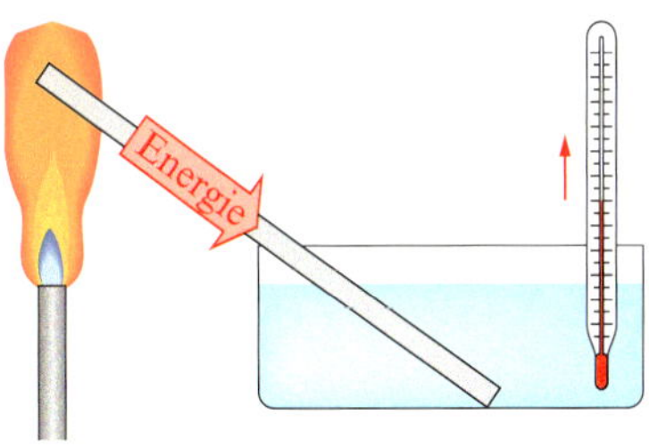

5

Strömung

Wenn sich ein erwärmter Stoff bewegt, wird die gespeicherte Energie (Wärme) mitbewegt. Diesen Energietransport durch Strömung gibt es nur bei Flüssigkeiten und Gasen.

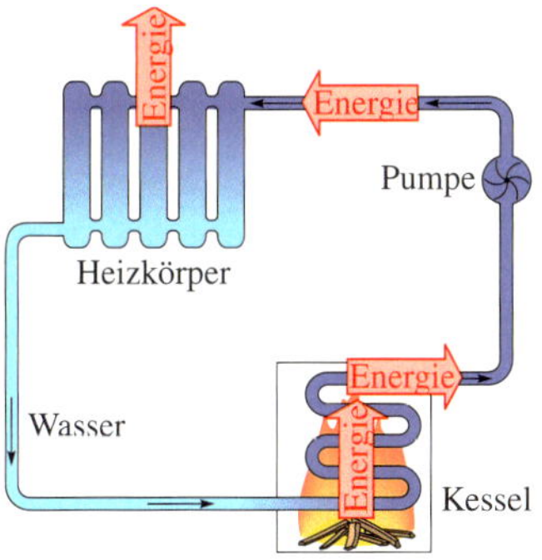

6

Strahlung

Sonnenenergie erhalten wir durch Strahlung. Dabei ist kein Stoff als „Transportmittel" nötig.
Auch alle anderen heißen Körper strahlen Energie ab.

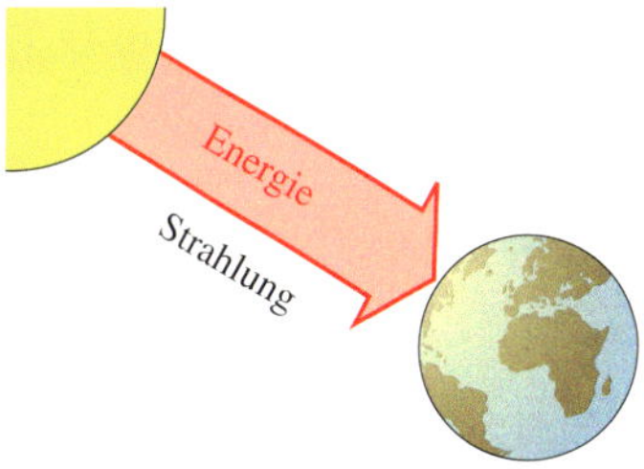

7

Alles klar?

1 „In meinem Tee steckt viel mehr Wärme als in deinem Badewasser. Er ist viel heißer." Beurteile die Aussage.

2 Eine dünne Styroporwand isoliert besser als eine dicke Betonmauer. Erkläre, wie das möglich ist.

3 Gib jeweils an, ob es sich um Wärmeleitung, Strömung oder Strahlung handelt. Versuche deine Aussagen zu begründen.
a Den Kuchen holt man mit Topflappen aus dem Ofen.
b Über Heizkörpern werden weiße Wände schmutzig.
c Sonnenkollektoren sind unter der Glasabdeckung schwarz gefärbt.
d Heißen Tee trinkt man nicht aus einfachen Metallbechern.
e Die Sonne erwärmt die Erde, obwohl der Weltraum leer ist.

4 In einer Thermoskanne ▸8 bleiben Getränke stundenlang warm (oder kalt). Wie wird die Energieabgabe an die Umgebung verhindert?

5* In Polargebieten können zwar Eisbären und Pinguine leben, aber keine Schlangen und Echsen. Erkläre!

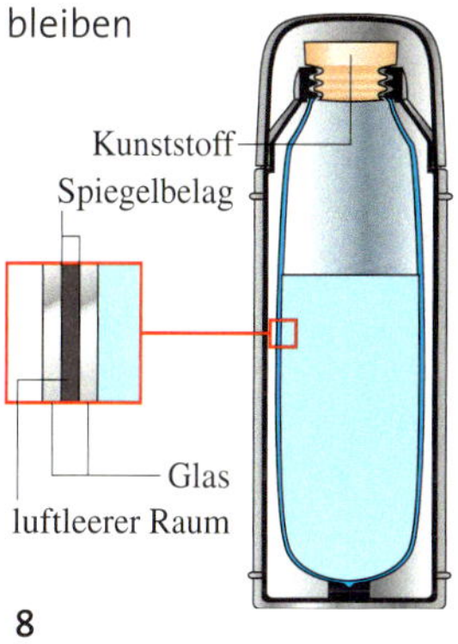

8

Teste dich!

▷ Die Lösungen findest du im Anhang.

1 Begründe folgende Aussagen:
a Die Sonne treibt als Motor den Wasserkreislauf an.
b Die Energie des Windes stammt von der Sonne.

2 Du füllst einen Topf randvoll mit kaltem Wasser und stellst ihn ins Gefrierfach. Am nächsten Tag nimmst du ihn heraus.
a Du wirst zwei Veränderungen feststellen. Beschreibe sie.
b Nenne Beispiele aus Natur und Technik, wo diese Veränderungen eine Rolle spielen.
c Wenn der Topf mit dem Eis einige Zeit draußen steht, schmilzt das Eis langsam. Welche Temperatur hat das Schmelzwasser?

3 Wasser kann in drei Aggregatzuständen vorkommen.
a Nenne die Zustände.
b Bei welchen Temperaturen finden die Zustandsänderungen statt?
c Beschreibe die drei Aggregatzustände im Teilchenmodell.

4 Ein Kochtopf wird über eine heiße Herdplatte gehalten. ▸1
a Schon bevor der Topf auf der Platte steht, wird der Boden warm. Erkläre!
b Aus welchem Material sollte der Topfboden bestehen, damit das Wasser darin möglichst schnell heiß wird? Begründe deine Antwort.
c Das Wasser im Topf bewegt sich nach kurzer Zeit, obwohl du es nicht umrührst. Erkläre die Beobachtung.
d Wenn der Herd abgeschaltet wird, kühlt das Wasser allmählich ab. Wo bleibt die Energie? Wie könntest du das nachweisen?
e Du sollst die Abkühlung des Wassers möglichst lange verzögern. Plane dazu Versuche.
f Oft soll verhindert werden, dass Energie in die Umgebung entweicht. Nenne Beispiele aus Umwelt und Technik.

1

Schätze deine Fähigkeiten ein

Ordne deiner Aufgabenlösung im Heft ein Smiley zu:
☺ Ich konnte die Anforderungen erfüllen.
😐 Ich konnte die Anforderungen nicht vollständig erfüllen.
☹ Ich konnte die Anforderungen nicht erfüllen.

Anforderung	Ich kann ...	Hilfe findest du auf Seite ...
1	den Einfluss der Sonne auf das Wetter erklären.	213–215
2	die Ausdehnung von Wasser beim Erstarren beschreiben und Beispiele für die Bedeutung dieser Ausdehnung in der Natur angeben.	221, 235 f.
3	den drei Aggregatzuständen von Wasser Temperaturbereiche zuordnen und sie mit dem Teilchenmodell beschreiben.	221, 224 f.
4	meine Kenntnisse über die drei Arten der Wärmeausbreitung anwenden und einen Versuch planen.	246–253

Wann kommt der nächste Bus?

Computer für Spiele

Ist die Mikrowelle ein Computer?

Computer in der Kfz-Werkstatt

Kommunizieren und steuern

- Menschen tauschen sich ständig aus und erzählen sich Neuigkeiten. Dafür nutzen sie gesprochene Sprache, Schrift, Gestik und Mimik. Mit technischen Hilfsmitteln gelingt auch eine Kommunikation über weite Entfernungen.
- Heute verbringen immer mehr Leute Zeit am Computer und surfen im Internet. In diesem Kapitel lernst du, was das Internet ist, wie es funktioniert und wie es genutzt werden kann.
- Ein Tag ohne Computer ist heute kaum vorstellbar. Hier erfährst du, wo Computer eingesetzt werden, wie sie aufgebaut sind und wie sie funktionieren.
- Viele technische Anlagen werden durch Computerprogramme gesteuert. Du wirst sehen, eine Ampelsteuerung zu programmieren ist gar nicht so schwer.

Was ist Kommunikation?

- ▷ Menschen verständigen sich untereinander.
- ▷ Verständigung gibt es auch zwischen Menschen und Tieren …

1

Beobachten Untersuchen

1 Beschreibt, wie ihr euren Freunden ein tolles Erlebnis mitteilen könnt.

2 Beobachtet Hunde, Meerschweinchen oder andere Tiere. Beschreibt, wie sich Tiere verständigen.

3 Könnt ihr euch mit Menschen verständigen, die nicht eure Sprache sprechen? Begründet eure Antwort.

4 Warum könnt ihr nicht herausfinden, was hier geschrieben steht? ▸2

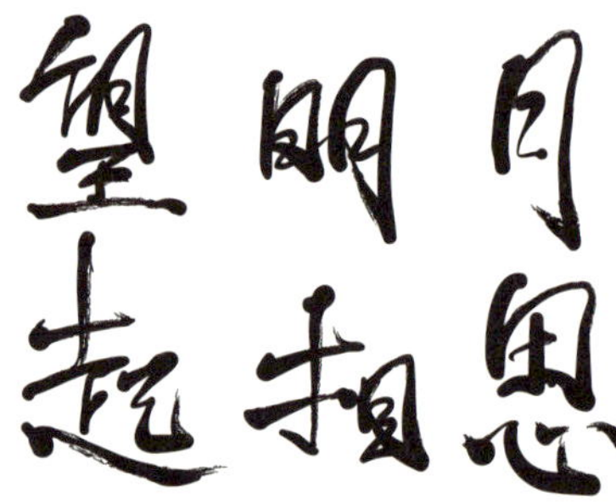

2 *Schriftzeichen*

Grundlagen Kommunikation

Tina meldet sich in den Ferien bei ihrer Freundin und fragt: „Treffen wir uns morgen Nachmittag bei mir zu Hause?“ Sie antwortet: „Ja, ich komme um 16 Uhr.“ Menschen möchten in Verbindung bleiben. Wir wollen anderen immer wieder etwas mitteilen, ob es wichtig ist oder nicht. Wir benutzen für diese Art der Verständigung unsere *Sprache*. Wenn sich Menschen untereinander verstehen wollen, müssen sie die gleiche Sprache sprechen.
Auch durch *Schrift* können wir uns heute einfach und schnell verständigen. Schriftliche Mitteilungen können z. B. als Brief mit der Post oder mit mit dem Handy versendet werden. So können Menschen immer in Kontakt bleiben und Informationen austauschen.
Unsere Möglichkeiten der Verständigung sind das Ergebnis einer langen Entwicklung. Dabei gibt es ständig Veränderungen. Während wir uns mit anderen Menschen verständigen, erweitern wir unser Wissen und lernen Neues hinzu. Wir können uns auch mit technischen Hilfsmitteln verständigen.

3 *Schrift*

Die Verständigung von Menschen untereinander wird als Kommunikation bezeichnet. Kommunikation erfolgt durch Sprache oder Zeichen, die bekannt sein müssen und verstanden werden.

Aus Umwelt und Technik Das Telefon

Das Telefon ist ein beliebtes technisches Gerät, mit dem wir uns verständigen oder kommunizieren. Es muss ein Netz vorhanden sein, damit mehrere Teilnehmer miteinander sprechen können. Telefonkabel wurden sogar auf dem Boden der Meere verlegt. Sie verbinden Erdteile. Das Telefonnetz ist eines der ersten Netze, das Menschen auf der ganzen Welt verbindet. Sein Aufbau hat etwa 50 Jahre gedauert. Heute gibt es auf der Welt mehr als 500 Millionen Sprechstellen für mehr als 7 Milliarden Menschen. Die Vermittlung der Gespräche innerhalb dieses Netzes erfolgt bei uns heute automatisch. ▸4 Beim Telefon werden Nachrichten durch Sprache verbreitet. Die Sprache entsteht durch Schwingungen der Stimmbänder. Sie wird in elektrische Signale umgewandelt und durch Drähte weitertransportiert. Beim Empfänger werden die elektrischen Signale im Telefon in Schwingungen umgewandelt. Der Empfänger hört wieder die Stimme. ▸5

4 *Vermittlungsstelle für Telefonate*

5 *Signalumwandlung beim Telefon*

Experimentieren

1 Das Fadentelefon Vor ca. 1000 Jahren haben die Menschen das Fadentelefon benutzt. Es wurde erstmals im Jahr 968 in China gebaut.
Du brauchst: 2 leere Plastikbecher, Nagel, Bindfaden (fest, 6–8 m lang).

a Bohre mit dem Nagel ein Loch in den Boden der beiden Plastikbecher. Ziehe den Bindfaden durch die Löcher und mache am Ende des Fadens einen Knoten, der dicker sein muss als das Loch im Boden der Plastikbecher.

b Gehe mit einem Partner so weit auseinander, dass der Faden gespannt ist. Einer flüstert in einen Plastikbecher, der andere hält sich den zweiten Plastikbecher mit der Öffnung an das Ohr. ▸6

c Kann der andere Partner hören, was gesagt wird?

d Probiert, ob das Fadentelefon auch funktioniert, wenn ihr den Faden:
– nicht straff spannt
– um eine Ecke legt
– durch einen Draht ersetzt
Notiert eure Beobachtungen und sucht Erklärungen.

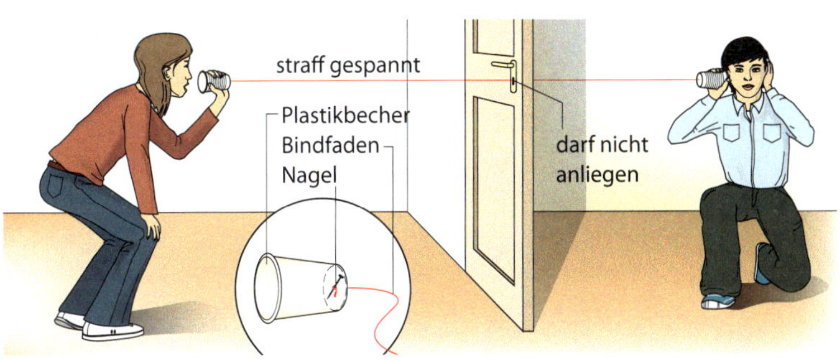

6 *Mit einem Fadentelefon telefonieren*

Das Internet

- ▷ Das Internet ist ein technisches Mittel, das auch der Kommunikation dient.
- ▷ Was ist eigentlich das Internet? Wie funktioniert es und was kann man damit alles machen?

1 *Computernetzwerke*

Grundlagen Was ist das Internet?

Das Internet verbindet Computer miteinander. Wenn mehrere Computer miteinander verbunden sind, spricht man von einem *Netzwerk*. Das Internet ist aber kein einzelnes Netzwerk. Es verbindet viele Computernetzwerke auf der ganzen Welt. ▸1 Keine Person, Firma oder Staat führt das Internet.
Es kann Menschen aus allen Ländern der Erde über ihre Computer verbinden. Manche Menschen sind sich noch nie begegnet. Sie haben aber Kontakt über das Internet. Das können Menschen mit völlig unterschiedlichen Lebensweisen sein. Sie können durch das Internet Informationen und Erfahrungen miteinander austauschen oder sich helfen.

Das Internet ist ein Netzwerk, das viele Computernetzwerke auf der ganzen Welt verbindet.

Wenn Erwachsene vom Internet sprechen, dann benutzen sie manchmal schwierige Fachwörter. Hier erfährst du, was sie bedeuten:

Internetzugang Nutzer benötigen für Verbindungen zum Internet einen „Bereitsteller". Er wird *Provider* (engl.: Anbieter) genannt. Der einzelne Computer im Internet wird als *Client* (engl.: Kunde) bezeichnet. Er bekommt vom Provider eine Adresse zugewiesen. Diese Adresse bezeichnet man auch als *Internet-Protokoll-Adresse* oder kurz *IP-Adresse*. Sie besteht aus Zahlenblöcken, die durch Punkte getrennt sind.

Protokolle Die Verbindungen im Internet beruhen auf gemeinsamen technischen Vereinbarungen. Sie werden als *Protokolle* bezeichnet.

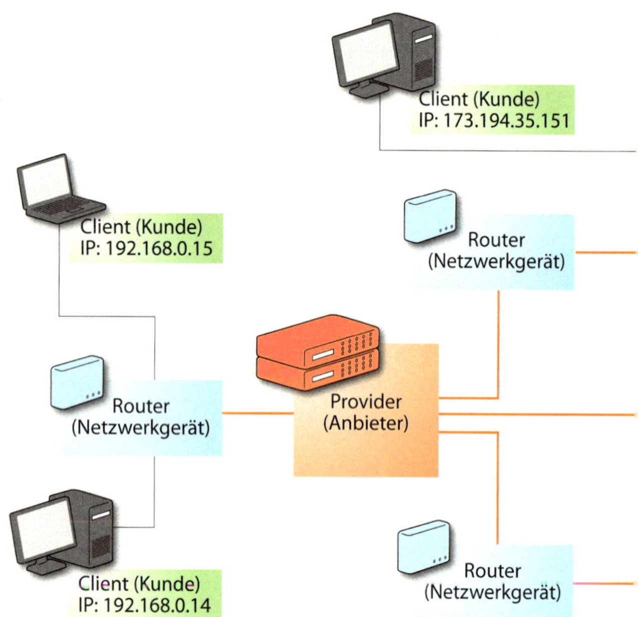

2 *Das Internet (Übersicht)*

TCP/IP Jedes Angebot im Internet hat eine IP-Adresse. Daten sollen im Internet auf schnellsten Wegen von einer IP-Adresse zu einer anderen IP-Adresse gelangen. Diese schnellsten Wege ermitteln *Router*. Das sind Netzwerkgeräte, die Rechnernetze miteinander verbinden. Router nutzen für die Suche nach diesen schnellsten Wegen das *Transport-Control-Protokoll* (TCP). TCP und IP gehören eng zusammen.

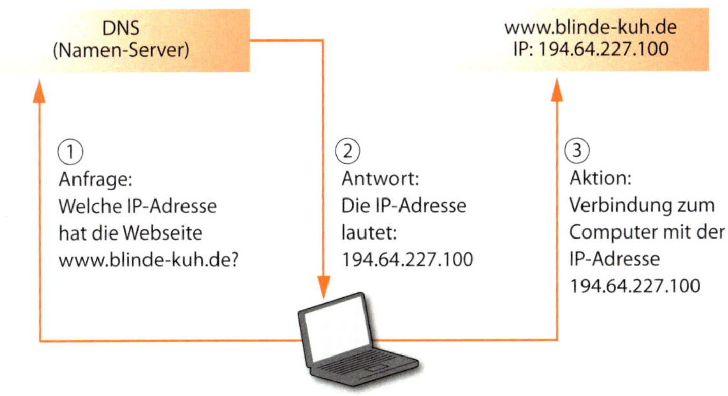

3 *DNS*

DNS Jede Seite im Internet hat einen eigenen Namen, z. B. „www.blinde-kuh.de". Ein spezieller Computer ermittelt die IP-Adresse dieses Namens. Das ist so ähnlich wie in einem Telefonbuch: Zu jedem Namen gehört eine Telefonnummer. Dieser Computer wird *Domain Name Server* (DNS) genannt. ▸3 Das bedeutet so viel wie Namen-Server.

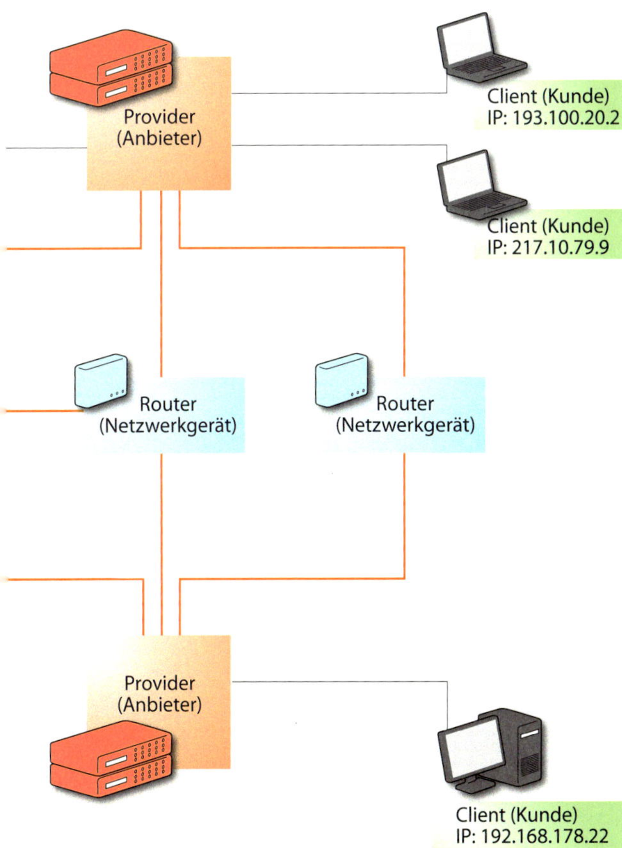

WWW Mit dem Internet allein kann man nicht viel anfangen. Es müssen bestimmte Dienste verfügbar sein. Ein Dienst ist z. B. das weltweite Netz oder *World Wide Web*. Es wird *WWW* abgekürzt. Selbst Einsteiger können im WWW sofort per Mausklick auf verschiedene Seiten gelangen. Das Besondere am WWW ist, dass man über Verbindungen von einer Seite auf eine andere Seite geführt werden kann. Diese Verbindungen nennt man *Links*. Webseiten werden mit einem *Browser* aufgerufen. Internet-Explorer, Safari oder Firefox sind einige bekannte Browser.

Aufgaben

1 World Wide Web (WWW)

a Beschreibe, was man unter World Wide Web (WWW) versteht.

b Zähle auf, was für die Teilnahme am WWW benötigt wird.

2 Webseiten

a Besuche die Webseiten deiner Schule (z. B. www.grundschule.de). Lies die Informationen.

b Lass dir von deinem Lehrer oder deiner Lehrerin weitere Webseiten benennen, in denen du blättern kannst.

E-Mails senden und empfangen

- ▷ Jeden Tag werden auf der ganzen Welt mehrere Milliarden E-Mails verschickt.
- ▷ Doch wie können E-Mails empfangen und gesendet werden?

1 *Briefkasten*

2 *E-Mail-Symbol*

Aus der Technik „Briefe“ elektronisch – rund um die Welt

Die elektronische Post (engl.: *Electronic Mail* oder verkürzt *E-Mail*) ist ein weiterer beliebter Dienst des Internets. E-Mails können ganz bequem mit einem E-Mail-Programm gesendet und empfangen werden. Auch für den Versand von E-Mails sind technische Vereinbarungen (Protokolle) erforderlich. Die Nutzer müssen sich allerdings nicht darum kümmern. Für den Versand und Empfang einer E-Mail braucht man ein elektronisches Postfach. Es wird *Mailbox* genannt. Solche Mailboxen befinden sich nicht auf den Computern der Nutzer. Verschiedene Provider stellen sie zur Verfügung. Jeder Nutzer meldet sich an seiner Mailbox an und kann erst dann Nachrichten senden und empfangen.

Die E-Mail-Adresse muss richtg geschrieben sein. Das ist wichtig für die korrekte Zustellung einer E-Mail. Eine E-Mail-Adresse beim Provider „t-online“ könnte z.B. meier@t-online.de lauten. Das Zeichen @ (sprich: ät) verbindet den Namen des Nutzers „meier“ mit dem Namen des Providers „t-online“. Die Endung „.de“ ist der Hinweis, dass sich das Postfach in Deutschland befindet. In anderen Ländern gibt es andere Endungen.

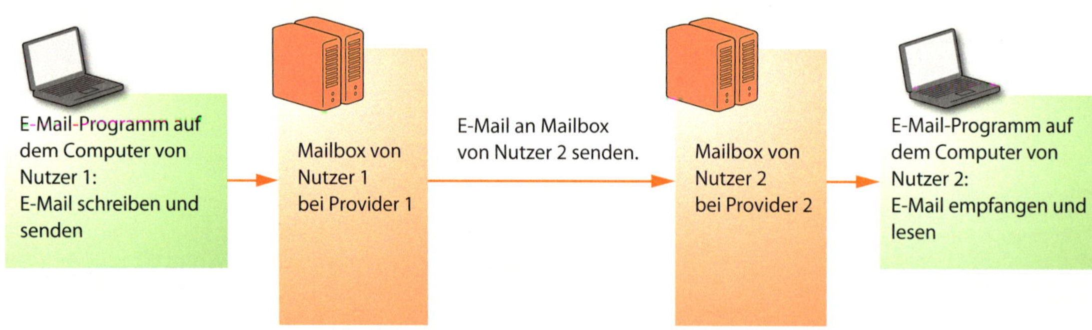

3 *Prinzip des E-Mail-Versands*

Aufgabe

1 Suche im WWW die Seite http://www.hostweb.de/domain/cctld.php. Dort sind alle Endungen anderer Länder verzeichnet.

Grundlagen E-Mails: Wie Zeichen übertragen werden

Die Texte von E-Mails werden über das Internet von einem Computer zu einem anderen Computer übertragen. Zwischen Computern können aber keine Buchstaben oder Zeichen übertragen werden. Die Buchstaben und Zeichen von E-Mails werden in elektrische Signale umgewandelt.
Der Buchstabe „A“ wird als Zahlenfolge „0100 0001“ übertragen. Die Zahl 0 steht für das elektrische Signal „Strom aus“. Die Zahl 1 steht für das elektrische Signal „Strom an“. Für jedes Zeichen oder jeden Buchstaben gibt es eine festgelegte achtstellige Folge der Zahlen 0 und 1. Diese Zahlenfolge nennt man *Code*. Da dieser Code nur aus den beiden Zahlen 0 oder 1 besteht, bezeichnet man ihn auch als *Binärcode*. *Binär* stammt aus der lateinischen Sprache und bedeutet so viel wie „zwei“. Der Binärcode ist schon mehr als 300 Jahre alt. Man hat ihn aber erst in unserer Zeit für die Technik entdeckt.

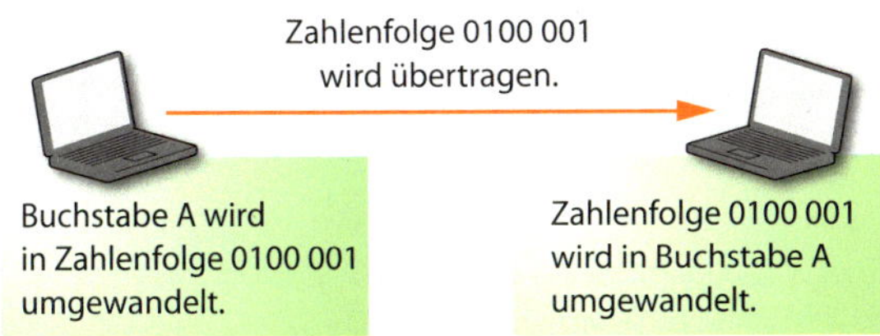

4 *Zeichen werden kodiert.*

Aufgabe

2 Schreibe deinen Namen im Binärcode.
Die Darstellung aller Zeichen findest du im Anhang.

Aus dem Alltag Regeln für den E-Mail-Versand

Wer E-Mails verschickt, muss einige Regeln beachten. Im E-Mail-Formular wird die E-Mail-Adresse des Empfängers in die *Adresszeile* eingegeben.
Den Eintrag in der *Betreffzeile* sieht der Empfänger zuerst. Hier soll eine eindeutige Angabe zum Inhalt stehen. Manche Leute empfangen sehr viele E-Mails. Mitunter löschen sie eine E-Mail ungelesen, wenn ein Betreff nicht eindeutig ist. Der E-Mail-Versand ist sehr schnell. Für eine gesendete Nachricht gibt es kein Zurück mehr. Deshalb sollte jede E-Mail vor dem Abschicken noch einmal gelesen werden.

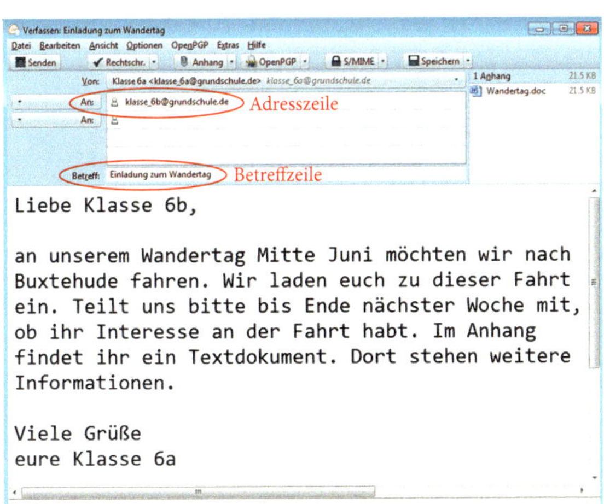

5 *Eine höfliche E-Mail*

E-Mails sollen kurz, verständlich und höflich formuliert sein. Denke immer daran, dass ein E-Mail-Empfänger ein Mensch ist. Schreibe also nur etwas, was du dem Empfänger auch ins Gesicht sagen würdest. Sei vorsichtig mit Humor und Spott. Dabei können leicht Missverständnisse entstehen. Denke daran, dass eine E-Mail so offen wie eine Postkarte ist. Es ist also möglich, dass eine E-Mail auch von weiteren Personen gelesen werden kann.
Du sollst auch keine Kettenbriefe versenden oder weiterleiten.

Aufgabe

3 Die E-Mail nach Bogota
a Rufe diese Webseite auf:
http://www.schulweb.de
b Suche darin die Website einer deutschen Schule z. B. in Bogota (Kolumbien).
c Schreibe eine E-Mail an die Schule – besprich den Inhalt der E-Mail mit deinen Mitschülern und mit dem Lehrer oder der Lehrerin.

Internet ist nicht nur gut!

▷ Das Mädchen im Bild hat eine E-Mail erhalten und ist geschockt …

1

Zur Diskussion Cybermobbing

Erika aus der 6. Klasse findet ihren Musik-Player nicht in ihrer Tasche. Dabei ist sie ganz sicher, dass sie ihn eingesteckt hat. Erika kann ihren Mitschüler Klaus sowieso nicht leiden. Sie beschuldigt ihn, dass er ihren Musik-Player gestohlen hat.
Die Schule hat eine Internetseite, auf der jeder Schüler Nachrichten schreiben kann. Dort veröffentlicht sie ihre Beschuldigung gegen Klaus, obwohl es nicht wahr sein muss. Erika fordert alle anderen Mitschüler auf, mit Klaus zu sprechen. Sie sollen ihn überreden, ihr den Musik-Player zurückzugeben.
Viele Schüler lesen diese Nachricht. Sie finden die Tat von Klaus unerhört. Einige kennen Klaus gar nicht richtig, halten ihn aber jetzt für einen Dieb. Klaus kann sich nicht einmal verteidigen und zu dem Vorwurf äußern. Er traut sich kaum, auf den Schulhof zu gehen, weil ihn alle anderen Mitschüler für einen Dieb halten.
Erika hat ihren Musik-Player später wiedergefunden. Er lag zu Hause und wurde gar nicht gestohlen. Doch Klaus hat durch diesen Vorfall seinen guten Ruf verloren.
Es kommt vor, dass Leute einfach eine Person ärgern möchten und falsche Aussagen im Internet über sie verbreiten. Diese falschen Aussagen können Internetnutzer auf der ganzen Welt lesen. Es genügt aber schon, wenn nur wenige Leute dadurch einen falschen Eindruck von einer Person bekommen.
Eine Information kann im Internet in kurzer Zeit von sehr vielen Menschen gelesen werden. Erikas Eintrag auf der Internetseite der Schule konnte von Personen auf der ganzen Welt gelesen werden. Die Beleidigung und Bloßstellung anderer Personen über die Dienste des Internets nennt man *Cybermobbing*. Dazu gehört auch die Veröffentlichung von peinlichen Bildern. *Mobbing* bedeutet so viel wie angreifen oder schikanieren. Cybermobbing ist ein schwerer Angriff auf andere Personen und steht unter Strafe.

Aufgabe

1 Cybermobbing

a Beschreibe den Begriff Cybermobbing mit eigenen Worten.

b Recherchiere im Internet. Sammle Informationen, wo sich Opfer von Cybermobbing beraten lassen können und Hilfe finden.

c Kennst du persönlich einen Fall von Cybermobbing? Wenn ja, dann schreibe ihn auf. Notiere auch, was in diesem Zusammenhang getan wurde.

Aus der Umwelt / Der Schutz persönlicher Daten

Im World Wide Web kann jeder alles sagen, schreiben oder Bilder veröffentlichen. Jeder Nutzer kann sich informieren und Meinungen äußern. Das ist aber nicht nur gut! Stell dir vor, jemand veröffentlicht einfach so falsche Angaben oder peinliche Bilder über dich.
Man darf im Internet nicht gegen Gesetze verstoßen! Ein Gesetz ist dabei besonders wichtig: das *Datenschutzgesetz*. Dieses Gesetz schützt die persönlichen Daten von Menschen. Wenn jemand etwas über dich veröffentlichen möchte, dann muss er dich darüber informieren. Die Veröffentlichung von Angaben über dich ist ohne deine Zustimmung verboten. Du musst also immer sehr vorsichtig sein, wenn du Angaben über andere Personen im Internet veröffentlichst. Überlege auch immer sehr gut, welche Daten du selbst über dich im Internet angibst.

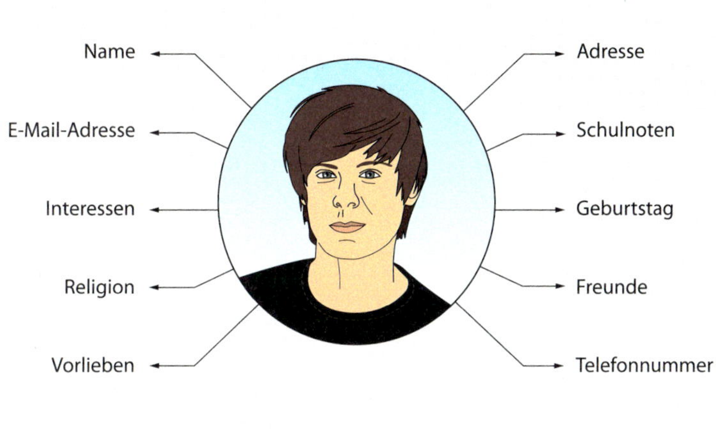

2 *Angabe persönlicher Daten*

Aufgabe

2 Überlege, wie du deine persönlichen Daten schützen kannst.

Aus der Technik / Schadprogramme

Das Internet ist für jedermann offen. Immer wieder werden Computer von Internetnutzern durch *Schadprogramme* beschädigt. Eine Form von Schadprogrammen sind *Computerviren*.
Computerviren vermehren sich im Computer und können ihn außer Funktion setzen. Es gibt *Anti-Viren-Programme*, die den Computer vor Viren schützen. Diese Programme kann man kaufen oder kostenlose Versionen im Internet herunterladen. Anti-Viren-Programme müssen regelmäßig aktualisiert werden.
Viren werden auch durch E-Mails verbreitet. Beachte deshalb folgende Hinweise:
Öffne nie eine E-Mail, wenn der Absender unbekannt ist.
Öffne nie eine E-Mail, wenn dir der Betreff unklar ist.
Öffne nie den Anhang einer E-Mail, wenn der Absender nicht mitgeteilt hat, was der Anhang bedeutet.

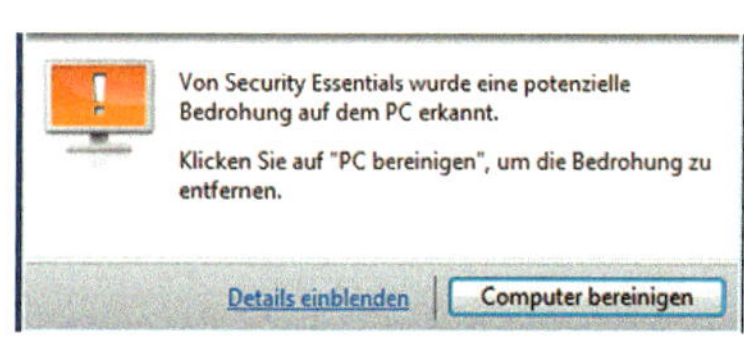

3 *Virenwarnung*

Aufgabe

3 Nenne Maßnahmen zum Schutz eines Computers vor Viren.

Kommunikation hat sich verändert

▷ Das Internet gibt es erst seit ungefähr 20 Jahren. Doch schon vor langer Zeit mussten Menschen Informationen über weite Entfernungen austauschen. Das war durch Sprache unmöglich.

1 *Codescheibe*

2 *Rauchzeichen*

3 *SMS*

4 *Chat*

Aus der Geschichte So wurde früher kommuniziert

Nachrichten durch Feuer Vor langer Zeit haben Menschen Nachrichten mit Signalen durch Feuer übermittelt. Die Signale lauteten dabei nur „ja" (Feuer brennt) oder „nein" (Feuer brennt nicht).
So zündeten Krieger früher auf Hügeln oder Bergen ein Feuer an, wenn sie eine Stadt erobert hatten. Zusätzlich brauchte man Beobachter. Sie mussten ständig schauen, ob in der Ferne ein Feuer brennt. Wenn sie ein Feuer sahen, zündeten sie sofort ein neues Feuer an. So konnte eine Nachricht relativ schnell über große Entfernungen verbreitet werden. Die Form der Signale erinnert dabei an moderne Zeiten: Denn „Ja" oder „Nein" entspricht der „1" oder „0". Es wurde ein einfacher binärer Code verwendet.

Geheime Nachrichten Schon vor etwa 2000 Jahren benutzte der Feldherr Caesar (sprich: Zäsar) einen *Geheimcode*. Damit schickte er verschlüsselte Nachrichten an seine Krieger. Caesar ersetzte jeden Buchstaben seines Textes durch den Buchstaben, der im Alphabet drei Stellen danach kommt. Das A wurde durch ein D, das B wurde durch ein E usw. ersetzt. Caesar hat also die Buchstaben des Alphabets einfach um drei Stellen verschoben. ▸5

Schlüssel Die Buchstaben eines Geheimcodes können aber nicht nur um drei Stellen verschoben werden. Es sind auch 2, 4, 5, 6, …, 25 Stellen möglich. Die Zahl der verschobenen Stellen wird als *Schlüssel* bezeichnet.

A	B	C	D	E	F	G	H	I	J	K	L	M	N	O	P	Q	R	S	T	U	V	W	X	Y	Z
D	E	F	G	H	I	J	K	L	M	N	O	P	Q	R	S	T	U	V	W	X	Y	Z	A	B	C

5 *Geheimcode von Caesar*

Verschlüsselung

Die Verschlüsselung von Nachrichten wird heute immer wichtiger. Wir versenden Mitteilungen per E-Mail, mit dem Handy und anderen technischen Geräten. Wollen wir ganz sicher sein, dass unsere Mitteilungen nur von einem bestimmten Empfänger gelesen werden können, müssen wir sie verschlüsseln.

Aufgabe

1 Entschlüssle mit der unten stehenden Tabelle den folgenden Text: JHKHLPWHAW.

Auftrag

1 **Eine Codescheibe anfertigen** Eine Scheibe mit zwei Ringen ▸1 hilft dir, geheime Nachrichten zu lesen oder zu schreiben. Die Buchstaben auf dem äußeren Ring stellen das „richtige“ Alphabet dar. Auf der inneren Scheibe ist das Geheimalphabet festgelegt. So eine Scheibe bezeichnet man als *Codescheibe*.
Auftrag: Stelle mit einem Partner eine Codescheibe aus Karton her.
Du brauchst: 2 helle Bogen Karton, Schere, Zirkel, Stift, Lineal, Winkelmesser, Reißzwecke, Styropor.

a Markiere auf einem Karton einen Mittelpunkt durch ein Kreuz. Zeichne zwei Kreise mit einem Radius von 7,5 cm und 6 cm um den Mittelpunkt.
Dein Partner zeichnet auf einem anderen Karton zwei Kreise mit einem Radius von 6 cm und 4,5 cm um den Mittelpunkt.

b Teile den Rand der Scheibe mit einem Winkelmesser in 24 gleiche Felder ein. Schneide dann den äußeren Kreis sauber aus. ▸6

c Schreibe in die Felder alle Großbuchstaben ohne X und Y in der richtigen Reihenfolge.

d Befestige die Mittelpunkte der beiden Scheiben übereinander mit einer Reißzwecke auf Styropor. ▸7

e Nun kannst du die innere Scheibe verdrehen und einen beliebigen Buchstaben von B bis Z unter das A stellen. Dadurch ist der Schlüssel festgelegt. Dein Partner muss diesen Schlüssel kennen. Jetzt kannst du deinem Partner einen geheimen Text schreiben. Er kann ihn lesen, weil er den Schlüssel kennt.

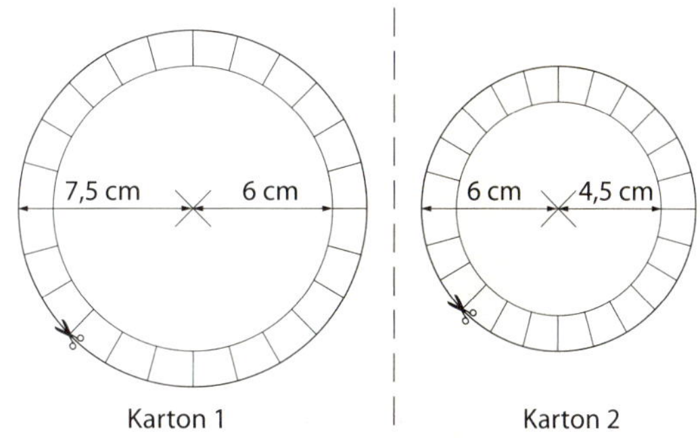

6

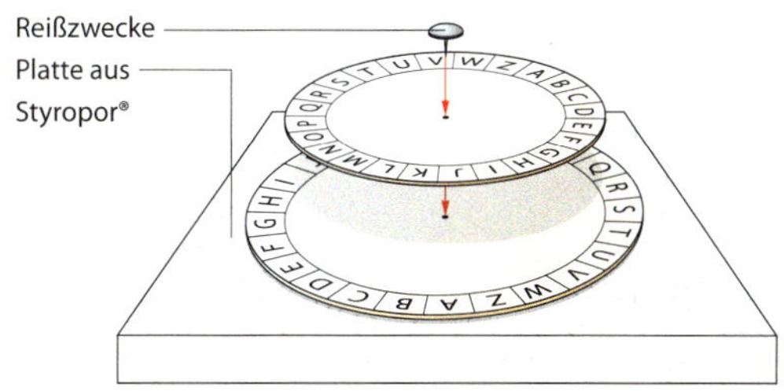

7

Aufgaben

2 Schreibe deinem Partner geheime Texte. Arbeite mit verschiedenen Schlüsseln.

3 Hat der Caesar-Code Nachteile? Begründe.

Aus der Technik Moderne Kommunikation

Das Handy Mit dem Handy wird mitunter gar nicht so viel telefoniert. Es werden häufig Kurznachrichten – SMS – ausgetauscht. Die Abkürzung SMS steht für „Short Message Service“. Das heißt übersetzt „Kurz-Nachrichten-Dienst“. SMS werden schnell und zuverlässig versendet. In Deutschland werden mehr als 1000 SMS in einer Sekunde verschickt. Mobiltelefone unterstützen den SMS-Versand seit 1994.
Eine SMS darf höchstens 160 Zeichen enthalten. Die SMS führte zur Einführung neuer Wörter. Das Verb „simsen“ ist so ein neues Wort. Es wurde mittlerweile in deutsche Wörterbücher aufgenommen. In den letzten Jahren gab es immer wieder neue Abkürzungen, um möglichst viele Informationen in einer SMS unterzubringen. Die Verwendung dieser vielen Abkürzungen ist mit einem Code vergleichbar. Dieser Code ist aber keine echte Geheimsprache mehr.

Chats Heute werden viele Mitteilungen über das Internet versendet. Dafür können Chats genutzt werden. Der Begriff *Chat* ist von dem englischen Verb „to chat“ abgeleitet und bedeutet so viel wie plaudern oder schwätzen. Für Chats werden bestimmte Programme im WWW genutzt. ICQ, MSN oder Skype sind einige Beispiele. Im Chat weiß man manchmal nicht, mit wem man sich austauscht. Es gibt Teilnehmer im Chat, die sich nicht mit ihren richtigen Namen anmelden. Sie benutzen *Pseudonyme*. Das sind selbst gewählte Namen. Wenn man den Partner im Chat nicht richtig kennt, sollte man nur wenige persönliche Informationen verraten. Mitteilungen sind in einem Chat meistens kostenlos, wenn eine Internetverbindung besteht. Das gilt auch für sehr weite Entfernungen.
Doch die Hauptsache jeder Kommunikation ist, dass sich die „Gesprächspartner“ gut verstehen.

Überall Computer

▷ Computer befinden sich fast überall …

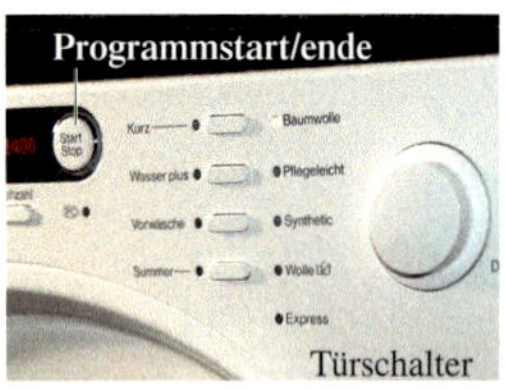

1 *Verschiedene Computer*

Untersuchen

1 Was wisst ihr schon über Computer?

a Was sind eigentlich Computer? Woraus bestehen sie? Welche Eigenschaften haben sie?

b Wo gibt es überall Computer? Denkt auch an die vielen kleinen Mikrocontroller ▸2 in technischen Geräten.

2 Ein Tag ohne Computer Stellt euch vor, es gäbe keine Computer – für einen Tag lang. Was könnt ihr ohne Computer machen? Beschreibt euren Tagesablauf.

2 *Mikrocontroller*

Grundlagen Über Computer

Eingabe – Verarbeitung – Ausgabe Computer begegnen uns heute in sehr unterschiedlichen Formen. Wir nutzen Computer, um im Internet zu recherchieren oder Texte zu schreiben. Diese Computer haben eine Tastatur und einen Bildschirm.
Auch Fahrkartenautomaten sind Computer. Die Eingabe erfolgt über einen berührungsempfindlichen Bildschirm. Sie liefern gedruckte Fahrscheine als Ausgabe. Bei allen Computern werden Daten eingegeben. Der Computer verarbeitet sie und erzeugt eine Ausgabe.

Eingabe →	Verarbeitung	→ Ausgabe
Tastatur	Zentraleinheit (central processing unit, CPU) enthält Steuerwerk, Rechenwerk, internen Speicher	Bildschirm
Maus		Drucker
Scanner		Lautsprecher
Digitale Kamera		Lampen
Berührungsempfindlicher Bildschirm		Motoren

3 *Tablet-PC mit berührungsempfindlichem Bildschirm*

Programmierbarkeit Computer bestehen nicht nur aus Bauteilen, der sogenannten *Hardware* (engl. *hard:* hart). Der Unterschied zwischen Computern und anderen Maschinen ist die *Programmierbarkeit*. Damit lassen sich Computer an neue Aufgaben anpassen.
Alle Programme, die auf einem Computer installiert sind, bilden zusammen die *Software* (engl. *soft:* weich). Die Software wird bei PCs (Personal Computer) und Notebooks auf der Festplatte gespeichert. ▸4 Heute werden Programme aber auch im Internet zur Verfügung gestellt. So können sie direkt im Browser ausgeführt werden. Programme senden Befehle an die Steuereinheit der CPU. Wird ein Programm gestartet, so wird es in den *Arbeitsspeicher* geladen. Das ist der interne Speicher der CPU. Dort werden auch die Daten gespeichert, mit denen das Programm gerade arbeitet.

4 *Festplatte*

5 *Externe Festplatte*

Art des Speichers	Besonderheit	Speicherkapazität
Speicherkarte	oft für Bilder genutzt	bis ca. 32 GB
USB-Stick	mobiler Speicher	bis ca. 32 GB
Festplatte	Niemals öffnen!	bis ca. 2000 GB
Externe Festplatte	Verbindung mit einem USB-Kabel	bis ca. 2000 GB
CD-ROM: **C**ompact **D**isc **R**ead-**O**nly **M**emory	nur einmal beschreibbar	ca. 650 MB
CD-RW: **C**ompact **D**isc **R**e**W**ritable	mehrmals beschreibbar	ca. 650 MB
DVD: **D**igital **V**ersatile **D**isc	oft für Filme genutzt	4,7 oder 8,5 GB

6 *Speicher*

Anwendungsprogramme und Betriebssysteme Du kennst schon mindestens ein Programm, mit dem du Präsentationen erstellen oder Bilder bearbeiten kannst. Das sind *Anwendungsprogramme*.
Damit du mit Anwendungsprogrammen arbeiten kannst, muss ein *Betriebssystem* installiert sein. Es ist die Schnittstelle zwischen Anwendungsprogrammen und der Hardware. ▸7 Unterschiedliche Versionen des Betriebssystems Windows der Firma Microsoft sind weit verbreitet. Außerdem gibt es das Betriebssystem Mac OS der Firma Apple und das freie, kostenlose Betriebssystem Linux. Das Betriebssystem Android ist bei Smartphones verbreitet. Es wurde als eine Variante des Betriebssystems Linux für kleine mobile Geräte entwickelt.

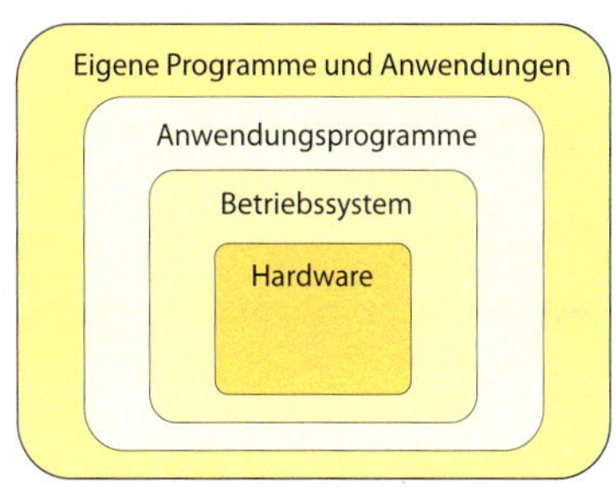

7

Aufgaben

1 Welche Eingabe- und Ausgabegeräte kennst du? Vervollständige die Tabelle auf der linken Seite.

2* Neue Elektroherde und Waschmaschinen enthalten Mikrocontroller. Das sind auch Computer. Informiere dich und beschreibe, wie Ein- und Ausgaben erfolgen.

3 Schraube einen alten Computer auf. Achtung: Er darf nicht mehr angeschlossen sein! Recherchiere die Bezeichnungen der Bestandteile und ihre Funktionen.

4 Informiere dich im Internet über die Geschichte des Computers. Seit wann gibt es Computer? Wie sahen die ersten Computer aus?

5 Berechne: Wie viele DVDs mit einer Speicherkapazität von 4,7 GB muss man brennen, um die Daten einer Festplatte mit 2000 GB zu sichern?

Steuerung von Ampelanlagen

▷ Fußgängerampeln ermöglichen eine sichere Überquerung von viel befahrenen Straßen. Ampelanlagen werden durch Computer gesteuert. In diesem Kapitel lernst du, wie du ein Modell einer Fußgängerampel programmieren kannst.

▷ Du musst vor jeder Programmierung ganz genau wissen, was das Programm machen soll. Dazu können die späteren Nutzer befragt werden. Es muss klar sein, wie eine technische Anlage genau funktionieren soll.

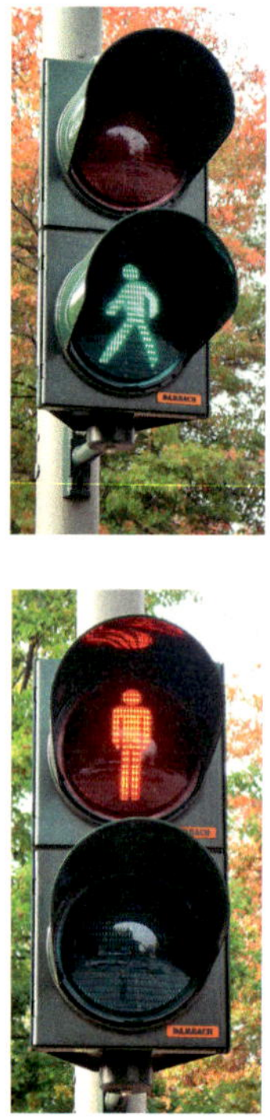

1 *Fußgängerampel*

2 *Ampelanlage*

Beobachten Untersuchen

1 Ampeln beobachten

a Geht zu zweit zu einer Ampelanlage in Schulnähe. Beobachtet die Lichtzeichen für die Fahrzeuge und die Fußgänger. Achtet insbesondere auf das Zusammenspiel der Fahrzeugampel und der Fußgängerampel. Was passiert, wenn die Fahrzeugampel auf Rot umschaltet? Wird dann die Fußgängerampel gleichzeitig grün? Was passiert bei der Fahrzeugampel, wenn die Fußgängerampel auf Rot umschaltet?

b Beobachtet genau, wie viele und welche Ampelphasen es gibt. Eine Phase endet, wenn eine oder mehrere Lampen gleichzeitig ausgeschaltet werden. Protokolliert die Ampelphasen in einer Tabelle. Malt zunächst nur jeweils die leuchtenden Lampen an.

c Messt die Dauer der einzelnen Phasen mit einer Stoppuhr. Notiert eure Messwerte in der Tabelle.

d Bereitet eine Präsentation vor. Erstellt dazu ein Plakat mit den beobachteten Ampelphasen.

Phase	Fahrzeug-ampel	Fußgänger-ampel	Zeit in Sekunden
1	○ ○ ○	○ ○	
2	○ ○ ○	○ ○	
3	...		

Grundlagen Ampelphasen

Jede Phase einer Ampelanlage ist durch einen bestimmten Zustand der Fahrzeugampel und einen Zustand der Fußgängerampel gekennzeichnet. Aus Sicherheitsgründen folgt nach der Grünphase für die Fußgänger eine Rot-Rot-Phase. In dieser Phase zeigen beide Ampeln rot. Die Zeit ist so bemessen, dass ein Fußgänger, der kurz vor dem Umschalten der Fußgängerampel die Straße betreten hat, diese noch zu Ende überqueren kann. Aus Sicherheitsgründen gibt es auch eine Rot-Rot-Phase vor dem Umschalten der Fußgängerampel auf Grün. Viele Ampeln werden nachts ausgeschaltet. Einige zeigen nachts zur Warnung gelbes Blinklicht.
Der Ablauf der Ampelphasen kann durch Computer gesteuert werden. Dies können kleine Mikrocontroller übernehmen, die vor Ort eingebaut sind. Ampelanlagen von großen Kreuzungen werden oft von einer Zentrale gesteuert.

Programmieren

1 **Eine Fußgängerampel programmieren** Wir benutzen in der Schule ein *Modell*, um eine Fußgängerampel zu programmieren. Wir können es mit einem USB-Kabel an den Computer anschließen. Es enthält zwei Ampeln mit jeweils drei Leuchtdioden in den Farben Rot, Gelb und Grün. Wir benutzen die linke Ampel als Fahrzeugampel und die rechte Ampel als Fußgängerampel. Die gelbe Leuchtdiode der Fußgängerampel wird nicht benötigt.
Das Ampelmodell kann nur mit dem Betriebssystem Windows genutzt werden. Es muss ein *Treiber* installiert sein, um das Modell mit einem Computer zu steuern. Ein Treiber ist ein Programm. Es sorgt dafür, dass Anwendungsprogramme zusammen mit einem Betriebssystem eine Hardware verwenden können.
Damit ihr Programme für das Ampelmodell entwickeln könnt, benötigt ihr zusätzlich eine Anwendungssoftware. Wir verwenden hier das Programm *ROBO Pro* der Firma Fischertechnik. Es muss auf den Schulcomputern installiert sein. So erstellt ihr euer erstes Programm:

a Schließt das Ampelmodell ▸3 mit dem USB-Kabel an den Computer an.
b Startet das Programm ROBO Pro.
c Stellt *Level 2* ein. ▸4
d Klickt auf das + vor *Programmelemente* und dann auf *Grundelemente*. Dadurch werden die Grundelemente zum Programmieren im unteren Teilfenster angezeigt. ▸5
e Klickt auf das Symbol in der Werkzeugleiste, das einen weißen Zettel zeigt. Dadurch wird eine neue Programmdatei erzeugt.
f Jetzt könnt ihr Programmelemente mit der Maus in das Programmfenster rechts ziehen. Das grüne Ampelmännchen ist das Symbol für den Programmanfang. Dann müsst ihr das Symbol einfügen, das dafür sorgt, dass die rote Lampe angeschaltet werden soll. Das kleine Programm wird mit dem roten Ampelmännchen abgeschlossen. Es zeigt immer das Ende des Programms an. Speichert euer Programm.
g Startet das Programm durch Klicken auf das grüne Startsymbol  in der Werkzeugleiste. Beobachtet das Ampelmodell genau.
h Notiert eure Beobachtungen.

3

4

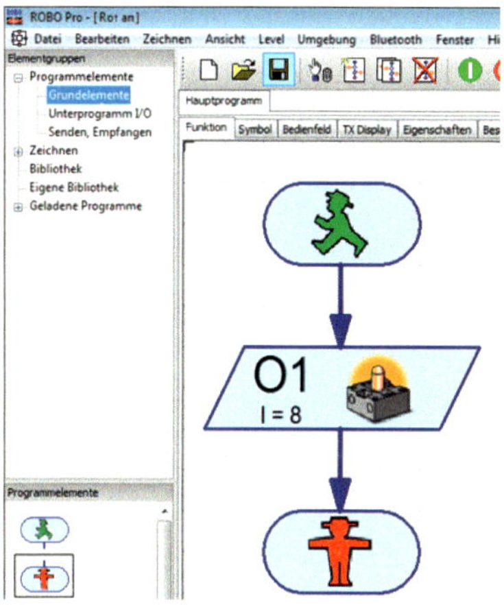

5

Ampelprogramme dokumentieren und erweitern

▷ Das erste Ampelprogramm war noch nicht in der Lage, eine Fußgängerampel korrekt zu steuern. Es hat lediglich das rote Licht der Fahrzeugampel eingeschaltet. Nach dem Programmende ist die Lampe dann bald von selbst wieder ausgegangen.

▷ Die Steuerung einer Fußgängerampel ist schwierig. Es sind viele Programmschritte notwendig. Das kommt in der Informatik häufig vor. Informatiker gehen mit schwierigen Problemen so um: Sie zerlegen das Problem in Teilprobleme oder lösen zunächst ein einfacheres Problem. Sie dokumentieren genau, was einzelne Programme oder Teilprogramme leisten.

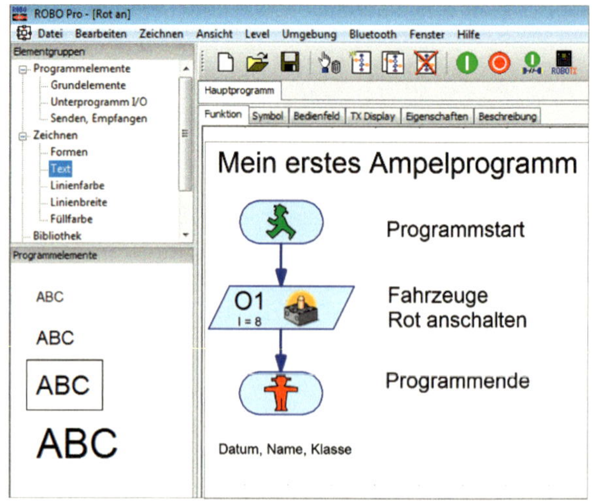

1

Programmieren

1 Programme dokumentieren Kommentiert euer erstes Programm. So vergesst ihr nicht, was es leistet.

a Klickt im *Elementgruppen-Fenster* auf das + vor *Zeichnen* und dann auf Text. Im *Programmelemente-Fenster* seht ihr dann den Schriftzug ABC in fünf Größen. Wählt eine geeignete Größe für die Überschrift eures ersten Programms und schreibt sie.

b Zu jedem Programmschritt schreibt ihr einen kurzen Kommentar.

c Notiert unter dem Programm das Datum, an dem ihr es erstellt habt, sowie euren Namen und eure Klasse.

d Wenn ihr Texte ändern möchtet, dann klickt in der Menüzeile auf *Zeichnen* und anschließend auf *Bearbeiten*. ▸2 Der Mauszeiger wird dann zu einem Stift. Klickt damit auf den Text, den ihr ändern wollt.

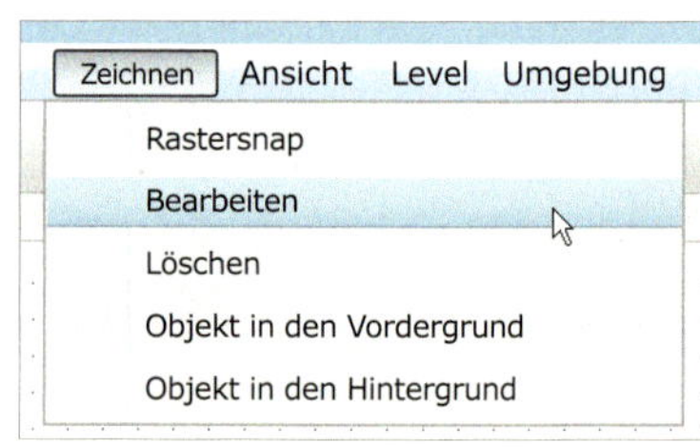

2

2 Bestimmte Lampen an- und wieder ausschalten

a Startet ROBO Pro. Öffnet euer erstes Programm erneut und speichert es unter einem neuen Namen.

b Klickt auf das Symbol für die Lampe.

Es wird dann mit einer roten Umrandung angezeigt. Jetzt könnt ihr die Eigenschaften der Lampe ändern. Nach einem Klick mit der rechten Maustaste erscheint ein Fenster. Hier könnt ihr einstellen, welche Lampe an- oder ausgeschaltet werden soll. O1 steht für Output 1. ▸3 Mit diesem Ausgang ist die rote Leuchtdiode der linken Ampel verbunden. Deshalb hat bei eurem ersten Programm die rote Lampe der Fahrzeugampel geleuchtet. Es gibt insgesamt die folgenden Zuordnungen:

Linke Ampel			Rechte Ampel		
Rot	Gelb	Grün	Rot	Gelb	Grün
O1	O2	O3	O4	O5	O6

3

c Ihr könnt mit dem Befehl „Wartezeit“ erreichen, dass eine Lampe eine ganz bestimmte Zeit leuchtet oder aber ausgeschaltet ist. Wenn dieses Symbol in den Programmablauf eingefügt wird, wartet das Programm mit der Ausführung des nächsten Befehls so lange, bis die eingestellte Zeit abgelaufen ist. Die Einstellung der Zeit erfolgt wiederum durch Rechtsklick auf das Symbol. Es wird ein Fenster geöffnet. Die Änderung der Eigenschaften werden dort vorgenommen. ▸4

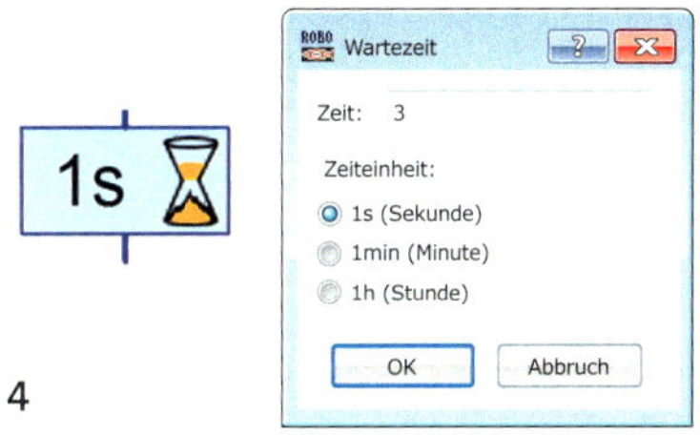

4

Aufgaben

1 Ändert euer Programm so, dass es nacheinander die folgenden Eigenschaften hat. Passt jeweils die Kommentierung an und speichert euer Programm unter einem neuen Namen:
a Die Fahrzeugampel zeigt Gelb.
b Die Fußgängerampel zeigt Grün.
c Beide Ampeln zeigen Rot.
d Zuerst zeigen beide Ampeln drei Sekunden lang Rot. Danach springt die Fußgängerampel um auf Grün. Dieser Zustand dauert fünf Sekunden.
e Die Fußgängerampel ist ausgeschaltet. Die Fahrzeugampel zeigt nacheinander alle Ampelphasen, die du beobachtet hast, genau einmal. Verkürze die gemessenen Zeiten sinnvoll, damit das Programm schneller abläuft.
Tipp: Damit der gesamte Programmablauf auf eine Bildschirmseite passt, kannst du mehrere Reihen mit Befehlen nebeneinander anordnen und mit Pfeilen verbinden. ▸5
f Beide Ampeln zeigen nacheinander alle Ampelphasen genau einmal.
g* Vergleicht die Leistungsfähigkeit eures Programms von Aufgabe f mit der echten Ampel. Wie muss das Programm noch weiterentwickelt werden?

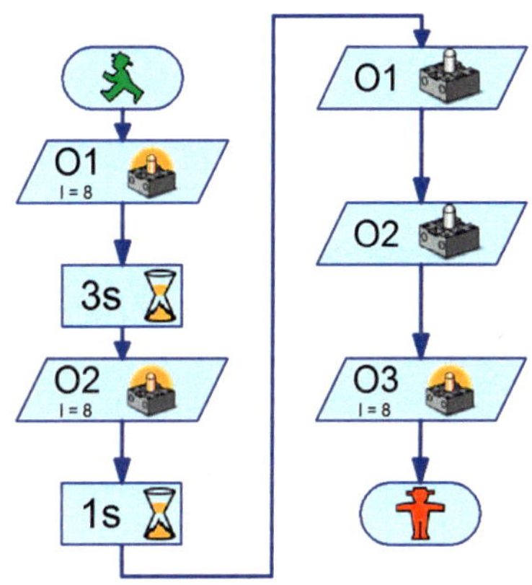

5 *Programmablauf*

Grundlagen Befehle und Algorithmen

Befehle Programme setzen sich aus Folgen von *Befehlen* zusammen. Befehle sind Anweisungen an den Computer. Sie teilen dem Computer in einer für ihn verständlichen Sprache mit, was er tun soll. Ein Befehl kann den Computer z. B. veranlassen, ein Zeichen von der Tastatur zu lesen, eine Rechnung durchzuführen oder Daten an *Computerausgänge* zu senden. Unser Ampelmodell ist über eine *USB-Schnittstelle* mit dem Computer verbunden. Über diese Schnittstelle sollen Daten zwischen Ampel und Computer ausgetauscht werden.
Befehle können dem Computer durch Textzeilen in einer *Programmiersprache* oder in Form von grafischen Symbolen wie bei der Software ROBO Pro gegeben werden. Dabei ist der Vorrat an grafischen Symbolen vorgegeben. Die Art und Weise, wie sie verknüpft werden dürfen, ist festgelegt.
Der Computer versteht die Befehle nur, wenn sie bestimmten Regeln genügen.

Algorithmen Eine Verarbeitungsvorschrift, die aus einer endlichen Folge von eindeutig ausführbaren Anweisungen besteht, nennt man einen *Algorithmus*. Anweisungen zum Aufbau von Möbeln aus Einzelteilen und Anweisungen in Kochrezepten sind auch Algorithmen. Diese Algorithmen sind für Menschen geschrieben. Sie verwenden Symbole oder Texte in einer Sprache, die wir verstehen. Algorithmen für Computer müssen in einer für den Computer verständlichen Sprache geschrieben werden. Das sind Programmiersprachen. Bei dem Entwurf eines Programms ist es hilfreich, den Algorithmus zuerst in deutscher Sprache zu notieren.

Wiederholungen

▷ Alle deine bisherigen Ampelprogramme sorgen nur dafür, dass eine Reihe von Befehlen genau einmal abgearbeitet wird. Nach kurzer Zeit leuchtet keine der Lampen mehr.

▷ Um brauchbare Ampelprogramme zu erstellen, muss eine Möglichkeit gefunden werden, Befehlsfolgen zu wiederholen. Das geht mit der Software ROBO Pro ganz einfach.

▷ Das Programm in Bild ▸1 zeigt eine Befehlsfolge, die endlos wiederholt wird. Die Wiederholung wird durch Ziehen eines Pfeils vom Ende der Befehlsfolge zum Anfang erreicht.

▷ Überlege: Für welchen Einsatzzweck wird das Programm benötigt?

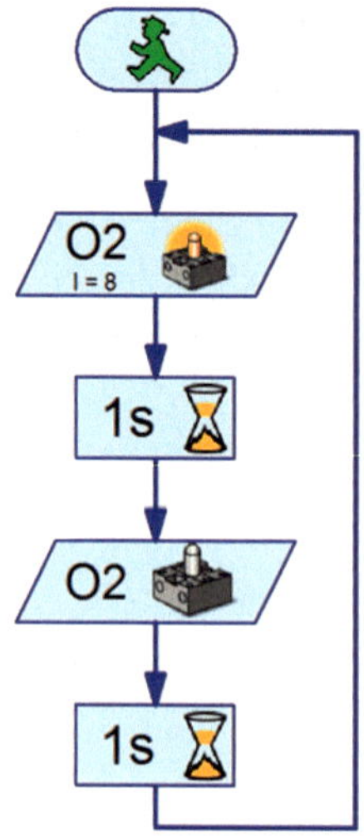

1

Aufgaben

1 Erstellt ein Ampelprogramm für eine Nachtschaltung bei einer Fahrzeugkreuzung. Für die Ost-West-Straße verwendet ihr die linke Ampel des Modells, für die Nord-Süd-Straße die rechte Ampel des Modells.

2 Erstellt ein Ampelprogramm für den folgenden Algorithmus:

Wiederhole endlos:
- Fahrzeuge Rot an
- Warte 10 Sekunden
- Fahrzeuge Gelb an
- Warte 1 Sekunde
- Fahrzeuge Rot aus
- Fahrzeuge Gelb aus
- Fahrzeuge Grün an
- Warte 30 Sekunden
- Fahrzeuge Grün aus
- Fahrzeuge Gelb an
- Warte 2 Sekunden
- Fahrzeuge Gelb aus

3 Analysiert das nebenstehende Ampelprogramm. ▸2
Formuliert den Algorithmus in deutscher Sprache.

4 Bei Ausfahrten aus Tiefgaragen gibt es häufig eine Regelung mit Ampeln. Für diesen Zweck haben sie jeweils nur eine rote und eine grüne Lampe. Überlegt euch einen Algorithmus zur Steuerung einer Garagenausfahrtsampel. Notiert ihn zuerst strukturiert in deutscher Sprache. Erstellt anschließend ein Programm mit ROBO Pro und testet es.

5 Erweitert eure bisherigen Ampelprogramme so, dass die Befehlsfolgen endlos wiederholt ausgeführt werden.

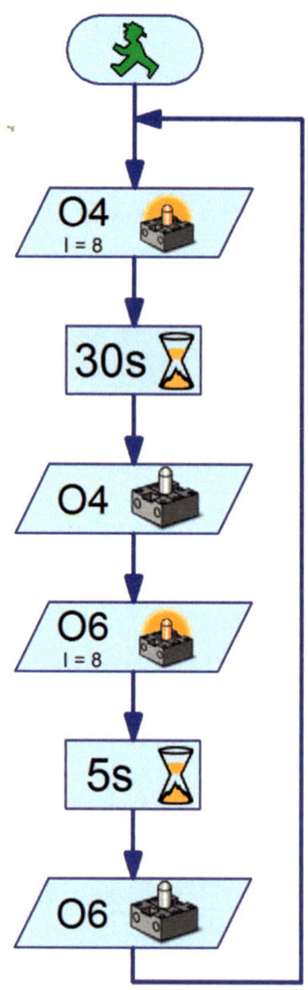

2

Ereignissteuerung

▷ Viele Fußgängerampeln bieten die Möglichkeit, dass die Fußgänger Grün anfordern können. Dazu gibt es dort einen Druckschalter. ▸1

▷ Programme zur Steuerung von bedarfsgesteuerten Fußgängerampeln müssen auf Betätigungen des Druckschalters reagieren. Dadurch muss der Ablauf des Ampelprogramms beeinflusst werden können.

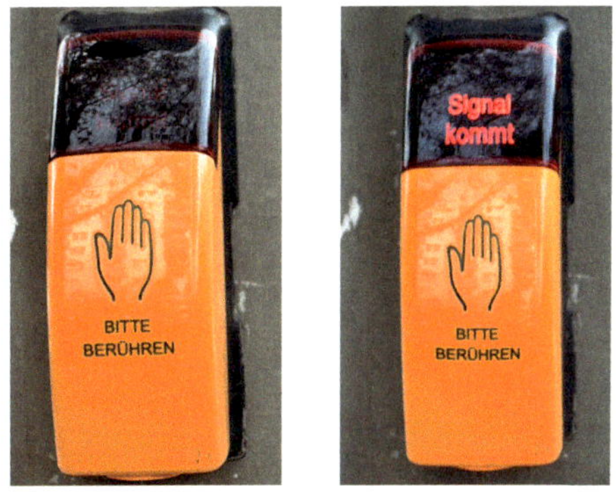

1

Programmieren

1 Fußgängerampel mit Bedarfsanforderung

a Zur Simulation eines Ampeldruckknopfs verfügt das Ampelmodell über einen Druckschalter. Er trägt die Beschriftung „Push“ (engl. *to push:* drücken). Zwischen den beiden Ampeln befindet sich eine siebte Leuchtdiode. Wir können sie verwenden, um das Leuchten der Anzeige „Signal kommt“ zu simulieren. ▸2

b Der Zustand des Druckschalters kann bei der Software ROBO Pro mithilfe eines Befehls eingelesen werden. Ihr findet das Tastersymbol ▸3 bei den Programmelementen.

c Die Eigenschaften dieses Programmelements können so eingestellt werden, dass der Ablauf des Programms auf das Drücken des Tasters (0 → 1 steigend), das Loslassen des Tasters (1 → 0 fallend) oder alternativ auf Drücken oder Loslassen (0 → 1 oder 1 → 0) wartet. ▸4

2

3

Aufgaben

1 Probiert die unterschiedlichen Einstellungen des Tasters aus und testet eure Programme.

2 Ändert euer Programm für die Garagenausfahrtsampel so, dass bei Betätigung eines Druckschalters nach einer Wartezeit von 5 Sekunden eine Grünphase von 20 Sekunden geschaltet wird.

3 Ändert euer Ampelprogramm für den Fußgängerüberweg so, dass es auf das Drücken des Tasters reagiert.

Vorstufe zur Fußgängerampel mit Druckschalter

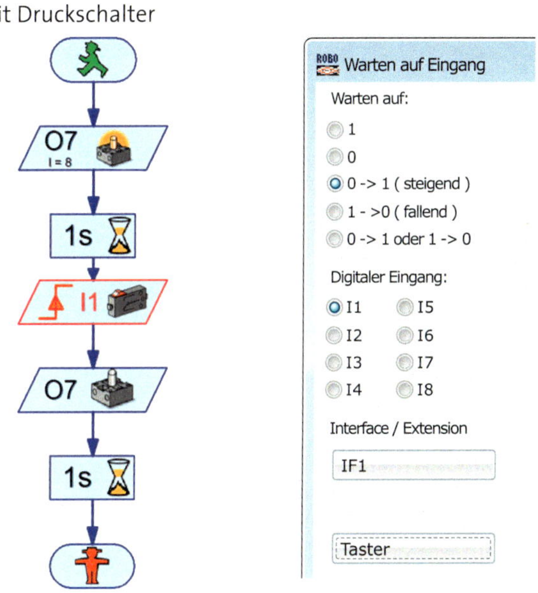

4

Verzweigungen

▷ Wenn es dunkel wird, schalten sich manche Ampeln wie von selbst aus oder sie blinken gelb.

▷ Für eine helligkeitsabhängige Steuerung von Ampeln wird ein Lichtsensor benötigt. Unser Ampelmodell hat auch einen Lichtsensor. Du erkennst ihn an dem Sonnensymbol. ▸1

▷ Die Helligkeit ist eine *analoge* Größe. Im Gegensatz zu *digitalen* Größen kann sie innerhalb eines Bereichs beliebige Zwischenwerte annehmen. Die Leuchtdioden des Ampelmodells können nur an oder aus sein. Die Helligkeit kann aber unendlich viele Zustände annehmen. Diese lassen sich z. B. so beschreiben: „ziemlich hell“, „ganz schön hell“, „sehr hell“, „blendend hell“, „trüb“, „schummrig“, „dunkel“, „finster“, „sehr dunkel“.

▷ In das Gehäuse des Ampelmodells ist ein sogenanntes *Interface* eingebaut. Ein Interface sorgt dafür, dass zwei Geräte oder Geräteteile miteinander kommunizieren können. Im Ampelmodell wandelt es das analoge Signal der Helligkeit in ein digitales Signal um. Es liefert an den Computer eine Zahl zwischen 0 und 1023.

1

Programmieren

1 Ampel mit Lichtsensor

a Schaltet ROBO Pro auf *Level 3* um und klickt anschließend auf das + vor *Programmelemente*.

b Klickt auf *Eingänge, Ausgänge*. Im unteren Fenster werden neue Symbole angezeigt. Für die Abfrage des analogen Eingangs zur Helligkeitsmessung wird das Symbol mit der Beschriftung *AX* benötigt. ▸2

c Klickt auf *Verzweigung, Warten, ...* Es werden wiederum in dem unteren Fenster neue Symbole angezeigt. Ihr benötigt das *rautenförmige Symbol* (Salmi-Form) mit der Beschriftung *A > 0* für eine Verzweigung des Programmablaufs. ▸3

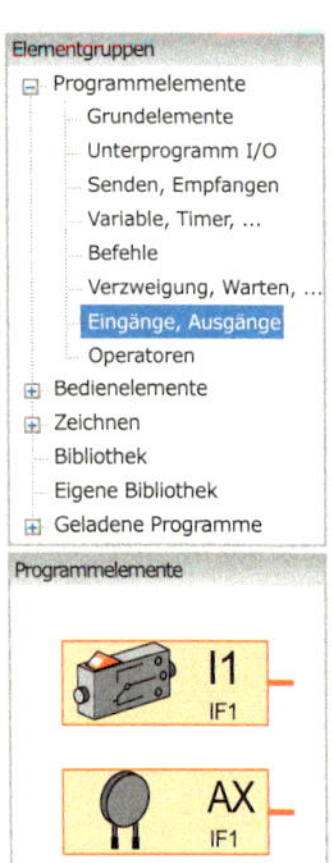

2

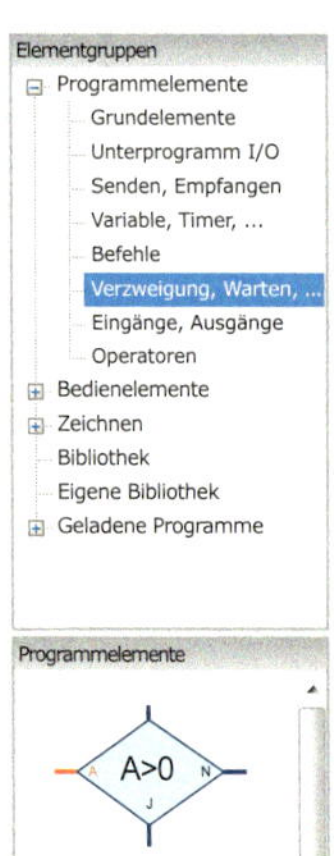

3

d Erstellt nun das folgende Programm: ▸4

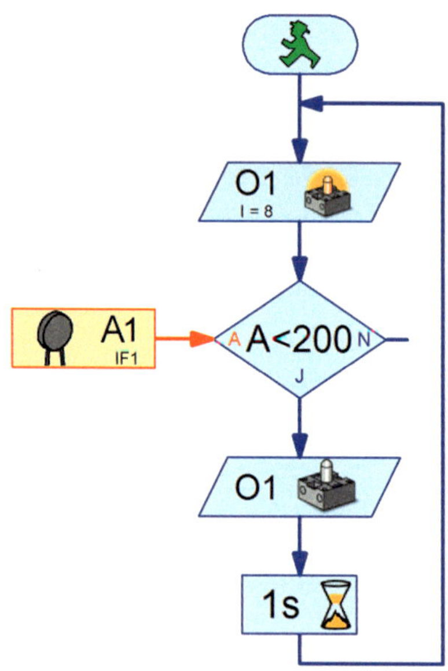

4

e Ihr könnt die Einstellungen, die ihr in dem Bild seht, mit einem Rechtsklick auf die beiden neuen Elemente vornehmen. Bei dem analogen Eingang stellt ihr *A1* ein.

f Ihr müsst bei der Verzweigung zwei Einstellungen ändern:
Erstens wählt ihr anstelle des Größer-Zeichens „>" das Kleiner-Zeichen „<". Zweitens wählt ihr als Wert 200.

g Testet das Programm. Verdeckt dabei ab und zu den Helligkeitssensor mit einem Finger. Beobachtet auch den Programmablaufplan auf dem Bildschirm.

h Formuliert den Algorithmus strukturiert in deutscher Sprache.

i Überlegt: Wovon hängt es ab, welcher Wert bei der Verzweigung eingestellt werden muss?

Aufgabe

1 **Tag-Nacht-Schaltungen für Ampeln** Euer Programm für den Fußgängerübergang soll verändert werden. Die Ampel soll gelb blinken, wenn es sehr dunkel ist. ▸5 Wenn es morgens hell genug ist, soll die Ampel wieder auf Tagbetrieb umgeschaltet werden. ▸6

a Notiert den Algorithmus zuerst strukturiert in deutscher Sprache.

b Erstellt dann das Programm mit ROBO Pro.

c Testet das Programm und verbessert es, wenn das erforderlich ist.

d Untersucht, ob euer Programm durch das Programmelement mit der Beschriftung AX > 0 vereinfacht werden kann.

e Erstellt ein Programm, das zwei Fahrzeugampeln bei einer Einmündung steuert. Die Ampeln sollen bei Dunkelheit gelb blinken. Bei Helligkeit arbeiten sie wieder im Tagbetrieb.

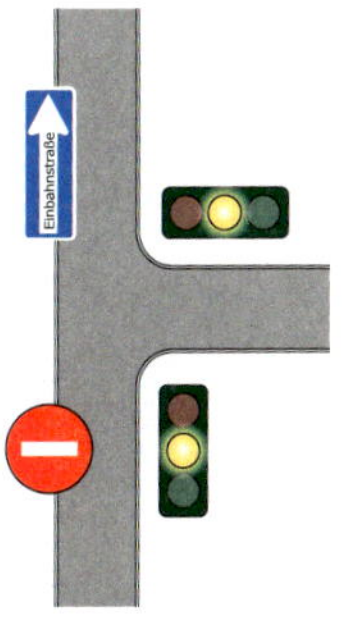

5 *Nachtbetrieb*

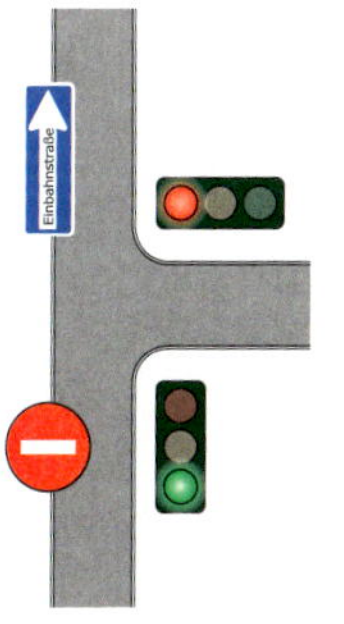

6 *Tagbetrieb*

Grundlagen Algorithmenstrukturen

Beim Erstellen von Ampelprogrammen hast du Algorithmen kennengelernt. Algorithmen können unterschiedliche Strukturen enthalten.

Sequenz Eine *Sequenz* ist eine Folge von Befehlen, die nacheinander vom Computer ausgeführt werden.

Wiederholung Eine *Wiederholung* ist notwendig, wenn eine Sequenz mehrmals ausgeführt werden soll. Bei den Ampelprogrammen hast du eine Wiederholungsstruktur kennengelernt, die für eine endlose Ausführung von Befehlssequenzen sorgt. Solche Wiederholungen erkennst du im Flussdiagramm an Pfeilen, die vom Ende einer Sequenz wieder zum Anfang führen.

Verzweigung Wenn ein Programmablauf davon abhängig sein soll, ob eine Bedingung erfüllt ist, gibt es an einer Stelle einer Sequenz eine *Verzweigung*. Im Flussdiagramm erkennst du sie an dem rautenförmigen Symbol. Es hat zwei Ausgänge: einen für Ja, einen für Nein.

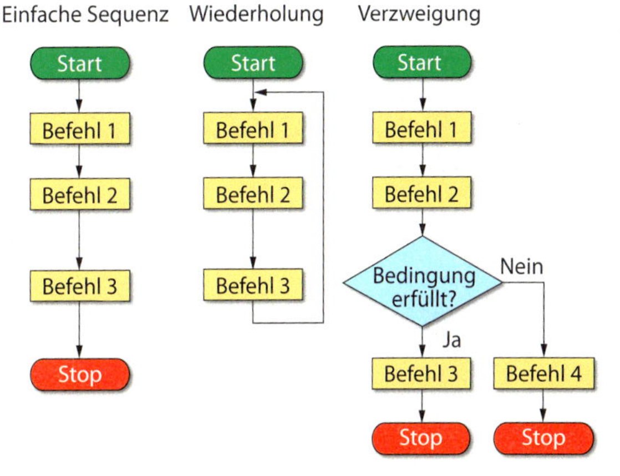

7

Überblick

Kommunikation
Menschen verständigen sich durch gesprochene Sprache und Schrift. Aber auch mit Gesten und Mimik werden Botschaften übermittelt. Gehörlose verwenden eine Zeichensprache.
Wenn Menschen über große Entfernungen miteinander kommunizieren wollen, werden technische Hilfsmittel benötigt. Mit dem technischen Fortschritt wurden diese im Laufe der Geschichte stark weiterentwickelt. Damit änderte sich auch das Kommunikationsverhalten der Menschen. Durch die Verfügbarkeit von Handys und Smartphones erwarten Kommunikationspartner eine Reaktion in wenigen Minuten.

Das Internet
Das Internet verbindet unüberschaubar viele Computer und Computernetzwerke auf der ganzen Welt. Im Internet sind verschiedene Dienste verfügbar. Das World Wide Web (WWW) und die elektronische Post (E-Mail) sind zwei beliebte Dienste.
Das Internet birgt jedoch auch Gefahren. Im Fall von Cybermobbing wird eine Person beleidigt oder bloßgestellt. Das ist noch viel schlimmer als Mobbing ohne Internet, weil davon die ganze Welt erfährt. Schadprogramme wie z. B. Computerviren können Computer von Nutzern schädigen. Computerviren infizieren durch die weltweite Vernetzung von Computern leicht andere Computer. Deshalb sind Schutzmaßnahmen wichtig.

Überall Computer
Ein Tag ohne Computer ist heute kaum vorstellbar. Keine Bus- oder Bahnfahrt, kein Einkauf im Supermarkt, keine Autofahrt ist ohne kleine, eingebaute Computer möglich. Computer verarbeiten Daten, die über Tastatur, Maus, berührungsempfindliche Bildschirme eingegeben oder mithilfe von Messfühlern erfasst werden. Alle Bauteile des Computers und die Geräte, die man daran anschließen kann, werden als *Hardware* bezeichnet.
Zur Verarbeitung von Daten werden Programme benötigt. Man unterscheidet zwischen dem Betriebssystem und Anwendungsprogrammen. Das Betriebssystem sorgt dafür, dass sich Anwender und Anwendungsprogramme nicht damit beschäftigen müssen, wie Daten von bestimmten Geräten gelesen oder ausgegeben werden können. Alle Programme, die auf einem Computer installiert sind, bilden zusammen die *Software*.
Um Daten verarbeiten und speichern zu können, haben Computer unterschiedliche Formen von Speichern. Es ist wichtig zu wissen, wo Daten beim Ausschalten des Computers gespeichert bleiben und wo nicht. Es wäre wirklich ärgerlich, wenn du mit viel Mühe einen Text geschrieben hast und kannst ihn am nächsten Tag nicht weiterschreiben oder drucken. Auf Festplatten, Speicherkarten, CD-ROMs und DVDs können Daten dauerhaft gespeichert werden. Im Arbeitsspeicher des Computers bleiben Daten dagegen nur so lange gespeichert, wie der Computer eingeschaltet ist.

1

2

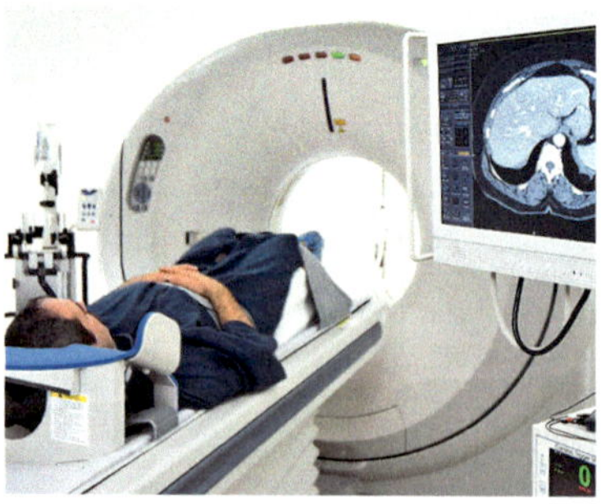

3

Steuern technischer Anlagen

Zur Steuerung technischer Anlagen werden Programme benötigt. Wenn du ein Programm entwickeln willst, musst du dir zuerst genau überlegen, was das Programm bewirken soll. Deshalb informierst du dich über die Anforderungen oder analysierst diese am Einsatzort. Du benötigst häufig eine Stoppuhr zur Analyse technischer Abläufe. Halte die unterschiedlichen Zustände in einer Tabelle fest. Bei der Ampelanlage sind dies die Ampelphasen.
Zerlege umfangreiche Probleme in Teilprobleme. Erstelle zuerst kleine Programmteile zur Lösung von Teilproblemen. Teste sie und verbessere sie so lange, bis sie das leisten, was sie sollen. Überlege dir für umfangreiche Teilprobleme zuerst den Algorithmus und formuliere ihn strukturiert in deutscher Sprache. Übersetze den Algorithmus anschließend in eine Sprache, die der Computer versteht.
Häufig müssen Computerprogramme später verbessert oder geändert werden. Dann ist es meist schwer, sich zu erinnern, was man sich bei der Entwicklung gedacht hat und was die Programmteile genau bewirken sollen. Deshalb ist es wichtig, dass du deine Programme gut dokumentierst. Schreibe zu jedem Programmschritt einen Kommentar.

Algorithmenstrukturen

Programme bestehen aus Folgen von Befehlen an den Computer.
Eine *Sequenz* ist eine Folge von Befehlen, die nacheinander vom Computer ausgeführt werden.
Eine *Wiederholung* ist notwendig, wenn eine Sequenz mehrmals ausgeführt werden soll.
Wenn ein Programmablauf davon abhängig sein soll, ob eine Bedingung erfüllt ist, gibt es an einer Stelle einer Befehlssequenz eine *Verzweigung*. Im Flussdiagramm erkennst du sie an dem rautenförmigen Symbol. Es hat zwei Ausgänge: einen für Ja, einen für Nein.

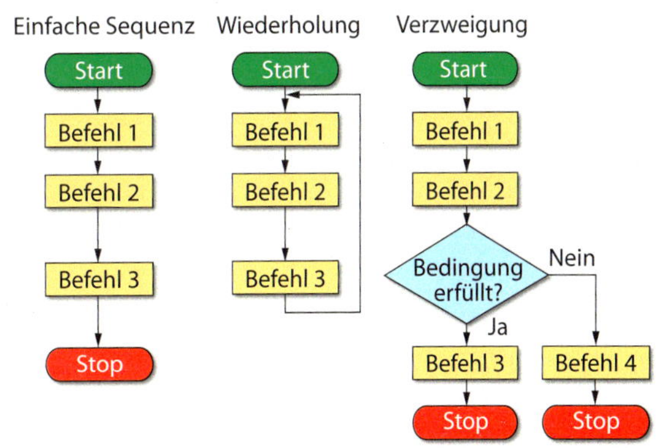

4

Alles klar?

1 Beschreibe verschiedene Möglichkeiten zur Kommunikation mit und ohne technische Hilfsmittel.

2 Adressen im Internet:
a Jeder Computer hat im Internet eine eindeutige Adresse. Beschreibe, wie sie sich zusammensetzt.
b Beschreibe, was passiert, wenn du in das Adressfeld eines Browsers www.hamburg.de eingibst.

3 Überall Computer:
a Erstelle eine Tabelle mit drei Spalten und den Überschriften „Eingabe", „Verarbeitung", „Ausgabe". Ordne die folgenden Begriffe ein: Joystick, Drucktaster, Arbeitsspeicher, Festplatte, DVD, CPU, Helligkeitssensor, Leuchtdiode, Mikrofon, Webcam, Laserdrucker, Beflockungsgerät für T-Shirts, Plotter, Chipkartenleser.
b Erläutere den wesentlichen Unterschied zwischen dem Arbeitsspeicher und einer Festplatte.
c Nenne Beispiele für Betriebssysteme und für Anwendungsprogramme. Beschreibe die wichtigsten Aufgaben von Betriebssystemen.

4 Ein Ampelprogramm für eine einfache Straßenkreuzung soll entwickelt werden. Es gibt keine Mittelinseln und keine getrennten Links- oder Rechtsabbiegerschaltungen.
a Erstelle dafür eine Tabelle aller Ampelphasen.
b Formuliere einen passenden Algorithmus.
c Erstelle das Programm mit ROBO Pro, teste und optimiere es. Verwende jeweils eine Ampel des Ampelmodells stellvertretend für alle Ampeln einer Straße.

Teste dich!

▷ Die Lösungen findest du im Anhang.

1 Kommunikation früher und heute
a Nenne Beispiele, wie Informationen vor mehreren Hundert Jahren übertragen wurden.
b Was ist eine E-Mail?
c Erkläre, wie eine E-Mail um die Welt kommt.

2 Gefahren im Internet
a Beschreibe, was man als Cybermobbing bezeichnet.
b Erläutere den Unterschied zwischen Cybermobbing und Beleidigungen im Alltag.
c Was sind Computerviren?
d Nenne Maßnahmen zum Schutz vor Computerviren.

3 Computer im Alltag
a Nenne Beispiele, in denen kleine, eingebaute Computer eine Rolle spielen.
b Nenne wesentliche Bestandteile von Computern.
c Stelle dir vor, du gibst einen Text über die Tastatur in ein Textverarbeitungsprogramm ein. Erläutere, welche Bestandteile der Hardware und der Software eines Computers benötigt werden, damit der Text dauerhaft gespeichert und auch gedruckt werden kann.

4 Es soll ein Ampelprogramm für einen Bahnübergang entwickelt werden. ▸**1**
a Erstelle dafür eine Tabelle aller Ampelphasen.
b Formuliere einen passenden Algorithmus.
c Erstelle das Programm mit ROBO Pro, teste und optimiere es.

1

Schätze deine Fähigkeiten ein

Ordne deiner Aufgabenlösung im Heft ein Smiley zu:
☺ Ich konnte die Anforderungen erfüllen.
😐 Ich konnte die Anforderungen nicht vollständig erfüllen.
☹ Ich konnte die Anforderungen nicht erfüllen.

Anforderung	Ich kann …	Hilfe findest du auf Seite …
1	historische und aktuelle Verfahren zur Datenübertragung beschreiben und erklären.	262, 266 f.
2	Gefahren bei der Nutzung des Internets und seinen Diensten nennen und erläutern.	264 f.
3	wesentliche Bestandteile von Computern benennen und den Aufbau von Computern erläutern.	268 f.
4	Programme zur Steuerung von Ampelanlagen entwerfen, mit einer grafischen Programmiersprache umsetzen, testen und verbessern.	270 ff.

Erwachsen werden – alles ändert sich?

Erwachsen werden

- Unser Körper bleibt nicht ein Leben lang gleich. Er durchläuft verschiedene Phasen der Entwicklung.
- Schwangerschaft und Geburt sind für die Eltern eine wunderbare Zeit. Ein neues Leben beginnt.
- Mit der Pubertät beginnt eine aufregende, aber manchmal auch schwierige Zeit.

Ich bin kein Kind mehr!

- Zwischen 9 und 14 Jahren ändert sich der kindliche Körper. Er nimmt mehr und mehr die Gestalt eines Erwachsenen an. Auch die Interessen und Wünsche ändern sich: Mit den Eltern etwas zu unternehmen ist auf einmal langweilig. Mit Freunden zusammen sein, Musik hören, mit der Clique weggehen ist viel interessanter. Mädchen und Jungen werden neugierig aufeinander. Vieles passiert zum ersten Mal: die erste Verabredung, der erste Kuss …
- Mit der *Pubertät* oder *einsetzenden Geschlechtsreife* beginnt eine aufregende, oft auch schwierige Zeit.

1 *Paula – früher und heute*

Grundlagen / Reifezeit und Zeit des Wandels

Alles wird anders Die Körper von Mädchen und Jungen sind in der Kindheit sehr ähnlich. ▸2 Man kann sie oft nur an ihren Geschlechtsorganen unterscheiden.
Der Beginn der Geschlechtsreife ist häufig mit einem auffälligen Wachstumsschub verbunden. Die Geschlechtsreife setzt nicht bei allen Kindern zur gleichen Zeit ein.
Mit dem Beginn der Geschlechtsreife wachsen unter den Achseln und im Schambereich Haare. Die Flaumhärchen auf den Unterarmen und Beinen werden – vor allem bei den Jungen – kräftiger und dunkler.

2 *Junge oder Mädchen?*

3 *„Junge Dame“*

4 *„Junger Mann“*

Bei Mädchen ändert sich die Form der Augenbrauen: Sie erhalten einen Schwung. Die Brüste wachsen. Bei Jungen beginnt der Bart zu wachsen. Die Stimme wird tiefer – bei Jungen und Mädchen. Das bemerkt man vor allem bei Jungen: Sie sind „im Stimmbruch". Die Schweiß- und Talgdrüsen arbeiten stärker und viele Jugendliche entdecken erste Pickel.

Die Gefühle fahren Achterbahn Nicht nur der Körper verändert sich. Auch die Gefühle und Empfindungen erfahren einen Wandel. Plötzliche Gefühlsumschwünge sind nun an der Tagesordnung. Jugendliche können einerseits sehr gereizt und launisch sein, andererseits aber auch voller Kraft und Tatendrang. Alles wird jetzt angezweifelt und kritisiert. Die Eltern scheinen plötzlich recht „rückständig" zu sein.
Alles soll sich ändern. Gleichzeitig soll aber auch alles bleiben, wie es ist. Das Leben schwankt zwischen dem Wunsch, „cool" zu sein, und Angst, zwischen Gehorsam und Auflehnung, zwischen Langeweile und fantastischen Ereignissen. Eine Zeit der Extreme!

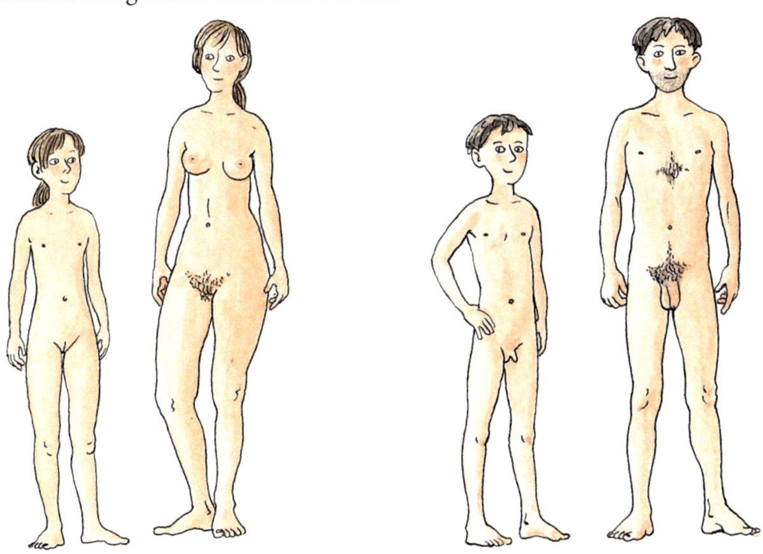

5 *Vom Mädchen zur Frau – vom Jungen zum Mann*

Gesundheit Woher kommen plötzlich die Pickel?

Die Veränderungen in der Pubertät werden durch Hormone ausgelöst. Das sind körpereigene Botenstoffe, die viele Abläufe im Körper steuern. Hormone werden vor allem in Drüsen produziert. Sie kreisen mit dem Blut durch den Körper. An einigen Stellen bewirken die Hormone dann Veränderungen. Es gibt z.B. Drüsen für Geschlechtshormone und Drüsen für Wachstumshormone. Die Geschlechtshormone sorgen dafür, dass sich die Geschlechtsorgane weiterentwickeln. In der Kindheit sind sie noch in „Wartestellung". Durch vermehrte Hormonbildung werden die Geschlechtsorgane angeregt, das weibliche Hormon *Östrogen* oder das männliche Hormon *Testosteron* zu bilden. Diese lassen Eizellen bzw. Samenzellen heranreifen. Somit werden Mädchen und Jungen zeugungs- und fortpflanzungsfähig.
Und die Pickel? Als Nebenprodukt dieser Umstellung kommt es zu vermehrter Fettbildung auf der Haut: Die Haare werden schneller fettig, die Poren der Haut verstopfen und entzünden sich. Schließlich bilden sich Pickel auf der zarten Gesichtshaut, dem Dekolleté oder dem Rücken.

Aufgaben

1 Beschreibe, was man unter dem Begriff *Pubertät* versteht.

2 Was ist an dieser Entwicklungsstufe besonders typisch? (Siehe auch den Tagebuchauszug.)

Aus einem Tagebuch
(Lisa, 12 Jahre)

Meine Eltern behandeln mich immer noch wie ein Baby. Dabei bin ich schon 12 Jahre alt. In die Disko vom Jugendtreff darf ich nicht, aber auf meine kleine Schwester aufpassen soll ich – dafür bin ich offenbar alt genug. Früher habe ich mich so gut mit meinen Eltern verstanden. Doch jetzt ...
Keiner versteht mich. Meine Mutter kramt ständig in meinen Sachen herum und ist beleidigt, wenn ich sie mal anfahre, dass sie mich einfach mal in Ruhe lassen soll. Und mein Vater zieht mich laufend damit auf, dass ich Schlabberpullis trage. Ich verstehe mich manchmal selbst nicht. Ist das so, weil ich in der Pubertät bin?

Ich werde eine Frau – Ich werde ein Mann

- ▷ Während der Pubertät hat sich das Aussehen von Mädchen und Jungen verändert. Ihr Körper ist dem der Erwachsenen immer ähnlicher geworden.
- ▷ Sowohl beim Mädchen als auch beim Jungen zeigt sich das an den *primären* und den *sekundären Geschlechtsmerkmalen.*

1

Grundlagen Primäre Geschlechtsmerkmale

Eine (weibliche) Eizelle muss erst von einer Samenzelle befruchtet werden, damit ein Kind entstehen kann. Schon in dieser Eizelle ist der Unterschied der Geschlechter angelegt. In den ersten sechs Wochen der Entwicklung des Kindes im Mutterleib sind noch keine äußeren Unterschiede erkennbar. Ab der 12. Woche gibt es aber eine Wende: Es bilden sich die primären (zuerst vorhandenen) Geschlechtsmerkmale aus.
Die Pubertät ist die Übergangszeit zwischen Kindheit und Erwachsenwerden. Die Geschlechtsmerkmale prägen sich jetzt aus: Die Eierstöcke der Mädchen beginnen mit der Produktion von Eizellen, die Hoden der Jungen produzieren Samenzellen (Spermien). Die Jugendlichen sind von nun an körperlich in der Lage, Kinder zu zeugen.

Weibliche Geschlechtsmerkmale ▸2 Beim Mädchen sind äußerlich die Schamlippen zu erkennen. Scheide, Gebärmutter, Eileiter und Eierstöcke liegen im Körperinnern.
In den Eileitern bilden sich die Eizellen. Die Gebärmutter und die schlauchförmige Scheide sind mit einer Schleimhaut ausgekleidet.

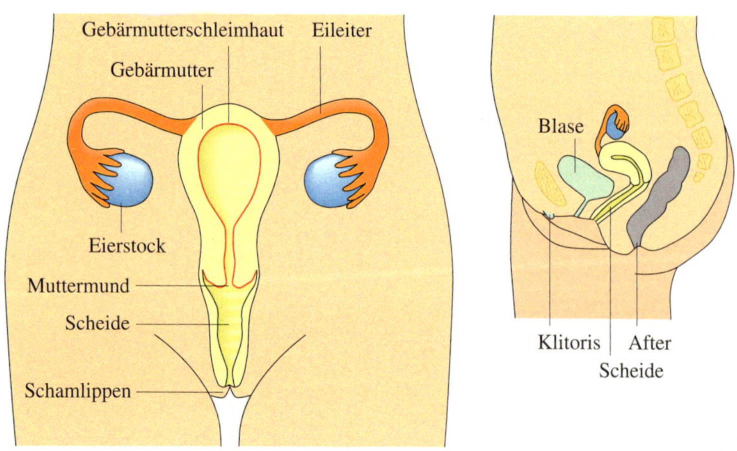

2 *Die weiblichen Geschlechtsorgane im Unterleib (von vorne und von der Seite)*

Männliche Geschlechtsmerkmale ▸3 Beim Jungen sind äußerlich das Glied (der Penis) und der Hodensack zu sehen. Im Hodensack befinden sich die beiden Hoden. In ihnen werden Samenzellen (Spermien) gebildet. Im Körperinnern liegt der Samenleiter mit den Hilfsdrüsen.

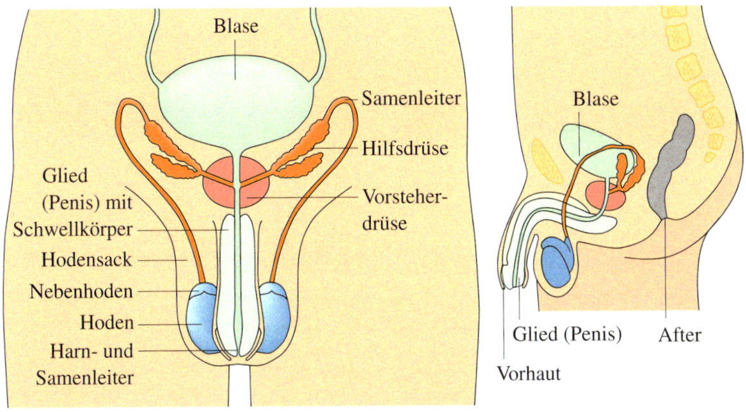

3 *Die männlichen Geschlechtsorgane (von vorne und von der Seite)*

Grundlagen Sekundäre Geschlechtsmerkmale

In den ersten Lebensjahren unterscheiden sich Mädchen und Jungen nur durch die primären Geschlechtsmerkmale. Das ändert sich mit dem Beginn der Pubertät. Nun setzt auch die Ausbildung der sekundären (als Zweites vorhandenen) Geschlechtsmerkmale ein.

Mädchen Bei ihr wachsen nun Haare unter den Achseln und um die Scheide herum (Schamhaare). Fettpolster lagern sich ab. Der Körper wird runder, die Brüste vergrößern sich, die Hüften werden breiter, die Oberschenkel kräftiger. Auch das Gewicht des Mädchens nimmt zu.
In den Eierstöcken reift nun jeden Monat eine Eizelle. Das Mädchen wird jetzt alle 4 Wochen seine Periode (Menstruation) bekommen. Meist dauert es einige Monate, bis dies regelmäßig geschieht. Gleichzeitig verstärken sich sexuelle Gefühle.

Junge Bei ihm wachsen jetzt Achselhaare, Schamhaare und Barthaare. Die Behaarung an Brust, Bauch, Armen und Beinen wird dichter.
Der Kehlkopf vergrößert sich und die Stimmbänder werden länger. Es tritt der Stimmbruch ein; die Stimme wird deutlich tiefer.
Die Haut wird fettiger und die Muskulatur wird kräftiger – in der Regel mehr als bei den Mädchen. Der Penis und die Hoden vergrößern sich. Die Hoden produzieren nun Millionen von Spermien. Auch beim Jungen werden die sexuellen Gefühle stärker.

Neue Erfahrungen und Gefühle Bis sich die Gestalt eines Erwachsenen entwickelt hat, dauert es Jahre. In dieser Reifezeit fühlen sich Jugendliche oft unwohl in ihrer Haut. Viele sind unzufrieden mit ihrem Körper. Es fällt ihnen nicht immer leicht, mit ihrer „neuen" Gestalt fertig zu werden. Sie erleben auch, dass Verliebtsein mit sexuellen Empfindungen verbunden sein kann. Es ist manchmal schwierig, mit diesen aufregenden Gefühlen zurechtzukommen.

Aufgaben

1 Geschlechtsmerkmale:
a Was bedeuten die Ausdrücke „primäre Geschlechtsmerkmale" und „sekundäre Geschlechtsmerkmale"?
b Nenne die Fachbegriffe für die primären Geschlechtsmerkmale von Mann und Frau.
c Nenne sekundäre Geschlechtsmerkmale von Mann und Frau.

2 Gib an, nach welcher Veränderung Mädchen und Jungen geschlechtsreif sind.

Grundlagen Der Menstruations- oder Monatszyklus

Der Eisprung Etwa alle vier Wochen löst sich eine Eizelle aus einem der Eierstöcke. Das ist der Eisprung. Die Eizelle wandert dann durch den Eileiter hindurch und gelangt in die Gebärmutter.
Am Tag nach dem Eisprung steigt die Körpertemperatur der Frau um etwa 0,5 °C an. ▸2

Woher kommen die Blutungen? Bis zum Zeitpunkt des Eisprungs ist die Schleimhaut in der Gebärmutter dicker geworden; sie ist jetzt besonders stark durchblutet. Damit wurde sie auf eine mögliche Einnistung der Eizelle gut vorbereitet.
Eine Eizelle nistet sich nur ein, wenn sie innerhalb von 12 bis 24 Stunden nach dem Eisprung befruchtet wird. Das ist normalerweise nicht der Fall. Wenn sie nicht befruchtet wird, stirbt sie ab. Die vorbereitete Gebärmutterschleimhaut wird damit überflüssig. Sie löst sich nach einiger Zeit unter Blutungen ab und wird über die Scheide ausgeschieden.
Die Blutung dauert 3 bis 7 Tage. Sie wird als Regel bezeichnet, als Menstruation oder Periode. Frauen und Mädchen sagen auch: „Ich habe meine Tage." Sie benutzen Binden oder Tampons, um das Blut aufzufangen.

Menstruationsbeschwerden Manche Mädchen und Frauen fühlen sich während der Regel nicht sehr wohl. Andere klagen über ein Ziehen im Unterleib, über Rückenschmerzen oder Bauchkrämpfe.
Dagegen helfen meist leichte Bewegung, sanfte Massagen, ein warmes Bad, eine Wärmflasche oder etwas Kräutertee.

Etwa alle vier Wochen findet bei der Frau ein Eisprung statt. Die Eizelle wandert dann durch den Eileiter in die Gebärmutter.
Wenn die Eizelle nicht von einer Samenzelle befruchtet wird, stirbt sie ab. Die Gebärmutterschleimhaut löst sich dann ab und wird unter Blutungen aus der Scheide ausgeschieden.

1 *In der Drogerie*

Aufgaben

1 Erkläre den Begriff *Eisprung.* ▸2 Woran ist unter anderem zu erkennen, dass ein Eisprung erfolgt ist?

2 Die Schleimhaut in der Gebärmutter wird im Lauf des Monats dicker. Was geschieht mit ihr, wenn sich keine befruchtete Eizelle einnistet?

3 Beschreibe den Monatszyklus der Frau. ▸2 Warum spricht man von der „Regel"?

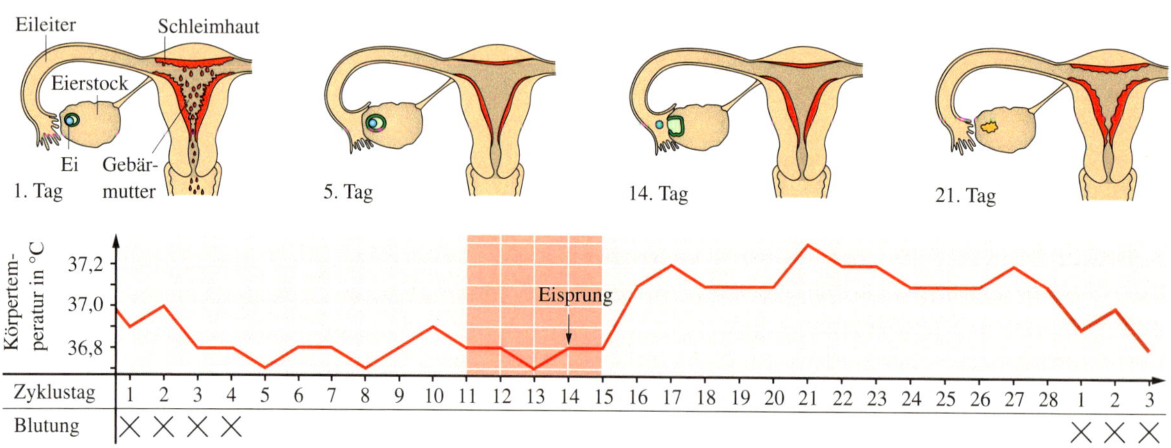

2 *Monatszyklus einer Frau (hier: 28 Tage angenommen) – Zusammenhang mit der Körpertemperatur*

Grundlagen Empfängnisregelung

Schwangerschaft – ja oder nein? Schwangerschaft und Geburt sind für die Eltern eine wunderbare und schöne Erfahrung – vorausgesetzt, ihre Beziehung ist in Ordnung. Anders sieht es aus, wenn der Zeitpunkt der Schwangerschaft ungünstig ist. Das ist z. B. der Fall, wenn die werdende Mutter zu jung ist, wenn die Schwangerschaft nicht gewollt wird oder medizinische Gründe gegen sie sprechen. Dann muss die Schwangerschaft vermieden werden.

Ab wann ist eine Frau fruchtbar? Mädchen können schon von der ersten Periodenblutung an – also ab dem 10. /11. Lebensjahr – schwanger werden, wenn sie mit einem Jungen oder einem Mann Geschlechtsbeziehungen haben. Darum steht die Empfängnisregelung in jungen Jahren im Vordergrund.
Beim ersten Zusammensein mag es unromantisch sein, über Verhütung zu reden. Doch das ist sehr wichtig! Eine frühe Schwangerschaft würde das Leben des Mädchens und des zukünftigen Vaters in andere Bahnen lenken als vorher geplant.

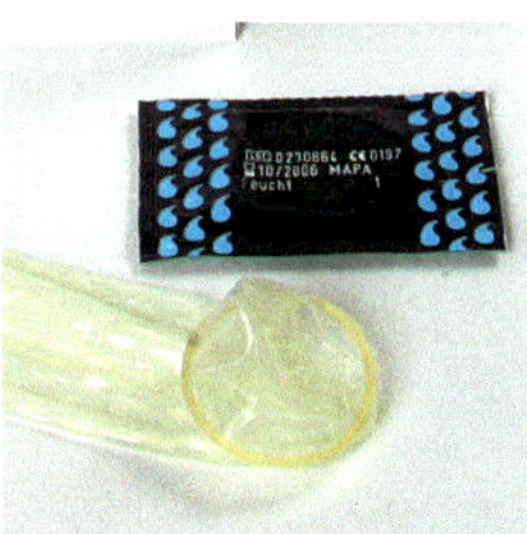

3 *Kondom*

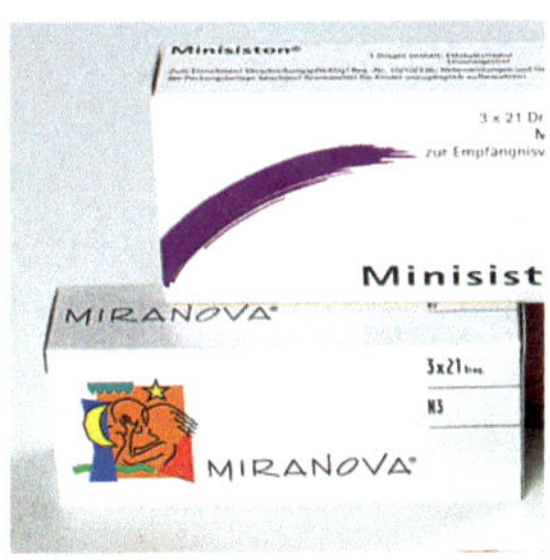

4 *Antibabypille*

Verhütungsmethoden Es gibt verschiedene Methoden zur Verhütung einer Schwangerschaft:
- Die Barrieremethode: Ein Kondom (ein dünner Gummischutz) wird über den Penis des Mannes gestreift. Er fängt die Spermien auf. ►3
  Hierbei bleibt ein geringes bis mittleres Risiko. Ein großer Vorteil ist: Das Kondom bietet einen Schutz vor Aids oder anderen sexuell übertragbaren Krankheiten.
- Die hormonelle Methode: Das Mädchen oder die Frau nimmt täglich eine Antibabypille ein. ►4
  Die Antibabypillen sind Hormonpillen und verhindern den Eisprung. Wenn die Pillen genau nach Anleitung eingenommen werden, besteht nur ein geringes Risiko einer ungewollten Schwangerschaft. Durch die künstliche Hormonzufuhr kann es zu starken Nebenwirkungen kommen. So kann z. B. bei Jugendlichen das Knochenwachstum zu früh beendet werden. Das führt dann zu erheblichen psychischen Problemen. Über die Einnahme der Pille muss daher immer ein Arzt entscheiden.

Es ist nicht möglich, mit ausreichender Sicherheit die Tage zu ermitteln, an denen der Eisprung stattfindet und nur an diesen Tagen Geschlechtsverkehr zu vermeiden. Die „fruchtbaren" Tage können sich nämlich verschieben.

Erweiterung Die Befruchtung

Im Körper der Frau wird jeden Monat eine Eizelle reif. Sie kann durch eine männliche Samenzelle befruchtet werden.
Wenn beim Geschlechtsverkehr keine Empfängnisverhütung vorgenommen wird, können die Spermien des Mannes eine Eizelle der Frau befruchten. Beim Geschlechtsverkehr führt der Mann seinen Penis in die Scheide der Frau ein. Dort erfolgt dann bei ihm ein Samenerguss.
Die Samenzellen bewegen sich mithilfe ihres Schwanzteils von der Scheide durch die Gebärmutter in die Eileiter. Samenzellen haben eine Lebensdauer von etwa 12 Stunden. Nur die schnellsten und kräftigsten unter ihnen erreichen die Eizelle und nur eine dringt in sie hinein. Eizelle und Samenzelle verschmelzen dann miteinander. Die Eizelle ist nun befruchtet. ►5

Sobald eine Samenzelle die Wand der Eizelle durchbrochen hat, fällt ihr Schwanzteil ab.
Die Eizelle bildet sofort eine Schutzhülle, damit andere Samenzellen nicht mehr hineingelangen. Sie sterben ab und lösen sich auf.
Aus der befruchteten Eizelle kann nun ein neuer Mensch entstehen.

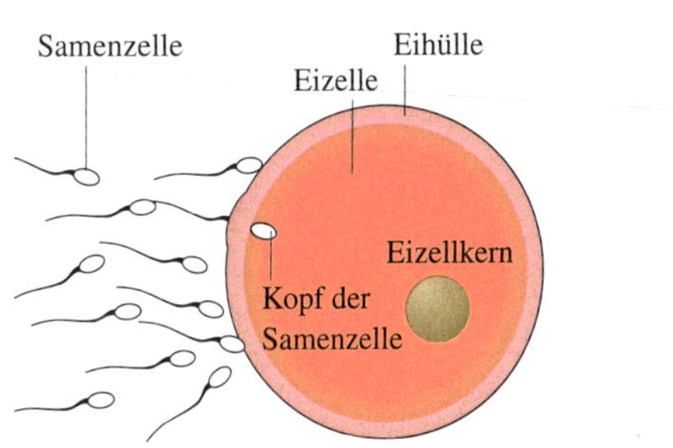

5 *Eizelle und Samenzelle verschmelzen.*

Was in der Schwangerschaft geschieht

- ▷ Kennst du eine Frau, die gerade schwanger ist?
- ▷ Vielleicht erwartet sogar deine Mutter zurzeit ein Baby?
- ▷ Was hast du bemerkt? Was hat sich geändert? Wie geht es ihr? Erzähle davon.

1 *Eine besondere Zeit für die ganze Familie*

Grundlagen Schwangerschaft und Geburt

Mit der Körperflüssigkeit wird die befruchtete Eizelle in 3 bis 6 Tagen durch die Eileiter zur Gebärmutter getragen. Dort teilt sie sich und verdoppelt immer wieder ihre Zellen. ▸2

Gleichzeitig wächst sie an der Innenwand der Gebärmutter fest. Der Körper der Mutter stellt sich durch Einflüsse verschiedener Hormone auf die Schwangerschaft ein. Das Kind – in den ersten drei Monaten *Embryo*, später *Fetus* genannt – wächst in einer mit Fruchtwasser gefüllten Fruchtblase heran. Das Fruchtwasser dient dem Schutz des Kindes. ▸3

Ab dem 1. Monat bewegt sich das Kind. Ab dem 5. Monat ist das Gehör voll funktionsfähig. Die Nabelschnur zwischen dem Bauchnabel des Kindes und der Gebärmutterwand ist die körperliche Verbindung von Mutter und Kind. Durch die Blutgefäße in der Nabelschnur wird das Ungeborene mit Sauerstoff und Nährstoffen versorgt. ▸4 Der Blutkreislauf der Mutter ist jedoch nicht direkt mit dem Blutkreislauf des Kindes verbunden. Die Stoffe dringen durch die Blutgefäßwände wie durch ein Filter vom mütterlichen Blut in das kindliche Blut. Giftstoffe wie Alkohol,

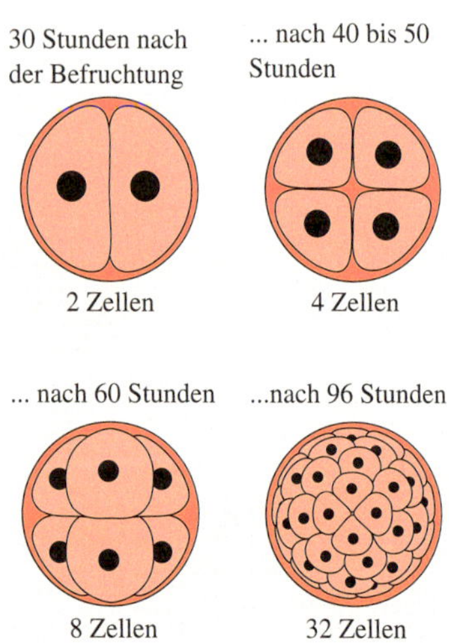

2 *Eine befruchtete Eizelle teilt sich.*

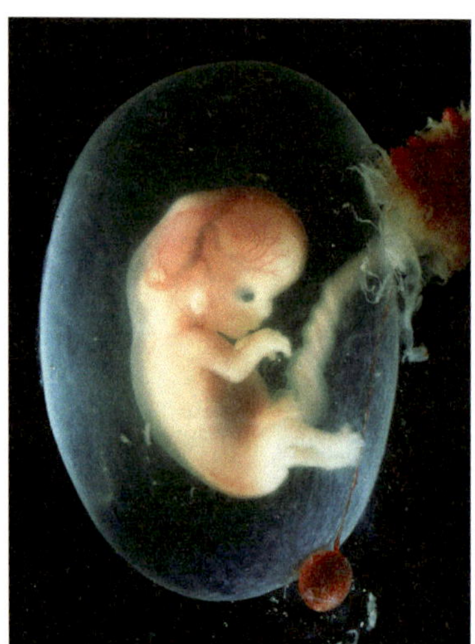

3 *In der Fruchtblase*

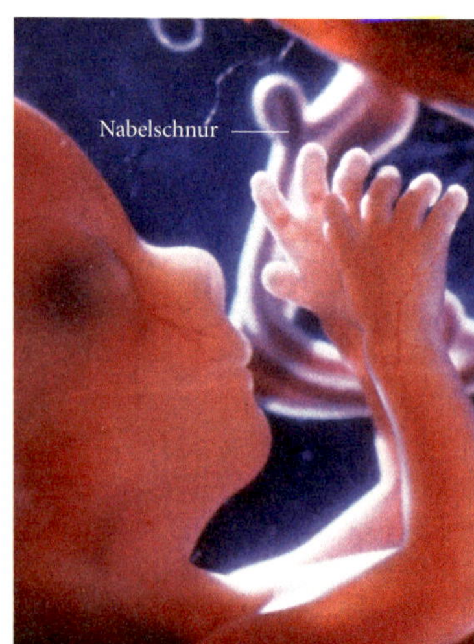

4 *Die Nabelschnur*

Nikotin und Drogen gehen denselben Weg und bedeuten eine große Gefahr für das werdende Kind.
Die Schwangerschaft dauert etwa neun Monate (40 Wochen).
Im Lauf dieser Zeit hat sich der Embryo zu einem lebensfähigen Kind entwickelt. ▸5 Ob es ein Mädchen oder ein Junge wird, steht schon im Augenblick der Befruchtung fest. Doch erst vom 5. Monat an ist das Geschlecht äußerlich zu erkennen.
Im 8. Monat wiegt das Kind ungefähr 2 kg.
Es dreht sich nun so im Mutterleib, dass es mit dem Kopf nach unten in der Gebärmutter liegt. Nun ist die Schwangerschaft beinahe beendet: Die Mutter bekommt Wehen. Die Fruchtblase platzt und das Fruchtwasser läuft aus.
Mithilfe einer Hebamme, einer Ärztin oder eines Arztes kommt das Kind auf die Welt.
Die letzten stärkeren Wehen pressen das Kind aus dem mütterlichen Körper heraus. Das Neugeborene fängt an zu schreien – ein Zeichen dafür, dass seine Lunge ihre Arbeit beginnt.
Die Nabelschnur wird durchtrennt und das Kind wird als Erstes der Mutter kurz in die Arme gelegt. Dann wird es gewaschen, gewogen und untersucht. Endlich können die beiden Eltern ihr Baby etwas länger in den Armen halten. ▸6

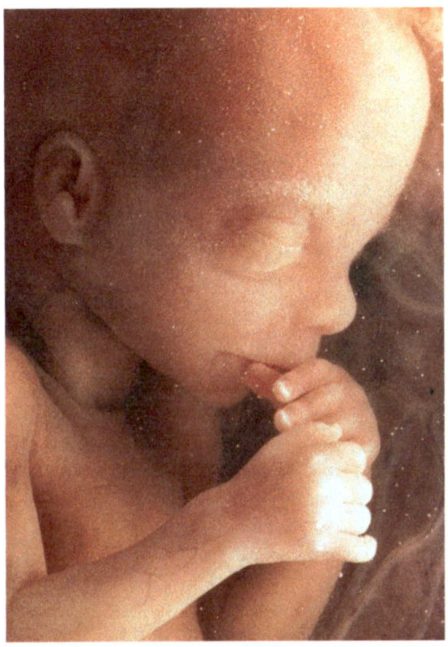

5 *Das Kind wächst heran.*

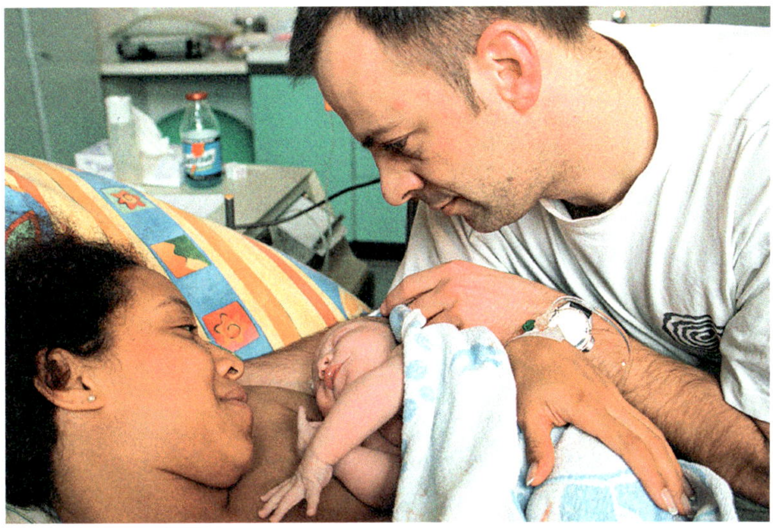

6 *Endlich geschafft!*

Erweiterung Zwillinge

Manchmal trennt sich die befruchtete Eizelle bei der ersten Teilung vollständig in zwei Teile. Dann entwickeln sich eineiige Zwillinge („aus einer Eizelle entstanden"). So erklärt sich ihre große Ähnlichkeit. ▸7

Es können aber auch zufällig gerade zwei Eizellen durch die Eileiter wandern und befruchtet werden. Dann entstehen zweieiige Zwillinge. Sie sehen sich einfach nur ähnlich – wie andere Geschwister auch. ▸8

7 *Eineiige Zwillinge*

8 *Zweieiige Zwillinge*

Mein Körper – meine Gefühle

▷ Körperpflege ist in der Pubertät besonders wichtig. Das gilt aber nicht nur für die Pflege des Gesichts. ▸1–2
Vor allem der Intimbereich und die Achselhöhlen müssen gewaschen werden!

1 *Die tägliche Körperpflege ...*

2 *... auch mit Reinigungsmilch!*

Regelmäßige Körperpflege
In der Pubertät musst du auch lernen selbst für deinen Körper zu sorgen. Schweiß- und Talgdrüsen (Hautfettdrüsen) beginnen nämlich verstärkt zu arbeiten. Du schwitzt bei körperlicher Anstrengung oder wenn du aufgeregt bist.
Vor allem in den Achselhöhlen entwickeln sich dadurch Duftstoffe, die sehr unangenehm riechen können. Deshalb sollten Gesicht, Hals, Achselhöhlen, Hände, Geschlechtsorgane und Füße täglich gewaschen werden. Regelmäßiges Duschen mit einer milden Reinigungslotion ist ebenfalls zu empfehlen.
Die Jungen müssen jeden Tag die Absonderungen zwischen Eichel und Vorhaut entfernen. Sonst können sich dort Entzündungen bilden.
Die Scheide der Mädchen kann sich innerlich selbst reinigen. Äußerlich muss sie aber jeden Tag gewaschen werden. Besonders wichtig ist dies während der Menstruation – sonst könnten Krankheitskeime von außen in die Gebärmutter eindringen. Regelmäßiges Wechseln von Unterwäsche, Slipeinlagen, Binden und vor allem Tampons ist unerlässlich.

3 *Duschen säubert und erfrischt.*

Tipps zur Körperpflege
- Dusche oder bade mindestens zwei- bis dreimal pro Woche.
- Wasche dir mindestens zwei- bis dreimal pro Woche die Haare.
- Wasche täglich die Achselhöhlen. Nimm bei Bedarf zusätzlich ein Deo.
- Putze dir regelmäßig die Zähne.
- Verwende Hautpflegemittel nur ganz wenig und gezielt.
- Nach dem Gang zur Toilette Hände waschen.
- Reinige und kürze regelmäßig Finger- und Zehennägel.
- Zieh täglich frische Unterwäsche an.

Tipps für Mädchen
- Wasche die Hautfalte zwischen den großen und den kleinen Schamlippen jeden Tag mit Wasser.
- Wasche den Intimbereich während der Menstruation morgens und abends.
- Binden oder Tampons müssen je nach Stärke der Blutung alle 2–6 Stunden gewechselt werden.

Tipps für Jungen
- Wasche den Penis jeden Tag. Zieh die Vorhaut vorsichtig zurück und spüle den Talg mit Seifenwasser ab.

Körperkontakte

Die meisten Menschen haben das Bedürfnis, eine Person, die sie sehr mögen, zu berühren. Sie möchten auch gerne von ihr berührt werden.
Umarmen und zärtliches Streicheln kann Freude bereiten. Es kann beruhigen, manchmal auch erregen.
Unsere Haut ist überall empfindlich für Berührungen. Während der Pubertät machen Mädchen und Jungen auch auf diesem Gebiet ganz neue Erfahrungen.
Jeder Mensch hat intime Körperteile. Sie haben für ihn eine ganz persönliche Bedeutung. Bei Mädchen und Frauen sind dies die Scheide, das Gesäß und die Brüste. Auch die Lippen und die Zunge sind äußerst empfindsam. Wenn diese Körperteile berührt werden, kann dies besonders angenehm und lustvoll sein. Deshalb ist es sehr wichtig, diese Stellen nicht jedem preiszugeben! Das erreichst du dadurch, dass du sie nicht von jedem berühren lässt. Vor allem solltest du nur das erlauben, was du wirklich möchtest.

Hilfe bei Kindesmissbrauch

Sprich mit jemandem, dem du vertraust, z. B. mit deinen Eltern, einem Lehrer oder einer Lehrerin.
Nutze das kostenlose Info-Telefon des
- Deutschen Kinderschutzbundes (www.kinderschutzbund.de) 0800 1110333 oder 116111.

Wende dich an eine Beratungsstelle. Beispiele:
- Wildwasser, Bochum 0234 297666
- Kinderschutzdienst, Kirchen 02741 930046
- Frauennotruf, Münster 0251 34443

Was Ela erlebt hat

Ela geht mit ihrer Familie gern zu ihrem Onkel Klaus. Auch im Kindergarten erzählt sie immer voller Freude von diesen Besuchen am Wochenende.
Wieder ist ein Wochenende vorüber. Der Erzieherin Marion fällt auf, dass Ela heute gar nicht wie sonst von diesen Besuchen erzählt. Vielmehr hockt sie still in einer Ecke und will nicht mitspielen.
Marion geht zu ihr und Ela kuschelt sich sofort in ihre Arme. Allmählich erfährt Marion, warum Ela so durcheinander ist. Sie will nicht mehr zu „diesem doofen Onkel", der sie plötzlich so komisch geküsst hat – „ganz nass und sabbelig". Es war ihr eklig. Und als sie weglaufen wollte, hat er sie festgehalten, sodass es ihr richtig wehtat.
Ela war ganz still vor Schreck und wusste nicht, was sie tun sollte ...

Falsche Kinderfreunde

Liebe und Zärtlichkeit sind etwas sehr Schönes. Es gibt aber Erwachsene, die Jungen oder Mädchen an intimen Körperstellen anfassen oder sich selbst anfassen lassen. Man sagt dazu, sie missbrauchen diese Kinder. Andere Erwachsene erzwingen sogar Geschlechtsverkehr mit ihnen. Das ist sehr schlimm für die betroffenen Mädchen oder Jungen. Solche Personen fordern die Kinder auf, alles geheim zu halten. Sie sagen die „tollsten Dinge", verlangen aber immer höchste Geheimhaltung und Verschwiegenheit.
In seiner Angst wagt es ein Kind oft nicht, seiner Mutter, seinem Vater oder einer anderen Vertrauensperson davon zu erzählen.
Doch solche Geheimnisse, die mit Angst und Lügen verbunden sind, muss ein Kind nicht bei sich behalten. Die darf es auf jeden Fall weitererzählen.
Ein Kind hat niemals Schuld, wenn es von einem Erwachsenen zu solchen Handlungen gezwungen oder überredet wird.
Fast alle Kinder werden davor gewarnt, mit Fremden mitzugehen. Leider sind aber die Täter oft keine Fremden, sondern gut bekannte Personen aus der Nachbarschaft. Manche stammen sogar aus der eigenen Familie. Das hindert die missbrauchten Kinder noch mehr, diese Personen zu „verraten". Aber die Taten, die solche Menschen verüben, sind unrecht! Die Kinder müssen einer Vertrauensperson davon erzählen, damit die Taten endlich aufhören.

Man muss auch „Nein" sagen!

Achte auf deine Gefühle! Wenn du das Gefühl hast, dass du eine Berührung gerne magst, ist es wahrscheinlich in Ordnung. Wenn aber deine innere Stimme Nein sagt und dir die Berührung unangenehm ist, dann lass sie dir nicht gefallen! Sage Nein und zeige deine Ablehnung deutlich! Das gilt für dich jetzt – in jungen Jahren – und viel mehr noch, wenn du älter geworden bist.
Wenn du etwas erlebt hast, das dich beunruhigt, musst du auf jeden Fall mit einer Vertrauensperson darüber sprechen und sie um Hilfe bitten.

Vertrauen, Freundschaft, Liebe

Zuwendung und Urvertrauen
Unser ganzes Leben lang begleitet uns ein Wunsch: von Menschen umgeben zu sein, denen wir vertrauen können. Wir wollen Menschen ohne Angst betrachten können und auch den Körperkontakt mit ihnen genießen.
Das fängt im frühen Säuglingsalter an. ▸1–3 Dieses Bedürfnis endet auch im Alter nicht.
Der erste Hautkontakt kommt unmittelbar nach der Geburt zustande: Dann liegt der Säugling im Arm der Mutter. Die Berührung der mütterlichen Brust ist besonders wichtig. Wenige Minuten nach der Geburt ist nämlich der Saugreflex stark ausgeprägt (Überlebensreflex).
Aus dieser engen Beziehung erwachsen für die Mutter Zuwendung, für das Neugeborene Geborgenheit. Das hält gewöhnlich ein Leben lang. Kinder, die früh mit dauernd wechselnden Personen zu tun haben, sind oft unruhig und für Krankheiten anfällig.
Der Blickkontakt zwischen Kind und Mutter ist ebenfalls von großer Bedeutung. Wenn das Kind beim Anblick des Gesichts der Mutter lächelt, lächelt die Mutter zurück. Das Lächeln des Kindes verstärkt sich und es entsteht eine tiefe innere Verbindung. Sprache, Blicke und Berührungen bilden eine Einheit. In ihr entwickelt sich beim Kind ein Urvertrauen, das es ein Leben lang begleiten wird.
Wenn in den ersten Entwicklungsjahren diese Kontaktmöglichkeiten gestört sind, wird auch dieses Urvertrauen ein ganzes Leben lang gestört sein.
Säuglinge und Kleinkinder brauchen den engen Kontakt zu vertrauten Menschen. Nur so können sie ein Urvertrauen aufbauen.

1 *Wenige Stunden nach der Geburt*

2 *Enger Kontakt und Fürsorge sind lebenswichtig.*

3 *Das Baby wird gestillt.*

Vor der Pubertät Sich zu mögen, sich anzufreunden, sich zu verkrachen und zu versöhnen – Freundschaften auch mit „denen vom anderen Geschlecht“ sind vor der Pubertät selbstverständlich.
Auch die Liebe ist bekannt. Sie ist ein tiefes, warmes Gefühl für die Eltern, die Geschwister, den Hund, den besten Freund oder die beste Freundin. Mit der Pubertät kommt aber zur Freundschaft und Liebe ein neues Gefühl hinzu, das beim Verliebtsein eine Rolle spielt: die Sexualität.

Sich kennenlernen Liebe äußert sich anfangs oft als Schwärmerei. In der Pubertät sind die Umschwärmten allerdings oft „weit weg“: ein Lehrer, eine Lehrerin, der Bruder einer Freundin oder Sportler und Popstars. ▸4 Irgendwann kann es aber passieren, dass man sich „bis über beide Ohren“ in jemanden verliebt, der für einen erreichbar ist. Dann ist oft das Kennenlernen das größte Problem.
Je verliebter man ist, desto schwerer wird es nämlich, das zu zeigen. Oft warten beide darauf, dass der andere den ersten Schritt tut. Mit etwas Mut und Fantasie klappt das Kennenlernen dann doch. Wenn es nun bei dem anderen „funkt“, hat man viel gewonnen.
Es kann aber sehr wehtun, wenn der andere nichts von einem wissen will. Das muss man jedoch akzeptieren – schließlich kann man niemanden zur Liebe überreden.

Verliebtsein Verliebte wollen am liebsten zusammen sein, über alles reden, sich einander anvertrauen, sich berühren. Mit der Zeit finden zwei, die „miteinander gehen“, über den anderen und über sich selbst immer mehr heraus. Auch gegensätzliche Gefühle gehören dazu: sich zu streiten und zu versöhnen, zusammen sein zu wollen und Abstand zu halten. Irgendwann wollen sie vielleicht auch miteinander schlafen.

Auseinandergehen Es kann auch sein, dass man feststellt, nicht zusammenzupassen. Vielleicht trennt man sich dann als Freunde, die noch vieles gemeinsam haben. Vielleicht geht man sich auch erst einmal aus dem Weg.

4 *Lieben „aus der Ferne“*

5–8

Aufgaben

1 Sieh die Bilder dieser Seiten an. Erzähle dann, was dir zu Freundschaft und Liebe einfällt.

2 Es gibt verschiedene Formen von „Liebe“. Beschreibe einige.

9 *Und welcher Meinung bist du?*

Kommt Sucht von suchen?

▷ Tina ist 12 Jahre alt. Ihre Eltern haben wenig Zeit für sie. Dies wollen sie durch Geschenke ausgleichen. Tina hat ein Fernsehgerät, einen Computer und teures Spielzeug. Doch wenn sie Fragen hat, ist oft keiner da. Nur der Fernseher „spricht" mit ihr. Sie sieht abends oft Filme. In der Schule ist sie dann müde. Die Lehrerin macht sich Sorgen und spricht mit Tina über ihre Fernsehsucht. Empört wehrt sich Tina: „Ich bin doch nicht süchtig!"

1 *Fernsehen kann süchtig machen!?*

Grundlagen Was heißt „Sucht"?

Wodurch kann man süchtig werden? In Deutschland sind 1,5 Millionen Menschen tablettenabhängig. 2,5 Millionen sind alkoholkrank. Über ein Viertel der Jugendlichen rauchen. Etwa 100 000 Menschen sind von Rauschdrogen abhängig.
Für die Sucht ist nicht unbedingt ein Suchtmittel wie Nikotin oder Alkohol nötig. Auch Fernsehen, Einkaufen, Computer- oder Glücksspiele können zur Sucht führen. Dem Süchtigen verschafft das Suchtmittel oder das Suchtverhalten ein angenehmes Lebensgefühl. Es hebt die Stimmung oder steigert scheinbar die Leistungsfähigkeit.

Süchtige verspüren den übermächtigen Drang, sich Befriedigung durch Suchtmittel oder -verhalten immer wieder zu verschaffen.

Alltägliches Verhalten kann süchtig machen. Für viele Menschen ist der Fernseher zur Ersatzdroge geworden. Andere verzehren unkontrolliert Chips oder Süßigkeiten und ärgern sich, dass sie dick werden. Und weil sie sich ärgern, essen sie noch mehr. Manche Jugendliche und Erwachsene lassen sich von Spielen fesseln und beschäftigen sich stundenlang mit Computerspielen. Andere sitzen vor Glücksspielautomaten, ohne Rücksicht auf Familie, Zeit oder Einkommen.

Wer ist suchtgefährdet? Jeder kennt Tage, an denen er sich einsam fühlt, Probleme hat oder mit der Welt nichts anzufangen weiß. Das Beste ist es, wenn man von sich aus an die Überwindung von Schwierigkeiten herangeht. Wer das nicht gelernt hat, wird Problemen gern ausweichen. Die Gefahr ist dann groß, süchtig zu werden.

Wer aktiv an die Bewältigung von Problemen herangeht, ist kaum oder gar nicht suchtgefährdet. Suchtmittel lösen keine Probleme, sondern man wird von ihnen abhängig.

Sucht durch Suchtmittel	Süchtiges bzw. zwanghaftes Verhalten
Tabletten, Alkohol, Nikotin, Schnüffelstoffe, Drogen (Rauschgift)	Esssucht, Magersucht, Fernsehsucht, Spielsucht, Computerspielsucht, Kaufsucht, Machtsucht, Sexsucht, Putzsucht, Arbeitssucht

Gesundheit Alkohol und seine Folgen

Alkohol und Nikotin sind weit verbreitete Suchtmittel. Unser Körper kann von ihnen abhängig werden.
Das Trinken von Alkohol wird bei uns oft als „normal“ angesehen. Wer nicht mittrinkt, der gilt schnell als Spielverderber. Wer „viel verträgt“, hat seinen Körper schon an Alkohol gewöhnt und die Vorstufe zur Sucht erreicht.
Nach dem Trinken von Alkohol benehmen sich Menschen anders als sonst. Entweder sind sie reizbar oder von einer lauten Fröhlichkeit, gleichgültig oder aggressiv. Bei größeren Mengen Alkohol kommt es zu lebensgefährlichen Vergiftungen.
Alkohol erhöht die Unfallgefahr. Menschen, die Alkohol getrunken haben, überschätzen sich und reagieren wesentlich langsamer. Die Folgen im Straßenverkehr sind oft tödlich.
Außerdem muss man mit bleibenden Schäden rechnen: Gehirnzellen werden allmählich abgetötet und das Gedächtnis wird immer schwächer. Bei Jugendlichen reagiert das Nervensystem viel empfindlicher als bei Erwachsenen. Die Magenschleimhaut entzündet sich, es kommt zu Magengeschwüren. Leber, Nieren und Muskeln werden geschädigt. Auch das Herz und der Kreislauf werden stark belastet. Alkoholiker altern vorzeitig und leiden oft unter schweren seelischen Störungen (gedrückte Stimmung, Interesselosigkeit).

Alkoholmenge	Wirkung (bei Erwachsenen)
1 Glas Bier (0,3 l) oder 0,25 l Wein	Wärmegefühl, leichte Anheiterung, Wegfall von Hemmungen, Anzeichen von Plauderdrang, überschwängliches Glücksgefühl – Verkehrsuntauglichkeit
6 bis 7 Glas Bier oder 1 l Wein	Erste Gleichgewichtsstörungen und vermindertes Reaktionsvermögen – deutliche Angetrunkenheit
10 Glas Bier oder 1,5 l Wein	Plauderdrang, Selbstgespräche, Stottern und deutliches Schwanken – starke Trunkenheit
12 Glas Bier oder 2 l Wein	Erbrechen, hilfloser Zustand, schwere Gleichgewichtsstörungen – schwerer Rausch
mehr	Bewegungsnerven versagen, Bewusstsein setzt aus – Lebensgefahr

Der Sucht vorbeugen
Bei Sport und Spiel vollbringst du selbst Leistungen. Das stärkt dein Selbstbewusstsein und schafft Freundschaften. ▸2 Ein selbstbewusster Mensch ist besser in der Lage, Probleme zu lösen und in schwierigen Situationen zurechtzukommen. Er kann auch mit Misserfolgen umgehen.
Viele Jugendliche vermissen Verständnis und Aufgeschlossenheit für ihre Fragen und Probleme. Du selbst kannst daran etwas ändern: Bemühe dich, mit deinen Eltern und Geschwistern, mit Freunden, Lehrern oder anderen vertrauten Personen ins Gespräch zu kommen. Sprich mit ihnen über deine Ängste und über deine Wünsche. Teile deine Freuden und Erfolge mit ihnen.

2 *Aktive Jugendliche beim Sport*

Aufgaben

1 Alkohol und Nikotin werden auch als „Genussmittel“ bezeichnet.
a Nenne die Gefahren, denen sich ein Erwachsener aussetzt, wenn er diese „Genussmittel“ zu sich nimmt.
b Alkohol ist für Jugendliche und Kinder besonders gefährlich. Erkläre.

2 Sammle Gründe für den Verzicht auf Alkohol und Nikotin. Vergleiche mit einem Partner. Besprecht eure Ergebnisse in der Klasse.

3 Schreibe die Begriffe „Missbrauch“, „Genuss“, „Sucht“, „Gebrauch“, „Gewohnheit“ in einer zeitlichen Reihenfolge untereinander. Bezeichne rechts daneben Stellen für Suchtauslösung durch einen Pfeil und nenne jeweils eine Maßnahme zur Suchtvorbeugung. Was fällt dir auf?

Stark sein: Nein sagen!

▷ „Nimm schon eine, sei kein Feigling!“ Wie jeden Tag haben sich die Freunde am Nachmittag getroffen. Heute hat Tim von zu Hause eine Schachtel Zigaretten mitgebracht. Sie kreist in der Runde und fast alle haben schon eine genommen. Nur Marco zögert.

1

Untersuchen

1* **Werbung entlarven** Die Werbung zeigt uns eine schöne heile Welt. Sport, Freizeit, Urlaub und Abenteuer stehen im Vordergrund. Unbewusst verbindet man die Bilder mit der angepriesenen Ware. ▸2
Durch die ständige Berieselung mit Werbung bekommen wir falsche Vorstellungen vom Leben und entwickeln falsche Erwartungen an uns selbst. Sammelt Anzeigen. Jede enthält versteckte Botschaften. Ihr könnt sie erkennen, wenn ihr folgende Fragen beantwortet:

- Wofür wird geworben?
- Was erfahrt ihr über die Eigenschaften der Ware? Was wird versprochen, was verschwiegen?
- In welcher Umgebung wird die Ware gezeigt?
- Was hat das mit euren eigenen Wünschen zu tun?

2* **Umfrage zum Thema Rauchen** Führt unter Bekannten und Verwandten eine Umfrage durch. Erstellt einen Fragebogen. Denkt an Beginn, Gründe, Menge, Kosten, Gefahren, Rücksichtnahme auf Nichtraucher ...

3 **Neinsagen lernen** Da hat man sich überwunden, lernt für die Klassenarbeit und plötzlich klingelt es. Ein Freund steht vor der Tür mit ein paar DVDs. Die Eltern sind nicht zu Hause ... Na, was würdet ihr jetzt tun?
Es gibt viele ähnliche Situationen. Kleine oder große Verführer wollen einen daran hindern, das zu tun, was man eigentlich tun will.
Versucht solche Situationen nachzuspielen: ▸3 Zwei Schülerinnen oder Schüler stellen sich vor die Klasse. Ein Spielpartner versucht den anderen zu überreden. Der zweite hält mit seinen Antworten dagegen. Nach einigen Minuten kommt das nächste Spielerpaar an die Reihe.
Welches Paar hat euch am besten gefallen? Welche Antworten haben euch überzeugt?

2 *Typische Werbefotos*

3 *Rollenspiel*

Überblick

Pubertät
Die Pubertät ist die Zeit, in der sich ein Mädchen zur Frau und ein Junge zum Mann entwickelt. Sie beginnt zwischen 9 und 14 Jahren. Vieles am Körper verändert sich in dieser Zeit: Größe, Gewicht, Stimme, Behaarung.

Geschlechtsmerkmale ▸4–6
Die Geschlechtsorgane reifen jetzt aus. Bei Mädchen werden regelmäßig Eizellen reif und bei Jungen Samenzellen (Spermien). Rein körperlich gesehen, können Mädchen jetzt schwanger werden und Jungen sind zeugungsfähig.

Weitere Veränderungen
Auch Gefühle, Träume und Interessen verändern sich. Viele neue Eindrücke kommen auf die Mädchen und Jungen zu. Es dauert mehrere Jahre, bis sich die Gestalt des Erwachsenen entwickelt hat. In dieser Zeit lernen sich die Jugendlichen selbst immer besser kennen. Sie werden selbstständiger und verantwortungsbewusster.

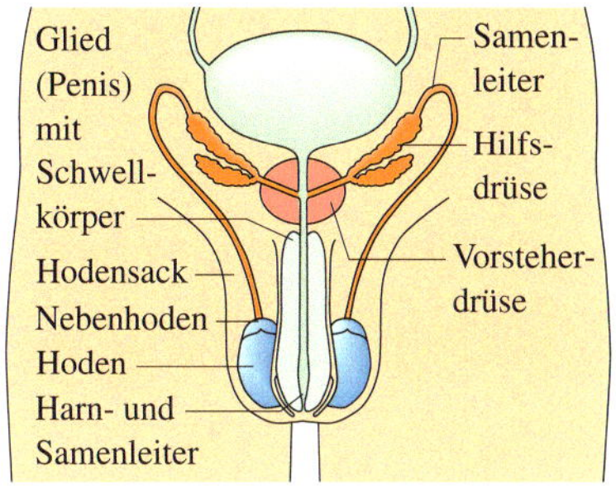

4 *Primäre Geschlechtsmerkmale des Mannes*

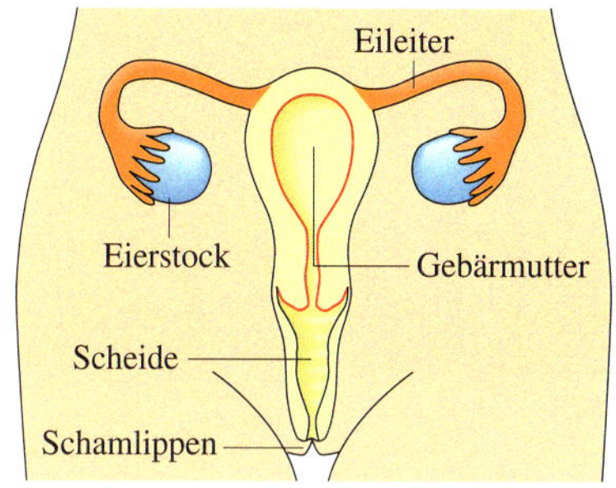

5 *Primäre Geschlechtsmerkmale der Frau*

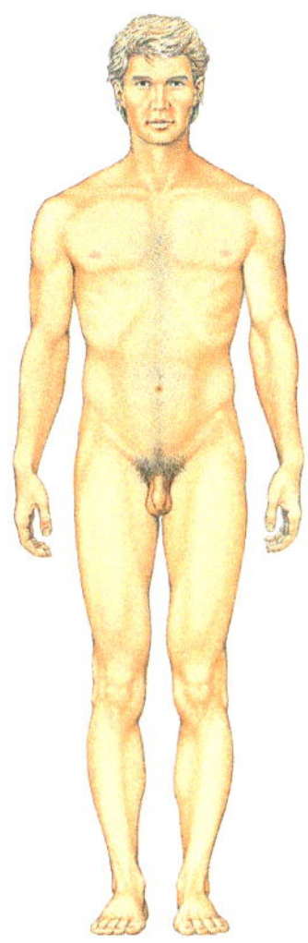

Mann	Frau
tiefere Stimme, ausgeprägter Kehlkopf	höhere Stimme
breite Schultern, Achselbehaarung	schmale Schultern, Achselbehaarung, Brüste,
stärkere Behaarung, vor allem an Brust, Armen und Beinen	weniger starke Körperbehaarung
schmales Becken, Schambehaarung	breites Becken, Schambehaarung

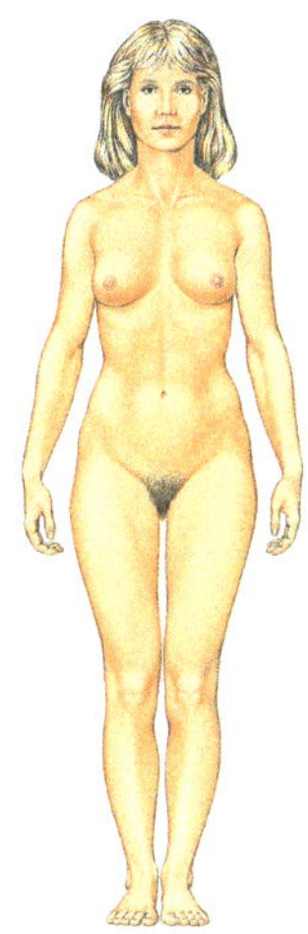

6 *Sekundäre Geschlechtsmerkmale*

Alles klar?

1 In der Pubertät entwickeln sich Kinder zu Erwachsenen.
a Was ändert sich am Körper, wenn ein Mädchen zur Frau wird und ein Junge zum Mann? Wozu dienen diese Veränderungen?
b Was ändert sich sonst noch?

2 Benenne die primären Geschlechtsmerkmale von Frau und Mann.

3 Kann ein 12-jähriges Mädchen bereits Kinder bekommen? Begründe deine Antwort.

4 Regelmäßige Körperpflege trägt zum Wohlbefinden bei.
a In der Pubertät muss man auch seine Körperpflege ändern. Erkläre.
b Die Hygiene der Geschlechtsorgane ist besonders wichtig. Erkläre wieder.

5 Daniela ist elf. In letzter Zeit will sie manchmal alleine sein. Kannst du dir vorstellen, welche Dinge sie beschäftigen? Beschreibe!

6 Mit der Pubertät verändert sich auch der Umgang von Mädchen und Jungen untereinander.
a Überlege, was du in deiner Klasse beobachtet hast. Gibt es Probleme, die früher nicht da waren?
b Regeln können helfen, das Zusammenleben in der Klasse zu erleichtern. Nenne einige.

7 Aus den Medien hast du sicher von Fällen erfahren, in denen Kinder sexuell missbraucht wurden.
a Was versteht man unter sexuellem Missbrauch?
b Wo bekommen Jugendliche Hilfe, die solche Erfahrungen gemacht haben?

Teste dich!

▷ Die Lösungen findest du im Anhang.

1 Während der Pubertät wird der Körper der Jugendlichen dem der Erwachsenen immer ähnlicher. Die Geschlechtsmerkmale prägen sich mehr und mehr aus.

a Man bezeichnet einige Geschlechtsmerkmale als „primär" und einige als „sekundär". Erläutere die beiden Begriffe.

b Erstelle je eine Tabelle:
- mit den primären Geschlechtsmerkmalen der Frau und des Mannes
- mit den sekundären Geschlechtsmerkmalen der Frau und des Mannes

2 Schwanger – ja oder nein? Diese Frage stellt sich irgendwann fast jedem Mädchen oder jeder Frau im gebärfähigen Alter. Was ist zu tun, damit eine Schwangerschaft mit hoher Wahrscheinlichkeit vermieden werden kann?

a Nenne die drei häufigsten Methoden der Schwangerschaftsverhütung.

b Was geschieht bei den einzelnen Formen der Verhütung?

3 Werdende Mütter verzichten meist auf Alkohol und Zigaretten. Medikamente nehmen sie nur im Notfall und nach Rücksprache mit dem Arzt ein. Welche Gründe gibt es dafür?

4 In der Zeit nach der Geburt wird der Grundstein für die Fähigkeit des Kindes gelegt, Vertrauen zu entwickeln.

a Was ist außer der Versorgung mit Nahrung für den Säugling besonders wichtig?

b Welche Formen der Freundschaft und Zuneigung kennst du?

c Es gibt falsche Kinderfreunde. Was kannst du tun, wenn Menschen dir zu nahekommen?

Schätze deine Fähigkeiten ein

Ordne deiner Aufgabenlösung im Heft ein Smiley zu:

☺ Ich konnte die Anforderungen erfüllen.

😐 Ich konnte die Anforderungen nicht vollständig erfüllen.

☹ Ich konnte die Anforderungen nicht erfüllen.

Anforderung	Ich kann ...	Hilfe findest du auf Seite ...
1	primäre und sekundäre Geschlechtsmerkmale unterscheiden und Beispiele zuordnen.	284 f., 297
2	die verschiedenen Wirkungsweisen von Verhütungsmethoden unterscheiden.	287
3	schädliche Einflüsse für das ungeborene Kind nennen.	288 f.
4	erfassen, wie wichtig Gefühle im Leben sind.	292 f.

Musterlösungen

Tiere in Haus und Hof (S. 32)

1 a Ich informiere mich in der Zoohandlung über das richtige Futter. Ich gebe der Maus täglich immer die gleiche Menge Futter und kontrolliere, wie viel sie davon gefressen hat.

b Täglich wird die abgewogene Futtermenge in den Fressnapf gebracht. Es sollte etwas mehr Futter sein, als die Maus üblicherweise frisst. Am anderen Tag wird das übrige Futter gewogen, die gefressene Menge wird notiert. Nun wird erneut die Tagesmenge in den Napf gegeben. Nach einer Woche werden die gefressenen Mengen der sieben Tage addiert.

c Wiegen, dokumentieren, beobachten

d Datum, gegebene und übrige Futtermenge

e Die ausgewachsene Maus frisst nur so viel Futter, wie sie zum Leben braucht. Das Futter dient zur Energiegewinnung und zur Aufrechterhaltung ihrer Lebensvorgänge.

2 a Mögliche Antworten: Zehengänger; ausdauernde Läufer, die ihre Beute hetzen; Fleischfresser mit Raubtiergebiss; guter Geruchssinn; Rudeltiere, die sich einem Ranghöheren unterordnen; gleiche Körperbewegungen und Laute, um Stimmungen auszudrücken

b Die Wildtiervorfahren der Hunde sind die Wölfe. Sie leben in Rudeln, in denen eine strenge Rangordnung herrscht. Die Vorfahren der Hauskatzen waren hingegen Einzelgänger.

c Pferd: Schönheit und Leichtgängigkeit beim Reiten; Rind: Milch- und Fleischproduktion; Hausschwein: Fleischproduktion

d Ist deine Wohnung für die Hundehaltung geeignet? Sind alle Familienmitglieder einverstanden? Wer erzieht den Hund? Er sollte nicht länger als fünf Stunden am Tag allein sein. Wer kümmert sich um ihn? Wohin mit ihm in den Ferien? Willst du sein Leben lang, also 10 bis 15 Jahre, für ihn verantwortlich sein?

3 Dein Diagramm sollte etwa so aussehen:

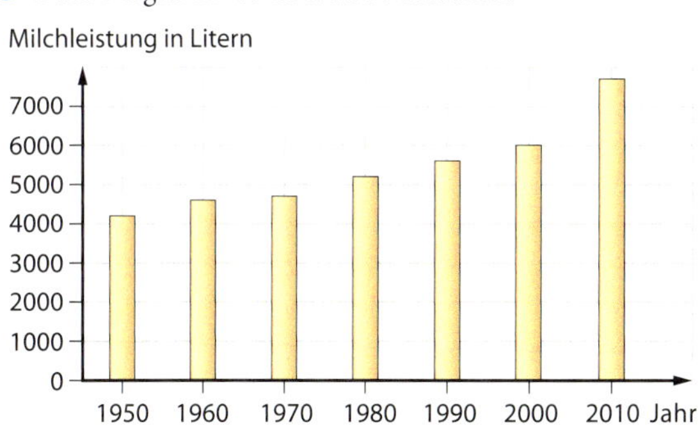

4 a Katzen sind Einzelgänger.

b Wölfe verständigen sich im Rudel durch eine deutliche Körpersprache.

c Kühe haben mehrere Mägen.

d Säugetiere produzieren Milch, um ihren Nachwuchs zu ernähren.

e Katzen wurden schon vor mehr als 6000 Jahren vom Menschen gezüchtet.

f Pferde werden heute in Deutschland nur noch selten für schwere Arbeiten eingesetzt.

g Hunde werden vom Menschen für vielfältige Aufgaben gezüchtet.

Lebensräume in der Stadt (S. 66)

1 a Hund – Säugetier, Karpfen – Fisch, Taube – Vogel, Frosch – Lurch, Schlange – Kriechtier

b Übersicht:

Wirbeltierklasse	Hautbeschaffenheit	Atmung
Fische	Schuppen in Schleim auf Haut	Kiemen
Lurche	nackte Haut mit Drüsen	durch Lungen, Mundhöhle und Haut (Kaulquappen mit Kiemen)
Vögel	Federn	Lungen mit Luftsäcken
Säugetiere	Fell aus Haaren	durch Lungen
Kriechtiere	Hornschuppen	durch Lungen

c Frosch: Eier werden als Laich abgelegt. Larven schlüpfen als Kaulquappen, die im Wasser leben. Nach der Umwandlung zum Frosch gehen die erwachsenen Tiere an Land.

2 a Die Graugans sucht ihre Nahrung am Ufer. Die Krickente ernährt sich in erster Linie von Pflanzen auf der Wasseroberfläche. Stockente und Spießente haben unterschiedlich lange Hälse und können so Pflanzen in verschiedener Tiefe nahe dem Ufer erreichen.

b Ein Lebensraum bezeichnet ein bestimmtes Gebiet, in dem typische Pflanzen- und Tierarten gemeinsam vorkommen.

c Die Lösung findest du in der Tabelle:

Artenarme Lebensräume	Artenreiche Lebensräume
Acker	Hecke
Bergspitze	See
Rasen	Teich
Wüste	Wald

3a Temperatur, Sichttiefe und Geruchsprobe zählen zu den Eigenschaften, die untersucht werden können.

b In destilliertem Wasser sind keine Stoffe gelöst. So kann überprüft werden, ob die Teststäbchen richtig funktionieren.

c So kann die Antwort lauten:

1. Nimm ein Becherglas, das mit der Flüssigkeit gefüllt ist, die untersucht werden soll.
2. Halte das Teststäbchen mit den Testzonen kurz in die Probe.
3. Warte zwei Minuten.
4. Vergleiche die Färbung mit der Farbskala auf der Verpackung der Teststäbchen.

Bewegungen an Land (S. 104)

1a Man muss sich beim Badminton viel schneller bewegen als bei einer Wanderung. Deshalb benötigt man mehr Energie.

b Weil jeder Mensch anders ist und seine Energieverwertung unterschiedlich, wird der Energiebedarf nicht genau angegeben.

c Die Körperinnentemperatur muss bei allen Menschen 37 °C betragen. Trotz angepasster Bekleidung gibt der Körper in eiskalter Umgebung mehr Energie an die Außenluft ab als in den Tropen. In warmer Umgebung ist der Grundumsatz des Körpers geringer. Deshalb muss ein Inuit mehr Energie mit der Nahrung aufnehmen als ein Afrikaner – und Fette und Öle sind sehr energiereiche Lebensmittel.

2a Die drei Hauptbestandteile unserer Nahrung sind Kohlenhydrate, Fette und Eiweiße.

b Fett lässt sich durch die Fettfleckprobe in Lebensmitteln nachweisen.

c Der menschliche Körper braucht ständig Energie.
Selbst bei völliger Ruhe besteht ein Energiebedarf, um z. B. die Körpertemperatur aufrechtzuerhalten.

d Eiweiße sind wichtige Baustoffe für den Körper. Kinder und Jugendliche wachsen noch und brauchen deshalb mehr davon als Erwachsene.

3a Die Wirbelsäule setzt sich aus einzelnen Wirbeln zusammen, zwischen denen die elastischen Bandscheiben liegen. Die Wirbelsäule hat Doppel-S-Form. Dadurch hat sie eine federnde Wirkung und fängt Stöße ab, die bei der Fortbewegung entstehen. Durch ihre Form ermöglicht sie den aufrechten Gang des Menschen.

b Das menschliche Skelett besteht aus Knochen und Gelenken.

c Das Skelett erfüllt Stütz- und Schutzfunktionen. *Stützfunktion* haben die Wirbelsäule und die Gliedmaßen. *Schutzfunktion* haben die Schädelknochen, der Brustkorb sowie Schulter- und Beckenknochen.

4a Muskeln ziehen sich zusammen.

b Vergleiche deine Skizze mit der Abbildung auf Seite 95.
Als Gegenspieler arbeiten Muskeln paarweise zusammen: Zieht sich ein Muskel zusammen, ist sein Gegenspieler entspannt und wird gedehnt.

c Die Lösung steht in der Tabelle:

Organ	Eigenschaften	Aufgaben
Muskeln	Sie können sich verkürzen. Entspannte Muskeln sind dehnbar.	Sie bewegen den Körper, geben ihm Aussehen und Halt.
Sehnen	fest, straff, reißfest, kaum dehnbar	Sie verbinden Muskeln und Knochen.
Knochen	hart, elastisch, schwer zerbrechlich	Sie stützen den Körper.
Gelenke	beweglich	Verbindung zwischen Knochen
Nerven	Sie durchziehen den ganzen Körper.	Sie leiten Befehle vom Gehirn zum Muskel.

d Fehlhaltungen sind unnatürliche Veränderungen am Skelett (Wirbelsäulenverkrümmung, Rundrücken, Bandscheibenvorfall, Spreiz-, Plattfüße …).

e Vorbeugung gegen Fehlhaltungen:
- aufrechte Sitzhaltung
- Anheben schwerer Gegenstände aus den Knien heraus
- Tragen von Lasten auf dem Rücken

Durch Training kann ich die Muskeln stärken und Schäden am Bewegungsapparat vermeiden.

Fliegen (S. 118)

1 Anpassung des Vogelkörpers an das Fliegen:

Merkmal	Anpassung
Körperform	strömungsgünstig
Skelett	luftgefüllte, leichte Röhrenknochen
Körperbedeckung	leichte Federn
Kopf	Hornschnabel ohne Zähne
Rumpf	steif durch Verwachsung von Brust und Lendenwirbel
Flugmuskulatur	kräftige Muskeln setzen am Brustbein mit Kamm an
Vordergliedmaßen	zu Flügeln umgebildet
Schwanz	mit Steuerfedern
Innere Organe	leistungsfähige Lunge mit Luftsäcken, großes Herz

2 Beim Gleitflug segeln die Vögel mit ausgebreiteten Flügeln. Sie verlieren dabei an Höhe. Beim Ruderflug schlägt der Vogel mit den Flügeln und gelangt so nach oben und voran.

3a Du siehst auf den Bildern, dass die Flügel gewölbt sind. Die Wölbung hatte Lilienthal beim Vogelflügel entdeckt.

b Durch die gewölbte Form des Flügels wird Luft nach unten abgelenkt. Dadurch wird der Flügel nach oben gehoben.
c Damit die Tragflächen ausreichend Auftrieb haben, müssen sie angeströmt werden. Dazu ist eine bestimmte Geschwindigkeit, der sogenannte Vortrieb, notwendig. Je schwerer das Flugzeug ist, desto höher muss die Startgeschwindigkeit sein.
4 Bei einer vorne nicht geknickten oder beschwerten Postkarte liegt deren Schwerpunkt in der Flächenmitte und damit viel zu weit hinten. Ein solches Flugmodell fliegt ständig Loopings.

Schall und Wahrnehmung (S. 154)

1 a Schall breitet sich in der Luft als abwechselnde Luftverdichtungen und -verdünnungen aus. Wenn ein sehr lauter Ton oder Knall durch die Luft geht, ist der Unterschied zwischen Verdichtung und Verdünnung sehr groß und könnte unstabile Häuser umwerfen.
b Das Kartenhaus kann mit der Schallwelle eines Tamburins oder der einer offenen Trommel (Kunststoffeimer) zum Einstürzen gebracht werden.
c Mit zwei Tamburins und einem aufgehängten Tischtennisball kannst du zeigen, dass Schall Luftbewegungen sind. Das Gleiche kannst du ebenso mit der Schallkanone vorführen, die eine brennende Kerze ausbläst.
2 a Man pfeift in die Richtung einer Felswand und misst die Zeit bis zum Echo. Da der Schall vom Mund zur Wand und zurück zu den Ohren gelaufen ist, muss man die Zeit halbieren und berechnen, wie weit sich der Schall in dieser Zeit in Luft ausbreitet.
b Wenn man nach einer Sekunde das Echo hört, war der Schall 340 m unterwegs. Die Felswand ist also 170 m entfernt.
c Probleme können sein: ungenaue Zeitmessung, ungünstige Felsoberfläche, Ausbreitungsgeschwindigkeit hängt von der Lufttemperatur ab …
d Geräte zur Längenmessung in Räumen funktionieren mit dem Echo. Auch Echolote von Schiffen nutzen die Methode. In der Tierwelt können sich Fledermäuse oder Delfine mit Ultraschallechos orientieren.
3 a Die Aussage ist richtig: Außenohr, Mittelohr und Innenohr.
b Das Außenohr (1) besteht aus Ohrmuschel (4), Gehörgang (5) und Trommelfell (8). Das Trommelfell wird durch die Schallwellen in Schwingung versetzt.
Im Mittelohr (2) leiten Hammer, Amboss und Steigbügel (6) den Schall weiter.
Im Innenohr (3) dienen die Schnecke (9) und der Gehörnerv (7) zur Signalübermittlung an unser Gehirn.
4 a Ein Unterschied von 20 dB(A) bedeutet vierfache Lautstärke im Übungsraum. Die gleiche Lautstärke hätten 100 Mofas.
b Die Schülerinnen und Schüler sollten ihre Ohren mit speziellen Stopfen oder Gehörschutzschalen schützen und sich nicht zu lange der lauten Musik aussetzen.
c Der Wände des Raums können mit schalldämmenden Stoffen (Schaumstoff, Eierverpackungen, Glaswolle usw.) verkleidet werden.
d Zur Präsentation könnte man einen Schuhkarton vorstellen, in dem sich ein klingelndes Handy befindet. Anschließend wird der Karton innen mit schalldämmenden Stoffen ausgekleidet. Das klingelnde Handy wird kaum noch zu hören sein.
5 Wird über einen längeren Zeitraum sehr laute Musik mit einem MP3-Player gehört, kann das Gehör dauerhaft geschädigt werden.

Unser Garten (S. 174)

1 a Boden besteht zum größten Teil aus mineralischen Bestandteilen. Das sind kleine Körnchen, die durch die Verwitterung von Gestein entstanden sind. Ein kleiner Teil des Bodens sind organische Substanzen. Das sind Stoffe, die von Tieren und Pflanzen stammen.
b Humus besteht aus abgestorbenen und verrotteten Lebewesen.
c Böden mit einem hohen Humusgehalt sind besonders fruchtbar.
d Ich löse zuerst meine Bodenprobe in destilliertem Wasser auf. Dann warte ich, bis sich der Boden abgesetzt hat. Anschließend tauche ich einen Teststreifen zur Bestimmung des pH-Werts in das Wasser. Nun vergleiche ich die Färbung mit der Farbskala und lese den Wert ab.
2 a Regenwürmer fressen verrottende und verwesende Pflanzenteile.
b Der Regenwurm lockert, durchmischt und düngt den Boden.
c Regenwürmer verlassen bei starkem Regen ihre Röhren im Boden, weil sie sonst ersticken können. Die Sonne trocknet ihre Haut aus. Dadurch können Regenwürmer nicht mehr atmen.
3 a Beide Pflanzen haben den für Kreuzblütengewächse typischen Blütenbau mit vier Kelchblättern, vier Kronblättern, vier plus zwei Staubblättern und einem Stempel.
b Beim Löwenzahn sind viele Einzelblüten zu einem Blütenstand zusammengesetzt. Der Löwenzahn ist ein Korbblütengewächs.
4 a Der Samen braucht Nährstoffe, Wasser, Wärme und Luft zum Keimen.
b Zunächst bricht die Keimwurzel durch und wächst. Dann wächst der Keimstängel und Laubblätter werden gebildet. Später werden Blüten entwickelt.
c Nachdem sich die ersten Laubblätter am Stängel gebildet haben, wächst dieser zum Licht. In diesem Fall wächst er zur

Seite und wendet auch die Blattflächen etwas zur Fensterseite hin. Dadurch erhalten die Blätter ausreichend Licht.
Man lässt einen Samen keimen und sorgt dabei dafür, dass Licht nur von der Seite einfällt (entsprechender Platz in der Nähe eines Fensters). Der Stängel der Bohne führt beim Wachsen kreisende Suchbewegungen aus und windet sich dabei um eine Stütze herum.

Licht und Schatten (S. 206)

1 Lichtquellen: Monitor, Glühwürmchen

2 a Das Licht der Laterne breitet sich geradlinig in alle möglichen Richtungen aus. Das Lichtbündel, das vom Fußgänger nicht durchgelassen wird, „fehlt" im Raum hinter dem Fußgänger. Auf dem Gehweg entsteht eine nicht beleuchtete Fläche: der Schatten.

b Der Schatten ist kurz, wenn sich der Fußgänger nahe bei der Laterne aufhält. ▸1 Je weiter sich der Fußgänger von der Laterne entfernt, desto länger wird sein Schatten. ▸2

c Zwischen zwei Laternen entstehen zwei Schatten. ▸3

d Die Zeichnungen sind oben rechts auf dieser Seite.

3 a Die Sonne ist größer als der Mond. Der Schattenraum des Mondes läuft daher spitz zu.

b Das Sonnenlicht lässt den beleuchteten Teil des Mondes weiß erscheinen. Die Erdkugel wirft auf den Mond einen Schatten, dessen Rand einen Kreisbogen darstellt.

4 „Im Osten geht die Sonne auf, im Süden steigt sie hoch hinauf, im Westen will sie untergehn, im Norden ist sie nie zu sehn." Der Reim beschreibt den scheinbaren Lauf der Sonne über den Himmel. Er enthält mehrere Unstimmigkeiten oder Ungenauigkeiten. Tatsächlich befindet sich die Sonne im Zentrum unseres Planetensystems, während sich die Erde um ihre eigene Achse dreht und die Sonne umrundet. Die genannten Himmelsrichtungen gelten auf der Erde für mittlere nördliche Breiten. Vom Nordpol der Erde aus betrachtet ist die Sonne sogar den ganzen Sommer über zu jeder Tageszeit zu sehen. Von der Südhalbkugel der Erde aus gesehen (z. B. Australien) steht die Sonne mittags im Norden.

5 Planeten bewegen sich um die Sonne und bekommen ihr Licht von der Sonne. Die Erde ist einer von acht Planeten.
Kometen bestehen aus Eis und Gestein. Sie kreisen meist in großem Abstand um die Sonne. Wenn sie sich der Sonne nähern, schmilzt ein Teil des Eises. Es entsteht ein Schweif aus Staub.
Sterne leuchten von selbst wie unsere Sonne. Sie behalten ihre Positionen zueinander und bilden die Sternbilder. Die Sterne, die wir am Nachthimmel sehen, sind unterschiedlich weit von uns entfernt: von acht bis zu einigen Tausend Lichtjahren. Sie sind aus Gaswolken entstanden.

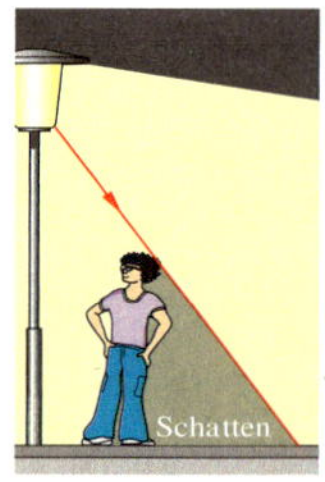

1

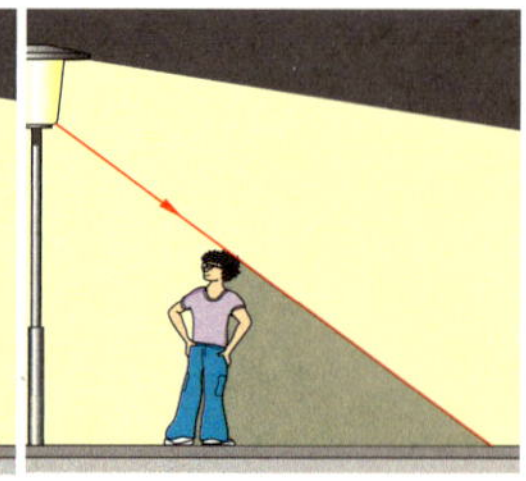

2

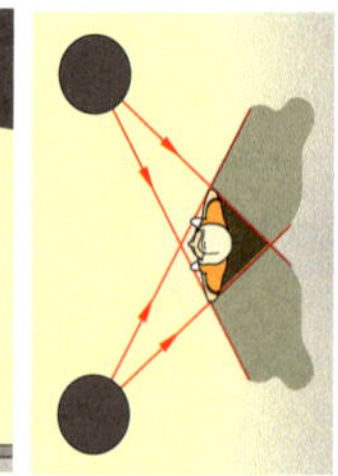

3

Wetter und Klima (S. 256)

1 a Die Energie der Sonnenstrahlung ist nötig, um Wasser zu verdampfen.

b Die Sonne erwärmt die Erdoberfläche unterschiedlich. Tagsüber wird z. B. die Luft über einer Insel stärker erwärmt als die Luft über dem Meer. Durch das Abfließen der warmen Luft in der Höhe über die zusammengesackte Kaltluft kommt ein Luftkreislauf in Gang.

2 a Das Wasser ist zu Eis geworden. Das Eis wölbt sich nach oben. Das Volumen des Wassers ist beim Gefrieren größer geworden.

b Geplatzte Flaschen im Eisfach, geplatzte Wasserrohre, Frostaufbrüche von Straßen

c Das Schmelzwasser hat eine Temperatur von 0 °C.

3 a Fest (Eis), flüssig (Wasser), gasförmig (Wasserdampf)

b 0 °C (schmelzen und erstarren), 100 °C (verdampfen und kondensieren)

c *Eis:* Die Teilchen haben feste Plätze. Der Zusammenhalt ist stark. Die Abstände zwischen den Teilchen sind klein.
Flüssigkeit: Die Teilchen können sich gegeneinander verschieben. Der Zusammenhalt ist schwächer. Der Abstand zwischen den Teilchen ist klein.
Wasserdampf: Die Teilchen bewegen sich im ganzen Raum, der ihnen zur Verfügung steht. Zwischen ihnen gibt es keinen Zusammenhalt. Die Abstände zwischen den Teilchen sind groß.

4 a Die Platte strahlt Wärme ab. Der Topf nimmt sie auf.

b Der Boden sollte möglichst aus Kupfer sein, weil Kupfer ein guter Wärmeleiter ist.

c Das Wasser wird zuerst unten heiß, es strömt dann nach oben. Von oben sinkt kaltes Wasser nach unten.

d Die Wärme geht in die Luft im Raum. Die Temperatur steigt. Wenn der Raum klein ist, müsste man mit einem empfindlichen Thermometer eine Temperaturerhöhung feststellen.

e Mögliche Antworten: Topf ins Bett stellen, Kochkiste aus Hartschaum bauen, Topf in Karton mit Wolle oder Styroporflocken stellen.

f Beispiele aus Natur und Technik: Vögel plustern sich auf. Tiere haben ein dichtes Winterfell oder eine Speckschicht. Hohlziegel werden beim Hausbau eingesetzt. Außenwände werden mit Hartschaumplatten isoliert, Dächer mit Glaswolle. Doppelfenster verringern die Wärmeverluste.

Kommunizieren und steuern (S. 280)

1 a Früher haben Menschen Informationen durch Rauchzeichen, durch das Licht eines brennenden Feuers oder durch Boten übertragen.

b E-Mail heißt übersetzt: elektronische Post. E-Mails sind Mitteilungen, die über das Internet versendet werden.

c Wenn du eine E-Mail versenden oder empfangen möchtest, dann brauchst du eine Mailbox bei einem Provider. Eine Mailbox ist ein elektronisches Postfach. Es befindet sich nicht auf deinem Computer. Wenn du dich bei deiner Mailbox angemeldet hast, kannst du E-Mails senden und empfangen. Das funktioniert sehr bequem, wenn du ein E-Mail-Programm benutzt.

2 a Cybermobbing ist die Beleidigung oder Bloßstellung anderer Personen über die Dienste des Internets. Die Verbreitung von falschen Aussagen oder die Veröffentlichung von peinlichen Bildern ohne die Zustimmung des anderen gehören auch zum Cybermobbing. Cybermobbing ist ein schwerer Angriff auf andere Personen und steht unter Strafe.

b Der Unterschied zwischen Cybermobbing und Beleidigungen im Alltag besteht darin, dass Cybermobbing über die Dienste des Internets erfolgt. Solche Beleidigungen können von jedem Nutzer des Internets auf der ganzen Welt gelesen werden. Die Opfer von Cybermobbing wissen manchmal gar nicht, was andere Personen über sie verbreiten.

c Computerviren sind eine Form von Schadsoftware. Sie werden meistens über die Dienste des Internets verbreitet. Computerviren vermehren sich auf den Computern von Nutzern und können sie außer Funktion setzen.

d Anti-Viren-Programme bieten einen gewissen Schutz. Du musst darauf achten, dass diese Programme regelmäßig aktualisiert werden müssen. Viren werden auch durch E-Mails verbreitet. Öffne daher niemals eine E-Mail, wenn der Absender oder der Betreff unklar sind. Öffne Dateianhänge nur, wenn dich der Absender über den Inhalt informiert hat.

3 a Kleine eingebaute Computer gibt es in Busabfahrtsanzeigen, Kraftfahrzeugen, Waschmaschinen, Mikrowellen, Elektroherden, kleinen Wetterstationen für den Hausgebrauch, Steuereinheiten für Wintergartenfenster usw.

b Jeder Computer verfügt über eine CPU. Das ist die zentrale Recheneinheit mit einem Speicher für Daten und Programme, einem Rechenwerk und einem Steuerwerk. Es muss Möglichkeiten geben, Daten einzugeben und Daten auszugeben.

c Wenn ein Text über die Tastatur (Hardware) in ein Textverarbeitungsprogramm (Software) eingegeben wird, muss das Betriebssystem (Software) dafür sorgen, dass die Tastendrücke an das Textverarbeitungsprogramm weitergegeben werden. Das Textverarbeitungsprogramm speichert die Zeichen zunächst im Arbeitsspeicher. Wenn man auf Speichern klickt und einen Dateinamen eingibt, wird die Textdatei auf einer Festplatte oder einem USB-Stick gespeichert. Bei einem Klick auf Drucken kommt wieder das Betriebssystem ins Spiel. Es sorgt dafür, dass die Daten auf geeignete Weise an den Drucker übertragen werden.

4 a So sieht die Lösung aus:

Phase	Autolichtzeichen	Zeit in Sekunden
1		so lange, bis ein Zug naht
2		2 s
3		so lange, bis die Schranken geschlossen, der Zug vorbeigefahren und die Schranken wieder geöffnet sind

b Eine einfache Lösung steuert die Ampelanlage zeitabhängig. Für die Modellampel werden die Zeiten so gewählt, dass es nicht unnötig lange dauert, das Programm zu testen. Ein geeigneter Algorithmus wäre dann der folgende:

Wiederhole endlos
  Gelb an
  warte 2 Sekunden
  Gelb aus
  Rot an
  warte 10 Sekunden
  Rot aus
  warte 20 Sekunden

Diese Lösung ist in der Realität nicht wirklich gut, da Züge nicht in regelmäßigen Zeitabständen passieren und nicht alle Züge dieselbe Zeit dafür benötigen. Deshalb werden die Ampeln an Bahnübergängen zentral in Abhängigkeit vom Zugverkehr gesteuert. In unserem Modell können wir eine Betätigung des Tasters vorsehen für die Information, dass ein Zug naht. Eine weitere Betätigung des Tasters bedeutet, dass der Zug vorbeigefahren ist und die Schranken bereits wieder geöffnet wurden.

Dann lautet der Algorithmus wie folgt:

Wiederhole endlos
  warte auf Tastendruck
  Gelb an
  warte 2 Sekunden
  Gelb aus
  Rot an
  warte auf Tastendruck
  Rot aus

c Lösung ohne Schalter:

Bahnübergang

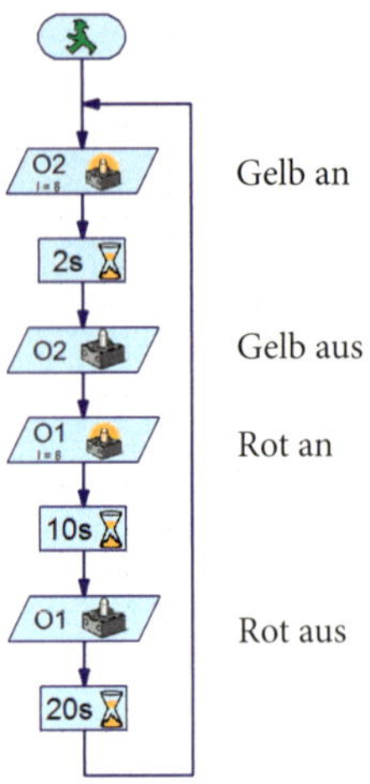

Lösung mit Schalter:

Bahnübergang

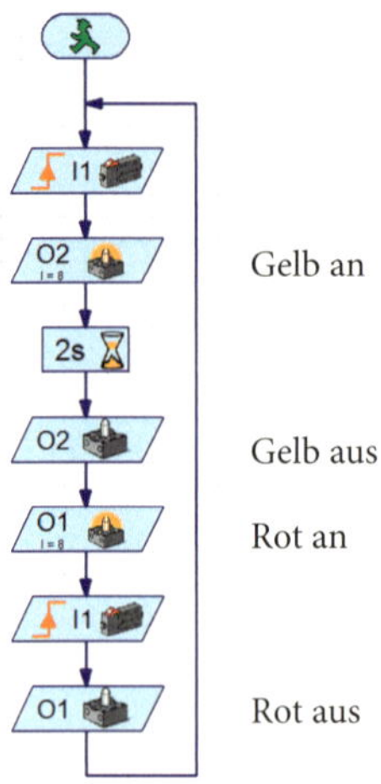

Erwachsen werden (S. 298)

1 a Primäre Geschlechtsmerkmale sind zuerst vorhanden. Die sekundären Geschlechtsmerkmale treten erst mit Eintritt der Pubertät auf.

b *Primäre Geschlechtsmerkmale*

Frau: Schamlippen mit Klitoris, Scheide, Gebärmutter mit Eileitern und Eierstöcken

Mann: Hoden mit Nebenhoden und Hodensack, Penis mit Harnsamenleiter, Vorsteherdrüse mit Hilfsdrüsen, Samenleiter

Sekundäre Geschlechtsmerkmale

Frau: Brüste, Fettablagerungen an Hüften und Oberschenkeln, Achsel- und Schamhaare, stärkere Körperbehaarung, Eizellen reifen

Mann: Brustkorb wird breiter, Muskulatur wird stärker, Körperbehaarung verstärkt sich, Bartwuchs tritt auf, Penis und Hoden vergrößern sich, Spermien werden produziert, Stimme wird tiefer

2 a Natürliche Methode: Die Frau ermittelt morgens ihre Körpertemperatur.

Barrieremethode: Kondom

Hormonelle Methode: Hormonpille (Antibabypille)

b Die Änderung der Körpertemperatur zeigt den Tag des Eisprungs und somit die befruchtungsfähigen Tage an.

Das Kondom verhindert, dass Samenzellen in die Gebärmutter eindringen können. Die Hormonpille verhindert einen Eisprung.

3 Die aufgenommenen Stoffe gelangen durch die Nabelschnur auch in den Körper des Kindes. Für das Ungeborene sind sie schädlich.

4 a Zuwendung, Liebe, Blickkontakt, Berührung, Sprechen mit dem Säugling

b Schwärmerei aus der Ferne (Sportler, Stars), Verliebtheit oder Liebe zum Freund oder zur Freundin, Zuneigung zu Menschen aus anderen Kulturen, Liebe zu seinem Haustier, Freundschaft

c Sprich mit einer Person deines Vertrauens darüber (Eltern, Lehrerin oder Lehrer, Pfarrer oder Pfarrerin). Wende dich an den Kinderschutzbund.

Binärcode (Übersicht)

Binärcode: Buchstaben und Zahlen

Zeichen	Binärcode	Zeichen	Binärcode	Zeichen	Binärcode	Zeichen	Binärcode
A	0100 0001	K	0100 1011	U	0101 0101	0	0011 0000
B	0100 0010	L	0100 1100	V	0101 0110	1	0011 0001
C	0100 0011	M	0100 1101	W	0101 0111	2	0011 0010
D	0100 0100	N	0100 1110	X	0101 1000	3	0011 0011
E	0100 0101	O	0100 1111	Y	0101 1001	4	0011 0100
F	0100 0110	P	0101 0000	Z	0101 1010	5	0011 0101
G	0100 0111	Q	0101 0001			6	0011 0110
H	0100 1000	R	0101 0010			7	0011 0111
I	0100 1001	S	0101 0011			8	0011 1000
J	0100 1010	T	0101 0100			9	0011 1001

Sach- und Namenverzeichnis